Renate
Hartwig

IM VISIER VON SCIENTOLOGY

Renate Hartwig

IM VISIER VON SCIENTOLOGY

Haben Justiz, Sektenbeauftragte und Politik versagt?

mvg

Die Deutsche Bibliothek – CIP-Einheitsaufnahme

Hartwig, Renate:
Im Visier von Scientology : haben Justiz, Sektenbeauftragte und Politik versagt? / Renate Hartwig. – Landsberg am Lech : mvg-verl., 1997.
ISBN 3-478-72260-8

Internet: http://www.mvg-verlag.de

Umschlaggestaltung: Felix Weinold, Schwabmünchen
Satz: Fotosatz H. Buck, Kumhausen
Druck- und Bindearbeiten: Ebner Ulm
Printed in Germany 072 260/10970702
ISBN 3-478-72260-8

Inhalt

Für diejenigen, die ich im Verdacht habe,
daß es ihnen lieber gewesen wäre,
wenn ich ein Kochbuch geschrieben hätte.

Vorwort: Zivilcourage – nicht nur ein Wort

Seit 1991 kritisiere ich Scientology öffentlich. Wenn mir jemand damals gesagt hätte, daß ich auf einmal zwischen den Fronten von Scientology und deren Gegnern zerrieben werden soll, hätte ich es weder geglaubt, noch hätte mein damaliges Vorstellungsvermögen ausgereicht, um es zu begreifen.

Ich habe erleben müssen, daß Zivilcourage in unserer Gesellschaft einen enorm hohen Preis fordert: Ich mußte mein eigenes Leben und das meiner Familie komplett umkrempeln.

Ich mußte mich an Terror, juristische Attacken, Verleumdungen, Rufmord, Bespitzelung, an Angriffe weit unter die Gürtellinie gewöhnen. Ich mußte erfahren, daß man mir Freundschaften vorheuchelte, um mich und mein Umfeld auszuforschen.

Der höchste Preis war jedoch, den eigenen Kindern erklären zu müssen, warum sich unser Leben so veränderte und warum solche Angriffe, wie wir sie als Familie erlebten, in einem Rechtsstaat möglich sind. Wir mußten ihnen auch verständlich machen, daß bestimmte Sicherheitsvorkehrungen unumgänglich wurden – entgegen allen unseren Lebensgewohnheiten. Wir mußten lernen, daß gerade die Freiheit, für die wir eintraten, bei uns zu schwinden begann.

> **Zi|vil|cou|ra|ge,** die [gepr. 1864 von Bismarck]: *Mut, den jmd. beweist, indem er seine Meinung offen äußert u. sie ohne Rücksicht auf eventuelle Folgen in der Öffentlichkeit, gegenüber Obrigkeiten, Vorgesetzten o.ä. vertritt*

DUDEN Deutsches Universalwörterbuch

Von mehreren Seiten gab man mir indirekt zu verstehen, daß es für mich „gesünder“ sei, wenn ich diese Auseinandersetzung um Scientology beende.

Ich halte aber durch, weil ich auch erlebe, daß Zivilcourgae viel Schönes mit sich bringt: Stärke und Kraft zum Weitermachen, ganz neue Freunde, Begegnungen ganz ungewöhnlicher Art, Erfolge im Kleinen und Großen.

Trotz aller widrigen Umstände sind mir mein Humor, meine Art, mit Sarkasmus den ungewöhnlichen Dingen zu begegnen, sowie mein Optimismus geblieben. Und es wuchs die Erkenntnis, daß zur offensiven Aufklärung auch gehört, falsch verstandene Loyalität abzulegen.

Ich habe dieses Buch geschrieben, weil ich mit der Doppelmoral und Heuchelei in der Scientology-Aufklärungsszene nicht mehr leben will und auch nicht mehr leben kann. Ich bin nicht die einzige, die über die Gruppe einer kleinen Kritikermafia stolpert, aber es haben zu wenige den Mut, darüber zu reden. Ich habe inzwischen erkannt, daß Loyalität Grenzen haben muß, wenn es um die Sache geht.Wenn wir alle weiter schweigen, bereiten wir nur den Boden für Machenschaften, die im Grunde allen schaden. Ich denke, daß die Öffentlichkeit ein Recht darauf hat, zu erfahren:

- wie offensive Aufklärung verhindert werden soll
- warum es Menschen gibt, die gar kein Interesse daran haben, Ausmaß und Strukturen von Scientology genau zu analysieren und anzuprangern
- warum – zum Teil auf Steuerkosten – massiv Volksverdummung betrieben wird

Dieses Buch habe ich geschrieben, um eine neue Qualität der Aufklärung zu erreichen. Das Drei-Affen-Syndrom – nichts hören, nicht sehen, nichts reden – muß durchbrochen werden, denn nur Information *und* offene Auseinandersetzung verhindern, daß totalitäre Strukturen wie Scientology in der Gesellschaft greifen.

Es wird Zeit, aufzustehen und durch mehr Offenheit den Blick für die Gefahren in unserer Gesellschaft zu schärfen. Es wird aber auch Zeit, daß viele aufstehen und sich, anstatt die schweigende Mehrheit zu bilden, mit einmischen in die Belange, die uns alle angehen.

Unbequem – der Sache wegen

Eigentlich habe ich mir immer vom Leben
die einfachsten Dinge gewünscht:
nichts Ungewöhnliches,
dann ist dieses andere über mein Leben
gekommen, der Wunsch nach Gerechtigkeit.
Ja, und nun ist mein Leben anders geworden …

Renate Hartwig

Als ich ein Kind war, sagte mein Vater zu mir: „Es ist nicht so wichtig, was die Leute über dich denken und sprechen, wesentlich wichtiger ist, daß du dir selbst jeden Morgen im Spiegel ins Gesicht sehen kannst.“

Es waren sicher die kleinen, aber sehr wichtigen Puzzlesteine meines Lebens, die dazu führten, daß ich oft gegen den Strom geschwommen bin. Ich muß wohl schon als Kind so gewesen sein – dann gerade in den letzten Jahren haben einige Aussprüche meines Vaters, die er in meiner Kindheit gemacht hat, an Bedeutung gewonnen.

Als ich zehn Jahre alt war, lief ich einmal während des Unterrichts aus der Schule weg, weil ich die Entscheidungen des Lehrers als ungerecht empfunden hatte. Mein Vater schickte mich wieder zurück und sagte: „So geht das nicht. Denk immer daran: Stell dich Schwierigkeiten, auch wenn das unangenehm ist. Lauf niemals weg, sonst vermehren sich die Schwierigkeiten nur.“

Durch meine Erziehung wurde Zivilcourage für mich zur Selbstverständlichkeit im Leben.

Mein Vater starb, als ich fünfzehn Jahre alt war. Er hat mir viel mitgegeben an Offenheit, Rückgrat und Kampfgeist. Seine Art, sich unangenehmen Dingen in den Weg zu stellen, und seine Geradlinigkeit waren für mich Vorbild und Maßstab. Als Tochter eines Widerstandskämpfers gegen den Faschismus und einer Pfarrersköchin, die sich zur Zeit des Nationalsozialismus ebenfalls gegen das Regime aufgelehnt hatte und deshalb sieben Jahre in der Schweiz leben mußte, ist man auf eine besondere Art geprägt. Vielleicht trägt man deshalb den Rucksack des Lebens anders, als es viele von einem erwarten. Sicherlich hatte es auch einen Einfluß auf mich, daß mein Vater bereits fünfundvierzig und meine Mutter vierundvierzig Jahre alt waren, als ich als erstes und einziges Kind der beiden geboren wurde. Sie hatten sich erst am Ende des Krieges getroffen. Jeder für sich hatte ein Stück Lebensweg hinter sich gebracht – geprägt vom Widerstand gegen ein Regime der Unmenschichkeit. Rückblickend betrachtet hatte ich das große Glück, Eltern zu haben, die mich mit beiden Beinen ins Leben stellten und mir die notwendige Sicherheit mitgaben, um gegen den Strom schwimmen zu können. Sie waren es, die mich lehrten, unbequem zu sein, wenn es um den Kampf für eine gerechte Sache geht. Durch meine Erziehung wurde Zivilcourage für mich zur Selbstverständlichkeit. Daß aus dieser Grundhaltung ein Abenteuer wird, hätte ich nicht erwartet.

Mit offenem Visier

Bis zu dem Tag, an dem ich begann, gegen das Scientology-System aufzustehen, gab es viele Engagements in meinem Leben, über sie sich Menschen wunderten. Sicher kann man mich nicht als „angepaßt" bezeichnen. Viele kluge Ratgeber meinten, ich sollte lernen, mich anzupassen, um weniger Ärger zu haben. Vielleicht sieht es für Außenstehende oft so aus, als kämpfte ich wie Don Quijote gegen Windmühlen – aber ich wehre mich lediglich gegen die Auffassung, daß nicht sein kann, was nicht sein darf.

Es geht mir in diesem Buch nicht um Rechtfertigung oder darum, nur Dinge zu erklären, die im Laufe dieser Jahre im Kampf gegen Scientology geschehen sind. Meiner Entscheidung, auch in diesem Buch mit offenem Visier gegen Heuchelei, Doppelmoral und Pharisäertum anzutreten, ging ein Schlüsselerlebnis voraus.

Wir diskutierten mit unseren erwachsenen Kindern und deren Freunden. Ein junger Student der Betriebswirtschaft sprach ganz selbstverständlich davon, wie angepaßt man heutzutage agieren müsse, um sich seinen Berufsweg nicht zu verbauen. Danach habe ich lange über das Gespräch nachgedacht. Eine ähnliche Situation hat auch mich oft davon abgehalten, bestimmte Zusammenhänge und Erlebnisse öffentlich zu machen. Ich zauderte, kam aber zu dem Entschluß, daß mein Schweigen auf Dauer nur einem nutzen würde: Scientology.

Meine Entscheidung, nun über die dunklen Seiten hinter den Kulissen zu sprechen, hat allerdings auch noch einen anderen Hintergrund. Oft wird in der Öffentlichkeit kritisiert, die heutige Jugend passe sich viel zu sehr an. Doch was leben wir dieser Jugend vor? Wir sind angepaßt, wir schweigen. Jeder hat Angst um seine Position, und wir lehren diese Jugend nicht, für eine Überzeugung geradezustehen. Zu viele Menschen fürchten, Nachteile zu erleiden, wenn sie ihre Meinung offen vertreten.

Immer wieder habe ich mich laut und deutlich gegen den Vorwurf gewehrt, ich sei nur gegen etwas. Ich bin für etwas: für mehr Mut, für eine wehrhafte Demokratie und dafür, daß wir aufhören sollten, vor lauter Anpasserei und Angst vor Auseinandersetzungen zu schweigen. In all den Jahren, in denen ich mit offenem Visier dafür kämpfte, daß sich offensive, direkte Aufklärung durchsetzt und der Hubbardismus – die scientologische Ideologie – demaskiert wird, lernte ich viel und konnte beweisen, daß Zivilcourage sehr wohl etwas bewirken kann.

Mit dem gleichen offenen Visier will ich nun aber auch dafür kämpfen, daß bekannt wird, wie Aufklärer Aufklärung verhindern. Warum und wozu, ob bewußt oder unbewußt, aus falscher Motivation, Neid, Dummheit oder Naivität, steht hier nicht zur Diskussion.

Es wird wieder viele geben, die versuchen, durch endlose Diskussionen die Sache zu zerreden. Meine Entscheidung ist jedoch klar: Ich stehe weiter ein für offensive Aufklärung ohne Kompromisse, ohne Anpassung um des lieben Friedens willen, für Zusammenarbeit mit all denen, die bereit sind, klare Entscheidungen im Sinne der Sache zu treffen. Ich wünsche mir, daß es irgendwann eine Szene der Scientology-Kritiker geben wird, der es mehr als bisher gelingt, die Strategien der Scientologen und ihrer Kumpane zu durchschauen und entsprechend zu handeln.

Mir wurde einmal ein Brief zugeschickt in dem in großen Buchstaben stand: „Wer einen Feind hat, sollte sich vor seinen Freunden in acht nehmen."

Mir wurde einmal ein Brief zugeschickt, in dem in großen Buchstaben stand: „Wer einen Feind hat, sollte sich vor seinen Freunden in acht nehmen." Damals wunderte ich mich über den Brief, aber ich nahm ihn nicht ernst. Trotz meiner Erfahrungen wollte ich immer offen bleiben und dem Mißtrauen keinen Raum lassen. Ich war immer bereit, Risiken einzugehen, um nicht nur für mich Offenheit und Freiheit zu erhalten.

Lange glaubte ich, daß Zivilcourage in unserer Gesellschaft etwas ganz Normales ist. Mir war nicht bewußt, welches Abenteuer ich einging. Trotzdem mache ich weiter. Denn das Leben wird gefährlich, wenn in einem Land Angst, Mißtrauen und Schweigen zur Normalität werden.

Kritik unerwünscht

In einem demokratischen Gesellschaftssystem muß es normal sein, daß Kritik geäußert werden darf. Ohne Kritik gäbe es keine Demokratie, und eine Konkurrenz der einzelnen Meinungen ist wichtig für eine lebendige Demokratie. Die Überzeugung der Mehrheit setzt sich durch. Nur – welche Meinung ist richtig?

Es ist ganz normal, daß Parteien und Verbände ihre eigene Auffassung als allein selig machende propagieren und die der anderen kritisch hinterfragen. Kritik an der Meinung anderer ist also eine Grundvoraussetzung des gesellschaftlichen Disputs – selbst dann, wenn alle Beteiligten fest auf dem Boden der freiheitlich-demokratischen Grundordnung stehen. Kritik wird aber erst recht wichtig, wenn sich Organisationen an der Meinungsbildung beteiligen, denen Demokratie fremd ist, die sich nicht in die Karten schauen lassen und massiv gegen alle vorgehen, die das versuchen. Dann werden die kritische Betrachtung und die Aufklärung über die verborgenen Zielsetzungen einer solchen Vereinigung geradezu zur Pflicht eines jeden Demokraten.

Scientology ist eine solche Organisation, die sich nicht in die Karten schauen läßt. Sie verbirgt ihre wahren Zielsetzungen und agiert deshalb mit unzähligen Tarn- und Nebenorganisationen. Sie nimmt zwar den Schutz des liberalen Rechtsstaates für sich in Anspruch, verbirgt aber in ihren offiziellen Statements ganz gezielt ihre tatsächlichen Absichten. Seit Jahrzehnten arbeitet die Scientology-Organisation völlig ungehindert und verfolgt antidemokratische Ziele. Sie entmündigt ihre Mitglieder, macht sie zu willenlosen Befehlsempfängern und strebt einen Willkürstaat an, bei dem die Rechte des einzelnen zugunsten des Systems Scientology weichen müssen.

Diese Ziele trägt die Organisation nicht offen vor sich her. Sie spricht – wenn überhaupt – von „geistiger Freiheit“ und verschweigt bewußt die wahren totalitären Strategien und Ziele.

Seit Jahrzehnten gibt es sogenannte Fachleute, die sich mit dieser Thematik auseinandersetzen und auch als „Experten“ öfters ihre Meinung äußern. Die Kernfrage war für mich immer wieder, warum es in der Bundesrepublik ein Vierteljahrhundert gedauert hat, bis die Zielsetzungen von Scientology öffentlich wurden, und warum gerade diejenigen attackiert werden, die massiv dazu beigetragen haben, daß eine öffentliche Auseinandersetzung über Scientology stattfindet.

Darüber, wie Kritik an Scientology sinnvoll oder nützlich vorgetragen wird, kann man durchaus geteilter Meinung sein. Die Aufmerksamkeit wird durch diese Verfahrensdiskussionen jedoch von der eigentlich zu kritisierenden Organisation abgelenkt – Scientology agiert ungehindert weiter.

Auf der anderen Seite ist es aber auch notwendig, die Arbeit der Kritiker unter die Lupe zu nehmen, denn nicht alles, was für sich in Anspruch nimmt, Kritik zu sein, zielt auch tatsächlich darauf ab, Licht in die dunklen Machenschaften der Scientologen zu bringen.

Zweifelsohne sind die Strategien der Organisation im Umgang mit Kritikern äußerst ausgefuchst. Scientology hat überhaupt kein Interesse daran, Kritik mit Argumenten zu begegnen – dazu müßte die Organisation ja offen über ihre Techniken, Methoden und internen Strategien diskutieren. Gerade die sollen aber geheim bleiben.

Kämen alle Fakten auf den Tisch, wäre das Problem Scientology binnen weniger Wochen gelöst.

Kämen alle Fakten auf den Tisch, wäre das Problem Scientology binnen weniger Wochen gelöst. Polizei, Jusitz und Staatsschutz würden dann aufgrund bestehender Gesetze die Organisation nicht nur in ihre Schranken weisen können, sondern sie auch wegen ihrer Gefährlichkeit verbieten. Zum Schutz der Bürger und der Demokratie.

Scientology und ihre Kritiker

Um genau das zu verhindern, gibt es bei der Scientology Strategien und Anweisungen, wie man die öffentliche Diskussion vermeidet oder sie im eigenen Interesse manipuliert. Bereits vor Jahrzehnten wurde von Hubbard ein ganzer Maßnahmenkatalog aufgestellt, der gegen Kritiker zum Einsatz kommt.

Einen guten Teil dieser Strategien hat die Organisation bereits im Kampf gegen mich und die von mir mitbegründete Bürgerinitiative „Robin Direkt“ eingesetzt. Man wirft mir häufig vor, ich hätte mit dem Begriff „Kampf“ das falsche Wort gewählt. Nur stammt der Begriff nicht von mir. Die Scientologen selbst bezeichnen so den Umgang mit Kritikern. Schließlich gilt es unter Scientologen als besonders ehrenhaft, für die sogenannte „Kriegskasse“ zu spenden. Diese Kriegskasse soll dazu dienen, Angriffe auf Scientology abzuwehren, und dabei sind auch nahezu alle Mittel erlaubt.

Alle Kritiker sind kriminell, behauptet Hubbard.

Alle Kritiker sind kriminell, behauptet Hubbard. Man müsse nur lange genug suchen, um Beweismaterial gegen sie zu finden. Existiert das nicht, wird es konstruiert. Dann wird Beweismaterial im Sinne der Scientology geschaffen, damit es durch die Organisation verbreitet werden kann. Oder es wird „lautstark ermittelt", damit man über Fetzen von Information wiederum ein Gebäude von „Schwarzer Propaganda" aufbauen kann. „Schwarze Propaganda" nennen die Scientologen ihre Verleumdungskampagnen gegen Kritiker. Eine Spielart dieser „Schwarzen Propaganda" ist das „lautstarke Ermitteln".

Ein von Hubbard empfohlener Weg: Der scientologische Geheimdienst „OSA" (Office of Special Affairs) oder „DSA" (Department of Special Affairs) gibt vor, in der beruflichen oder privaten Umgebung des Kritikers eine Untersuchung durchzuführen. In internen Dokumenten der Scientology zur Bekämpfung von Kritikern ist nachzulesen, daß dies ganz einfach sei – man müsse nur alle Personen aus dem Umfeld des Kritikers anrufen. Dabei wird mit falschen Namen und Legenden, die aus jedem Agententhriller stammen könnten, agiert, es werden ohne Rücksicht auf Verluste Lügen über das Objekt verbreitet – ganz nach dem Motto „Irgendwas bleibt schon hängen".

Die Organisation ist bei ihrer Haßpropaganda nicht nur auf Aktionen mit Telefonanrufen angewiesen. Es werden gefügige oder gefügig gemachte Rechts- und Staatsanwälte eingesetzt, die ganz offen Polizei und Bürger auffordern, Anzeige gegen einen Kritiker zu erstatten. Dabei sind natürlich auch gerne Rechtsanwälte der Organisation behilflich.

Eine weitere Möglichkeit: Ein Staatsanwalt wühlt dank eigener Machtvollkommenheit in der Vergangeheit eines Kritikers und äußert ganz offen, er wolle die entsprechende Person fertigmachen. So eröffnet er ein absurdes Ermittlungsverfahren. In die Akten nimmt dann ein Scientology-Anwalt Einsicht. Die Propagandamaschinerie der Scientologen kommt in Gang und berichtet groß aufgemacht von den Ermittlungen. Daß diese eingestellt werden, nachdem der fragliche Staatsanwalt versetzt wird, berichtet natürlich niemand.

Es handelt sich hier nicht nur um theoretische Möglichkeiten! Die Strategien, auf diese Weise Kritiker mundtot zu machen, stehen nicht nur auf dem Papier – sie werden auch gnadenlos angewendet.

Für den Fall, daß lautstarke Ermittlungen und Verleumdungen nicht genügen, um einen Kritiker zum Schweigen zu bringen, hat Hubbard weitere Anweisungen gegeben. Ein möglicher nächster Schritt ist, die Kritikerorganisation zu unterwandern, also eigene Leute einzuschleusen, die Informationen beschaffen oder als „agent provocateur" tätig werden. Auch Detektivbüros werden gerne für solche Zwecke beauftragt.

Nützt das alles nichts, dann rät Hubbard zum alten Leitsatz: „Teile und herrsche" – bei ihm „Gesetz der dritten Partei" genannt. Dahinter steckt folgende Überlegung: Wenn bekannt ist, daß ein Kritiker gegen Scientology vorgeht, werden Angriffe aus den Reihen der Scientologen folgerichtig als das eingeordnet, was sie sind – Scheinangriffe, um von den eigenen Vergehen abzulenken. Kommen diese Angriffe aber aus einer anderen Richtung, die nicht mit Scientology in Zusammenhang gebracht wird, ist die Glaubwürdigkeit der Kritik bedeutend höher. Außerdem ist der Kritiker dann damit beschäftigt, sich dieser Angriffe zu erwehren, anstatt das zu tun, was eigentlich nötig wäre – intensiv über Scientology aufzuklären. Somit fließen keine Informationen mehr, Aufklärung wird behindert, unbequeme Kritiker verschwinden aus der Öffentlichkeit.

All diese Strategien kommen tatsächlich zum Einsatz. Wie sie gezielt eingesetzt wurden und werden, wer dabei bewußt oder unbewußt zum Helfer wird und was das für den einzelnen, aber letztlich auch für die Gesellschaft bedeutet, ist mit ein Grund, warum ich hier eigene Erlebnisse zur Diskussion stelle.

Kritiker ist nicht gleich Kritiker

Berücksichtigt man all die aufgeführten Strategien, dann ist zu erwarten, daß sie in der Kritikerszene schon längst Spuren hinterlassen haben. Und so ist es auch. Die Menschen, die sich in unserem Land „kritisch" mit Scientology auseinandersetzen, lassen sich in mehrere Kategorien einteilen.

1. Jene, denen es tatsächlich darauf ankommt, das totalitäre System Scientology zu demaskieren, die davor warnen und konsequentes Handeln mit allen rechtsstaatlichen Mitteln fordern.
2. Jene, die im Thema Scientology eine Chance entdeckt haben, sich persönlich zu profilieren – sei das nun politisch oder beruflich. Die Folge: Das Profil ist abhängig von der Existenz der Scientology-Organisation, und dieser Personenkreis ist am Weiterbestehen des zu kritisierenden Objekts interessiert.
3. Jene, die ohne es zu merken von Scientology instrumentalisiert wurden. Sie werden als Mittel zum Zweck benutzt und im Sinne der Scientology-Richtlinie der „dritten Partei" oder durch „agents provocateurs" geleitet.

4. Jene, die sich ganz bewußt als unabhängige Kritiker ausgeben, tatsächlich aber durch Verharmlosung und „Nebelwerfen“ das Geschäft des destruktiven Psychokultes mitbetreiben.
5. Jene, die zwar über Scientology genau Bescheid wissen, aber die Konfrontation scheuen und aus Angst vor den massiven Angriffen seit Jahrzehnten schweigen.

Warum ich zur Kritikerin wurde

In den letzten Jahren wurde ich immer wieder von Leuten, die meine Bücher gelesen oder meine Vorträge zum Thema Scientology gehört hatten, gefragt, was denn mein Schlüsselerlebnis war, das mich zur massiven Scientology-Kritikerin werden ließ.

Über diese Frage habe ich sehr oft nachgedacht, zumal es für mich mit meiner Lebenseinstellung eine Selbstverständlichkeit ist, gegen Strukturen in der Gesellschaft aufzubegehren, die nicht nur dem einzelnen, sondern uns allen schaden.

Natürlich kommt oft das Argument, ich sei ja nie selbst Scientologin gewesen. Sogar manche Ex-Scientologen vertreten die Meinung, nur diejenigen, die dabei waren, dürften kritisieren. Da bin ich anderer Ansicht. In der Zeit, als ich mich in der Sozialarbeit engagierte, habe ich mich schließlich auch intensiv mit der Drogenproblematik auseinandergesetzt, ohne selbst je Drogen genommen zu haben. Vielleicht liegt es an den schablonisierten Vorstellungen, wie man als Kritiker zu sein hat, und vor allem daran, welche Erfahrungen man angeblich machen muß, um sich auflehnen zu dürfen.

Seit Jahrzehnten gibt es staatliche und kirchliche Stellen, die sich mit der Problematik beruflich auseinandersetzen. Als ich im Jahr 1990 eindeutige Beweismittel über die Gefährlichkeit und die Machenschaften der Scientologen auf dem Tisch hatte, wollte ich wissen, warum diese Fakten nicht den Innenbehörden unserer Länder vorliegen. Unklar war mir auch, warum mögliche Zeugen solche Angst vor den Machenschaften und Terroraktionen der Scientology-Organisation hatten, daß sie den Organen unseres Rechtsstaates extrem kritisch gegenüberstanden und es sogar konsequent ablehnten, sich Behörden anzuvertrauen.

Sicher war es bei mir zunächst eine Mischung aus Widerstand, Neugierde und Gerechtigkeitssinn, die mich bewegte, weiter zu recherchieren und Tag für Tag weitere Ungereimtheiten zu dokumentieren. Bis heute bin ich der Überzeugung, daß die Scientology-Machenschaften in einem Rechtsstaat schon längst hätten geahndet werden müssen. Eine Frage, die ich mir von Anfang an stellte und die bis heute von niemandem beantwortet wurde, ist, was mit dem von den Sektenbeauftragten archivierten Material in den Büros der Beratungsstellen von Staat und Kirche geschah und geschieht.

Ich bin damals zu der Überzeugung gekommen, daß sich nach strafrechtlichen Gesichtspunkten hinter Scientology organisierte Kriminalität verbirgt und daß die Ziele der Organisation verfassungsfeindlich sind. Aufgrund dieser Erkenntnis haben mein Mann und ich entschieden, daß die uns vorliegenden Unterlagen und Fakten der Öffentlichkeit bekannt gemacht werden müssen, um Bewegung in die eingefahrene, fast lethargische Aufklärungsszene zu bringen. Unser Ziel war, die entsprechenden politischen Stellen zur Beschäftigung mit dem Thema Scientology und zum Handeln im Sinne der Bürger zu bringen.

Schon damals wunderten wir uns, daß Menschen, die sich bereits seit Jahrzehnten mit diesem Thema auseinandersetzen, sich nur vorsichtig öffentlich äußerten und mit Samthandschuhen gegen Scientology Stellung bezogen.

Kein ganz normaler Alltag

In der Sache wurde bis dato zuviel geredet und zuwenig gehandelt.

Betrachte ich heute die Anfangszeit, in der wir ohne großes Überlegen reagierten und handelten, dann wird mir klar, warum wir damals soviel Staub aufwirbelten: In der Sache war bis dato zuviel geredet und zuwenig gehandelt worden.

Schon nach den ersten Berichten über uns in den Zeitungen gab es eine Flut von Zuschriften und viele Menschen, die einfach vor unserer Türe standen und dringend um Hilfe baten. Die meisten von ihnen hatten schon alles versucht, um in ihrer Notsituation Ansprechpartner bei den in der Öffentlichkeit genannten Stellen zu finden.

So stellten wir einfach unser Leben um. Es wurde normal, daß täglich Opfer der Scientology unangemeldet vor unserer Haustür standen. Dabei kamen wir ganz schön ins Schleudern, denn solche Betroffenengespräche kann man nicht zwischen Tür und Angel führen, sondern sie brauchen viel Zeit, Einfühlungsvermögen, Geduld und Verständnis. Wenn ich zurückblicke, wundere ich mich, wie wir das alles unter einen Hut gebracht haben.

Als am 15. April 1991 im *Spiegel* unsere Initiative beschrieben wurde, wußten wir nicht, welche Lawine das auslösen sollte. Von da an kam die Post in Körben, das Fax und das Telefon standen kaum mehr still. Die Besuche wurden immer zahlreicher. Außerdem gab es ja noch die Familie und meine Mutter, die altersbedingt Pflege brauchte. Übrigens wäre ohne sie vieles nicht möglich und machbar gewesen. Sie war zwar körperlich pflegebedürftig, aber geistig topfit. Durch sie waren wir einerseits zwar ans Haus gebunden, andererseits entlastete sie uns aber spürbar, indem sie die beste Zuhörerin für so manche Aussteiger und betroffene Eltern oder Angehörige wurde. Bereits in diesem kleinen Rahmen spürten wir hautnah, daß Scientology ein Gesellschaftsproblem ist. Es fehlte an Solidarität, an Bereitschaft zu helfen und an Verständnis für ungewöhnliche Situationen.

Wir erkannten auch, daß es trotz kirchlicher und staatlicher Ansprechpartner keine wirklichen Hilfsangebote gab. Es gab zwar viele Diskutierclubs mit selbsternannten Experten, die seit Jahren über Scientology redeten, aber es gab und gibt bis heute keine wirkliche Hilfe und Unterstützung von offiziellen Stellen. Es ist bezeichnend, daß nach einem einzigen Artikel über „Robin Direkt" im *Spiegel* eine Flut von Hilfesuchenden auf uns zukam, die als Betroffene der Scientology-Machenschaften bereits seit Jahren versucht hatten, bei den ausgewiesenen Sektenstellen Hilfe zu bekommen. Diese Erfahrung erstaunte uns von Anfang an. Jeder wurde dort weitergereicht, von Stelle zu Stelle. Und nicht einmal das scheint funktioniert zu haben, denn die meisten Stellen fühlten sich überhaupt nicht zuständig für die Belange von Geschädigten. Sie kamen dann zu uns – frustriert, verzweifelt, verschuldet und resigniert. Ihre Unterlagen und Beweise hatte man ihnen zwar gerne abgenommen und archiviert, geholfen hatte man allerdings nicht – weil man nicht konnte, nicht durfte oder nicht zuständig war.

Wir haben uns als Bürgerinitiative entschlossen, gegen den Wahnsinn Scientology aufzustehen. Wir haben uns aber auch entschieden für die Menschen, die vor Verzweiflung nicht mehr ein und aus wußten und zu uns kamen. Wir waren bereit, unser Leben darauf einzurichten, und zogen dies auch konsequent durch. Nach meiner heutigen Erfahrung und meinem heutigen Wissensstand ist mir klar, daß ich damals von falschen Erwartungen ausgegangen bin: Wer sich mit Sekten oder anderen menschenverachtenden Organisationen auseinandersetzt – und noch dazu hauptberuflich –, muß nicht unbedingt eine idealistische und menschenfreundliche Grundeinstellung haben.

„Warum tun Sie das?"

Das Abenteuer Zivilcourage, das ich als kompromißlose Scientology-Kritikerin einging, war und ist für mich die „Universität des Lebens", die mich viel lehrt und mir viel vermittelt. Heute weiß ich, sie hat auch mich verändert, und ich bin mit den Aufgaben gewachsen.

Mein Mann und ich haben aufgrund unseres Engagements sicherlich dazu beigetragen, daß emotional extrem schwierige Situationen behandelt wurden, natürlich nicht so distanziert wie in einem Behördenbüro.

Die Menschen kamen zu uns nach Hause – unangemeldet standen Ex-Scientologen und Betroffene aus dem Umfeld von Scientologen plötzlich vor der Tür. Durch die mir angeborene Offenheit war es für mich selbstverständlich, sie einzulassen, und oft kam es vor, daß sie im Wohnzimmer auf andere trafen, die ebenfalls warteten. Daraus ergaben sich oft interessante Treffen, aus denen auch wir viel lernen konnten. Kamen die Betroffenen zur Essenszeit, so war es für uns selbstverständlich, daß sie bei uns am Tisch Platz nahmen. Für uns wurden die Gespräche und das Leben mit Betroffenen zur Alltäglichkeit. Eine Art Pioniergeist trieb uns zum Weitermachen, wir waren wütend darüber, daß in einem Rechtsstaat eine Organisation wie Scientology völlig ungehindert soviel Leid über Menschen bringen kann.

Ich kann mich noch gut an den Tag erinnern, an dem morgens ein Mann anrief, der ganz dringend mit seinem Bruder vorbeikommen wollte, der ein paar Tage zuvor bei Scientology ausgestiegen war. Sie seien beide schon in Pfaffenhofen in einer Telefonzelle und wollten sofort kommen, denn inzwischen würden sie zu Hause fast stündlich von Anrufen der Scientologen belästigt. Der Anrufer hatte Angst, daß sein Bruder unter dem Einfluß von Scientology seinen Ausstieg rückgängig machen könnte.

Eine Entscheidung mußte getroffen werden, denn eigentlich war das Frühstück mit Oma vorgesehen – es war 8.30 Uhr morgens. Dazu brauchte ich Zeit und Geduld. Aber da war auch der junge Mann am Telefon, der aus Frankfurt gekommen war und seinem Bruder helfen wollte. Meine oft von Experten kritisierte Spontaneität und Emotionalität hat mir in solchen Situationen immer geholfen – ich entschied schnell und emotional, daß die beiden natürlich kommen konnten. Sie mußten dann eben mit am Tisch sitzen und mit mir und Oma frühstücken. Ich konnte mir nicht vorstellen, daß es jemandem schaden würde, wenn meine Mutter im Rollstuhl am Eßzimmertisch saß und langsam ihr mundgerecht geschnittenes Brot aß.

Ein paar Minuten später klingelte es, und zwei junge Männer standen vor der Tür. Die Ähnlichkeit war nicht zu übersehen, auch wenn der eine eher hager war und mich mit starren, großen Augen ansah. Ich spürte sogar körperlich die Distanz, die er mir gegenüber aufbaute. Das muß wohl der Aussteiger sein, überlegte ich.

Der andere war offen, und ich erkannte seine Stimme vom Telefon. Ich erklärte den beiden, daß wir gerade beim Frühstück seien und daß sie gerne mitessen könnten. Der Bruder des Ex-Scientologen langte auch gleich völlig unkompliziert zu. Der andere saß da, trank lediglich eine Tasse Kaffee und blickte völlig irritiert in die Runde. Ohne groß um Worte zu ringen, sah ich ihn an und sagte: „Es gibt sicher einen Grund, warum Sie jetzt hier sitzen.

Also, entweder Sie reden jetzt mit mir und vergessen diese dumme SP-Geschichte von Scientology (ein SP oder „Suppressive Person" ist ein Unterdrücker, der Ärgernis verursacht; ein Scientologe darf mit einem SP keinen Kontakt haben, und ich bin für Scientology natürlich ein großer Unterdrücker und Ärgernisverursacher), oder wir trinken jetzt Kaffee, reden über das Wetter, und Sie fahren wieder nach Hause."

Hier stelle ich mir bildlich ein paar Leute aus der sogenannten Expertenszene vor, die sich in ihrer Beratertätigkeit als Diplompsychologen bis in die Enquete-Kommission in Bonn einbringen und wahrscheinlich die Hände über dem Kopf zusammenschlagen, wenn sie hören, wie ich mit diesem Ex-Scientologen beim ersten Zusammentreffen umging. Gleich an dieser Stelle möchte ich den klugen Theoretikern die Frage stellen: Wie oft haben Sie eigentlich mit einem Ex-Scientologen in dieser emotional schwierigen Situation, in der sich ein Aussteiger am Anfang immer befindet, an einem Tisch gesessen? Wie oft haben Sie außerhalb Ihrer bezahlten Dienstzeiten Leute in Streß- und Extremsituationen in Ihr Privatleben aufgenommen? Die Antwort darauf konnte mir bisher keiner der staatlich und kirchlich bezahlten Sektenbeauftragten geben. Denn wohl keiner von ihnen hat solche Situationen tatsächlich erlebt.

Bei unserem Gespräch am Frühstückstisch im Frühjahr 1991 schwieg der Ex-Scientologe und ließ seinen Bruder erzählen. Wie immer gab es eine Vorgeschichte, durch die sein Bruder überhaupt zu Scientology gekommen war. Beide wurden von den Eltern streng erzogen und hatten den Ehrgeiz, beruflich etwas ganz Besonderes zu erreichen. So kam der eine mit dem Schulungsprogramm eines Unternehmensberaters in Berührung, der ihm dringend zur Weiterbildung geraten hatte, weil die wirtschaftlichen Anforderungen für „Siegerpositionen" extrem hoch seien und man deshalb spezielles Training brauche. Über das Schulungsprogramm verwickelte er sich wie Tausende andere in den Hubbardismus, die Ideologie der Scientologen. Der Hubbardismus wird in solchen Seminaren von scientologischen Unternehmensberatern weitervermittelt, ohne daß der Kursteilnehmer den Hintergrund der Schulungen kennt. So begann eine Ausbildung, die als Karriereförderung gebucht wurde und über die er dann vom Unternehmensberater zur Scientology-Organisation vermittelt wurde. Dort wurde er dann zum linientreuen, fanatisierten Mitläufer eines totalitären Systems mit dem Namen Scientology ausgebildet. Natürlich kostete das Ganze eine immense Summe, die der damals 27jährige erst einmal über sein Erspartes, dann über den Verkauf seines Autos und schließlich über Kredite finanzierte, die ihm aufgrund seiner sicheren Arbeitsstelle auch gewährt wurden.

Bei einem Kreditvolum von 150.000 DM machte die Bank jedoch nicht mehr mit. Detailliert schilderte der Bruder die Familiensituation, und man bemerkte sehr deutlich die Spannung zwischen den Geschwistern. Der eine war wütend, enttäuscht und frustriert zugleich, weil sich der Bruder auf Scientology eingelassen hatte und damit das Leben aller Familienangehörigen belastete. Daneben saß regungslos der hagere Ex-Scioentologe – vom ersten Kurs an gedrillt, keine Emotionen zu zeigen und immer die Situation zu „handhaben". Um die Atmosphäre zu entspannen, wandte ich mich meiner Mutter zu, die inzwischen gefrühstückt hatte und die beiden Brüder mit wachem Blick anschaute. Ich sagte: „Oma, mit einer Decke kannst du heute die Zeitung schon auf der Terrasse lesen." Sie nickte, und ihr Schmunzeln verriet mir, daß sie mich verstanden hatte. So schob ich den Rollstuhl auf die Terrasse, holte eine Decke und die Tageszeitung, setzte Oma die Brille auf. Damit vergingen ein paar Minuten, in denen die Brüder ungestört miteinander reden konnten.

Als ich ins Eßzimmer zurückkam, fragte mich der Ex-Scientologe: „Warum tun Sie das?"

Als ich ins Eßzimmer zurückkam, fragte mich der Ex-Scientologe: „Warum tun Sie das?" Ich fragte: „Was meinen Sie, was ich tue?" „Na das mit Ihrer Mutter. Das ist doch eine enorme Belastung, und in der Zeit können Sie doch weniger für sich selber tun", erwiderte er. Ich wollte mir gerade noch Tee nachgießen, stand mit der Kanne da und schaute ihn an. „Wie kommen Sie darauf, daß es eine Belastung ist, meine Mutter zu pflegen? Was versäume ich jetzt? Nein, alles was ich für meine Mutter tue, mache ich gerne und aus Überzeugung. Es wäre weder mir noch meiner Familie in den Sinn gekommen, unsere Mutter in ein Altersheim oder ein Pflegeheim zu geben. Mit der gleichen Selbstverständlichkeit habe ich vor einer Stunde entschieden, daß Sie und Ihr Bruder sofort kommen können. Vielleicht sind wir schon mittendrin im Thema Scientology. Ihre Fragestellung zeigt mir, daß Ihr Gedankenbild nur noch eine Richtung hat – Scientology hat Sie nur eines gelehrt: Egoismus um jeden Preis durchsetzen, egal auf wessen Kosten. Und wenn Sie es mir nicht spontan sagen wollen, dann will ich Sie jetzt fragen, aus welchem Grund Sie bei Scientology ausgestiegen sind. War es lediglich die finanzielle Situation, oder sind Sie auch dazu bereit, darüber nachzudenken, was die Scientology-Trainings in Ihrem Denken und in Ihrer Lebenseinstellung bewirkt haben?"

Wie ich in den vielen Jahren der Aussteigerhilfe lernen mußte, war ein wirklicher Dialog zu diesem Zeitpunkt noch gar nicht möglich. An Stelle des

Aussteigers antwortete wieder der Bruder: „Er lebt in einem Zwiespalt. Er weiß, daß er uns angelogen hat und daß wir ihm aufgrund dieser Lüge durch Bürgschaften zu Krediten verholfen haben. Er hat die Eltern so enttäuscht, daß sie nichts mehr mit ihm zu tun haben wollen."

Nun setzte ich mich endlich hin, goß mir Tee ein und sah beide an. „Ich denke, es geht nicht nur um das Geld, sondern um ein Stück verlorene Lebenszeit, um ein Stück verlorenes Menschsein. Vielleicht sollte ich Ihnen jetzt sagen, daß sicher noch viele Gespräche nötig sind, bis Sie einfach mutig und ehrlich sagen können, daß Sie den falschen Weg gewählt haben."

Unsere Blicke trafen sich. Ich wußte, daß es bei Scientology ein Training gibt, das „TR 0" heißt, in dem man lernt, Blicken über viele Stunden völlig emotionslos standzuhalten. In den Sekunden, als sich unsere Blicke trafen, suchte er regelrecht nach Reaktionen in meinem Gesicht. Was er fand, war ein Lächeln und ein Blick, aus dem er vielleicht lesen konnte, was ich ganz tief im Inneren fühlte: Mitleid.

Da die beiden jedoch ein weites Stück zu uns gefahren waren, wollte ich dem Ex-Scientologen die Möglichkeit geben, mit jemandem zu reden, der selbst jahrelang bei Scientology gewesen war. Er war als Ethikoffizier sogar dafür zuständig gewesen, die gefährliche und menschenverachtende Ideologie der Scientology durchzusetzen. Wir einigten uns auf ein Treffen am Abend, und ich schlug den Brüdern vor, einen Bummel durch Ulm zu machen, um erst einmal alles zu vergessen.

Meine theoretischen Kenntnisse waren damals sehr gut, und ich wußte, daß bei einem Aussteiger, der die Organisation erst vor kurzem verlassen hat, noch die geistige Kralle der Scientology funktioniert und er in mir – wie in jedem, der Scientology kritisch gegenübersteht – einen Feind sah, mit dem er keinen Kontakt haben darf.

Die Brüder verabschiedeten sich, und der Ex-Scientologe fragte, ob er sich auch von meiner Mutter verabschieden könne. „Selbstverständlich", sagte ich, „sie sitzt auf der Terrasse." Er ging hinaus, schaute sie an und sagte: „Aufwiedersehen." Sie gab ihm die Hand, sagte vorerst nichts und sah ihm nur in die Augen. Mit der Weisheit ihres Alters verabschiedete sie sich dann von ihm mit den Worten: „Wenn man vor einer Kreuzung steht und eigentlich nicht weiß, wohin man will, sollte man sich nicht schämen, Hilfe anzunehmen, wenn sie einem angeboten wird, bevor man den falschen Weg wählt." Sie hielt dabei seine Hand und schaute ihn an. Ich weiß bis heute nicht, ob es ihre Worte waren, ihr Alter oder ihre Art, mit diesem Alter und der Gebrechlichkeit umzugehen – auf jeden Fall habe ich zum ersten Mal eine Regung im Gesicht des Aussteigers gesehen. Das machte mir Mut, den

Kampf gegen die Ideologisierung aufzunehmen, die täglich innerhalb der Scientology stattfindet.

Erlebnisse mit Betroffenen

Durch sehr viele Gespräche mit diesem Aussteiger, seinem Bruder, aber auch den Eltern war es möglich, daß die perfide Art der Ideologisierung ins Wanken gebracht wurde und er sich selbst und Scientology gegenüber kritikfähig wurde. Heute ist er einer der wenigen Ex-Scientologen, die eine Auseinandersetzung mit der Scientology-Organisation führen und hinterfragen, wie es möglich war, daß man sie selbst instrumentalisiert hat.

Unser Alltag war voll von solchen Begegnungen. Alle diese Einzelschicksale hatten mich immer wieder neu motiviert, diese Organisation Stück für Stück auseinanderzunehmen. Mein Ziel war schon immer, der Öffentlichkeit das wirkliche Gesicht von Scientology zu präsentieren, damit sich unser Staat und unsere Gesellschaft vor dem Zugriff dieser menschenverachtenden Ideologie schützen können.

Bestärkt wurde ich durch die täglichen Erlebnisse mit Betroffenen.

Über Jahre hinweg waren Mütter, Väter, Geschwister, Freunde und Geschäftspartner Meilensteine auf dem Weg, den ich ging. Ich sah die Ängste der einzelnen Menschen, die Tränen, die Geschädigte bei uns zu Hause weiten, die vielen vernichteten Existenzen und die Sozialhilfeempfänger, die durch die Ausbeutung durch Scientology an den Rand der Gesellschaft gedrängt worden waren. Daß ich manchmal für andere Menschen unerträglich wurde, hat sicher mit meinem Temperament, meiner Spontaneität und letztendlich mit meiner Biographie zu tun. Die wachsende Erkenntnis hat bei mir eine unglaubliche Wut ausgelöst, die mich motivierte und die in Handlungsbereitschaft mit allen Konsequenzen umgewandelt wurde.

Als die ersten schwer geschädigten Bürger zu uns kamen, die selbst mit Scientology nie Berührung hatten, sondern über Tarn- und Nebenorganisationen mit Aufträgen abhängig gemacht worden waren, um ihnen dann durch strategisch ausgeklügelte Aktionen den Gewinn bis hin zum Konkurs wieder zu entziehen, verstand ich nicht, warum diese Informationen nicht bei Behörden vorlagen. Ich kann bis heute nicht verstehen, daß ein Rechtsstaat in völliger Apathie über zwanzig Jahre lang solche kriminellen Machenschaften ungestraft läßt. Ich wollte wissen, warum. In kürzester Zeit war es mir gelungen, Fakten zu liefern, die bewiesen, daß Scientology alles andere ist als sein sorgfältig aufrechterhaltenes offizielles Bild. Ich gehöre jedoch seit jeher zu den Pragmatikern und nicht zu den Theoretikern und war daher nicht bereit, mich auf der Ebene der Diskutierclubs der Sektenexperten zu bewegen.

Das Expertenkarussell

Bereits im Frühjahr 1991 war es für uns ganz normal, daß wir täglich Berge von Post erhielten. Unter all den Briefen, in denen wir um Hilfe und Unterstützung gebeten wurden, war auch eine Einladung zu einem Symposium über Sekten in Leipzig. Es war das erste Mal, daß ich die Gelegenheit bekam, all diese Profis, von denen man hörte und las, persönlich kennenzulernen. Bis dahin hatte ich lediglich telefonischen Kontakt zum baden-württembergischen Sektenbeauftragten Hartmut Hauser gehabt, der mich bereits auf diese Veranstaltung hingewiesen hatte und fragte, ob ich bereit sei, dort über unsere Erfahrungen zu sprechen. Die Liste der Diskussionsteilnehmer enthielt viele Namen, die mir überhaupt nichts sagten. Ich fühlte mich nicht nur so, sondern ich war auch tatsächlich in dieser Szene ein absolutes Greenhorn.

Im September 1991 fuhren wir dann nach Leipzig, und man merkte zu dieser Zeit noch ganz genau, wo einmal der Eiserne Vorhang gehangen hatte. Kilometerlang kein Lebenszeichen, keine Häuser. Die Straße holperig – alles grau in grau. Mein Mann und ich hatten ein mulmiges Gefühl. Wir waren beide zum ersten Mal in unserem Leben im Ostteil unseres Landes. Es war bekannt, daß sich alle Weltverbesserer, Psychogruppen und Sekten wie Heuschreckenschwärme auf den Osten stürzten. Sie erwarteten wohl alle ein großes, offenes Feld, auf dem sie ihr oft sehr gefährliches Saatgut ausstreuen konnten. Aus diesem Grund hatte die Konrad-Adenauer-Stiftung als Tagungsort für das Symposium auch Leipzig ausgewählt.

Als wir durch die Stadt zum Hotel fuhren, beschlich mich ein Gefühl der Unsicherheit und der inneren Distanz, weil ich mir vorstellte, wie in dieser Stadt jahrzehntelang Menschen gelebt hatten, die von der Stasi bespitzelt worden waren und keinerlei Möglichkeiten hatten, sich öffentlich gegen die Staatsmeinung zu stellen. Ich konnte es mir eigentlich gar nicht vorstellen und bewunderte diejenigen, denen wir es zu verdanken hatten, daß wir uns in Leipzig so frei bewegen konnten – jene Menschen, die anfingen, mit einer Kerze in der Hand für das Licht in den Köpfen der Menschen zu demonstrieren.

Im Hotel war unübersehbar, daß sich offensichtich alle kannten und daß man sich wohl im Laufe der Jahre bei vielen solcher Treffen begegnet war. Auf der Einladung war ein gemeinsames Abendessen vorgesehen. Da wir durch die nicht einkalkulierten Straßenverhältnisse verspätet ankamen, hatten wir wenig Zeit für Vorgespräche und holten gleich den Schlüssel an der

Rezeption ab. Mein Mann Paul stellte die Tasche im Zimmer ab, fing an zu lachen und sagte: „Vor ein paar Jahren hätten wir uns in einem Hotelzimmer in Leipzig noch überlegen müssen, was wir reden, weil man ja nie wußte, wo die Stasi ihre Mikrophone plaziert hat.“ Auch ich lachte und setzte noch einen drauf: „Na ja, wenn man die Geheimdienstabteilung von Scientology anschaut und wie die bereits hier in Leipzig agiert, haben die vielleicht schon längst zu DDR-Zeiten einen Antrag gestellt, damit die ganzen Mikrophone drin bleiben.“

Als wir in dieser lockeren Art über die Selbstverständlichkeit sprachen, mit der totalitäre Staaten bespitzeln und abhören, waren wir ganz nah an der Realität. Denn Scientology hat tatsächlich ein Spitzel- und Ausforschungssystem, das dem der Stasi in keiner Weise nachsteht.

Abendessen mit Profis

Die Tische waren gedeckt. Man stand in Gruppen herum. Andere saßen bereits am Tisch. Da wir ja niemanden kannten, standen wir erst einmal ein Stück weit abseits und beobachteten die Szene.

„Hatten Sie eine gute Fahrt?“ wurden wir von einer Dame der Stiftung begrüßt. Wir bejahten und fragten, ob es eine Sitzordnung gebe. Als wir ihr unseren Namen sagten, erwiderte sie: „Ach ja, da hinten wartet bereits Herr Hauser aus Stuttgart auf Sie.“

Meine Vorstellung von einem Sektenbeauftragten war damals sehr vage und theoretisch. Aber dort wimmelte es ja geradezu von Menschen dieser Spezies, und meine Eindrücke waren sehr zwiespältig. Ich weiß heute nicht mehr, ob es meine Gefühle waren, die mich verunsicherten, oder ob es die Art war, wie diese Leute miteinander umgingen. Wir begrüßten Herrn Hauser und stellten uns vor. Er zog uns zur Seite und ermahnte uns sofort: „Hartwig, bleiben Sie in meiner Nähe und erzählen Sie nicht jedem, was Sie wissen!“ Ich wunderte mich, denn am Telefon hatte er mir doch gesagt, ich solle meine Erlebnisse mitteilen.

Wir hatten gar nicht damit gerechnet, daß innerhalb dieser Szene professioneller Kritiker gegenseitiges Mißtrauen und Argwohn zur Standardausrüstung gehören.

Der Zufall wollte es, daß wir mit Ralf-Dietmar Mucha, dem Vorsitzenden der „Aktion Psychokultgefahren“, und Irene Meichsner, einer Journalistin, die sich ebenfalls mit dem Thema intensiv auseinandersetzte, an einem Tisch saßen. Sehr schnell erkannten wir, daß der eine oder andere seine Kollegen argwöhnisch beäugte. Das verstanden wir überhaupt nicht, weil wir mit unserer Offenheit und auch der Bereitschaft, Dinge beim Namen zu nennen, gar nicht damit gerechnet hatten, daß innerhalb dieser Szene professioneller Kritiker gegenseitiges Mißtrauen und Argwohn zur Standardausrüstung gehören.

Nach dem üblichen Small talk kam ich mit Mucha ins Gespräch über die Vorstellungen, die ich von solch einem Symposium hatte. Er machte mir recht schnell klar, daß diese falsch waren. Mit großer Sachkunde prophezeite er mir, daß ich wahrscheinlich selbst sehr rasch darauf kommen würde, daß innerhalb der Szene nicht jene idealistische Grundeinstellung vorherrscht, von der ich ausging.

An diesem Abend wurden wir oft gefragt, warum wir da seien und wieso wir uns dieser Thematik angenommen hätten. Man war erstaunt, daß wir uns ganz speziell auf Scientology konzentrierten und all die anderen Gruppen gar nicht in unsere Recherche einbeziehen wollten.

Nach dem Abendessen ging es noch in die Stadt, in den Leipziger Bierkeller, und Herr Hauser erklärte uns auf dem Weg dorthin, daß es wahrscheinlich besser wäre, wenn wir bei ihm blieben. Wir lernten an diesem Abend auch den Rechtsanwalt Dr. Ralf Abel, den Bundestagsabgeordneten der CDU, Elmar Müller, und den Journalisten Roland Stimpel kennen. Als wir dann spätabends wieder mit Herrn Mucha und Frau Meichsner an einem Tisch saßen und über unsere bis dahin gemachten Erfahrungen sprachen, warnte der Sektenbeauftragte Hauser Herrn Mucha, er solle ihm ja nicht „die Hartwig" wegnehmen. Heute weiß ich, was es mit diesem Satz auf sich hatte. Natürlich ging es nicht um meine Person, es ging um meine Informationen. Ich wurde als Informant für Herrn Hauser gehandelt. Anscheinend hatte jeder der Kritiker seinen Stab von Zulieferern, mit denen er dann seine eigene Position sicherte. Egal mit wem wir bei diesem dreitägigen Symposium sprachen, bald schon war für uns klar, daß es bei der ganzen Veranstaltung um ein Ausforschen von Informationen des anderen ging. Ein wirklicher Dialog und Austausch von Informationen fand nicht statt.

Lag das an den Erfahrungen, die jeder für sich gemacht hatte, gehörte das zur Szene? Oder hatte jeder Angst, mit der Weitergabe von Wissen seine eigene Position zu schwächen? Das konnten wir damals nicht einschätzen, wir registrierten es einfach.

Aufmarsch der „Thetane"

Was für uns heute zur Normalität gehört und weder meinen Mann noch mich irritiert, war damals in Leipzig absolutes Neuland. Auf der einen Seite die Delegation, die sich zum Symposium traf, um über die Sektenproblematik zu diskutieren, auf der anderen Seite ein Aufmarsch von „Thetanen", jener Scientologen, die sich in ihrer Wahnvorstellung als etwas ganz Besonderes verstehen, aber nichts anderes als Handlanger des Systems Scientology sind.

Leider ist es trotz der großen Anzahl von Kennern der Szene nicht gelungen, in der breiten Öffentlichkeit die falsche Vorstellung zu revidieren, daß ein „Operierender Thetan" etwas Besonderes sei. Er ist nichts anderes als jemand, der eine Gehirnwäsche hinter sich hat. Als fanatischer Fundamentalist der Scientologen führt er linientreu das aus, was die Organisation von ihm erwartet, und manchmal sogar mehr.

Am nächsten Tag gingen wir nach dem Frühstück zu Fuß durch Leipzig bis zur Halle, in der das Symposium stattfand. Damals war ich überrascht, wie diese „Thetane" in einem kleinen Grüppchen vor der Tür standen, wo sie ihre Scientology-Broschüren und Pamphlete gegen die Kritiker verteilten.

Ein einzelner Scientologe reagiert feige, wenn man ihn anspricht. Treten sie allerdings in Gruppen auf, fühlen sie sich stark, mutig und trumpfen auf – ein Merkmal aller Radikalen: in Gruppen mutig, einzeln feige.

Vor dem Saal waren Informationstische der diversen Initiativen aufgebaut. Der Saal war gut besetzt. An einem langen Tisch saßen die Teilnehmer, die an diesem Morgen ihren Beitrag zum Thema leisteten. Im ganzen Saal verteilt saßen die „Thetane" und warteten auf den Befehl, ihr Störfeuer zu eröffnen. Auf dem Gang traf ich eine kirchliche Sektenbeauftragte aus den neuen Bundesländern, die anscheinend auch zum ersten Mal in solch einem Rahmen öffentlich aktiv wurde.

Ich sagte zu ihr: „Es wäre doch gelacht, wenn wir diesen Robotern der Scientology nicht Paroli bieten könnten, damit sie merken, daß sie die falsche Software implantiert bekommen haben." Ich sehe noch heute ihr Gesicht, wie sie mich erstaunt anschaute und sagte: „Glauben Sie, daß das so einfach ist?" Ich war felsenfest überzeugt, daß es leicht möglich ist, sich den Scientologen in den Weg zu stellen.

Wenn ich heute auf dieses Treffen zurückblicke, dann gab es schon damals ganz erheblich auseinanderlaufende Meinungen darüber, wie mit dem Thema Scientology umzugehen ist.

Paul und ich saßen als Zuhörer in den vordersten Reihen, als die Expertenrunde mit ihren Beiträgen begann. Die Sektenbeauftragten erläuterten ihre

Bedenken aus theologischer Sicht und kamen dann auf die juristischen und politischen Belange zu sprechen. Die Medien waren zahlreich vertreten, und für den Abend war eine Diskussionsrunde im Fernsehen geplant. Allein aus den Ausführungen des Vormittags erkannten wir, daß sich die Diskussion starr in eine Richtung bewegte: Die Auseinandersetzung mit dem Thema Scientology wurde ausschließlich aus dem theologischen Blickwinkel geführt. Es ging um Weltanschauung, um Glauben, um die Differenz zwischen den verschiedenen Ansichten der Kirchen und nur am Rande darum, welche Auswirkungen das auf einzelne Menschen hat.

Störfeuer

Danach kam alles in Bewegung: Zuhörer und Referenten verteilten sich in die Arbeitskreise. Ich war für die Gruppe „Wirtschaft" eingeteilt und war wirklich froh, daß auch dieses Thema behandelt wurde. Auf dem Podium waren wir zu fünft. Der Wirtschaftsjournalist Roland Stimpel und die Journalistin Irene Meichsner saßen auf dem Podium. Beide recherchierten zum Thema „Scientology und Wirtschaft" und hatten zu der Zeit bereits einige hervorragende Artikel geschrieben. Mit dabei war auch der CDU-Bundestagsabgeordnete Elmar Müller, der den politischen Part übernahm und ganz klare Worte wählte (nach 1992 hat er sich zum Thema Scientology allerdings interessanterweise so gut wie gar nicht mehr geäußert). Am Abend vorher hatten mein Mann und ich ein langes Gespräch mit Irene Meichsner und Ralf-Dietmar Mucha geführt, und ich war froh, daß auch Herr Mucha neben mir saß.

Er bestärkte mich von Anfang an, weiter in Richtung Scientology und Wirtschaft zu recherchieren, und er bestätigte auch meine These, daß die Scientologen hinter ihren offiziellen Zielen etwas ganz anderes im Schilde führen. Immerhin war er zu diesem Zeitpunkt schon ein guter Kenner der Szene. Er kann bis zum heutigen Tag den Titel Experte absolut zu Recht für sich in Anspruch nehmen. Er war auch ein Insider, was die Expertenszene betraf, wußte auch von den Querelen, die es anscheinend schon immer gab. Übrigens prophezeite er mir bereits 1991, daß es extrem schwierig werden würde, ohne die Erlaubnis der etablierten Expertenlobby tätig zu werden.

Was uns sofort auffiel, war die sehr schmeichlerische Art, in der die Experten in der Öffentlichkeit miteinander umgingen. Aber im privaten Rahmen, in den Pausen oder wenn sich der eine oder andere unbeobachtet fühlte, zogen sie übereinander her. Auch das habe ich bei diesem Treffen in Leipzig mit Herrn Mucha besprochen. Er lachte nur und sagte: „Wenn man die Szene jahrelang kennt, wundert man sich über gar nichts mehr!“ Seine Erfahrungen stammten aus der Zeit der achtziger Jahre, als die Kritikerszene sehr aktiv war, wozu in ganz erheblichem Maße der Sektenbeauftragte der evangelischen Landeskirche in Bayern, Friedrich-Wilhelm Haack, beigetragen hatte. Er hatte sich weder von den Scientologen noch von einer anderen Gruppierung und auch nicht von den sogenannten Kritikern ein X für ein U vormachen lassen. Er ging seinen Weg, und Haacks Buch *Magie des 20. Jahrhunderts* war für mich eine der wichtigsten Einstiegslektüren zu diesem Thema. Leider war es mir nicht vergönnt, ihn persönlich kennenzulernen – er verstarb Anfang 1991. Neben seiner theologischen Argumentation gegen Scientology besticht auch heute noch, wie sehr er die Strategie und die Verlogenheit des scientologischen Systems durchschaute. Er warnt eindringlich vor der wirtschaftlichen und politischen Gefahr, die von den Unterwanderungsstrategien der Scientologen für die Gesellschaft ausgeht.

Der Saal in Leipzig war brechend voll, und die Scientologen, die zu diesem Arbeitskreis als Zuhörer gekommen waren, verteilten sich strategisch im Publikum. Sie vermittelten den Eindruck, als seien sie sich ihrer Sache ganz sicher. Sie glaubten, ihre Tarnung sei perfekt, und niemand könne sie im Bereich der wirtschaftlichen Unterwanderung stoppen. Damals in Leipzig dabei: der Immobilienmakler Ernst Haible mit seiner Frau Sabine, Reinhold Stricker von CCI-Institut (damals Dreieich, heute in Dietzenbach), der Rechtsanwalt Günther von Jan und außerdem Detlev Foullois, der zu dieser Zeit mit seinem Geschäftspartner Karl-Erich Heilig rücksichtslos seine Expansionen und Machenschaften in den neuen Bundesländern durchzog, und der in der Personalberatung tätige Fred Heuwing von „Choice International“, die heute unter dem Namen „Euroselect“ agiert und den Auftrag hat, über die Personalberatung die Hubbard-Ideologie in der Geschäftswelt zu verbreiten. Die Delegation der „Thetanen“ war zum Stören oder Verunsichern angetreten. Sie wollten um jeden Preis vermeiden, daß man über ihre Machenschaften aufklärte. Ganz in der Ecke stand die Pressesprecherin der Frankfurter Scientology-Niederlassung, Frau Lieser, die mit Zwischenrufen schon damals versuchte, von den Fakten abzulenken. Ihre Strategie: das Wort „verfolgte Minderheit“ lang und breit zu diskutieren. Vom Podium aus wurde mit harten Fakten argumentiert, und Reinhold Stricker versuchte, den 200-Fragen-Test der Scientologen zu legitimieren, indem er sagte, der Test werde in großen Firmen schon als Personalauswahlverfahren genutzt. Die Luft war nicht nur wegen des überfüllten Raums sehr stickig, vielmehr war körperlich zu spüren, daß der Aufmarsch der „Thetane“ nur deshalb stattfand, um den

Diskussionspunkt Scientology in Wirtschaft und Politik schon im Keim zu ersticken. Die Argumente waren genau dieselben, die heute noch jeder Scientologe äußert, wenn es um die aufgedeckten wahren Ziele und Machenschaften geht. Der Nachmittag in Leipzig hat mir gezeigt, daß all diese Podiumsdiskussionen der Kritiker nichts nützen und daß man so schnell wie möglich eine noch offensivere, direktere und kompromißlosere Aufklärung betreiben muß, wenn man die scientologischen Unterwanderungen noch stoppen will.

An diesem Tag enstand aber auch eine gute Basis für eine Zusammenarbeit von Ralf Dietmar Mucha mit meinem Mann und mir. Daraus entwickelte sich im Laufe der Zeit eine Freundschaft, die für uns sehr wichtig ist.

Verunsicherung statt Bestärkung

Am Abend strömte alles in eine Halle, in der eine Aufzeichnung für das Fernsehen stattfand. In Reih und Glied stand man nebeneinander. Vertreter sämtlicher Gruppierungen waren anwesend und diskutierten, was das Zeug hielt. Leider wurde immer nur an der Oberfläche gekratzt mit den gleichen Argumenten, den gleichen Vorwürfen und vor allem von denselben Personen. Warum war es nicht möglich, bei den Auseinandersetzungen mehr in die Tiefe zu gehen?

Schaute ich nach rechts, so stand fast neben mir Rosemarie Mundl, eine der führenden und in meinen Augen ganz gefährlichen Scientologinnen, die als Mitverantwortliche der „KVPM“ (Kommission für Verstöße der Psychiatrie gegen Menschenrechte e.V.) fanatisch und linientreu die Ziele von Scientology durchsetzen will und die als ein Brückenpfeiler der Organisation zu betrachten ist. Vor ihr stand der Rechtsanwalt und Scientologe Günther von Jan, zum damaligen Zeitpunkt in Süddeutschland tätig, um alle möglichen Aktivitäten im Sinne von Scientology durchzusetzen, unter anderem eine Schule zu errichten, in der die Kinder von klein auf nach scientologischen Richtlinien erzogen werden sollen. Heute agiert er im scientologischen Immobilienkartell mit dem scientologischen „OT“ Fliegerbauer in der Osterdeich AG in Zwickau. Mit freundlichem Lächeln sagte Rosemarie Mundl in die Kamera, daß ihre Ausbildung bei Scientology nicht teuer gewesen sei, was von Jan unterstrich, ohne auf die Fragen des Moderators einzugehen.

Ich kam mir vor wie eine Statistin. Irgendwo gab es einen unsichtbaren Regisseur, der die Rollen verteilte, die Manuskripte schrieb und die Kamera führte. Da waren auf der einen Seite die Moderatoren der Sendung, die bemüht waren, die Befürworter und die Gegner angemessen zu Wort kommen zu lassen. Auf der anderen Seite standen die Vertreter der Sekten und Organisationen, die vehement ihr nach außen aufgebautes Image verteidigten, und die Gegner, die jedes Wort überlegten und abwogen, um ja nicht hinterher juristisch belangt werden zu können. Mittendrin in diesem Kessel der Anpassung und Vorsicht standen die Kritiker zwar dicht gedrängt, aber keiner trat dem anderen auf den Fuß. Ich registrierte, wie die Sendung an mir vorbeirauschte, und ich überlegte, was wohl auf der anderen Seite der Bildschirme in den Wohnzimmern der Bürger von diesem Symposium und den dort gemachten Aussagen überhaupt ankommen würde. Wäre ich bloß ein unbeteiligter Zuschauer gewesen, hätte ich sicher bald wieder abgedreht. Auf keinen Fall wäre mir klar geworden, daß zum Beispiel hinter den Aussagen der Scientologen eine gezielte PR-Strategie steckt, die tagtäglich greift. Mir wäre sicherlich auch nicht klar geworden, daß das System Scientology eine Gefahr für unsere Demokratie und Gesellschaft ist.

Mit Ausnahme des nachmittäglichen Arbeitskreises war dieser Tag kein Meilenstein in der Aufklärung über Scientology.

Die dort gemachten Erfahrungen waren für uns wichtig, um zu erkennen, daß das Gerede über Sekten gerade jenen ausgezeichnet in den Kram paßt, die ihre Ziele vertuschen und tarnen wollen. Dazu gehören an erster Stelle die Scientology-Organisation selbst und ihre gefährliche Strategie, über wirtschaftliche Potenz die politische Macht zu erlangen.

All das, was wir 1991 nach kurzer Recherche bereits wußten, konnte doch den anwesenden Profis aus der Szene nicht verborgen geblieben sein. Warum wurde so vorsichtig agiert? Warum ließ man völlig sinnlosen Auseinandersetzungen und Wortspielereien soviel Raum? Wen interessiert, ob die Ausbildung einer Rosemarie Mundl bei Scientology billig oder teuer war? Glauben die Sektenbeauftragten wirklich, daß solche Diskussionen den Menschen helfen, Gefahren zu erkennen? Wer vermutet hinter dem Begriff Sekte politischen Extremismus? Welche unerschöpflichen Möglichkeiten der Diskussion bietet das Wort „Sekte“ allein denjenigen, die sich zumindest nach außen als Liberale darstellen wollen? Wir standen damals in Leipzig, einer Stadt, die bis vor kurzem zur Deutschen Demokratischen Republik gehört hatte und in der noch die Spuren zu sehen waren, die das diktatorische Regime hinterlassen hatte.

Nach der Fernsehaufzeichnung machten wir einen Spaziergang. Ich diskutierte mit meinem Mann über all das, was mir so durch den Kopf ging: über die Eindrücke, die Aussagen und vor allem die Folgen. Wie so oft gelang es ihm, die Sache auf den Punkt zu bringen. Er blieb mitten auf der

Straße stehen, drehte sich um und sagte: „ Hier in dieser Stadt wurde bespitzelt, denunziert und mit allen möglichen Propagandastrategien nach außen eine Fassade aufgebaut, um die Welt zu täuschen, um den idealen Sozialismus zu demonstrieren. Was wir heute hier erlebt haben, ist doch etwas Ähnliches – die Vertreter der einzelnen Gruppen täuschten, verharmlosten und zogen ihre Propagandaparade ab. Wir wissen inzwischen, daß auch die Scientologen denunzieren, bespitzeln und mit einer gezielten PR-Strategie agieren, um ihr wahres Gesicht zu verbergen. Also hat heute hier etwas stattgefunden, das jahrzehntelang in dieser Stadt normal war. Ein großes Täuschungsmanöver für die Welt."

„Da gibt's nur eines: Man muß es ändern."

Dies sind Momente – und es gibt deren viele in unserem Alltag –, in denen ich richtig froh bin, die Frau von Paul Hartwig zu sein. Er versteht es immer wieder, meinen Frust in Motivation umzuwandeln. Ich war jetzt wieder hellwach und konterte: „Und warum haben das die Profis, die wir hier gesehen haben und die sich auch als solche präsentieren, einfach zugelassen? Warum kann denn eine Organisation wie Scientology im Kielwasser einer Diskussion über Sekten völlig ungehindert mitschwimmen? Wieso sagt man überhaupt ‚Sekte' zu Scientology? Und warum waren die ‚Thetane' aus Wirtschaft und Industrie heute in diesem Arbeitskreis?" Die Antwort von Paul war wieder knapp und klar: „Da gibt's nur eines: Man muß es ändern."

Genau das taten wir auch. Später diskutierten wir in einem Lokal in Leipzig mit Mitgliedern einer Elterninitiative aus Norddeutschland. Wir fragten sie, warum sie glaubten, daß Scientology eine Sekte sei. Die Antwort war alles andere als befriedigend: „Ganz einfach, weil alle Sekte sagen."

In Anbetracht der relativ kurzen Zeit – „Robin Direkt" gab es damals noch nicht einmal ein Jahr – wußten wir über die Hintergründe, Zielsetzungen und Strategien schon wesentlich mehr als so mancher, der an diesem Kneipentisch darüber lamentierte, wie lange er schon in dieser Szene tätig sei. Auch war es interessant für uns zu hören, daß sich alle in einem Punkt einig waren: Wer sich zu sehr mit Scientology anlegt, hat mit Ärger zu rechnen, und diesen Ärger will sich keiner einhandeln!

Als wir abends zurück ins Hotel gingen, wußten wir beide, daß wir den Kampf gegen Scientology nur gewinnen konnten, wenn wir ihn nicht als Freizeitbeschäftigung, sondern als wirkliche Aufgabe sahen.

Scientology als Wahlkampfthema

Vom Sektenbeauftragten Hauser wurde ich als Zulieferer betrachtet, und nach meinen Erfahrungen scheint es in der Szene der Sektenkritiker normal zu sein, daß man sich einen „Arbeitsesel“ hält. Das ist auch leicht einsehbar, denn in den Behörden ist immerhin um 16 Uhr Dienstschluß, eine private Initiative arbeitet aber auch am Abend und an den Wochenenden.

Für mich war es im Herbst 1991 vor allem wichtig, daß die von uns recherchierten Informationen und Beweise zu einer Stelle kamen, die dann die entsprechenden Staatsorgane zum Handeln veranlassen sollte. Zumindest glaubte ich damals noch, daß ein staatlicher Sektenbeauftragter seinen Auftrag erfüllt: zuständige Behörden zu informieren.

Das war auch der Ausgangspunkt, als ich eine Einladung bekam, im Landtag von Baden-Württemberg bei einer Anhörung der CDU als Referentin aufzutreten. Mit dabei war der damalige Sektenbeauftragte der evangelischen Kirche, Bender, aus Karlsruhe, Dr. Helga Lerchenmüller von der Verbraucherschutzzentrale Aktion Bildungsinformation (ABI), der Sektenbeauftragte Hauser vom Kultusministerium in Stuttgart und als Moderator ein Journalist des Süddeutschen Rundfunks. Unter den Zuhörern waren Scientologen, darunter auch Claudia Kauer, damals Pressesprecherin der Scientology München, und zwei Scientologen aus Baden-Württemberg, Schwarz und Rothfuß – die übliche Besetzung bei Veranstaltungen.

Wieder wurde mir bewußt, daß es bei der Auseinandersetzung über Scientology klare Gegensätze gab. Auf der einen Seite gab es den theologischen Bereich und auf der anderen Seite die Einzelschicksale und die finanziellen Verluste von Mitgliedern der Scientology-Organisation. In meinem Referat versuchte ich, auf die Ideologie aufmerksam zu machen, auf die „Re-Definierung“, also die scientologische Umdeutung des Begriffes Ethik, und ich prägte dort ganz spontan meine eigene Übersetzung des scientologischen Ethikbegriffes:

E wie egoistisch,
T wie totalitär,
H wie habgierig,
I wie intolerant und
K wie korrupt.

Außerdem wollte ich, daß über die Selbstmorde von Scientologen diskutiert wird. Mir waren bereits nach wenigen Monaten der Rechereche viele Fälle von Selbstmord bekannt geworden, und ich konnte diese Häufung von Suiziden nicht einfach als gegeben hinnehmen. Ich schilderte einen konkreten Fall, der sich erst kurz vorher zugetragen hatte. Eltern waren bei uns gewesen, um über den Selbstmord ihres Sohnes zu berichten. Er hatte sich mit einem Gewehr in den Mund geschossen. Später haben wir das Zimmer, in dem sich der Sohn umgebracht hatte, mit eigenen Augen gesehen. An der Decke war ein dunkler Fleck zu sehen – das Blut des jungen Mannes. Der Vater: „Frau Hartwig, das ist alles, was uns von unserem Sohn geblieben ist." Ich war erschüttert. Zornig wurde ich aber, als ich dieses Erlebnis im Landtag schilderte und die Scientologen meinen Bericht mit menschenverachtendem, lautem Lachen und fiesem Grinsen quittierten.

Die uns von den Eltern überlassenen Unterlagen bewiesen im Detail den Kontakt des Sohnes zur Scientology-Organisation. Er hatte Wahnvorstellungen, die zum Teil in einer Klinik behandelt werden mußten. Das Telefonkabel hatte er durchgeschnitten – wohl aus Angst vor Telefonterror. Wir können ihn nicht mehr fragen, ob sein Kontakt zu Scientology der Grund dafür war. Sicher ist nur, daß noch nach seinem Tod Briefe von Scientology-Organisationen mit Geldforderungen eintrafen.

Von der theologischen zur politischen Ebene

Ich forderte die Politiker und Juristen auf, sich dieses Themas anzunehmen und auch die Hintergründe von Scientology zu untersuchen.

Ist es strafrechtlich relevant, wenn Menschen aufgrund von Manipulationstechniken und -verfahren psychische Zusammenbrüche erleiden, wenn bei ihnen eine Psychose ausbricht und sie in einen Abgrund von geistiger Verwirrung fallen, die dann in Selbstmord endet? Ich forderte die Politiker und Juristen auf, sich dieses Themas anzunehmen und auch die Hintergründe von Scientology zu untersuchen. Ich wußte, daß wir damals mitten im Landtagswahkampf waren und daß sich die Politiker noch einige Zeit mit dem Thema beschäftigen würden. Weiterhin hatte ich den festen Glauben, daß – egal wie die Wahl ausging – sich die anwesenden Politiker auch weiterhin mit dem Thema befassen würden. Ich wollte die Auseinandersetzung von der theologischen auf die politische und juristische Ebene verlagern. Ich machte mich damit zur Speerspitze einer neuen Auseinandersetzung mit dem Moloch Scientology. Ich ahnte damals noch nicht, daß ich dabei von den Kritikern weitgehend im Stich gelassen werden würde. Mehr noch: Ich wurde als Schutzschild mißbraucht. Man ließ mich vorpreschen und beobachtete aus der sicheren Deckung, welche Gegenangriffe von den Scientologen folgten. Erfolge wurden von anderen beansprucht, bei Gegenschlägen stand ich allein da.

Der Landtagswahlkampf war im Gange, und es gab Podiumsdiskussionen quer durch Baden-Württemberg. Der Landtagsabgeordnete Dr. Paul-Stefan Mauz nahm sich im Wahlkampf des Themas an. Die Flugblätter der Scientologen wurden immer aggressiver, sie beschimpften die CDU in großen Überschriften und griffen massiv meine Person und die Bürgerinitiative „Robin Direkt" an. Allein an der Art der Auseinandersetzung war bereits 1991 zu erkennen, daß meine offensive, direkte Aufdeckung der Machenschaften, das Nennen von Namen und Fakten den Scientologen gar nicht ins Konzept paßten. Meine Strategie war von Anfang an klar und verständlich: Durch offensive Aufklärung wollte ich dafür sorgen, daß sich endlich etwas bewegt und die Behörden den Handlungsbedarf erkennen und reagieren. Parteiprogramme oder ein Parteibuch waren für mich nie von Bedeutung, ich wollte nur die Aufklärung vorantreiben.

Damals wurde hinter vorgehaltener Hand spekuliert, ob ich vom Politiker Mauz oder von der Jungen Union, welche die meisten Veranstaltungen organisierte, Geld für meine Auftritte bekam. Zur Klärung: Ich bezahlte nicht nur meinen Sprit für die jeweiligen Fahrten selbst, sondern oft auch das Mineralwasser, das ich während des Referates trank.

Achtung Aufnahme

Jeder Schritt in die Öffentlichkeit brachte mir viel Ärger seitens der Scientologen ein. Die anonymen Anrufe nahmen zu, und die Drohungen wurden massiver. Flugblätter, in denen ich frontal angegriffen und verleumdet wurde, gehörten schon damals zu meinem Alltag.

Ich bekam eine Einladung des Südwestfunks in Esslingen zu einer Sendung der Reihe „Heute in". Ich war zusammen eingeladen mit dem Sektenbeauftragten Hauser, der Aussteigerin Rita Kraus, dem Scientology-Gegner Christoph Arndt als Gegenpart zu Roswitha Kratz, Leiterin der Ulmer Scientology-Niederlassung, und Dr. Ulrich Bräunig, Rechtsanwalt aus Seefeld. Alle meine vorausgegangenen Fernsehbeiträge waren Aufzeichnungen gewesen, und ich hatte noch keine Erfahrungen mit Live-Sendungen. Die Schule, aus der die Sendung übertragen wurde, war mit Publikum gut gefüllt. Mitten im Scheinwerferlicht standen die Stühle für dieTalkgäste und die zwei Moderatoren. Beim Betreten der Schule mußte ich erst einmal durch ein ganzes Spalier von Scientologen, die sich wie immer in der Gruppe stark vorkamen. Dementsprechend übertrafen sie sich selbst mit beleidigenden Bemerkungen mir gegenüber. Mit den Moderatoren hatten wir vor der Sendung ein Gespräch geführt. Auch sie waren im Vorfeld der Sendung mit der üblichen „Schwarzen Propaganda" über die Talkgäste versorgt worden.

Mein Auftritt störte die Scientologen besonders. Je mehr sie mit Dreck nach mir warfen, desto mehr demaskierten sie sich selbst und ihre Vorgehensweisen. Auch damals zeigten sie schon die Angst, die sie heute noch vor meiner Art der Aufklärung haben. Völlig verwirrt reagierten sie aber an diesem 6.11.1991, als ich einer Scientologin, die sich mir mit den Worten „Hartwig, Sie haben doch Schulden, Sie können hier nicht auftreten, das gehört sich nicht" in den Weg stellte, schlagfertig antwortete: „Natürlich gehört sich das. Ich muß doch hier in aller Öffentlichkeit sagen, daß jemand, der von euch geschult wurde, für meine Situation verantwortlich ist. Ich denke, das ist ein ganz wichtiger Punkt für die Öffentlichkeit. Oder sind Sie da anderer Meinung?" Ich wartete die Antwort nicht ab und ging mit der Moderatorin in den Raum, wo ich neben der Scientologin Roswitha Kratz für den Auftritt geschminkt wurde.

Die Stimmung an diesem Abend war aufgeheizt, und deshalb hatten die Scientologen als zweiten Vertreter den Rechtsanwalt Bräunig entsandt. Diesen besonders ausgebildeten Rhetoriker schickten die Scientologen damals immer an die Front. Ich hatte ihn bereits im April 1991 in der Lindenhalle in Ehingen erlebt, wo er seine scientologischen „Handhabungsmaßnahmen" gegen die anderen Diskussionsteilnehmer durchzog. Nun saß ich ihm schräg gegenüber und schaute in sein unbewegtes Gesicht. Neben ihm saß die Scientologin Kratz mit dem gleichen Gesichtsausdruck. Und es schoß mir durch den Kopf, wie grauenvoll es sein muß, solch ein Roboterwesen zu sein.

Vor dem Fernsehschirm saßen an diesem Abend nicht nur die Eltern des jungen Mannes, der sich erschossen hatte, sondern unzählige Betroffene, die ich bis dahin bereits kennengelernt hatte und die durch Scientology an den Rand des Ruins gebracht worden waren. Vielleicht kam meine große Solidarität mit den Betroffenen auch daher, daß wir zu diesem Zeitpunkt durch die Machenschaften des ehemaligen Geschäftspartners meines Mannes ebenfalls geschädigt worden waren und mit erheblichen Schulden zu kämpfen hatten. Und dieser Geschäftspartner wurde weiter von jener Organisation geschult, deren Leiterin jetzt mir gegenübersaß. Er hatte lang genug in Scientology-

Kursen eingedrillt bekommen, wie man sich kritischer Geschäftspartner oder Mitarbeiter entledigt.

Ich dachte aber auch an all die Menschen, die jetzt vor dem Fernseher saßen und keine Ahnung vom Thema hatten, und mir fiel wieder Leipzig und die Entscheidung ein, die ich mit meinem Mann getroffen hatte: in Zukunft die Dinge noch massiver an die Öffentlichkeit zu bringen.

Inzwischen war die Runde vollzählig, die Moderatoren nahmen Platz, und hinter uns wartete eine Musikgruppe auf ihren Einsatz. Zwar registrierte ich alles, merkte auch, daß die Scheinwerfer so hell waren, daß es unmöglich wurde, das umstehende Publikum noch zu sehen, aber ich war so mit meinen Gedanken und der aufkommenden Wut beschäftigt, daß ich gar nicht mehr registrierte, daß die Sendung bereits lief. Das Ganze kam mir vor wie eine Manege, in der zwei Moderatoren als Dompteure dafür sorgen sollten, daß jeder zu Wort kommt. In ellenlangen Monologen erzählte die Scientologin Kratz von der Herkunft der Scientology und den ach so „edlen Motiven“ der Organisation. Sie verglich ihre Lehre mit dem Buddhismus und sprach sogar vom Nirwana. Die Zeit verging. Nach den Aussagen der Scientology-Aussteigerin Rita Kraus, die von ihren Selbstmordgedanken erzählte, von ihren Trainings und Drills, kam Bräunigs Auftritt. Wie bei Scientology üblich, ging er auf Vorredner überhaupt nicht ein und verplemperte nur monologisierend die Zeit.

Die Scientologen mußten lernen, daß sie ab jetzt mit einem anderen Ton zu rechnen hatten.

Als ich dann an die Reihe kam, war ich am Ende meiner Geduld: Das übliche Hin und Her, das Abstreiten, das Nicht-Eingehen auf die Situation und das Zeitschinden beleidigten all die Menschen, die von Scientology geschädigt worden waren. Ich griff Bräunig und Kratz massiv an, fragte, warum es bei Scientology eine Kriegskasse gibt und warum er 40.000 Dollar in diese gespendet hatte. Ich warf ihm den Selbstmord des jungen Mannes vor, an dessen Grab ich erst ein paar Tage zuvor gestanden hatte, und ließ meiner Wut und meiner Verachtung gegenüber dem System freien Lauf. Die Moderatoren ließen mich sprechen, und ich brachte sogar den „Thetanen“ Bräunig so weit, daß er sekundenlang mit offenem Mund dasaß. Er war völlig verdutzt, als ich die Kriegskassenliste herauszog, denn diese Liste hatte noch niemand öffentlich einem Scientologen unter die Nase gehalten. Das Spiel war auch von den Scientologen ganz anders geplant gewesen. Jeder war auf seinen Part gedrillt worden, und nun saß da jemand voller Emotionen, sprach für die Opfer und Betroffenen, nannte Namen und Fakten. Das waren sie nicht gewohnt. Mit der Strategie, Zeit zu schinden, keine Aussagen zu machen, zu verwirren, zu verharmlosen und abzuschwächen, konnten sie nicht landen. In dieser Sendung bildete sich eine Front gegen die Scientologen. Sie mußten lernen, daß sie ab jetzt mit einem anderen Ton zu rechnen hatten.

Mit einem Mal wurde es dunkel, und ich fragte den Moderator: „Ist euch jetzt der Strom ausgegangen?“ Der lachte und antwortete: „Nein, Frau Hartwig, die Sendung ist vorbei.“ Ich hatte total vergessen, daß ich in einer Live-Sendung saß.

Ein Anruf mit Folgen

Das Telefon klingelt. Eine männliche Stimme am anderen Ende der Leitung sagt: „Hallo, hier ist Martin." – „Martin?" – „Ja, ich bin ein Aussteiger und habe mich nun entschieden, bei Ihnen mitzuhelfen, um Aufklärung zu machen." „Wie, Aussteiger?" – „Na ja, ich bin bei Scientology raus und hab' da Probleme, denn ich bekomme noch etwa 9.000 DM zurück. Vielleicht können Sie mir einen Rat geben oder einen Anwalt nennen, der mir hilft, denn ich habe kein Geld, mir einen Anwalt zu nehmen." Ich stutzte und sagte, daß auch die Anwälte, die ich kenne, nichts umsonst machen. Aber es gebe ja schließlich Prozeßkostenhilfe in unserem Land. Wenn er tatsächlich 9.000 Mark zurückzubekommen habe, dann werde ihm wohl jeder Anwalt dabei helfen – ausgenommen ein Anwalt, der selbst Scientologe sei. Martins Stimme war klar und bestimmt, und irgendwie konnte ich nicht einordnen, was er eigentlich von mir wollte. Das sagte ich ihm auch, und er erzählte mir, daß er bereits bei mehreren Sektenstellen gewesen sei, die ihm aber außer vielen Zeitungsausschnitten nichts Brauchbares hätten geben können. Was versteht er unter „brauchbar", ging es mir durch den Kopf. Als ich detailliert wissen wollte, warum er aus dem Rheinland bei uns in Süddeutschland anrief, antwortete er: „Wenn man so die Zeitungen liest, dann stößt man immer wieder auf Ihren Namen, und da dachte ich, das wäre was für mich."

Es war ein langes Hin und Her, und ich versprach ihm, daß ich mich einmal bei unserem Anwalt erkundigen würde, welches der beste Weg sei. Erst dann gab er sich zufrieden, und wir beendeten das Telefonat. Es folgten daraufhin noch viele Gespräche am Telefon, in denen er ganz systematisch einen Kontakt zu uns suchte.

Irgendwann riet ich ihm, er solle doch einen Mahnbescheid an Scientology schicken, denn er hatte erzählt, daß er diese 9.000 Mark einbezahlt hatte, ohne Kurse dafür absolviert zu haben. Dann müsse ja ein Mahnbescheid ausreichen, um die ganze Angelegenheit in rechtlich geordnete Bahnen zu lenken, meinte ich. Außerdem bat ich ihn, uns über den Ausgang der Angelegenheit zu informieren, damit für andere Aussteiger auch beweisbar werde, daß man sehr wohl mit rechtsstaatlichen Mitteln gegen Scientology vorgehen kann und es eben nicht so ist, daß man sich alles gefallen lassen muß. Daß diese ersten Telefonate mit dem „Aussteiger Martin" für mich einmal sehr wichtige Lebenserfahrungen werden würden, ahnte ich zum damaligen Zeitpunkt nicht.

Der Stachel im Fleisch

Damals hatte bereits das denkwürdige Treffen mit dem Sektenbeauftragten Hartmut Hauser stattgefunden, über das ich in meinem ersten Buch *Scientology – Ich klage an!* unter der Überschrift „Sektenbeauftragter, der keiner war" geschrieben habe. Für mich war diese Begegnung ein Schlüsselerlebnis, und an seinen Folgen hatte ich noch lange Zeit zu knabbern.

Ich habe damals über die schlechten Erfahrungen von Betroffenen mit dem Sektenbeauftragten offen berichtet und war seitdem Persona non grata. Außerdem wurde ich angefeindet, weil ich mich im Gegensatz zu den Sektenbeauftragten offensiv mit den Hintergründen von Einzelschicksalen auseinandersetzte. Es kann nicht sein, daß die Aktionen der Scientologen so weit gehen, daß man bei jeder Gelegenheit gewarnt wird: „Achtung das könnte denen nützen." Ich denke inzwischen, daß man den Scientologen wesentlich mehr nützt, wenn man das große Tuch des Schweigens über all die Ungereimtheiten, Querverbindungen und Strategien breitet, damit das Bild der Einigkeit nach außen gewahrt bleibt. Denjenigen, die mir noch heute meine Offenheit vorwerfen und mich brandmarken, weil ich die Sache Hauser mit meinem ersten Buch an die Öffentlichkeit brachte, möchte ich an dieser Stelle sagen: „Lieber ein Ende mit Schrecken als ein Schrecken ohne Ende." Das gilt nicht nur für die unzähligen Betroffenen, die sich an eine staatliche Stelle gewandt haben und dann nur auf einen Papierberg aufgelaufen sind und sich teilweise in Extremsituationen wiederfanden.

Ich habe damals über die schlechten Erfahrungen von Betroffenen mit dem Sektenbeauftragten offen berichtet und war seitdem Persona non grata.

Vielleicht darf an dieser Stelle die Frage erlaubt sein, warum keiner der engagierten Kritiker von Staat und Kirche Herrn Hauser wirklich mit Rat und Tat zur Seite zu stand, als er Probleme wegen seines Alkoholkonsums bekam.

Entscheidung der Sache wegen

Es war ein naßkalter Dezembermorgen, als ich anfing, den täglichen Postberg zu sortieren und beunruhigt einen Blick auf den Stapel der Briefe warf, die mir schon seit längerer Zeit Kopfzerbrechen bereiteten. Ich wußte sehr genau, daß ich mir enormen Ärger einhandeln würde, sollte ich dem Inhalt dieser Briefe nachgehen. Seit der Fernsehsendung vom 6. November 1991 wurde ich regelrecht mit Informationen von Bürgern zugeschüttet, die mir ihre Erlebnisse mit dem Sektenbeauftragten Hauser mitteilen wollten. Erst einmal schob ich alles zur Seite und versuchte, es zu verdrängen. Ich wußte aber, daß irgend etwas passieren mußte.

„Wenn nur ein Bruchteil der Informationen stimmt, dann wird das ein Skandal", sagte ich an diesem Morgen zu meinem Mann, und wir überlegten gemeinsam, ob es eine Möglichkeit gebe, das Ganze unkompliziert zu klären. „Nein, wenn es so ist, dann wird hier von einer staatlichen Stelle Feigenblattpolitik betrieben, die letztlich Scientology nur recht sein kann." Dieser Satz von meinem Mann war eine Analyse, aus der wiederum einmal eines folgte: Handeln! So saß ich dann am Telefon, zog wahllos Briefe aus dem Stapel heraus und fing an, die Absender anzurufen.

Da war eine Mutter, die vor lauter Verbitterung keine Hoffnung hatte, jemals wieder ein normales Verhältnis zu ihrem Sohn zu bekommen. Sie erzählte mir, daß sie versucht hatte, ein Gespräch mit dem Sektenbeauftragten Hauser zu führen, denn sie hatte bemerkt, daß ihr Sohn sein ganzes Erspartes nach und nach für Kurse ausgegeben hatte. Sie war der Überzeugung, daß mit mehr Engagement in der Öffentlichkeit und offensiverer Aufklärung so manch einem das Schicksal der scientologischen Ausbeutung erspart geblieben wäre. Auf meine Frage, was sie denn von einem Sektenbeauftragten einer staatlichen Stelle erwarte, kam ohne Umschweife die Antwort: „Daß er mir wenigstens zuhört und mich nicht so abkanzelt, als sei ich schuld, daß mein Sohn dort hineingeraten ist. Warum gibt es denn diese Stelle, wenn sie nicht hilft? Als ich Sie im Fernsehen über die Scientologen Klartext reden hörte, dachte ich mir, ich muß Ihnen schreiben, daß der Gang zum Sektenbeauftragten vergebene Liebesmühe ist, denn neben Ihnen saß ja der Sektenbeauftragte, der mir sagte, daß man da im Grunde gar nichts machen kann." Ich versuchte, ihr zu erklären, daß ihr Sohn ja volljährig sei. Vielleicht habe der Sektenbeauftragte das so gemeint. Da fuhr sie mich sofort an: „Und warum mußte ich dann alles kopieren und zu ihm bringen? Aus welchem Grund sammelt er die Unterlagen und sagt dann schließlich, man könne nichts machen, wenn unsere Kinder dort hingingen?"

An dieser Stelle sagte ich nichts mehr. Ich erkannte, daß sie sich genau an demselben Punkt wie ich befand. Es gibt eine Stelle, angesiedelt im Kultusministerium, die dem Bürger vermittelt, man habe alles im Griff. Wenn es jedoch darauf ankommt, dann müssen die Betroffenen die Beweise abliefern und bekommen nichts außer einem halbherzigen Händedruck an der Tür oder einem mitleidigen Schulterklopfen. Man schickt sie einfach wieder nach

Hause. Nach dem fünften Telefonat gab ich es auf und nahm mir vor, ein klärendes Gespräch mit Hartmut Hauser zu führen.

Des weiteren hatte mir eine Frau geschrieben, die ihren Partner über eine Immobilienfirma an Scientology verloren hatte. Angefangen hatte es mit Verkaufsschulungen, die dann zu Persönlichkeitstrainings ausgebaut wurden. Nach kürzester Zeit war er Mitglied bei der Organisation. Sie wollte diesen Weg nicht mitgehen, und er stellte sie vor die Wahl: „Entweder du machst mit, oder ich ziehe aus!" Das tat er dann auch. Sie beschwerte sich bei mir, daß sie überall versucht habe, Hilfe und Informationen zu bekommen, und daß sämtliche Stellen, die in der Öffentlichkeit bekannt seien, nicht einmal den Versuch unternommen hätten, diese Firma wenigstens öffentlich zu nennen, um andere zu warnen.

Jede einzelne Zeile in den Briefen vor mir war gespickt mit Enttäuschung, Verbitterung, menschlichen Tragödien und unermeßlichem menschlichen Leid. Ich dachte an die Expertenrunde, die ich im September in Leipzig kennengelernt hatte, und an all die klugen Reden, in denen sich diese Experten bei Staat und Kirche immer wieder gegenseitig versicherten, wie gut es sei, daß es diese Stellen gebe. Meine ersten Versuche, im neuen Jahr mit Herrn Hauser am Telefon über die Briefe zu reden, scheiterten kläglich. Er wurde binnen weniger Sekunden wütend und sagte, die Leute hätten ja sowieso keine Ahnung, und ich solle diese Briefe einfach wegwerfen.

Dann fiel mir die junge Frau ein, die bei Scientology ausgestiegen war und ebenfalls bei ihm vorgesprochen hatte und mir das gleiche erzählte wie die Menschen in ihren Briefen. So waren alle mehrmals in das Büro des Sektenbeauftragten bestellt worden. Oft hatte er doch keine Zeit, und sie mußten unverrichteter Dinge wieder gehen. Als es dann zu einem Gespräch kam, wurden sie abgekanzelt und lächerlich gemacht. Später hat Herr Hauser diese Frau der Öffentlichkeit vorgestellt, und als die Scientologen sie dabei beschimpften, zog sich der Sektenbeauftragte zurück und half ihr nicht. Sie kam danach zu mir und fühlte sich nicht nur enttäuscht und benutzt, sondern war in einem bedenklichen depressiven Zustand. Sie war es auch, die immer wieder Telefonnummern von Ex-Scientologen nannte, die wie sie den Weg zu staatlichen Stellen gesucht hatten, um dort mit ihrem Wissen und ihren Unterlagen auf die perfiden Praktiken innerhalb der Organisation aufmerksam zu machen. Jedes Gespräch lief auf eines hinaus: Man war bei den Sektenbeauftragten nicht daran interessiert, wirklich zu

Die staatlichen Beamten oder Angestellten wollten, daß man sie so wenig wie möglich bei ihrem Schreibtischschlaf stört.

handeln, man war nur daran interessiert, Informationen zu bekommen. Die Personen, mit denen ich damals in Kontakt war, legten das so aus: Die staatlichen Beamten oder Angestellten wollten, daß man sie so wenig wie möglich bei ihrem Schreibtischschlaf stört.

Wenn ich an all die zahlreichen Gespräche zurückdenke und an das Wissen, das ich nach Monaten intensiver Recherche hatte, dann möchte ich mich heute entschuldigen, daß ich so lange über die Zustände und Machenschaften hinter den Kulissen der staatlichen und kirchlichen Institutionen geschwiegen habe.

So naßkalt und trüb, wie dieser Tag begonnen hatte, endete er auch. Ich war frustriert, weil mich immer mehr Wissen immer tiefer in die Verantwortung brachte. Ich wußte, daß ich mich innerlich schon längst gegen diese Clique der „Superexperten" entschieden hatte. Das zu Ende gehende Jahr 1991 wurde für mich zum Scheideweg.

Am zweiten Weihnachtsfeiertag rief mich der Sektenbeauftragte Hauser an und erzählte mir, daß er wieder einmal seinen Führerschein nach ein paar Bier zuviel verloren habe. Da war es wieder – dieses Gefühl aus Wut, Frust und Mitleid. Wichtiger aber war der Gedanke an all die Menschen, die mir ihre Erlebnisse mit ihm geschildert hatten.

Viele seiner Kollegen im Ministerium kannten anscheinend seine Trinkgewohnheiten. Sein Vorgesetzter gab Monate später in einem Fernsehinterview sogar zu, daß man von den Problemen des Herrn Hauser gewußt habe.

Ich verstehe bis heute nicht, warum eine Position in einem so sensiblen Bereich nicht so gut wie möglich abgesichert wird, um möglichst wenig Angriffsfläche zu bieten. Schon damals wußte ich, daß die Scientologen sämtliche Schwachpunkte ausnützen – nicht nur, um Propaganda zu machen, sondern auch, um jemanden unter Druck zu setzen.

Was ist wohl von jemandem zu erwarten, der sich nicht einmal traut, Probleme in den eigenen Reihen offen anzugehen, wenn er sich mit den oft tragischen Schicksalen von Menschen beschäftigen soll, die von Scientology und Scientologen geschädigt wurden? Mit welchem Engagement hat denn ein Betroffener zu rechnen, wenn er sich an eine solche Stelle wendet? Die von mir geforderte Grundsatzdiskussion darüber hat bis zum heutigen Tag nicht stattgefunden. Die Probleme in dieser Szene werden jedoch nicht kleiner oder geringer. Zwischen Weihnachten und Neujahr 1991 erkannte ich, daß es nicht nur verschiedene Ansichten über die Auseinandersetzung mit Scientology gab, sondern daß meine persönliche Bereitschaft zum Risiko und zur offensiven Aufklärung zu diesem Zeitpunkt von niemandem mitgetragen wurde.

Ohne Netz und doppelten Boden

Durch die bis Januar 1992 gesammelten Erfahrungen erkannten wir, daß die ewige Diskussion uns keinen Schritt weiterbrachte. Mein Mann und ich besprachen im engsten Kreis von „Robin Direkt" die Situation. Wir erkannten, daß die Scientologen in den Diskussionen immer breiten Raum bekamen, den sie dann für ihre Propaganda nutzten. Ich weigerte mich von diesem Zeitpunkt an, weiter an Podiumsdiskussionen mit Scientologen teilzunehmen. In der Auseinandersetzung über Drogen käme ich auch nicht auf die Idee, einen Dealer einzuladen, damit er sein Sortiment vorstellen kann. Ich wollte einfach nicht mehr weiter an der Verdummung der Öffentlichkeit beteiligt sein. Meine Strategie war, soviel wie möglich von den Machenschaften und Zielen der Scientologen zu demaskieren. Der daraus resultierende Druck sollte dann die Behörden zum Handeln zwingen. An den verharmlosenden Plauderstunden in der Kritiker-Szene wollte ich nicht teilnehmen.

Ein Termin, den ich bereits im Herbst 1991 zugesagt hatte, stand noch offen. Es war ein Tag, an dem ich zum ersten Mal merkte, daß ich die Auseinandersetzung mit Scientology ohne Netz und doppelten Boden führen mußte. Es gab niemanden aus der sogenannten informierten Szene, der uns vor den Aktionen der Scientologen warnte. Niemand hat auch nur den Versuch unternommen, uns einen Tip zu geben, damit wir uns wenigstens als Familie absichern konnten.

Strategisches Denken und voraussehendes Handeln war zu diesem Zeitpunkt noch nicht möglich. Wir konzentrierten uns auf die von uns geplante Anzeige gegen die Scientology-Organisation. Mein Mann, ein Freund von „Robin Direkt" und ich sichteten Tag für Tag das Material und wunderten uns, warum wir in so kurzer Zeit über eine so immense Beweisdokumentation verfügten. Wir fragten uns, warum es auf der anderen Seite jahrzehntelang Personen gab, die hauptberuflich mit dem Archivieren beschäftigt waren und es nicht fertigbrachten, eine solche Anzeige aufs Papier zu bringen. Den Strafantrag gegen Scientology wegen Verdacht auf Bildung einer kriminellen Vereinigung, wegen Wucher, Körperverletzung und sonstiger Straftatbestände gaben wir in Form eines kiloschweren Beweismittelberges bei einem Oberstaatsanwalt im Justizministerium in Stuttgart ab. Dieser war auch bereit, mit Betroffenen zu reden. Er erkannte sehr schnell, daß sich hinter dieser Organisation weit mehr verbirgt als das, was in der Öffentlichkeit diskutiert wurde. Aufgrund unseres Materials und der darauffolgenden Gespräche wurde im Ministerium entschieden, dieses Thema bei einer Justizministerkonferenz zu besprechen. Der Versuch des Oberstaatsanwaltes, von der zu-

Jetzt kam Bewegung in die Szene. Wie ein wild gewordener Ameisenhaufen ging alles durcheinander.

ständigen staatlichen Stelle im Kultusministerium – geleitet vom Sektenbeauftragten Hauser – Material zu bekommen, scheiterte viele Wochen lang. Erst nach massiver Aufforderung wurde dem Justizministerium eine Dokumentation mit ein paar Fällen übergeben.

Das brachte das Faß zum Überlaufen. Wir reichten eine Dienstaufsichtsbeschwerde gegen den Sektenbeauftragen Hauser ein. Jetzt kam Bewegung in die Szene. Wie ein wild gewordener Ameisenhaufen ging alles durcheinander. Alle, die schon jahrelang von der Problematik gewußt hatten, jaulten auf und zeigten sich entsetzt, daß ich es wagte, den Sektenbeauftragten Hauser bloßzustellen.

Ich bin trotzdem nach wie vor der Meinung, daß der Sektenbeauftragte einer Behörde, der offensichtlich Informationen über Straftatbestände besitzt, diese Unterlagen, aus denen der Verdacht einer Straftat abgeleitet werden kann, umgehend der zuständigen Justizbehörde zukommen lassen muß. Für mich haben Behörden und Institutionen, die wie der Sektenbeauftragte Hauser handeln, mit daran Schuld, daß die kriminelle Energie der Scientology-Organisation von staatlicher Seite jahrzehntelang unterschätzt wurde.

Bei einer Veranstaltung im März 1992 versprach der sektenpolitische Sprecher der CDU in Stuttgart, Herr Dr. Mauz, sich mit allen Beteiligten an einen Tisch zu setzen. Nach der Landtagswahl in Baden-Württemberg hörte ich nichts mehr, weder von den damals aktiven JU-Mitgliedern aus dem Esslinger Raum noch von Dr. Mauz, geschweige denn von Herrn Hauser.

Chancenlose Freundschaft

In der Öffentlichkeit wird oft diskutiert, warum sich denn viele von denen, die sich dem Kampf gegen Scientology verschrieben haben, so vehement das Leben schwermachen. Als Außenstehender kann das sicher niemand auf Anhieb verstehen. Zu viel ist verborgen, zu viel ist unausgesprochen, zu oft weiß man nicht, was hinter diesen Auseinandersetzungen steckt. Ein Beispiel dafür ist meine Freundschaft mit Ursula Caberta. Nach nunmehr fast fünf Jahren kann ich belegen, daß dahinter weitaus mehr steckt als ein sogenannter „Weiberkrieg". Erschreckend für mich ist nach wie vor, daß die scientologischen Strategien und Richtlinien minutiös beschreiben, was mit unangenehmen Zeitgenossen, die der Organisation im Wege stehen, zu tun ist. Natürlich kann man sagen, daß die Auseinandersetzungen innerhalb der Szene den Scientologen nützen, und viele argumentieren auch so. Nur habe ich inzwischen erleben müssen, daß Stillhalten und Vertuschen und die nach außen gekehrte Loyalität genau dasselbe bewirken – sie helfen Scientology. In einer seiner „Richtlinien" sagt L. Ron Hubbard, wie man mit „störenden Personen" umgehen soll. Dort heißt es: „Den Kopf auf eine Speerspitze stecken ..."

Ich habe inzwischen erleben müssen, daß Stillhalten und Vertuschen und die nach außen gekehrte Loyalität genau dasselbe bewirken – sie helfen Scientology.

Auf diese Speerspitze wollte die Scientology-Organisation von Anfang an meinen Kopf stecken. Aber trotz übelster Rufmordkampagnen, trotz juristischer Attacken und trotz des Versuchs, bis in den Kern unserer Familie Unruhe zu stiften, ist es nicht gelungen, mich mundtot zu machen. In den Richtlinien der Scientology über Kritikerbekämpfung finden sich genügend Beweise, daß auch versucht wird, in die Kritikerkreise vorzudringen und sie möglichst für die eigenen Zwecke zu instrumentalisieren. Niemals hätte ich zum damaligen Zeitpunkt gedacht, daß all diese Fakten und Beweise, die fein säuberlich aufgeschrieben und in unzähligen Berichten dokumentiert sind, mich selbst einmal treffen würden. Wer glaubt, daß die Scientology-Organisation gerade in Kritikerkreisen nicht versucht, sich die Schwachpunkte einzelner zunutze zu machen, der irrt sich gewaltig. Die Devise innerhalb der Organisation heißt: „Vernichtet Kritiker. Findet oder erfindet soviel Belastungsmaterial gegen sie, daß sie um Frieden betteln müssen."

Selbstkritisch muß ich jedoch auch zugeben, daß ich mit einer ungeheuren Naivität geglaubt habe, daß jeder, der sich mit diesem Thema auseinandersetzt, nur eine einzige Motivation hat: die Aufklärung zum Schutz der Bürger und die Weitergabe von Informationen, damit Behörden dann nach rechtsstaatlichen Grundsätzen aktiv werden können. Dieser Irrtum meinerseits brachte mir so manche Achterbahnfahrt der Gefühle ein – Enttäuschung, Entsetzen, Wut und manchmal auch Resignation, aber es dominierte schlußendlich immer der Wille, das Ganze durchzustehen.

Um den Durchbruch zu schaffen, müssen sich staatliche Organe wie Verfassungschutzbeamte oder Beamte der OK (Bereich Organisierte Kriminalität) mit dem Scientology-Problem intensiv beschäftigen. Bei einer Organisation, die im Verdacht der organisierten Kriminalität steht und versucht, über eine ideologische Infiltration die Demokratie auszuhöhlen, war das längst überfällig. Um die Arbeit dieser staatlichen Organe möglich zu machen, ist es eben auch notwendig, die Verhaltensstrukturen einzelner Kritiker aufzubrechen, zu demaskieren und öffentlich zur Diskussion zu stellen. Aufgrund unzähliger Aufklärungsveranstaltungen zum Thema Scientology kann ich heute mit Sicherheit behaupten, daß eine große Anzahl der Bürger sich leider darauf verläßt, daß die Experten es schon richtig machen.

Daß Scientology versucht, strategisch vorzugehen, um auch staatliche Institutionen so zu beeinflussen, daß zum Schluß ein Sieg für die Organisation möglich ist, beweisen die Aktionen, die der scientologische Geheimdienst jahrelang in Richtung der amerikanischen Steuerbehörde unternommen hat. Personen, die gegen Scientology aufstehen oder die in Erfüllung ihrer Dienstpflichten Aufklärung betreiben, müssen nicht fehlerlos sein. Sie dürfen aber auch keine Fehler machen, die es Scientology ermöglichen, Gewinn daraus zu schlagen.

Jagd nach Informationen

Die ersten Anzeichen des kommenden Frühjahrs 1992 wurden im Garten sichtbar. Unter dem Schutz der Büsche zeigten sich das erste Grün und die ersten Schneeglöckchen. Ich war gerade dabei, mir den Schreibtisch an das Fenster zu drehen, als das Telefon klingelte und eine Frauenstimme sagte: „Hallo, hier ist Caberta-Diaz."

„Bitte, wer?"

„Caberta-Diaz, Uschi Caberta", klang es nochmals aus dem Hörer. „Ich weiß nicht, wer Sie sind", erwiderte ich. „Ich bin Bürgerschaftsabgeordnete von der SPD in Hamburg und habe Ihre Adresse von einem Journalisten bekommen.“ Der Name Caberta sagte mir gar nichts. Ich hatte noch nie aus irgendwelchen Kreisen, von Sektenbeauftragten oder Initiativen, von dieser Frau gehört, die sich jetzt bei mir telefonisch meldete. Ich wußte nicht, daß dieser Anruf der Grundstein zu einer Kette teilweise tragischer Situationen war. Viel später habe ich von mehreren Seiten erfahren, daß Uschi damals auf der Suche nach Informationen war, denn ihr fehlten Unterlagen, mit denen sie ihre Anzeige gegen Scientology, die groß im *Spiegel* veröffentlicht wurde, belegen konnte.

„Gerade jetzt! Was für ein glücklicher Zufall“, dachte ich im ersten Moment. Mein Ziel, die Recherchen und Beweise gegen Scientology in die wichtigen Stellen, nämlich in die Behörden, zu transportieren, war in Baden-Württemberg durch den Fall Hauser nicht besonders erfolgreich gewesen. In der Öffentlichkeit wurde bekannt, daß ich im Justizministerium Stuttgart Beweismaterialien gegen Scientology abgegeben hatte. Das muß wohl einen Journalisten animiert haben, meine Adresse und Telefonnummer nach Hamburg weiterzugeben. Wir kamen ins Gespräch, und aufgrund der mir damals eigenen verhängnisvollen Vertrauensseligkeit war ich auch einverstanden, als sie sagte: „Also, wir können uns ruhig duzen, denn wir haben ja die gleiche Wellenlänge. Außerdem wäre es doch sinnvoll, du kämst gleich nach Hamburg zu einer Pressekonferenz. Ich werde alles arrangieren. Bist du einverstanden?“ Ich ahnte nicht im entferntesten, daß ich mich in diesem Moment wie Hänsel und Gretel an einem Knusperhäuschen befand. So wie im Märchen Lebkuchen als Lockmittel angeboten werden, zog mich die Möglichkeit an, im Rathaus in Hamburg mit den politischen Beziehungen von Ursula Caberta etwas erreichen zu können. Ich wunderte mich über die Schnelligkeit der Aktion von Ursula Caberta, denn in kürzester Zeit erhielt ich ein Fax mit einer Einladung zu einer Pressekonferenz im Hamburger Rathaus.

Ein Ex-Scientologe sagte: „Renate, paß auf, daß das Ganze keine politische Seifenblase ist und du mit deinem Wissen und deinen Informationen nur benutzt wirst!“

Wir fragten ein paar Ex-Scientologen, was sie von solch einer Aktion hielten, und einer sagte: „Renate, paß auf, daß das Ganze keine politische Seifenblase ist und du mit deinem Wissen und deinen Informationen nur benutzt wirst!“ Aber das konnte und wollte ich mir gar nicht vorstellen, weil es ja um die Sache ging! Meine Vorstellung, daß Scientology in die Hände von Verfassungsschützern, OK-Beamten und Innenbehörden gehört, war auch ausschlaggebend für meine Entscheidung, eine Politikerin zu unterstützen. Egal in welchem Bundesland ein Durchbruch geschieht – Hauptsache war, daß die Scientology-Diskussion von der theologischen Sichtweise weggebracht wurde. Von diesem Ansatz her waren wir bereit, trotz unserer schwierigen finanziellen Situation die Hamburger Bürgerschaftsabgeordnete Caberta mit unserem Wissen und unserem Material zu unterstützen.

Frauenpower mit Hindernissen

Die Aktivitäten von Caberta in Hamburg ließen mich hoffen, daß hier irgend etwas „in die Gänge kommt", wie sie immer sagte. Bevor sie das Thema Scientology für sich nutzte, kannte kaum jemand die Bürgerschaftskandidatin Caberta. Jetzt lieferte sie eine Schlagzeile nach der anderen. Allein an ihren Vorgehensweisen erkannte ich sehr schnell, daß sie parteipolitische Interessen verfolgte. Solange es allerdings auch um die Sache ging, war ich gerne bereit, sie mit meinem Wissen und meinen Recherchen zu unterstützen.

Was mich an solchen Pressekonferenzen allerdings störte, war das Danach. Ich registrierte die lockere Art, in der nach Pressekonferenzen oder sonstigen Medienauftritten Umtrünke stattfanden, bei denen für meine Begriffe viel zuviel Interna in der Öffentlichkeit diskutiert wurden. Einer der Ex-Scientologen, die mit mir in Hamburg waren und auf Wunsch von Caberta auch mit Journalisten sprachen, sagte mir auf der Rückfahrt im Zug: „Wirke auf Uschi ein, daß sie nicht alle Namen und Fakten in ihrer spanischen Stammkneipe herumposaunt, denn die ‚OSA' braucht sich ja nur als Gast in das Lokal zu setzen und erfährt ganz nebenbei, was läuft: die Namen der Ex-Scientologen, was sie erlebt haben, bei wem sie aussagen sollen und in welchen Zeitungen was erscheint."

Im Laufe der Jahre mußte ich immer wieder erkennen, daß der Ex-Scientologe schon damals den richtigen Riecher hatte und die Sachlage vielleicht aus seiner eigenen Erfahrung bei Scientology einordnen konnte: Dort hatte man detaillierte Informationen über die einzelnen Personen aus der Kritikerszene.

Natürlich war uns damals auch klar, daß die Verbindung Caberta/Hartwig den Scientologen ein Dorn im Auge war. Wir wußten sehr genau, daß unsere Aktivitäten und mein Wissen für Scientology zum Verhängnis werden konnte – und in der Verbindung mit einer politisch engagierten Person gleich zweimal.

Daß man auch in politischen Kreisen nicht nur um Wählerstimmen, sondern genauso um Positionen und Pöstchen kämpft und daß hinter den Kulissen der Fraktionen harte Flügelkämpfe stattfinden, weiß ich inzwischen. Deshalb bekam ich wohl auch von dem einen oder anderen Genossen von Uschi Caberta Warnungen zu hören: „Sie geht über Leichen, um Erfolg zu haben.“

Ich wußte, daß es naturgemäß ein Spannungsfeld zwischen Behördenstellen und privaten Initiativen gibt, da die Behörden in die politische und demokratische Verwaltung eingebunden sind.

Ich wußte, daß es naturgemäß ein Spannungsfeld zwischen Behördenstellen und privaten Initiativen gibt, da die Behörden von der politischen Verwaltung abhängig sind. Aus diesem Grund war ich auch lange Zeit bereit, Verständnis für ihre Untätigkeit aufzubringen.

Damals zählte für mich zum einen die Sache und zum anderen die Freundschaft, die mich mit Caberta verband. Vielleicht war ich auch ein Stück weit blind, und mein Wunsch, daß endlich etwas geschehen möge, um Scientology in der Expansion zu stoppen, war zu groß, als daß ich bereit gewesen wäre, auch auf meine „innere Stimme“ zu hören. Im Rückblick betrachtet hätte ich wohl schon beim ersten Ausfall von Uschi Caberta in einem spanischen Lokal in Hamburg ein für allemal klarstellen müssen, daß es hier nicht um ihre Person ging und daß sie auch nicht mit Menschen umgehen darf, als seien sie Schachfiguren auf einem selbstgebastelten Spielbrett.

Ich denke an jene Großmutter, die auf eigene Kosten nach Hamburg fuhr, um dort mit Ursula Caberta vor laufender Kamera die tragischen Erlebnisse ihrer bei Scientology geschulten Enkelkinder zu schildern. Uschi versprach im Vorfeld, ihre Möglichkeiten auszuschöpfen, damit der Tochter, die sich in einem desolaten psychischen Zustand befand und laut Gutachten dringend einer Therapie bedurfte, geholfen werden konnte. Vor allem wollte sie aber über ihre Beziehungen zu Behörden klären lassen, inwieweit man den minderjährigen Enkelkindern der Frau helfen könne. Die Großmutter wurde im wahrsten Sinne des Wortes vorgeführt. Ich sah ihr Zittern, ihre Unsicherheit und vor allem auch ihre Angst, daß sie mit ihrem Auftritt den Kindern vielleicht mehr schadet als nützt. Aber sie wollte einfach alles versuchen, um die Öffentlichkeit über die Ungeheuerlichkeiten hinter den Kulissen von Scientology aufzuklären.

Nach der Pressekonferenz fuhren wir mit dem Taxi zu einem Fernsehsender, dem Uschi als Hamburger Expertin stolz ihr Beweismaterial präsentierte. Uschi hatte die Öffentlichkeit bekommen, die sie sich wünschte, um ihre eigene Position zu stärken. Jetzt lud sie uns zwischen Tür und Angel in ihr spanisches Stammlokal ein.

Als wir abends dort eintrafen, kamen wir in eine Runde, in der sich wohl alle kannten, und ich traf auch den einen oder anderen Journalisten von der Pressekonferenz wieder. Uschi schaute kurz auf, nahm das Weinglas und sagte: „Schaut, daß ihr noch einen Platz kriegt!“ Dann unterhielt sie sich weiter über ihren erfolgreichen und medienwirksamen Auftritt an diesem Tag. Noch bevor wir uns richtig hinsetzen konnten, keifte Uschi auf einmal los und provozierte mich mit irgendwelchen wirren Anschuldigungen. Ich schüttelte den Kopf und fragte sie, warum sie plötzlich so reagierte. Die Großmutter zupfte mich am Ärmel und sagte: „Schau mal, wie viele Weinflaschen schon auf dem Tisch stehen. Da bringt keine Diskussion mehr was.“ Wir blieben nur sehr kurz, verabschiedeten uns wegen Müdigkeit und verließen das Lokal. Am nächsten Tag fuhren wir wieder nach Hause, und erst viele Kilometer entfernt von Hamburg waren wir imstande, über das Erlebte laut nachzudenken. Übrigens bekam die Großmutter die versprochene Hilfe von Ursula Caberta nicht.

In vielen ähnlichen Situationen verstand es Ursula Caberta immer wieder, mir zu versichern, daß sie über ihre Beziehungen wesentlich mehr Möglichkeiten habe, Einfluß zu nehmen. Ich müsse schon nach ihren Vorstellungen handeln, ansonsten könnten unsere Bemühungen nicht fruchten. Nach zwei, drei Aktionen mit ihr kam sie natürlich auch mit unserem Kreis von Ex-Scientologen zusammen, und damals bewies sie wieder einmal, daß nicht alles Gold ist, was glänzt. Die von ihr erweckten Hoffnungen bei vielen Aussteigern wurden nicht erfüllt.

Die mangelnde Hilfe für die Aussteiger wurde zu einem Reizthema zwischen uns. Kontroverse Diskussionen waren mit Uschi Caberta nicht möglich. Selbst Journalisten, die in Gesprächen auf so manches hinweisen wollten, mußten ihre Zornesausbrüche erleben. Das ganze Jahr 1992 redeten wir uns immer wieder ein, daß der politische Druck auf Uschi so stark war, daß sie wohl ab und zu ein Ventil brauchte. Das war wohl unser größter Fehler: Wer so egoistisch seinen eigenen politischen Profilgewinn im Auge hat, der kann sich gar nicht wirklich für Betroffene einsetzen und überschätzt auch Möglichkeiten, die er selber auf dem politischen Spielfeld hat. Wir

Wer so egoistisch seinen eigenen politischen Profilgewinn im Auge hat, der kann sich gar nicht wirklich für Betroffene einsetzen und der überschätzt auch Möglichkeiten, die er selber auf dem politischen Spielfeld hat.

als Verein, mein Mann und ich sowie unzählige Ex-Scientologen haben für Ursula Caberta den Steigbügelhalter gespielt. Jeder versuchte, sie zu unterstützen, und sie selbst gängelte wie in einem Marionettentheater die Personen, die sie brauchte und letztendlich für ihre eigenen Zielsetzungen ausnutzte.

An eine handfeste Auseinandersetzung kann ich mich noch sehr gut erinnern: Wir fragten uns, wie wir gegen die Verleumdungstaktiken von Scientology und gegen die unglaublichen Flugblattaktionen vorgehen könnten. Außerdem wollten wir die Ermittlungsbehörden aufgrund der vorliegenden anonymen Morddrohungen zum Einschreiten bewegen. Uschi war in verschiedenen Kreisen an der Diskussion beteiligt und vertrat die Meinung, daß sie als Bürgerschaftsabgeordnete einen viel höheren Status habe und deshalb die Rufmordkampagnen von Scientology gegen sie vorrangig behandelt werden sollten, da uns das viel weiter bringen würde als die Auseinandersetzung mit Morddrohungen gegen andere. Ich warf ein, daß es doch nun wirklich egal sei, wer eine Morddrohung am Telefon bekommt. Ob Lieschen Müller, ein Ex-Scientologe, eine Bürgerschaftsabgeordnete oder jemand von einer Bürgerinitiative wie „Robin Direkt": Morddrohung bleibt Morddrohung, und Gesetz bleibt Gesetz. Dumme Auseinandersetzungen wie diese führten nur dazu, daß man sich um die eigene kleine Achse drehte. So kam es, daß wir uns – nachdem Ursula Caberta nun in der Öffentlichkeit ihre Position gefestigt hatte – zurückzogen und unsere Arbeit in Süddeutschland vorantrieben.

Aufgrund meiner Erfahrungen war ich froh, daß sich Ursula Caberta als Bürgerschaftsabgeordnete in dem Thema Scientology festgebissen hatte. Daß sie sich aufgrund unserer Zuliefererdienste damit auch öffentlich profilieren konnte, war mir eigentlich egal. Hauptsache, es kam etwas ins Rollen, und der öffentliche Druck bewegte die Politiker, endlich zu handeln. In den vielen, auch privaten Gesprächen und bei den Besuchen von Caberta bei uns zu Hause übers Wochenende wurde mir zwar ab und zu bewußt, daß uns so manche Lebenseinstellung unterschied, aber ich bin weder Moralapostel, noch belastete mich das Privatleben von Ursula Caberta. Aus diesem Grund funktionierte es zwischen uns auch lange Zeit reibungslos, weshalb mein Mann und ich immer wieder zurücksteckten und dadurch wieder einmal zu lange geschwiegen haben.

An einem Wochenende im Herbst 1992 eröffnete Caberta einer Runde von ein paar Freunden, daß sie plane, Innensenator Hackmann dazu zu bewegen, im Hamburger Innensenat eine Stelle zu schaffen, die sich dem Thema Scientology widmen sollte. Ich war sofort begeistert, denn ich war immer und bin auch heute noch überzeugt, daß die einzige Behörde, die für das Thema

Scientology in Frage kommt, eine Innenbehörde ist. Wir diskutierten die Konsequenz, daß sie als Leiterin dieser Behörde ihre politische Karriere als Bürgerschaftsabgeordnete aufgeben müßte. Für mich war es ein rein theoretisches Gespräch – ich wußte nicht, daß sie zu diesem Zeitpunkt bereits ganz gezielt diese Position ausstrebte.

„Also, die Initiativkiste der einzelnen Gruppen muß dann aber auch anders laufen", warf sie in das Gespräch ein. Mit dieser und ähnlich gearteten Aussagen verblüffte sie oft. „Also, die Hoisdorfer und die Eppendorfer können wir dann vergessen, wenn ich diese Position habe." Meinen Einwand, daß es doch gerade die Hoisdorfer und die Eppendorfer Initiativen waren, die sie als Elterninitiativen auf das Thema gebracht hatten, ließ sie auch nicht gelten. Wie immer versuchte sie, ihre Meinung durchzusetzen: „Das kann ja sein, aber jetzt bin ich da, und das reicht ja wohl in Hamburg!" Es war einfach unmöglich, ihr eine andere Sichtweise der Dinge näherzubringen, daß z.B. eine Privatinitiative, die aus eigener Betroffenheit entstanden ist, ganz anders konzipiert ist und in vielen Dingen auch andere Beweggründe hat. Es endete immer in Streitgesprächen, bei denen ich oft um der Sache willen nachgab.

Ich wollte, daß die Leute von Eppendorf und Hoisdorf mit eingebunden werden, weil sie ja auch den Bezug zur Basis, zu den Betroffenen, hatten. Trotz der intensiven Kontakte zu Hamburg in der damaligen Zeit wurde es irgendwie immer wieder verhindert, daß ich Kontakt zu diesen Initiativen bekam. Erst Jahre später nach dem großen Krach und dem Rauswurf von Caberta aus „Robin Direkt" habe ich 1996 engagierte Leute aus diesen norddeutschen Initiativen kennengelernt, und ich ärgerte mich maßlos, daß ich damals so einseitig auf Caberta gehört hatte, denn es wäre mir viel Ärger und der ganzen Szene viel Theater erspart geblieben.

Es ging doch nicht um die Position einer Ursula Caberta, sondern es ging um Aufklärung im Punkt Scientology.

Bei einer privaten Feier, zu der wir eingeladen waren, war auch der Rechtsanwalt Ralf Abel anwesend, der für Uschi die Strafanzeige bei der Staatsanwaltschaft formuliert hatte. Es war eigentlich ein privates Abendessen, aber irgend jemand am Tisch bekam sein Fett von Uschi ab. Ich erinnere mich noch sehr genau an die Blickkontakte untereinander. Jeder wußte, daß jetzt der Zeitpunkt gekommen war, an dem keiner mehr etwas gegen sie sagen durfte, damit sie keinen Tobsuchtsanfall bekam. Ursula Caberta hat es geschafft: Sie hat jeden durch ihre Ausfälle so weit gebracht, daß er wahrscheinlich genau wie ich reagierte und es dabei beließ, damit sie sich wieder beruhigen konnte. Inwieweit andere ihre Konsequenzen daraus zogen, entzieht sich meiner Kenntnis. Ich weiß nur, daß sie sich von Abel als Rechtsanwalt trennte, weil er nicht so „spurte“, wie sie es wollte.

„Ich bin der Hengst, und ihr seid die Ponys“

Im Herbst 1992 kam es zu ein paar unschönen Situationen. Die Aktion Psychokultgefahren von Ralf-Dieter Mucha hatte Vertreter aller Initiativen nach Sylt eingeladen. Zum damaligen Zeitpunkt arbeitete Ralf-Dietmar Mucha eng mit dem Aussteiger Norbert Potthoff zusammen, und die beiden organisierten dieses Treffen.

Erst viel später habe ich erfahren, daß Potthoff bereits damals aus irgendeinem nicht nachvollziehbaren Profilierungstick heraus gegen Mucha agierte. Es brodelte schon damals innerhalb einer Szene, von der ich noch nicht einmal wußte, daß sie existiert. Ich wunderte mich nur über einen Anruf, in dem uns ein Mann von einer Elterninitiative mitteilte, daß Norbert Potthoff massiv gegen mich schoß und vehement zu verhindern suchte, daß ich oder jemand von „Robin Direkt“ zu diesem Sylter Treffen eingeladen wurde. Es war geradezu lachhaft. Ich kannte Potthoff ja gar nicht. Warum sollte er also etwas gegen meine Teilnahme an diesem Treffen haben? Ich telefonierte mit Uschi, die ja sowieso hinfuhr, und wir besprachen, daß auf jeden Fall noch ein Aussteiger von „Robin Direkt“ dabeisein sollte. Damit war für mich der Fall erledigt. Ich fuhr nicht nach Sylt.

Zwischen dem 8. und 10. Oktober 1992 fand diese Fachtagung auf der Insel Sylt statt. Die Themen des Seminars waren teilweise sehr interessant, zum Beispiel: „Die Zukunft der Initiativen“, „Wo liegt die finanzielle Schmerzgrenze?“, „Welche Alternativen gibt es?“ oder „Bleibt Kooperation auf der Strecke?“. Gerade der letzte Diskussionspunkt war im Hinblick auf Potthoffs Verhalten uns gegenüber reiner Sarkasmus.

Dieses Treffen hat bei vielen damaligen Teilnehmern Eindrücke hinterlassen, die manche heutige Situation in der Kritikerszene erklären. Nach Beschreibungen von mehreren dort anwesenden Personen soll Ursula Caberta schon 1992 ihre Position mit folgendem Satz charakterisiert haben: „Egal was ihr hier diskutiert, denkt immer daran: Ich bin der Hengst, und ihr seid die Ponys!“

Dieser Satz hat natürlich heute eine ganz andere Gewichtung, führte aber auch schon damals zu enormen Konflikten bei den Teilnehmern der Tagung.

Mit ein Reibungspunkt in der Diskussion soll auch die Position von „Robin Direkt“ gewesen sein, aber es ist mir auch bis heute unbegreiflich, warum man sich all die Jahre mit solchen Nebenkriegsschauplätzen beschäftigt hat. Wenn es jedem nur um die Sache ginge, dann wäre schon längst eine Koordination der verschiedenen Initiativen möglich gewesen, und die einzelnen Interessen hätten berücksichtigt werden können. So aber bietet man Scientology eine breite Angriffsfläche.

Schon 1992 habe ich mich gewundert, daß Menschen, die Scientology selbst erlebt hatten, dann als Ex-Scientologen anscheinend nicht mehr wußten, wie Gegenpropaganda funktioniert: Durch unverdächtige Handlanger soll ein Ablenken von der Scientology-Aktivität erzielt werden, und das Verharmlosen und Vermischen mit anderen Nebenkriegsschauplätzen soll dazu führen, daß die verschiedenen Kräfte sich verzetteln und die eigentliche Arbeit, nämlich Aufklärung über die Scientology-Organisation, hinten ansteht. Vielleicht ist das auch mit ein Grund, warum es über zwanzig Jahre lang nicht möglich war, die Beweismaterialien über die Machenschaften der Scientologen an die richtigen Stellen und Behörden zu transportieren. Ich wußte zwar im Herbst 1992 bereits, daß irgend etwas in der Szene nicht stimmte, doch ich wehrte mich innerlich gegen die Erkenntnis, daß es Scientology gelungen sein könnte, Scientology-Gegner für ihre eigenen Zwecke einzusetzen. Daß natürlich solche Kritikerkämpfe auch zur persönlichen Gratwanderung wurden, mußte ich sehr schnell lernen. Es sieht heute so aus, als sei bei der Organisation bereits damals ein gezielter Strategieplan ausgearbeitet worden, durch den dann tatsächlich Kritiker und Gegner der Scientology-Organisation die Schmutzarbeit für die Scientologen verrichteten oder zumindest im Sinne von Scientology agierten. Es lief alles mit einer solchen Präzision ab, daß ich einfach nicht an Zufälle glauben kann.

Das Verharmlosen und Vermischen mit anderen Nebenkriegsschauplätzen führt auch dazu, daß die verschiedenen Kräfte sich verzetteln und die eigentliche Arbeit, nämlich Aufklärung über die Scientology-Organisation zu betreiben, hinten ansteht.

Berlin – Hamburg, einfach

Im Frühsommer 1992 kam es zum ersten Kontakt zwischen Jeanette Schweitzer und uns. Wir trafen uns in Stuttgart in einem Hotel, und sie erzählte uns von den Erfahrungen, die sie als Aussteigerin mit Sektenbeauftragten gemacht hatte. Ihre Erzählungen glichen denen, die ich bereits kannte.

Man darf zu dieser Zeit aber auch nicht unsere eigene Situation verkennen. Wir hatten durch die Machenschaften des ehemaligen Geschäftspartners meines Mannes unsere Existenz verloren und mußten uns mühsam wieder hocharbeiten. Aber irgendwie empfanden wir geteiltes Leid als halbes Leid, und so kam es auch zu sehr intensiven Kontakten zwischen Jeanette Schweitzer und uns. Sie wohnte zeitweise bei uns, und wie mit allen anderen teilten wir mit ihr das, was wir hatten. Auch ihre kleine Tochter war des öfteren bei uns, und wir sprachen auch über die Schwierigkeiten, die solch ein Kind nach Scientology-Kontakten hat. Die Erfahrungen, die Jeanette Schweitzer als Scientologin in dem Unternehmen von Gerhard Haag gemacht hatte, und der Umstand, daß sie durch das System nicht nur Opfer, sondern auch genauso Täter geworden war, waren Gegenstand vieler Gespräche. Sie beschwerte sich über die Art und Weise, wie man mit ihr in staatlichen und kirchlichen Sektenstellen umging. Sie erzählte auch, daß sie zu einem Pressegespräch in Berlin eingeladen worden war. Der Sektenbeauftragte ging einfach bei Dienstschluß heim. Jeanette Schweitzer saß da und wußte nicht, was sie jetzt machen sollte.

Es kümmerten sich dann die Leute von der IG Metall um sie, und auf diesem Weg entdeckte auch die SPD-Abgeordnete Renate Rennebach, daß man aus dem Thema Scientology politisches Kapital schlagen kann. Da die Geschädigten den Aufklärungszug anheizten, gab es plötzlich immer mehr Trittbrettfahrer, die sich mit dem Thema profilieren wollten.

Nach dem Besuch bei der Treuhand und den Gesprächen, die wir im Zusammenhang mit dem Fall Haag geführt hatten, kam es im Juli 1992 noch zu einem Pressegespräch. Am nächsten Tag fuhren wir nach Hamburg, denn Uschi Caberta hatte von unserem Kontakt zu Jeanette Schweitzer erfahren und wollte, daß sie sofort bei dem ermittelnden Staatsanwalt aussagt. Bei dieser Vernehmung von Jeanette Schweitzer wurde auch ich im Zusammenhang mit der scientologisch geführten Firma des Scientologen Haag befragt und zu meinen Erfahrungen mit dem Sektenbeauftragten Hauser. Ich wurde nicht befragt zu den unzähligen Beweisen und Erfahrungen, die ich zu dem damaligen Zeitpunkt hatte, und auch allgemein zum Thema Scientology wurde ich nicht vernommen. Daß die Anzeige von Ursula Caberta gegen Scientology eingestellt wurde, hat weder etwas mit den Aussagen von Jeanette Schweitzer noch mit meinen eigenen zu tun, sondern einzig mit den Formulierungen im Strafantrag gegen Scientology und den dazu fehlenden Beweisen, die Caberta als Antragstellerin hätte bringen müssen. Für mich ist es einfach ein Skandal, inwieweit hier auch hinter den Kulissen eine Mauschelei gigantischen Ausmaßes stattgefunden hat. Bis heute wird von den Scientologen immer wieder diese Einstellungsverfügung zitiert und damit die Situation so hingestellt, als gebe es keine Beweise gegen Scientology.

Der Knackpunkt bei dieser Anzeige war jedoch aus meiner heutigen Sicht, daß sie 1991 von Ursula Caberta nur zum Zwecke der politischen Profilierung erstattet worden war – ohne Beweise. Über die Anzeige hatte immerhin der *Spiegel* berichtet. Kein Staatsanwalt eröffnet aber ein Verfahren ohne die notwendigen Beweise und Zeugen. Das Ergebnis dieser unüberlegten Aktion zeigt ganz deutlich, daß politische Profilierungsversuche ohne Hintergrundwissen der Sache mehr schaden als nützen.

Für mich ist es einfach ein Skandal, inwieweit hier auch hinter den Kulissen eine Mauschelei gigantischen Ausmaßes stattgefunden hat.

Mein Angebot, die Problematik im Umgang mit Scientology im kleinen Kreis zu besprechen, wurde abgelehnt. Mir kam es so vor, als lebe jeder seinen eigenen Narzißmus aus. Die Sache war im Grunde zweitrangig. Ich bin heute überzeugt, daß schon damals der scientologische Geheimdienst sehr genau die Schwachpunkte der Kritikerszene kannte und nutzte. Das läßt sich auch anhand von Aktionen und Erlebnissen belegen, die später folgten.

Gegner oder Helfer?

Tagtäglich kamen neue Informationen, riefen uns Menschen an, die bereits seit längerem bei der Scientology-Organisation ausgestiegen waren, oder sie standen einfach vor der Tür. Es war ein Kommen und Gehen. Hätte man bei uns eine Drehtüre eingebaut, sie hätte zu dieser Zeit sicher nie stillgestanden.

So schien es völlig normal, als ein junger Mann am Telefon von seinen Problemen erzählte und daß er noch ein paar tausend Mark, die er für Kurse eingezahlt, aber nicht absolviert hatte, von Scientology zurückbekommen wollte. Derselbe junge Mann, der sich in unser Vertrauen einschlich, war schon durch viele Beratungsstellen in der Republik getingelt, und sein Name war überall bekannt. Er bot sich auch „Robin Direkt“ als Helfer an, um mit seinem Wissen und seinen Erfahrungen einen Beitrag zu leisten. Auf der anderen Seite tauchte er auf leisen Sohlen in anderen Gruppen auf und stiftete mit seinen Aussagen ständig Verwirrung. Mit ihm kam ein neues Abenteuer auf uns zu. Es betraf nicht nur „Robin Direkt“, sondern auch den engsten Kreis unserer Familie, denn wir nahmen ihn oft auf, und er lebte teilweise über Wochen bei uns. Auffallend an ihm war sein Selbstdarstellungstrieb. Mit

Vehemenz versuchte er, andere Ex-Scientologen schlechtzumachen. Er säte Mißtrauen auf allen Ebenen. Obwohl er hoch verschuldet war und immer wieder von seinen Schwierigkeiten erzählte, die er durch seine Schulden habe, reiste er quer durch die Republik und besuchte alle möglichen Initiativen. Auch Ralf-Dietmar Mucha, mit dem uns damals schon eine tiefe Freundschaft verband, sprach mich einmal auf ihn an und warnte mich, ihm gegenüber zu offen zu sein. Aber da war es schon zu spät, denn wir hatten ihn bereits in unsere Familie aufgenommen. Ich bin heute noch überzeugt, daß er es zu verantworten hat, daß unser jüngster Sohn, der damals 14 Jahre alt war, in das Visier von Scientology kam. Heute weiß ich, daß die Drills der Hubbard-Trainings als Software im Kopf verankert sind und daß man sie leicht wieder aktivieren kann. Inwieweit man diesen jungen Mann aufgrund seiner Geldforderungen vom Gegner zum Helfer umfunktionierte oder ob er von Anfang an mit einer Legende in die einzelnen Initiativen einstieg, wird, wenn überhaupt, nur über ein Ermittlungsverfahren zu klären sein.

Scientology hatte ein Ziel: „Robin Direkt" als Gegner zu schwächen. Wir wußten auch, daß bereits zu Pfarrer Haacks Zeiten Scientologen verdeckt in Kritikerkreisen agierten. Auch Mucha hatte seine Erfahrungen mit „Aussteigern" dieser Art. Mich ärgert aber, daß diejenigen schweigen, die sich seit Jahrzehnten mit dem Thema beschäftigen und das alles wissen. Statt sich gemeinsam um mehr Sicherheit für die einzelnen Initiativen zu kümmern, hat sich jeder gefreut, wenn es den anderen erwischte. Auch Muchas Warnungen wurden von einem Großteil nicht ernst genommen – im Gegenteil. Er wurde genauso wie wir ausgegrenzt und totgeschwiegen. Nach solchen Erfahrungen mit Undercover-Agenten bleibt der Stachel erst einmal stecken. So war es auch bei uns, als wir erkannten, daß der nette junge Mann alles andere als nette Absichten hatte. Nachdem meine erste Wut verraucht war, entschied ich mich jedoch wieder einmal für die Sache und heftete es als Lebenserfahrung ab, denn wir dürfen auch nicht zu mißtrauisch werden. Daß es jedoch dem gleichen Mann Jahre später gelang, in der Kritikerszene so weit Fuß zu fassen, daß er von den Kritikern wieder gegen mich eingesetzt wurde, ist unglaublich.

Natürlich konnte ich 1992 noch gar nicht abschätzen, wie der scientologische Geheimdienst mit Undercover-Agenten agierte, weil ich mir so etwas in einem Rechtsstaat gar nicht vorstellen konnte. Ich war viel zu stark eingespannt mit der Betroffenenhilfe und den Einzel-

Es gibt einen alten Spruch, der heißt: „Pack schlägt sich, Pack verträgt sich." Ich hätte nie gedacht, daß er auch im Umfeld der Kritiker gilt.

schicksalen, mit denen ich mich täglich aufs neue beschäftigte. Auch waren mir die menschlichen Tragödien einfach wichtiger als irgendwelche Machtspielchen einer Organisation. Daß daraus für mich als Person und für „Robin Direkt“ als Bürgerinitiative eine nicht abzuschätzende Gefahr entstand, habe ich 1992 noch nicht erkannt.

Politisches Planspiel mit Folgen

Eines schönen Abends erreichte mich ein Anruf von Uschi Caberta. Sie teilte mir mit, daß der Innensenator Hackmann (SPD) einen Arbeitskreis Scientology in seiner Behörde installieren wolle und sie seine Leitung übernehmen solle. Ihr politisches Mandat in der Bürgerschaft werde sie aufgeben, denn beides sei miteinander nicht vereinbar. Sie erzählte, daß ihr neues Gehalt wesentlich höher sei als ihr altes beim Jugendamt. Für mich ausschlaggebend war, daß zum ersten Mal das Thema Scientology an der richtigen Stelle etabliert wurde. Wir gratulierten Uschi und freuten uns mit ihr. Schließlich waren wir – als Bürgerinitiative und mit unserem eigenen Engagement – maßgeblich daran beteiligt gewesen, daß in Hamburg diese Entscheidung für den Arbeitskreis fiel. Die Büroräume hatten eine hervorragende Aussicht auf Hamburg, aber die notwendigen Informationen, wie Berichte von Aussteigern, Konkursmaterialien, eben alles, was zu einem Archiv gehört, fehlte natürlich noch in diesem Arbeitskreis. Frau Caberta verwendete ihre gesamte Arbeitszeit darauf, überall in der Republik an Material zu kommen. Wir fuhren wieder einmal auf eigene Kosten nach Hamburg, den Kofferraum voll mit einem Teil unseres Archivs, damit der Arbeitskreis Scientology die notwendige Grundausstattung für seine Arbeit erhielt. Hervorragend fanden wir, daß als Mitarbeiter des Arbeitskreises ein LKA-Beamter und ein Richter abgestellt wurden. Außerdem bekam der Arbeitskreis eine Vollzeitsekretärin, und wir verwendeten unwahrscheinlich viel Zeit und finanzielle Mittel, um den aus Steuergeldern finanzierten Arbeitskreis Scientology zu unterstützen. Es ging uns wieder einmal nur um die Sache. Daß für diesen Einsatz unsere andere Arbeit bei „Robin Direkt" liegen blieb und enorme Mittel notwendig wurden, die wir eigentlich nicht hatten, steht auf einem anderen Blatt. Die von uns mitgebrachten Ordner wurden von dem LKA-Beamten nacheinander kopiert, und langsam füllte sich das Regal in Cabertas Büro. Wie vielen anderen versprach Ursula Caberta auch uns, als neue Leiterin des Arbeitskreises Scientology im Innensenat Hamburg eine Aufwandsentschädigung zu bezahlen, damit wenigstens die Kosten gedeckt sind. „Robin Direkt" wartet bis heute auf diese Aufwandsentschädigung.

Ein Arbeitskreis in der Innenbehörde

Uschi begann, ein Netz von Informanten aufzubauen, und versprach überall ganz selbstverständlich auch finanzielle Hilfe. Wir sollten von Süddeutschland nach Hamburg ziehen, sie habe jede Menge Kontakte. Das kam für uns überhaupt nicht in Frage. Auch ihre Aussage: „Das kläre ich alles ab, ich habe da meine Leute, es kann überhaupt nichts schiefgehen“ konnte uns nicht veranlassen, unseren Wohnort zu wechseln. Es waren auch Erfahrungen mit Uschis Launen und mit den teilweise für uns nicht nachvollziehbaren Ausrutschern, die eben nicht in unser Leben paßten. Durch ein Telefonat mit Ralf-Dietmar Mucha erfuhr ich, daß er zu einem Gespräch nach Hamburg eingeladen worden sei und daß Caberta ihm eine Position im Arbeitskreis angeboten habe. Er solle seine Position in Düsseldorf aufgeben und nach Hamburg ziehen. Sie prahlte, wie übrigens bei vielen anderen Gelegenheiten auch, mit den Mitteln, die sie zur Verfügung habe. Das Ganze müsse jetzt professionell laufen. Diese Professionalität hatte sie jedoch selbst am allerwenigsten. Sie nutzte das Wissen und die Arbeitskraft anderer und fühlte sich bereits damals, wie sie es auf Sylt beschrieben hatte: „Ich bin der Hengst, und ihr seid die Ponys.“ Für Dompteurspiele war ich nicht zu haben. Hier ging es eindeutig um parteipolitische Spielchen, in denen die Partei immer an erster und die Sache erst an zweiter Stelle stand. Als Caberta mir dann sagte, daß sie weniger an Mucha als an seinem Archiv interessiert sei, dämmerte mir einiges. Ich sagte zu ihr: „Uschi, du weißt ganz genau, daß die Scientologen die ganze Kritikerszene genau beobachten. Und du weißt auch, daß sie gegen mich mit massiver Gewalt vorgehen, um mich in der Aufklärung zu behindern. Jetzt sollte man nicht überziehen und glauben, allein mit deiner Position sei das Ei des Kolumbus entdeckt.“ Ihre Antwort hallt mir heute noch im Ohr: „Was bis jetzt gelaufen ist, ist vollkommen egal, jetzt spielt die Musik in Hamburg, und von dort aus wird dirigiert.“

Was lief hier eigentlich schief? Wieder war es Mucha, der uns sagte, daß er das vorausgesehen habe. Er werde auf keinen Fall seine Position in Düsseldorf aufgeben, um nach Hamburg zu ziehen. Auch für uns war ein Umzug kein Thema, und wir überlegten gemeinsam, was wir machen konnten, damit nicht wieder Schaden angerichtet wurde. Daß die Scientologen mit Argusaugen die Entwicklung dieses Arbeitskreises im Innensenat beobachten würden, war uns klar. Man braucht nur die Informationen über die Geheimdienstaktionen der Scientology in Amerika zu lesen, dann versteht man, warum die Kritikerszene dort so zerstritten ist. Scientology dringt dort mit unwahrscheinlicher Zähigkeit und allen nur denkbaren Mitteln bis in die höchsten

Behördenstellen vor, um Material zu beschaffen, um Telefongespräche abzuhören und um Leute mit Geld zu locken. Und alles dient nur einem Zweck: Material zu bekommen, das man wieder gegen die Gegner verwenden kann.

Daß ein Arbeitskreis, angesiedelt in der Innenbehörde, für Scientology gefährlich werden kann, dazu brauchte man kein Meister im Recherchieren zu sein. Gefährlich wurde dieser Arbeitskreis aber auch deshalb, weil es von der Leiterin eine ganz starke Verbindung zu uns gab und sie an unserem Archiv partizipierte. Bereits im November 1992 warnte ich Uschi Caberta, daß ihre schwierigen Männerbeziehungen von Scientology genutzt werden könnten, um sie unter Druck zu setzen. Ich fürchtete schon damals, daß unsere Freundschaft an den Belastungen zerbrechen könnte.

Fortan nutzte sie auch unsere Kontakte in die Schweiz. Ein junger Aussteiger, der bei uns sehr lange wie ein Sohn in der Familie aufgenommen worden war und mit dem es interessanterweise keinerlei Konflikte gegeben hatte, wandte sich nach ein paar Kontakten mit Caberta in Hamburg blitzartig von uns ab. Das war uns schleierhaft, doch wir ließen es einfach laufen. Über diesen jungen Mann knüpfte Uschi wieder Kontakte zu anderen Ex-Scientologen in der Schweiz und versprach einem der Aussteiger Geld für sein Archiv, um ihre Regale zu füllen. Ihre Zusage löste sie erst Jahre später ein.

Ende des Jahres 1992 erfuhren wir, daß Caberta zu dem Journalisten Christoph Minhoff in München Kontakt aufgenommen hatte und sich mit ihm in München traf, um ihn mit der Erarbeitung einer Broschüre zum Thema Scientology zu beauftragen. Minhoff war bereits in den 80er Jahren in Sachen Scientology publizistisch aktiv gewesen. Ich fand die Idee gut. So kam es auch zu Kontakten zwischen Minhoff und uns. Caberta sagte, wir sollten Minhoff mit Material aus unserem Archiv über wirtschaftliche Zusammenhänge unterstützen. Das taten wir auch. Christoph Minhoff kam mit einem Kollegen zu uns nach Pfaffenhofen und holte sich die notwendigen Unterlagen. Da „Robin Direkt" finanziell auf sich allein gestellt ist, versprach Caberta wieder eine Aufwandsentschädigung in Höhe von tausend Mark für den Verein, die aber nie bezahlt wurden. Es gab zwischen dem Verein „Robin Direkt" oder mir und Christoph Minhoff nie irgendeine Auseinandersetzung oder Ärger. In der ersten Auflage der Broschüre wurden wir noch erwähnt, in den Folgeauflagen wurden wir gestrichen. Allein an dieser Kleinigkeit ist schon zu erkennen, wie im Laufe der Jahre systematisch daran gearbeitet wurde, „Robin Direkt" totzuschweigen. Hätte man mir das zum Ende des Jahres 1992 erzählt, ich hätte es niemals geglaubt. Auffallend war, wie Caberta mit der Höhe ihres Etats für diesen Arbeitskreis prahlte. Ärgerlich waren auch ihre Aussagen, „Robin Direkt" sei demnächst überflüssig, wenn das

Archiv in Hamburg aufgebaut und die Unterlagen im Arbeitskreis vollständig seien. Auf meine Nachfrage wiegelte sie entsetzt ab. So ganz konnte ich ihr jedoch nicht mehr glauben, weil sie uns gegenüber ja auch von den anderen schlecht sprach. Es ist klar, daß es zwangsläufig bestimmte Interessenkollisionen gibt. Aber immer war ich der Überzeugung, daß nur das gemeinsame Ziel zählen sollte: Scientology in seiner Expansion zu stoppen. Heute weiß ich, daß es zwar viele gab und gibt, die so denken wie ich, aber daß sich eine Lobby in dieser Kritikerszene durchsetzt und manchmal tatsächlich mit ähnlich harten Bandagen gegen vermeintliche Konkurrenten vorgeht wie der Gegner selbst.

1992 war auch das Jahr, in dem Caberta unbedingt wollte, daß ich eine Anzeige gegen die Scientologin Gisela Hackenjos in Hamburg stelle. Sie hatte sich mir gegenüber beleidigend geäußert. Hochinteressant ist im nachhinein, daß sie meine Anzeige sogar formulierte. In meinem Büro habe ich sie in ihrem Beisein getippt, und sie selbst hat sie nach Hamburg mitgenommen. Genau diese Anzeige wurde von Scientology benützt, um ein gigantisches juristisches Manöver gegen mich in Gang zu setzen, das ein Drehbuch für einen Kriminalfilm abgeben könnte.

Schon allein wegen unserer Freundschaft und unserer vielen privaten Kontakte wußte Caberta über unsere damalige schwierige finanzielle Situation Bescheid. Diese war nicht zuletzt auch durch die scientologisch geschulten Geschäftspartner meines Mannes zustande gekommen. Caberta versicherte immer wieder: „Laß mich das machen. Ich bin in einer Behörde, und du sollst einfach im Hintergrund arbeiten."

Wenn es aber dann darauf ankam, jemanden zu haben, auf den man sich in diesen harten Zeiten hätte verlassen können, dann war Hamburg auf einmal sehr weit. Es schien, als hätte der Nordseewind die vielen Versprechen, die Caberta abgegeben hatte, aus ihrem Kopf geweht.

Es schien, als hätte der Nordseewind die vielen Versprechen, die Caberta abgegeben hatte, aus ihrem Kopf geweht.

Ein Flugblatt wird zum Keil

Januar 1993. Immer mehr Menschen beschweren sich, daß Uschi Caberta ihre Versprechen einfach nicht hält. Ich spüre den Druck, der durch die Erwartungshaltung der Politiker nun auch auf ihr lastet. Ihr Ziel, die Nummer eins in der Kritikerszene zu werden, ist für sie vorrangig. Ich versuche, in einem

Gespräch ein paar Dinge zu klären, aber meine gutgemeinten Ratschläge prallen gegen taube Ohren.

Es kommt zu Kontakten mit Wirtschaftskreisen, und sie lädt Sicherheitsbeauftragte der Industrie zu sich nach Hamburg ein. Die für solche Gespräche nötigen Hintergrundinformationen ruft sie bei uns ab. Wir fahren wieder nach Hamburg mit mehreren Ordnern, die dort kopiert werden, damit die Gespräche mit den eingeladenen Personen reibungslos ablaufen können. Als Gesprächspartner lädt sie auch Ralf-Dietmar Mucha aus Düsseldorf ein. Wieder versucht sie, Mucha mit Versprechungen nach Hamburg zu locken, aber er nimmt das Angebot Cabertas nicht an und bleibt in Düsseldorf.

Bald darauf geschehen Dinge, die wir erst im nachhinein richtig einordnen können. Wir bekommen mehrere anonyme Anrufe. Der Tenor ist immer der gleiche: „Deine Zeit ist abgelaufen. Du bist fertig. Wir haben dich." Auch zu einem Journalisten, der im Rahmen seiner Recherche Kontakte mit Scientology aufnahm, sagte die damalige Pressesprecherin Claudia Kauer aus München, man brauche sich mit mir gar nicht mehr zu unterhalten. Die Hartwig sei bereits erledigt. Sie wisse es nur noch nicht. Im Briefkasten fanden wir einen Fetzen Papier, auf dem stand: „Deine Aufklärung ist zu Ende, du bist fertig." Da sich zur damaligen Zeit viel ereignete, was sicher nicht in den normalen Lebensablauf einer Familie paßt, wunderten wir uns über solche Vorkommnisse nicht übermäßig, wir registrierten sie lediglich. In einem unserer Telefongespräche sagte ich zu Uschi: „Denen paßt im Moment anscheinend vieles nicht, denn was so rundum passiert, zeigt eine gewisse Nervosität." Ursula Caberta war überzeugt, daß die Scientologen deshalb so nervös waren, weil sie die Stelle in Hamburg eingerichtet hatte, und ich gab ihr auch recht. Denn eine wirklich gute Truppe zum Thema Scientology, angesiedelt im Innensenat, hatte die notwendige Kompetenz, um den Machenschaften der Scientologen wirklich gefährlich zu werden.

Ich wunderte mich allerdings, daß Caberta so leichtfertig mit Informationen gegenüber Dritten umging. Schließlich wollte die Gegenseite alles mögliche herausbekommen, Querverbindungen erkunden oder Unruhe stiften. Darüber muß sich jeder im klaren sein, der sich mit dem Thema beschäftigt. Ein Journalist rief bei uns an und erkundigte sich über Gunther Träger, einen PR-Mann von NUR-Reisen. Da Herr Träger immerhin als hochtrainierter Scientologe im privaten Umfeld des Bundeskanzlers Kohl – damals Ministerpräsident in Rheinland-Pfalz – tätig gewesen war, wurde ihm im ZDF auch die notwendige Beachtung geschenkt. Ich sagte dem Journalisten, was ich wußte und daß es da einen Film von Egmont Koch mit dem Titel „Gehirnwäsche" gäbe, in dem ebenfalls Gunther Träger in seiner Funktion als

PR-Mann mehrmals erwähnt wurde. Erst Jahre später, als ich Punkt für Punkt aufzeichnete, was wirklich um mich herum passiert war, ging mir eine 100-Watt-Birne im Kopf auf.

Die Recherche dieses Journalisten war ausschlaggebend für eine Kette von Ereignissen, die mit der Person Gunther Träger in Verbindung stehen. Der Journalist fragte sich überall durch und landete u.a. bei der Scientology-Organisation in Frankfurt. Man habe ihm dort nichts von einem Ausstieg von Träger gesagt. Man habe ihm sogar die Telefonnummer von Träger gegeben, erzählte der Journalist gegenüber Dritten. Das war Ende des Jahres 1992. Träger behauptet aber, bereits 1991 ausgestiegen zu sein. Wer nun wirklich lügt oder gelogen hat, ob diese Aussage von Scientology Frankfurt falsch war oder ob Träger aus taktischen Gründen seinen Ausstieg auf 1991 datierte, ist bis jetzt nicht geklärt. Am 25. Februar 1993, zeitgleich mit der Recherche des Journalisten über Gunther Träger, tauchte ein Flugblatt in der Kritikerszene auf mit der Überschrift: „An alle Arbeitsgruppen Scientology – Wichtiger Rundbrief – Streng vertraulich – Nicht an Renate Hartwig weiterleiten.“ Es war klar, warum ich dieses Papier nicht zu Gesicht bekommen sollte. Hier wurde vor mir gewarnt. Viele Leute „aus dem direkten Umfeld von Ursula Caberta“, hieß es da, wären der Meinung, daß ich „wohl kaum noch länger zu tragen sei“. Und warum?

Es ist nicht uninteressant, auf das Datum dieser „Warnung“ zu achten. Gut ein Jahr, bevor mein erstes Buch erschien und zum Bestseller wurde, gut ein Jahr, bevor Tausende von Lesern zum ersten Mal meinen Namen hörten und auf das aufmerksam wurden, was ich zu sagen hatte, wurde hier von Leuten, die vorgaben, das gleiche Anliegen zu haben wie ich, behauptet: „Es scheint so, daß sich bei Renate Hartwig, die als Vorsitzende von ‚Robin Direkt‘ großartige Arbeit geleistet hat, die ersten Verschleißerscheinungen einstellen.“

Gut ein Jahr, bevor mein erstes Buch erschien und zum Bestseller wurde, wurde von Leuten, die vorgaben, das gleiche Anliegen zu haben wie ich, behauptet: „Es scheint so, daß sich bei Renate Hartwig, die als Vorsitzende von ‚Robin Direkt‘ großartige Arbeit geleistet hat, die ersten Verschleißerscheinungen einstellen.“

Das zweiseitige Schreiben ist unterzeichnet mit „J.S.“ und enthält nicht nur üble Verleumdungen und Lügen über mich, sondern auch die unverhüllte Aufforderung, sich in Zukunft von Renate Hartwig ab- und Caberta zuzuwenden. Caberta sei „unsere letzte Hoffnung im Kampf gegen die Scientologenpest". Inzwischen haben nicht nur Journalisten und Medienspezialisten das Schreiben analysiert, sondern wir haben es auch verschiedenen Beamten in Behörden vorgelegt, die sich mit Strategiemaßnahmen bei Scientology auseinandersetzen. Alle haben es als mögliche Strategiemaßnahme gewertet, die darauf abzielt, die Kritikerszene in Unruhe zu versetzen und auf scientologisch zu „handhaben".

Was mich bis heute am allermeisten entsetzt, ist, daß sich die Kritikerszene quer durch die Republik an die Aufforderung in dem Schreiben hielt und es nicht an mich weitergab. Telefonisch informierte mich Mucha von dem Flugblatt. Erst nach Wochen bekam ich es als Kopie aus dem Büro des Sektenbeauftragten Gandow aus Berlin. Ich sprach mit Ursula Caberta darüber, und sie sagte, sie kenne es von einem Mann aus Bonn.

In der Zeit, als das Flugblatt verteilt wurde, hatte die Firma HaRa eine Aufklärungsveranstaltung zum Thema Scientology in der Kongreßhalle in Saarbrücken organisiert. Auf dem Podium saßen neben Politikern auch Jeanette Schweitzer und ich sowie der Sektenbeauftragte Bussen. Wir nehmen bis heute an, daß die Unterschrift „J.S." ebenfalls eine Strategie sein sollte, um Jeanette Schweitzer und mich gegeneinander aufzubringen. Die Initialen „J.S." sollten auf Jeanette Schweitzer als Urheberin hindeuten. Da keiner ernsthaft nachgeforscht hat, woher das Papier stammt, hat wohl jeder geglaubt, daß es wirklich von Jeanette Schweitzer kommt. Allein die Tatsache, daß dieses Pamphlet von der großen Zahl der Kritiker als gegeben hingenommen wurde und wirklich keiner den Mut hatte, zum Telefonhörer zu greifen und mich anzurufen oder sich einmal Gedanken darüber zu machen, was hinter diesem Papier stecken könnte, erschreckt mich mehr als der Inhalt des Papiers selbst.

Edelaussteiger an der Angel

In dieser Zeit erhielt ich einen Anruf von Uschi Caberta. Sie habe jetzt einen Edelaussteiger an der Angel, mit dem man sehr gut Öffentlichkeitsarbeit machen könne, erzählte sie. Kurz zuvor war es zu Spannungen zwischen Uschis Arbeitskreis Scientology und dem ermittelnden Staatsanwalt in Hamburg gekommen, der die Strafanzeige von Caberta bearbeitet hatte. Über einen Journalisten kam der Kontakt zu dem „Edelaussteiger" zustande. Kurz darauf rief Caberta begeistert an, es komme nun endgültig zu einem Termin zwischen ihr und dem Aussteiger, es handle sich um Gunther Träger. Er sei nicht nur der Redenschreiber von Helmut Kohl gewesen in dessen politischer Zeit in

Rheinland-Pfalz, sondern auch „gelegentlicher Ghostwriter des rheinland-pfälzischen Ministerpräsidenten Bernhard Vogel“ (*Der Spiegel* 11/79), ein PR-Fachmann bei der Lufthansa und vielen Reisebüros. Ich war nicht allein mit meiner Verwunderung über die eigenartigen „zeitgleichen Zufälle“. Inzwischen wissen wir, daß auch andere Leute Caberta warnten, nicht zu euphorisch in diese Situation zu gehen. Aus vielen Gesprächen mit Ex-Scientologen und mit Ralf-Dietmar Mucha wissen wir, daß Gunther Träger nicht das erste Mal ausgestiegen sein soll und daß er auch in den 80er Jahren in seiner Funktion als PR-Mann bei Scientology in Elterninitiativen journalistisch tätig war. *Der Spiegel* berichtete in den Ausgaben 9/79 und 11/79 über die „Doppelrolle, die Träger damals seit Jahren als Vertrauensmann Vogels und Spitzenmann der Scientology“ gespielt hatte. Es war nicht nur für Caberta persönlich, sondern vor allem wegen ihrer Position wichtig, klare Verhältnisse zu schaffen. Aber sie war da anderer Meinung. „Wenn jemand aussteigt, ist er raus, und der Rest interessiert nicht mehr“, hörten wir immer wieder aus dem Umfeld Cabertas. Wir waren damals und sind heute anderer Meinung, weil wir genau wissen, wie das System Scientology funktioniert.

Ich war nicht allein mit meiner Verwunderung über die eigenartigen „zeitgleichen Zufälle“.

Nach Uschi Cabertas Erzählungen kam es Ende Februar 1992 in einem Hamburger Lokal zu einem Treffen mit Gunther Träger. Dabei soll auch Dr. Steinmetz, Richter und teilweise Mitarbeiter im Arbeitskreis bei Caberta, anwesend gewesen sein.

An das nächtliche Telefonat mit Uschi nach diesem Gespräch erinnere ich mich minutiös. Caberta sprach begeistert von Gunther Träger, vor allem weil er dieselbe Weißweinsorte wie sie bevorzugte. Er sei eine starke Persönlichkeit, und es sei schon nach ein paar Stunden zu einer sehr großen Offenheit zwischen ihr und Träger gekommen. Später hat sie selbst in verschiedenen Situationen und nicht nur uns gegenüber ihre sehr guten Kontakte zu Träger betont. Im März, im Beisein mehrerer Personen von „Robin Direkt“, erzählte sie, daß sämtliche Barrieren zwischen ihr und Träger abgebaut seien. Unsere Bedenken, daß dies in ihrem Fall und in ihrer Position mehr als bedenklich sei, wurden von ihr mit einer Handbewegung vom Tisch gefegt. Unsere Fragen, wo denn die jetzige Frau von Gunther Träger sei, die damals hochschwanger war und als ausgebildete Scientologin galt, wurden von ihr gar nicht registriert. Wer jetzt in der Kritikerszene so tut, als habe er das nicht gewußt, lügt sich in die eigene Tasche. Diese Situation wurde nicht nur im internen Kreis bei „Robin Direkt“ diskutiert. Ich weiß inzwischen, daß es auch in anderen Initiativen und bei Sektenbeauftragten eine Menge offener Fragen gibt:

- Warum hat bis zur Recherche des Journalisten Ende 1992 niemand von dem Ausstieg Trägers erfahren?
- Warum braucht er, erst nachdem ein Journalist bei ihm aufgetaucht war, plötzlich Kontakt zu einer Stelle in einer Behörde, die ihm Sicherheit geben kann?

Er sei nur bereit gewesen, mit dem Journalisten zu sprechen, wenn der ihm einen solchen Kontakt herstellen könne, erfuhr ich aus dem engsten Umfeld des Journalisten.

Zum damaligen Zeitpunkt gab es nur eine einzige Stelle in einer Behörde, und die war in Hamburg, angesiedelt im Innensenat. Geleitet wurde sie von Ursula Caberta. Träger war in Frankfurt, und anscheinend wußte er sehr genau, daß es nur eine einzige solche Stelle gab. Warum fragte er denn ausgerechnet nach dieser Stelle, wenn er – wie er angab – völlig uninformiert gewesen ist?

Ein weiteres merkwürdiges Schriftstück kam später während einer Gerichtsverhandlung zutage. In ihm weist die Scientology-Organisation erst 1994 Gunther Träger als sogenannte „unterdrückerische Person“ aus. Egal mit wem wir darüber gesprochen haben, es kam bei jedem die gleiche Einschätzung heraus:

Träger ist ein Mann, der über zwanzig Jahre lang eine sehr tragende Rolle in der Scientology-Zielsetzung gespielt hat und der mit seiner ganzen beruflichen Laufbahn der Organisation große Dienste erwiesen hat. Er hat aufgrund seiner Publikationen, die er zusammen mit ebenfalls linientreuen professionellen Scientologen herausgab, die heute noch dazugehören, immer im Interesse der Scientology gehandelt. Und so ein Mann sollte ganz still und heimlich bei Scientology aussteigen können? Und das, ohne daß die Organisation bis zum heutigen Tag irgend etwas unternommen hätte, um ihn zu denunzieren? So einen Mann könnte laut Aussagen von Aussteigern Scientology niemals ungeschoren davonkommen lassen. Gerade Träger nicht, der nicht nur von Caberta als sogenannter Edelaussteiger herumgezeigt wurde, sondern der sogar im *Spiegel* ein langes Interview bekam, weil er eben eine so hochkarätige Nummer innerhalb der Organisation gewesen war.

Ich finde es äußerst merkwürdig, daß 1994 bei Staatsanwalt und Polizei Schreiben eines Anwalts eingehen, in denen Vorkommnisse geschildert werden, die Herrn Träger im zweiten Halbjahr 1994 widerfahren sein sollen.

Nachdem Träger nach eigener Aussage bereits 1991 den schriftlichen Austritt bei Scientology erklärt hat, ist für mich nicht nachvollziehbar, warum wir über Vorkommnisse vor 1994 nichts erfahren – gab es etwa keine? Ich finde es erstaunlich, daß Herrn Träger diese Dinge erst nach Erscheinen meines ersten Buches – in dem ich seine Rolle als Aussteiger hinterfrage – zugetoßen sein sollen.

Interessant werden die oben angeführten Schreiben des Anwalts plötzlich wieder 1997. Träger selbst faxt sie an einen Journalisten, der eine Rezension über Trägers Buch *Scientology greift an* verfassen möchte. So werden die Briefe von 1994 drei Jahre später plötzlich zu Beweismitteln für Trägers Ausstieg. In seinem Buch ist aber keines der Schreiben zu finden. Gedächtnislücke, Herr Träger?

Warum konnte er denn zum damaligen Zeitpunkt nicht beim Staatsanwalt über die internen Machenschaften von Scientology aussagen? Wozu war er denn nun ein „Edelaussteiger"? Doch sicher nicht nur für private Kontakte, oder?

Nach Trägers Ausstieg richtete Uschi Caberta ihre ganze Bürotätigkeit offensichtlich nur noch darauf aus, für diesen „Edelaussteiger" auch die notwendigen „Sicherheitsmaßnahmen" zu erreichen. Aber den von Caberta geforderten Zeugenschutz lehnten die Staatsanwaltschaft und offensichtlich auch die LKA-Beamten ab, die Träger vernommen hatten. Seine Aussagen dürften nicht so interessant gewesen sein, daß sich Zeugenschutz lohnte. Es gibt natürlich auch noch die andere Möglichkeit, daß man nach über zwanzig Jahren linientreuer Scientology-Mitgliedschaft beim Ausstieg einen gewissen „Gedächtnisverlust" hat. Man will ja schließlich der Organisation nicht schaden, denn immerhin sind so viele Jahre nicht einfach wegzuwischen. Und wie im *Spiegel* zu lesen war, war es nicht der erste Ausstieg Gunther Trägers. Es ist verständlich, daß man sich im Hinblick auf die Zukunft eventuell auch den Weg zurück nicht unbedingt verbauen möchte.

Es gibt natürlich auch noch die andere Möglichkeit, daß man nach über zwanzig Jahren linientreuer Scientology-Mitgliedschaft beim Ausstieg einen gewissen, „Gedächtnisverlust" hat.

Im März 1993 gab es einen großen Knacks in unserer Freundschaft zu Uschi. Ausschlaggebend war auf jeden Fall ihre für mich viel zu intensive und distanzlose Beziehung zu Gunther Träger. Es kam nicht nur zu Reibereien zwischen ihr und mir, sondern auch zwischen den Mitgliedern von

„Robin Direkt". Als sie meine Vorbehalte gegen Träger bemerkte, versuchte sie, hinter meinem Rücken Stimmung gegen mich zu machen. Ich versuchte noch einmal, mit ihr darüber zu reden, daß ein wichtiger Punkt doch wohl diese Widersprüche seien, die bis zum heutigen Tag ungeklärt geblieben sind. Ich weiß noch gut, wie das letzte Telefonat im März endete: „Uschi, lies ganz genau das Flugblatt, das vor ein paar Wochen an alle Kritikerstellen verschickt wurde. Schau genau hin, was da steht. Vor allem: Setz dich hin und denk darüber nach."

Mitgliederversammlung mit Hindernissen

27. März 1993: Als Vorstand von „Robin Direkt" laden wir zu einer außerordentlichen Mitgliederversammlung ein. Unter anderem steht auf der Tagesordnung: Unterwanderung der Kritikerszene und die Hintergründe des im Februar verschickten Briefes an alle Kritiker, außer an Renate Hartwig. Caberta reist am Samstagmittag mit dem Zug von Frankfurt nach Ulm. Mein Mann holt sie ab. Sie kommt von einem Gespräch mit Gunther Träger und Beamten des Verfassungsschutzes, das am 26. März in Frankfurt stattgefunden hat. Ihre Äußerungen über die Beamten stimmten mich mehr als nachdenklich. In unserer Wohnung kommt es zur Diskussion über die Verbindung zwischen Caberta und Träger. Ich melde abermals meine erheblichen Bedenken gegenüber einer privaten Beziehung zwischen der Leiterin des Arbeitskreises Scientology und einem hochkarätig geschulten Scientologen an, der laut eigener Aussage erst vor kurzem ausgestiegen ist. Ich sehe sie heute noch an unserem Eßzimmertisch sitzen: Ich spürte direkt körperlich die Wand zwischen uns.

Uschi will aus unserem Archiv Ordner mit Material über die Scientologenfirma „AMK" mit nach Hamburg nehmen. Sie meint, Gunther könne ja mal hineinschauen, ob die Unterlagen in Ordnung seien. In bissigem Ton antworte ich: „In deiner Behörde geht wohl nichts mehr ohne die Meinung von Gunther Träger." Ich bitte sie auch, das Buch *Macht und Magie der Public Relations* zu lesen, das Gunther Träger mit den Scientologen Wolf-Dieter Lahmann und Horst A. Mehler 1989 in einem Verlag veröffentlicht hat. Dieses Buch wurde vom Verlag wegen diverser Passagen, die dem Verlag als sehr gefährlich und tendenziös erschienen, inzwischen eingestampft. Alle drei Autoren waren zum Zeitpunkt des Erscheinens des Buches Scientologen, Lahmann und Mehler sind es heute noch.

Brisantes Insiderwissen?

Im Umschlagtext des Buches ist zu lesen, daß die Autoren brisantes Insiderwissen weitergeben und die Techniken der Spitzenklasse der Public Relations vermitteln. Das Buch handelt genau darüber, worüber man normalerweise nicht spricht, so steht es im Umschlagtext. Zum Beispiel über Insiderzirkel, über VIPs, was sie kosten, wie man sie gewinnt, ferner über Meinungsführer, über die Methoden, in Zielgruppen einzubrechen, und schließlich über Techniken, wie man ins Fernsehen kommt oder in die Zeitung. Kein heißes Thema bleibt unberührt, nicht einmal die Methoden der „Schwarzen Propaganda".

Gäbe es heute noch einen Kontakt zwischen Ursula Caberta und mir, würde ich ihr raten, das Buch zu lesen. Dort steht viel über PR- und Geheimdiensttechniken, Protest-PR, PR und politische Power. Und wenn man es sehr wachsam liest, dann eröffnen sich unglaubliche Parallelen zur heutigen Situation in der Kritikerszene. Außerdem würde es ihr vielleicht zu der in ihrer Position notwendigen Distanz verhelfen.

In dem PR-Buch steht auf Seite 51 ganz genau beschrieben, was ich in den letzten Jahren erlebte. Daß die Herren Träger, Lahmann und Mehler auf Seite 52 unter dem Punkt „Schwarze Propaganda, Protest-PR" auf L. Ron Hubbard zurückgreifen, spricht für sich.

„Mit Schwarzer Propaganda kann man Menschenschicksale, ja ganze Unternehmungen und Gruppierungen ins Abseits rücken."

Dort steht nämlich: „Mit Schwarzer Propaganda kann man Menschenschicksale, ja ganze Unternehmungen und Gruppierungen ins Abseits rücken."

Aus heutiger Sicht war es ein Skandal, daß nicht einmal die Fachleute, die Scientology-Kritiker, bereit waren, sich mit dem Inhalt des Buches auseinanderzusetzen. Die dort aufgezeigten Beispiele der „Schwarzen Propaganda" haben meine Familie, die Freunde von „Robin Direkt" und ich nacheinander selbst erlebt. Die Praktiken der Scientology-Organisation werden in diesem Buch dokumentiert. Sogar vom „ethischen Verhalten" ist die Rede und von einem „Ehrenkodex". Hätte der Verlag nicht umgehend reagiert, wäre die Hubbard-Technologie mit allen Details, wie sie Scientologen entsprechend ihren Richtlinien anwenden, in PR-interessierten Kreisen verbreitet worden.

Distanz als Problem

Durch eigene Erfahrungen mußte ich lernen, mit den Mechanismen umzugehen, die bei Scientology gedrillt werden. Die Aussteiger, mit denen wir seit 1990 zu tun hatten, bewiesen immer wieder, daß man Scientology nicht wie einen Lichtschalter beim Austritt ausknipsen kann. Oft war es eine Berg- und Talfahrt der Gefühle. Es waren immer meine Spontaneität und die Bereitschaft, auch Fehler zu machen, die mich lernen ließen. Genau davor wollte ich meine damalige Freundin Uschi bewahren: vor der menschlichen Enttäuschung, die ich zum damaligen Zeitpunkt bereits durch Aussteiger erfahren hatte.

Daß meine Bitte nach Distanz auch gegenüber einem „Edelaussteiger" für unsere Freundschaft zum Problem wurde, war für mich unverständlich. Vielleicht haben wir bis heute unterschiedliche Auffassungen und Vorstellungen. Ein Aussteiger sollte meines Erachtens nicht am Grad seiner Popularität bewertet werden, sondern an der Bereitschaft, auch seine Täterschaft offenzulegen, um staatliche Behörden und Betroffene zu unterstützen. Ich verstehe auch immer noch nicht, daß ein Mann wie Träger mit jahrzehntelanger Erfahrung in vielen wichtigen Bereichen der Scientology bis hin zu Kontakten in politische Kreise es nicht geschafft hat, Caberta bei ihrer Strafanzeige gegen Scientology, die sie ohne Zeugenangaben erstattet hatte, zu unterstützen. Warum wurden die Ermittlungen eingestellt, wenn man doch mit solchen „Edelaussteigern" brillieren kann? Hätte Caberta ihren Chef, den Innensenator, besser informiert, wäre der Verfassungsschutz vielleicht viel früher aktiv geworden. Die Entscheidung der Innenministerkonferenz am 6. Juni 1997 hat bewiesen, daß es die Arbeit der Behörden in Bayern und Baden-Württemberg war, die zur bundesweiten Beobachtung der Scientology durch den Verfassungsschutz führte. Beiden lagen eindeutige Indizien und Interna vor.

Man muß sich vor Augen führen, daß der ehemalige Verfassungsschutzpräsident von Hamburg, Uhrlau, und sein Nachfolger bis vor kurzem – genau wie ihr Dienstherr, Innensenator Wrocklage – vehement gegen eine Beobachtung von Scientology durch das Bundesamt für Verfassungsschutz eintraten. Uhrlau wurde sogar in einer Zeitung der Scientology für seine Haltung gelobt!

Nach dem heutigen Wissensstand deutet alles darauf hin, daß die Verfassungsschützer von Hamburg aufgrund mangelnder Informationen gegen eine Beobachtung von Scientology waren. Die Frage muß öffentlich diskutiert werden, warum sie nicht mit den notwendigen Belegen vom Arbeitskreis Scientology beliefert worden sind, der im Innensenat angesiedelt ist. Eines steht heute fest: Alleine mit Fernsehauftritten ist Scientology nicht beizukommen.

Zum „Edelaussteiger" Träger seien hier auch noch einige Fakten genannt. Die Aussage im Interview in der *BZ* von Träger:

In ihrem Buch wirft Frau Hartwig mir vor, ich sei WISE-Mitglied, was ich niemals war. Als Beweis führt sie an, daß ich im Besitz eines internen WISE-Papieres gewesen bin. Das ist richtig. Nur habe ich mir die Unterlagen über gewisse Kontakte nur deshalb besorgt, um sie Frau Caberta zukommen zu lassen ... (...) Frau Hartwig ist unter anderem deshalb innerhalb der Scientology-Gegner mittlerweile ziemlich isoliert.

Zum Vergleich die Seite 51 f. aus dem Buch *Macht und Magie der Public Relations*, in dem Träger als Autor genannt ist:

Traditionsgemäß hat sich der Begriff der „Schwarzen Propaganda" eingebürgert, wenn man davon spricht, daß der Ruf, der Leumund und das Ansehen einer Person, einer Gruppe oder eines Staates mit falschen Anschuldigungen unterminiert werden. Zwecks dessen werden Lügen erfunden, es werden Geschichten konstruiert, es wird die Wahrheit verbogen und verdreht. (...) Der Begriff schwarz weist auf die versteckten oder offen destruktiven Intentionen hin, er deutet die arglistigen Absichten an, die damit verfolgt werden.

Richtig ist: Als „WISE"-Mitglied habe ich Träger nie bezeichnet. Richtig ist auch folgendes: Der Scientologe Gerhard Haag hat sein „Projekt A" mit dem Datum vom 4. Dezember 1992 verschiedenen Personen zukommen lassen. Darunter auch Gunther Träger. Nun steht aber 1994, ein halbes Jahr nach Erscheinen meines Buches, in der *BZ* die Aussage von Träger: „... nun habe ich mir die Unterlagen über gewisse Kontakte nur deshalb besorgt, um sie Frau Caberta zukommen zu lassen ..." Frau Caberta traf Träger aber nach Zeugenaussagungen und eigenen Aussagen mir gegenüber erst Ende Februar 1993 über einen Journalisten. Woher wußte Träger im Dezember 1992, daß er Ende Februar 1993 Caberta treffen würde? Eines ist klar: Uns ist jeder wichtig, der Scientology den Rücken kehrt, auch Gunther Träger. Von jemandem, der den Hubbardismus so intensiv studiert hat wie er, einem PR-Mann und OT, möchte ich jedoch über Interna hören. Oder war er nur Opfer?

Ich erwarte vielleicht von dem einen oder anderen zuviel, wenn ich dafür plädiere, zum Nutzen der ganzen Gesellschaft auszupacken. Von einem

Mann, der in seiner Zeit als Scientologe bis in höchste politische Kreise vorgedrungen war, erwarte ich allerdings etwas ganz anderes als von jemandem, der nur ein Dianetik-Buch gekauft hat.

Zurück zum Jahr 1993:

Am 27. März 1993 bitte ich Caberta zu einem Gespräch in mein Büro. Sie schaut am Regal entlang und fragt wieder nach dem Ordner der „AMK“ (Akademie für Management und Kommunikation, Lizenznehmer von „WISE“). Die genauen Hintergründe kenne ich bis heute nicht. Auf die Frage von meinem Mann Paul, warum sie gerade die Ordner der „AMK“ möchte, kann sie keinen spezifischen Grund nennen. Daraufhin entscheidet mein Mann: „Die Ordner bleiben da.“

Caberta, die einen der Ordner in der Hand hält, wirft ihn mit voller Wucht an die Wand: „Dann behalt doch diesen Scheiß!“

Zornig verläßt sie mein Büro und geht zurück ins Eßzimmer zu den anderen. Völlig verblüfft höre ich, daß Caberta nicht auf die außerordentliche Mitgliederversammlung mitkommen will.

Aufgrund des Kritikerkrieges war es mir nicht mehr möglich, mit Uschi Caberta wenigstens über ein paar Kapitel aus dem Buch *Macht und Magie der PR* zu sprechen, das von Träger, Lahmann und Mehler 1989 ganz im Sinne der Scientology und fußend auf der PR und Ethik des L. Ron Hubbard verfaßt worden war. Dann hätten wir vielleicht die Chance gehabt, gemeinsam zu erkennen, was in dieser Kritikerszene schleichend geschieht. Meine Einladung zu einer Aussprache im Januar 1996 hat sie nicht angenommen.

Auf Seite 218 steht unter der Rubrik „Macher und Meinungsmacher und wie man sie gewinnt“:

> *Unseres Wissens machte wie gesagt L. Ron Hubbard als erster auf den Unterschied zwischen einem Opinion Leader und einer VIP aufmerksam. Wiederholen wir noch einmal: Der Begriff Opinion Leader bedeutet wörtlich soviel wie Meinungsführer. Hierbei handelt es sich um eine Person, die die Meinungen anderer prägt, Meinungen macht. Und für öffentliche Meinungen verantwortlich ist.*

Ferner:

> *Was zeichnet einen Menschen nun aus, der Meinungen macht? Nun, er kann auf speziellen Informationskanälen z.B. sitzen. Oder er verfügt über Charisma und bestimmte Führungseigenschaften. Oder seine Ethik, sein Ethos machen ihn zum Führer einer Gruppe.*

Und dann auch noch dies:

> *Die Nähe zu Entscheidungsgremien politischer oder wirtschaftlicher Natur, der Sitz in einem Aufsichtsrat, wo Weichen gestellt werden, wo der Kurs von Aktien beeinflußt wird, der Baudirektor, der bestimmt, welche Standorte für Immobilien zukünftig interessant sein werden, die politische Macht eines Stadtfürsten, der in alle Interna Einblick besitzt – all dies sind Beispiele für OLs, die über eine bestimmte exklusive Information verfügen.*

Auf Seite 220 steht ganz klar, wer nach Vorstellungen von L. Ron Hubbard, den die Autoren Träger, Mehler und Lahmann als Quelle ihrer Weisheiten verwenden, wichtig ist:

> *An der Spitze (in der öffentlichen Meinung, nicht unbedingt in der Realität!) rangieren die OLs aus der Politik. Politiker auf nationaler, regionaler und lokaler Ebene sind hier zu rubrizieren: Städtische Beamte, Bürgermeister, Oberbürgermeister, Stadträte, Landräte, Landtagsabgeordnete, Bundestagsabgeordnete, Minister, Vertreter von Regierungsbehörden und Verwaltungsbeamte zählen dazu. Abhängig von dem Ziel, das man verfolgt, kann der Oberbürgermeister beispielsweise ein wichtigerer OL sein als der Verteidigungsminister, der über ein Budget von ein paar Milliarden DM verfügt.*

Wer sich als Leiterin einer staatlichen Stelle aus eigener Profiliersucht mit einer Oberflächlichkeit, die nicht nachzuvollziehen ist, völlig kritiklos an den Hals eines scientologisch gedrillten PR-Spezialisten hängt und sämtliche Diskussionen abblockt, der wird nach meiner Meinung zur Gefahr. Hinzu kommt, daß alle Indizien darauf hinweisen, daß hier etwas geplant wird, um die Szene zu entzweien.

Cabertas Entscheidung, nicht an dieser außerordentlichen Mitgliederversammlung teilzunehmen, muß schon vor ihrem Besuch bei uns gefallen sein, denn sie wußte sehr genau, wann an diesem Tag ein Zug von Stuttgart aus zurückfuhr. Ihr ging es einzig und allein um den „AMK"-Ordner. In der Mitgliederversammlung sprachen wir über die massiven Versuche, die Kritikerszene durcheinanderzubringen. Als Beweis legte ich in der Versammlung das wenige Wochen zuvor verteilte Flugblatt vor. Gerade Uschi Caberta wäre wichtig gewesen, um mit dem Gewicht ihrer Position mit all den Mitgliedern von „Robin Direkt" zu diskutieren, die übrigens betroffen waren, da der große Pulk der Experten tatsächlich den Befehl auf dem Flugblatt befolgt hatte, nichts an Renate Hartwig weiterzugeben. Bereits 1993 waren die Namen Hartwig und „Robin Direkt“ für Scientology zum Problem geworden. Das wußte wohl jeder, der eine unserer konsequenten Aktionen und die Reaktionen der Scientologen auf unsere Aufklärung kannte.

Aus welchem Grund war Uschi Caberta Mitglied bei „Robin Direkt“ geworden?

Aus welchem Grund war Renate Rennebach Mitglied bei „Robin Direkt“ geworden?

Beide wollten Zugang zum Archiv, sie wollten unsere Informationen für ihre politische Profilierung, sie wollten sich mit zehn Mark Mitgliedsbeitrag eine eigene Zulieferschiene aufbauen, mit der sie ihre politischen Karrieren absichern konnten. Meiner Meinung nach war das von Anfang an kein ehrliches Engagement, weder dem Verein gegenüber noch der Sache – es ging um Posten und Pöstchen, um Pfründe und um Macht. Vor allem im Fall Caberta und Rennebach war politischer Karrierismus die Triebfeder.

Daß gerade Uschi Caberta dann zu einer Schlüsselfigur bei der Demontage von „Robin Direkt“ und meiner Person wurde, zeigt lediglich, welche Charaktereigenschaften man haben muß, damit eine Organisation wie Scientology daraus Nutzen ziehen kann.

Denn wer profitiert am meisten, wenn es die Aufklärung von „Robin Direkt“ und Renate Hartwig nicht mehr gibt? Wer profitiert, wenn ich mundtot gemacht werde, ausgeschlossen, ausgeladen oder verunglimpft werde? Richtig: Scientology!

Spitzel im Einsatz

Vor der „Alten Kanzlei“, einem Restaurant, in dem wir einen Konferenzraum gemietet hatten, um die außerordentliche Mitgliederversammlung abzuhalten, standen Scientologen und verteilten Flugblätter an die Gäste, die das Lokal betraten. Daß den Scientologen meine Aufklärung gegen den Strich ging und daß ihnen nicht paßte, daß ich als Vorsitzende von „Robin Direkt“ agierte, bewiesen diese Flugblätter. Es war ein Versuch, die Mitglieder von „Robin Direkt“ gegen mich und meinen Mann aufzuhetzen. Sie waren ganz gezielt auf unsere Personen abgestimmt, und sie paßten haargenau in die Zielrichtung des vier Wochen zuvor versandten Flugblattes an die gesamte Kritikerszene, in dem es ebenfalls darum ging, mich als Person auszuschalten.

Interessant dürfte wohl auch die Beobachtung sein, daß die Scientology-Organisation mit dem Aufwand an Flugblättern gegen mich und „Robin Direkt“ genauso vorgeht, wie es ein Herr Träger, ein Herr Mehler und ein Herr Lahmann in ihren Ausführungen über die „Schwarze Propaganda“ beschrieben haben. Ich bemerkte schon beim Hineingehen an der Ecke einen jungen Mann, der unter seiner Lederjacke einen Fotoapparat hatte und jeden fotografierte, der das Lokal betrat. Als zwei Mitglieder von „Robin Direkt“ ihn nach dem Verwendungszweck der Bilder fragten, machte er seine Lederjacke zu und rannte weg. Die Flugblätter waren von Scientology für diese außerordentliche Mitgliederversammlung extra formuliert worden. Also mußte Scientology gleich nach Versenden der Einladung an die Mitglieder davon Kenntnis erlangt haben.

Unsere Einladung war lediglich an Mitglieder versandt worden. Wegen der Brisanz des Themas „Unterwanderung in der Kritikerszene“ war auch keine Presse eingeladen. Mit Recht fragten sich nun unsere Mitglieder: Wie kann man sich vor solchen Spitzeln eigentlich schützen?

Offene Fragen nach einer ungewöhnlichen Begegnung

Gründonnerstag 1993. Der Frühling verdrängte immer mehr das Grau des Winters. Geplant war ein ruhiges Osterfest im Kreis der Familie. Wir wollten ausspannen und das Thema Scientology für ein paar Tage hinter der geschlossenen Bürotür lassen. Ich war eben mit den Ostervorbereitungen beschäftigt, freute mich auf den angekündigten Besuch von Freunden, da holte mich ein Anruf zurück in den Alltag. Ein Staatsschutzbeamter fragte mich nach dem Namen einer Frau.

Ein Staatsschutzbeamter ruft am Gründonnerstag an

„Frau Hartwig, ist Ihnen eine Frau Anita Guha oder Anita Sautter bekannt?"

„Nein, das sagt mir überhaupt nichts."

In dem Moment fragte ich mich, warum er wohl am Gründonnerstag anrief und was wohl so eilig war, daß es nicht bis nach Ostern warten konnte.

„Sagen Sie mal, warum wollen Sie das überhaupt wissen?"

Ein kurzes Schweigen am Telefon, dann die Antwort: „Das kann ich Ihnen jetzt noch nicht sagen, aber denken Sie nochmal darüber nach, ob sie Ihnen vielleicht irgendwie namentlich bekannt ist. Ich rufe Sie morgen wieder an."

Es gibt Zeiten im Jahr, die mir sehr wichtig sind und die ich mir von nichts und niemandem nehmen lasse, das ist Advent und das ist die Vorbereitung auf Ostern. Wer ununterbrochen einem solchen Nervenkrieg ausgesetzt ist wie wir, für den sind geruhsame Stunden im Kreise der Familie und sehr guter Freunde lebensnotwendig.

Es wäre mir im Leben nicht eingefallen, fertig gefärbte Eier zu kaufen. Von Kindesbeinen an gehörte das Eierfärben am Gründonnerstagabend und Karfreitag einfach zu Ostern.

Als unsere Kinder noch klein waren, waren wir den ganzen Karfreitag damit beschäftigt. Aber auch nachdem die Kinder größer wurden, blieb dieser Familienbrauch erhalten, und ich hatte an diesem Gründonnerstag 1993 den Anruf des Staatsschutzbeamten sehr schnell wieder vergessen.

Am Karfreitag gegen Mittag rief er abermals an und fragte, ob ich die Frau kenne. „Also, wenn Sie es so spannend machen, möchte ich jetzt schon wissen, was dahintersteckt. Denn wenn Sie sogar am Karfreitag nachfragen, muß es doch für Sie sehr wichtig sein, oder?"

„Tja, Frau Hartwig, eigentlich mehr für Sie, denn es betrifft Sie und Ihren Mann. Es gibt da die Aussage einer Inhaftierten in Aichach gegenüber dem Sektenbeauftragten Dr. Behnk von München, gegenüber mehreren Personen der Justizvollzugsanstalt und inzwischen auch gegenüber Beamten des Verfassungsschutzes Köln. Es geht um Sie und Ihren Mann. Diese Frau hat gegenüber verschiedenen Personen eindeutige Aussagen gemacht, die in den strafrechtlichen Bereich fallen."

„Was für einen strafrechtlichen Bereich?"

„Sie erzählte von einer Manipulation am Auto, und sie erzählte von einer Autobombe – auf gut deutsch: Es geht darum, daß sie jemand umbringen wollte oder will."

Erst dachte ich, ich hätte mich verhört, aber dann war mein zweiter Gedanke: Wenn ein Beamter des Staatsschutzes bei uns anruft, dann werden diesem Anruf sicher Ermittlungen vorangegangen sein. Immerhin sprach er von Beamten des Verfassungsschutzes, einem Sektenbeauftragten und von Beamten der Justizvollzugsanstalt. Aber so sehr ich auch darüber nachdachte, der Name Anita sagte weder mir etwas, noch kannte jemand aus meinem nächsten Umfeld diesen Namen, als ich danach fragte. Es gelang mir nur schwer, diesen Anruf auf die Seite zu schieben. Wie so viele Situationen in den letzten Jahren hat mich auch diese Eröffnung des Staatsschützers völlig kalt erwischt. Man wird auf einmal zum Gegenstand eines Spiels, von dem man weder weiß, wer spielt, noch, wer die Fäden zieht und wohin es führt.

Das, was ich dann mit dieser Frau erlebte, könnte aus der Feder eines Krimi-Drehbuchautors stammen. Daß der Zeitpunkt kommen würde, zu dem niemand mehr an Fakten interessiert ist, wo keiner mehr die Indizien aneinanderreiht und hinterfragt, warum es bis heute so viele unbeantwortete Fragen zu dem Fall Anita Guha-Sautter gibt, habe ich an diesem Osterwochenende 1993 nicht einmal im entferntesten geahnt.

Was für mich bis heute am allermeisten ins Gewicht fällt, sind die äußerst interessanten Querverbindungen, die diese Frau nach ihrer Haftentlassung hatte und wie hier „Schwarze Propaganda" gegen mich in Gang kam, in der es keinen Unterschied mehr gab zwischen den sogenannten Gegnern von Scientology und Scientology selbst.

Man könnte mir vorwerfen, daß ich mich nach diesem Anruf des Staatsschützers von der Kripo überhaupt darum bemühte herauszufinden, wer diese Frau war, warum sie in Haft saß und solcheAussagen machte.

Begegnung hinter Gittern

Am Karsamstag lag im Postfach unter den vielen Briefen ein Kuvert, abgestempelt in Memmingen. Ich öffnete es. Vor mir lag ein Brief, den mir Anita Guha aus der Justizvollzugsanstalt geschrieben hatte. Daß der Poststempel Memmingen in einem Verfahren, das Scientology gegen mich später anstrebte, einmal eine sehr dubiose Rolle spielen würde, hätte ich an diesem Karsamstag 1993 auch nicht gedacht. Der Brief war deswegen in Memmingen abgestempelt worden, weil er durch die Zensur des Landgerichts Memmingen gegangen war und weil dort auch der Haftbefehl gegen die Inhaftierte Guha-Sautter ausgestellt worden war.

Das war ein ganz logischer Vorgang, aus dem mir dann der Scientology-Anwalt ein Jahr später einen Strick drehen wollte. Eigentlich müßte auch ein Anwalt der Scientology-Organisation das Einmaleins des Postwegs von Untersuchungshäftlingen kennen. Aber mir wurde später sehr bald klar, daß eben viele Dinge, die nicht ins Konzept von Scientology passen, einfach so umgedreht werden, daß sie ins System passen.

Zurück zum Karsamstag 1993: Obwohl der Brief durch die Zensur eines Richters gegangen war, irritierte mich der Inhalt doch noch ziemlich. Die Frau sprach mich sofort mit Du an und suggerierte mir in diesem Brief ein enormes Hintergrundwissen über mich und meine Familie. Der Staatsschutzbeamte war an diesem Samstag nicht mehr im Dienst, und so mußte ich bis Dienstag nach Ostern warten, um mit den aufgelaufenen Informationen überhaupt klarkommen zu können.

Obwohl das Verhältnis zu Uschi Caberta in dieser Zeit von meiner Seite aus bereits sehr abgekühlt war, telefonierte ich mit ihrem Büro. Der Kripobeamte in der Behörde sagte mir, man wisse von dem Fall, denn auch das LKA in Hamburg habe entsprechende Ermittlungen angestellt. Schließlich hätte die Frau auch Aussagen gemacht, die Uschi Caberta beträfen. Ich war beruhigt. Es schien, als hätten die Behörden den Fall fest in der Hand. Was hinter den Kulissen ablief, bekam ich überhaupt nicht mit.

Ich erhielt den Anruf einer Angestellten der Justizvollzugsanstalt. Ich solle doch einen Besuch bei dieser Frau im Knast machen, es wäre wirklich sehr wichtig und dringend. Ich telefonierte mit dem zuständigen Richter in Memmingen. Er sagte mir eine Besuchserlaubnis zu. Ich solle nur einen entsprechenden Antrag stellen.

Wegen der gebotenen Dringlichkeit faxte ich den Antrag um Besuchserlaubnis gleich nach dem Telefonat um etwa 11.40 Uhr an das Landgericht Memmingen.

Danach telefonierte ich mit der Justizvollzugsanstalt und fragte nach den Besuchszeiten. Als ich den Namen der Inhaftierten nannte, wurde ich sofort weitervermittelt zu einer Beamtin und dann zum JVA-Chef. Es wußten anscheinend alle über die Aussagen dieser Frau Bescheid. Ganz offensichtlich wurde darüber auch diskutiert. Ich hinterließ meine Adresse und Telefonnummer und sagte, ich würde, sobald die Erlaubnis vom Richter vorliege, nach Aichach kommen.

Von da an begann die ganze Angelegenheit äußerst merkwürdig zu werden. Zwischen dem Telefonat mit dem Richter und meinem Fax wegen der Besuchserlaubnis muß es zu einer Überschneidung innerhalb der Justiz gekommen sein, über die sich so mancher Jurist heute noch Gedanken macht.

Am Nachmittag bekam ich einen Telefonanruf von der JVA. Ich benötigte keine Besuchserlaubnis mehr, denn der Haftbefehl gegen die Frau sei, zwar für alle überraschend, aber mit sofortiger Wirkung aufgehoben worden. Jetzt gebe es aber ein Problem: Die Frau wolle die Justizvollzugsanstalt nicht verlassen, weil sie Angst habe. Man habe ihr vorgeschlagen, daß sie freiwillig noch so lange im Gefängnis bleiben könne, bis sie zumindest mit mir gesprochen habe.

Woher hatte sie ihr Wissen?

Bis zum heutigen Tag ist ungeklärt, woher Anita Guha-Sautter ihr Wissen hatte, mit dem sie mich an diesem Aprilnachmittag bei meinem Besuch im Gefängnis überraschte und auch irritierte. Mein Mann und ich fuhren nach Aichach und sprachen während der ganzen Fahrt darüber, welche Gründe hinter der Kontaktaufnahme der Frau mit uns stehen könnten.

Wir parkten das Auto und standen vor dem Gefängnis. Auf dem Weg zur Pforte schaute ich mir die Mauern an und dachte an die Zeit, als ich mich vor Jahren in der Sozialarbeit für Menschen hinter solchen Mauern stark gemacht hatte. Selbstkritisch sah ich aber auch, aufgrund meiner Arbeit mit Scientology-Opfern, daß sich meine Haltung gegenüber Tätern doch sehr verändert hatte. Ich wußte im April 1993 sehr genau, daß wir in diesem Land mehr Täter- als Opferschutz haben. Die Diskussionen um die psychologische Betreuung der Täter hat inzwischen auch einen anderen Stellenwert als 1978/79, als ich mich mit diesem Thema intensiv auseinandersetzte.

Welches Schicksal hatte diese Frau, die plötzlich meinen Weg kreuzt und durch ihre Aussagen soviel durcheinanderwirbeln sollte? Wie kommt sie an unsere Adresse? In den Zeitungen stand immer nur unsere Postfachnummer in Pfaffenhofen, aber nie die Straße, in der wir wohnten. Was will sie? Warum sitzt sie überhaupt in U-Haft? Diese Gedanken beschäftigten uns den ganzen Tag.

An der Pforte gaben wir dem Beamten unsere Ausweise. Er zeigte uns Schließfächer, in denen wir meine Handtasche und meine Jacke verstauten. Dann ging das Gitter auf, wir betraten den langen Flur. Man bat uns noch zu einem Gespräch mit dem Leiter der JVA und mit der Gefangenenseelsorgerin. In seinem Büro berichtete uns der JVA-Leiter von den Aussagen dieser Frau, gab uns einen von ihr gezeichneten Plan über Strukturen von Scientology, versehen mit Namen und Verbindungen, den sie aus dem Kopf gezeichnet hatte. Bis zum heutigen Tag ist ungeklärt: Woher kannte sie diese Namen? Woher kannte sie die Querverbindungen?

Auf dem Plan waren Personen verzeichnet, die nachweislich Scientologen sind, die aber nicht in der Öffentlichkeit bekannt waren. Sie wußte genau, wo diese Personen ihre Büros hatten oder wohnten. Warum hat bis heute niemand hinterfragt, woher diese Frau das alles wußte?

Die Frage war: Wie sollte man sich weiter verhalten? Vor allem, wo sollte sie hin? Sie hatte laut eigener Aussage niemanden außer einem jungen Mann, mit dem sie Kontakt hatte, zu dem sie aber nicht ziehen wollte. Wir ließen diese Frage einfach offen, und mein Mann und ich beschlossen, einen Beamten unseres Vertrauens zu befragen, was in so einem Fall zu machen sei. Wir gingen mit der Pastorin in ihr Büro, nahmen Platz, und sie holte Anita Guha-Sautter. Das waren Minuten, die mir wie Stunden vorkamen. Es war alles sehr ruhig, vor dem Fenster waren zwar Gitter, aber im Büro war eine angenehme, harmonische Atmosphäre. Wir hörten die Schlüssel klappern, dann wurde die Tür geöffnet, und da stand sie, dunkelhaarig, etwa 165 cm groß, schlank, mit einem leichten asiatischen Einschlag.

Mir fielen sofort der Trotz in ihren Augen und ihre gerade stolze Haltung auf. Wer war diese Frau? Sie hielt eine Flasche Saft in der Hand, lachte und sagte: „Ihr habt sicher Durst nach der Fahrt, und deshalb habe ich etwas zu trinken mitgebracht."

Auf keinen Fall etwas zu trinken von ihr annehmen, schoß es mir durch den Kopf. Ich beobachtete, wie sie die Flasche öffnete, und ich lauschte ganz gespannt, bis ich das vertraute Plopp hörte – dieses Geräusch, das bewies, daß die Flasche noch nicht geöffnet worden war.

Trotzdem entschied ich mich für den Kaffee, den mir die Pastorin anbot. Wir baten sie, bei diesem Gespräch dabeizubleiben. Außerdem fragte ich Anita, ob es ihr etwas ausmache, wenn ich ein Band mitlaufen lasse. Sie sagte: „Nein, das macht mir nichts aus. Ich glaube sowieso nicht, daß du meine

Informationen auf einmal packst." Lässig erzählte sie von ihrer Mutter, die im Kultusministerium in Stuttgart im Umfeld des Sektenbeauftragten Hauser arbeitet, und von ihrer, wie sie meinte, verschrobenen Kindheit, von Querverbindungen, die ich überhaupt nicht nachvollziehen konnte. Auf einmal lachte sie mir ins Gesicht und sagte: „Glaubst du wirklich, daß die Scientologen die Kritikerszene nicht schon längst im Griff haben?"

Ich schüttelte den Kopf und sagte: „Mag sein, daß sie versuchen, Kontakte zu bekommen, um Informationen zu holen, um dann strategisch Keile zwischen die verschiedenen Personen zu treiben, aber das Spiel ist ja schon alt und bekannt."

„Sag mal, die rechte Seite von eurer Garage benutzt ihr ja wohl nie. Paul stellt sein Auto immer auf die linke Seite, und er läßt sein Auto auch nie vor der Garage stehen, warum eigentlich? Außerdem stellt er sein Auto ja auch laufend bei den Vorträgen um. Man kann sich irgendwie nie darauf verlassen, wo er parkt und was er mit dem Auto macht. Es ist immer anders."

Ich drehte mich um, schaute meinen Mann an. Er saß am anderen Ende des Zimmers und beobachtete uns beide am Tisch, genau wie die Pastorin, und er sagte gar nichts. Ich sah aber ganz genau, was er dachte: „Woher weiß diese Frau, wie wir unser Auto parken?" Sie sprach von einem geplatzten Reifen auf der Autobahn und unserem Kontakt zu Ursula Caberta, sie sprach von Gunther Träger. Ich fragte sie, warum sie in Haft sei. Sie erzählte uns, daß man sie wegen verschiedener Delikte inhaftiert habe. Außerdem sei sie in Memmingen stark suizidgefährdet gewesen, und aus diesem Grund habe es länger gedauert, bis sie in Aichach landete.

„Warum hast du mir geschrieben, Anita? Warum hast du gerade vor ein paar Tagen diese Aussagen gegenüber Beamten und dem Sektenbeauftragten Behnk gemacht?"

„Irgendwie habe ich es nicht mehr ausgehalten, aber ich denke, es war auch die Umgebung, in der ich mich seit langer Zeit wieder einmal sicher und geborgen fühle."

Sie schaute die Pastorin an, sie lächelte, und ich hatte tatsächlich das Gefühl, daß sie dort glücklich war.

Wir wechselten das Band. Sie erzählte von ihrem Leben, von ihren Verbindungen, von ihren Aktionen, und ich ließ sie einfach reden. Am Schluß versprach ich ihr, mit einem Beamten unseres Vertrauens zu sprechen und dann bei der Pastorin anzurufen, um vielleicht einen Vorschlag machen zu können, was man jetzt weiter für sie tun könnte. Außerdem versprach ich zu prüfen, ob ich sie irgendwo unterbringen könnte. Wir verabschiedeten uns mit einem kräftigen Händedruck, sprachen noch mit der Pastorin und dem

JVA-Leiter, tauschten die Telefonnummern aus, dann fiel das Gitter hinter uns ins Schloß.

Wir gingen zum Parkplatz vor dem Gefängnis und waren beide mit unseren Gedanken und Eindrücken beschäftigt. Es war schwierig, die Situation einzuordnen. Auf der einen Seite führt man nicht alle Tage Gespräche im Gefängnis, und man geht auch mit einer gewissen Distanz mit den Informationen von jemandem um, der inhaftiert ist. Auf der anderen Seite gab es die Vorgespräche mit den Beamten, gab es die Informationen des JVA-Leiters, gab es die Querverbindungen von Anita zum LKA und zum Verfassungsschutz. Und natürlich geht man davon aus, daß diese Leute aufgrund ihrer Ausbildung die Aussagekraft von Informationen einordnen können.

Nachdem ich vom LKA-Beamten des Hamburger Arbeitskreises gehört hatte, daß man beabsichtige, Anita vom ermittelnden Staatsanwalt in Hamburg und von LKA-Beamten weiterhin verhören zu lassen, war mir klar, daß an dieser Geschichte etwas dran war. Was es war, das konnten und mußten die Behörden ermitteln.

Aus diesem Grund informierten wir einen Beamten aus dem Bereich OK (Organisierte Kriminalität), den wir aufgrund anderer strafrechtlich relevanter Informationen über Scientology bereits kannten. Noch von Aichach aus haben wir ihn über die Aussagen der Inhaftierten informiert und trafen uns mit ihm noch am selben Tag. Nach unserem Gespräch schloß er sich sofort mit seinen verschiedenen Vorgesetzten kurz und bekam grünes Licht zur Vernehmung der inhaftierten Frau.

Unsere einzige Aufgabe war, die Frau abzuholen und dem Beamten zu übergeben. Von dort aus sollte sie durch die Behörden vernommen und untergebracht werden. Wir informierten den JVA-Leiter, holten am nächsten Tag Anita Guha-Sautter von der Justizvollzugsanstalt ab und brachten sie umgehend zu der Adresse, die uns von dem OK-Beamten genannt wurde.

Sie wurde zehn Tage lang vernommen. Sie bestand darauf, daß wir teilweise dabei waren. Wir haben diese Frau gesehen, wir haben die Dinge genauso gehört wie die Beamten. Die vielen Details ihrer Aussage kann niemand aus der hohlen Hand erfinden, und es ist mir bis zum heutigen Tag völlig unerklärlich, daß diese Details nie wirklich untersucht worden sind.

Die vielen Details ihrer Aussage kann niemand aus der hohlen Hand erfinden, und es ist mir bis zum heutigen Tag völlig unerklärlich, daß diese Details nie wirklich untersucht worden sind.

Der Fall Paulette Cooper

Ich mußte oft an die Scientology-Kritikerin Paulette Cooper in Amerika denken, die durch ihre Publikation gegen Scientology ins Visier der Organisation kam und vom Geheimdienst der Scientology durch mehrere Komplotte zum Schweigen gebracht werden sollte.

Ziel war es, sie ins Gefängnis oder in die Psychiatrie zu bringen. Im Gefängnis war Paulette Cooper. Man wollte sie an weiteren Veröffentlichungen über Scientology hindern. Ihr Buch *Der Skandal Scientology* mußte vom Markt verschwinden. Nur durch eine Hausdurchsuchung des FBI bei Scientology wurde die Sache öffentlich, und die Komplotte gegen Paulette Cooper konnten aufgedeckt werden.

Zu meinem Geburtstag 1996 schrieb mir Paulette Cooper in einem Brief auch viel über ihre ganz persönlichen Gedanken zu ihrer früheren Arbeit gegen Scientology, und sie hat mich damit einerseits bestärkt, andererseits aber auch sehr nachdenklich gemacht.

Denn all die Lebensjahre, die sie für die Sache der Aufklärung opferte, haben bei ihr Spuren hinterlassen. Sie hatte einfach nur Glück, als die FBI-Beamten bei der Hausdurchsuchung in der Scientology-Organisation Unterlagen fanden, die sie betrafen. Damit konnte bewiesen werden, welche Mittel und Methoden eingesetzt worden waren, um Paulette Cooper auszuschalten.

Aufgrund der Unterlagen, die mir von ihrem Fall vorliegen, ist zu hundert Prozent bewiesen, daß eine Organisation wie Scientology nicht zimperlich mit ihren Kritikern umgeht. Es werden alle Register gezogen, um Kritik und Öffentlichkeit zu verhindern, um die Stimmen verstummen zu lassen, die sich gegen die Zielsetzungen von Scientology auflehnen. Es werden ungewöhnliche Methoden angewendet und auch Leute angeheuert, bei denen es keinerlei Querverbindungen zu Scientology gibt. Mit diesem Wissen lebt es sich übrigens nicht leichter.

„Mein Name ist Edith"

Nach ihrer tagelangen Vernehmung durch Beamte brachten wir Anita Guha-Sautter bei einem Mitglied von „Robin Direkt" unter, das uns gegenüber mehrfach bestätigte, daß die Aussagen von Anita nicht aus der Luft gegriffen sein konnten, denn sie kannte Namen, Fakten und Querverbindungen, die eigentlich nur in Insiderkreisen bekannt sind.

Das Strafverfahren gegen Anita Guha-Sautter vor dem Memminger Gericht fand im Mai 1993 statt. Ein paar Tage zuvor war ich als Referentin zu einem Vortrag in Offenhausen bei Neu-Ulm eingeladen. Als ich den Saal betrat, sah ich Scientologen, die in einer kleinen Gruppe zusammenstanden und tuschelten. Mit auf dem Podium waren Juristen. Als wir beginnen wollten, ging die Tür auf, und Anita Guha-Sautter kam mit der Frau, bei der sie wohnte, ebenfalls zu meinem Vortrag. Ich war völlig verdutzt. Warum sie kam und warum sie bei dieser Veranstaltung eine Show abzog, ist mir bis heute nicht bekannt. Nach meinem Referat meldeten sich die Scientologen zu Wort, mit den üblichen Attacken gegen Aufklärung, mit der üblichen „Schwarzen Propaganda" gegen mich. Es kümmerte sie offenbar wenig, daß sogar ein Strafrichter mit auf dem Podium saß. Ich sehe noch heute die Gesichter der Zuhörer vor mir, als ein Scientologe aufstand und ein Plädoyer für seine Organisation hielt. Die anwesende Presse amüsierte sich. Der Journalist kannte sich sehr gut mit Scientology aus und schüttelte nur den Kopf darüber, wie drehbuchgerecht es abläuft, wenn Scientologen sich zu Wort melden. Dann gab es eine nicht vorhersehbare Situation: Anita Guha-Sautter stand auf und sprach in scharfem Ton die Scientologen in der Terminologie von Scientology an.

Sie erzählte von dem Führer der Scientology, David Miscavige, und daß sie von seinen Machenschaften wisse. Keiner konnte ihre Aussagen nachprüfen. Sie fragte die einzelnen Scientologen nach ihrem Ausbildungsstand und griff den noch stehenden Scientologen an: Ob er denn schon „clear" sei. Auf die Frage einer Scientologin, wer sie – Guha-Sautter – denn sei, antwortete diese sicher und scharf: „Mein Name ist Edith."

Von dieser Sekunde an sagte kein einziger Scientologe mehr ein Wort. Wie ein Damoklesschwert hing dieser Name im Raum. Kein Muckser mehr am Tisch der Scientologen.

Die Zuhörer konnten die Situation überhaupt nicht einschätzen, ich übrigens auch nicht. Mir fiel nur ein, daß Anita Guha-Sautter gegenüber den Behörden ausgesagt hatte, daß „Edith" der Name sei, mit dem sie teilweise aufgetreten war. Aber warum reagierten Scientologen auf den Namen „Edith" wie ein Kaninchen auf eine Schlange?

Beim Schreiben dieses Buches nahm ich Kontakt zu mehreren Personen auf, die damals bei meinem Vortrag in Offenhausen ebenfalls anwesend gewesen waren. Sie hatten jetzt noch, 1997, die Situation bildhaft vor sich, in der eine Frau, die sich Edith nannte, mit einer unverständlichen Terminologie den Scientologen massiv entgegentrat und sie tatsächlich sofort zum Schweigen brachte.

Im Bericht der Südwestpresse über den Vortrag wurde diese Frau ebenfalls als „Edith" bezeichnet. Niemand außer meinem Mann, mir und der Frau, bei der Anita wohnte, wußten, daß diese „Edith" in Wirklichkeit Anita Guha-Sautter war, die ein paar Tage zuvor gerade aus der U-Haft entlassen worden war und auf ihren Prozeß wartete. Der fand dann ein paar Tage nach diesem Auftritt in Offenhausen in Memmingen statt.

Wieder gab es Ungereimtheiten in diesem Fall, die bis heute auch für Juristen nicht nachvollziehbar sind. Der Richter eröffnete das Verfahren und erklärte, daß der Anwalt von Anita Guha-Sautter per Fax das Mandat niedergelegt habe. Nun stand sie ohne Anwalt vor Gericht. Durch das Telefongespräch mit dem Richter, das ich nach Erhalt des Briefes aus dem Gefängnis mit ihm führte, und die Besuchserlaubnis, die ich stellte, war ich dem Richter bekannt.

Wieder gab es Ungereimtheiten in diesem Fall, die bis heute auch für Juristen nicht nachvollziehbar sind.

Dieser Richter rief nun bei uns an.

Als ich mich meldete, fragte er mich, ob ich bereit wäre, während des Prozesses neben Anita Guha-Sautter vorne Platz zu nehmen. Er meinte, das werde sich auf die junge Frau vielleicht beruhigend auswirken, schließlich saß sie plötzlich ohne Anwalt in einem Strafprozeß.

Ich wurde belehrt, daß ich keinen Kommentar abgeben dürfe. Ich sollte nur während des Prozesses neben ihr sitzen. Im Zuschauerraum sah ich eine Scientologin, die fleißig mitschrieb. Woher wußte sie, daß der Prozeß gegen Anita Guha-Sautter für Scientology interessant war?

Der Staatsanwalt verlas die Anklageschrift, und Anita konnte sich Punkt für Punkt äußern. Warum sie die Jacke in der Boutique nicht bezahlt hatte, aus welchem Grund das Leihauto nicht bezahlt wurde, aneinandergereihte Kleindelikte, kleine Betrügereien. Und auf einmal erzählte sie von den Aktionen, die sie gegen meinen Mann Paul und mich vorgehabt hatte. Sie sprach von einer Autobombe, die uns töten sollte.

Und wieder kam ich mir vor wie ein Statist in einem Film, bei dem ich weder Drehbuch noch Regisseur kannte.

Der Gutachter, der Anita Guha-Sautter wegen Suizidgefährdung untersuchte, berichtet vor Gericht, wie er sie einschätzt. Er hält sie für voll schuldfähig, das heißt, sie wird von dem Gutachter nicht als psychisch krank eingestuft. Ab Juli 1994 benutzt die Scientology-Organisation dieses Strafverfahren und die Aussage des Gutachters über Anita Guha-Sautter, um eine unbeschreiblicher Hetzkampagne gegen mich in Gang zu bringen. Auf Flugblättern, in Zivilverfahren und im Internet wird bis heute eine schmutzige PR-Aktion gegen mich wegen dieser Sache Guha-Sautter in Gang gehalten.

Niemand, der bei dieser Verhandlung im Mai 1993 anwesend war, hatte den Eindruck, daß die Aussagen dieser Frau aus der Luft gegriffen waren. Zu detailliert antwortete sie, auch mit scientologischen Ausdrücken, die nur Insider kennen. Das verblüffte nicht nur mich.

Bis zum heutigen Tag weiß ich nicht, wer diese Frau wirklich ist. Niemand versuchte jemals herauszubekommen, warum sie solche Aussagen machte. Woher hatte sie ihre Kenntnisse, und woher kannte sie die Details aus meinem Leben, die Gewohnheiten meines Mannes und mir? Es ist für mich hundertprozentig sicher, daß sich jemand sehr intensiv mit der Ausforschung unseres Lebens befaßt haben muß. Dazu war sehr viel Einsatz und Gerissenheit nötig, aber auch Personen, die sich mit Agentenmethoden auskennen – denn so einfach war es schon damals nicht, in unser Leben einzudringen.

Die Frage ist noch offen, warum gerade eine kleine Betrügerin einen solchen Aufwand der Ausforschung betreiben sollte – für wen, für was? Was hätte sie denn davon gehabt? Warum belastet sich eine Frau mit ungeheuerlichen Aussagen vor Gericht?

Warum belastet sich eine Frau mit ungeheuerlichen Aussagen vor Gericht?

Diese Fragen haben sich auch diejenigen aus der staatlichen und kirchlichen Sektenszene und selbst aus Justizkreisen nicht gestellt, die sich wegen dieses Falles bis heute den Mund zerreißen.

Warum hinterfragte niemand die Details, die Fakten, die Umstände? Warum sprach niemand mit mir über das Erlebnis mit der Frau?

Heute meine ich, es hätte nicht ins Konzept gepaßt, weder ins Konzept von Scientology noch in das der Scientology-Gegner!

Schon damals war ich, ohne daß ich es wußte, der Stachel im Fleisch von *beiden* Seiten. Die eine Seite war Scientology, die mich zum Feind erklärte, das wußte ich. Die andere Seite sind die Gegner, die sich selbst zur Elite der Kritiker zählen. Sie verpaßten mir das Brandmal der Unbequemen, die es wagte, die etablierten Strukturen zu stören.

Anita Guha-Sautter bekam wegen ihrer Delikte bei diesem Prozeß eine Bewährungsstrafe und verließ das Gericht mit der Auflage, ihr Leben in den Griff zu bekommen. Ich erfuhr, daß sie sich ein Visum besorgte, um sich im Ausland mit verschiedenen Leuten zu treffen, die ihrer Meinung nach für die

Aufklärungsarbeit sehr wichtig seien. Woher sie das Geld hatte, über Monate ihr Leben zu finanzieren und dabei noch Flugreisen zu bezahlen, ist mir bis heute nicht bekannt.

So, wie sie ohne Ankündigung in mein Leben einbrach und es mit ihren Aussagen durcheinanderbrachte, soviel Wirbel verursachte sie auch bei verschiedenen Leuten von „Robin Direkt“, mit denen sie Kontakt aufnahm. Vor dem einen oder der anderen hat sie mich witzigerweise damals schon gewarnt, und sie sollte damit recht behalten. Sie verschwand aus meinem Blickfeld ohne Ankündigung, wie sie gekommen war.

Mit einem Flugzeug verließ sie Deutschland. Ende 1993 schrieb sie mir eine Ansichtskarte aus einem Land, viele tausend Kilometer weg von hier. Wie viele Wege sie kreuzte, wie viele eigenartige Verbindungen sie aufbaute, wie oft sie dafür sorgte, daß die Organisation Scientology Stoff für „Schwarze Propaganda“ und Attacken gegen mich erhielt, das wird in diesem Buch noch oft eine Rolle spielen.

Im Fadenkreuz

Montag, 3. Mai 1993. Zwischen 10 Uhr und 11 Uhr vormittags bekomme ich drei anonyme Anrufe. Etwa um 10 Uhr 15 meldet sich eine Frau mit jüngerer Stimme. Sie spricht hochdeutsch. „Wir kriegen dich. Die Linien sind zerstört." Danach wird aufgelegt.

Fünf Minuten später ein Mann mit klarer Aussprache. „Stauder kann dir nicht mehr helfen." Danach wird aufgelegt.

10 Uhr 50. Ein Mann in klarem Hochdeutsch. „Jetzt haben wir dir bewiesen, wer Ursache und wer Wirkung ist."

Ich rufe einen Beamten in Baden-Württemberg an, der mir sagt: „Sofort eine Aktennotiz machen und in Hamburg melden." Umgehend melde ich die drei Anrufe in der Innenbehörde Hamburg beim Beamten des LKA, der in der Arbeitsgruppe Scientology integriert ist.

Er kann sich die Sache nicht erklären und sagt, er müsse bei der Staatsanwaltschaft nachfragen. Etwa 30 Minuten später kommt der Rückruf, in dem mir mitgeteilt wird, daß der ermittelnde Staatsanwalt Stauder um etwa 10.00 Uhr eröffnet bekam, daß ihm der Fall Scientology nicht mehr untersteht.

Ein Blick hinter die Kulissen

Die Spannungen zwischen mir und Caberta wuchsen auch durch die Entmachtung von Stauder, denn im Gegensatz zu uns meckerte sie laufend an ihm herum. Wir dagegen haben den ermittelnden Staatsanwalt Stauder als äußerst korrekt arbeitenden Mann erlebt. Caberta wollte unbedingt für Träger Zeugenschutz. Damit wäre natürlich auch die Propaganda möglich gewesen, die Caberta immer anstrebt. Vielleicht träumte sie von Schlagzeilen wie: „Edelaussteiger bekommt in Hamburg Zeugenschutz" oder „Arbeitskreis erhält heiße Info von einem Mann, der es wissen muß!"

Caberta versuchte auch, die Presse vor ihren Karren zu spannen. Die ihr genehmen Herrschaften aus den Medien wurden zu einem „Hintergrundgespräch" mit Träger in ihre Büroräume eingeladen. Nach zwei Stunden aber rauschte sie mit Träger ab. Ein extra zu diesem Zweck angereister Ex-Scientologe aus der Schweiz wurde von ihr beauftragt, die Konversation mit den Journalisten weiterzuführen. Von einigen Journalisten war dann zu hören, daß die Informationen bereits alle bekannt gewesen waren und daß man einfach mehr erwartet hatte. So ist es wohl auch den ermittelnden Behörden gegangen, denn die Aussagen des „Edelaussteigers" reichten weder dem Staatsanwalt noch den zuständigen Behörden, um Zeugenschutz zu gewähren. Damit wollte sich Uschi Caberta einfach nicht abfinden. Sie prahlte immer wieder bei verschiedensten Gelegenheiten mit ihren Freundschaften zu „ganz anderen Leuten", mit denen sie jetzt mal Klartext reden wolle. Oft war auch der Satz zu hören: „Das werde ich mit Arno besprechen. Das werde ich Arno sagen. So geht das nicht. Der soll das regeln." Viel später habe ich erfahren, wer dieser „Arno" ist, von dem Ursula Caberta oft sprach: der Generalstaatsanwalt Arno Weinert.

Die Kluft zwischen der Leiterin des Arbeitskreises Scientology im Hamburger Innensenat und der Bürgerinitiative „Robin Direkt" wurde schon deshalb größer, weil Caberta anscheinend ganz gezielt gegenüber Aussteigern, Mitgliedern von „Robin Direkt" und Freunden mit Äußerungen gegen Renate Hartwig und den Verein Front machte. Bemerkungen wie „‚Robin Direkt' hat sich sowieso demnächst erledigt, es wird alles von Hamburg aus gesteuert" oder „Die Verbindungen von Hartwig zu Presse und Behörden werde ich schon abschneiden" wurden von mir mit Kopfschütteln registriert. Ich verstand die Welt nicht mehr: Auf der einen Seite war die staatliche Stelle von meinen Informationen absolut abhängig und konnte aus eigener Recherche nicht einmal die notwendigen Fakten für den Staatsanwalt zusammenbekommen, auf der anderen Seite wurden die privaten Initiativen offensichtlich als Konkurrenz betrachtet. War das Dummheit oder Arroganz?

Wir versuchten immer wieder, Caberta in Gesprächen klarzumachen, daß es in diesem Thema eigentlich keine Konkurrenzsituation zwischen den Kritikern geben dürfe, aber schon bei den Auseinandersetzungen im engsten Kreis erkannten wir schnell, daß es bei Caberta nicht um das Thema Scientology ging, sondern um politische Profilierung, für die ihr jedes Mittel recht war. Sie begann hinter den Kulissen ein richtiges Intrigenspiel, das „Robin Direkt" dermaßen massiv betraf, daß wir uns schriftlich dagegen wehrten. Als wir dann erfuhren, daß Caberta ihre staatliche Position nützte, um die Initiative zu spalten, indem sie Mitgliedern von „Robin Direkt" verschiedene Lockangebote machte, kam es zu einer Sondersitzung des Trägerkreises. Wir beschlossen, Caberta eine Aussprache im größeren Kreis anzubieten, um die Aufklärungsarbeit und die damit verbundenen Menschen zu schützen. Uschi sollte endlich begreifen, daß ihre Art, mit Informationen umzugehen, ein gefundenes Fressen für Scientology war: So konnte Scientology eine Behörde unter Druck setzen. Außerdem kannte sie ja die von uns recherchierten Fakten aus Amerika, nämlich die Versuche von Scientologen, mit sämtlichen Tricks ihre Gegner zumindest so zu schwächen, daß sie Scientology nicht mehr schaden können.

Der Versuch einer Aussprache scheiterte, da Uschi der Meinung war, man brauche dank ihrer Position keinerlei private Aktivitäten mehr. In den darauffolgenden Telefonaten vermied ich, die persönliche Beziehung zwischen Träger und ihr zu diskutieren, da ich inzwischen aus mehreren Quellen erfahren hatte, wie ausfallend sie reagierte, wenn sie darauf angesprochen wurde. Ich hakte es unter „persönliche Angelegenheit" ab. Heute meine ich, daß das ein Fehler war.

Nach meinen Erfahrungen in Baden-Württemberg wollte ich nicht nochmals enttäuscht werden. Wenn ich heute an meine Freundschaft mit Caberta zurückdenke, muß ich zugeben, daß ich damals viel zu naiv und viel zu vertrauensselig war. Andernfalls hätte ich sicher nicht so lange über das geschwiegen, was hinter den Kulissen der Kritikerszene abläuft. Das Intrigenkarussell drehte sich unaufhörlich weiter. Die Entscheidung des Trägerkreises, Caberta aus Sicherheitsgründen aus „Robin Direkt" auszuschließen, führte natürlich zu noch mehr Intrigen und Gerüchten. Im Juli 1993 wurde der Beschluß des Vorstandes von der Mitgliederversammlung ebenfalls einstimmig verabschiedet: Der Ausschluß von Ursula Caberta aus Sicherheitsgründen war somit besiegelt.

Emotional fiel mir dieser Schritt viel schwerer, als es vielleicht von außen erkennbar war. Ich kannte Uschis Schwachpunkte. Ich wußte auch, daß sie vor lauter Profilierungssucht fähig war, moralisch verwerfliche Dinge zu tun. Das war für uns nicht akzeptierbar. Wir trennten uns schon aufgrund unserer verschiedenen Ansichten über Aufklärung: Ich wollte aktuelle, massive Informationen für die Bürger, die Behörden, die Staatsanwälte und den Verfassungsschutz, damit staatlicherseits reagiert werden kann. Ich wollte nicht laufend nur Zulieferer für irgendeine Position sein. Ich wollte, daß der Handlungsbedarf auch in Bonn erkannt wird, um Scientology mit allen nur denkbaren rechtsstaatlichen Mitteln in ihre Schranken zu weisen.

Ich wolle nicht laufend nur Zulieferer für irgendeine Position sein. Ich wollte, daß der Handlungsbedarf auch in Bonn erkannt wird, um Scientology mit allen nur denkbaren rechtsstaatlichen Mitteln in ihre Schranken zu weisen

Siebenundzwanzig Jahre, in denen eine mafiaartig strukturierte Organisation völlig ungeniert agieren kann, sind viel zuviel.

Renate Rennebach, die aus politischen Gründen auf den Scientology-Zug aufgesprungen war, kündigte ihre Mitgliedschaft in „Robin Direkt" – wahrscheinlich aus Solidarität mit Caberta, deren Mitgliedschaft im Verein „Robin Direkt" wegen ihrer Verhaltensweise im Juli 1993 durch einstimmigen Mitgliederbeschluß gekündigt wurde. Ich rief sie an und fragte sie nach dem Grund ihrer Kündigung. Die Antwort fiel deutlich genug aus: „Ich brauche keine Mitgliedschaft in einem Verein. Ich bin nicht an der Arbeit eines Vereins interessiert, sondern nur an den Unterlagen." Eines hatte ich damals schon gelernt: Politiker brauchen Arbeitsesel, und Caberta wie Rennebach mußten nun eben lernen, daß wir nicht ihre Arbeitsesel sein wollten. Von Herbst 1993 an entschlossen wir uns, noch aktiver Öffentlichkeitsarbeit zu betreiben, um unsere Informationen der Bevölkerung zugänglich zu machen.

Von wegen faire Presse

Im September 1993 verging kaum ein Tag, an dem uns nicht irgend jemand darüber informierte, daß von Journalisten, Behörden oder einfach von Ratsuchenden gegen mich agiert wurde. Mit Kopfschütteln registrierte ich auch den Anruf eines Journalisten, der mir erklärte, die Szene der Kritiker formiere sich gegen mich.

„Quatsch, Sie müssen sich einfach täuschen, es geht um die Sache und nicht um irgendwelche narzißtischen Klugscheißer, die ihre Position aus rein egoistischen Motiven nutzen!"

Aber er ließ nicht locker. „Frau Hartwig, Sie verkennen die Situation. Ein Journalist, der Sie nicht kennt und der einfach keine Ahnung von dem Thema Scientology hat, ruft bei einer offiziellen staatlichen Sektenstelle an, um eine Stellungnahme für seinen Bericht zu holen. Er wird gefragt, wen er denn schon alles kontaktiert habe. Als er darauf antwortet: ‚Eigentlich noch niemanden. Haben Sie denn einen Tip für mich, wo ich noch anrufen könnte?', bekommt er wie aus der Pistole geschossen zur Antwort: ‚Auf keinen Fall bei der Hartwig oder bei ‚Robin Direkt'!'"

Ich wollte es einfach nicht glauben, und vor allem erkannte ich 1993 noch gar nicht, welche Wirkungen solche gezielten Nadelstiche im Laufe der Jahre haben sollten. Der junge Journalist, der mich damals anrief, hatte recht mit seinem Weitblick.

Ein Journalist hat wenig Zeit. Oft muß er einen Artikel in wenigen Stunden schreiben, also holt er sich eben von einer offiziellen Stelle eine Stellungnahme, mit der er auch gegenüber seiner Chefredaktion abgesichert ist. Die Klagewut der Scientology-Organisation ist bekannt, und deshalb gehen die Redaktionen inzwischen sehr viel vorsichtiger an das Thema heran. Jahrzehntelang funktionierte die scientologische Vorgehensweise, Gegnern und Kritikern sofort über Unterlassungserklärungen und einstweilige Verfügungen juristischen Ärger zu bereiten, um so den redaktionellen Alltag zu stören. Es gibt in Scientology den Leitsatz: Man klagt nicht, um zu gewinnen, sondern um den Gegner zu zermürben.

Es gibt in Scientology den Leitsatz: Man klagt nicht, um zu gewinnen, sondern um den Gegner zu zermürben.

Ich konnte das alles nachvollziehen, denn ich stand ja selbst im Kugelhagel dieser juristischen Attacken, aber ich dachte, daß Redaktionen eigentlich mehr Mut haben müßten, weil die Öffentlichkeit ein Recht auf Informationen hat. Da wurde ich wieder einmal eines Besseren belehrt. Wenn jemand ein heikles Thema wie Scientology oder die Machenschaften eines einzelnen Scientologen aufgreift, dann verkauft er die Geschichte in der Redaktion wesentlich besser, wenn er sie mit Statements von offiziellen staatlichen oder kirchlichen Stellen spickt. Diese Vorgehensweise führt natürlich dazu, daß Äußerungen von solchen „offiziellen" Stellen gegen meine Person wie Nadelstiche trafen. Heute weiß ich, es war gezielt. So mancher Stich war von langer Hand vorbereitet.

Was hat das nun für Konsequenzen? Ganz einfach: Wenn sich eine offizielle Stelle negativ über „Robin Direkt" äußert, dann ruft niemand mehr bei uns an. Das bedeutet im Klartext, daß unsere offensive Aufklärung seit 1993 ganz gezielt verhindert werden sollte. Die Bürger finanzieren mit ihren Steuergeldern staatliche und kirchliche Stellen, die dann aus egoistischen Motiven die Arbeit anderer zum Nutzen der Bürger verhindern.

Ein NDR-Journalist, der sich bei mir wegen einer Fernsehsendung für „Panorama" meldete, war mir seit längerem als engagierter Mann bekannt, der auch heikle Themen anpackte. Er kannte inzwischen die Szene und wunderte sich über den hinter den Kulissen stattfindenden Kleinkrieg, der vor allem ein Ziel hatte: mir zu schaden. „Panorama" wollte über den Scientologen Haag, seine Geschäfte und Verbindungen nach Albanien etwas bringen. Wir stellten unsere Unterlagen zur Verfügung und gaben „Panorama" auch ein Interview. Die Dreharbeiten waren abgeschlossen, aber der Beitrag wurde nicht gesendet. Ein paar Wochen danach wurde jedoch im Rahmen der Sendereihe „Report" aus München – ebenfalls in der ARD – ein Beitrag zum selben Thema gesendet. Gast im Studio war Ursula Caberta.

„Report"

Bereits bei den Vorbereitungen zu der Sendung „Report" kam ich ins Fadenkreuz der Auseinandersetzung, obwohl ich weder als Gast im Studio eingeladen war noch mit der Sendung sonst etwas zu tun hatte. Die Redaktion von „Report" erkundigte sich bei der Kanzlei Dr. Scheele, Zielcke und Partner bezüglich der Vorwürfe, die man in der Sendung vorbringen wollte. Zum damaligen Zeitpunkt war allgemein bekannt, daß die Kanzlei verschiedene professionelle Scientologen vertrat, die speziell im wirtschaftlichen Bereich tätig waren. Anscheinend war die Anfrage von „Report" der Auslöser, daß diese Anwaltskanzlei, in der zum damaligen Zeitpunkt auch der Bundestagsabgeordnete und ehemalige Verkehrsminister Warnke tätig war, plötzlich sehr emsig wurde. Nur so lassen sich die folgenden Ereignisse erklären. Mein vertraulicher Brief an das Wirtschaftsministerium, zu Händen von Wirtschaftsminister Rexrodt, landete interessanterweise bei der Kanzlei Scheele. In diesem Brief informierte ich das Wirtschaftsministerium über verschiedene Unterlagen, die mir vorlagen und die Verbindungen des Scientologen Haag bis hin ins Wirtschaftsministerium aufzeigten. Der spätere „Patron" Gerhard Haag (d.h., er hat mindestens 250.000 US-Dollar in die Kriegskasse der Scientology gespendet) hatte nicht nur Kontakte zu hochkarätigen Wirtschaftsbossen, sondern wurde auf einem Albanien-Kongreß auch als Großinvestor für Albanien vorgestellt. Zugang zu dieser Konferenz hatte er durch seinen Anwalt Scheele bekommen. Wer die Insidervorschriften der Organisation kennt und weiß, was es bedeutet „Schlüsselpositionen zu besetzen oder dafür Sorge zu tragen, daß Scientology immer mehr Einfluß in der Gesellschaft bekommt", dem war sofort klar, daß ein Mann wie Haag solche Beziehungen nicht einfach brachliegen läßt.

Das einzige, was ich 1993 mit meinem Schreiben ans Wirtschaftsministerium erreichen wollte, war die Sensibilisierung für das Thema Scientology und die von dieser Organisation ausgehende Gefahr für die Wirtschaft. Daß man gerade von gewählten Vertretern als Bürger aufs Kreuz gelegt wird, mag so manchen in unserer Republik gar nicht mehr wundern. Ich hatte 1993 auf jeden Fall noch Vertrauen zu Ministerien und dachte, man habe als Bürger die Pflicht, gefährliche Zusammenhänge mitzuteilen. Auf diesen Brief erhielt ich jedoch nie eine Antwort. Nie-

Mein vertraulicher Brief an das Wirtschaftsministerium, zu Händen von Wirtschaftsminister Rexrodt, landete interessanterweise bei der Kanzlei Scheele.

mand hat je versucht, meine Unterlagen einzusehen und die Fakten zu überprüfen. Rückblickend glaube ich, daß es für unsere hohen Beamten einfach unangenehm war, zu erkennen, daß ein hochkarätiger Scientologe aufgrund seiner guten Kontakte zu einer Anwaltskanzlei Zugang bis in die Spitze des Ministeriums erhielt und dann auch noch Beistand für seine scientologischen Aktionen in Albanien bekam.

Darf man als informierter Bürger nicht mal stutzig werden? Einfach nachfragen? Vielleicht auch nur, um die Anwälte selbst mit der Nase auf etwas zu stoßen, was sie eventuell nicht merken?

Zum damaligen Zeitpunkt lag mir ein Strategiepapier über die Zielsetzungen des Scientologen Haag in Albanien vor, gekennzeichnet mit dem Namen „Projekt A“. Zeitpunkt: 4. Dezember 1992.

Dann wurde mir ein Projektvorschlag zugespielt über die Anfertigung einer „Feasibility-Study als Vorstufe zur Ausarbeitung bzw. Weiterentwicklung des Rechtssystems in der Republik“. Zeitpunkt: 5. Januar 1993.

Autor des Projektvorschlags für das Rechtssystem von Albanien: Rechtsanwalt Dr. Michael Scheele.

Und dann erfuhr ich noch, daß am 16. November 1992 auf Einladung des Bundesministeriums für Wirtschaft ein Abendessen für den Staatspräsidenten der Republik Albanien, S. Berisha, in München stattfand. Außer dem Botschafter von Albanien war auch Rechtsanwalt Dr. Michael Scheele eingeladen.

Meine Sorge ist, daß sich ein Scientology-Fanatiker wie Haag natürlich auf solche Verbindungen stürzt. Meinen vertraulichen Brief an das Ministerium nahmen nun Rechtsanwalt Scheele und Rechtsanwalt Zielcke zum Anlaß, um eine einstweilige Verfügung beim Landgericht in Bonn gegen mich zu erwirken. Aus den Schriftsätzen ist ersichtlich, daß der zuständige Richter die Dringlichkeit zu einer einstweiligen Verfügung ohne mündliche Verhandlung nicht erkennen konnte. Vielleicht schob deshalb Rechtsanwalt Scheele eine eidesstattliche Erklärung nach, in der er die Aussage eines Informanten zitierte. Die Informationen, die Herr Scheele von einem bis heute unbekannten Informanten erhalten haben will, waren falsch. In Scheeles eidesstattlicher Erklärung stand, daß der Informant Herrn Scheele gegenüber erklärt habe, daß der Brief von mir an das Wirtschaftsministerium Gegenstand der Sendung „Report“ sei. Außerdem würde ich in der Sendung zu den Informationen befragt werden, die ich dem Ministerium vertraulich mitgeteilt habe. Obwohl alle diese Aussagen des bis heute im dunkeln gebliebenen Informanten der Kanzlei Scheele falsch waren, wurde aufgrund der eidesstattlichen Erklärung, die dem Gericht nachgeschoben wurde, die einstweilige Verfügung ohne mündliche Verhandlung gegen mich erlassen.

Oktober 1993: Ohne eine Ahnung zu haben, was sich über mir zusammenbraute, versuchte ich Tag für Tag, Betroffenen zu helfen, Gespräche mit Menschen zu führen, die von Scientologen geschädigt wurden, und, so gut es eben ging, Informationen an Journalisten weiterzugeben, damit die Öffentlichkeit von den Machenschaften von Scientology erfährt.

Die von der Kanzlei Scheele gegen mich erwirkte einstweilige Verfügung beim Landgericht Bonn muß am Tag der Ausstellung, dem 15. Oktober 1993, offenbar noch nachts an die Redaktion von „Report" in München gefaxt worden sein. Ein Journalist aus München rief bei mir an und fragte mich, ob ich bereits eine einstweilige Verfügung von der Kanzlei Scheele wegen meines Briefes an den Minister erhalten habe. Ich hatte nichts erhalten. Der Postweg vom Landgericht bis nach Pfaffenhofen dauerte eben länger als das Fax von Rechtsanwalt Scheele an die Redaktion. Erst bei einem Gerichtsverfahren 1994 wurde klar, daß mit dieser einstweiligen Verfügung von der Kanzlei Scheele aus gegen die Sendung „Report" agiert wurde. Nachdem ich aber mit dieser Sendung absolut nichts zu tun hatte, kümmerte sich die Redaktion auch nicht um die Aktionen des Rechtsanwalts Scheele, der versuchte, die Sendung zumindest zu beeinflussen. Am 18. Oktober 1993 wurde die Sendung ausgestrahlt.

29. Oktober 1993. Nach der Sendung schreibt Dr. Jürgen Warnke, Bundestagsabgeordneter und ehemaliger Minister einen Brief an einen Journalisten, in dem er auf die Honorarvereinbarung der Kanzlei Scheele & Partner mit der Stahlbautechnik Neckar des Scientologen Haag eingeht. Er schreibt:

(...) Eine Rückfrage bei meinen bisherigen Kanzleipartnern hat ergeben, daß eine solche Vereinbarung tatsächlich am 12. August 1993 durch Herrn Dr. Scheele unterzeichnet worden ist. Ich habe sie am Abend des 21. Oktober 93 auf mein Verlangen zum ersten Mal zu Gesicht bekommen.

Dazu stelle ich fest:

1) Mein Einverständnis zur Übernahme eines Mandats (Hilfe bei der Sanierung bzw. Veräußerung der Stahlbautechnik Neckar GmbH) und damit zur Verwendung meines Namens in Ziffer 3 dieser Vereinbarung ist nie eingeholt worden.
2) Ich bin auch nachträglich nie von diesem Mandat unterrichtet worden.
3) Ich habe dementsprechend nie etwas zur Ausführung des Mandats unternommen.
4) Ich habe nie eine Zahlung aus der Honorarvereinbarung erhalten.
5) Vor dem Hintergrund der jetzt mir bekanntgewordenen Honorarver-

einbarung möchte ich Sie auch über einen weiteren Vorgang informieren: Im September 1992 wurde ich von einem Partner der gemeinsamen Rechtsanwaltskanzlei angesprochen auf die Auseinandersetzung des Herrn Haag mit der Treauhandanstalt wegen des Stahlbauwerkes Riesa. Ich habe auf Nachfrage von der Treuhand erfahren, daß gegen Herrn Haag Vorwürfe vorlägen, die die Treuhand für gravierend halte. Dies habe ich dem Kanzleipartner Anfang Oktober 1992 zur Kenntnis gebracht. Damit war die Angelegenheit für mich erledigt. Ich habe mich nicht mehr mit ihr befaßt.

6) Als ich erfuhr, daß die Vertretung von Herrn Haag kein Einzelfall war, habe ich bei meinem Partner dahin gewirkt, keine neuen Scientologen-Mandate anzunehmen und bestehende aufzugeben.

7) Ich war weder von der Ausarbeitung des Albanien-Gutachtens für Herrn Haag unterrichtet noch mit der Förderung seines Projektes befaßt.

8) Aus der Rechtsanwaltskanzlei Dres. Scheele & Partner bin ich am 21. Oktober 1993 ausgetreten.

Mit freundlichen Grüßen,

Ihr Jürgen Warnke

Ich mußte lernen, daß für mich andere Spielregeln gelten als für die von uns gewählten Volksvertreter.

Akteneinsicht mit Folgen

Anonyme Anrufe ganz verschiedener Art kannte ich schon seit 1993. Da gab es einmal die Drohanrufe, die für mich zum normalen Alltag gehörten, aber auch jene, bei denen Informanten aus den verschiedensten Gründen anonym bleiben wollten. So wunderte ich mich auch nicht, als eine männliche Stimme mir Ende Oktober 1993 am Telefon mitteilte, sie habe Informationen, die für mich vielleicht noch wichtig werden könnten. Aber jetzt könne er sich aufgrund seiner Position nicht zu erkennen geben. Ich hatte gelernt, in solchen Fällen eine Aktennotiz anzulegen. Darum weiß ich noch genau, was gesprochen wurde.

„Frau Hartwig, wie ist Ihr Kontakt zu Ursula Caberta, und haben Sie Kenntnis, aus welchen Gründen Caberta intensiven Kontakt zum ermittelnden Staatsanwalt Grolig in Stuttgart sucht?"

„Keine Ahnung, ich bin nicht für die Kontakte von Ursula Caberta zuständig, und interessieren tun sie mich auch grundsätzlich nicht."

Erst Schweigen, dann ein kurzes Lachen. Nun erzählte der Informant von seinen Kontakten zu den Behörden und daß er mehrfach außerhalb von Hamburg auf Caberta gestoßen sei. In Stuttgart habe sie zum Beispiel bei dem laufenden Ermittlungsverfahren gegen Haag und seinen Anwalt Akteneinsicht erhalten, und er habe glaubhaft von Personen aus dem Umfeld von Staatsanwalt Grolig gehört, daß Caberta auch Kopien von den Akten gemacht habe. Im ersten Moment schien mir das durchaus schlüssig zu sein: Caberta ist eine Behörde, sie reist zu einer anderen Behörde, eben zur Staatsanwaltschaft, und schaut sich Ermittlungsakten an. Halt, das kann nicht sein. Caberta ist in der Innenbehörde in Hamburg als Leiterin eines Arbeitskreises Scientology eingesetzt. Welches Interesse hatte sie an einem laufenden Ermittlungsverfahren in Stuttgart gegen einen Scientologen und dessen Anwälte?

„Aus welchen Motiven erzählen Sie mir eigentlich die ganze Angelegenheit? Welche Funktion haben Sie, und warum glauben Sie, daß mich diese Sache interessieren könnte?"

„Fragen Sie sich einmal, wer eigentlich von solchen Informationen letztendlich profitieren könnte. Fragen Sie sich, ob es rechtlich überhaupt möglich ist, daß in einem laufenden Ermittlungsverfahren einer Person von außerhalb, die mit der Angelegenheit tatsächlich nichts zu tun hat, Akteneinsicht gewährt wird und daß sie, wie man mir glaubhaft versicherte, sogar aus diesen Akten kopieren durfte. Zu welchem Zweck werden diese Unterlagen gebraucht? Wenn die Behörde des Innern in diesem Fall Interesse hätte, könnte sie den offiziellen Weg beschreiten, müßte aber nachweisen, daß ein berechtigtes Interesse besteht. Weiter müßte dann der offizielle Dienstweg eingehalten werden, und es ist doch völlig ungewöhnlich, daß hier eine Beamtin eines Arbeitskreises gegen Scientology quer durch die Republik fährt und versucht, Informationen zu einem laufenden Verfahren zu erhalten. Sie war ja nicht nur in Stuttgart, sondern sie war auch bei der BASF in Ludwigshafen und hat sich über die Fälle der Scientologen in der Firma erkundigt. Und zwar sehr detailliert. Fällt Ihnen eigentlich nichts auf?"

Ein paar Sekunden war Schweigen in der Leitung. Ich reagierte nicht. „Sie mißtrauen mir, Sie glauben, ich sei so ein Spitzeltyp. Irrtum, Frau Hartwig, ich will Sie vielleicht nur vor etwas bewahren. Schrauben Sie Ihren Idealismus ein Stück zurück. Hinter den Kulissen, in den Behörden, ist das Interesse, tatsächlich gegen Scientology vorzugehen, nicht so groß, wie Sie es sich erhoffen. Noch was: Nach meinen Informationen wird es tatsächlich nicht zu einer Verurteilung – weder von Haag noch von seinen Querverbindungen – kommen. Behalten Sie einfach die Dinge im Auge, und vergessen

Sie nicht, es gibt mehr Schlingen auf Ihrem Weg, als Ihnen heute bewußt ist. Vielleicht melde ich mich mal wieder. Auf jeden Fall werde ich Ihren Weg mit guten Gedanken und wenn möglich mit Hilfestellungen begleiten. Tschüß."

Das Klicken in der Leitung war das Ende dieses Gesprächs. Ich grübelte noch eine Weile, doch der Alltag und die Hektik holten mich wieder ein. Ein paar Wochen später erhielt ich ein Kuvert. Es enthielt die Kopie eines Schreibens aus der Kanzlei Scheele an den ermittelnden Staatsanwalt Grolig, sonst nichts. Mir fiel sofort wieder das Telefonat ein. Denn hier stand schwarz auf weiß geschrieben, was mir der anonyme Anrufer erzählt hatte.

Die Rechtsanwälte Dr. Andreas Zielcke und Dr. Michael Scheele beschweren sich über einen Besuch Cabertas in der Staatsanwaltschaft. Sie erinnern den Staatsanwalt an seine Pflicht, verweisen darauf, daß „verdeckte Zusammenarbeit mit den Medien" nicht mit den Grundsätzen des Verfahrensrechts vereinbar sei, und führen unter anderem das folgende aus: „Uns wurde erstens zugetragen, daß Journalisten bereits vor der Durchsuchungsaktion darüber informiert waren, daß sie bevorsteht – und daß diese Information unmittelbar oder mittelbar von ihnen verbreitet wurde.

Uns wurde zweitens zugetragen, daß Ergebnisse der Durchsuchung unter anderem mit Frau Ursula Caberta in Hamburg erörtert worden sind und daß Frau Caberta offenbar Unterlagen, die bei uns beschlagnahmt worden sind, zur Einsichtnahme vorgelegt wurden oder vorgelegt werden sollen. Auch hierbei sollen Sie, so unser Kenntnisstand, beteiligt (gewesen) sein."

Der Anrufer hatte recht gehabt. Das Verfahren wurde eingestellt, und der Haftbefehl gegen den Scientologen Haag wurde 1996 aufgehoben. 1993 hatte ich den mir zugesandten Brief mit einem kurzen Begleitschreiben an den zuständigen Leitenden Oberstaatsanwalt zur Kenntnisnahme geschickt. Reaktion: keine!

Was sollte das? Ein Kesseltreiben, ein ungeahnter, nicht kontrollierter Informationsfluß aus der Staatsanwaltschaft oder einfach der Versuch, Verwirrung zu stiften? Sehen wir uns ganz nüchtern die Fakten an:

Die Staatsanwaltschaft ermittelt gegen den hochrangigen Scientologen Gerhard Haag – u.a. wegen Bilanzfälschung, Betrug, Steuerhinterziehung – und erläßt im Laufe der Zeit mehrere Haftbefehle. Mit in den Strudel der Ermittlungen gerät die Kanzlei, die damals in vielen Angelegenheiten den Scientologen Haag vertreten hat. Die Leiterin eines Arbeitskreises gegen Scientology aus Hamburg taucht in der Staatsanwaltschaft auf und bekommt, laut Aussage eines anonymen Informanten, Akteneinsicht in das laufende Verfahren. Ob das Vorgehen von Caberta und das des damaligen Staatsanwaltes Grolig rechtens war, habe ich nicht zu beurteilen, denn das ist Sache der Behörden. Zumindest dachte ich 1993 so. Hätte ich schon damals reagiert, wäre mir vielleicht so manches erspart geblieben.

Der Sache wegen

Meine Tage waren ausgefüllt mit Arbeit von früh bis spät. Gespräche mit Betroffenen, Telefonate, Briefe beantworten, Aufklärung im kleinen und im großen Kreis, immer mit dem Ziel, Menschen von dieser Organisation fernzuhalten. Man kommt sich vor wie ein Hamster in einem Rad, das sich ewig dreht. Nichts verändert sich. Die Versuche der Scientologen, uns mit Rufmord, Verleumdung und juristischen Attacken zu zermürben, nahmen einen großen Teil unserer Lebenszeit in Anspruch und verhinderten dadurch auch effektives Arbeiten. Genau in dieser Situation kamen mehrere Personen auf mich zu, die mich baten, ein Buch zu schreiben, um die ganze Angelegenheit öffentlich zu machen. Wieder war ich in einer Zwickmühle. Da ich mich selbst sehr genau kenne und weiß, daß ich nicht nur sehr risikobereit, sondern in solchen Angelegenheiten auch kompromißlos handle, wußte ich, daß ein Buchprojekt einen Stein ins Rollen bringen kann – genau jenen Stein, der seit langem unbeweglich mitten in dieser Republik liegt und Aufklärung heißt.

Die Aufklärung über Scientology kam mir schon damals wie ein großer dicker Sack vor. Da gibt es einen Trichter, in den man Information um Information hineinschüttet, und der Sack wird immer größer. Die Leute laufen an ihm vorbei, der Sack Aufklärung wird zur Gewohnheit, und man entledigt sich der negativen Erfahrungen, indem man sie in den Sack hineinstopft. Trotz des Wissens, das sich in diesem Aufklärungssack befindet, breitet sich die Scientology-Organisation ungehindert aus und schafft jeden Tag neue Betroffene. Es geht dabei nicht nur um Leute, die bei Scientology landen, sondern auch Bürger, die durch die Machenschaften von Scientology zum Opfer werden: Geschäftsleute, Familien, Partner und viele andere mehr. Auf der einen Seite wollte ich diesen Menschen helfen – und ein Buch würde Zeit kosten, Zeit, die ich normalerweise für die Hilfe Betroffener einsetzte. Auf der anderen Seite hatte ich Angst, auch irgendwann in dem Aufklärungssack zu landen und unbeweglich zu werden. Es war für mich fast ein Wink des Himmels, als ich den Leiter des Pattloch-Verlags kennenlernte, der offen und geradlinig seinen Standpunkt vertrat und dem ich spontan vertraute. Ich hatte den Eindruck, daß er nicht wie viele andere nur versuchte, mein Wissen für sich in

Genau in dieser Situation kamen mehrere Personen auf mich zu, die mich baten, ein Buch zu schreiben, um die ganze Angelegenheit öffentlich zu machen.

klingende Münze umzuwandeln. In vielen Gesprächen, in denen es auch um unsere damals sehr belastende Alltagssituation ging, überzeugte er mich, daß der stagnierende Aufklärungstrott durchbrochen werden mußte – der Sache wegen. Dieser Verlagsleiter war es auch, der mir Mut machte, mein Naturtalent Reden und Schreiben in die Tat umzusetzen.

Ich hatte in dieser Zeit Kontakt zu einem Mann bekommen, der Verlagen gegenüber als „der" Verkäufer und Vermittler von Autoren auftrat. Nur über ihn sollte überhaupt ein Gespräch mit einem Verlag stattfinden. Er suggerierte mir, daß man generell aufpassen müsse, gerade bei so einem Thema. Er spielte sich als mein Beschützer auf. Da es mein erstes Buch war, dachte ich, es wäre vielleicht besser, wenn jemand mit Erfahrung das Projekt begleitet, und stellte wieder einmal mein Licht unter den Scheffel. Erst als ich bemerkte, daß dann in den lektorierten Manuskripten doch sehr eigenartige Formulierungen auftauchten, die keinesfalls von mir stammten und die zu erheblichen juristischen Problemen führen würden, wurde ich stutzig.

Erst als ich bemerkte, daß dann in den lektorierten Manuskripten doch sehr eigenartige Formulierungen auftauchten, die keinesfalls von mir stammten und die zu erheblichen juristischen Problemen führen würden, wurde ich stutzig.

In der Nacht vom 6. auf 7. Dezember 1993 tobte die ganze Nacht ein Sturm, und wir überlegten, ob wir zu dem Treffen mit dem Rechtsanwalt des Verlags mit dem Auto oder mit dem Zug fahren sollten. Wir entschieden uns um 6 Uhr morgens für das Auto und fuhren nach Würzburg, um uns dort in einem Hotel mit dem Verlagsleiter und dem Rechtsanwalt des Verlags zu einer juristischen Abnahme des Manuskripts zu treffen. Auf dem Weg vom Parkplatz zum Hotel pfiff der Wind, es war naßkalt und trüb. Ich besprach mit meinem Mann die ungeklärten Änderungen im Manuskript und grübelte immer noch darüber nach, wie es denn eigentlich zu solch grundsätzlichen Veränderungen im Text hatte kommen können. Im Konferenzraum warteten der Anwalt des Verlags und der Verlagsleiter, und ich freute mich erst einmal auf einen heißen Tee. Wir gingen die einzelnen Punkte durch, und ich löste keine Überraschung aus, als ich sagte: „Bevor wir nun das Manuskript detailliert Satz für Satz durchgehen, gibt es für mich ein Problem, und das heißt: Wie kommen diese eigenartigen Formulierungen in das Manuskript? Ist es üblich, daß Lektoren ganze Passagen verändern oder einflicken, die dann völlig den Sinn entstellen?"

Der Anwalt lächelte, blickte mich an und sagte: „Ich habe mich schon gewundert, was so manche Formulierungen in diesem Manuskript aussagen sollen, zumal passagenweise die Dinge auch nicht zueinander passen."

Unter größter Geheimhaltung war im Verlag alles vorbereitet worden, damit das Buch im Schnellverfahren im Ausland gedruckt werden konnte. Die ganzen Sicherheitsvorkehrungen schienen aber eigentlich sinnlos, wenn man nun das veränderte Manuskript betrachtete, wie es aus dem Büro des Redakteurs zurückgekommen war. Ein großes Fragezeichen stand im Raum. Sollten wir ein ganz neues Manuskript erstellen? Der ganze Zeitplan würde durcheinanderkommen. Nach langem Hin und Her waren wir uns am Nachmittag darüber einig, das vorliegende Manuskript schon aus Sicherheitsgründen dem Reißwolf zu übereignen und ein völlig neues zu erstellen – unter noch größerer Geheimhaltung. Davon sollte nun niemand mehr etwas erfahren. Denn eines war uns allen an diesem Nachmittag klar: Dieses Buch mußte die Öffentlichkeitsarbeit zum Thema Scientology verändern. Vollgestopft mit Informationen, Wissen und Strategien war es für mich überhaupt kein Problem, noch einmal ganz von vorn zu beginnen. Ich erbat mir ein paar Wochen Ruhe und war bereit abzutauchen, um dann ein neues Manuskript auf den Tisch legen zu können.

Bei der Rückfahrt überkam es mich. Da gibt es Menschen, denen man nicht nur offen gegenübertritt, sondern die durch meinen persönlichen Einsatz oft auch viel Geld verdienen, und dann werden solche Vertrauenssituationen nicht nur mißbraucht, sondern tatsächlich viel öfter, als ich glaubte, für mich zu einem Risikofaktor. Ich wollte einen Strich unter die Angelegenheit mit dem Redaktionsbüro ziehen und bestand auf einem Gespräch, bei dem ich aber meine Befürchtungen und Vermutungen nicht preisgab, sondern einfach nur darauf hinwies, daß ich mich doch über so manche Formulierung im lektorierten Manuskript wunderte. Es war eine seltsame Stimmung an diesem Dezemberabend im Redaktionsbüro. Man konnte die Nervosität des Redaktionsleiters und seiner Sekretärin fast mit Händen greifen. Die Unsicherheit stand wie eine Wand zwischen uns, als ich anfing, die Arbeit des Büros zu kritisieren. Ich wollte einfach eine Antwort haben. Ich wollte dieses in mir aufkommende Mißtrauen auflösen, ich wollte eine Antwort auf meine Fragen, wollte wissen, warum auf einmal diese Stolpersteine in meinem Manuskript auftauchten.

Eine filmreife Hinhaltetaktik begann: „Renate, bis Weihnachten haben wir das Ganze umgemodelt, das kriegen wir schon hin. Das war ja nur gut von uns gemeint."

Es war unübersehbar, daß man mit aller Gewalt versuchte, dieses Manuskript mit den Veränderungen durchzudrücken. Ich wollte Bedenkzeit und verabschiedete mich mit einem mehr als mulmigen Gefühl. Von da an begann eine ganz gezielte Kampagne gegen den Verlagsleiter, gegen den Anwalt des Verlags, gegen den Verlag im allgemeinen. Bei den Anrufen des Redaktionsbüros wurde mir Tag für Tag klarer: Hier ist wieder ein Regisseur am Werk, den man nicht greifen kann. So verging der Dezember. Zum Ende des Jahres beendete ich offiziell die Zusammenarbeit mit dem Redaktionsbüro, und obwohl ich wußte, daß ich innerhalb weniger Wochen ein ganz neues Manuskript erstellen mußte, feierten wir Silvester 1993 mit einem guten Gefühl und mit dem starken Willen, im neuen Jahr eine andere Art der Aufklärung und der Auseinandersetzung mit Scientology herbeizuführen.

Projekt top-secret

Nach meinen bisherigen Erfahrungen war ich überzeugt, daß der einzig richtige Weg, um in diese stagnierende Aufklärungsbewegung und die dahinter verborgene Doppelmoral Bewegung zu bringen, ein Buch ist, das der breiten Öffentlichkeit die Möglichkeit gibt, hinter den Vorhang zu blicken und die dunkle Seite von Scientology zu erkennen. Weiter sollte das Buch in der Kritikerszene ein Nachdenken über die bestehende Situation herbeiführen. Nur eine Handvoll Personen wußte von dem nunmehr neuen Projekt: Top-secret war die Devise. Das, was wir im Herbst 1993 in der Diskussion über das erste Manuskript mit dem beauftragten Redaktionsbüro erlebt hatten, sollte nicht wieder vorkommen. Für die Öffentlichkeit tauchte ich erst einmal ab und war offiziell im Urlaub. Vom 1. Januar an arbeitete ich rund um die Uhr an dem neuen Manuskript. Außer ein paar Stunden Schlaf und Spaziergängen mit unseren beiden Hunden gab es keine Unterbrechungen. Ich war total abgeschirmt, um ungestört arbeiten zu können. Um alle Eventualitäten auszuschließen, lektorierte der Verlagsleiter nunmehr selbst das Manuskript und zwar am Computer in meinem Büro. Kein Blatt Papier verließ unser Haus. An einem Februarmorgen um zwei Uhr morgens war es dann soweit: Ausgesuchte, vertrauenswürdige Personen brachten die Diskette ins Ausland zum Drucken. Drei Jahre intensiver Recherche, durchzogen von menschlichen Tragödien, die ich persönlich miterlebt hatte, und von teilweise tagelangem Frust ratterten jetzt in Spanien in Form von schwarzen Buchstaben auf weißes Papier: 288 Seiten, die ich im Eiltempo geschrieben hatte. Es entsprach nie meinem Temperament und meiner Lebenseinstellung, zu kapitulieren. Es gehörte einfach nicht zu meinem Alltag, mich schweigend hinzusetzen und den passiven Zuschauer zu spielen.

Mein erstes Buch – erschienen im Pattloch-Verlag am 7. März 1994 – war meine persönliche Anklage gegen Scientology. Aber es war auch ein Appell an die Kritikerszene, mit persönlichem Narzißmus, mit der Verschieberei von Posten aufzuhören. Es war ihre Pflicht, aufzustehen und vor die Öffentlichkeit zu treten, um dieser Organisation Scientology geschlossen die Stirn zu bieten.

Theorie und Praxis

Die Maschinerie lief an. Die Presseabteilung des Verlages informierte die Medien. Die Buchhandlungen waren neugierig. Am Sonntag abend, den 6. März 1994, war ich in n-tv und stellte das Buch zum ersten Mal vor. Am Montag früh, den 7. März 1994, war das Buch in den Regalen der Buchhandlungen, und die Presse berichtete darüber. Ich saß um 8 Uhr morgens beim Frühstück und meinte, nun wäre alles erledigt. In Wirklichkeit fing alles erst so richtig an.

Mit dem Erscheinen des Buches begann für mich die zweite Phase des Abenteuers Zivilcourage. Einen Teil meines Wissens hatte ich preisgegeben, denn ich verstand mich als so etwas wie ein Sprachrohr für die Menschen, die aufgrund von Intrigen und Frustrationen aufgehört hatten zu reden. Und nun mußte ich etwas Neues lernen: Mitleid bekommt man geschenkt, Neid muß man sich erarbeiten.

Am Frühstückstisch war ich zunächst einmal froh, daß der Überraschungscoup gelungen war. Ich ging ganz normal in den Tag, nahm alle Verpflichtungen wahr, als wenn sich gar nichts Besonderes ereignet hätte. Am Nachmittag war ich bei der IHK in Ulm als Referentin zum Thema Scientology und Wirtschaft eingeladen. Den ganzen Vormittag ging das Telefon pausenlos. Ich war richtig froh, daß ich das Haus verlassen konnte.

Bei meinem Referat in Ulm saßen lauter Unternehmer vor mir. Ich erzählte von der Personalberatung „Choice International“, die heute unter „Euroselect“ firmiert. Die Zielsetzung dieser Personalberatungsfirma heißt zum einen, „Gewinner“ in den Schlüsselstellen der Wirtschaft zu plazieren, und zum anderen, dafür zu sorgen, daß „Verlierer“ draußen bleiben. Nach der scientologischen „Re-Definition“ der Begriffe heißt übrigens „Gewinner“ Scientologe und „Verlierer“ Nichtscientologe. Außerdem hat die Personalberatungsfirma „Choice International“ einen Vertrag mit „WISE“ (World Institut Scientology Enterprises), in dem ganz klar die Aufgaben des „WISE“-Lizenznehmers stehen: Scientologische Hubbard-Technologie und -Ideologie in der Geschäftswelt zu verbreiten. Genau das ist die Vorbereitung, um eine Firma für die Scientology-Organisation kontrollierbar zu machen.

Mitten in meinen Ausführungen hörte ich einen kurzen Aufschrei: „Oje!“ Ich hielt inne, schaute die Frau an und fragte: „Was ist?“ Die Antwort kam klar, kurz und prägnant: „Ich habe gestern ein Gespräch mit ‚Choice International‘ geführt, mit der zuständigen Dame, die mich besuchte. Sie sagte, man müsse eigentlich aufpassen, man höre so viel von den Vorgehensweisen von Scientology.“

Da vor mir genau jene Klientel saß, die Scientology unterwandern wollte, um über wirtschaftliche Macht politische Macht zu bekommen, sagte ich ganz offen: „Wer war bei Ihnen?“

„Frau Doris Heinzel-Rodenhauser.“ Ich war gar nicht überrascht. Ich wußte, daß die Scientologin Doris Heinzel-Rodenhauser als Franchisenehmerin von „Choice International“ mithalf, dem Ziel von Scientology – Kontrolle über die Wirtschaft zu erlangen – näher zu kommen.

Ich stand vor einer Gruppe von Unternehmern. Keiner von ihnen hatte am 7.3.1994 eine Ahnung, welche Zielsetzungen die Firma „Choice International“ aus Stuttgart mit ihrer Personalberatung hat. Es war wieder einmal ein Beweis, wie wichtig es ist, Namen, Fakten und Hintergründe zu nennen. Ich war froh, daß ich in meinem Buch, das an diesem Tag der Öffentlichkeit vorgestellt worden war, ohne Wenn und Aber, mit vollem Risiko ein Stück dieses Vorhangs aus Schweigen hatte zerreißen können. An diesem Tag steckten die Pfeile gegen mich bereits in den Köchern.

Die Masken fallen

Natürlich war es eine nervliche Belastung, unter enormem Zeitdruck ein völlig neues Buch zu schreiben und dabei zu wissen, daß es auf der anderen Seite schon irgendwelche Strategiepläne gab, um diese Art der Aufklärung zu verhindern. Der 7. März 1994 war so etwas wie ein Durchatmen. Es hatte geklappt. Ich konnte mich auf den Verlagsleiter und seine Diskretion verlassen. Er hatte alles in seiner Macht Stehende getan, um das Projekt im Ausland zu produzieren, und ich hatte seitens des Verlages auch alle nur erdenkliche Rückendeckung. Rückblickend betrachtet war es ein Pionierstück, alles andere als ein normales Buchprojekt. Allein die Abschottung, die strikte Geheimhaltung, damit nicht einmal ein Stück des Inhalts nach außen drang, die

Schwierigkeiten, das Buch erst einmal so leise wie möglich in die Buchhandlungen zu bringen, um es dann mit einem Paukenschlag vorzustellen, das war schon eine Meisterleistung. Mit der Erfahrung von heute möchte ich mich vor allem bei dem Verlagsleiter Bernhard Meuser und all den vielen Helfern im Hintergrund auch für den Mut bedanken, den sie aufgebracht haben – einen Mut, der für mich zum Leben gehört, zur Selbstverständlichkeit, der aber unter bestimmten Umständen auch zum Verhängnis werden kann. Ich wußte, es ging auch dem Verlagsleiter erstrangig um die Sache, um die Aufklärung. Er wollte ein Stück dazu beitragen, die Öffentlichkeit aus der Lethargie zu reißen und die Auseinandersetzung mit dem Thema Scientology zu intensivieren. Als der Titel *Scientology – Ich klage an!* entstand, paßte er zu meinen Erfahrungen, zu meinem Leben, zu dem Engagement und zu dem Willen, dieser Organisation die Stirn zu bieten. Die Universität des Lebens hat mich nach dem 7. März 1994 in ein neues Semester geschickt, in ein Semester, in dem ich lernen mußte, daß Doppelmoral, Neid und Mißgunst an erster Stelle stehen und daß es leider vielen, die sich in der Kritikerszene bewegen, gar nicht um die Sache geht, sondern um ganz etwas anderes – um Revierverteidigung, um Egoismus, Profit, Konkurrenzvernichtung und um dummen, kleinkarierten Narzißmus. Es war eine bittere Erfahrung, denn ich hatte als ganz selbstverständlich angenommen, bei diesem Thema müßten alle zusammenhalten. Ich mußte lernen, daß Großzügigkeit zum Bumerang werden kann und daß meine Hilfsangebote an einzelne Betroffene manchmal zur Schlinge wurden.

Als wir am Abend des 7. März nach Hause kamen, standen überall Blumensträuße, und zweimal war eine Karte dabei. Auf der einen stand: „Danke für das Buch, wir halten Ihnen den Daumen." Auf der anderen stand: „Sie werden erleben, was es heißt, Feinde zu haben." Damals war unser Faxgerät noch mit einer Rolle ausgerüstet, und die war leer. Das Papier quoll in einer riesengroßen Schlange aus dem Gerät. Zwischen Zuspruch, Begeisterung und den Anfragen von Journalisten fanden sich auch viele Mitteilungen von Personen, die bis dahin geschwiegen hatten. Ich lernte auf einmal ganz andere Ex-Scientologen kennen. Die ersten reagierten sofort auf das Buch, gaben mir Ratschläge für die kommenden Wochen. Der Tenor war: „Oje, das gibt Ärger."

Am Abend saßen wir mit Freunden zusammen und überlegten, was diese eigenartigen Warnungen bedeuten konnten. Was für mich normal war, war für andere anscheinend bereits eine Art Heldentum. Warum gratulierte man mir zu meinem Mut? Warum drückten mir auf einmal ganz viele Menschen die Daumen, damit ich die kommenden Angriffe überstand?

Ein guter Freund unserer Familie unterbrach mich in meinen Gedanken. „Du grübelst über etwas ganz anderes. Du hast überhaupt keine Angst. Was geht jetzt wieder in deinem Kopf vor?"

Ich schaute in die kleine Runde und ließ meinen Gedanken freien Lauf: „Sagt mal, kommt euch das nicht total bescheuert vor? Aus welchem Grund warnen mich die Leute? Jeder ahnt auf einmal, daß irgend etwas auf mich zukommt, jeder duckt sich, als ob ein großer Hammer auf mich herunterrasseln müßte. Was habe ich denn eigentlich getan? Ich habe nur das aufgeschrieben, was ich weiß, was ich selbst erlebt habe. Ich habe es der Öffentlichkeit zur Verfügung gestellt, damit sie reagieren kann. Was ist daran falsch? Aus welchem Grund liegt hier ein Fax, daß man mich in Kreisen der ‚EBIS' in Stuttgart (das ist die Elterninitiative von Frau Wenzelburger-Mack) heute als Nestbeschmutzer beschimpft hat? Was soll dieser Quatsch? Was geht in diesen Hirnen vor? Angeblich wissen doch alle Bescheid über das, was bei Scientology passiert! Warum haben sie den Mund gehalten? Jeder hätte die Gelegenheit gehabt, ein solches Buch auf den Markt zu bringen. Warum hat sich keiner getraut? Was soll dieses Fax, auf dem steht: ‚Das wird man dir nicht verzeihen. Jemand, der es gut mit dir meint.' In der Faxkennung stehen dann lauter Nullen. Wer wird mir was nicht verzeihen?"

Ich habe es der Öffentlichkeit zur Verfügung gestellt, damit sie reagieren kann. Verdammt noch mal, was ist daran falsch?

Paul saß wie immer ruhig und gelassen im Sessel, schaute mich an, lachte sein typisches Paul-Hartwig-Lachen und sagte: „Sie werden dir die Wahrheit nicht verzeihen. Sie werden dir nicht verzeihen, daß du ihnen die Maske von ihren selbstgekrönten Häuptern herunterreißt. Sie werden dir nicht verzeihen, daß du eine Diskussion anfängst innerhalb dieser Szene für Experten. Renate, das tut man nicht. Wir haben es lang und breit besprochen: Sie werden dir nicht verzeihen, daß du deine Erfahrungen mit dem Sektenbeauftragten Hauser in der Öffentlichkeit zur Diskussion stellst, daß du über die Freundschaft mit Uschi Caberta öffentlich berichtest und durch die Blume darüber schreibst, daß es auch die Charaktereigenschaften waren, die euch entzweit haben. Daß du es der Sache wegen tust, will doch keiner wissen. Mein Schatz, du bist den Lobbyisten auf die Füße getreten, du bist hineingetappt in ein bereits besetztes Gebiet. Man schreibt kein Buch, ohne die anderen zu fragen. Man läßt sie nicht aus, die Listen der Experten hinten im Buch. Das tut man nicht in dieser Gesellschaft. Du hast dich überhaupt nicht darum gekümmert, was in dieser Gesellschaft normal ist, was zur Gesetzmäßigkeit gehört. Es ist dir wirklich scheißegal, du willst nur eines: Scientology stoppen. Du hast, ob du willst oder nicht, mit diesem Buch wahrscheinlich genau ins Schwarze getroffen. Denn bei denen, die Scientology seit 20 Jahren bekämpfen, gibt es einen kleinen Kreis von Lobbyisten, die dir noch nie wohlgesonnen waren. Die werden jetzt genauso zu deinen Feinden wie Scientology selbst. Du wirst es erleben. Schau die Faxe an, und du merkst, daß bereits heute bei Erscheinen des Buches der Wirbelsturm losbricht."

Paul lachte mich an. Ich sah in seine Augen und wußte: Egal was passiert, wir beide schaffen das. Damit war für mich eigentlich alles klar. Ich stand auf, grübelte nicht mehr und war bereit für die Auseinandersetzung ohne Masken. Ich wollte, daß die Masken fallen. Die Maske von Scientology, aber auch die Masken derjenigen, die es teilweise zu verantworten haben, daß es Scientology in dieser Gesellschaft gibt. Im Kreis dieser ganz wenigen engen Freunde, denen ich bis heute vertraue, spüre ich: Man kann in dieser Welt, in dieser Demokratie etwas bewegen, man muß es nur versuchen.

288 Seiten Konfliktstoff

Nach Erscheinen des Buches war nichts mehr so, wie es vorher gewesen war. *Scientology – Ich klage an!* war ein Stich ins Wespennest, das belegen die Reaktionen aus den verschiedenen Interessengemeinschaften. Natürlich hatte ich einkalkuliert, daß die Scientology-Organisation versuchen würde, mit allen nur erdenklichen Methoden dieses Buch wieder vom Markt zu bekommen. Vieles von dem, was mir in den letzten Jahren widerfahren ist, hätte ich nie für möglich gehalten, aber hätte ein Mensch mir versichert, daß gerade eine Gruppe aus der kirchlichen und staatlichen Sektenlobby zur Hatz gegen mich aufrufen würde, ich hätte schallend gelacht. Es ist so widersinnig und so dumm und vor allem so kontraproduktiv, was den Kampf gegen Scientology angeht, daß man nur den Kopf schütteln kann. Freilich half mir dieses Kopfschütteln 1994 genauso wenig wie heute.

In der Flut der eingegangenen Briefe fand ich am 9.3.1994 ein DIN-A4-Kuvert, in dem kommentarlos die Kopie einer Einstellungsverfügung von 1986 mit dem Aktenzeichen 115 JS4298/84 lag. Ich hatte sie schon von anderer Seite bekommen und wunderte mich, daß mir da jemand kommentarlos eine Einstellungsverfügung der Staatsanwaltschaft schickte, bei der es um eine Anzeige der Scientology-Organisation gegen mehrere Kritiker ging, unter anderem um Ralf-Dietmar Mucha und den verstorbenen Pfarrer Haack. Scientology hatte wegen „Volksverhetzung" und „Religionsbeschimpfung"

Anzeige erstattet. Am 24.4.1986 wurde das Verfahren gegen die Kritiker eingestellt. An verschiedenen Passagen waren kleine, grüne, selbstklebende Zettel mit vielen Ausrufezeichen angebracht. Beim Durchblättern fand ich außerdem noch einen weißen Zettel, auf dem mit großer Schrift, wahrscheinlich mit Computer, geschrieben stand: „Wer die schlechte Nachricht übermittelt, wird geköpft, so war es immer, so wird es auch bei Dir sein. Dein Frieden ist vorbei, mach trotzdem weiter, wir denken an Dich. März 1994."

Der Zettel lag auf Seite 28 der Einstellungsverfügung der Staatsanwaltschaft, und dort war die folgenden Passage mit Leuchtstift angestrichen: „Es wurde eine Kopfprämie von 400 US-$ ausgesetzt, derartige Prämien wurden auch in Deutschland ausbezahlt!"

Obwohl ich diese Einstellungsverfügung schon einmal genau durchgelesen hatte, bekam dieser Satz nun ein ganz anderes Gewicht. Ich setzte mich hin und las sie noch einmal Punkt für Punkt. Wieder beschlich mich ein komisches Gefühl. Warum hatte niemand nach diesen Fakten Strafanzeige erstattet oder ein Ermittlungsverfahren gegen Scientology eingeleitet? Diese Frage bewegt mich bis zum heutigen Tag, und ich kann immer noch nicht begreifen, warum die Scientology-Organisation nach so vielen Beweisen, ohne Schaden zu nehmen, aus dieser Sache herauskam.

Da versucht Scientology über ein Jahr lang, mit einer Flut von Anzeigen die damaligen Kritiker zu zermürben, und beschäftigt die Justiz. Ein Staatsanwalt nimmt die Ermittlungen auf und beweist in erschreckendem Ausmaß die Vorgehensweisen der Scientologen gegenüber kritischen Personen. Da ist in einem Papier der Staatsanwaltschaft München I zu lesen, daß Scientology zur Abwehr innerer und äußerer Gegner der Organisation auch geheimdienstliche Methoden anwendet, daß sie im Grenzbereich der Illegalität operiert. Sie scheue gegebenenfalls auch vor kriminellen Aktionen nicht zurück.

Das alles ist nachzulesen in der Einstellungsverfügung der Staatsanwaltschaft München I mit dem Aktenzeichen 115 JS4298/84, mit der die verschiedensten Verfahren gegen Kritiker, angezettelt von Scientology, am 24.4.1986 eingestellt wurden. Warum kam niemand darauf, dieses Ermittlungsverfahren umzudrehen – für einen Strafantrag gegen Scientology? Ist es normal, daß eine Organisation in Deutschland mit geheimdienstlichen Methoden operiert, um andere mundtot zu machen? Ist es normal, daß wir solche Dinge wissentlich zulassen? Wenn wir von dieser Einstellungsverfügung ausgehen, weiß man auf jeden Fall seit 1984, daß Scientology im Grenzbereich zur Illegalität operiert und vor kriminellen Aktionen nicht zurückschreckt! Ist es normal, daß man Kopfgelder aussetzt? Ist es normal, daß wir über Nötigung und Freiheitsberaubung reden müssen, wenn wir von Scien-

Ist es normal, daß eine Organisation in Deutschland mit geheimdienstlichen Methoden operiert, um andere mundtot zu machen? Ist es normal, daß wir solche Dinge wissentlich zulassen?

tology reden? Ich hatte diese Einstellungsverfügung bereits gelesen, bevor ich mein Buch schrieb, und ich habe mich gewundert und gefragt: Wieso treten wir auf der Stelle? Diese Frage ist heute, 1997, noch genauso berechtigt wie vor drei Jahren.

Aufruhr in der Szene

Da ich ein Mensch bin, der seinen Standpunkt vertritt und der seine Fahne nicht nach dem Wind hängt, war es mir ziemlich egal, was zwischen den vielen Terminen brieflich, telefonisch oder per Fax an mich herangetragen wurde. Nicht nur bei den Scientologen gebe es hektische Maßnahmen, um mit Flugblättern gegen das Buch vorzugehen, erzählte mir ein Journalist. Er sei völlig perplex über die Reaktionen von den Sektenbeauftragten der katholischen Kirche.

Ich lachte laut am Telefon und fragte ihn: „Soll das vielleicht der Witz des Monats werden? Der Pattloch-Verlag ist einer der vielen Verlage des Weltbild-Konzerns. Mehrheitseigner sind die katholischen Bischöfe. Wegen der Geheimhaltung des Projektes und damit das Buch überhaupt ohne große Störaktionen von mir gemacht werden konnte, hatte ich überhaupt nicht nach irgendwelchen Mehrheitseignern hinter dem Verlag gefragt. Als am 7. März in *Focus* das Bild von Bischof Lehmann zu sehen war, der seinen Kommentar zu diesem Buch abgab, habe ich das eher so gedeutet, daß die katholische Kirche ganz klar Front bezieht gegen die Organisation Scientology. Schließlich wäre es schon längst die Aufgabe der Sektenbeauftragten gewesen, ihre Dienstherren über die Machenschaften so zu unterrichten, daß es mehr offensive Aufklärung gibt. Wen stört die Aufklärung, die ich mache? Sagen Sie mir, wer etwas zu kritisieren hat. Ich lasse mir dann gerne ins Gesicht sagen, was ihnen an dem Buch nicht paßt."

Der Journalist meinte nur ganz lapidar: „Die werden mit Ihnen nicht mehr reden, die sind alle stinkesauer."

„Was, sauer – auf wen sauer? Sie wollen mir doch nicht sagen, daß ein Sektenbeauftragter der katholischen Kirche, bezahlt von Kirchensteuern, sauer ist auf ein Aufklärungsbuch, das Scientology ins Mark trifft?"

„Doch, genau das will ich sagen. Sie haben vergessen, die Herrschaften zu fragen, ob Sie dieses Buch herausgeben dürfen. Denken Sie doch mal darüber nach. Seit Jahren publizieren diese Herrschaften ihre eigenen Hefte und Bücher, und hinter den Kulissen wird abgesprochen, wer welchen Part übernimmt. Jetzt kommen Sie, noch dazu eine Frau, hauen auf den Tisch und greifen sogar noch einen Sektenbeauftragten in Ihrem Buch an – den sogenannten staatlich bezahlten Schweiger. Was erwarten Sie sich jetzt, Freunde?"

„Nein, Freunde habe ich mir nicht erwartet – aber Verständnis. Und übrigens, um das gleich klarzustellen: Ich schreibe von einem Sektenbeauftragten des Kultusministeriums in Stuttgart, einem staatlichen Sektenbeauftragten. Und die Überschrift heißt ‚Staatlich bezahlte Schweiger'. Warum sollten sich denn die kirchlichen jetzt auf einmal auf den Schlips getreten fühlen?"

„Tja, haben Sie schon mal daran gedacht, daß es einen Imageschaden geben könnte, wenn öffentlich diskutiert wird, was tatsächlich hinter den Kulissen in der Sektenszene passiert?"

Ich mußte passen. Der Mann hatte recht. Vielleicht hatte ich mit der Passage „Staatlich bezahlte Schweiger" ein Stück weit den Stallgeruch in die Öffentlichkeit getragen, und das paßte dem einen oder anderen nicht. Vielleicht fühlten sich die entsprechenden Kritiker auch nur in ihrer Ruhe gestört. Ich wußte es nicht. Ich machte mir Tee, setzte mich an meinen Schreibtisch und bearbeitete die Post. Irgend jemand hatte mir eine Karte geschickt, darauf war ein großer blühender Baum mit einer Sitzbank zu sehen. Auf der Rückseite stand: „Sie haben es richtig gemacht, denken Sie an den Spruch von Konrad Adenauer." Der Spruch war mit dickem rotem Filzstift umrandet.

> Machen Sie sich erst einmal unbeliebt,
> dann werden Sie auch ernst genommen.
> Konrad Adenauer

Unter diesemSpruch stand: „Danke für Ihr Buch, es war längst überfällig, und wir hoffen, daß mit der notwendigen Ernsthaftigkeit nun endlich dieses Thema angegangen wird. Mit freundlichen Grüßen. Einer, der wegen Scientology alles verlor." Mein Tee war wie so oft kalt geworden, aber ich trank ihn trotzdem, und ich ärgerte mich wie so oft über die Anonymität, hinter der sich Menschen verstecken, die schon aufgrund ihrer Äußerungen oder ihrer Sprüche, die sie mir schicken, wesentlich näher am Punkt sind, als sie vielleicht selbst ahnen. Hat es Scientology schon fertiggebracht, durch den landauf und landab bekannten Terror die Menschen in die Anonymität zu treiben? Ist dies der Grund, weshalb Aufklärung so schwierig ist?

All diese Gedanken schossen mir durch den Kopf. Aber so, wie sie kamen, verscheuchte ich sie wieder und sagte mir: Wenn in den letzten zwanzig Jahren nur jeder Zehnte aufgestanden wäre und sein Wissen öffentlich gemacht hätte, dann käme Scientology vor lauter Öffentlichkeit gar nicht mehr dazu, ihren Terror anzuwenden. Was sollten sie denn machen, wenn alle ohne Angst aufträten und ihnen die Fakten um die Ohren hauten! Das hat noch niemand probiert. Jetzt gab es mit meinem Buch einen ersten Versuch in diese Richtung, und gerade das sollte von Sektenbeauftragten und Experten dieser Szene angegriffen werden?

Wie sagt mein Mann in solchen Situationen: „Wir leben in einer Zeit, in der die Leute zuwenig Phantasie haben, um die Realität zu begreifen."

War dies der Schlüssel, der die Tür versperrte, so daß es nicht gelang, Scientology mit rechtsstaatlichen Mitteln nicht nur in die Schranken zu weisen, sondern auch zu stoppen? War es die mangelnde Phantasie der Personen, die sich jahrelang mit dem Thema auseinandersetzten, ohne dabei die Realität zu begreifen?

Mein Ziel war, die Öffentlichkeit so breit wie möglich zu informieren und für das Thema zu sensibilisieren. Schon ein paar Wochen nach Erscheinen dieses Buches hatte ich dieses Ziel erreicht. Das Buch kam auf die Bestsellerliste und stieg Woche für Woche nach oben. Je populärer und bekannter *Scientology – Ich klage an!* wurde, um so mehr Attacken war ich ausgesetzt.

Was ist seriös?

Die Front aus den sogenannten eigenen Reihen war zahlenmäßig überschaubar, handelte es sich doch genau um jene, die in der Öffentlichkeit präsent sind und seit Jahren den Status für sich in Anspruch nehmen, „Experten in Sektenfragen, speziell Scientology" zu sein. Der Anruf des Verlagsleiters vom Pattloch-Verlag kam mitten in das Tagesgeschäft zwischen Posteingang, Büroarbeiten und Planung für den Tag, der von morgens bis spät in die Nacht voller Termine war. Bernhard Meuser informierte mich über die Anrufe von Sektenbeauftragten der katholischen Kirche und war höchst verwundert, daß diese Seite so beleidigt auf mein Buch reagierte. Der Sektenbeauftragte Kohle aus Augsburg hatte sich persönlich bei ihm beschwert und daran erinnert, daß die Sektenbeauftragten gerade selbst ein Buch über Sekten im Pattloch-Verlag machen wollten. Nun kam ohne Absprache mit ihm ein Buch auf den Markt. Noch schlimmer war der Sektenbeauftragte Bussen aus Speyer, der sich sogar einer unglaublichen Lüge bediente, indem er behauptete, ich hätte die Unterlagen einer Aussteigerin geklaut.

Ich wehrte mich gegen diese Vorwürfe und berichtete Herrn Meuser von den Anrufen der Journalisten bei mir.

„Was haben die denn gewollt?“

„Sie sagten mir, daß ich mit diesem Buch in eine Lobby vorgestoßen bin, die bereits besetzt ist – eben mit kirchlichen Sektenbeauftragten –, und ich müßte damit rechnen, daß sie ihre Dienstherren, die Bischöfe, informieren, und dann müßte auch der Verlag damit rechnen, daß von dieser Seite aus Druck gemacht wird gegen das Buch. Das ist unglaublich: Die kalkulierbaren Kleinfeinde der Scientology-Organisation machen Front gegen Aufklärung. Wenn es so weit kommt, dann kann ich vielleicht so manchen verstehen, der seinen Austritt aus der Kirche erklärt. Diese Institution sollte sich wirklich mit ihren eigenen Sektenbeauftragten auseinandersetzen und die Ziele derjenigen in der Kritikerszene durchleuchten, die sich gegen Aufklärung wenden. Ich erwarte vom Pattloch-Verlag eine klare Stellungnahme gegenüber diesen einzelnen katholischen Sektenbeauftragten, die zu feige sind, bei mir anzurufen, um sich mit mir selbst auseinanderzusetzen. Wieso ruft denn hier keiner an? Und aus welchem Grund hat denn keiner der klugen Katholiken so ein Buch geschrieben, das innerhalb von ein paar Wochen auf der Bestsellerliste steht? Wir haben das Buch doch nicht geschrieben, um eine Auseinandersetzung in den eigenen Reihen hervorzurufen, sondern ich wollte – und das weiß der Verlag sehr genau – eine flächendeckende Diskussion über das Thema Scientology.
Vor allem wollte ich die Aufklärungsszene so auf Trab bringen, daß etwas passiert. Wir können doch nicht nur reden, wir können uns doch nicht nur hinsetzen, zuschauen und dokumentieren! Ich sehe mich nicht als Archivar für Betroffenenberichte. Mir reicht diese Art der Auseinandersetzung nicht – im Gegensatz zu denjenigen, die sich jetzt bei Ihnen im Verlag gemeldet haben.“

Das wird dann wohl die größte Lachnummer der Nation: Die kalkulierbaren Kleinfeinde der Scientology-Organisation machen Front gegen Aufklärung.

Der Verlagsleiter nahm eine ganz klare, eindeutige Position ein. Er hatte die Anrufer ebenfalls daran erinnert, daß Scientology genau diese Situation in übelster Weise für sich benutzen würde. Aber das war für mich überhaupt nicht relevant. Ich hatte, ohne es zu ahnen und ohne es auch zu wollen, einige Heuchler aus der eigenen Szene demaskiert. Es ging doch gar nicht um die Solidarität mit einem Sektenbeauftragten Hauser, es ging auch nicht darum, wieso die Freundschaft zwischen mir und Caberta zerbrochen war. Es ging darum, daß die Ineffizienz der kirchlichen und öffentlichen Stellen im Kampf gegen Scientology aufgezeigt wurde.

Im Schußfeld von zwei gegensätzlichen Lagern

Ich fing auf einmal an zu verstehen, warum das Thema Scientology seit über zwanzig Jahren stagnierte, warum es aus der Schublade Jugendreligion einfach nicht herauskam. Es mußte daran liegen, daß sich innerhalb dieser Kritikerszene ein Vakuum gebildet hatte, mit dem man einfach lebte, ohne den Versuch zu machen, wirklich etwas zu verändern.

An diesem Tag war ich innerlich zerrissen. Hier war mein Ziel, Scientology durch massive offensive Aufklärung an der weiteren Expansion zu hindern, und nun sah ich, daß ich durch mein Buch ins Schußfeld von zwei gegensätzlichen Lagern geraten war.

In der *Schwäbischen Zeitung* vom 15.4.1994 konnte man es in einem großen Artikel des Journalisten Klaus Nachbaur nachlesen: „Renate Hartwigs Buch über die Machenschaften von Scientology bringt vor allem die Kritiker des Psychokonzerns in Rage." Zwischenüberschriften wie „Katholische Sektenkritiker waren unheimlich sauer" und die in dem fünfspaltigen Artikel erhobenen Vorwürfe zeigten, daß ich nicht nur die Scientologen im Nerv getroffen hatte.

Nennt man das seriösen Journalismus? Klaus Nachbaur hat nicht einmal versucht, die Dinge, die er veröffentlichte, vorher zu prüfen und die Hintergründe zu recherchieren. Er hatte auch keine Bedenken, Unterlagen von „Robin Direkt" ohne Nachfrage einfach abzudrucken, um die Autorin Hartwig in ein schlechtes Licht zu rücken.

Daß die ganze Angelegenheit aus Ravensburg kam, wunderte mich überhaupt nicht. Eine Redaktion in Ravensburg ließ sich aus Gründen, die bis heute ungeklärt sind, sehr wachsweich über die Machenschaften und über die Vorgänge im Büro des Scientologen und Immobilienmaklers Bernd Kollmus aus, der ja als guter Anzeigenkunde vielleicht doch mehr Schutz von der Redaktion zu erwarten hatte als ich. Was muß man von so einer Redaktion und so einem Journalisten halten? Es wurde mir zugetragen, daß Klaus Nachbaur sehr eng mit dem baden-württembergischen Sektenbeauftragten Hauser zusammenarbeitete. Der Artikel war also die Retourkutsche für mein Kapitel „Staatlich bezahlte Schweiger". Wenn man sich heute, 1997, vergegenwärtigt, wie stark mein Buch zur öffentlichen Diskussion des Themas Scientology beigetragen und Hunderttausende von Bürgern in diesem unserem Staat sensibilisiert hat, dann mutet die von der *Schwäbischen Zeitung* am 15.4.1994 abgedruckte Behauptung des Sektenspezialisten Gandow aus Berlin – „Dieses Buch nützt Scientology" – eher wie eine Bankrotterklärung des eigenen Wissens an. Übrigens hat sich keiner der Herrschaften bei mir gemeldet und nachgefragt. Feigheit gehörte zwanzig Jahre lang zum Handwerkszeug dieser Szene, sonst wäre die Scientology-Organisation nicht ungehindert in diese Position gekommen, in der sie bereits ist.

Der Widerspruch in diesem Artikel wird schon allein dadurch deutlich, daß der Journalist einerseits schreibt, daß alle Beteiligten sich über die Gefährlichkeit von Scientology einig seien, „einer Organisation", so berichtet er, „von der niemand genau weiß, wo sie sich schon überall eingenistet hat, wieviel Menschen sie schon psychisch zerstört oder in den wirtschaftlichen Ruin getrieben hat". Andererseits schreibt er, daß der Streit „bisher nicht hochgespielt" worden sei, um die Scientologen „nicht ungewollt zu munitionieren". Von welchem Streit spricht Klaus Nachbaur? Hätte er sich vor Verfassen dieses Artikels bei mir gemeldet, dann hätte ich ihn sicher eingeladen, die mir vorliegenden Fakten einzusehen. Ob dann dieser Artikel seinen Zweck erfüllt hätte – nämlich ein Schuß gegen mich zu werden –, wage ich zu bezweifeln. Fairer Journalismus – oder wie es so schön heißt: journalistische Sorgfaltspflicht – paßt nicht, wenn es darum geht, gezielte Propaganda zu lancieren.

Betroffene Hunde bellen, fiel mir dazu ein, als ich diesen Zeitungsartikel mindestens ein Dutzend Mal von empörten Lesern zugeschickt bekam. Sie waren entsetzt, daß gerade die Sektenbeauftragten sich aufregten, denn gerade sie hatten doch mit ihrem Zaudern dafür gesorgt, daß die Hintergründe und Fakten nicht schon längst öffentlich geworden waren. Wir hatten bis zu diesem Tag ohne eine müde Mark Steuergelder die massivste und offensivste Aufklärung von allen Stellen in diesem Land gegen Scientology betrieben. Das dürfte denn auch des Pudels Kern sein: Auf einmal mußten die entsprechenden Damen und Herren die mageren Ergebnisse der letzten Jahre rechtfertigen. Archivieren allein reicht nicht, das hatte nun auch die breite Öffentlichkeit begriffen. Doch niemand war bereit zu einer kritischen Auseinandersetzung in den eigenen Reihen. Jeder hat jeden angepinkelt, wo es nur ging. Man lächelte sich an, doch kaum hatte man sich umgedreht, mußte man mit einem Messer im Rücken rechnen, wenn man vielleicht zweimal öfter als der andere im Fernsehen aufgetreten war. Ich habe selbst am Telefon erlebt, wie der eine über den anderen hergezogen ist. Kaum war im Fernsehen das Licht des Scheinwerfers aus, ging es los: „Was hat der denn für einen Mist verzapft? Also, der hat ja wirklich keine Ahnung!" Oder: „Was will die denn?

Wir sind doch viel besser!“ Wie ein übler Haufen von Neidern gifteten sich die Kritiker an, anstatt einen gemeinsamen Nenner zu finden: die Auseinandersetzung mit Scientology. Aber da hätte man dann zurückstecken, Kompromisse schließen, der Sache wegen die eigene Profiliersucht hintanstellen müssen, und das war offensichtlich nicht möglich. Der Diplomtheologe Hans Gasper, Sektenbeauftragter der Deutschen Bischofskonferenz, äußert in dem Artikel vom 15. 4. 94 in der *Schwäbischen Zeitung*, seine Kollegen, die katholischen Sektenbeauftragten, seien „zunächst einmal unheimlich sauer“ gewesen. Er finde es aber „grundsätzlich richtig, daß der Verlag das Thema Scientology aufgegriffen hat“. Nur: „Wir haben Bedenken, weil es nicht viel Neues bringt. Es attackiert Leute in problematischer Form.“ Mein Buch, meint Gasper, habe „einen überzogenen Anspruch“ und sei „ein Stück weit schädlich“.

Betroffene Hunde bellen, fiel mir dazu ein, als ich diesen Zeitungsartikel mindestens ein Dutzend Mal von empörten Lesern zugeschickt bekam.

Ich empfahl Herrn Diplomtheologen Hans Gasper im April 1994 am Telefon, er möge sich doch einmal bei seinen Kollegen erkundigen, wer in den letzten Jahren interessiert war, offensive Aufklärung zu betreiben. Außerdem sprach ich ihn auf die Äußerung von Pfarrer Gandow an, das Buch biete überhaupt nichts Neues. Warum war dann in den letzten zwanzig Jahren nicht ein riesiger Aufschrei durch die Lande gegangen, so wie jetzt? Warum wurde nicht die große Masse der Bevölkerung längst informiert, wenn doch nichts Neues in meinem Buch stand? Daß Hans Gasper heute in der Enquete-Kommission „Sekten und Psychokulte“ sitzt, macht die Sache nicht einfacher.

Das eine möchte ich in aller Deutlichkeit sagen:

Ich habe mich dieses Themas angenommen, weil ich über drei Jahre tagtäglich Menschen aus diesem Land erlebt hatte, die von Scientology und den Machenschaften einzelner Scientologen massiv geschädigt worden waren. Sie hatten alle diese hochqualifizierten Experten kennengelernt, die mit Steuergeldern finanziert ihren Dienst tun. Sie baten um Hilfe und Unterstützung, und jeder erzählte mir letztendlich das gleiche: Die „seriösen“ Stellen waren lediglich an ihren Informationen interessiert, und dann hat man sie hängenlassen. Das sind die Aussagen von Eltern, von Betroffenen, von Unternehmern, aber auch von Ex-Scientologen. Auch Jeanette Schweitzer gehört zu ihnen. Sie war damals, 1991, als wir uns kennenlernten, herumgereicht worden von Hauser und Gandow. Sie war es, die zu mir kam und sich beschwerte über die Vorgehensweisen des Sektenbeauftragten Gandow während einer Pressekonferenz der Gewerkschaft in Berlin. Dort hatte sie über die Erfahrungen bei dem Stahlbauunternehmer Gerhard Haag berichtet, bei dem sie als „Ethik-Offizierin" in der Firma tätig war. Sie beschwerte sich bei mir persönlich, daß Gandow um 16.00 Uhr die Pressekonferenz verlassen habe und sie allein in Berlin sitzen ließ. Die Leute von der IG-Metall Berlin hätten sich dann um sie gekümmert. Das gleiche erzählte Jeanette Schweitzer uns im Beisein eines Journalisten in einem Café in Stuttgart. Wir holten sie vom Bahnhof ab, trafen uns mit dem Journalisten, und sie gab ihm ein Interview. Sie erzählte, wie enttäuscht sie vom Sektenbeauftragten Hauser sei, der ihr ihre Unterlagen interessiert abnahm und dann sagte, er könne nichts für sie tun. Sie war zum damaligen Zeitpunkt angeschlagen und deprimiert. Sie fand bei uns zu Hause Stunden der Ruhe, und wir haben sie tagelang in unserer Familie aufgenommen. Ich weiß nicht, warum sie Gedächtnislücken hat. Jeanette Schweitzer ist aus Überzeugung aus der katholischen Kirche ausgetreten und hat Hilfe und Unterstützung bei Familie Hartwig und „Robin Direkt" gefunden. Hat sie das alles vergessen? Sie lernte die ersten Schritte in die Öffentlichkeit neben mir. Sie fuhr mit uns nach Berlin zur Treuhand. Im Schutz von „Robin Direkt" agierte sie gegen Scientology. Die Anwältin von „Robin Direkt" vertrat sie beim Arbeitsgerichtsprozeß, den sie aufgrund der Unterlagen von uns, die wichtig waren, um das Gesamtbild zu erkennen, auch gewann.

Wir sagten ihr, daß die Öffentlichkeit der einzige Schutz sei, den sie hat, und sie müsse ihre Angst vor Scientology überwinden und darüber reden. Sie hat bei uns viel gelernt und ist uns dann, als sie etwas stabiler war, ganz einfach in den Rücken gefallen. Das ist der Hauptgrund dafür gewesen, daß „Robin Direkt" ihr die Mitgliedschaft kündigte: Weil wir so eine Art nicht duldeten. Wir wollten alle an einem Strick ziehen. Ich habe gegenüber Jeanette Schweitzer immer mit offenen Karten gespielt. Das kann sie von sich allerdings nicht behaupten. Sie hat den Mann, den ich in einem meiner Bücher im Kapitel „Freundschaft mit einem Judas" schilderte, bei sich zu Hause aufgenommen. Er war es, der den Keil zwischen uns getrieben hat. Interessant war, daß alle Versuche, mit ihr anschließend zu reden, im Sande verliefen.

Ein Brief

In einem Brief, den ich ihr im April 1993 schrieb, dokumentierte ich, daß es mir um die Sache ging und nicht um einzelne dumme Profilierungen oder Existenzen, die man sich zu diesem Thema aufbaut:

Hallo Jeanette,
zur totalen Klärung der Angelegenheit möchte ich Dir diesen Brief schreiben, um Dir zu zeigen, was aus unserer Sicht geschehen ist. Nach der zusammen gehaltenen Veranstaltung in Saarbrücken dachte ich, daß alles zwischen uns bereinigt ist.
Jeder geht einen Weg – aber um der Sache willen müssen wir zu einem Nenner kommen, der Scientology nicht noch nützt – das waren MEINE WORTE zu Dir in Saarbrücken.
Um so entsetzter war ich, als ich gerade nach dieser Veranstaltung wieder die gleichen Äußerungen von Dir erfahren mußte, die mich als Person und den Verein als Ganzes, übel denunzieren.
Du hast in Deiner schlimmsten Zeit hier bei uns zu Hause einen Platz gefunden, Jeanette – ein Bett und einen gedeckten Tisch, Paul und ich haben Dir unsere Zeit gegeben, um Dir zu helfen.
Was glaubst Du, warum wir drei Jahre kämpfen? Um solchen Menschen wie Dir zu helfen – und es ist unfair, solche infamen Dinge in die Welt zu setzen, wie Du es getan hast.
Die Mitgliederversammlung hätte uns allen Klärung gebracht, aber Du hast es vorgezogen, wie ein Judas mich in Saarbrücken öffentlich zu umarmen und dann über mich und den Verein herzuziehen; was ich erdulden muß, seit ich aufgestanden bin gegen Scientology, ist mehr, als Du ahnst und ermessen kannst.
Durch unsere Arbeit seit 1990 – als Du noch als Ethikoffizier tätig warst – haben wir das Thema thematisiert, warum glaubst Du, hast Du es geschafft? Weil Dir jetzt Gott sei Dank die Menschen zuhören, und das ist recht so, nur – war es nötig, durch Profiliersucht der Sache mehr zu schaden als zu nützen?
Ich verschone Dich mit den Vorwürfen, die Du gegen und über mich verbreitet hast – auch bei der Presse.
Ich weiß, daß es schwer ist, die Technologie von Hubbard abzulegen, z. Zt. leben mit uns drei hochrangige Ex-Scientologen, die Dich kennen, und auch daher bitte ich Dich in Deinem eigenen Interesse – denk drüber nach, ob das richtig war. Als Mensch habe ich Dir verziehen, da ich weiß, wie es in Dir ausschaut, nur glaube nicht, Du seist die einzige Ex-Scientologin, jeder ist genauso wichtig, egal wie lang er diesen Horror erlebte, sogar noch auslebte, warum auch immer.
Ich bin weder Richter noch Kläger, leider hast Du nicht begriffen, was uns dazu bewogen hat, den Kampf aufzunehmen und vor allem gegen alle Angriffe weiter zu führen.

Von meiner Seite werde ich in der Öffentlichkeit nichts über Dich sagen, der Sache wegen und um Dir Gelegenheit zu geben, nachzudenken. Weiter sage ich Dir, es sind nicht nur einzelne Leute, die uns berichteten, sondern querbeet, auch Leute, die ich gar nicht kenne.
Außerdem habe ich aus dieser Situation eines gelernt – die Technologie des Hubbard hilft auch sehr, um negative Charakterzüge zu fördern, weder als Mensch noch als Familie, noch als Verein brauchen wir uns etwas vorwerfen zu lassen.
Du hast Dich bei uns, unter Zeugen, über sämtliche Leute negativ geäußert, egal ob Sektenbeauftragter aus Berlin oder Stuttgart, auch hast Du uns in vielen Dingen beeinflußt mit Deinen Äußerungen, denk mal an Potthoff, es ist einfach für mich eine Erfahrung mehr – und ich lebe von Erfahrungen, nur die haben mich weiter gebracht, und nun stehen wir vor einem Durchbruch mit „Robin Direkt", der einfach der Beweis ist für alle, die es nicht begriffen haben, daß nur ein MITEINANDER helfen kann.
Ich wünsche Dir Glück – Mut – und ein paar Erfahrungen, die Dir helfen, den Hubbardismus abzulegen.
Die Arbeit und die Briefe, die ich für Dich zu Deinem Schutz geschrieben habe an die Scientologen, bereue ich nicht, ich würde es wieder tun, denn als Mensch warst und bist Du mir wichtig, vergiß es nicht.
Ich hoffe, es kommt die Zeit, in der wir wieder miteinander als das umgehen können, das uns zusammenführte – der gemeinsame Wille, neue Opfer von Scientology zu vermeiden, und deshalb mach weiter, wie Du es kannst, und ich, wie ich es kann.
Gruß
Renate Hartwig
April 1993
PS: Ich habe Dich nie als Konkurrenz gesehen, hör auf, so ein Zeug zu denken, vor allem, so einen Blödsinn zu verbreiten, Du machst Dich selbst dabei unglaubwürdig und lächerlich.

Interessant ist, daß Jeanette Schweitzer genau diesen Brief niemandem zeigte.

Im April 1994 mokierte sie sich über ihre Kündigung bei „Robin Direkt", indem sie über ihren Anwalt Passagen aus der Kündigung dem Journalisten Nachbaur zugänglich machte. Gezielte Strategie, dachte ich damals. Heute weiß ich, es war schon damals ein dummer Konkurrenzkampf im Gange, von dem ich nichts ahnte, ob ich es nun glauben wollte oder nicht.

Mit einer fast schon sträflichen Naivität glaubte ich, daß in der Kritikerszene, wo es von Pfarrern und Theologen nur so wimmelt, bei denen doch die

Frömmigkeit einen hohen Kurswert hat, allein schon deshalb solche Neidattacken gar nicht möglich sind. So ein Quatsch, muß ich heute sagen. Wenn ich dann von Journalisten angesprochen werde über die Aufklärungsveranstaltungen von Frau Schweitzer, die sie heute professionell durchführt, in denen sie, nach Aussagen von Dritten, zum Schluß mit erhobenen Händen über Jesus Christus spricht, dann kann ich das tolerieren. Ich äußere mich auch nicht zu Briefen, Anrufen oder Faxen, in denen ich um eine Stellungnahme von Besuchern ihrer Veranstaltungen gebeten werde. Es ist ihre ureigenste Sache, wie sie damit umgeht, und als eine Besucherin mir sagte: „Man muß aufpassen, daß man am Schluß bei Frau Schweitzer nicht ‚Amen' sagt", antwortete ich ihr: „Es ist der persönliche Stil von Frau Schweitzer, und ich möchte mich dazu nicht äußern, jeder macht, wie er es kann." In Gedanken überlegte ich, ob sie das alles braucht, um eben alle Erfahrungen, die sie als Scientologin machte, zu verarbeiten.

Vielleicht sollte aber jemand, der sich auf Jesus Christus und auf sein Christsein beruft, auch einmal über folgendes nachdenken: über sein eigenes Leben, über seine Täterschaft bei Scientology, aber auch über den Umgang mit jemandem wie uns, über unseren Beistand in schlechtesten Zeiten, obwohl es auch für uns selbst schlechte Zeiten waren.

Doppelmoral und Heuchelei

Warum ist es denn nötig, mit den übelsten heuchlerischen Methoden, eventuell aus einem Konkurrenzdenken heraus, meine Arbeit zu vernichten? Warum ruft Frau Schweitzer bei Journalisten an und beschwert sich darüber, daß sie mit mir gesprochen haben und warum ich ein Forum bekam, um im Fernsehen meine Meinung zum Thema zu sagen? Warum findet Jeanette Schweitzer so etwas unmöglich von einem Journalisten? Übrigens, um keine Unklarheiten aufkommen zu lassen: Der betreffende Journalist vom WDR steht für diesen Anruf von Schweitzer auf seinen Anrufbeantworter jederzeit gerade.

Ich kann mit dieser Art der Christlichkeit weder umgehen, noch kann und will ich damit leben. Ich sage ganz klar und deutlich: Das ist nicht das Christsein, das ich leben will und lebe. Vielleicht hat Jeanette Schweitzer inzwischen in der freichristlichen Gruppierung, in der sie sich engagiert, auch eine andere Auslegung der Bibel gelernt, ich weiß es nicht. Doppelmoral und Heuchelei gehören nach meinen Erfahrungen auch zum Handwerkszeug der Kritikerszene, und es gibt einen kleinen Kreis von Experten, die sich als

Lobbyisten hervortun. Hinter den Kulissen, so habe ich von Sektenbeauftragten erfahren, hat man sich geeinigt, mich nach Erscheinen meines Buches auszugrenzen, mich totzuschweigen und bei der Presse und in der Öffentlichkeit dafür zu sorgen, daß mein Name nicht mehr genannt wird. Daß dies inzwischen zum Teil tatsächlich geschehen ist, beweisen die Fakten: In mehreren offiziellen Listen über Literaturnachweise oder Beratungsstellen taucht weder ein Buch von mir auf noch die Bürgerinitiative „Robin Direkt“. Dies ist alles nachweisbar, Punkt für Punkt. Aber alle, die wie ein wild gewordener Wespenschwarm über mich hergefallen sind, haben von meiner Aufklärung profitiert. Frau Schweitzer hat uns 1991 um Kontakte zu Journalisten gebeten, heute kann sie aufgrund meiner offensiven Aufklärung ihre Existenz ausschließlich mit dieser Aufklärungsarbeit finanzieren. Ursula Caberta hat dank Hilfestellungen und Materialien von „Robin Direkt“ eine sichere Position in der Innenbehörde in Hamburg bekommen. Renate Rennebach sorgte dafür, ihr politisches Standbein zu festigen, indem sie sich an das Thema hängte, nachdem es offensiv behandelt wurde. Die Liste ließe sich lange fortsetzen.

Doppelmoral und Heuchelei gehören nach meinen Erfahrungen auch zum Handwerkszeug der Kritikerszene.

Die Versuche, mich mundtot zu machen, nahmen durch die Aktionen einer Gruppe aus der Kritikerszene eigenartige Formen an. Genützt haben sie nichts, im Gegenteil, die Betroffenen meldeten sich bei uns trotzdem, obwohl wir da und dort nicht mehr genannt wurden. Die Bürger sind schlauer, als der erlauchte Kreis der Experten es glauben möchte.

Sowohl mein Mann und ich als auch „Robin Direkt“ als Verein haben jedem von vornherein gesagt, was er zu erwarten hat, und wir haben die konsequente Haltung von uns immer klar dokumentiert. Jeder in diesem Verein hat gewußt, daß ich halbherzige und egoistische Motive nicht durchgehen lasse. Aus unserer eigenen Erfahrung heraus wußten wir bereits seit unserem Zusammentreffen mit den Experten in Leipzig, daß die Kritikerszene vor lauter Narzißmus nur so trieft. Es gibt eben die Gruppe der Anführer und die der Mitläufer. Es gibt etliche Sektenbeauftragte in diesem Land, die sich hinter vorgehaltener Hand bei uns gemeldet haben und sich über die Art und Weise von Ursula Caberta beschwerten. Sie fragten, ob ich nicht etwas dagegen unternehmen wolle. Warum gerade ich? Gerade diejenige, die von allen Seiten nach Erscheinen meines ersten Buches attackiert wurde? Die Antwort war im großen und ganzen immer die gleiche: „Wir können nicht. Wir dürfen nicht aufgrund unserer Position. Wir bekommen Ärger, wenn wir uns gegen die

Art und Weise von Caberta auflehnen." Und das geschah, nachdem mein erstes Buch erschienen war, nach den diffamierenden Aussagen und nach den Ausgrenzungsversuchen dieser „Mafia" in der Kritikerszene, die aus eigener Profiliersucht Aufklärung verhindern wollte.

Was wäre denn ohne diese massive Aufklärung gewesen? Wo wäre denn heute eine Renate Rennebach aus Berlin? Wer kannte eigentlich Renate Rennebach, bevor sie als Trittbrettfahrerin des Themas Scientology ihre politische Arbeit forcierte? Sie hat gegenüber einer Politikerin selbst gesagt, sie wisse, wie man dieses Thema aufnehmen müsse, denn damit lasse sich gut Politik machen und man habe dann immerhin einen sicheren Job. Ja, lieber Leser, das sind eben die Aussagen, die Ihnen die Herrschaften nicht erzählen, weder Ihnen noch den Journalisten. Warum regt sich denn ein Sektenbeauftragter Bussen überhaupt über mich auf? Dann wollen wir doch einmal an dieser Stelle aus dem Nähkästchen plaudern.

In dem Zeitungsartikel vom 15.4.1994 wurde uns auch fälschlicherweise unterstellt, wir würden uns kompetent genug fühlen, um Urkunden herauszugeben. Wahr ist, daß die Gründungsmitglieder von „Robin Direkt" alle aus dem Vertrieb kamen, und so hatten wir die Firma HaRa kennengelernt. Als wir entsprechende Hinweise bekamen, informierten wir den Besitzer von HaRa, den Unternehmer Raab, darüber, daß einzelne Scientologen ihrer Strategie entsprechend in seinem Vertrieb Fuß zu fassen versuchten. Im Fall HaRa kam noch dazu, daß einer der Hauptzulieferer nicht nur zusammen mit seiner Frau scientologisch gedrillt worden war, sondern auch sein eigenes Unternehmen scientologisch führte. Er verschenkte das Hauptanwerbeprogramm – das Buch „Dianetik" von L. Ron Hubbard – , und sein Name tauchte auch auf Spenderlisten auf. Das heißt, die Gewinne aus diesem Geschäft wurden, wie bei Scientology üblich, zum Großteil entweder in die Kriegskasse der Scientology gespendet oder über Kursprogramme der Organisation zugeführt. In absolut konsequenter Haltung entschied der Chef der Firma HaRa, seine gesellschaftspolitische Pflicht wahrzunehmen. Er informierte nicht nur seine Mitarbeiter und Geschäftspartner, sondern organisierte auch eine Großveranstaltung in der Kongreßhalle in Saarbrücken, und zwar im Februar 1993. Mit auf dem Podium waren nicht nur politische Vertreter, sondern auch der Sektenbeauftragte Bussen, die Aussteigerin Schweitzer und ich.

Wir trafen uns eine Stunde vor der Veranstaltung im Restaurant der Kongreßhalle, und ich spürte direkt körperlich den Widerstand, den Jeanette Schweitzer und Bussen bereits vor unserem Eintreffen nicht nur bei dem Unternehmer Raab, sondern auch bei der Presse gegen uns aufgebaut hatten. Ich registrierte es, steckte es weg und dachte nur daran, wie wir Scientology gemeinsam die Stirn bieten konnten.

Der Besucherstrom zu der Veranstaltung riß nicht ab. Es waren ungefähr tausend Personen in der Kongreßhalle, darunter sehr viele Scientologen, die von überall her anreisten. Auffallend war die Besetzung der scientologischen Delegation aus Frankfurt mit dem „Ethikoffizier" Katzschmann, berühmt-berüchtigt bei Betroffenen aus der Frankfurter „Org". Jeder der Referenten gab sein Statement ab und schilderte seine Sicht der Problematik von Scientology in der Gesellschaft. Dann kam es zur Diskussion. Die Scientologen versuchten bereits von Anfang an, die Plätze mit den Saalmikrofonen zu besetzen. Teilweise gelang ihnen das auch, und sie standen in Reih und Glied an den Saalmikrofonen, um eine Diskussion mit den Besuchern nicht nur zu verhindern, sondern um ihre Strategie durchzusetzen: mit „Schwarzer Propaganda" die Referenten zu diskreditieren und unglaubwürdig zu machen – eine Masche, die besonders Jeanette Schweitzer als ehemalige „Ethik-Offizierin" sehr gut einschätzen konnte. Mit sehr persönlichen Attacken gegen Jeanette Schweitzer wurde versucht, sie anzugreifen, und ich spürte, wie ihre Nerven zum Zerreißen gespannt waren. Sie kämpfte mit den Tränen. Ich kannte sie aufgrund der vielen Kontakte sehr genau, und mir war klar, daß die Scientologen ihre Schwachpunkte, die sie aus ihrer Zeit bei Scientology kannten, in übelster Form ausnutzen würden.

Die Wut kroch in mir hoch. Ich warf Jeanette Schweitzer ein paar Taschentücher hin und sagte: „Reiß dich zusammen, das gönnen wir denen nicht!" Dann begann ich mit den Scientologen über das Mikrofon eine scharfe Auseinandersetzung, mit der sie wahrscheinlich nicht gerechnet hatten. An der Reaktion der einzelnen Scientologen an den Mikrofonen war sehr schnell auch für das Publikum erkennbar, daß sie bei mir mit anderen Kalibern auffahren mußten, um mich nervös zu machen. Bis heute ist ihnen das nicht gelungen. Rechts neben mir saß der Sektenbeauftragte Bussen. Der Schweiß lief ihm von der Stirn. Er wechselte seine Farbe von knallrot auf leichenblaß. Auch ihm gab ich ein paar Tempotaschentücher, da er weder für die Angriffe der Scientologen und die Fragen, die von ihnen kamen, noch für einen rhetorischen Schlagabtausch gewappnet war. Auch hier sprang ich in die Bresche und half Bussen, den Scientologen aufgrund meines Wissensstandes Kontra zu geben. Genau diese Emotionalität in so einer Diskussion, meine Konsequenz und auch der Schlagabtausch mit den Scientologen, der aufgrund meines Wissens immer ein Punktsieg für mich war, wurden mir 1994 nach dem Erscheinen meines Buches zum Vorwurf gemacht – und zwar genau von denselben Leuten, denen ich an diesem Tag geholfen hatte.

Jeanette Schweitzer genauso wie Bussen distanzieren sich von meiner Art der Aufklärung und wollen diese Art der Auseinandersetzung mit Scientologen nicht. Im Februar 1993 waren sie jedoch froh, daß ich Tempotaschentücher dabei hatte. Sie waren froh, daß ich mit meiner Emotionalität und meinem Wissen den Scientologen am Mikrofon die Stirn bieten konnte und sie selbst nicht weiter von ihnen attackiert wurden. Genau das ist der kleine Unterschied zwischen Theorie und Praxis. Das ist die Auseinandersetzung, die ich mit diesem Buch jetzt herbeiführen möchte. Denn diese Art von Doppelmoral ist weder christlich, noch paßt sie zu einer Situation, in der die Bürger beschützt werden sollen und der Staat in der Lage sein sollte, mit rechtsstaatlichen Mitteln gegen Scientology vorzugehen.

Der Paragraphenkrieg

Es war ein schöner, warmer Sommerabend, als wir an einem Wochenende zu einem Treffen mit Juristen nach Tirol fuhren. Einer der Mitglieder vom Arbeitskreis „Juristen gegen Scientology“ hatte sein Ferienhaus in Österreich zur Verfügung gestellt. Es war eine Mischung zwischen Abschalten, Erholung und Weiterbildung. Diese Treffen brachten und bringen mir sehr viel. Mein Mann und ich freuten uns, denn durch diese Gespräche war es auch immer wieder möglich, Entscheidungen, die bei Gericht fallen, besser zu verstehen und einzuordnen.

Mit Juristen in Tirol

Die Haushälterin Anna hatte es wieder einmal sehr gut gemeint und verwöhnte uns mit Tiroler Spezialitäten. Trotz der aufgelockerten Atmosphäre und der Urlaubsstimmung, die allein schon von der Lage dieses Hauses ausging, wurden sehr schnell die Teller auf die Seite geschoben und nacheinander verschiedene Papierstapel aufgetürmt. Als sich einer nach dem anderen mit Gesetzbüchern bewaffnete, frotzelte ich: „Jetzt ist das schlaue Dutzend wieder mal komplett.“ Ich begann mit jener Sache, die mich zum damaligen Zeitpunkt am allermeisten beschäftigte. Ich stellte diverse Fakten und Schriftsätze zur Diskussion sowie die einstweilige Verfügung gegen mich, die vom Landgericht Bonn ohne mündliche Verhandlung ergangen war und die Rechtsanwalt Scheele 1993 aufgrund des Briefes, den ich an Minister Rexrodt geschrieben hatte, gegen mich erwirkt hatte. Aus der Erfahrung vergangener Treffen einigten wir uns auf drei konkrete Fragen, um dann in einer offenen Diskussion grundsätzliche bzw. juristische Vorgehensweisen zu erörtern.

Die Jurastudenten blätterten in den Schriftsätzen, die ich ihnen bereits eine Woche vorher zur Verfügung gestellt hatte. Ich hatte gerade die erste Verhandlung hinter mir, die gegen eine Passage aus meinem Buch von Rechtsanwalt Scheele angestrengt worden war. Leider hatte ich mich gezwungenermaßen mit dem juristischen Alltag auseinandersetzen müssen. Meine erste Erfahrung war, daß besonders eidesstattliche Erklärungen bei einstweiligen Verfügungen anscheinend standardmäßig vorgelegt werden. Gerade in dem Fall der eidesstattlichen Erklärung von Rechtsanwalt Scheele ging es um eine höchst interessante juristische Frage. Aufgrund der Aktenlage und der Schriftsätze war zu erkennen, daß der Vorsitzende Richter am Landgericht in Bonn zum Zeitpunkt der einstweiligen Verfügung im Oktober 1993 die Dringlichkeit nicht so sah wie der Antragsteller, Rechtsanwalt Dr. Michael Scheele. Erst dann legte Scheele die inzwischen zum Streitpunkt angewachsene eidesstattliche Erklärung vor. Daraufhin erging die einstweilige Verfügung gegen mich ohne mündliche Verhandlung beim Landgericht in Bonn. Ich schilderte an diesem Nachmittag in Tirol die Angelegenheit sehr sachlich und wunderte mich über meine eigene innere Distanz, denn diese Angelegenheit hat mich nicht nur finanziell geschädigt, sondern sie wird heute noch zu Propagandazwecken verwendet – von Scientologen, von der Kanzlei Scheele und inzwischen auch von der Clique der Kritiker, die meine Aufklärung verhindern wollen. Zwei Dinge standen zur Diskussion, und ich formulierte sie gegenüber den anwesenden Juristen, wie ich sie erlebt hatte und wie ich sie als Bürger ohne juristische Ausbildung sehe:

Gerade in dem Fall der eidesstattlichen Erklärung von Rechtsanwalt Scheele ging es um eine höchst interessante juristische Frage.

„Daß ein vertraulicher Brief an das Wirtschaftsministerium überhaupt an die Kanzlei Scheele weitergegeben wurde, werte ich als Vertrauensbruch von Minister Rexrodt gegenüber mir als Bürgerin. Vielleicht gab es ja zu der damaligen Zeit eine Interessenkollision, von der ich natürlich nichts wissen konnte. Für mich war doch nur wichtig, ein Ministerium zu informieren über die Fakten, die man mir geliefert hatte. Vielleicht wäre es sinnvoller gewesen, wenn jemand aus dem Ministerium sich die Sachlage, die mir von Dritten geschildert worden war, angeschaut und mit den dem Ministerium vorliegenden Fakten verglichen hätte, oder?"

Also, wenn ich jetzt nicht in einem Garten gesessen hätte, wäre ich mir fast vorgekommen wie irgendwo in einem Landgericht. Es fehlte nur die typische Stimmung. Aber wenn es um das Aneinanderreihen von Fakten geht, bekommen alle Juristen anscheinend denselben strengen Gesichtsausdruck.

„Bis zum heutigen Tag hat das Ministerium es nicht einmal für nötig befunden zu klären, warum dieser Brief überhaupt in der Kanzlei auftauchte. Ich kann mich übrigens sehr gut an juristische Auseinandersetzungen erinnern, in denen die zuständige Richterkammer erklärte, daß es einen anderen Rechtscharakter habe, wenn es sich um einen vertraulichen Brief handelt, der gar nicht an die Öffentlichkeit kommt oder gar nicht für die Öffentlichkeit gedacht ist. Warum ist dann mein Brief als öffentlicher Brief behandelt worden? Dann ist noch folgendes zu klären: Warum kann ich den Informanten nicht zur Verantwortung ziehen, der anscheinend laut eidesstattlicher Erklärung des Rechtsanwalts Scheele diesen falsch informierte? Gehe ich davon aus, daß es den Informanten gibt, muß es doch ein Rechtsmittel geben, um an den Namen oder die Adresse zu kommen – oder kann in diesem Land jeder behaupten und eidesstattlich erklären, er habe von irgend jemandem irgend etwas gehört, und genau dann wird es zur Wahrheit? Schauen Sie mal ganz ohne juristischen Blick diese eidesstattliche Erklärung an, so wie sie mir über die Akten vom Landgericht Bonn zugestellt wurden. Was steht hier? Oben: eidesstattliche Erklärung. Dann der Text mit der Unterschrift von Dr. Michael Scheele. Was muß ich jetzt als Nichtjurist denken? Es ist eine eidesstattliche Erklärung von Dr. Michael Scheele. Ein anderer Name taucht hier nicht auf!"

Die eidesstattliche Erklärung war mehrfach kopiert worden und wanderte von einem zum anderen. Einer der Herren, der sich nur mit Namen vorgestellt hatte, dessen Funktion ich weder kannte noch hinterfragte, schaute mich mit einem fragenden Blick an, zog die Augenbrauen nach oben und sagte: „Frau Hartwig, Ihr Buch wurde doch juristisch geprüft, bevor es in Druck ging, oder?"

„In meinem Autorenvertrag steht sogar die Klausel, daß das Manuskript nur als abgenommen gilt, wenn es vom Hausjuristen geprüft und genehmigt wurde."

Blicke gingen hin und her, der eine oder andere schüttelte den Kopf, und einer der Anwälte aus Österreich warf dann ein: „Wie war denn die Prüfung? Hat man denn diese Fakten wirklich nachgeschaut? Lag diese eidesstattliche Erklärung dem Juristen vor?"

Ich wußte überhaupt nicht, worauf er hinauswollte, aber man ist wohl so erzogen, daß man Juristen immer gleich antwortet.

„Natürlich lag sie vor! Das Buch wurde nicht nur einmal geprüft, es gab sogar eine Endabnahme, bei der wir mit mehreren Personen über diese eidesstattliche Erklärung diskutierten. Sie lag vor, sie wurde gelesen und verglichen mit der Passage im Buch. Mehr kann ich von meiner Seite als Autorin auch gar nicht machen, sonst dürfte man womöglich nur dann ein Buch schreiben, wenn man Jura studiert hat. Wohin zielen Sie mit Ihrer Frage?"

Nun diskutierten die Juristen untereinander verschiedene Paragraphen, verschiedene Gesetzesauslegungen, und es ging eigentlich unentschieden aus. Die eine Hälfte schloß sich der Auffassung des Landgerichts München I an, bei dem ich das Verfahren gewonnen hatte, die andere Hälfte meinte, das Ganze könnte einer OLG-Entscheidung nicht standhalten, da die Formulierung gezielt darauf hinauslaufe, daß Scheele nur die Information eines von ihm bis zum heutigen Tag nicht genannten Informanten eidesstattlich erklärt.

„Also, wenn ich das jetzt als Laie betrachte, bleibt doch unter dem Strich folgendes übrig: Ein Richter am Landgericht erkennt die Dringlichkeit eines Antrags auf einstweilige Verfügung nicht an. Der Antragsgegner gibt daraufhin eine eidesstattliche Erklärung ab, die vom Inhalt her so formuliert wird, daß die Dringlichkeit dokumentiert scheint. Der Richter gibt sich damit zufrieden, weil es anscheinend Standard bei Gerichten ist, eidesstattliche Erklärungen als richtig anzunehmen, und erläßt die einstweilige Verfügung. Die führt wiederum dazu, daß sie eingesetzt wird gegen eine Redaktion und gegen jemanden, der eigentlich überhaupt nichts mit der Sache zu tun hat, in diesem Fall ich. Außerdem bleibe ich auf den Kosten sitzen, werde verurteilt und habe jahrelang deswegen Ärger. Ist es möglich, daß sich in unserem Land jeder einen Informanten ausdenken kann, die ihm genehme Aussage dann eidesstattlich erklärt – und schon wird daraus ein juristisches Instrument? Ist das nach Juristenmeinung zulässig? Vielleicht hätte ich doch Jura studieren sollen."

Sollte es vielleicht möglich sein, daß sich in unserem Land jeder einen Informanten ausdenken kann, die ihm genehme Aussage dann eidesstattlich erklärt – und schon wird daraus ein juristisches Instrument?

Ich hing noch meinen Sätzen in Gedanken nach, als einer der Anwesenden zu mir sagte: „Das Problem ist folgendes: Der Anwalt, der das Buch geprüft hat, hätte sehen müssen, daß in der Formulierung der eidesstattlichen Erklärung eine Fußangel liegt. Übrigens, ich bin Richter. Ich finde den Fall höchst pikant und wundere mich doch über so manche Unterlagen, die ich heute einsehen konnte."

Die nachfolgende Diskussion brachte mir die Sicherheit, daß man zwar die Möglichkeit hat, sein Recht vor Gericht zu erkämpfen, aber ich machte dann den Juristen auch klar, daß die ganze Angelegenheit oft reine Theorie bleibt, weil es an den finanziellen Möglichkeiten scheitert. Damit waren wir mittendrin im Thema, das uns eigentlich auch zusammengeführt hatte: Welche Möglichkeit hat ein Betroffener, wenn er in der Organisation Scientology durch Manipulationstechniken kriminalisiert wurde, dies zu beweisen? Welche Hilfestellungen können wir von „Robin Direkt" den Menschen geben, die sich bei uns melden und bei denen wir dann ganz schnell erkennen müssen, daß wir ohne anwaltliche Hilfe und ohne juristischen Beistand gar nicht weiterkommen? Meistens haben diese Menschen keinerlei finanzielle Mittel, um sich juristische Hilfe leisten zu können, und die Prozeßkostenhilfe nützt erst im Prozeß was, aber nicht in der vorherigen Beratung, die in all diesen Fällen unumgänglich ist. Paul brachte noch einen ganz wichtigen Gesichtspunkt ins Spiel, nämlich einen, der uns in unserer Funktion als Vorsitzende der Bürgerinitiative „Robin Direkt" betraf:

„Versetzen Sie sich einmal in unsere Lage: Wir führen Gespräche mit Menschen, die innerhalb der Organisation zu Maßnahmen angeleitet wurden, die nach unserer Rechtsauffassung und unserem Strafgesetz nicht nur in der Grauzone sind, sondern tatsächlich strafrechtliche Folgen für den einzelnen haben. Zum Beispiel kam zu uns ein Beamter einer Behörde, der bei Scientology mit speziellen Maßnahmen dazu gebracht wurde, Kreditbetrug zu begehen. Nicht nur, daß er über ein spezielles Kursprogramm rhetorisch für die Auftritte bei Banken und bei der Familie geschult wurde, er legte auch eine falsche Verdienstbescheinigung bei der Bank vor. Das ist jetzt übrigens noch ein ganz harmloser Fall. Eigentlich müßte die ganze Angelegenheit zur Anzeige kommen, damit von juristischer Seite gegen die betroffenen Personen bei Scientology vorgegangen werden kann. Andererseits wird er bei dieser Sache seinen Job verlieren, da es auch strafrechtliche Folgen für ihn geben wird.

Wir sind immer in einer Zwickmühle, denn wir wissen ganz genau, daß der richtige Weg der zu einem Staatsanwalt wäre. Leider haben wir in den letzten Jahren oft erlebt, daß die Leute den Kopf schüttelten und sagten, sie seien bei der Polizei gewesen, und als man das Wort Scientology hörte, habe man abgewiegelt und sie wieder weggeschickt. Außerdem sind wir überzeugt, daß wir nicht die einzigen sind, denen es so geht. Was machen denn die staatlichen Stellen mit solchen Fällen? Es müßte doch eine Flut von Anzeigen in dieser Richtung geben. Warum gibt es sie nicht?" Wieder wurden die einzelnen Gesichtspunkte erörtert, juristisch begutachtet und beklagt, daß Theorie und Praxis auseinanderklafften. Die anwesenden Juristen waren sich einig: Wenn strafrechtlich relevante Fakten auf den Tisch kommen, sollte man sich nicht scheuen, Strafanzeige zu stellen und alles in juristische Bahnen zu lenken.

Wie oft haben wir in den letzten Jahren erlebt, daß die Leute den Kopf schüttelten und sagten, sie hätten alles versucht, sie waren bei der Polizei, und als man das Wort Scientology hörte, habe man abgewinkt und sie wieder weggeschickt.

Genau so hatten wir es immer wieder mit Ex-Scientologen besprochen, aber auch mit den Unternehmern und mit den Betroffenen aus dem Umfeld einzelner Scientologen. Ich erzählte den Herren ein konkretes Beispiel.

Angst vor Scientology und Angst vor dem Rechtsstaat

„Ein Mann, der eine Führungsposition in einem Betrieb innehat, meldet sich bei uns, d.h. bei ‚Robin Direkt'. Er bekommt an seinem Arbeitsplatz per Fax den Auftrag, Daten der Firma zu überprüfen. Der Auftraggeber ist ein Nachforschungsoffizier der ‚OSA', also des Geheimdienstes der Scientology. In dem schriftlichen Auftrag, der an alle Geschäftsführer oder ‚EDs' (Exekutiv-Direktor, Anm. der Autorin), gerichtet ist, steht folgendes zu lesen: Die ‚OSA' erwartet, daß bestimmte Namen anhand der CF (die zentrale Datenbank in einer Firma, Anm. der Autorin) einer Firma abzugleichen sind. Es geht darum, herauszufinden, ob bestimmte Personen, scientologisch gespro-

An alle Geschäftsführer oder "ED's"

Von: Invest Officer / OSA Süd-Deutschland

München, den 27.04.92

Liebes Terminal,

R-Faktor:
Zur Zeit gibt es eine Gruppe, welche gegen Scientology eine volksverhetzende Entheta-Kampagne läuft. Diese Gruppe operiert unter dem Vereinsnamen "Robin Direkt e.V.".
Bekannt sind drei Adressen:

Zentrale	Büro Reutlingen	Büro Hessen
Postfach 44 7914 Pfaffenhofen/Berg [redacted]	[redacted]	[redacted]

Weiterhin sind folgende Namen bekannt, welche mit Robin Direkt in Verbindung stehen, bzw. Mitglieder sind:

[redacted]	[redacted]	[redacted]
Renate Hartwig	Paul Hartwig	
[redacted]	[redacted]	

Jagt diese Namen bitte durch Euren CF und gebt mir bitte Bescheid ob o.g. Personen bei Euch auf Linien waren oder (was durchaus möglich wäre) noch auf Linien sind.

ML
Johann A.

chen, ‚bei ihm auf Linie sind'. Die Gruppierung von Scientology, die sich als Amt für Öffentlichkeitsarbeit darstellt, von Insidern aber als Folgeorganisation des ehemaligen ‚Guardian Office', des berühmt-berüchtigten Geheimdienstes, bezeichnet wird, gibt einem Scientologen in einer Firma, die nichts mit Scientology zu tun hat, den Auftrag, Namen von Personen abzufragen, die Scientology im Visier hat.

Dieser spezielle Auftrag kam von dem Geheimdienstmann Johann Altendorfer. Er war an eine Computerfirma gerichtet, in der einer der Geschäftsführer Scientologe war. Als dieses Fax einging, war der Scientologe kurz vorher wegen Unterschlagung entlassen worden. So wurde es mir von dem zweiten Geschäftsführer mitgeteilt, als er mir das Fax übermittelte. Wie viele solcher Aufträge von Altendorfer gegeben wurden, ist mir nicht bekannt.

Ein Mitarbeiter, auch ein Geschäftsführer, ist seiner Firma gegenüber verpflichtet und riskiert seine Position, wenn er Daten des Betriebes mit der Liste abgleicht, die ihm von der ‚OSA' der Scientology als Auftrag übermittelt wurde. Er verstößt nicht nur gegen das Datenschutzgesetz, sondern er wird zum Spitzel für die ‚OSA' und gerät in rechtliche Schwierigkeiten, wenn die Sache auffliegt. Führt er den Auftrag jedoch nicht aus, bekommt er innerhalb der Organisation mit seinem ‚Ethikoffizier' Ärger. Er läuft Gefahr, in einem der ‚Rehabilitationszentren' – so heißen die Straflager der Scientology – zu landen. Die Angst vor den Folgen innerhalb der Organisation sitzt bei den Menschen derart tief, außerdem trauen sie diesem Rechtsstaat nicht. Jemand, der sich innerhalb dieser Organisation befindet, steht unter dem Druck der Strafe, die er zu erwarten hat, wenn er die Befehle und die Richtlinien der Scientology nicht ausführt. Er hat sich, und das ist bis zum heutigen Tag eben nicht in Juristen- und Behördenkreisen zum Thema gemacht worden, mit der Mitgliedschaft und den Drills bei der Organisation von dem Rechtsstaat bereits verabschiedet. Die Loyalität gegenüber Scientology ist höher als die Verpflichtung unserem Rechtsstaat gegenüber. Unter diesem Blickwinkel sollten sich die betroffenen Staatsanwälte und Richter noch einmal die Aussagen derjenigen anschauen, die in Deutschland als sogenannte Ex-Scientologen in der Öffentlichkeit agieren. Das sind interessanterweise Leute, die sich als Opfer darstellen, aber ich habe von keinem gehört, daß

Die Angst vor den Folgen innerhalb der Organisation sitzt bei den Leuten sehr tief, außerdem trauen sie diesem Rechtsstaat nicht. Das ist die Quintessenz ihrer Erfahrungen und ihres Wissens darüber, was ihnen innerhalb von Scientology blüht.

und wie er zum Täter gemacht wurde. Ich höre aber immer wieder von Betroffenen, die sich bei uns melden, daß sie interessanterweise genau diese öffentlich agierenden Ex-Scientologen noch aus der Zeit von Scientology kennen.

Ex-Scientologen müssen zwei Wege offenstehen. Der erste ist der juristische. Jeder Einzelfall muß angeschaut und geprüft werden, die strafrechtlich relevante Seite muß abgeklopft werden, und es muß zur Anzeige kommen, wenn nachweislich Straftaten geschehen sind. Der zweite Weg ist ein Programm, das es den Menschen ermöglicht, innerhalb einer Gruppe von Personen zu leben, die bereit sind, die emotionalen Tiefpunkte mitzutragen. Als Vorsitzende der Bürgerinitiative „Robin Direkt" erlebe ich es immer wieder, daß Staatsanwälte aus Dummheit und Unwissenheit Aussteiger total verunsichern und die Tür wieder verschließen, die man nach langen Gesprächen geöffnet hat. Ihr Vertrauen in diesen Rechtsstaat ist dann nachhaltig zerstört.

Ich denke, es wird auch Zeit, daß wir uns überlegen, warum die Leute bei Scientology landen. Sie müssen die Gelegenheit haben, zu erkennen, daß es oft Egoismus war, warum sie diese Machtstrukturen und diese Manipulationstechniken erlernen wollten und tatsächlich erlernt haben. Wir müssen dazu übergehen, ihnen einen anderen Weg zu zeigen, damit sie nicht nach ihrem Austritt diese Manipulationstechnik auf einer anderen Ebene – vielleicht auch auf der Seite der Kritiker – anwenden, um wiederum Macht und Einfluß und Erfolg zu haben. Leider sind auch das meine persönlichen Erfahrungen, und darüber sollten wir nachdenken."

„Wenn ich mir das alles so anhöre, dann müßte man tatsächlich mit einer Gruppe von Juristen diese Seite der Straftaten einmal Punkt für Punkt durchgehen und vielleicht mit dem einen oder anderen im Vertrauen ein Gespräch führen, damit er merkt, daß seine Erfahrungen dazu beitragen können, Scientology auf rechtsstaatlicher Ebene zu stoppen."

Es war ein Rechtsanwalt, der das sagte – einer, der einmal als Staatsanwalt tätig gewesen war. Ich spürte, daß die menschliche Seite, die übrigens einen ganz wichtigen Teil dieser Auseinandersetzung mit Scientology darstellt, viel zuwenig berücksichtigt wird. Wenn wir es als Gesellschaft nicht schaffen, den Opfern zu helfen, die gleichzeitig zu Tätern gemacht wurden – innerhalb einer Organisation, die auf Lug und Betrug aufgebaut ist und strategisch Manipulationstechniken einsetzt, um ihre Zielsetzungen durchzusetzen – , dann haben wir versagt. Dann können wir noch so viele Gesetzbücher aufeinander stapeln, dann können wir noch so kluge Diplompsychologen reden lassen, dann können wir noch so teure Sachverständige nehmen – das Schweigen der Betroffenen wird aufgrund unserer eigenen falschen Beurteilung der menschlichen, emotionalen Seite ein Bumerang: Es wird Scientology nützen.

Die juristische und die menschliche Seite

Wir diskutierten noch bis in die Nacht beide Aspekte und konnten uns zumindest auf einen Punkt einigen. Die Strategie, mit staatlichen und kirchlichen Stellen hauptamtliche Archivare einzusetzen, damit das von ihnen dokumentierte Material vom Staat dann auch verwendet werden kann, ist eindeutig gescheitert. Warum, das konnten wir weder erklären noch herausfinden. Wir drehen uns im Kreis um das gesellschaftspolitische Problem Scientology, das für meine Begriffe inzwischen ganz anders zu nennen ist: schleichend eingeführter Hubbardismus.

Da mich bereits zu diesem Zeitpunkt juristische Diskussionen sehr interessierten und da ich auch weiß, daß Juristen die Fähigkeit haben, ohne Emotionen die Sache an sich zu betrachten, hat dieser Arbeitskreis mir im Laufe der Jahre auch geholfen, immer wieder die innere Distanz zu finden, und ich habe gelernt, in unterschiedlichsten Situationen zu reagieren.

Als wir uns an diesem Abend verabschiedeten, war auf jeden Fall allen klar, daß dieser Angelegenheit weder nur auf juristischer noch nur auf menschlicher, moralischer Basis beizukommen war. Alle Kräfte müssen zusammenwirken, um das Phänomen zu erkennen, um es mit rechtsstaatlichen, juristischen Mitteln aufzuarbeiten, um die einzelnen Taten strafrechtlich zu verfolgen und dann eben auch zu beweisen, daß dahinter eine Organisation steht, deren Führer die eigentlichen Täter sind.

Wir verbrachten den Sonntag noch im kleinen Kreis, die meisten waren am Abend abgefahren. Wir nutzten diesen Tag, um ein paar Stunden Kraft zu tanken für die Auseinandersetzung, die für meinen Mann und mich unversehens zum Lebensinhalt geworden war. Auch darüber haben wir an diesem Sonntag während eines Spaziergangs in der wunderbaren Natur Tirols nachgedacht und gesprochen.

Man braucht ein Feedback von außerhalb, um selbst den Faden nicht zu verlieren. Als ich erkannte, daß der Gegner nicht nur Scientology heißt, sondern auch aus den eigenen Reihen eine Gruppe von Gegnern massiv gegen uns operiert, mußte ich das erst einmal verdauen. Es dauert seine Zeit, bis man menschliche Enttäuschung mit Hilfe realistischer, kühler Überlegungen in den Griff bekommt. Begegnungen wie in Tirol haben mir dabei sehr viel geholfen. Es sind Menschen, die nie betroffen waren von Scientology, die sich aber aus gesellschaftspolitischer Verantwortung mit diesem Thema auseinandersetzen. Es war deren Glaubwürdigkeit, die mir auch oft geholfen hat, den Glauben an diesen Rechtsstaat nicht zu verlieren. Mit dieser Kraft ausgestattet war es dann auch wieder möglich, den Geschädigten, die zu uns kamen, ein Stück weit Hoffnung zu geben.

Schmutzarbeit statt Journalismus

Wenn es in den ersten Monaten nach Erscheinen des Buches nicht zu den erwarteten Angriffen kam, dann vielleicht auch deshalb, weil der Gegenseite die Beweismittel fehlten und sie möglicherweise mit einem ganz anderen Manuskript gerechnet hatten. Heute nehme ich an, daß Seite für Seite durchforstet wurde, um irgendwelche Angriffspunkte zu finden, bei denen die typische Scientology-Strategie juristischer Kriegsführung ansetzen konnte. Das ist schon deshalb anzunehmen, weil die Scientology-Organisation glatte vier Monate brauchte, um eine einzige Unterlassungsklage gegen das ganze Buchprojekt in die Wege zu leiten. Damit diese Unterlassungsklage aber mit dem notwendigen konstruierten Beweismaterial gespickt werden konnte, brauchten sie Helfershelfer. Daß sich gerade Journalisten für diese Schmutzarbeit gerne hergeben, ist nichts Neues, wie man mir in vielen Gesprächen bestätigte.

Als sich im Juni 1994 am Telefon ein Journalist aus Hamburg meldete, um mit mir einen Termin für ein Fernsehinterview zu vereinbaren, war ich natürlich nicht verwundert. Als ich aber nachhakte, für welchen Sender er arbeite, stotterte er erst einmal herum, dann wurde sein Ton sehr aggressiv. – Ich wunderte mich über sein Verhalten, denn das war eine ganz normale und berechtigte Frage. Daraufhin bat ich ihn um ein Fax, damit ich genau wußte, wer er war. Das Fax kam von einer Firma „Think Tank, Redaktionsbüro in Hamburg" und wirkte ganz normal. Zeitgleich erhielt ich Anrufe von Personen aus dem Umfeld von „Robin Direkt", alle mit dem gleichen Tenor:

„Bei mir hat sich heute ein Michael Schmidt gemeldet und wollte ein Interview vor der Kamera, in dem ich mich über die negativen Seiten von Renate Hartwig äußern sollte."

Ich war völlig irritiert. „Was sollst du? Dich äußern über welche negativen Seiten? Ich weiß überhaupt nicht, was der will. Hast du ihn nicht gefragt?"

„Natürlich habe ich ihn gefragt, aber ich finde es vor allem sehr eigenartig, daß er mich über ‚Robin Direkt' ausfragte und wissen wollte, welche negativen Erfahrungen ich oder andere mit dir gemacht hätten. Ich habe ihm immer wieder gesagt, daß es keine negativen Erfahrungen gibt, daß wir voll auf deiner Seite stehen und daß ich mich auch nicht an irgendwelche Schwierigkeiten erinnere. Das wollte er aber überhaupt nicht hören, und deshalb lehnte ich ein Gespräch mit ihm ab. Der Typ wurde unwahrscheinlich aggressiv, als ich nicht bereit war, etwas Negatives über dich vor der Kamera auszusagen.“

Heute weiß ich, daß der Auftrag des Journalisten lautete, einen Negativbericht über Renate Hartwig zu machen. Da passen natürlich keine positiven Aussagen von Mitgliedern von „Robin Direkt“ hinein. Nur – wer sollte solch einen Auftag erteilen? Wem nützt solch eine Fernsehsendung?

Wer ist Michael Schmidt?

Nachdem mehrere solcher Anrufe bei mir eingegangen waren, fragte ich ein paar befreundete Journalisten nach diesem Michael Schmidt. Keiner kannte das Redaktionsbüro „Think Tank“, und auch Michael Schmidt war in renommierten Journalistenkreisen ein Unbekannter. Für mich war die Sache erledigt, und außerdem war mein Alltag mit anderen Dingen ausgelastet, und ich wollte mir auch nicht meine Arbeitszeit von irgend einem dahergelaufenen Journalisten stehlen lassen. Aber ich hatte die Rechnung ohne den Wirt gemacht, denn hinter diesem Redaktionsbüro standen wohl Auftraggeber, die nicht locker ließen und dringend eine solche Sendung gegen mich brauchten.

Kurz nach diesem Vorfall passierten an ein und demselben Tag zwei Dinge, die mich stutzig werden ließen. Morgens erhielt ich einen Anruf von Freunden aus der Schweiz, die von Gerüchten gehört hatten: Scientologen genauso wie Ex-Scientologen sprachen darüber, daß eine Fernsehsendung geplant sei, die die Hartwig mundtot machen werde. Am Nachmittag erhielt ich einen Anruf von meinem Verlag, daß sich dort dasselbe Redaktionsbüro gemeldet habe und dringend ein Interview mit dem Verlagsleiter wünsche. Der gleiche Stil, die gleiche Masche. An positiven Berichten war Michael Schmidt nicht interessiert. Er suchte ganz gezielt Negativaussagen, die er vor laufender Kamera aufnehmen wollte. Der Verlag zog einen Anwalt hinzu, denn die ganze Sache fing an, sehr dubios zu werden.

An positiven Berichten war Michael Schmidt nicht interessiert. Er suchte ganz gezielt Negativaussagen, die er vor laufender Kamera aufnehmen wollte.

Aufgrund meiner Erfahrungen mit einem Redaktionsbüro im Zusammenhang mit meinem Manuskript spitzte ich natürlich die Ohren viel schneller. Ich war hin und her gerissen zwischen „So ein Quatsch!“ und „Warum sucht jemand krampfhaft Negativaussagen über Renate Hartwig? Welchen Sinn soll es haben, daß man sogar Leute dazu bewegen will, Dinge zu erfinden oder sie ihnen mit der Fragestellung mundgerecht serviert? Und vor allem, wer steckt hinter diesem Auftrag?" Ich vereinbarte mit dem Verlag, erst einmal abzuwarten und kein Interview zu geben, bis man der Sache nachgegangen sei.

Nach einem Vortrag sprach mich ein junger Mann an und fragte mich, ob ich Michael Schmidt kannte. Ich reagierte gar nicht und sagte: „Muß man den kennen?" Er lachte und sagte: „Man muß nicht, aber mir scheint, da braut sich etwas zusammen, was Sie noch nicht wissen. In Kritikerkreisen wird davon geredet, daß mehrere Experten bereits vor laufender Kamera bei Michael Schmidt für eine Sendung, die ganz gezielt gegen Sie läuft, ausgesagt hätten. Und zwar absolut negativ."

„Aha, hochinteressant. Woher wissen Sie das?"

„Weil ich im Büro eines Sektenbeauftragten war, als Michael Schmidt seine Fragen stellte. Und ich kann Ihnen eines versichern: Dieser Mann will Ihnen nichts Gutes. Das wird ein Verriß, und ich bin mir nicht sicher, auf welchem Mist das Ganze gewachsen ist. Ich habe erlebt, wie ein Sektenbeauftragter der katholischen Kirche sich geradewegs die Hände rieb bei der Vorstellung, Sie in die Pfanne zu hauen, und sich vor lauter Eifer sogar den Speichel vom Mund abwischen mußte. Und das kotzt mich einfach an."

Nun stand ich da – nach zweieinhalb Stunden Vortrag mit Diskussion, umringt von Leuten, die noch irgendeine Frage hatten oder mir Unterlagen und Kuverts in die Hand drückten. Und da erzählte mir ein junger Mann, daß sich Sektenbeauftragte mit einem inzwischen für mich sehr dubiosen Journalisten gegen mich zusammentaten.

Auf meine Frage, *welcher* Sektenbeauftragte es gewesen sei, lachte der junge Mann und sagte: „Wir sind doch hier in Bayern. So viele gibt's doch hier nicht. Übrigens gab es da auch eine Absprache, wer vor die Kamera geht und wer was sagt. Aber machen Sie sich keine Illusionen, es sind nicht die Katholen allein, auch die Evangelen haben ihren Senf dazu beigetragen. So wie ich die ganze Angelegenheit jetzt überblicke, ist es eine Art Racheakt, weil Sie einen Bestseller geschrieben haben und weil Sie auch noch darüber berichtet haben, was Ihnen mit dem Sektenbeauftragten Hauser widerfahren ist. Das war übrigens der Hauptgrund, warum ich heute bei Ihrem Vortrag war, denn ich wollte Sie jetzt einmal persönlich kennenlernen. Und nach diesem Vortrag mußte ich Ihnen einfach sagen, daß es eine Sauerei ist, was hinter den Kulissen gegen Sie läuft. Wie ich gehört habe, müssen Sie jetzt noch mit anderen Bandagen kämpfen, denn es gibt neben Scientology anscheinend noch einen zweiten Feind, und der heißt: Gegner von Scientology.“ Er lachte, verabschiedete sich und ging zu seinem Auto mit Augsburger Kennzeichen.

Am nächsten Tag informierte ich den Verlag. „Könnt ihr euch vorstellen, daß katholische Sektenbeauftragte, die ja sogar teilweise zu den Autoren eures Verlages gehören, sich für solch eine Schmutzkampagne hergeben, nur um ihre eigene Rache auszuleben?“ Die Antwort war ganz klar: „Ja.“

Wofür sich Sektenbeauftragte hergeben

Ich fing an, nachdenklich zu werden. Weniger wegen einer Sendung, vielmehr ging es mir um die Hintergründe. Sollte ich mit meinem Wunsch, der Öffentlichkeit die Machenschaften der Scientologen ohne Kompromisse offenzulegen, so alleine stehen? Hatte ich mit diesem Buch außer den Scientologen noch jemand anderen getroffen, den ich gar nicht als Feind erkannte? Diese Frage ging mir den ganzen Vormittag nicht aus dem Kopf, und ich rief einen der Pfarrer an, mit dem uns inzwischen auch eine Freundschaft verband. Ich fragte ihn: „Sag mal, wann wird man eigentlich Sektenbeauftragter? Sicher wunderst du dich über diese Frage, aber ich habe da ein Problem mit dem Begriff ‚theologische Ausbildung‘. Sind das alles Theologen, und erwartet die Kirche von ihnen wie von dir als Pfarrer auch so etwas wie ein gelebtes Christsein? Soviel ich weiß, sind die ja oft auch verheiratet. Wer bekommt denn jetzt so einen Job? Nach welchen Kriterien werden diese Personen ausgewählt? Welches Persönlichkeitsprofil muß man denn bei der Kirche mitbringen, um Sektenbeauftragter zu werden?“

Er war völlig überrascht von meinen Fragen und war erst einmal ein paar Sekunden ruhig.

„Wieso willst du das auf einmal wissen? Was hast du mit Sektenbeauftragten zu tun? Die mögen dich doch sowieso nicht.“

„Jetzt fängst du auch noch an. Wieso mögen die mich nicht? Was heißt hier überhaupt mögen? Mich muß kein Sektenbeauftragter mögen. Mir geht es um die Sache, und wenn sich so einer dazu hergibt, vor laufender Kamera einem dubiosen Journalisten gegenüber Negativaussagen über mich zu machen, die im Fernsehen gezeigt werden, dann nützt das Scientology. Und jetzt will ich von dir als katholischem Pfarrer wissen, ob du einem Theologen aus deinem Umfeld – und dazu gehören ja auch Sektenbeauftragte – zutraust, daß er solche Sachen macht und damit der Scientology-Organisation hilft, eine Beweiskette gegen mich aufzubauen.“

Er kannte mich damals schon recht lange und bemerkte meine Aggression. Deshalb war seine Antwort auch ganz klar: „Paß auf, ich rufe ein paar Leute an und frage. Dann komme ich bei dir vorbei. Bist du heute abend zu Hause?"

Als er dann um 20 Uhr bei mir vorbeikam, sah man ihm schon an, daß die Telefonate wohl doch nicht so verlaufen waren, wie er sich das vorgestellt hatte. Wir setzten uns in den Garten auf die blaue Bank vor dem Teich; er war sichtlich irritiert über die Gespräche, die er am Nachmittag geführt hatte.

„Also, ich habe mit ein paar Kollegen gesprochen, die ebenfalls ‚Robin Direkt' nahestehen und uns auch in der Arbeit mit den Aussteigern unterstützen. Ich muß dir sagen, daß bei den Sektenbeauftragten dein Buch als ein Skandal gilt. Aber keiner konnte mir sagen, warum. Die Antworten auf meine Frage, was sie an dem Buch störe, erschöpften sich in allgemeinem Blabla, jedenfalls hatten sie nichts Konkretes. Keiner hat definitiv etwas gegen dieses Buch vorbringen können. In zwei Dingen sind wir aber weitergekommen. Hättest du das Kapitel ‚Staatlich bezahlte Schweiger' nicht geschrieben, hätte der Angriff der Sektenbeauftragten harmloser ausgesehen. Aber er wäre auf alle Fälle gekommen, weil dein Buch inzwischen in aller Munde ist, zum Bestseller wurde und die Scientologen ins Mark getroffen hat. Also, hättest du das Kapitel weggelassen, wäre da immer noch der Neid gewesen. Kannst du das nachvollziehen?"

Ich saß auf der Bank, sah auf den Teich und beobachtete die Fische. Ich fragte mich, ob die Welt komplett verrückt geworden war. Ein katholischer Pfarrer erklärt mir die Schwierigkeiten seiner Kollegen aus der Zunft der Sektenbeauftragten und fragt mich, ob ich es verstehe. Manchmal kommt es mir so vor, als ob mein „Abenteuer Zivilcourage" weniger eine Abenteuergeschichte als vielmehr ein Kriminalfilm ist. Jedenfalls ist es etwas, das man nur mit verdammt guten Nerven und einem privaten Umfeld übersteht, auf das man sich verlassen kann.

Manchmal kommt es mir so vor, als ob mein „Abenteuer Zivilcourage" weniger eine Abenteuergeschichte als vielmehr ein Kriminalfilm ist.

„Sag mal, kannst du eigentlich nachvollziehen, warum einige Leute aus der Kirche austreten? Ist es nicht die Institution Kirche, die solchen billigen, heuchlerischen und selbstgefälligen Schwätzern das Handwerk legen müßte? Wacht doch auf! Was predigst du denn nächsten Sonntag – vielleicht von Nächstenliebe? Erzähl doch von den Sektenbeauftragten, erzähl von diesem Nachmittag, erzähl von den Gesprächen, die du heute geführt hast, von all den Leuten, die sich auf Jesus Christus berufen und mit Steuergeldern aus der Kirchenkasse bezahlt werden. Steig auf die Kanzel und sag ihnen, daß Heuchelei und Pharisäertum tagaus, tagein auch in der Institution Kirche stattfinden. Sag, daß du es selbst erlebt hast. Dann kannst du damit rechnen, daß du mich mal wieder in der Kirche siehst."

Natürlich traf ich mit meiner Wut den Falschen, denn der Pfarrer stand ja auf meiner Seite. Er wollte mir einfach nur helfen, alles zu verstehen. Aber ich wußte damals so gut wie heute, daß er sich selbst in seiner Funktion als katholischer Pfarrer in Schwierigkeiten brächte, wenn er öffentlich gegen die Sektenbeauftragten aufstünde. Ich mußte mir also abschminken, daß jeder, der Theologie studiert hat, begriffen hat, was gemeint ist.

Paul stellte beim anschließenden Abendessen noch viel treffender fest: „Nicht überall, wo Theologie draufsteht, ist auch Theologie drin. Heuchelei gehört anscheinend auch zum Handwerkszeug von Theologen."

Wer dem Journalisten die Adresse gab

Am nächsten Morgen meldete sich wieder Michael Schmidt und wollte einen Termin, an dem er mich interviewen konnte. Ich fragte ihn: „Auf welcher Lohnliste stehen Sie eigentlich, und aus welchem Grund versuchen Sie, nur Negativaussagen zu filmen? Passen positive Aussagen nicht in Ihr Konzept – oder warum sind Sie sonst so aufgebracht, sobald jemand etwas Positives über mich erzählt? Was haben Sie eigentlich vor?"

„Ich gebe Ihnen die Möglichkeit zu einem Gespräch vor der Kamera, ansonsten werde ich Sie über meine Recherchen nicht informieren."

„Junger Mann, Sie haben sich nicht nur im Ton vergriffen, sondern Sie scheinen auch einen Hörfehler zu haben. Ich frage Sie nochmals, aus welchem Grund Sie nur Negativberichte über mich suchen und Positivberichte nicht filmen wollen. Warum suggerieren Sie Negatives? Ich habe ein Recht darauf, das zu erfahren! Wozu machen Sie das?"

„Um wieviel Uhr kann ich morgen kommen?"

„Herr Schmidt, das wird Ihnen der Verlag sagen, denn ich denke, Sie sollten vorher mit dem Verlagsleiter sprechen, bevor Sie ein Interview mit mir machen. Auf Wiederhören."

Ich war bereits entschlossen, nicht vor die Kamera zu gehen. Ich würde mich nicht vorführen lassen für eine Sache, von der ich noch nicht einmal wußte, wer der Auftraggeber war. Damit wäre für mich der Fall erledigt gewesen, wenn ich nicht nachts aus Behördenkreisen aus Baden-Württemberg einen Anruf erhalten hätte, der mir doch dann sehr zu denken gab. Ich wurde informiert, daß Michael Schmidt am gleichen Tag die Deckadresse der Behörde für Organisierte Kriminalität von außen gefilmt hatte. Ich wurde gefragt, ob ich Schmidt diese Adresse gegeben hätte. Natürlich nicht. Ich hatte keine Ahnung, daß er auch in dieser Richtung recherchierte. Woher hatte er wohl die Adresse? Er kannte die Namen der Beamten, die für Organisierte Kriminalität zuständig waren und 1993 Anita Guha-Sautter vernommen hatten. Außer uns gab es nur noch eine Stelle, die von der Vernehmung wußte, den Namen des Beamten, die Deckadresse und die geheime Telefonnummer kannte. Ich verdrängte diesen Gedanken sofort. Das war ja eine Behörde, und die Weitergabe solcher Daten an einen Journalisten wäre ja sicher ein grobes Dienstvergehen gewesen.

Ich wurde informiert, daß Michael Schmidt am gleichen Tag die Deckadresse der Behörde für Organisierte Kriminalität von außen filmte. Ich wurde gefragt, ob ich ihm diese Adresse gegeben hätte.

Ich ahnte zum damaligen Zeitpunkt noch nicht, was hinter den Kulissen der Landespolizeidirektion Tübingen ablief. Durch anonyme Schreiben, Anrufe und durch ein Gespräch mit ausgeschiedenen Polizeibeamten habe ich dann erfahren, daß aufgrund der Aktionen von Michael Schmidt der ermittelnde OK-Beamte in große Schwierigkeiten geriet. Nicht nur, daß man ihm den Fall vollkommen entzog, er durfte sich auch nicht mehr mit mir treffen, da die Informationen von Michael Schmidt bis hin zur Deckadresse so detailliert waren. Schmidt wollte den Beamten vor die Kamera bekommen und verlangte eine schriftliche Stellungnahme zur Vernehmung von Guha-Sautter. Erst von diesem Zeitpunkt an war mir klar, wohin die ganze Aktion führen sollte und welche Strategie dahintersteckte. So eine Sache kann man nicht kurzfristig vorbereiten. Aus diesem Grund war in den ersten Monaten nach Erscheinen meines Buches auch von seiten der Scientology-Organisation nichts geschehen. Mir war auf einmal klar, daß da eine Beweiskette konstruiert wurde, die sicher irgendwann gegen mich verwendet werden sollte.

Ich erinnerte mich an den Fall von Paulette Cooper aus Amerika und an die sechs Komplotte, die von der amerikanischen Scientology-Organisation mit Journalisten und Detektiven gegen sie ausgeheckt worden waren mit dem Ziel, die Kritikerin nach Erscheinen ihres Buches entweder ins Gefängnis oder in die Psychiatrie zu bringen. Ich holte die Akten, studierte die ganze Nacht Seite für Seite, kam aber mit den amerikanischen Unterlagen nicht weiter, weil in meinem Fall Scientology staatliche Stellen und Sektenbeauftragte für ihre Strategie zu instrumentalisieren versuchte. Die zwei Lager, die im Grunde gegeneinander agierten, trafen sich auf einmal in der Mitte, um gegen mich und mein Buch vorzugehen, und das war etwas, das die Öffentlichkeit gar nicht verstehen konnte. Wie sollte ich also im Juni 1994 reagieren? Da saß ich mit viel Wissen, mit wertvollen Informationen und hatte in gutem Glauben und auf eigenes Risiko den Kampf gegen Scientology in der Öffentlichkeit ohne den Schutz der Kirchen, des Staates oder einer Behörde aufgenommen. Ich war eine einfache Bürgerin, die erkannt hatte, daß in diesem Land etwas gewaltig schiefläuft, wenn solch eine Organisation Tag für Tag weiter agieren und expandieren kann. Was nutzten mir in diesem Augenblick die verständnisvollen Ratschläge, egal ob von Verlagsleitern, von Juristen, von Freunden oder auch von meiner Familie! Die Fakten lagen auf dem Tisch, und ich mußte sie erst einmal verdauen.

Bei Paulette Cooper, die das Buch *Der Skandal Scientology* in den 70er Jahren geschrieben hat, gingen die Scientologen so weit, Briefpapier mit ihren Fingerabdrücken zu entwenden, um dann damit Bombendrohungen gegen Regierungspersonen zu verschicken. Es kam zur Verhandlung, und Paulette Cooper wurde auch verurteilt. Detailgetreu lagen die Aussagen vor, wie die engagierte Autorin hätte vernichtet werden sollen.

Dramatisch war für mich in dieser Nacht das Wissen, daß genau die Personen aus der Sektenszene, die sich in das Spiel gegen mich einbinden ließen, vom Fall Paulette Cooper wußten. Es ist nicht so, daß sie keine Ahnung hatten, wie Scientology auf solche Publikationen wie mein Buch reagiert.

Letztendlich mußte ich erkennen, daß der Neid, die Mißgunst und die persönliche Raffgier überwogen und diejenigen, die sich für dieses Scientology-Spiel hergaben, sich *gegen* die Sache und nicht *für* die Sache entschieden hatten.

Am nächsten Tag holte mich der Alltag sehr schnell wieder ein. Obwohl ich nur ein paar Stunden geschlafen hatte, war ich hellwach, als kurz vor 9 Uhr das Telefon klingelte.

„Auch wenn ein paar Dinge für Sie jetzt unerklärlich sind, ich möchte Sie bitten, in Zukunft genauso weiterzumachen wie bisher. Es kommt vielleicht der Tag und der Zeitpunkt, wo Sie für das entschädigt werden, was jetzt passiert.“ – Tüt, tüt, tüt – aufgelegt.

Wie ich sie haßte, diese anonymen Anrufe, mit denen man überhaupt nichts anfangen konnte, außer raten und nachdenken, wer es sein könnte. Es war nicht der einzige anonyme Anruf an diesem Tag. Am Nachmittag war es eine Frau, die mir mit leiser Stimme etwas sagte:

„Frau Hartwig, es spielt überhaupt keine Rolle, wer ich bin. Ich bin in einer Polizeibehörde und habe mitbekommen, daß ein Beamter der OK erhebliche Schwierigkeiten mit einem Journalisten bekam, der bis in die oberste

Stelle massiven Druck machte, um den Beamten vor die Kamera zu bekommen. Jetzt hat er Schwierigkeiten, und es wurde ihm untersagt, in dem Fall weiter zu ermitteln. Ich wollte Ihnen nur den Tip geben, zu recherchieren, woher der Journalist die Adresse der OK-Beamten und vor allem die geheime Telefonnummer hatte. Wenn Sie es herausbekommen, werden Sie sich sicher sehr wundern. Es tut mir leid, daß ich Ihnen nicht mehr sagen kann, aber Sie werden sicher verstehen, daß ich schon mit diesem Anruf meinen Job riskiere. Machen Sie es gut." – Tüt, tüt, tüt – aufgelegt.

Alles kreiste um diesen Journalisten, um irgendwelche Öffentlichkeitsarbeit und um nebulöse Aussagen. Mit dem Anruf der Frau konnte ich schon mehr anfangen, und ich versuchte, bei der mir bekannten Nummer anzurufen und nachzufragen. Ich war nicht einmal überrascht, als man mir bei der Dienststelle des Beamten sagte, daß es Schwierigkeiten gebe und daß man mich nicht verbinden könne. Man werde mich zurückrufen. Es war zwar nicht der Beamte, sondern ein Kollege, aber ich fragte trotzdem: „Was ist los? Ihr solltet vielleicht herausbekommen, woher er die Adresse und die Telefonnummer hat. Aus meinem Umkreis kennt niemand Michael Schmidt. Und es hat auch niemand diese Nummer weitergegeben."

Für mehrere Sekunden herrschte Schweigen in der Leitung. Dann meine Rückfrage: „Na, was ist los? Ist das jetzt ein großes Geheimnis?"

Daraufhin kam die Antwort: „Nein, wir wissen es schon. Die Nummer hat er von Ursula Caberta, der Leiterin des Arbeitskreises Scientology im Hamburger Innensenat."

„Und woher wißt ihr das?"

„Er wurde gefragt und hat es zugegeben. Wir wollten nur die Bestätigung, denn auch wir wußten sehr genau, wer diese Interna hat."

Jetzt war ich es, die für ein paar Sekunden sprachlos war. Ich vertraue einer staatlichen Stelle, bringe den Kontakt zwischen ihr und dem verdeckten Ermittler zustande. Nun hat auf einmal ein dubioser Journalist den Namen des verdeckten Ermittlers, weiß Interna und ist im Besitz der Telefonnummer!

„Mein Kollege vertraute ihr natürlich auch. Na denn, nun sind wir wieder einmal schlauer!"

Fatal ist für mich die Tatsache, daß dieser Journalist laut und deutlich herumerzählte, daß er „die Hartwig fertigmachen" will. Inzwischen ist übrigens auch bewiesen, daß Michael Schmidt Kontakte zu Scientology und deren Anwalt pflegte.

„Und was passiert jetzt? Kann eigentlich die Leiterin einer Behörde mit einem sicherheitsrelevanten Auftrag ungestraft vertrauliche Kontakte an einen Journalisten weitergeben?"

„Tja, im Moment eine schwierige Frage, die ich auch nicht beantworten kann. Nur – irgend jemand spielt hier ein gefährliches Spiel. Auf jeden Fall habe ich mitbekommen, daß der Beamte durchgesetzt hat, daß er beim Filmen durch eine undurchsichtige Wand verdeckt sein muß."

Genau das ist die wirkliche Sauerei an dieser Geschichte. Rachsucht, das kann man mit Charakter erklären. Aber wenn die Leiterin einer Arbeitsgruppe Scientology aus dem Innensenat Hamburg einen Beamten eines anderen Bundeslandes aus dem hochsensiblen OK-Bereich in solch eine Gefahr bringt, weil sie die Deckadresse und die Telefonnummer weitergibt, dann muß das eigentlich Konsequenzen nach sich ziehen. Falls nicht, sollten wir darüber nachdenken, ob unser Rechtsstaat nicht nur eine Farce ist.

Egal von wem dieses Spiel 1994 eingefädelt worden war, es funktionierte für Scientology mit Hilfe der staatlichen Stelle in Hamburg und mit Hilfe katholischer und evangelischer Sektenbeauftragter, die sich für dieses Spiel einspannen ließen. Daß die Scientology-Organisation das alles bis heute für ihre eigene Propaganda nutzt, ist nachvollziehbar und minutiös zu dokumentieren.

Egal von wem dieses Spiel 1994 eingefädelt worden war, es funktionierte für Scientology mit Hilfe der staatlichen Stelle in Hamburg und mit Hilfe katholischer und evangelischer Sektenbeauftragter, die sich für dieses Spiel einspannen ließen.

Strategie: Beweismittel konstruieren

Der freie Journalist Michael Schmidt aus Hamburg verkaufte seinen Beitrag an SAT1 für die Sendung „Also". Gleichzeitig kontaktierte er quer durch Deutschland Zeitungsredaktionen und Radiosender und versuchte, seine Geschichte auch dort loszuwerden. Von einem der Redakteure des Radiosenders „Radio 7" bekam ich eine eidesstattliche Erklärung über die Aussagen von Michael Schmidt. Er sagte auch ihm, „Hartwig schadet der Szene". Er sagte auch, daß er Kontakte zur Scientology unterhalte und sich in der „Hartwig-Sache" mit ihnen austausche.

Der Verlagsleiter und der Anwalt des Verlags bestätigten, daß Michael Schmidt ganz klar ausgesagt hatte, daß es eine Sendung gegen Renate Hartwig geben werde, und er schwärmte von seinem Urlaub auf Hawaii, den er sich nach der Sendung leisten könne. Außer SAT1 fiel auch die Redaktion des *Spiegel* auf Michael Schmidt herein und übernahm eine Kurzversion seiner „Recherchen". Diese Kurzversion wird heute noch von den Scientologen für Propagandazwecke benutzt. Zuletzt wurde sie von Scientologen aus Frankreich an Redaktionen gefaxt, die mit mir Kontakt aufnahmen. So zum Beispiel auch an eine Redaktion des belgischen Fernsehens in Brüssel, die mit mir einen Beitrag zum Thema Scientology und Wirtschaft machte.

Im Juli 1994 wurde der Beitrag von Michael Schmidt auf SAT1 in „Also" ausgestrahlt, und prompt stellte der Rechtsanwalt von Scientology, Wilhelm Blümel, für seinen Mandanten, die Scientology Deutschland e.V., beim Landgericht München I einen Antrag auf Unterlassung gegen den Weltbild-Verlag und Renate Hartwig. Dem Antrag beigelegt war eine Abschrift der Fernsehsendung.

Bei der Analyse der Vorgehensweise gegen mein Buch *Scientology – Ich klage an!* erkannten wir, daß alles einer Strategie unterlag. Es wurden Beweismittel konstruiert, die dann juristisch und propagandistisch ausgeschlachtet werden konnten. Der Antrag von Scientology Deutschland e.V. gegen den Verlag und mich endete vor dem Landgericht München I mit einem Beweisbeschluß in der ersten Verhandlung. Mit diesem einzigen Prozeß, den Scientology als Organisation gegen mein Buch geführt hat, wurde eine Lawine von Propaganda, Mißverständnissen, Lügen, Täuschungen und falschen Auslegungen losgetreten, die bis zum heutigen Tag noch gegen mich rollt.

Daß nicht nur Scientology selbst mit von der Partie war, sondern auch ein großer Teil derjenigen mitmachte, die sich immer als Kämpfer gegen Scientology darstellen, macht die Sache noch tragischer. Es gab keinen einzigen Versuch – weder von einem einzelnen Scientologen oder den Kumpanen der Scientology, noch von der Organisation selbst – , gegen die *Inhalte* des Buches vorzugehen. Es waren formaljuristische zivilrechtliche Auseinandersetzungen, die darauf angelegt waren, die weitere Verbreitung des Buches zu stoppen.

Daß nicht nur Scientology selbst mit von der Partie war, sondern auch ein großer Teil derjenigen mitmachte, die sich immer als Kämpfer gegen Scientology darstellen, macht die Sache noch tragischer.

Ich erinnerte mich oft in diesen Auseinandersetzungen an den Satz von Peter M. Lingens, einem Journalisten aus Wien, der mit mir als Gast im „Club 2" im Österreichischen Fernsehen war und der dem Pressesprecher der Scientology Hamburg vor laufender Kamera sagte: „Wenn dieses Buch auf dem Markt bleibt, dann ist es keine Anklageschrift, sondern ein Urteil."

Das Buch *Scientology – Ich klage an!* ist bis heute auf dem Markt und ist in jeder Buchhandlung erhältlich. Die wiederholten Behauptungen der Scientology-Organisation gegenüber ihren Mitgliedern, das Buch sei verboten, es werde eingestampft, es sei vom Markt genommen, es dürfe nicht verkauft werden oder es sei nicht lieferbar, entpuppten sich als das, was sie waren: Lügen gegenüber den Mitgliedern, um Propaganda und Stimmung gegen Aufklärung zu machen.

Mir war damals bereits bewußt, daß es zwischen Scientology und einem Teil der Kritikerszene gemeinsame Bestrebungen gab. Mein Buch wurde von beiden Seiten verteufelt, und es wurde gegen dieses Buch mit harten Bandagen vorgegangen.

Wenn man auch einräumt, daß beide Seiten vielleicht unterschiedliche Interessen hatten, bleibt die Zielsetzung dieselbe und ist deswegen nicht weniger verwerflich: Aufklärung über die Scientology-Machenschaften sollte verhindert werden.

Und jetzt erst recht

Der Erfolg des Buches war trotz aller Querschüsse aus den verschiedensten Lagern nicht aufzuhalten. Ich bekam immer mehr Briefe und Zuschriften von Lesern, die mir zeigten, daß der Durchbruch in der Bevölkerung geschafft war. Scientology war flächendeckend thematisiert. Man begann, statt mit Ausdrücken wie „Sekte", „Kirche" oder „Religion" von Scientology zu reden, endlich über die Machenschaften, über die Zielsetzungen, die Ideologie und den volkswirtschaftlichen Schaden zu diskutieren. Je mehr Angriffe von den verschiedensten Seiten auf mich niederprasselten, um so deutlicher wurde, daß diese Art der Auseinandersetzung etwas bewegt. Scientology mußte erkennen, daß sich nicht jeder zum kalkulierbaren Kleinfeind machen läßt, und die Scientologen mußten sich nicht nur innerhalb ihrer Organisation rechtfertigen, sondern sie kamen auch in der Öffentlichkeit ins Schußfeld. Vielleicht war es die Zielsetzung, mich durch juristische Spitzfindigkeiten, Auseinandersetzungen, „Schwarze Propaganda" und Angriffe aus der Kritikerszene nicht nur mürbe zu machen, sondern auch so in Trab zu halten, daß ich zu nichts anderem kommen sollte. Genau an diesem Punkt dachte ich: „Und jetzt erst recht!"

Anstatt zehn Stunden wurde nun eben vierzehn oder sechzehn Stunden gearbeitet, und binnen drei Wochen entstand ein neues Buch: *Scientology – Die Zeitbombe in der Wirtschaft*. Vorausgegangen waren Gespräche in Wirtschaft und Industrie, wo die Teilnehmer – sensibilisiert durch *Scientology – Ich klage an!* – erkannten, daß der Scientology-Organisation die Infiltration über Tarnfirmen im Bereich der Unternehmensberatung schon weit häufiger gelungen war, als bis zu diesem Zeitpunkt vermutet. Warum viele der beruflichen Aufklärer immer archiviert hatten, statt zu informieren, ist mir nicht bekannt. Ich wollte keinen ewigen Dialog. Schon aufgrund meiner pragmatischen Einstellung wollte ich handeln. Die Frage bei meinen Vorträgen war immer die gleiche: Wie kann man sich dagegen schützen? Was kann man gegen die Unterwanderung unternehmen?

Wie kann man sich schützen?

In dieser Zeit bekam ich von einer Betroffenen Verträge zugespielt, in denen sich die Scientologen untereinander mit folgender Passage absicherten: „Wir verpflichten uns, die Hubbard-Technologie anzuwenden."

„Solange die Hubbard-Technologie nicht als Bestandteil einer gefährlichen Ideologie von rechtsstaatlichen Organen verboten wird, können die in ihre Verträge schreiben, was sie wollen."

Daraufhin führte ich ein Gespräch mit Juristen, inwieweit diese Hubbard-Technologie nun eventuell ein sittenwidriger Bestandteil eines Vertrages sein könnte. Die Antwort stand eigentlich schon im vorhinein fest: „Solange die Hubbard-Technologie nicht als Bestandteil einer gefährlichen Ideologie von rechtsstaatlichen Organen verboten wird, können sie in ihre Verträge schreiben, was sie wollen."

Zur selben Zeit kam eine junge Frau zu mir, die in einem Arbeitsvertrag im Punkt „Sonstige Vereinbarungen" unterschreiben mußte, daß sie als Mitarbeiterin der Firma bereit sei, die in der Firma angewandte Hubbard-Technologie zu erlernen und danach zu arbeiten. Sie unterschrieb und hatte überhaupt keine Ahnung, was Hubbard-Technologie eigentlich bedeutet. Erst als sie während der Arbeitszeit zu Kursprogrammen, zu Unternehmensberatern und in der Folge auch direkt in die Scientology-Organisation geschickt wurde, erkannte sie, was ihre Unterschrift auf dem Arbeitsvertrag bedeutete. Nach Rücksprache beim Arbeitsamt wurde ihr erklärt, wenn sie kündige, falle sie für mehrere Wochen unter eine „Arbeitslosengeldsperre durch Selbstkündigung". Wenn sie sich weigerte, die Kurse und die Ausbildung nach L. Ron Hubbard zu machen, lief sie Gefahr, gekündigt zu *werden* und wäre ebenfalls mit einer Arbeitslosengeldsperre versehen worden, weil sie gegen den Arbeitsvertrag verstoßen und somit die Kündigung selbst verschuldet hätte.

Wir kannten inzwischen schon mehrere solcher Fälle. In einem Fall war es tatsächlich zur Kündigung des Arbeitnehmers gekommen, da er Kurse des scientologischen Unternehmensberaters verweigert hatte. Nun war guter Rat teuer. Mehrere Wochen ohne Einkommen konnte sich die junge Frau nicht leisten. Wir selbst hätten am liebsten eine juristische Auseinandersetzung herbeigeführt, um die mit der Klausel im Arbeitsvertrag verbundene arglistige Täuschung gerichtlich feststellen zu lassen und um die Abhängigkeit, in die ein Arbeitnehmer in solch einem Fall gerät, zu dokumentieren. Wir wollten die Auseinandersetzung mit der Hubbard-Technologie. Die von uns befragten Juristen verwiesen auf das zwar kalkulierbare, aber dennoch bestehende Risiko bei einer solchen arbeitsrechtlichen Auseinandersetzung. Einerseits sind solche gerichtlichen Klärungen notwendig, um für andere eine Basis zu schaffen, nach der solche Verträge anfechtbar werden, andererseits sind es immer die bereits geschädigten Personen, die ihren Kopf hinhalten müssen, um für andere den Weg zu bereiten und größeren Schaden abzuwenden. Eine vollkommen verfahrene Situation. Wie aus ihr herauskommen? Die Wut kochte langsam in mir hoch, als ich die junge Frau, eine alleinerziehende Mutter, vor mir sitzen sah und meine Gedanken wieder zu all denjenigen schweiften, die sich seit Jahren mit diesem Thema beschäftigten, aber nichts bewegten. Warum war es möglich, daß noch 1994 jemand durch Scientology-Machenschaften in eine solch schwierige Lage kommen konnte? Wer hatte die ganze Angelegenheit verschlafen? Ich wollte jetzt erst recht die Auseinandersetzung, um solche Situationen in Zukunft zu vermeiden. Ich war bereit zur Konfrontation, auch mit der Kritikerszene, um vielleicht so die Spreu vom Weizen zu trennen. Es gab ja auch die vielen Namenlosen, die sich in ihrem kleinen Bereich um Betroffene zumindest im Einzelgespräch kümmerten, die aber wegen der Profilierungssucht einiger weniger weder genannt wurden noch die Möglichkeit hatten, ihre Arbeit öffentlich zu machen.

Das, was in meinem Büro im Sommer 1994 ablief, war die Folge jener stagnierenden, selbstherrlichen und eigennützigen Aufklärung, die nichts dazu beiträgt, die Situation für die Betroffenen und die Bürger zu verbessern. Aufklärung war über Jahrzehnte hinweg zu einer Art Arbeitsbeschaffungsmaßnahme geworden, ohne daß etwas wirklich Brauchbares zum Schutz der Bevölkerung herausgekommen wäre. Wäre es anders gewesen, hätte die Frau damals nicht zu mir kommen müssen. Durch die inzwischen aufgebauten Beziehungen zu Industrie und Wirtschaft gelang es mir, etwas anderes für sie zu finden. Einer der Unternehmer, die bereits damals „Robin Direkt" unterstützten, vermittelte der jungen Frau über einen Geschäftspartner eine Arbeitsstelle. Sie kündigte fristlos und fing zwei Wochen später bei ihrem neuen Arbeitgeber an.

Nachdem ich nun bereits mehrmals erlebt hatte, wie Mitarbeiter von Firmen, in denen Scientologen die Zügel in der Hand halten, Schwierigkeiten bekamen, weil sie Kritik an der scientologischen Firmenideologie geübt hatten und sich nicht in den Kurs-Marathon hatten einbinden lassen, suchte ich nach einer Lösung. Der Jurist einer Firma brachte mich auf die Idee, mich mit dem Direktionsrecht zu beschäftigen, mit dem jedem Unternehmer freigestellt wird, welche Trainings und Schulungen er in seinem Betrieb zuläßt. Wir planten, eine sogenannte Schutzerklärung für den privaten wie geschäftlichen Bereich zu erarbeiten, die juristisch wasserdicht ist. Mit Hilfe befreundeter Unternehmer und Juristen, die sich ausschließlich mit Verfassungsrecht beschäftigten, entstanden im Sommer 1994 die ersten Schutzerklärungen von „Robin Direkt", mittels derer man sich vor der Infiltration durch die Hubbard-Technologie schützen kann. Wir saßen nicht nur Stunden,

Mit Hilfe befreundeter Unternehmer und Juristen, die sich ausschließlich mit Verfassungsrecht beschäftigten, entstanden im Sommer 1994 die ersten Schutzerklärungen von „Robin Direkt", mittels derer man sich vor der Infiltration durch die Hubbard-Technologie schützen konnte.

sondern Tage daran, um alle Möglichkeiten durchzuspielen und durch eine hieb- und stichfeste Formulierung juristische Probleme zu umgehen. Veröffentlicht wurden diese Schutzerklärungen für den privaten und geschäftlichen Bedarf in meinem zweiten Buch *Scientology – Die Zeitbombe in der Wirtschaft.* Das Buch erschien im Juli 1994 im Verlag meines Mannes und kam ein paar Monate später als Taschenbuch auf den Markt.

Entgegen allen Unkenrufen aus der Kritikerszene, das Buch sei ein Rohrkrepierer, erreichte es im Dezember 1994 als Taschenbuch den ersten Platz auf der Bestsellerliste. Die Scientology-Organisation hat bis zum heutigen Tag nicht ein einziges Mal versucht, gegen den Inhalt des Buches juristisch vorzugehen, und bestätigte damit indirekt die Tarn- und Unterwanderungsstrategien, die ich in diesem Buch detailliert beschreibe.

Ohne die Hilfe und Unterstützung von Politik oder Kirche mußte ich einerseits als Vorsitzende von „Robin Direkt" die Hürden nehmen, die von allen Seiten gegen die von mir vertretene Aufklärung aufgebaut wurden. Andererseits sah ich immer mehr die Notwendigkeit, das erlangte Wissen weiterzugeben, um Handlungen von staatlicher Seite gegen die Machenschaften dieser Organisation zu forcieren. Und zu alledem mußte ich noch einen Zweifrontenkrieg bestehen: Hier die Scientology-Organisation mit allen nur denkbaren Maßnahmen der Kritikerbekämpfung und dort die Clique der Kritiker von staatlichen und kirchlichen Stellen, die ebenfalls mit massiven Attacken unsere Aufklärung verhindern wollten.

Abenteuer Zivilcourage: An manch einem Tag fühlte ich mich wie auf einem Schwebebalken – unter mir der Abgrund ohne Netz, das mich auffangen könnte, und dazu die schadenfrohen Gesichter, die darauf warteten, daß ich in den Abgrund stürzte.

Ich wußte, daß es für mich kein Zurück mehr gab. Ich mußte weitermachen und versuchen, durch massive Öffentlichkeitsarbeit die Bevölkerung aufzurütteln. Diese Öffentlichkeitsarbeit wurde aber von verschiedenen Seiten torpediert.

Zensur hinter verschlossenen Türen

Es war an einem dieser heißen Sommertage, an denen durch die Hitze einfach jeder Handgriff langsamer wird. Der Termin im Verlag war schon lange geplant gewesen. Um in das Büro des Verlagsleiters zu gelangen, muß man durch einen überdachten Glasaufgang gehen, in dem an diesem Tag tropische Temperaturen herrschten. Wir löschten unseren Durst mit dem Mineralwasser, das die Sekretärin bereitgestellt hatte. Mit dem Verlagsleiter besprachen wir nicht nur den Erfolg des Buches und die über Wochen andauernde Plazierung von *Scientology – Ich klage an!* in den Bestsellerlisten, sondern auch die Sendung von Michael Schmidt und die dahinterstehende Strategie. Aus welchem Grund hatte die Scientology-Organisation mehrere Monate gewartet, um eine Unterlassungsklage gegen mein Buch bei Gericht einzubringen? Und warum hatte es nach dieser Sendung bloß ein paar Stunden gedauert, bis die Klage samt der Mitschrift dieser Sendung als sogenanntes Beweismittel und erschwerendes Indiz bei Gericht vorlag?

In dem Gespräch wurde mir klar, daß die Attacken gegen mich und die „Schwarze Propaganda" auch innerhalb des Verlages Folgen gezeitigt hatten. Da waren zum einen die Anrufe der Sektenbeauftragten, die sich darüber beschwerten, daß dieser Bestseller überhaupt erschienen war. Und zum anderen: Die ganze Arbeitszeit des Verlagsleiters war in mein Projekt eingebunden, und der Druck auf ihn wurde immer stärker. An dieser Stelle muß ich sagen, daß dieses Buch nur entstanden war, weil gerade der Verlagsleiter die Wichtigkeit offensiver Aufklärung erkannt hatte und keine Schmalspuraufklärungen publizieren wollte. Er wollte den Durchbruch in der Öffentlichkeit erreichen. Er wollte, daß Scientology endlich thematisiert wird. Das war von Anfang an die Zielrichtung des ganzen Projektes, denn Aufklärungsbücher und Betroffenenberichte gab es ja schon damals genug. Aber es ging darum, eine breite Öffentlichkeit hellhörig zu machen für die Machenschaften von Scientology.

Ich legte all die Briefe, Faxe und Aktennotizen, die ich erhalten hatte, während Michael Schmidt für seine Fernsehsendung recherchierte, auf den Tisch. Der Geschäftsführer schlug vor, wir sollten uns die Sendung einmal völlig distanziert ansehen. Immer wieder stoppten wir die Videoaufzeichnung und diskutierten bestimmte Passagen. Das Ziel war, eine Person und ihre Aufklärung unglaubwürdig zu machen. Einerseits war da die Organisation Scientology, deren Machenschaften durch unsere Arbeit demaskiert wurden, andererseits gab es diese Clique in der Aufklärungsszene, die nun nach Erscheinen meiner Bücher erklären mußte, warum sie über so viele Jahre nicht fähig gewesen war, massive Aufklärung zum Schutz der Bevölkerung zu betreiben. Das kam auch in dem Beitrag in der Sendung „Also“ vom 17. Juli 1994 zum Ausdruck. Dieser Beitrag war ein Versuch, mich vollkommen unglaubwürdig zu machen und gleichzeitig die Aussagen von Sektenbeauftragten und sogenannten „Experten“ als glaubwürdig hinzustellen.

Liest man heute die in der „Also“ von Staats- und Kirchenvertretern abgegebenen Statements und betrachtet man, wie die Scientology-Organisation diese Aussagen in der Folge zur Verleumdung meiner Person einsetzte, dann kann als Fazit nur übrigbleiben, daß diese Personen aus einer narzißtischen und egoistischen Haltung heraus Scientology unter die Arme gegriffen haben.

Wer sehen will, wie Scientology die Sektenexperten für ihre Zwecke ausgenutzt hat, braucht sich nur die von der Organisation massenhaft verteilten Flugblätter anzusehen. In diesen Pamphleten werden Aussagen von Sektenbeauftragten aufgegriffen und als Beweis gegen mich zitiert.

> *... Riesenschaumschlägerei ohne Inhalt.*
> Thomas Gandow, Sektenbeauftragter Berlin
>
> *... wird mit sehr viel Vermutungen gearbeitet.*
> Hubert Kohle, Sektenbeauftragter Augsburg
>
> *... daß Frau Hartwig die Aussagen, die sie macht, nicht belegt ... praktisch null Substanz.*
> Hartmut Hauser, Sektenbeauftragter Stuttgart
>
> *... attackiert Leute in problematischer Form.*
> Hans Gasper, Sektenbeauftragter
>
> *... leider ist die Information völlig unseriös.*
> Kurt-Helmuth Eimuth, Sektenbeauftragter Frankfurt
>
> *... diejenigen, die sich ernsthaft mit dem Thema beschäftigen, wissen, was sie von dem Buch zu halten haben.*
> Beamtin der Hamburger Innenbehörde

Meine Arbeit wird aber auch anders bewertet:

(...) Das Bayerische Innenministerium ist der Auffassung, daß sich Frau Hartwig große Verdienste um die Aufklärung über die Scientology-Organisation erworben hat.
Michael Ziegler, Stv. Pressesprecher des Bayer. Staatsministeriums des Innern.

„(...) Das Bayerische Innenministerium ist der Auffassung, daß sich Frau Hartwig große Verdienste um die Aufklärung über die Scientology-Organisation erworben hat.“

Ich will den Leuten aus der Kritikerszene keinesfalls unterstellen, daß sie sich bewußt und in voller Absicht vor den Karren von Scientology spannen ließen. Vielleicht haben sie trotz ihres „Expertenwissens" einfach nicht durchschaut, daß es eine scientologische Strategie ist, Außenstehende für die eigenen Ziele zu benutzen. Eine Strategie, die übrigens alle totalitären Systeme verfolgen. Nicht umsonst hat bereits Lenin von den Intellektuellen als den „nützlichen Idioten" des Machtapparates gesprochen.

Natürlich war mir klar, daß mir die Sektenbeauftragten nach meinem Buch *Scientology – Ich klage an!* nicht um den Hals fallen würden. Aber nach mehr als zwanzig Jahren Scientology-Expansion in nahezu allen Gesellschaftsschichten hätte es den sogenannten Profis in der Szene bewußt sein müssen, daß gegenseitige konstruktive Kritik es den Scientologen auch schwerer macht, in Kritiker-Organisationen einzudringen. Statt dessen fielen sie über mich her. Das, was die Kritikerszene Scientology vorwirft, nämlich nicht kritikfähig zu sein, ist sie selbst genausowenig. Die Loyalität, die sie von mir fordert, hat sie selber vermissen lassen – beispielsweise in dieser Sendung von Michael Schmidt.

Daß genau diese Sendung immer wieder von der Scientology-Organisation gegen mich und den Verlag eingesetzt werden würde, war mir bereits bei dem Gespräch an jenem heißen Sommertag im Augsburger Verlagsgebäude klar. Ich wollte die letzte Aussage von Michael Schmidt – der Verlag und ich hätten die Leser betrogen – unbedingt juristisch klären lassen, denn es war nicht nur Verleumdung, sondern auch eine falsche Tatsachenbehauptung. Aber es war nicht so einfach. Die Sendung war nämlich in SAT 1 gelaufen, und der Anwalt des Verlages stand schon in einer anderen Angelegenheit in geschäftlicher Verbindung zu SAT 1, und der Weltbild-Verlag plante ein großes Projekt mit Leo Kirch von SAT 1.

Nun appellierte man an meine Loyalität – eine Loyalität, die man von *mir* in all den Jahren immer wieder forderte, aber interessanterweise mir gegenüber *nicht* praktizierte.

Als ich erwiderte, dann eben auf eigene Faust mit meinem Anwalt klagen zu wollen, spürte ich die Nervosität, die ich damit beim Verlag auslöste. Mit Engelszungen redete man auf mich ein und versuchte, mir klarzumachen, daß auch Negativreklame eine Art Werbung sei. Der einzige, der mich wirklich verstand, war der Verlagsleiter. Er meinte auch, daß man juristisch gegen diese Art der Denunzierung vorgehen müsse. Ich hatte zwar dem Pattloch-Verlag, der zum Weltbild-Verlag gehört, zum ersten Mal zu einem Bestseller verholfen, aber die wirtschaftlichen Verflechtungen und Verbindungen des Anwaltes und des Verlages zu dem Fernsehsender SAT 1

An diesem Nachmittag wußten zumindest drei Leute in diesem Büro, daß der Idealismus, für die Allgemeinheit auch ein Risiko einzugehen, bestraft wird, wenn er wirtschaftlichen Interessen entgegensteht.

waren nun einmal höher angesiedelt als die Loyalität gegenüber einer Autorin. An diesem Nachmittag wußten zumindest drei Leute in diesem Büro, daß der Idealismus, für die Allgemeinheit auch ein Risiko einzugehen, bestraft wird, wenn er wirtschaftlichen Interessen entgegensteht.

Der nächste Punkt, den es zu besprechen galt, war eine für die nächsten Tage geplante Einladung zu einem Gespräch mit Sektenbeauftragten, bei dem der Sektenbeauftragte Liebl die Gesprächsleitung haben sollte.

„Was soll nach dieser Sendung und den unmöglichen Anrufen bei diesem Gespräch herauskommen?“ fragte ich.

Die Antwort des Verlagsleiters war klar: „Ich habe mit dem Sektenbeauftragten Gasper gesprochen und auch eine schriftliche Stellungnahme hingeschickt. Ich denke, es ist nun mal eine prekäre Situation, daß einerseits ein katholischer Verlag ein Buch herausgibt und andererseits die Sektenbeauftragten, die mit diesem Thema betraut sind, dieses Buch attackieren.“

Mein Mann und ich blickten uns an und mußten lachen. Genau das hatten wir bei der Herfahrt im Auto besprochen. Die Katholiken machten Druck auf den Verlag, und jetzt ging es nicht mehr um die Sache, sondern um Macht und Märkte. „Ich habe heute viel gelernt“, sagte ich. „Wenn ein Anwalt aufgrund seiner Mandanten Loyalitätskonflikte hat, wenn ein Verlag plötzlich zwischen zwei Stühlen sitzt, wenn Sektenbeauftragte beleidigt sind und sich aus niederen Beweggründen negativ über mich äußern und dabei noch Scientology zuarbeiten, dann ist mir klar, warum es so schwer ist, die Öffentlichkeit über die Machenschaften der Scientology-Organisation zu informieren. Aber ich denke, weil mich die Sektenbeauftragten gar nicht persönlich kennen, werde ich zu diesem Gespräch gehen, denn ich will ihnen ins Gesicht sehen. Vielleicht können mir die Herrschaften ja eine theologische Erklärung für diese Sauerei geben.“

Ich lachte den Verlagsleiter an, denn er war der einzige außer meinem Mann, der mich verstand. Dann gingen wir über den noch weiter aufgeheizten Glasgang hinaus ins Freie.

Die Einladung zu einem Gespräch nach Augsburg kam tatsächlich. Als mir der Sektenbeauftragte Liebl am Telefon sagte, daß er sich zur Gesprächsleitung bereit erklärt habe, sagte ich den Termin zu. Irgendwie hatte ich das Gefühl, daß man versuchen wollte, mich zu stoppen. Ich war mit meinem Buch den Sektenbeauftragten der katholischen Kirche in die Quere gekommen. Ihre Arbeitgeber, die Bischöfe, sind Mehrheitseigner des Weltbild-Verlages, und dessen Anwalt wollte nicht juristisch gegen SAT 1 vorgehen. Ich wollte auf keinen Fall ohne Zeugen zu diesem Gespräch gehen, denn ich wußte inzwischen aus eigener Erfahrung, daß auch sogenannte „Promi-Theologen" lügen können, daß sich die Balken biegen, wenn es darum geht, ihre eigene Haut zu retten. Ich kannte die Szene inzwischen schon so gut, daß mir klar war, daß man mit mir nicht darüber reden wollte, wie man denn in Zukunft am besten zusammenarbeiten könne. Nein, sie fühlten sich beleidigt. Sie solidarisierten sich mit Caberta und Hauser, die in meinem Buch beschrieben waren und nur die Spitze des Eisberges darstellen. Ebenso fühlten sie sich vom Verlag übergangen, der ihnen von diesem Projekt nichts gesagt hatte und heimlich, still und leise einen Bestseller auf den Markt geworfen hatte – noch dazu aus der Feder einer Frau, die nicht aus dem inneren Kreis der „eingeweihten" Experten kam. Dieses Verhalten war so absurd, so dumm und so kurzsichtig. Egal wohin ich blickte – ich spürte überall die unsichtbare Hand von Macht, Geld und Einfluß. Es war mir klar, daß ich falschlag, wenn ich dachte, es ginge allen um die Sache.

Egal wohin ich blickte – ich spürte überall die unsichtbare Hand von Macht, Geld und Einfluß.

Ein Sektenbeauftragter will sich heimlich mit mir treffen

Einige Anrufe von Sektenbeauftragten aus diesem Kreis irritierten mich noch mehr. Einer der Anrufer meldete sich, kurz nachdem ich bei dem Verlag gewesen war und Herr Liebl das Gespräch zwischen den Sektenbeauftragten und mir festgemacht hatte.

Es war ein Sommergewitter. Es donnerte und blitzte, und mein Mann wollte wegen des Gewitters nicht, daß ich ans Telefon ging. Der Anrufer war zäh. Es klingelte unaufhörlich. In meiner Kindheit hatte meine Mutter mit mir immer zwischen Blitz und Donner zu zählen begonnen. Eins, zwei, drei, vier, fünf ... Je weiter man zählen konnte, um so weiter war das Gewitter weg. Ich lachte und sagte zu meinem Mann: „Komm, wir zählen vom Blitz zum Donner." Ich zählte bis fünf und sagte beim Abheben des Hörers: „Das Gewitter ist schon weit genug weg, es kann nicht mehr einschlagen." Dann meldete ich mich lachend mit: „Hallo, Hartwig. Sie sind ja ein ganz Zäher."

Ruhe auf der anderen Seite. Ich sagte laut: „Er hat es aufgegeben. Er hat aufgelegt."

„Nein, nein. Ich bin noch da!" hörte ich eine männliche Stimme am anderen Ende der Leitung sagen. „Es ist eine sehr heikle Situation, warum ich Sie anrufe. Ich bin Sektenbeauftragter der katholischen Kirche, und ich weiß, daß mit Ihnen ein Gespräch in Augsburg geplant ist."

„Wer sind Sie denn? Kennen wir uns?"

Wieder zögerte er lange, bis er antwortete: „Wenn ich Ihnen meinen Namen sage und es herauskommt, daß ich Sie warne, dann komme ich in Teufels Küche! Ich sage Ihnen, Sie müssen aufpassen. Es brodelt ganz gewaltig, denn man verzeiht Ihnen diesen Bestseller nicht. Aber ich habe Sie bei einem Vortrag gehört, und ich habe Sie auch angesprochen. Nur habe ich natürlich nicht gesagt, wer ich bin. Und Sie sind gar nicht so, wie man Sie innerhalb unserer Kreise beschreibt. Irgendwie habe ich ein schlechtes Gewissen, weil Ihr Buch einerseits von allen möglichen Leuten zitiert und teilweise abgeschrieben wird und weil die Unterlagen, die von Ihnen stammen, ausgetauscht werden, Sie aber andererseits in der Öffentlichkeit zerrissen werden. Ich rufe Sie an, weil Sie mir einfach leid tun und weil ich auf der anderen Seite bewundere, mit welcher Frechheit und Kaltschnäuzigkeit Sie über diese Dinge hinweggehen."

„Das ist ja alles recht und gut. Sie brauchen mich nicht zu bewundern. Das Mitleid bekam ich geschenkt. Den Neid mußte ich mir hart erarbeiten. Daher kam auch meine – wie Sie sagen – Frechheit und Kaltschnäuzigkeit. Sonst hätte ich das Ganze gar nicht überstanden. Jetzt möchte ich aber Ihren Namen wissen, denn ich finde es einfach pervers, wenn Sie vor Ihren eigenen Kollegen Angst haben müssen, nur weil Sie mich anrufen."

Diesmal antwortete er, ohne zu zögern: „Frau Hartwig, es ist ein Denkfehler, wenn Sie glauben, daß ein Sektenbeauftragter, nur weil er Theologie studiert hat, etwas von Nächstenliebe hält. Es ist wie in einem großen Betrieb: Es herrscht eine Hackordnung. Und ich denke, daß Sie mit Ihrem Idealismus falschliegen. Ich bin bereit, mich mit Ihnen zu treffen und mit Ihnen zu reden, weil es mir eben auch um die Sache geht. Aber ich fürchte, daß Sie vor der geballten Macht kapitulieren müssen, die Ihnen einerseits von Scientology, andererseits durch den Einfluß der Sektenbeauftragten in der Öffentlichkeit entgegentritt. Nur eines müssen Sie mir hundertprozentig versprechen: daß Sie niemandem meinen Namen nennen oder sagen, daß ich Ihr Informant bin."

Ich war völlig platt. Ein Sektenbeauftragter ruft mich an und bestätigt alle meine Vermutungen, die ich über diese Szene habe. Von wegen Macht und

Einfluß. Ich hatte nicht vor, mich von Scientology in die Knie zwingen zu lassen. Aber erst recht nicht von einer kleinen Lobby von Sektenbeauftragten.

Informantenschutz

Ich versprach dem Anrufer, niemals seinen Namen zu nennen, und wir trafen uns am nächsten Tag bei einer Bekannten, der er vertraute.

Er wollte mich auf keinen Fall irgendwo in einem Lokal treffen, nicht einmal in einer Autobahnraststätte – er könnte ja mit mir gesehen werden.

Weil er uns gebeten hatte, das Auto zwei Straßen weiter zu parken – „Eine Ulmer Autonummer fällt in dieser Gegend vielleicht auf!" – gingen wir die letzten hundert Meter zu Fuß. Mein Mann Paul und ich kamen uns vor wie bei einer Undercover-Aktion. Als wir vor einem Reihenhaus mit gepflegtem Vorgarten standen, kamen wir gar nicht zum Klingeln, denn die Tür ging auf und ein junges Mädchen winkte uns herein. Sie brachte uns ins Wohnzimmer, wo in der Eßecke der Kaffeetisch gedeckt war. Wir nahmen Platz und harrten der Dinge, die da kommen sollten. Alles war picobello aufgeräumt. Ich saß auf der Längsseite der Eckbank. An der Wand gegenüber hing das Kruzifix.

Ich dachte, daß ich vielleicht heute den Unterschied zwischen Theologie und Christsein erklärt bekommen würde. Mitten in meinen Gedanken ging die Tür auf, und eine Frau kam mit einer Kaffeekanne herein:

Mein Mann Paul und ich kamen uns vor wie bei einer Undercover-Aktion.

„Grüß Gott, ich bin diejenige, welche. Ich finde es gut, daß Sie gekommen sind, obwohl ich die Umstände dieser Begegnung schon als sehr eigenartig empfinde." Unsere Gastgeberin goß Kaffee ein: „Er kommt gleich, etwa zehn Minuten wird es noch dauern, weil er heute öffentliche Verkehrsmittel nimmt, damit sein Auto nicht hier herumsteht."

„So langsam finde ich die ganze Sache ein bißchen übertrieben, Sie nicht auch?"

Sie zuckte mit den Schultern und schnitt den Johannisbeerkuchen auf. „Nun ja, Sie müssen einfach auch seine Situation verstehen."

Mein Mann, der die ganze Angelegenheit sehr distanziert betrachtete, fragte: „Was ist an seiner Situation denn so ungewöhnlich? Er ist Sektenbeauftragter, hat eine Position und ist anscheinend mit den Aussagen und Entscheidungen seiner Kollegen nicht ganz einverstanden, oder?" Er wartete keine Antwort ab und fuhr fort: „Was ich wiederum nicht verstehe: Aus welchem Grund wird hier eine solche Geheimnistuerei um unser Treffen gemacht? Ich möchte schon wissen, was ihn denn erwarten würde, wenn er sich ganz offen gegen die Entscheidungen seiner Kollegen ausspricht oder wenn er sich vielleicht ganz offiziell mit uns getroffen hätte." Sie brauchte die Fragen nicht mehr zu beantworten. Es klingelte. Ich fragte mich, wieso es so lange dauerte, bis er in der Tür erschien: der Sektenbeauftragte, der sich heimlich mit Renate Hartwig traf ...

Ich kannte ihn nicht, hatte ihn zumindest noch nie bewußt gesehen und auch keinerlei Kontakte zu ihm gehabt, seit wir uns mit dem Thema beschäftigten. Er war auch keiner von denen, die im Rampenlicht stehen, sondern einer, der seine Arbeit eher im stillen macht. Da ich von Natur aus neugierig bin, konnte ich gerade noch abwarten, bis er seinen Kaffee eingeschenkt bekam und sein Johannisbeerkuchen auf dem Teller lag. Aber dann konnte ich mich einfach nicht mehr zurückhalten.

„So, nachdem wir den formellen Teil jetzt wohl hinter uns haben und ich ganz begeistert von dem selbstgemachten Johannisbeerkuchen bin, möchte ich endlich wissen, was eigentlich in dieser Szene los ist!"

Er schaute mich an, lächelte und schob sich den nächsten Bissen in den Mund. Er kaute bedächtig, nahm die Tasse – und erst, als er sie wieder hingestellt hatte, fing er zu reden an: „Als erstes denke ich, es liegt grundsätzlich an Ihrem Temperament und an der Art, wie Sie, na ja, sagen wir mal als Seiteneinsteiger in diese Szene kamen."

„Von wegen Seiteneinsteiger. Ich habe mich nie in dieser Szene gesehen. Es war für mich auch nie eine Frage der Szene, sondern der Sache, und vielleicht gab es deshalb schon von Anfang an erhebliche Mißverständnisse aufgrund der verschiedenen Positionen."

Mein Mann ergänzte: „Wir sind schon immer unseren eigenen Weg gegangen – aus mehreren Gründen. Einmal, weil in dieser Aufklärungsszene jeder auf den Einzelschicksalen herumhackt und glaubt, mit Opfergeschichten wäre das Problem zu lösen. Andererseits habe ich selbst erlebt, daß in dieser Gemeinschaft der Sektenbeauftragten und der Kritiker von Scientology eine Hackordnung herrscht, die ganz bestimmt nicht zur konstruktiven Zusammenarbeit beiträgt."

„Jetzt wissen Sie auch, warum dieses Treffen nicht offiziell stattfinden kann, sondern hier bei meiner Bekannten. Aufgrund der Hackordnung, wie Sie es nennen, gibt es anscheinend nur eine einzige Möglichkeit: Ihre Frau ordnet sich diesen Kreisen unter, oder es wird ewig Reibereien geben." Ich lachte und schaute demonstrativ auf das Kruzifix an der Wand: „Das an der

Wand ist doch wohl das Zeichen für Nächstenliebe, Verständnis und was man sonst noch in Ihren Kreisen von sich gibt. Sie und Ihre Kollegen haben alle Theologie studiert, und jetzt möchte ich endlich den Unterschied erfahren zwischen einem Theologen und einem Christen. Vielleicht können Sie es mir erklären. Denn all das, was ich jetzt gehört habe, zeigt mir nur, daß Sie vor Ihren eigenen Kollegen kuschen und nicht die Stirn haben, ihnen zu sagen, daß Sie eigentlich mehr auf meiner Ebene der Aufklärung stehen."

Er runzelte die Stirn und gab eher kleinlaut zu: „Ja, ich befinde mich zur Zeit mehr zwischen den Stühlen, als daß ich fest auf einem sitze."

Mir wurde klar, warum dieses Treffen notwendig gewesen war. Auch innerhalb der Szene gab es also sogenannte Abweichler mit einer Vorstellung von offensiver Aufklärung. Aufgrund ihrer Position trauten sie sich aber nicht, Farbe zu bekennen. Sie befanden sich mit ihrer Einstellung in einer schwierigen Lage. Nach außen hin mußten sie die Kirchenpolitik vertreten und so etwas wie Schadensbegrenzer spielen, um die immer zahlreicher werdenden Sekten und Gruppierungen zu beobachten, denen sich Kirchenmitglieder anschließen. Es ging aber auch um die eigene Existenz, um eine finanziell abgesicherte Position mit Pensionsberechtigung. Und immerhin konnte man sich, je nach Engagement, auch nach außen hin namentlich profilieren. Auf gut deutsch: Man war wer, man hatte was zu sagen, man wurde gefragt. Daraus entstand eine Struktur innerhalb einer Gruppe, die für sich in Anspruch nahm, das Thema ganz und gar zu besetzen.

> **Auch innerhalb der Szene gab es also sogenannte Abweichler mit einer Vorstellung von offensiver Aufklärung.**

Außerhalb dieser Gruppe wurden nur die sogenannten Selbsthilfe- oder Elterninitiativen privater Natur geduldet, aber auch von vielen als Zulieferer für Informationen genutzt. In all diesen Schubladen suchte man natürlich vergebens nach „Robin Direkt". Als mein Mann und ich „Robin Direkt" gründeten, dachten wir überhaupt nicht an irgendwelche Lobbyisten oder bereits besetzte Themenbereiche, sondern wir starteten unsere Initiative aus der inneren Überzeugung heraus, daß hier etwas passieren muß – ganz nach dem Modell der wehrhaften Demokratie. So entstanden Reibungsflächen, die sich im Laufe der Zeit zu Schmirgelpapier entwickelten.

Der Sektenbeauftragte und wir gingen offen miteinander um. Er erzählte, wie zornig und beleidigt man in seiner Zunft auf mein Buch reagiert habe. Es war, so sah er es, überwiegend verletzte Eitelkeit, und dazu kam die Solidarität mit dem Sektenbeauftragten Hauser, den ich in meinem Buch beschrieben hatte. Des weiteren konnte man mit meiner Art, die Dinge offen auszusprechen, einfach schwer umgehen. Schließlich war es bisher so: Man war nicht bereit, etwas zu riskieren, denn man fürchtete juristische Attacken von Scientology. Man war gewohnt, sich anzupassen, so lautete sein Fazit.

Ich fragte ihn, ob er etwas von Dossiers wisse, die innerhalb der Sektenszene von einzelnen seiner Kollegen über andere angelegt würden.

Er war völlig verblüfft über mein Wissen und fragte, ob sich denn außer ihm bei mir schon jemand gemeldet habe. Ich mußte lachen. Genau das war des Pudels Kern. Er war nämlich nicht der einzige, der den Dialog mit mir suchte.

Die Blicke zwischen seiner Bekannten und ihm gingen hin und her, und sie sagte zu ihm: „Sag es ihr, ich denke, sie hat nichts dagegen."

„Gegen was soll ich nichts haben?"

Er war sichtbar verlegen. „Ich hoffe, Sie sehen das jetzt nicht als Vertrauensbruch, aber ich wußte ja nicht, daß Sie so offen sind. Deshalb habe ich mich ein bißchen abgesichert. Schauen Sie mal durch den Rundbogen. Im Wohnzimmer sitzt noch ein Kollege, und ich denke, er sollte jetzt herüberkommen."

Da stand er: groß, in der Hand eine Aktentasche, die sicher älter war als er – wie ein reuiger Sünder. Sein Lachen entkrampfte die Situation. Auch ihn sahen wir zum ersten Mal.

„Hallo, ich denke, ich sollte das jetzt erklären. Wissen Sie, es brennt uns unter den Nägeln, noch dazu bin ich von der anderen Fakultät." Er setzte sich zu uns an den Tisch, bekam von der Dame des Hauses ein neues Gedeck und langte auch gleich zu. Jetzt wußte ich, warum es vorhin nach dem Klingeln so lange gedauert hatte, bis der erste Sektenbeauftragte in der Türe erschienen war.

Ein ökumenisches Treffen

„Also, jetzt haben wir es mit einem katholischen und einem evangelischen Theologen zu tun, aber der Appetit und die Probleme sind die gleichen", sagte ich.

Kauend legte er los: „Ich kann Ihnen erklären, warum ich dieses Treffen wichtig finde. Meine Kollegen drücken sich vor Auseinandersetzungen, und ich habe selbst schon Probleme bekommen, da ich die Art, wie Sie mit Scientology umgehen, gut fand. Sie haben mit ihrer Kritik recht, daß Aufklärung verhindert wird. Ich kenne aber aus katholischen Kreisen einen Sektenbeauftragten, der sogar verhindert hat, daß ein evangelischer Pfarrer aufs Podium kam, weil er wußte, daß er ebenfalls rigoros Aufklärung betrieb. So findet für meine Begriffe Verhinderung von Information statt."

Paul zündete sich eine Zigarette an: „Wie sollen meine Frau und ich Ihrer Meinung nach mit diesem Wissen jetzt umgehen? Sie sagen uns ja nichts Neues – wir wissen schon längst, daß es in beiden Kirchen eine Gruppe von Leuten gibt, die den Ton angibt und dabei ihre eigentliche Aufgabe nicht mehr wahrnimmt. Nur – was machen wir jetzt mit diesem Wissen?"

In diesem Moment fiel mir ein, daß man zwar gegen mein Buch mit rhetorischer Gewalt vorging, oft sogar mit Entrüstungsstürmen, die schon ins Theatralische gingen, man kritisierte meine offensive Art der Aufklärung, war aber offensichtlich nicht gewillt, den Balken im eigenen Auge zu sehen.

Mein Mann sprach aus, was auch ich in diesem Moment dachte: „Es ist ja schon mehr als bedenklich, *wenn* hier und vor allem *wie* hier gegen Aufklärung gewettert wird und wie man sich in langen Statements über die Art und Weise der Aufklärung meiner Frau nicht nur äußert, sondern sie auch ganz massiv zu verhindern versucht, aber andererseits mit einer Großzügigkeit über die Schwächen der Kollegen nicht nur hinwegsieht, sondern sie sogar noch vertuscht. Wissen Sie, was ich meine?"

Der Katholik wiegte seinen Kopf hin und her und sagte: „Na ja, was soll ich jetzt sagen? Aufgrund des Loyalitätsgebotes hält man natürlich auch zusammen, und wir sollten vielleicht nicht das eine mit dem anderen vergleichen." Dazu wollte ich dann doch noch etwas sagen:

„Es geht doch gar nicht ums Vergleichen, es geht nur darum, mit welchen verschiedenen Maßstäben hier agiert wird. Wie kommt denn Gandow aus Berlin dazu, zu sagen, mein Buch wäre eine riesige Schaumschlägerei? Die ganze Auseinandersetzung mit mir ist vollkommen widersinnig! Die Herren haben in zwanzig Jahren nicht das fertig gebracht, was ich mit *einem* Buch erreicht habe, nämlich die breite Öffentlichkeit zu informieren. Aber sie haben vertuscht, was in ihren eigenen Reihen passiert. Wer hat sich eigentlich darüber aufgeregt, daß einer der Kollegen beim Klauen eines Buches in der Scientology-Zentrale erwischt wurde? Wenn ich mich mit den eigenartigen Methoden des Sektenbeauftragten Hauser auseinandersetze, dann gibt es einen Riesenwirbel. Warum hat es denn keinen Wirbel gegeben, als Herr Hauser betrunken in der Gegend herumfuhr und zweimal wegen Alkohols am Steuer seinen Führerschein verlor? Oder ist es so, daß eine Krähe nun mal der anderen kein Auge aushackt? Wieso treffen wir uns hier heimlich? Das habe ich schon vorher gefragt, und ich habe immer noch keine klare Antwort bekommen. Was machen wir jetzt nach diesem ökumenischen Treffen? Es muß doch einen Grund geben, warum Sie Angst haben, vor

Ihren eigenen Kollegen zuzugeben, daß Sie sich mit mir treffen, um zumindest bei mir jetzt den Eindruck zu erzeugen, Sie fänden meine Art der Aufklärung eben doch in Ordnung. Natürlich bin ich bereit, konstruktive Kritik anzunehmen. Ich denke sowieso, daß man gerade dann, wenn man sich laufend so weit aus dem Fenster lehnt wie ich, auf eine verständnisvolle Umgebung angewiesen ist. Die ganze Streiterei ist für mich ein Nebenkriegsschauplatz, der nicht nur Kräfte bindet, sondern die ganze Aufklärung irgendwann zur Farce werden läßt, wenn hier nicht bald etwas passiert. Solange Leute wie Sie sich nicht trauen, in der eigenen Zunft das Wort zu ergreifen, sehe ich keinerlei Möglichkeiten einer Veränderung, denn die Fronten sind zu starr, als daß sie sich aufweichen ließen." Mein Mann legte noch einen drauf: „Man kann es auch Eingeständnis der eigenen Inkompetenz nennen."

Ich wurde nicht schlau aus diesem Treffen. Was wollten die beiden eigentlich von mir?

„Wir wollten bei diesem Zusammentreffen mit Ihnen eigentlich auch besprechen", sagte der Lutheraner, „inwieweit Sie bereit wären, uns eventuell auch Unterlagen aus Ihrem Archiv zu überlassen – oder wenn wir was brauchen, ob wir dann auf Sie zurückgreifen können. Sie müßten sich freilich darüber im klaren sein, daß ich dann auch niemandem sagen kann, daß die Dinge von Ihnen sind, da – wie vorher besprochen – die Kollegen durch das besagte Kapitel in Ihrem Buch Ihnen gegenüber überwiegend negativ eingestellt sind."

„Habe ich das jetzt richtig verstanden? Das, was ich mühsam recherchiert habe, das soll ich Ihnen geben? Gleichzeitig darf aber niemand erfahren, daß Sie mit mir Kontakt haben, und ebenfalls dürfen Sie natürlich auch nicht sagen, von wem die Unterlagen sind, sonst käme ja unser Kontakt auf, und das darf nicht sein."

Ich erzählte ihnen von einem Brief eines Kollegen aus Bayern, der mir geschrieben hatte, daß er „mit großem Interesse" einen Vortrag in der Uni von mir gehört hatte. Der eigentliche Grund des Briefes war aber wohl ein 14-Punkte-Katalog, in dem er aufzählte, welche Unterlagen er von mir wollte. Auf meine Gegenbitte um ein Gespräch, damit zuerst einmal einige Dinge aus seinem Kollegenkreis geradegerückt werden könnten, erhielt ich keine Antwort. Der Widerspruch liegt auf der Hand:

An meinem Recherchen und den daraus resultierenden Fakten besteht Interesse, an einem guten Miteinander nicht.

An meinen Recherchen und den daraus resultierenden Fakten besteht Interesse, an einem guten Miteinander nicht.

Der katholische Sektenbeauftragte nahm die Gelegenheit wahr, vorsichtig nachzuhaken und bat mich um Fakten aus meinem Archiv. Er sagte: „Das muß ich aber ganz vorsichtig machen. Sonst kommt am Schluß noch heraus, daß wir uns getroffen haben."

Zum Ende unseres mehrstündigen Gespräches kristallisierte sich immer mehr heraus, daß die beiden Sektenbeauftragten auch gerne so wie wir offensive Aufklärung betreiben würden, aber mit Schwierigkeiten zu rechnen hätten, wenn sie das tatsächlich täten. Andererseits war mir klar, daß sie die Materialien, die sie von mir wollten, auch einsetzen würden, um der Lobby innerhalb der Szene auf diese Weise die Stirn zu bieten. Es scheint, daß der Kleinkrieg aus den verschiedensten Motiven zum Alltagsgeschäft in der Aufklärung gehört.

Leider drängte die Zeit, obwohl viele Fragen offenblieben. Wir einigten uns, in Verbindung zu bleiben, und ich sagte auch zu, bei Bedarf handfeste Informationen zu liefern. Außerdem schicke ich seit diesem Zeitpunkt an die Dame, die uns so gut bewirtete, regelmäßig zwei Exemplare unseres „Robin Direkt" Reports – bei uns läuft das unter Solidaritätsabo. Von dort holt ihn sich der Sektenbeauftragte dann ab – und gibt das zweite Exemplar an seinen Kollegen von der anderen Fakultät weiter.

Die Vorladung

Je mehr ich darüber nachdachte und die mir bis dahin bekannten Fakten aneinanderreihte, desto dubioser schien mir die Angelegenheit, daß sich ausgerechnet die katholischen Sektenbeauftragten mit mir in Augsburg treffen wollten. Ich machte gute Miene zum bösen Spiel, als ich die Einladung bekam, die nach meinem Empfinden eher eine Vorladung war. Vom Verlag hatte ich erfahren, daß ein Gespräch unumgänglich sei, und ich hatte dem Verlagsleiter zugesagt, dieses Treffen wahrzunehmen. Er hoffte, ein solches Treffen würde vielleicht Klarheit bringen. Der Mann, der die Veröffentlichung meines Buches betrieben hatte, verstand nicht, warum die Sektenbeauftragten kollektiv gegen mich schossen. Er fand das höchst merkwürdig, was er dem Sprecher der katholischen Sektenbeauftragten telefonisch und auch schriftlich mitteilte. Was ich jedoch am schlimmsten fand, war, daß mich keiner von den Herren eigentlich richtig kannte, niemand war jemals bei mir gewesen. Der Sektenbeauftragte Kohle aus Augsburg wurde sogar vom Verlag aus gebeten, doch einfach mal bei uns vorbeizuschauen und mit uns zu reden, aber wir hörten nie etwas von ihm.

Bei „Robin Direkt“ wurde die Sache im Trägerkreis besprochen, und wir entschieden, daß ich auf keinen Fall allein zu diesem Treffen gehen sollte. Was von den Einladenden geplant war, konnte ich nur ahnen. Ich wollte Klarheit über diskriminierende Aussagen, die in der ganzen Republik über mich herumschwirrten. Bei Nachfragen in Journalistenkreisen wurden mir als Quelle immer wieder Personen aus diesem Kreis – oder Scientologen – genannt. An diese schmutzige Allianz konnte und wollte ich nicht glauben. Es war mein Ziel, den beim geplanten Treffen anwesenden Sektenbeauftragten auch zu zeigen, daß hinter „Robin Direkt“ wesentlich mehr Personen stehen und mit unserer Aufklärung konform gehen, als viele ahnen.

Auf nach Augsburg!

Wegen eines Staus vor Augsburg waren wir sehr knapp dran. Ich rief vom Auto aus an, man möge Herrn Liebl ausrichten, daß wir uns um ein paar Minuten verspäten würden. Außer meinem Mann begleitete mich ein Unternehmerehepaar, das sowohl Erfahrungen mit Scientologen als Geschäftspartner als auch Erfahrungen mit den Hilfestellungen der offiziellen Stellen gemacht hatte. Auch ein ausgestiegener früherer Trainer der Scientology-Organisation war mit dabei. Er erlebte als freier Mitarbeiter bei „Robin Direkt" die Angriffe auf uns aus zwei Perspektiven. Einmal wußte er, daß solche Reibereien Scientology sehr gelegen kamen und intern wie extern halfen, das Feindbild zu zementieren, das über mich in Umlauf gesetzt worden war. Außerdem hörte er selbst beim Telefondienst, den er damals oft machte, wie sich Bürger an uns wendeten, weil ihnen von den offiziellen Stellen keiner geholfen hatte oder bereit gewesen wäre, wenigstens zuzuhören.

Außerdem begleiteten uns noch zwei befreundete Journalisten, die von ihrer Warte aus diese Angelegenheit von vornherein als sehr eigenartig bezeichneten, aber zu einem Gespräch mit den Sektenbeauftragten bereit waren, damit auch von seiten der Presse klargemacht werden konnte, was offensive Aufklärung überhaupt bedeutet.

Wir kamen an, fragten uns im Haus durch und hetzten die Treppe nach oben bis zum Konferenzraum. Wir klopften, die Tür ging auf, Herr Liebl kam heraus und sah uns nacheinander an.

„Äh, ich dachte, Sie kommen allein."

Ich gab ihm die Hand: „Herr Liebl, Sie sind doch auch nicht allein. Wie viele Kollegen von Ihnen warten jetzt hinter dieser Tür?"

Er zuckte mit den Schultern und machte die Tür auf. Als ich den Raum betrat und die Tische sah, die in U-Form aufgestellt waren, erinnerte ich mich wieder, daß mir jemand gesagt hatte, es handle sich hier um eine Tagung der Sektenbeauftragten aus Süddeutschland, auf deren Tagesordnung man ein Gespräch mit mir gesetzt hatte. Daß ich nicht alleine gekommen war, löste in der Gruppe sichtbares Erstaunen aus. Ich sah in Dutzende von Augenpaaren und spürte körperlich den Widerstand.

Die Sitzordnung sah folgendermaßen aus: Ich saß vor dem aufgestellten U an einem Tisch, neben mir Herr Liebl, der sich als Diskussionsleiter zur Verfügung gestellt hatte. Links und rechts und mir gegenüber an der Stirnseite saßen die Sektenbeauftragten. Ich kannte nur ganz wenige persönlich, denn es hatte fast keine Kontakte gegeben – ich wurde vom erlauchten Kreis der Wissenden bloß geduldet. Ich sah Herrn Bussen aus Speyer, Herrn Kohle aus Augsburg und Frau Beul aus Rottenburg. Über Herrn Baer wunderte ich mich, denn kurz vorher hatte ich ihn in Münster gesehen – bei einem Vortrag, organisiert vom Kolping-Werk. Es war teilweise peinlich, was ich dort mit ihm erlebt hatte. Davon, daß wir uns hier wiedersehen würden, hatte er keinen Ton gesagt.

Gefühlsmäßig kam mir das, was nun auf mich zukommen sollte, wie ein Verhör vor. Da ich ein paar Leute mitgebracht hatte, zog man noch Stühle

Gefühlsmäßig kam mir das, was nun auf mich zukommen sollte, wie ein Verhör vor.

heran und schob einen Tisch neben den, an welchem ich mit Herrn Liebl saß.

Herr Liebl eröffnete das Gespräch, indem er seine Position als Diskussionsleiter hervorhob und mir sofort die folgende Frage stellte: „Frau Hartwig, als erstes sollten wir von Ihnen erfahren, was ‚Robin Direkt' macht und wie der Verein zusammengesetzt ist. Welche Funktion haben die anwesenden Personen bei ‚Robin Direkt', wie sieht Ihre Arbeit bei ‚Robin Direkt' grundsätzlich aus?"

Ich kannte Herrn Liebl von einem Treffen in München, das ich als nicht unangenehm in Erinnerung hatte, und wußte, daß er einer der Ruhigen war und sicher nicht zu den Mutigsten gehörte, wenn es darum geht, in der Öffentlichkeit auf Konfrontationskurs mit Scientology zu gehen. Bis zu dem Zeitpunkt, an dem er mir diese Frageliste vorlegte, war ich noch bereit gewesen zu glauben, daß es sich hier um einen Gesprächstermin zur Klärung verschiedener Mißverständnisse handle, doch nun klang das Ganze doch mehr nach Ausforschung. Mein Adrenalinspiegel sauste schon deshalb in die Höhe, da mir vom Ton her klar war, daß die Planung dieses Treffens eher so angelegt war, daß ich mich für meine Aufklärung über die Bürgerinitiative „Robin Direkt" und vor allem für mein Buch *Scientology – Ich klage an!* rechtfertigen sollte. Diesen Eindruck hatte offenbar nicht nur ich. Ein Blick zu meinen Begleitern zeigte mir nach oben gezogene Augenbrauen. Bei einem bemerkte ich ein Kopfschütteln. Er war schon allein von der Stimmung, die in dem Zimmer herrschte, entsetzt, wie er mir hinterher sagte. Mir war völlig klar: Hier saß der Kreis jener katholischen Theologen, die sich Sektenbeauftragte nannten – ein Personenkreis, der sich als Lobby für dieses Thema verstand –, und ich saß hier wie am Sündertischchen an der Seite von Herrn Liebl, der die ganze Sache steuern sollte. Schon wegen der Fragen, die er mir stellte, und auch wegen des Tons, mit dem hier Musik gemacht wurde, konnte es kein Gespräch oder Dialog werden. Ich war die Angeklagte und sollte mich für mein Buch und für meine Art der Aufklärung rechtfertigen.

Erfolg ist so ziemlich das letzte, was einem vergeben wird.

Truman Capote

Rechts von mir sah ich Frau Beul, die Sektenbeauftragte der Diözese Rottenburg, mit der ich während eines Vortrags zum Thema Scientology auf einem Podium gesessen hatte. Ich nickte ihr zu, es gab keinerlei Meinungsverschiedenheiten zwischen uns – zumindest war mir keine bewußt. An ihrer Miene und ihrem Verhalten spürte ich wieder die Wand zwischen dem Tisch, an dem ich saß, und dem großen U, das aufgebaut war. Aber ich war nicht bereit, mir ein X für ein U vormachen zu lassen. Ich spürte, daß dieses Gespräch von vornherein zum Scheitern verurteilt war. Was bildeten sich diese Leute eigentlich ein! Sie lassen mich nach Augsburg kommen, das Ganze wird nur mit dem Verlag abgesprochen, der mich bittet, um des lieben Friedens willen diesen Gesprächstermin wahrzunehmen, und ich soll mich jetzt wie nach einer verpatzten Prüfungsarbeit vorladen und von den Oberlehrern zur Rechenschaft ziehen lassen!

Ich beherrschte mich und blickte in die Runde.

„Da ich annehme, daß Sie ein Gespräch wünschen, sollte ich Ihnen die Palette unserer Arbeit schon deshalb vor Augen führen, um Mißverständnisse auszuräumen. Herr Sandkühler ist ein Aussteiger, der jahrelang als Trainer bei Scientology tätig war und deren Richtlinien er sehr genau kennengelernt hat. Er kann Ihnen sagen, wie Kritikerbekämpfung bei Scientology aussieht – ich meine die Bekämpfung von Leuten, die Scientology *wirklich* demaskieren. Er kann Ihnen auch erzählen, was Tag für Tag bei uns am Telefon los ist, vielleicht hilft das, mehr über die Bedürfnisse der Bevölkerung zu lernen.

Vom Trägerkreis von ‚Robin Direkt' ist das Ehepaar Köhler dabei. Die beiden haben ihre eigenen Erfahrungen mit Herrn Hauser gemacht, sie können Ihnen vielleicht auch einmal als Betroffene berichten, warum sie heute aktiv bei uns mitarbeiten.

Meinen Mann muß ich Ihnen ja wohl nicht vorstellen, ich nehme an, nachdem Sie uns ja schon länger beobachten, dürfte er Ihnen bekannt sein. Übrigens kann jeder auch selbst über seine Arbeit Rechenschaft ablegen, nur sollten Sie uns dann sagen, aus welchem Grund Sie das eigentlich wissen wollen."

Ich zeigte nach links und sagte: „Diese beiden Herren sind Journalisten und können auch aus ihrer Sicht einen Beitrag leisten zum besseren Verständnis. Sie haben sich beide mit dem Thema auseinandergesetzt und ebenfalls erfahren, was es heißt, wenn man als Journalist Infos aus der Szene will."

Ich sah in die Runde und bemerkte, daß bei dem einen oder anderen der Sektenbeauftragten mein Buch *Scientology – Ich klage an!* auf dem Tisch lag, gespickt mit farbigen Klebezetteln, die aus dem Buch herausschauten.

Ich hatte vergessen, die Lobby zu fragen, ob ich *Scientology – Ich klage an!* schreiben darf. Ich hatte übersehen, daß es diese Lobby überhaupt gab.

Aha, jetzt kamen wir der Sache ein Stück näher. Hier sollte eine Zensur meines Buches stattfinden. Ich hatte vergessen, die Lobby zu fragen, ob ich *Scientology – Ich klage an!* schreiben darf. Ich hatte übersehen, daß es diese Lobby überhaupt gab. Ich hatte gewagt, Mut und Wut, Durchhaltevermögen und Emotionen zu zeigen. Und der Gipfel der Frechheit für die selbsternannte Lobby: Ich hatte mit meinem Buch tatsächlich die breite Öffentlichkeit erreicht. Es war mir unbegreiflich, daß mein Versuch, mit konstruktiver Kritik die stagnierende Aufklärungsarbeit in neue Bahnen zu lenken, nicht nur total falsch verstanden wurde, sondern hier in diesem „Verhör" gipfelte.

Auseinandersetzung – ja oder nein

Die für viele Menschen nicht nachvollziehbare Kampagne gegen mein Buch aus der Kritikerszene bekam hier in Augsburg ein Gesicht, und ich mußte mich entscheiden: Auseinandersetzung – ja oder nein. Ich entschied mich schon deshalb *für* Auseinandersetzung, weil ich damals genauso wie heute der Meinung bin, daß eine erzwungene Loyalität mit schlechter Arbeit der Sache eher schadet als dient.

Ich wußte vom Verlagsleiter des katholischen Pattloch-Verlages, was nach Erscheinen des Buches alles auf ihn niedergeprasselt war. Nun saß ich denen gegenüber, die sich bei ihm gemeldet und sich über mich beschwert hatten. Ich wurde zwar von ihnen bis zum Erscheinen meines Buches als Informantin geduldet, als Arbeitstier für unangenehme Sachen, aber wie die öffentliche Auseinandersetzung stattzufinden hatte, das entschied die Lobby – der erlauchte Kreis derer, die Scientology als ihr ureigenstes Thema ansahen. Es irritierte mich, daß die offensichtlich strategischen Vorgehensweisen scientologischer Kritikerbekämpfung nicht nur unterschätzt wurden, sondern jetzt auch noch Unterstützung bekamen – und zwar ausgerechnet durch jene Personen, die sich in der Öffentlichkeit als Gegner von Scientology darstellen.

Ich schaute sie nacheinander an, und mein Blick blieb bei dem Sektenbeauftragten Bussen hängen. Er saß gleich am Anfang auf der von mir aus gesehen rechten Seite.

„Herr Bussen, welche Funktion haben Sie denn heute hier? Wollen wir jetzt darüber reden, wie Sie den Pattloch-Verlagsleiter Meuser angerufen haben und ihm erzählten, ich hätte von einer Ex-Scientologin Unterlagen gestohlen – wollen wir das hier diskutieren? Ist das der Grund, warum ich heute hier bin? Also, warum haben Sie gelogen? Aus welchem Grund? Jetzt will ich es wissen! Jetzt können wir doch darüber reden. Aus diesem Grund bin ich doch eingeladen worden, oder?"

Bussen lief rot an. Durch sein lichtes Haar war sogar zu sehen, daß sich auch die Kopfhaut rot färbte. Seine Augen gingen hin und her, er schaute nach hinten, dann wieder nach vorn zu Herrn Liebl. Das einzige, was er mir antworten konnte, war: „Das war ein vertrauliches Gespräch mit Herrn Meuser, das ist nicht für die Öffentlichkeit gedacht."

Ich schüttelte den Kopf und erkannte in ihm denselben Feigling, der damals in Saarbrücken neben mir gesessen hatte und von mir die Papiertaschentücher erhielt, weil ihm der Schweiß von der Stirn tropfte, als die Scientologen in der Kongreßhalle den rhetorischen Aufstand probten. „Ach so, es war ein internes Gespräch? Man kann es auch gezielten Rufmord nennen, Herr Bussen. Meinen Sie, Sie können in einem persönlichen Gespräch Lügen verbreiten? Damit werden die Lügen nicht harmloser. Sie haben es dem Verlag zu verdanken daß ich nicht juristisch gegen Sie vorgehe. Jetzt möchte ich es wissen: Wem soll ich etwas geklaut haben? Sagen Sie es doch. Jetzt haben Sie die Gelegenheit!"

Meinen Sie, Sie können in einem persönlichen Gespräch Lügen verbreiten? Damit werden die Lügen nicht harmloser.

Er schwieg und versuchte, sich auf den Standpunkt zurückzuziehen, das Ganze habe unter Ausschluß der Öffentlichkeit stattgefunden, von diesem Gespräch hätte ich nie vom Verlagsleiter erfahren dürfen.

Ich hätte auch den Ausdruck Hinterfotzigkeit verwenden können, um das zu charakterisieren, was der Sektenbeauftragte Bussen sich beim Verlag gegen mich erlaubt hatte. Das waren also die wahren Gesichter hinter den Masken der Theologen. Aber ich mußte noch oft erfahren, daß einer, der Theologie studiert hat, deswegen noch lange nicht praktiziert, was in der Bibel steht. Beinahe wäre mir herausgerutscht, daß ich mich erst vor ein paar Tagen mit einem Kollegen der Zunft heimlich getroffen hatte. Ich konnte mich gerade noch beherrschen. Ich hätte es allen so gerne ins Gesicht geschleudert, daß sogar die eigenen Kollegen Angst hatten – Angst voreinander, Angst vor diesem Kreis, der sich vor mir aufbaute, um mir die Leviten zu lesen, weil ich es gewagt hatte, einen Bestseller zu schreiben zu einem Thema, das sie besetzt zu haben glaubten.

Herr Liebl versuchte, mir zu sagen, daß das alles jetzt nicht hierher gehörte.

„Und warum nicht? Ich habe hier Rede und Antwort zu stehen über das, was ich tue – und Sie nicht? Sie dürfen nur fragen und mir irgendwelche Vorhaltungen machen? Ich weiß immer noch nicht, aus welchem Grund Sie mich eigentlich eingeladen haben. Wenn Sie wissen wollen, was ‚Robin Direkt' macht, da gibt es ein Faltblatt, das hätte ich Ihnen gerne zuschicken können, dann hätten wir uns heute die Fahrt hierher sparen können."

Ganz vorne rechts saß der Sektenbeauftragte Lampe aus Freiburg, der mir eine Vorhaltung machte wegen eines Religionslehrers aus Singen. Ich sah nur zwei Möglichkeiten: Entweder hatte Herr Lampe tatsächlich – wie viele andere – gar keine Ahnung über Hintergründe und Fakten, oder hier wurde ganz bewußt mit falschen Argumentationen der Versuch gestartet, mich mürbe zu machen. Nun, sie hatten wohl mein Nervenkostüm und mein Gedächtnis unterschätzt. Ich lachte nur und sagte sofort, worum es sich handelte.

Es ging um meinen Vortrag beim DGB in Freiburg, bei dem ein Religionslehrer aufstand und behauptete, er habe Schwierigkeiten bekommen – und zwar aufgrund meiner Informationen über die Multi-Level-Marketing-Systeme und die Gefahren, dort bei Schulungen mit Hubbard-Technologie in Berührung zu kommen.

Zu dem Zeitpunkt meines Vortrags in Singen wußte ich weder, wer der Religionslehrer war noch daß er für eine Direktvertriebsfirma warb. Er tauchte für mich völlig unverständlich in der Sendung „Also" von Michael Schmidt als Zeuge gegen mich auf. Was wollte Herr Lampe mir vorwerfen? Wie alle anderen nichts Konkretes. Im Gegenteil: Als der Religionslehrer gegen ein Mitglied von „Robin Direkt" gerichtlich vorgehen wollte, brachte er genau jenen Mann als Zeugen, gegen den ich in zwei Verfahren eine Unterlassungsklage erwirkt hatte, weil er mit übelsten Verleumdungen gegen mich agierte und bei der Presse negative Artikel über mich zu verkaufen versuchte. Dieser Mann war Walter Scheele, der mir bis heute die Gerichts- und Anwaltskosten schuldet, die er wegen seiner Mittellosigkeit nicht bezahlen konnte, so daß *ich* zur Kasse gebeten wurde, obwohl ich den Prozeß gewonnen hatte. Diesen Religionslehrer gegen mich ins Feld führen zu wollen war lachhaft. Ich schlug Lampe vor, er möge doch einmal bei mir vorbeikommen und die Akten anschauen, damit er weiß, wovon er redet, wenn er mich das nächste Mal kritisieren wolle.

Es war nicht zu glauben! Die Vorwürfe, die hier gegen mich vorgebracht wurden, waren nicht nur haltlos, sondern auch verlogen. Der eine verschanzte sich hinter einem vertraulichen Gespräch mit dem Verlagsleiter – als wären

Lügen, die nicht öffentlich gemacht werden, weniger schlimm. Der andere argumentierte mit einem Religionslehrer, der für den Multi-Level-Marketing-Konzern Herbalife sogar bei Schulkindern Reklame gemacht hatte. Der eigentliche Grund, warum es zur Auseinandersetzung mit diesem Religionslehrer kam, war dem Sektenbeauftragten offensichtlich gar nicht bekannt, und so, wie er sich an diesem Nachmittag aufführte, war er auch gar nicht daran interessiert, es zu erfahren.

Die Vorwürfe, die hier gegen mich vorgebracht wurden, waren nicht nur haltlos, sondern auch verlogen.

Zufall? An diesem Tag glaubte ich weniger an Zufälle als an gezielte Strategien, in denen sich so manch einer verstrickte, ohne sie zu kennen.

Angst vor der Konkurrenz?

Ich fragte: „Ist eigentlich auch Herr Kohle aus Augsburg da?" Ein Mann, der mir gegenüber saß, meldete sich: „Ja, Frau Hartwig, ich bin auch da."

Das war also Herr Kohle, auf den ich immer wieder von Betroffenen, die bereits bei ihm gewesen waren, angesprochen worden war und dessen Name seit März 1994 immer wieder auftauchte, wenn es darum ging, mein Buch zu zerreißen. Ich schaute ihn an und sagte: „Ist ja gut, daß wir uns einmal persönlich sehen. Ich kenne Sie nicht und wüßte auch nicht, daß Sie mit mir irgendwo eine Verbindung oder ein Gespräch gesucht hätten. Aus diesem Grund möchte ich jetzt von Ihnen wissen: Warum haben Sie sich denn zum Sprecher für die Sektenbeauftragten gemacht und sich beim Verlagsleiter nach Erscheinen meines Buches ganz massiv beschwert? Lag es daran, daß Sie selbst mit Ihren Kollegen und Kolleginnen an einem Buch für den Pattloch-Verlag arbeiteten? Das war doch der Hintergrund Ihres Anrufes bei Herrn Meuser. Es ging Ihnen doch gar nicht um den Inhalt. Hatten Sie Angst vor Konkurrenz, Herr Kohle?"

In diesem Buch *Kulte – Sekten – Religionen*, das kurz nach meinem Buch herausgekommen war, zeichnete Hubert Kohle, der Sektenbeauftragte von Augsburg, als Autor, genauso wie Ludwig Lanzhammer und Lutz Lemhöfer, genauso wie Albert Lampe und Hansjörg Hemminger, Klaudia Hartmann und Susanne Beul. Vielleicht war das des Rätsels Lösung. Ich war diejenige, die auf dem offenen Meer der Aufklärung umhersegelte, und auf einmal befand ich mich in einem Kreis, dessen Auftrag lautete: Schiffe, die nicht auf dieses Aufklärungsmeer gehören, werden versenkt!

Kohle argumentierte: „Es geht nur um die Inhalte, Frau Hartwig, es geht nur um die Inhalte."

„Was haben Sie an den Inhalten auszusetzen?" fragte ich. „Sagen Sie es mir stichhaltig Punkt für Punkt, nicht nur in Gemeinplätzen. Über was haben Sie denn den Generalvikar informiert, als Sie ihn angerufen haben? Aus welchem Grund haben Sie sich denn eigentlich beschwert? War es die Loyalität gegenüber Herrn Hauser und Frau Caberta, oder waren es die Inhalte? Warum zitieren die Scientologen in ihren Flugblättern Ihre Aussagen über mein Buch? Was stört Sie, Herr Kohle? Daß mein Buch ein Bestseller wurde? Das kann ich nachvollziehen – aber alles andere nicht! Wer arbeitet mit Vermutungen? Das haben Sie gesagt in der Sendung von Schmidt, der mit den Scientologen paktierte. Haben Sie jemals den Mut gehabt, Fakten zu nennen? Warum haben denn nicht Sie so ein Buch geschrieben, Herr Kohle – ein Buch über die Machenschaften der Scientologen? Kann es sein, daß Sie Angst hatten? Kann es sein, daß Sie das Risiko scheuten, das man bei so einer Auseinandersetzung eingeht? Sie haben doch viele Freunde hier. Reihenweise sitzen hier Leute, die Sie unterstützen und die Ihnen anscheinend Halt geben."

Ich schaute Herrn Gasper an, der auf der anderen Seite saß. „Was haben Sie zu Herrn Meuser gesagt? Aus welchem Grund stört Sie dieses Buch auf dem Markt?"

Ich wartete die Antwort gar nicht ab, schaute Susanne Beul an und schüttelte den Kopf. „Sind wir hier als Konkurrenten, oder sitzen wir hier, weil wir einer Sache wegen denselben Weg gehen sollten?"

Daß gar nicht gewollt war, denselben Weg zu gehen, wurde mir ein Jahr später unmißverständlich deutlich gemacht – als ich wiederum ein Gespräch wie dieses zu führen hatte. Diesmal mit einem Vertreter der Geschäftsleitung des Pattloch-Verlags. Es ging um ein Folgeprojekt, und man wollte mir einen Sektenbeauftragten zur Seite stellen. Der sollte dann „mal drüber schauen, bevor es in Druck geht". Einer, dem ich vertraue – wurde mir gesagt. Ich weigerte mich – und auch deshalb kündigte ich den Vertrag mit dem Weltbild-Verlag für ein Folgebuch. Ich war und bin nicht bereit, wegen falsch verstandener Loyalität mich einer ganz gezielten Zensur zu beugen, der Zensur der Sektenbeauftragten.

Ich war und bin nicht bereit, wegen falsch verstandener Loyalität mich einer ganz gezielten Zensur zu beugen, der Zensur der Sektenbeauftragten.

Doch wieder zurück zu diesem Nachmittag im November 1994 in Augsburg. Ich war noch nicht fertig mit denen, die mich geladen hatten. Ich wollte ihnen ganz einfach auch einmal meine Situation schildern. Vielleicht ist ja der eine oder andere dabei, so hoffte ich, der dann die gleichen Überlegungen anstellte wie der Sektenbeauftragte, mit dem ich mich heimlich getroffen hatte.

Mein Blick fiel auf Harald Baer aus Münster. „Herr Baer, ich wußte gar nicht, daß Münster in Süddeutschland liegt. Ich denke, hier ist ein Treffen von süddeutschen Sektenbeauftragten. Oder sind Sie nur da zur Zensur meines Buches? Nachdem Sie es mit Zetteln gespickt haben, können wir ja ins Detail gehen. Also, was haben Sie auszusetzen?"

Der Mann aus Münster blätterte in dem Buch, schaute zu seinen Kollegen, schaute zu mir und begann mein Buch zu bemängeln. Im Vorwort stehe ein Satz, der ihm nicht gefalle.

„Herr Baer, meinen Sie das Vorwort des Journalisten Martin Graf, oder meinen Sie mein Vorwort?"

Er blätterte weiter und brachte letztlich keinen konkreten Kritikpunkt, mit dem ich etwas hätte anfangen können. Übrig blieb, daß er manches anders formuliert hätte.

„Herr Baer, ich mache Ihnen einen Vorschlag. Sie sind doch jetzt lange genug Sektenbeauftragter, Sie sitzen auf einem sehr sicheren Stuhl mit Pensionsberechtigung. Sie haben die katholische Kirche hinter sich. Da Sie anscheinend den theologischen Part der Auseinandersetzung übernommen haben, können Sie sich doch gleich morgen früh hinsetzen und ebenfalls ein Buch schreiben – mit den ‚richtigen' Formulierungen! Wer hindert Sie eigentlich daran? Aus welchem Grund haben Sie denn bis heute keinen Bestseller geschrieben? Das ist doch wohl die Kernfrage! Warum hat es denn niemand von Ihnen bis heute geschafft, ein Buch zu veröffentlichen, mit dem die Bürger so aufgeklärt werden, daß sich der einzelne tatsächlich mit dem Thema beschäftigt und die Gefahr erkennen kann?"

Ich war mit meiner Geduld am Ende. Ich sah, daß es ihnen gar nicht darum ging, sich irgendwie zu einigen – nein, man wollte mich zum Schweigen bringen. Man wollte mein Buch zensieren, zerreißen, man wollte den Frust loswerden, die Wut auf den katholischen Verlag, der es gewagt hatte, mit jemandem ein Buch zu machen, der von den Herrschaften nicht zuvor geprüft und anerkannt worden war.

Keine Hilfe

„Herr Baer, weil wir gerade beim Thema Kritik sind, denke ich, sollten Sie Ihren Kollegen hier von unseren Treffen in Münster erzählen. Oder haben Sie ihnen schon erzählt, was Ihnen der Mann in der Diskussion nach unserem gemeinsamen Aufklärungsvortrag bei der Kolpingfamilie in Münster an den Kopf geschmissen hat?"

Er schaute auf mein Buch, blätterte darin herum und gab mir keine Antwort.

„Herr Baer, Sie sollten sagen, was passiert ist in Münster. Wenn wir schon beim Zusammenkehren von Scherben sind, dann gehört das auch dazu. So, meine Herren und meine Dame, Frau Beul. Ihr Kollege hat sich in Münster als Mitveranstalter eines Vortrags zum Thema Scientology profilieren wollen und hat davon profitiert, daß die Veranstaltung ausverkauft war. Schon vor Beginn bemerkte ich die Nervosität der Veranstalter. Herr Baer lief zweimal hinaus und versorgte sich bei den Scientologen, die vor der Türe standen, mit ‚Schwarzer Propaganda' gegen mich. Er verteilte sie an den Veranstalter, hielt selbst eines dieser Propagandadossiers in der Hand und wollte mich vor der Veranstaltung Punkt für Punkt abfragen. Übrigens, Herr Baer, ein Scientologe hätte es nicht besser gekonnt. Bei seinen Ausführungen auf dem Podium nach mir freute sich auf jeden Fall der Scientologe Andrik Schapers, denn Herr Baer argumentierte an diesem Abend genauso wie die Scientologen im Raum: Man müsse miteinander reden, müsse eben vorsichtiger miteinander umgehen. Vor allem kritisierte er ganz massiv meine Aufklärung. Es gebe ja nicht nur Scientology, sondern auch andere Sekten. Er habe gute Gespräche gehabt mit Scientologen. Und dann stand in der Diskussion nach dem Vortrag in Münster ein Mann auf und griff den Sektenbeauftragten Baer an. Seine Tochter war nach dem Kontakt mit Scientology in die Psychiatrie gekommen. Am Anfang, als sie bei Scientology war, ging er als betroffener Vater zum Sektenbeauftragten Baer. Der Vater sagte laut und deutlich bei dieser Veranstaltung: ‚Herr Baer, ich war bei Ihnen. Wenn Sie heute die Aufklärung von Frau Hartwig kritisieren, dann wäre es mir lieber gewesen, Sie hätten vor Jahren diese Art der Aufklärung gemacht. Dann wäre heute meine Tochter vielleicht nicht in der Psychiatrie.'"

Ich schaute Herrn Baer an. Er fixierte mein Buch und reagierte nicht.

Nach diesem Disput schilderte das Unternehmerehepaar Köhler aus Baden-Württemberg den anwesenden Sektenbeauftragten, wie sie versucht hatten, bei Herrn Hauser, mit dem sich anscheinend alle Sektenbeauftragten solidarisierten, Hilfe zu bekommen. Sie erzählten, wie es endete, nämlich ohne die geringste Hilfe. Mehr noch: Sie gaben ihre Unterlagen ab, und Herr Hauser sagte ihnen, wenn sie erwarteten, daß er ihnen helfen könne, dann müsse er sie enttäuschen – er könne nicht. Die Unterlagen waren weg, und das Ehepaar stand durch die Verträge mit der scientologisch geführten Firma SN Colours alleine da – bis die Köhlers dann mich bei einem Vortrag trafen. Durch Informationen, die ich ihnen lieferte, war die Situation binnen weniger Tage geklärt. Das war übrigens nicht besonders schwierig, und ich weiß bis heute nicht, warum Herr Hauser zu Köhlers gesagt hatte, er könne ihnen nicht helfen.

Auch die Erfahrungen, die die Köhlers als Mitglieder im Trägerkreis von „Robin Direkt“ in all den Gesprächen mit Betroffenen und bei der Arbeit der Aufklärung machten, wurden an diesem Tag von Walter Köhler ganz sachlich vorgetragen. Er stieß wie alle anderen auf taube Ohren, zumindest hatte ich diesen Eindruck.

Im „Club der Einzigen“

Nein, eine wirklich ehrliche Auseinandersetzung, die dann zur Zusammenarbeit führen sollte, war weder gewollt noch gewünscht. Auch der Versuch von Bernhard Sandkühler, seine Erfahrungen als Ex-Scientologe und aus der Mitarbeit bei „Robin Direkt“ einzubringen, verpuffte in der allgemeinen Stimmung. Es war, als befänden wir uns im „Club der Einzigen“, der als einziger über dieses Thema reden durfte. Selbst die Argumente der Journalisten, die unsere Arbeit, unser Archiv und den Umgang damit kannten, änderten nichts an den Mienen der anwesenden Sektenbeauftragten. Geplant gewesen war nicht die Klärung von Widersprüchen. Die Lobby hatte mir ihre Macht demonstrieren wollen. Sie hatte mir zeigen wollen, wer das Sagen hat. Und durch die Zahl der Anwesenden sollte klargemacht werden: Renate Hartwig hat in diesem Thema nichts zu suchen.

Wenn ich ein ängstlicher Mensch wäre, dann hätte ich an diesem Nachmittag sicherlich Angst bekommen – Angst vor denen, die in der Öffentlichkeit doch immer so sanft, so seriös und so glaubwürdig und vor allem theologisch fundiert auftreten. Ich schaute sie an, diese Theologen, die über mich bereits den Stab gebrochen hatten, jeder für sich im Kopf und hinter vorgehaltener Hand in der Szene, bei der Presse, beim Verlag, vor laufender Kamera bei einem Journalisten, der zugab, mich fertigmachen zu wollen, und der zu den Scientologen Kontakt hatte. Mir wurde speiübel. Mir gegenüber saß die personifizierte Doppelmoral. Wieder mußte ich an den Sektenbeauf-

Mir wurde speiübel. Mir gegenüber saß die personifizierte Doppelmoral.

tragten denken, der sich heimlich mit mir getroffen hatte. Wie hätte er jetzt reagiert? Ob er wohl den Mut gefunden hätte, aufzustehen und seinen Kollegen zu sagen, was er wirklich denkt? Schade, ich hätte es gern erlebt.

Ich rückte meinen Stuhl nach hinten, stand auf, schaute noch einmal in die Runde und sagte: „Ich möchte Ihnen jetzt etwas ganz Persönliches sagen. Ihre Kritik habe ich von vielen Seiten gehört. Die Scientology-Organisation freut sich sicher über so manche Aussagen, die Sie in der Öffentlichkeit über mein Buch gemacht haben. Ich kann damit leben, und ich muß lernen, damit umzugehen. Aber ich will Sie jetzt als Theologen etwas fragen: Wo waren Sie all die Jahre, in denen ich mutterseelenallein in der Öffentlichkeit stand und die heißen Kartoffeln ohne Handschuhe anfaßte? Haben Sie jemals bei mir angerufen und mir vielleicht einen Tip gegeben, wie ich mich selbst schützen kann? Haben Sie gefragt, wie unsere drei Kinder die Auseinandersetzung mit Scientology verkraften? Haben Sie jemals gefragt, wie wir eigentlich die Finanzierung bewerkstelligen, um unsere Aufklärungsarbeit leisten zu können? Haben Sie sich einmal Gedanken gemacht, wie viele Betroffene bei uns am Tisch saßen, bei uns lebten, bei uns ein Zuhause fanden? Ich würde gerne von Ihnen wissen, wie viele Laibe Brot Sie mit wirklichen Opfern geteilt haben. Wie oft sind Sie nachts aufgestanden, irgendwo zu einer Autobahnraststätte gefahren und haben dort jemanden abgeholt, der vor Angst zitterte? Wie oft haben Sie nachts ein Bett frisch überzogen für einen Gast, der einfach vor der Türe stand – hilflos und klein vor Enttäuschung nach den vielen Gesprächen, die er mit Kollegen von Ihnen geführt hat, vielleicht auch mit so manchem von Ihnen selbst?"

Ich schaute Liebl an. „Herr Liebl, es tut mir leid. Es tut mir leid, weil ich von Ihnen eigentlich etwas anderes erwartet hatte. Es tut mir auch deshalb leid, weil ich auf einmal erkennen muß, daß Ihnen vielleicht die menschliche Qualifikation für diese Position trotz Theologiestudiums fehlt."

Ich drehte mich um und verließ den Raum. Mein Mann stand ebenfalls auf und ging mit. Die anderen blieben noch sitzen. Sie waren über diesen abrupten Abgang sicher überrascht, aber auch über die Absolutheit, mit der ich meine Position bei diesem Treffen klargemacht hatte.

Eine weitere Pointe war, daß man hinterher dann diesen Nachmittag zu vertuschen versuchte und mir vorwarf, ich hätte dieses „vertrauliche Treffen" Dritten gegenüber erwähnt. Weder in der Einladung noch im Gespräch mit dem Verlag, noch im Telefonat mit Herrn Liebl war von einer vertraulichen

Sitzung die Rede gewesen oder von einem Treffen, das ganz geheim stattfinden sollte. Daß es nicht möglich war, bei diesem Treffen in Augsburg wenigstens ein wenig in den Köpfen dieser Sektenbeauftragten zu ändern, schockierte mich mehr als die als Einladung getarnte Vorladung.

Mein Mann und ich gingen in die Tiefgarage, holten das Auto und fuhren los. Ich brauchte jetzt frische Luft und das Gefühl, einfach weg zu sein von diesen Menschen, die absolut nichts mit meinem Leben und meiner Vorstellung von Aufklärung gemein hatten. Als die anderen kurz danach kamen, diskutierten wir, ob es richtig gewesen war, einfach so abrupt aufzustehen und zu gehen. Es war mir eigentlich egal, es gab nichts mehr zu diskutieren. Ein Grundsatz meines Lebens heißt, daß ich mich aufgezwungenen Autoritäten niemals beuge. Und dieses Treffen in Augsburg war für mich nichts anderes als eine Versammlung falscher Autoritäten, die sich aufgrund ihrer Position einbilden, sie hätten das Recht für sich gepachtet Sie waren gar nicht bereit – weder um der Sache noch um der Opfer und Betroffenen willen –, einen Deut von ihrer Position abzuweichen. Sie hinterfragten nicht einmal, warum ich meine Art der Aufklärung für richtig halte. Sie hatten nicht einen Funken Wissen über die Gefahren, die Risiken, die wir allein, ohne jegliche Hilfe und Unterstützung, auf uns nahmen. Es ging ihnen doch gar nicht darum, Aufklärung für die Öffentlichkeit zu machen. Es ging ihnen lediglich darum, einen Konkurrenten vom Markt zu fegen. Viele von denen, die an diesem Nachmittag an diesen Tischen gegen mich versammelt waren, waren zum gleichen Thema ebenfalls Autoren im Pattloch-Verlag, und sie sahen mich als Konkurrenz, als jemanden, der ihren Vorstellungen von Aufklärung nicht entsprach. Für mich waren sie einfach die personifizierte Feigheit und die personifizierte Doppelmoral. Es war mir an diesem Tag vollkommen egal, ob sie sich katholisch, evangelisch, Sektenbeauftragte oder Theologen nannten. Wenn man eine biblische Entsprechung suchte, käme wahrscheinlich die Passage mit den Pharisäern der Angelegenheit am nächsten.

Memorandum

Wenn ich auf die letzten Jahre dieses Abenteuers Zivilcourage zurückblicke und mit meinem Mann so manche Situationen bespreche, die wir in jener Zeit durchlebt haben, dann kommen wir auf einen gemeinsamen Nenner: Wir werfen uns am allermeisten vor, daß wir uns an Dinge gewöhnt haben, die im Grunde absolut nicht als normal zu bezeichnen sind und gerade in einem Rechtsstaat nicht zur Normalität gehören dürfen. Die Mitglieder einer Organisation wie Scientology verweisen staatliche Behörden auf das Neutralitätsgebot und versuchen, so oft es geht, vor Gericht mit Hilfe ihrer Anwälte ihr Persönlichkeitsrecht durchzuboxen, wenn man sie namentlich nennt. Diese Palette der juristischen Auseinandersetzungen – Unterlassungsklagen, einstweilige Verfügungen usw. – gehörten bereits 1994 zum Alltag unseres Lebens. Ich verstand sehr schnell, daß vielleicht auch genau wegen dieser juristischen Attacken so mancher Journalist in seiner Redaktion Schwierigkeiten bekam, wenn er versuchte, Namen von Tätern zu nennen, die das System durch ihr Handeln unterstützen.

Der Klügere gibt nach?

Man kann bis in die siebziger Jahre zurückverfolgen, daß eine der gefährlichsten Waffen der Scientologen die juristische Auseinandersetzung ist. Wer sich mit gesellschaftskritischen Themen auseinandersetzt, wird immer Angriffsflächen bieten. Wer dann wie ich auch noch kompromißlos und risikofreudig an die Sache herangeht, für den ist Ärger programmiert. Vielleicht haben es manche Leute gut mit mir gemeint, die da sagten: „Laß es gut sein, halte dich zurück, denk dran, daß die unerschöpfliche finanzielle Mittel haben, um dich fertigzumachen." Oder es kam der beruhigende Spruch: „Der Klügere gibt nach." Ich bezweifelte immer, daß der klüger ist, der nachgibt. Ich las irgendwann einen Satz, der mich bestätigte: „Ein kluger Mann sagte: Dieser Satz – ‚Der Klügere gibt nach' – hat die Weltherrschaft der Dummheit begründet."

> **„Ein kluger Mann sagte: Dieser Satz ‚Der Klügere gibt nach', hat die Weltherrschaft der Dummheit begründet"**

Wie schwer es ist, ohne die notwendige Lobby eine Grundsatzdiskussion in dieser Gesellschaft in Gang zu bringen, erlebte ich nicht nur mit dem Thema Scientology. Schon früher war ich in vielen Bereichen der Auseinandersetzung auf gesellschaftspolitischer Ebene jenen Menschen ein Dorn im Auge, die aus Angst vor Titeln und Berufen nur mit Samthandschuhen an Auseinandersetzungen herangingen.

Heute mit fast 49 Jahren muß ich feststellen, daß schon allein solche Dinge wie die Funktion in einer Behörde oder der Vorsitz in einem medienträchtigen Verein jegliche Kritik von vornherein im Keim ersticken. Sie stellen eine so große Legitimation dar, daß nicht mal mehr im Hinterkopf erlaubt ist, sie zu hinterfragen. Falschinterpretationen, Mißverständnisse, gezielte Attacken und PR-Maßnahmen sollten mir schaden. Ich habe mich immer wieder gefragt, wem oder was eigentlich solche oft widersprüchlichen Maßnahmen gegen mich nutzten und wovor die daran beteiligten Menschen Angst hatten. Ist es wirklich nur die Furcht, Image zu verlieren? Ist es die Angst vor der öffentlichen Diskussion aus einem anderen Blickwinkel, der vielleicht nicht in das nach außen präsentierte Bild passen würde?

Ein Anwalt zieht sämtliche Register

Bei Kampagnen gegen mich taucht immer wieder ein Name auf: Dr. Michael Scheele, Jurist und langjähriger Geschäftsführer des Vereins „Fair Press".

„Fair Press" ist ein Verein der damit wirbt, sich für eine faire Presse einzusetzen. Kein Wunder, daß viele Prominente, die sich zu Recht oder zu Unrecht von den Medien verfolgt fühlen, sich an diesen Verein wenden. Dr. Michael Scheele gehört zu denjenigen, die sich sehr gerne in der Öffentlichkeit zeigen und mit der notwendigen PR-Strategie auch dafür sorgen, daß man über sie spricht. Daß nicht immer alles nach eigenen Vorstellungen läuft, mußte auch Michael Scheele erfahren, als er am 16.2.1992 in Victoria, der Hauptstadt der Seychellen, auf dem Rollfeld in Polizeigewahrsam genommen wurde. Scheele wurde nach Mauritius abgeschoben und vermutete eine Repressionsmaßnahme des Präsidenten der Seychellen, Albert Rene, denn Scheele hatte laut Zeitungsbericht der Münchner *Abendzeitung* gute Kontakte zur Oppositionspartei UDM. Warum normale Kontakte zu einer Oppositionspartei gleich zur Verhaftung auf dem Rollfeld und dann zur Abschiebung führten, ist nicht nur mir schleierhaft. Zudem wurde über die Firma von Dr. Scheeles Frau, die von den Seychellen stammt und in München einen Importhandel für Fische betrieb, ein Lieferstopp verhängt. Nichts Besonderes?

Für sich alleine betrachtet sicher nicht. Aber dieser Vorfall auf den Seychellen ist nur einer in einer bemerkenswerten Kette, die ich 1994 auch noch nicht durchschaute. Richtig ist, daß ich Scheele in meinem Buch *Scientology – Ich klage an!* als Beispiel dafür anführte, wie Scientologen den Status von Anwälten für ihre Zwecke mißbrauchen. Es steht für mich außer Frage, daß Rechtsanwälte Scientologen vertreten dürfen. Erlaubt sein muß aber, Opfer und Täter beim Namen zu nennen, wenn Scientologen ihre Anwälte zu Erfüllungsgehilfen ihrer Strategien machen. Mir war lange nicht klar, warum Scheele mit allen möglichen Tricks verhindern wollte und will, daß man über seine Kontakte zu Scientologen spricht. Mehr noch: Scheele strengte sogar ein Verfahren gegen mich an, um mir verbieten zu lassen, ihn weiterhin öffentlich als Rechtsanwalt eines Scientologen zu nennen. Schämt er sich etwa seiner Mandanten? Oder gibt es andere Gründe, warum er nicht in einem Atemzug mit Scientologen genannt werden möchte?

Es steht für mich außer Frage, daß Rechtsanwälte Scientology vetreten dürfen. Erlaubt sein muß aber, wenn Scientologen ihre Anwälte zu Erfüllungsgehilfen ihre Strategien machen, Opfer und Täter beim Namen zu nennen.

Richtig ist, daß Herr Scheele mit Hilfe seiner Kanzlei sämtliche juristischen Register gegen mich zog, die es zivilrechtlich gibt. 1994, nach Erscheinen meines Buches, ging seine Definition von fairer Presse so weit, daß er gegenüber SAT 1 – „Bayern Aktuell" in München – ein Memorandum mit folgender Vereinbarung verfaßte:

Herr Dr. Scheele erklärt sich bereit, in den Kanzleiräumen vor der Kamera auf Fragen der Redaktion zu dem Buch von Frau Renate Hartwig „Scientology – Ich klage an!" zu antworten. Die Aufnahme ist für die Sendung Bayern Aktuell am heutigen Tag bestimmt.
Frau Renate Hartwig wird in der Sendung live zu Wort kommen. Falls sie im Laufe der Sendung Aussagen über Herrn Dr. Scheele oder sonst ein Mitglied der Sozietät macht, erhält Herr Dr. Scheele Gelegenheit, noch während der laufenden Sendung dazu abschließend Stellung zu nehmen. Er wird sich zu diesem Zweck im Studio des Senders bereithalten.

Damit auch alles glatt unter der Kontrolle von Herrn Scheele ablaufen konnte, bekam „Bayern Aktuell" ein Fax mit dem oben zitierten Memorandum; auf diesem Fax stand ebenfalls:

... bezugnehmend auf das soeben mit Ihnen geführte Telefongespräch und auf das Fernsehinterview übersenden wir anliegend die als Memorandum bezeichnete, fernmündlich bereits getroffene Vereinbarung mit der Bitte, diese unterschriftlich zurückzuleiten. Wir bestätigen darüber hinaus, daß eine Ausstrahlung eines Beitrages nur für den Fall genehmigt ist, falls – so wie in dem Memorandum festgehalten – mir im Falle einer Äußerung von Frau Hartwig zu uns oder zu meinem Beitrag Gelegenheit zur abschließenden Stellungnahme gegeben wird, live im Studio. Zu diesem Zweck werde ich mich, wie vereinbart, um 17.00 Uhr im Studio einfinden, ich bitte aber, mir vorab die Vereinbarung zuzusenden.
Mit freundlichen Grüßen
Dr. Michael Scheele, Rechtsanwalt.

Für mich ist so ein Vorgehen das Gegenteil eines fairen Umgangs mit der Presse. Ich bezeichne so etwas als Knebelung, als Aushebelung der im Grundgesetz verbürgten Pressefreiheit.

Als ich nun zwei Tage nach Erscheinen meines Buches am 9.3.1994 im Studio von SAT 1 für die Sendung „Bayern Aktuell" im Moosfeld 37 in München eintraf, hatte ich von den vorab gemachten Vereinbarungen mit Herrn Scheele keine Ahnung. Als ich ins Studio kam, wurde ich von der Redaktionsleitung ins Büro gebeten, und mir wurde erklärt, daß von der Kanzlei Scheele ein Memorandum mit Forderungen vorliege, ohne die Michael Scheele nicht bereit sei, seine in seiner Kanzlei aufgezeichneten Aussagen ausstrahlen zu lassen. Die Crux an der ganzen Angelegenheit: Ohne Scheeles Stellungnahme hätte sich die Redaktion schuldig gemacht, nur eine Seite gehört zu haben; die journalistische Sorgfaltspflicht wäre verletzt worden! Das heißt: Das Thema wäre gestorben, wenn Scheele nicht seinen Willen bekommen hätte. Meiner Meinung nach könnte man das auch anders ausdrücken: Scheele hat die Redaktion dazu genötigt, das letzte Wort zu bekommen. Fair Press?

Eingeladen worden war ich als Autorin meines Buches. In ihm hatte ich den Fall des Scientologen Gerhard Haag geschildert, der seine Firma Stahlbau Neckar in Altbach mit scientologischen Strategien in den Ruin geführt hatte. Haag verkaufte die eigentlich bereits bankrotte Firma an einen ahnungslosen Unternehmer. Man fragte mich über ein paar Fakten in diesem Buch, bei denen es auch um Michael Scheele ging und daß er von dem Scientologen Gerhard Haag, etwa in Strategieplänen über bestimmte Aufgaben, namentlich genannt wurde. Das Kapitel lautete „Von Altbach nach Albanien" und schilderte hauptsächlich die Art und Weise, wie Gerhard Haag seine Firma verkaufte, welchen Folgen das für den Käufer hatte, wie Haag ein Strategiepapier an Scientologen versandte, in dem er die Pläne aufzeichnete, wie man Albanien zum ersten scientologisch geführten Staat umfunktionieren könnte.

Auf einem anderen persönlichen Strategiepapier von Gerhard Haag war unter anderem auf Seite 3 zu lesen:

PROGRAMM: RECHTSMASSNAHMEN
Ziel: Die Feinde vernichten
Finanzielle Verluste wieder hereinbringen
Conditional Target:
1. Gutachten einholen bis 09.10.92
2. Strategiebesprechung mit
Rechtsanwalt Scheele Termin ca. 12.10.92

Mit diesen und anderen Beweisen in meinem Buch *Scientology – Ich klage an!* verfolgte ich das Ziel, eine öffentliche Diskussion darüber in Gang zu bringen, wie hier die scientologische Denk- und Strategieweise in allen Lebenslagen nicht nur verwendet wird, sondern wie meiner Meinung nach Außenstehende von seiten der gedrillten Scientologen in diese Planungen involviert werden. Genau das war die Ausgangsbasis der Auseinandersetzung, und was wurde daraus? Statt sich mit der Thematik tatsächlich auseinanderzusetzen, hat man mich mit allen nur denkbaren Maßnahmen attackiert, um mich zum Schweigen zu bringen. In einer eidesstattlichen Erklärung von Rechtsanwalt Scheele in einer der zivilrechtlichen Auseinandersetzungen, die er gegen mich führte, sagte er:

Ich bin kein Scientologe und war es nie, insbesondere auch nicht Mitglied der Scientology-Church oder einer dieser Organisation nahestehenden Vereinigung und habe nicht die geringste inhaltliche Verbindung zu dieser Lehre.

Bis heute ist mir nicht klar, warum der Jurist Scheele solche Formulierungen überhaupt verwendet, denn meines Wissens hat ihn nie jemand einen Scientologen genannt oder ihm die Mitgliedschaft in einer Scientology-Organisation vorgeworfen. Warum ist es so schwer, eine Diskussion zu führen über die Strategien der Scientology? Mein Ziel war, deutlich zu machen, wie einzelne Scientologen versuchen, Juristen einer Kanzlei oder ihre Verbindungen für ihre Zwecke zu nutzen. Durch eine nicht stattfindende Auseinandersetzung mit der Ideologie der Scientology kam es oft zu falschen Schlußfolgerungen. Man hat sich von Anfang an auf meine Person und meine Publikationen eingeschossen, ohne zu hinterfragen, aus welchen Gründen ich diese öffentliche Diskussion suchte.

Es gab und gibt für mich zuviel ungeklärte Fragen. Warum hat Dr. Scheele beispielsweise nicht bemerkt, daß die Scientology-Organisation seine juristischen Auseinandersetzungen mit mir in ihren eigenen Flugblättern gegen mich verwendete?

Unklar ist bis heute auch, wie der Anwalt Wilhelm Blümel des Scientologen und „WISE"-Lizenznehmers Martin Kolb/„AMK" detalliert über ein Verfahren unterrichtet war, das Gunther Träger gegen die Verlage anzettelte, die mein Buch herausgaben. Zur Erinnerung: Träger war zu der Zeit bereits als Edelaussteiger bekannt und trat als solcher nicht nur im Umfeld von Ursula Caberta auf.

Für mich ist es nach wie vor ungewöhnlich, wenn ein Scientologe wie Kolb in einem zivilrechtlichen Streit vor Gericht aus dem Verfahren eines Aussteigers zitiert oder dieses Verfahren gegen mich ins Feld führt, denn ein Austeiger ist ein Feind bei Scientology.

Irritiert war ich dann, als ich von den Korrespondenzanwälten der Buchverlage aus Hamburg folgendes Schreiben las:

> *In obiger Angelegenheit habe ich Akteneinsicht erhalten und habe der Akte entnommen, daß Dr. Michael Scheele der Münchner Kanzlei Scheele, Schwarz, Zielcke und Partner mit Schreiben vom 29.Mai 1995 (Blatt 104 der Akte) um Übermittlung einer Abschrift des Urteils vom 7. April gebeten hat. Diese Abschrift wurde ihm gemäß § 299 ZPO gewährt.(...)*

Woher hatte der Scientologe Kolb die Unterlagen aus dem Prozeß in Hamburg, der mit meinem Buch zu tun hatte? Es ging wohlgemerkt nicht um Scientology, sondern um den Aussteiger Träger.

Bis heute ist das übrigens alles offen. Es ist auch ungeklärt, aus welchem Grund RA Scheele das Urteil überhaupt anforderte, was er damit wollte, ob er es weitergab. Wenn ja, an wen und warum?

Die mir vorliegenden Fakten zeigen mir ohne großes Nachfragen, daß die Kanzlei Scheele über Jahre von einzelnen Personen benutzt wurde, um über die typische Schiene des Persönlichkeitsrechts und der Religionsfreiheit juristische Maßnahmen gegen kritische Journalisten oder Kritiker zu ergreifen. Versteckt hinter dem Persönlichkeitsrecht blieb die Auseinandersetzung mit dem System Scientology in diesen Verfahren immer auf der Strecke. Aufklärung und Information über Scientology wurden so verhindert. Im Vorfeld einer öffentlichen Diskussion wurde schnell mit dem erhobenen Zeigefinger agiert, um eventuell den einen oder anderen zu überzeugen, es sei besser, er würde nicht darüber berichten. Oft waren diese Briefe und Telefonate, die von Juristen im Auftrag von Scientologen getätigt wurden, bei „Robin Direkt“ und Journalisten Gegenstand der Diskussion.

Auf der einen Seite gehört es zur journalistischen Sorgfaltspflicht, jeden zum Thema zu befragen, über den man etwas berichtet – andererseits wurden, nachdem man als Journalist eine Stellungnahme angefordert hatte, teils unüberwindbare Schranken aufgebaut, die manchmal sogar die Berichterstattung verhinderten. Natürlich ist mir klar, daß es so manchem, der ein ganz bestimmtes Image anstrebt, nicht paßt, wenn über ihn in der Öffentlichkeit diskutiert wird. Aber wo beginnen faire Presse und faire Berichterstattung? Ist alles fair, was Scientology und Scientologen nicht schadet? Hat die Öffentlichkeit nicht doch ein Recht, bestimmte Zusammenhänge zu erfahren, wenn es darum geht, gesellschaftspolitische Gefahren aufzuzeigen? So manches Mal kam ich selbst ins Grübeln, denn die Aussage „Vor dem Gesetz sind alle gleich“ wird ja nicht umsonst oft so interpretiert: „Aber es gibt ein paar, die sind gleicher.“

Statt sich mit der Thematik tatsächlich auseinanderzusetzen, hat man mich mit allen nur denkbaren Maßnahmen attackiert, um mich zum Schweigen zu bringen.

Von wegen Rufmord

In den letzten Jahren mußte ich lernen, daß es immer schwieriger wird, wehrhafte Demokratie zu leben. Ich empfinde die Attacken, die von verschiedensten Seiten in den letzten Jahren gegen mich als Person und letztendlich gegen die Aufklärung über Scientology gefahren wurden, als einen ganz massiven Eingriff in mein persönliches Leben und als massive Behinderung der Grundrechte, die auch mir in diesem Land zustehen.

Die Grenze zwischen recht haben und recht bekommen ist ein schmaler Pfad. Ich war und bin gewillt, ihn zu gehen – nicht nur der Sache wegen, sondern auch aufgrund meiner felsenfesten Überzeugung, daß nur öffentliche Auseinandersetzung garantieren kann, daß die elementarsten Grundrechte dieser Demokratie auch von allen Bürgern gelebt werden können. Ich habe mehrmals eine einstweilige Verfügung bei Gericht einstecken müssen, weil ich etwa einem Informanten in die Hand versprochen hatte, daß ich seinen Namen nicht nennen würde, und dieses Versprechen war mir einfach so wichtig, daß ich bereit war, die Konsequenzen zu tragen. Vielleicht ist das die Situation, die mein Vater meinte, als er mir in meiner Kindheit einschärfte: „Versuche so zu leben, daß du dir jeden Tag vor dem Spiegel selbst in die Augen schauen kannst." Ich habe lieber vor Gericht eine Niederlage eingesteckt, als den Informanten preiszugeben, der mir viele Unterlagen über die Hintergründe im Fall Gerhard Haag und der Kanzlei Scheele übergeben hat.

Oder ein anderes Beispiel: Ich bekam einen Ordner mit Informationen. Auf dem Ordner klebte ein Blatt Papier: „Liebe Frau Hartwig, ich hoffe, Sie haben Verständnis dafür, daß wir Sie bitten, diesen Ordner nicht in Ihrem normalen Archiv aufzubewahren, da wir inzwischen definitiv wissen, wie weit der Arm der hier aufgeführten Personen geht. Auch wenn Sie immer noch an die Gerechtigkeit glauben, aufgrund unserer Erfahrungen zweifeln wir, daß es überhaupt so etwas wie Gerechtigkeit in unserem Land noch gibt." Beim Durchblättern des Ordners fiel mir ganz spontan ein, daß es für ein Land anfängt gefährlich zu werden, wenn Mißtrauen, Angst und vor allem mangelndes Vertrauen in diesen Rechtsstaat beim Bürger überwiegen.

Vielleicht sollten gerade diejenigen, die sich mit den Worten Freiheit und Liberalität das Mäntelchen des Superdemokraten umhängen, sich vor Augen führen, was tatsächlich hinter den Kulissen oft abläuft.

Amtsmißbrauch?

Der Anruf erwischte mich zwischen Tür und Angel; ich wollte gerade zu einem Termin, als das Telefon klingelte. Ich schaute zur Uhr und dachte: Na ja, wenn es meine Durchwahlnummer ist, muß es jemand sein, der mich persönlich kennt. Ich nahm ab, und es meldete sich der Norddeutsche Rundfunk. Eine Journalistin fragte: „Hallo, sind Sie Frau Hartwig selber? Ich hätte gerne Renate Hartwig gesprochen."

„Ja, ich bin selbst dran, um was geht's?"

„Es ist eine ganz eigenartige Sache, mit der ich im Moment gar nicht klarkomme. Kennen Sie Ursula Caberta?"

Ein paar Sekunden überlegte ich und antwortete: „Ja, natürlich kenne ich Ursula Caberta. Die Leiterin des Arbeitskreises Scientology, angesiedelt im Innensenat Hamburg, Biberhaus. Warum?"

„Man kann es einen Tobsuchtsanfall nennen ..."

„Ja, wissen Sie, wir haben sie eingeladen zu einem Gespräch vor der Kamera. Es ging um eine Stellungnahme zum Thema Scientology. Sie hatte schon das Mikrofon, die Kamera lief schon, und ich erwähnte Ihre Arbeit und Ihren Namen, und dann passierte etwas ganz Unglaubliches: Frau Caberta rastete total aus, man kann es einen Tobsuchtsanfall nennen. Sie beschimpfte mich, und wir hatten alle Mühe, das Gespräch zu Ende zu führen."

Ich lachte laut. Jetzt verlor Ursula Caberta allein schon bei Nennung des Namens Hartwig die Beherrschung. Wovor hatte sie eigentlich eine so panische Angst? Das, was ich in meinem Buch über sie und das Ende unserer Freundschaft geschrieben habe, war doch nur die Spitze des Eisbergs, und sie wußte es ganz genau. Aus welchem Grund führte sie sich so auf und versuchte mit ihren Attacken bei den Journalisten, mich auszugrenzen? Ich fragte die Journalistin am anderen Ende des Telefons: „Was wollen Sie jetzt von mir wissen? Warum erzählen Sie mir das?"

Die Antwort war sehr klar: „Ich bin völlig irritiert über diesen Auftritt von Frau Caberta und halte es für sehr bedenklich, wenn jemand in dieser Position, angesiedelt im Innensenat Hamburg, allein bei dem Namen einer Kritikerin von Scientology eine dermaßen überzogene Reaktion zeigt. Ich denke, dahinter muß noch etwas stecken, vor dem sie Angst hat."

Ja, eigentlich müßte ich jetzt diese Aussage bestätigen, ging es mir durch den Kopf. Ich antwortete: „Ach, wissen Sie, Frau Caberta ist wahrscheinlich nicht gut auf mich zu sprechen, weil ich über ein paar Dinge in meinem Buch erzähle, die ihr natürlich in ihrer Position nicht gerade gefallen, zumal sie ja immer mit der Angst vor Imageverlust lebt. Sie sind auch nicht die einzige, die sich hier bei mir meldet. Es haben mich auch noch andere Journalisten informiert über diese Haltung einer staatlichen Stelle gegenüber einer Bürgerinitiative, die sich mit demselben Thema beschäftigt. Vor allem jedoch muß man wissen – und das wurde in den letzten Jahren gar nicht mehr erwähnt – daß Caberta ihre Mitgliedschaft bei ‚Robin Direkt' für ihre Position, sagen wir mal ganz vorsichtig, ganz vehement ausnützte. Was glauben Sie, was ich jetzt machen soll? Soll ich jetzt alles auflisten und eine Dienstaufsichtsbeschwerde einreichen? Das haben mir schon mehrere Ihrer Kollegen geraten. Die Launenhaftigkeit und das Selektieren zwischen Gut und Böse, zwischen dem guten und dem schlechten Kritiker – gerade in ihrer Position –, das halte ich eben auch für sehr bedenklich."

„Ja, das ist der Hauptgrund meines Anrufs. Wir haben auch überlegt: Wenn jemand gegenüber einem Kritiker so reagiert, könnte es doch sein, daß Frau Caberta mit ihrer Position einfach überfordert ist. Was meinen Sie dazu?"

Ich überlegte und stellte eine Gegenfrage: „Sind Sie, wenn es darauf ankommt, bereit, diesen Vorfall zu bestätigen?" Die Antwort kam prompt: „Na klar!"

„Ich möchte mir jetzt kein Urteil erlauben, ob Ursula Caberta überfordert ist. Auch wenn sie es wäre oder wenn sie es nicht ist, ich kann es nicht ändern. Es geht mir ganz einfach um eine grundsätzliche Frage, die ich Ihnen einmal als Journalistin stellen möchte. Glauben Sie eigentlich, daß jemand, der sich seit Jahren für Aufklärung einsetzt und inzwischen mit dazu beigetragen hat, für dieses Thema flächendeckend eine Sensibilisierung der Bürger zu erreichen; daß jemand wie die Bürgerinitiative ‚Robin Direkt' oder ich als Person, daß wir, die wir bis zum heutigen Tag nicht eine müde Mark an Steuergeldern benötigt haben, daß jemand wie wir weniger Rechte hat in diesem Land als Scientology oder als einzelne Scientologen?"

Am anderen Ende des Telefons war nur ein Atmen zu hören und dann eine sehr nachdenkliche Stimme: „Sie wollen doch mit dieser Frage auf irgend etwas hinaus. Wollen Sie mir sagen, daß die Position, die von Frau Caberta besetzt ist, gegenüber der Scientology-Organisation oder einzelnen Scientologen toleranter reagiert als Ihnen oder der Bürgerinitiative ‚Robin Direkt' gegenüber, die sich intensiv für Aufklärung gegen Scientology einsetzt?"

Alle Achtung, da war wohl an der anderen Leitung eine, die ihren Job tatsächlich gut verstand. „Genau das muß vielleicht jetzt mal öffentlich diskutiert werden: Wie kann es sein, daß eine von Steuergeldern bezahlte Leiterin eines Arbeitskreises Scientology, angesiedelt im Innensenat Hamburg, durch ihr Verhalten und ihre Position Aufklärung für die Bürger verhindert? Sie muß mich weder lieben, noch muß sie mich persönlich akzeptieren. Daß sie aufgrund meiner Veröffentlichung natürlich nicht gerade gut auf mich zu sprechen ist, kann ich nachvollziehen. Was ich inzwischen nicht mehr tolerieren kann, ist die Art und Weise, wie hier Frau Caberta ihre Position nützt, um mich als Person auszugrenzen und wie Sie damit eigentlich den Bürgern schadet, deren Steuergelder sie finanzieren. Fragen Sie Bürger aus Hamburg, die sich an Frau Caberta gewendet haben, um Hilfe zu bekommen. Fragen Sie mal nach, welche Antworten sie bekamen. Diese Antworten liegen hier bei mir, in Ordnern gesammelt. Zum Beispiel hörten sie, aus datenschutzrechtlichen Gründen könne man ihnen keine Antwort geben. Oder: Man hätte sich von der Position aus neutral zu verhalten, auch gegenüber Scientologen. Jetzt eine Frage an Sie: Wir kennen uns nicht, aber Sie haben, soweit ich das jetzt richtig verstanden habe, mein Buch gelesen, vielleicht von mir gehört, und jetzt hatten Sie dieses Erlebnis mit Ursula Caberta, die von Ihnen in ihrer Funktion als Leiterin des Arbeitskreises Scientology zu einem Gespräch in den Sender eingeladen wurde. Sie sind nicht die einzige, die sich nach solchen Ausrutschern bei mir meldete, und ich denke, es ist an der Zeit, daß sich ein Journalist mit der Frage beschäftigt, ob eine Position in einer Behörde für Rachefeldzüge rein egoistischer Natur benutzt werden darf. Zu klären wäre vor allem, wo das Neutralitätsgebot einer Behörde beginnt. Wo wird es wirklich kritisch für einen Rechtsstaat? Wir müssen das jetzt gar nicht personalisieren, sondern ich frage mich eigentlich schon viel länger, warum einen solchen Zustand so viele Leute akzeptieren und schlucken, übrigens auch aus Ihrer Zunft."

Wie kann es sein, daß eine von Steuergeldern bezahlte Leiterin eines Arbeitskreises Scientology, angesiedelt im Innensenat Hamburg, durch ihr Verhalten und ihre Position Aufklärung für die Bürger verhindert?

Die Anruferin wollte noch ein paar Informationsmaterialien von „Robin Direkt", die sagte ich zu, und sie versprach mir, wenn nötig, diesen Vorfall als Zeugin zu bestätigen.

Wenn Aufklärer Aufklärung verhindern

Nachdenklich verließ ich das Büro und fuhr mit meinem Mann zum nächsten Aufklärungstermin in Sachen Scientology. Diese Art der Auseinandersetzung ist teilweise sehr nervenaufreibend, das brauche ich wohl nicht zu betonen. Es ist auch für die Öffentlichkeit nicht verständlich, daß sich innerhalb dieser Gruppe von Gegnern aus den unterschiedlichsten Gründen ein Kritikerkrieg entwickelt hat, der, von außen betrachtet, sicherlich der Sache mehr schadet als nützt. Genau diese Überlegungen hatte ich auch lange Zeit, als es um dieses Buch ging. Im Laufe der Jahre mußte ich noch viel mehr einstecken, u.a., wie gerade von seiten der Hamburger Behörde massiv meine Aufklärung verhindert und „Robin Direkt“ mit bedenklichen Aktionen verleumdet wurde. Darum kann mich nichts und niemand von meiner Überzeugung abbringen, daß nur offene Auseinandersetzung dazu führen kann, Positionen geradezurücken und diesem kleinen Kreis der Kritikermafia die Stirn zu bieten.

Wir hatten bei uns im Büro einmal eine Gesprächsrunde, bei der auch ein Industriemanager anwesend war, der sich privat mit dem Thema Scientology und Manipulationstechniken beschäftigte. Außerdem waren an diesem Nachmittag Leute vom Personenschutz dabei, die meine Offenheit gegenüber Fremden, die sich nach dem Vortrag mit mir unterhielten, kritisierten.

Ich verstand ihre Sorgen, aber ich wollte mir von Scientology keine Angstgefühle aufzwingen lassen. Das würde genausowenig meiner Persönlichkeitsstruktur entsprechen wie Anpassung.

Für den richtigen Umgang mit Fremden gibt es wohl kein Patentrezept. Wer sich wie ich freiwillig diesem Terror aussetzt, muß ihn auch aushalten, sage ich in internen Diskussionen – aber muß ich das wirklich? Meine Offenheit und Spontaneität und meine so oft kritisierte und von vielen verdammte Emotionalität möchte ich ganz einfach behalten.

Wir diskutierten lange darüber, wieweit man sich überhaupt theoretisch mit einem Thema auseinandersetzen kann, ohne dabei selbst Schaden zu nehmen. Das war übrigens eine ganz berechtigte Frage, über die ich oft auch mit meinem Mann und unseren Kindern redete. Ich bin überzeugt, daß man die innere Distanz braucht und vielleicht auch ein Stück weit den Idealismus, den man mir immer wieder vorwirft, um nicht unbewußt die Gedanken zu übernehmen, die man eigentlich bekämpft.

Einer der Sicherheitsleute warf ein, daß es bei Geiselnahmen oft zu einer Verständigung zwischen Geiselnehmern und Geiseln kommt, daß es dabei oft das Phänomen gibt, daß sich die Geiseln mit der Lage der Geiselnehmer identifizieren. Ich bemängelte in dieser Diskussion, daß unser Kampf gegen Scientology nicht mit einer Geiselnahme vergleichbar sei.

Jeder muß für sich selbst entscheiden, wie sehr er sich auf ein Thema einläßt. Es liegt wohl auch an der eigenen Persönlichkeit, inwieweit man innere Distanz halten kann. Bei mir ist es wohl eher so, daß der Wissensstand über das Thema und die Interna einen Punkt erreicht hat, wo die Schere zwischen öffentlicher Information und internem Wissen so weit auseinanderklafft, daß es schwierig wird, all das Wissen auch zu transportieren.

Und damit sind wir wieder bei der Kritikerszene: Statt dafür zu sorgen, daß möglichst viele Bürger möglichst viel über die Gefahren, die von Scientology ausgehen, erfahren, wird mit kleinkarierten und egoistischen Attacken Aufklärung für die Bevölkerung verhindert.

Statt dafür zu sorgen, daß möglichst viele Bürger möglichst viel über die Gefahren, die von Scientology ausgehen, erfahren, wird mit kleinkarierten und egoistischen Attacken Aufklärung für die Bevölkerung verhindert.

Im Falle Scientology wiegt das doppelt schwer. Das gesamte System ist so komplex und kompliziert angelegt, daß es erst nach intensiver Recherche durchschaubar wird. Ich behaupte, die Komplexität ist Absicht, ist eines der Schutzschilder, die Scientology aufgebaut hat, um sich nicht in die Karten zu schauen zu lassen.

Die Aufgabe der Kritiker ist, diese Komplexität zu erklären, aber sie wird von ihnen nicht erfüllt. Sie sorgen nicht durch Aufklärung dafür, daß gut unterrichtete Bürger eine fruchtbare Diskussion über das Problem führen können und so der längst nötige Handlungsdruck auf die Politik entsteht. Im Gegenteil: Da werden die einfachsten Grundinformationen wie Riesengeheimnisse behandelt. Da bekommt ein Pfarrer, der von einem Sektenbeauftragten der evangelischen Kirche wissen wollte, wofür das scientologische Kürzel „WISE" steht, die Antwort: „Das müssen Sie nicht wissen." Herrschaftswissen nennt sich sowas. Es wird eingesetzt, um Machtpositionen zu sichern. Mit Aufklärung hat das nichts zu tun. Und: Eine Öffentlichkeit, die zur Sicherung der eigenen Pfründe von den Kritikern ahnungslos gelassen wird, kann viele der Informationen, die mittlerweile über die Gefährlichkeit der Organisation vorliegen, gar nicht richtig einordnen. Um zu verstehen, wie gefährlich ein Auto sein kann, muß ich wissen, daß es fahren kann. Das erzählen die Kritiker der Öffentlichkeit gerade noch. Aber Schweigen herrscht über die Motorleistung, über die Fahrwerksabstimmung, über die Namen der Chauffeure und über das Ziel, wohin die Reise gehen soll.

Das größte Problem der Kritikerszene ist, daß man sich nicht gegenseitig hilft. Ich bin nach wie vor davon überzeugt, daß jeder seine Aufklärung machen soll, wie er es am besten kann. Aufgrund der fortgeschrittenen Strukturen, die Scientology bereits in dieser Gesellschaft etabliert hat, können wir uns eine Auseinandersetzung innerhalb der Kritikerszene eigentlich gar nicht leisten. Wir können es uns aber auch nicht leisten, daß hier Stellen mit Steuergeldern finanziert werden, die ihre Arbeitszeit mehr zur eigenen Profilierung und zur Behinderung anderer verwenden als zum Schutz der Bürger gegen Infiltration. An diesem Nachmittag kamen wir auf jeden Fall zu einem sehr wichtigen Ergebnis: Die öffentliche Auseinandersetzung innerhalb der Kritikerszene sollte nur einem einzigen Zweck dienen: Bürger vor solchen „Aufklärern" zu warnen, die gar keinen Blick hinter die Kulissen von Scientology zulassen.

Es tut mir leid, aber ...

Im Zuge einer geplanten Aufklärungsveranstaltung hatte ich regen Briefverkehr mit dem Arbeitskreis Selbständiger Unternehmer (ASU) Leipzig und Dresden. Die ganze Sache war bereits perfekt und schriftlich bestätigt. Es sollten zwei Veranstaltungen werden, eine in Leipzig und eine in Dresden. Überrascht registrierte ich ein Fax, in dem ich mit Bedauern als Referentin ausgeladen wurde. Auf meine telefonische Nachfrage wurde mir mitgeteilt, daß man nach meinem Referat ein sogenanntes Podiumsgespräch plane. Dazu habe man verschiedene Personen, die als Scientology-Kritiker in der Broschüre des Familienministeriums aufgeführt sind, eingeladen. Ich roch den Braten.

Wie viele Journalisten waren bei uns gewesen, hatten sich aus unserem Archiv bedient, hatten den Kopf geschüttelt über die Masse und Qualität unserer Informationen, um uns dann zu sagen, daß sie uns leider nicht als Informanten nennen dürften. Sie erklärten uns, daß sie für ihre Storys und Reportagen nicht auf Stellungnahmen und Kommentare offizieller Stellen verzichten könnten. Aber sowohl der Hamburger Arbeitskreis Scientology als auch diverse Sektenbeauftragte lehnten es ab, mit uns gemeinsam in einer Sendung aufzutreten oder in einem Artikel aufzutauchen. Vor diesem Hintergrund wunderte ich mich eigentlich überhaupt nicht darüber, was nun aus Leipzig auf mich zukam. Außerdem war es nicht das erste Mal, daß die offiziellen Kritiker meine Aufklärung in Verbänden verhindern wollten. Bislang waren die Versuche, mich auszubooten, gescheitert. Die Veranstalter waren nach meinem Referat aber immer sehr verwundert darüber, was sie im Vorfeld von staatlichen und kirchlichen Stellen über meine Aufklärung gehört hatten.

So empfahl ich denn auch der zuständigen Person des ASU Leipzig, sie möge sich doch ganz einfach mit ein paar Verbänden kurzschließen, die sich trotz des Antichambrierens der Kritikerszene für meine Art der Aufklärung entschieden hatten. Ich spürte schon am Telefon, daß der Druck auf den ASU Leipzig und Dresden doch sehr massiv ausgeübt wurde und man dort vielleicht auch zuwenig Erfahrung mit dem Thema hatte.

Man muß sich in die Lage eines Menschen versetzen, der vom Thema Scientology, geschweige denn vom Kritikerkrieg, überhaupt keine Ahnung hat und als Leiterin des ASU in Dresden oder Leipzig sitzt. Sie will ihre Mitglieder über das Thema Scientology aufklären. Sie hört vielleicht aus den eigenen Verbandskreisen, daß ich dort bereits Referate gehalten habe, vor vollen Sälen, mit handfesten Informationen. Also wendet sie sich an mich und bittet mich um einen Vortrag. Dann will sie die Sache auf eine breite Basis stellen, die sicherlich im Sinne aller ist, und versucht, für das Podium anders orientierte Personen einzuladen, um das Thema aus verschiedenen Blickwinkeln zu beleuchten. Und dann erlebt sie einen Aufschrei der Entrüstung, als sie sagt, daß ich, Renate Hartwig, als Referentin komme. Was soll diese Frau jetzt eigentlich denken?

Sie kennt weder meine Aufklärung noch mich als Person und hört nun von staatlichen und kirchlichen Funktionsträgern, daß sie sich weigern, mit mir auf dem Podium zu sitzen. Sie brauche überhaupt nicht zu versuchen, jemanden von kirchlichen oder staatlichen Stellen einzuladen, es würde keiner mitmachen.

> *(...) Werte Frau Hartwig, alle angesprochenen Personen, die vorher zugesagt hatten, zogen diese Zusage zurück, nachdem ich bekanntgab, daß Sie als Referentin auftreten. Haben Sie eine Erklärung dafür? Die Situation ist für uns jetzt sehr schwierig. (...)*

So schrieb mir der Bundesverband Junger Unternehmer e.V. Leipzig.

Genau an diesem Punkt hakte ich ein. Ich wollte wissen: Wer hat das gesagt? Wer hat sich geweigert, mit mir auf dem Podium zu sitzen und Aufklärung zu machen? Wer versucht hier, mich auszugrenzen? Sie wurde hörbar verlegen, denn nach einem fünfzehnminütigen Telefonat war sie sich jetzt schon gar nicht mehr sicher, was sie machen sollte. Ich konnte sie wirklich verstehen. Es ging mir aber nicht um einen abgesagten Termin, sondern es ging darum herauszufinden, wer hinter den Kulissen so massiv Stimmung gegen mich machte.

Sie sagte mir ein paar Namen, und ich bat sie, mir das Ganze doch schriftlich zu geben, denn ich wollte nun endlich dokumentieren, was tatsächlich in der Szene abläuft. So erhielt ich dann ein Schreiben vom ASU Leipzig, eigentlich mehr eine Entschuldigung, denn wir hatten ja immerhin eine schriftliche Vereinbarung getroffen. Ich sagte: „Mir geht es nicht um ein entgangenes Honorar. Hier geht es um die Sache. Wenn hier staatliche und kirchliche Stellen oder auch jemand, der sich publizistisch mit dem Thema auseinandersetzt, so massiv Aufklärung verhindert, dann sollten Sie sich als Veranstalter Gedanken machen."

Mich erinnerte der Vorgang an Erpressung: „Wenn Sie die Hartwig als Referentin holen, dann kommt niemand aus der hochoffiziellen Kritikerszene." Wenn wir so weit sind, dann sind wir nicht mehr in einer Aufklärungsszene, sondern in einem Konkurrenzkampf, der eben genau jene Leute demaskiert, die sich alle Mühe geben, in der Öffentlichkeit als besonders seriös zu gelten.

Die Verantwortliche des ASU Leipzig versprach, mir nach Rücksprache mit ihrem Büro die Namen der Personen zu geben, die ganz massiv Druck ausübten, um ein Referat von mir zum Thema „Scientology – Gefahr in der Wirtschaft" zu verhindern. Sie versicherte mir noch mehrmals am Telefon, es täte ihr wirklich leid, aber immerhin seien da auch Personen aus staatlichen Stellen involviert, und man müsse schließlich auch mit diesen Stellen zurechtkommen, deshalb könne sie sich nur bei mir entschuldigen und um mein Verständnis bitten.

Um das alles für mich besser einordnen zu können, wollte ich noch einmal nachfragen, ob sie denn in irgendeiner Abhängigkeit zu einer staatlichen Stelle stünde. Immerhin sind es doch auch die Mitglieder des Arbeitskreises Selbständiger Unternehmer, die mit ihren Steuergeldern diese staatliche Stelle mitfinanzieren. Aber ich ließ es gut sein. Hier am Telefon war jemand, der völlig überfordert war mit der Situation und diesem Thema, bei dem schon deshalb viele kuschen, weil bekannt ist, wie Scientology versucht, solche Aufklärung zu verhindern. Nun stand sie zwischen den Fronten einer staatlichen und kirchlichen Lobby, die für dieses Thema Steuergelder bezahlt bekommt, und einer Referentin, die ihr von verschiedenen ASU-Stellen empfohlen worden war und die – das war inzwischen in den neuen Bundesländern bekannt – der Scientology massiv die Stirn bot. „Also, ich möchte auch nicht in ihrer Haut stecken", sagte ich, als wir beim Trägerkreis von „Robin Direkt" darüber diskutierten. Dort war natürlich auch die Aussage zu hören:

In den neuen Bundesländern war man über 40 Jahre gewohnt, die Befehle auszuführen, die von da oben kamen. Zivilcourage und wehrhafte Demokratie muß man erst schrittweise lernen.

Nach zwei Tagen kam ein Fax, in dem einige Personen aufgelistet waren, die sich der Aufklärung verweigerten, wenn ich als Referentin eingeladen würde. Daß in Leipzig schon der Name Caberta auftauchte, überraschte mich. Einerseits verweigerte sie Bürgern aus Schleswig-Holstein die Unterstützung und verwies sie auf den eigenen staatlichen Sektenbeauftragten in Kiel, weil sie nur für Hamburg zuständig sei, dann wieder ließ sie zugesagte Aufklärungsveranstaltungen platzen, indem sie – wie in Stade bei Hamburg – mit der Begründung nicht erschien, sie müsse in Bayern zum Thema Scientology etwas klären. Und anstatt die Unternehmer im Hamburger Umland zu informieren, wie sie sich vor Infiltration schützen können, tauchte Caberta im Bayrischen Fernsehen in einer Live-Sendung als Gast auf. Und im Fall ASU Leipzig diktierte sie in den neuen Bundesländern, wer als Referentin aus ihrer Sicht genehm war und wer nicht. Es wäre vielleicht angebracht, die Stellenbeschreibung dieses Arbeitskreises Scientology und vor allem die der Leiterin genauer unter die Lupe zu nehmen. Ein Landtagsabgeordneter aus München fragte einmal ganz sarkastisch, wann eigentlich die Leiterin dieses Arbeitskreises in ihrem Büro anwesend sei. Man sehe sie nur im Fernsehen oder finde sie in der Zeitung zitiert, aber wenn es darauf ankäme, sei sie nicht zu sprechen.

Ein Landtagsabgeordneter aus München fragte einmal ganz sarkastisch, wann eigentlich die Leiterin dieses Arbeitskreises in ihrem Büro anwesend sei. Man sehe sie nur im Fernsehen oder finde sie in der Zeitung zitiert, aber wenn es darauf ankäme, sei sie nicht zu sprechen.

Die Liste aus Leipzig zeigte mir, daß hier ganz massiv ungeprüft eine Meinung von Dritten gegen mich übernommen wurde. Ich kenne bis heute weder Frau Deipenwisch noch Frau Prass. Ich habe noch nie mit ihnen gesprochen oder sonst in irgendeiner Weise etwas mit ihnen zu tun gehabt. Genausowenig ist mir die Aussteigerin der Scientology, Frau Nietsche, persönlich bekannt; es gab weder ein Telefonat noch in irgendeiner Form eine Zusammenkunft, so daß sie sich selbst ein Urteil über mich oder mein Referat hätte machen können. Am meisten wunderte ich mich über Frau Billerbeck, eine Journalistin, deren Lebenspartner, Herr Nordhausen, 1992 über mich Material und Kontakte bekommen hatte, was er auch in einer der ersten Auflagen des von Billerbeck und Nordhausen geschriebenen Buches erwähnt.

Nach Erscheinen meines Buches fiel die Passage bei der nächsten Auflage heraus, die Quelle wurde totgeschwiegen. Nun, das ist dummer Konkurrenzneid, denn auch Frau Billerbeck kennt meine Referate nicht, und mit ihr hatte ich ebenfalls keinen einzigen persönlichen Kontakt.

Was bleibt jetzt übrig? Irgend jemand macht Front gegen meine Person und die offensive Aufklärung. Eine ganze Reihe von Personen, die zumindest in der Öffentlichkeit vorgeben, sich in diesem Thema auszukennen, schließt sich anscheinend völlig ungeprüft dieser Meinung an und grenzt aus. Wie glaubhaft ist dann eigentlich die Aufklärung zum Thema Scientology von solchen Personen?

Kesseltreiben

Nach Erscheinen meines Buches *Scientology – Die Zeitbombe in der Wirtschaft* verriet mir ein Anrufer am Telefon, daß es innerhalb der Kritikerszene ein sogenanntes internes Abkommen gebe, das keinerlei Kontakt zu Renate Hartwig gestatte. Man hätte sich geeinigt, entweder Renate Hartwig und den Verein „Robin Direkt" totzuschweigen oder durch Negativäußerungen gegenüber Journalisten und Behörden die Arbeit der Hartwig anzugreifen und unglaubwürdig zu machen.

Scientology versuchte ebenfalls ganz massiv, mit Flugblattaktionen das Ansehen meiner Person und auch das meiner Familie, besonders unseres damals minderjährigen Sohnes, und die Arbeit von „Robin Direkt" zu behindern. Es begann ein Kesseltreiben mit gigantischem Ausmaß. Rufmordkampagnen wurden gestartet, durch die in der Öffentlichkeit ein Negativbild von mir und „Robin Direkt" aufgebaut wurde, und die Scientology-Organisation bekam durch die Aussagen aus der sogenannten „Kritikerszene" ungeahnten Beistand in der Aktion gegen Hartwig und „Robin Direkt". Die Aussagen von staatlichen und kirchlichen Sektenbeauftragten gegen das Buch *Scientology – Ich klage an!*, gegen mich und „Robin Direkt" fanden sich wieder auf den Flugblättern der Scientology. Das muß zu denken geben. Rund um die Uhr waren wir beschäftigt, Angriffe von allen Seiten abzuwehren.

„Auch eine Art der Arbeitsbeschaffungsmaßnahme, damit ihr zu tun habt", war die Aussage eines LKA-Beamten.

Sollte das heißen, daß hier die Strategie verfolgt wurde, uns zu beschäftigen, um damit Zeit zu binden, in der schon weniger Aufklärung gemacht werden konnte?

Die Aussagen von staatlichen und kirchlichen Sektenbeauftragten gegen das Buch *Scientology – Ich klage an!*, gegen mich und „Robin Direkt" finden sich wieder auf den Flugblättern der Scientology. Das muß zu denken geben.

Die Antwort war klar und ernüchternd: „Schau dir doch all die Versuche an, mit denen man in den letzten drei Jahren deine Art der Aufklärung zu verhindern versuchte. Schau dir die Flugblätter an, die Dossiers der Scientologen, und schau dir an, wie inzwischen eine Allianz zwischen Scientology und Scientology-Gegnern gegen euch geschmiedet wurde, nur um euch ins Abseits zu stellen. Und dann frage dich, was es gebracht hat, und überlege, welches der nächste Schritt sein könnte."

Ich überlegte. Ein Gedanke war nicht von der Hand zu weisen: Man versuchte, flächendeckend ein Netz zu spannen, um den Informationsfluß zu stoppen. Von Scientology aus wird das ja seit Jahren versucht, gemischt mit „Schwarzer Propaganda", um mich als Person zu diskreditieren – getreu den Grundsätzen von Scientology: „Vernichte Kritiker. Niemals verteidigen, immer angreifen. Finde oder erfinde so viel Belastungsmaterial, daß sie um Frieden bitten müssen!"

Der Beamte war hartnäckig: „Und warum glaubst du, daß dieses momentane Kesseltreiben stattfindet? Es gibt auf einmal zwei Fronten, und das ist für die Öffentlichkeit kaum verständlich: einerseits die Scientology-Organisation, das haben sogar noch die Medien geschluckt, weil man es von dieser Seite gewohnt ist. Aber jetzt die gezielten Pfeile, die auf einmal aus einer staatlichen Behörde aus Hamburg gegen dich abgeschossen werden – das ist schwer zu erklären!"

Ich zog die Augenbrauen hoch und schüttelte den Kopf: „Caberta ist eben sauer auf mich und versucht jetzt, um nicht noch weitere Informationen in der Öffentlichkeit rechtfertigen zu müssen, mich mundtot zu machen. Aber komisch ist es schon. In dem Brief eines Ex-Scientologen von 1993 steht schon, daß Frau Caberta meine Kontakte zu Medien und Behörden abschneiden will, und das mit ‚Robin Direkt' hätte sich sowieso demnächst erledigt. Die Scientologin Kauer, München, hat bereits 1992 zu einem Journalisten gesagt: ‚Die Hartwig hat sich demnächst erledigt.' Von der Aussage her besteht kein Unterschied zwischen beiden. Ich würde freilich schon noch einen großen Unterschied machen zwischen einer staatlichen Stelle und der Scientology. Was kannst du als Beamter eigentlich tun, wenn dir irgend jemand aus persönlichen Gründen nicht paßt? Kannst du dann deine Position nutzen, um ihm zu schaden – ich meine jetzt hochoffiziell?"

> **„Der ganz offizielle Weg wäre tatsächlich eine Dienstaufsichtsbeschwerde. Nur mach dir keine Illusionen. Selbst eine Dienstaufsichtsbeschwerde wird unter den Teppich gekehrt, wenn es politisch nicht in den Kram paßt."**

Er lachte über meine Fragestellung und meinte: „Da gilt wohl das gleiche wie bei Straftaten: Wo kein Kläger, da kein Richter. Und wenn du dir das gefallen läßt, dann wird es zur Gewohnheit, und sie wird eben dann auch weiterhin ihre Position ausnützen, um dir zu schaden. Der ganz offizielle Weg wäre tatsächlich eine Dienstaufsichtsbeschwerde, weil das, was allein mir bekannt ist und ich selbst in deinem Fall mit Beamten und Behörden erlebt habe, schon mehr ist als Grenzbereich! Nur mach dir keine Illusionen. Selbst eine Dienstaufsichtsbeschwerde wird kurzerhand unter den Teppich gekehrt, wenn es politisch nicht in den Kram paßt."

Was ist los mit unserem Rechtsstaat?

Und wieder fragte ich mich: Was ist los mit unserem Rechtsstaat? Mir fiel der Unternehmer ein, der nicht nur seine ganze Firma durch die bekannten Abzockermethoden der Scientologen verloren hatte, sondern auch seinen Sohn, der sich ganz und gar der Scientology-Organisation verschrieben hatte. Dieser Unternehmer versuchte nicht nur, Klage zu führen, sondern es gab wohl keine einzige offizielle Stelle von Staat und Kirche, die er nicht kontaktierte. Als er dann resignierte, riet ich ihm, mit allen in einem Rechtsstaat verfügbaren Mitteln zu kämpfen. Seine Antwort war: „Hören Sie mir auf mit Rechtsstaat! Wenn ich sehe, was ich allein in meiner Funktion als Unternehmer schlucken mußte und daß die Scientologen einfach weitermachen; wenn ich an meinen Sohn denke, an die zerbrochene Familie und daß heute sämtliche Gewinne dieser Firma in der Kriegskasse der Scientology landen, dann darf ich nicht über diesen Rechtsstaat nachdenken, sonst komme ich auf ganz gefährliche Gedanken."

Was dieser Betroffene aus Resignation sagte, habe ich in den letzten Jahren leider viel zu oft gehört. Die Geschädigten hatten keine Ansprechpartner, die helfen konnten oder wollten, und die Scientologen, die geschädigt hatten, agierten ungestört weiter. Die Politiker redeten und redeten und redeten. Es wurden neue Planstellen trotz steuerlicher Engpässe des Staates geschaffen, und ein Heer von Archivaren stiefelte los, um seine von Steuergeldern bezahlten Stellen zu sichern. Anscheinend waren die Lobbyisten dieser staatlichen und kirchlichen Archivare aber nicht ganz ausgelastet, denn es blieb ihnen sehr viel Zeit, um die offensive Aufklärung von „Robin Direkt“ zu behindern. Ganz realistisch betrachtet ist es nur unserem Fleiß zu verdanken, daß die verschiedenen Strategien, uns zum Schweigen zu bringen, nicht aufgegangen sind. Fleiß deshalb, weil unser Arbeitstag eben nicht bloß 7 3/4 Stunden dauert, sondern weil bei uns von früh morgens bis spät nachts Arbeitstag ist. Morgens im Büro muß das dringend Notwendige erledigt werden. Dann folgen die Beantwortung der Post, Kontakte, Gespräche und Telefonate, Telefonate, Telefonate. Manchmal werden auch ein oder zwei Betroffenengespräche eingeschoben, und am Spätnachmittag geht es noch schnell unter die Dusche, umziehen, ins Auto und zum Vortrag. Im Auto werden noch Briefe diktiert, nach der Ankunft am Vortragsort meistens noch Vorgespräche mit den Veranstaltern geführt, manchmal gibt es auch ein kurzes Treffen mit Betroffenen, die mich meist noch vor dem Termin ansprechen. Nach dem Vortrag werden immer noch ein paar Stunden angehängt, um die Gespräche mit den Zuhörern des Referates zu führen. Je nach Entfernung kommen wir dann nach Mitternacht, oft auch in den frühen Morgenstunden nach Hause – und nach ein paar Stunden Schlaf beginnt das gleiche wieder von vorne.

Hätten wir nicht unsere robuste Konstitution, hätten vielleicht die von mehreren Seiten kommenden Attacken gegriffen. Nachdem das Wirtschaftsbuch herausgekommen war – zuerst die Originalausgabe im Verlag meines Mannes, dann im Oktober die Taschenbuchausgabe bei Heyne –, überrollten uns Briefe, Faxe und Telefonate, aus denen wir erfuhren, wie Veranstalter, die mich als Referentin eingeladen hatten, schriftlich und telefonisch von beiden Seiten – also von Scientology und von vermeintlichen Scientology-Gegnern – bedrängt wurden.

Der „Bund Junger Unternehmer“ in Augsburg hatte den Sektenbeauftragten Kohle hochoffiziell eingeladen, um die Seite der Kirche öffentlich bei der eingeladenen Unternehmerschaft zu vertreten. Als Kohle hörte, daß der BJU auch mich als Referentin eingeladen hatte, sagte er ab. Er weigerte sich, Aufklärung bei den Jungunternehmern zu machen. Die Begründung: meine Anwesenheit. Innerhalb des BJU gab es daraufhin mehrere Gespräche, denn den Verantwortlichen dieser Veranstaltung fiel auf, daß gleichzeitig mit Kohles Absage die Scientology-Organisation mit übelsten Pamphleten meinen Ruf zu diffamieren versuchte.

Wie hätten Sie reagiert? Wie würden Sie als Veranstalter reagieren, wenn Sie zum Beispiel wie der BJU („Bund Junger Unternehmer“) Ihren Mitgliedern ein breites Spektrum von Informationen bieten wollen und aus diesem Grund eben nicht nur mich als Referentin zum Thema Scientology einladen, sondern auch die in der Öffentlichkeit bekannte offizielle Stelle des Sektenbeauftragten zum Thema hören wollen – was machen Sie, wenn diese offizielle Stelle die Referentin, die Sie eingeladen haben, ablehnt? Was machen Sie, wenn Sie unter Druck gesetzt werden und die offizielle, mit Steuergeldern finanzierte Person Ihnen ganz klar sagt: „Entweder Hartwig oder ich!"? Wie reagieren Sie? Fragen Sie dann nach, warum und wieso?

Das haben übrigens viele gemacht – nachgefragt! Als Antwort kamen von seiten der Offiziellen keine Argumente. Nicht ein einziges stichhaltiges Faktum wurde genannt. In manchen Fällen zitierte man sogar die „Schwarze Propaganda" der Scientologen. Die Veranstalter, die sich mit diesem Thema auseinandersetzten, haben jedoch echte Zivilcourage gezeigt und den Willen zu einer wirklichen Aufklärung gezeigt, denn außer von der Geschäftsstelle der ASU Leipzig und Dresden wurde ich kein einziges Mal ausgeladen. Man verzichtete lieber auf die Ausführungen der mit Steuergeldern finanzierten Personen.

Ich habe mir sehr oft Gedanken darüber gemacht, wie man die Situation ändern könnte, aber ich mußte in all den Jahren lernen, daß es eben weitaus mehr zum Charakterbild und zur Arbeitsweise dieser Personen gehört, solche Aktionen hinter den Kulissen durchzuführen, als offen die Fakten auf den Tisch zu legen. Und offensichtlich sind sie mehr mit sich selbst und der Sicherung ihrer Position als mit der Sache beschäftigt. Aus welchem Grund ist denn in Deutschland seit 1994 seitens der Behörden reagiert worden? Wegen der Sektenbeauftragten? Wegen der staatlichen Stellen? Die Bevölkerung wurde durch uns flächendeckend informiert und wußte inzwischen über offensive Aufklärung mehr als manche staatliche Stelle. Dazu kam, daß die Erfahrungen der Bürger mit diesen Stellen extrem negativ waren. Die Politiker hielten dem Druck der Öffentlichkeit dann einfach nicht mehr stand.

Aus welchem Grund war es nicht möglich, Herrn Minister Blüm schon vor 10 Jahren zu informieren? Wo waren all diejenigen, die etwas wußten? Er hätte sicher schon vorher angefangen, sich mit dem Thema zu beschäftigen, hätte er nicht erst in den neunziger Jahren Fakten erfahren. Warum war es all diesen Stellen nicht möglich, bereits 1984, als Ministerialrat Karbe massiv gegen die Organisation aufgestanden ist, Hilfe von Bonn zu bekommen? Warum hat die nordrhein-westfälische Justizministerin auf die Forderung von Herrn Karbe, man müsse für die Scientology-Organisation und deren Machenschaften eine Punktstaatsanwaltschaft errichten, nicht reagiert? Warum gab es Anfang der achtziger Jahre keine Justizministerkonferenz, sondern erst 1992, nachdem ich mit Bergen von Beweismaterial im Justizministerium in Stuttgart vorgesprochen hatte? Erst zu diesem Zeitpunkt reagierte der zuständige Oberstaatsanwalt. Warum hielt Justizminister Ohnewald von Baden-Württemberg überwiegend auf der Grundlage meines Materials und nach Gesprächen mit Betroffenen, die sich bei „Robin Direkt“ meldeten, eine Justizministerkonferenz zum Thema Scientology ab? Warum gab es nach dieser Justizministerkonferenz erst 1993 eine zweite und darauffolgend Innenministerkonferenzen? Wo waren all diejenigen, die mir Schaumschlägerei vorwerfen, in den achtziger Jahren, als sie bereits von Steuergeldern finanziert wurden, um dieses Thema zu klären? Aus welchem Grund ist es ihnen nicht gelungen, die Parteispitzen dazu zu bringen, zu reagieren? Wo hat der Sektenbeauftragte Liebl in all den Jahren die Unterlagen archiviert? Warum hat er sie nicht weitergeleitet an politische Kreise? Aus welchem Grund hat die Kirche nicht die staatlichen Stellen, die es eigentlich zu allererst erfahren müßten, informiert? Warum erkannte das Innenministerium in München erst 1995 aufgrund von Fakten, die wir auf den Tisch legten, daß es über dieses Thema viel zuwenig wußte? Warum reichte ein einziger Ordner im Innenministerium in München, um die Brisanz dieses Themas und die Gefahr für Gesellschaft und Demokratie zu erkennen?

Wo waren all diejenigen, die mir Schaumschlägerei vorwerfen, in den achtziger Jahren, als sie bereits von Steuergeldern finanziert wurden, um dieses Thema zu klären? Aus welchem Grund ist es ihnen nicht gelungen, die Parteispitzen dazu zu bringen, zu reagieren?

Leider hat keiner der Damen und Herren meine im Januar 1996 ausgesprochene Einladung zu einem Gespräch am Runden Tisch angenommen. Offensichtlich geht es ihnen weniger um die Sache als um ihre bequemen Sessel und ihre Pensionsberechtigung.

Jetzt sollten wir als Bürger uns fragen, aus welchem Grund wir so lange sitzen bleiben. Aus welchem Grund lassen wir zu, daß mit unseren Steuergeldern Aufklärung verhindert wird? Werden denn diese Stellen eigentlich finanziert, um jemanden wie uns als Bürgerinitiative oder mich als Person auszugrenzen? Ich habe weder eine dieser Stellen gebraucht, noch hat mir eine dieser Stellen geholfen. Wir haben keine einzige müde Mark an Steuergeldern zur Unterstützung unserer Arbeit bekommen und auch keine verlangt.

Der Vorwurf, ich sei zu emotional und zu spontan und ich würde zu risikofreudig mit dem Thema umgehen, ist lächerlich. Genau weil ich imstande bin, emotional, spontan und risikofreudig mit den Dingen umzugehen, habe ich dieses Kesseltreiben gegen mich – angezettelt von einer schmutzigen Allianz zwischen Scientology und einem Teil derjenigen, die sich öffentlich als

SCHUTZGEMEINSCHAFT
ROBIN DIREKT E.V.
89282 Pfaffenhofen - Postfach 44 - Tel. 07308-96900 - Fax 969030

15. Januar 1996

An alle Aufklärer in Sachen Scientology!

Die Zusammenarbeit unter Aufklärern ist schwierig, Meinungen gespalten. Viele von uns haben Unterlagen über andere Aufklärer, oft anonym „zugespielt„ bekommen, die Scientology hat gesteigertes Interesse, jeden Austausch zu stören (ihr eigenes „Gesetz der Dritten Partei„). Notwendige Sicherheitsvorkehrungen bis hin zum Mißtrauen tun ein Weiteres in der Szene.
Im Jahre 1996 sollten unserer Meinung nach einige Dinge geschehen, die im Interesse der Aufklärung ein gemeinsames Gespräch unumgänglich machen. Daher geht diese Einladung an alle mir bekannten Aufklärer, auch an diejenigen, mit denen bisher kein konstruktiver Dialog stattfand. Ich erinnere hier demonstrativ an die von mir veröffentlichten Umstände, an meine Erfahrungen und Erlebnisse und denke es wird Zeit, um der Sache willen beim Gespräch einen Weg zu finden, der es möglich macht, endlich Gräben zu überwinden und für die Zukunft nicht noch mehr "Öl ins Feuer zu gießen " .
1996 werden Veränderungen stattfinden.
Einige Politiker beginnen mit Worten und auch mit Taten, gegen die Scientology vorzugehen. Eine wachgerüttelte Bevölkerung fordert den Staat. Und viele, die bereits zu den warnenden Aufklärern gehörten, werden neue Aufgaben erhalten. Um hier einer Frage gleich vorzubeugen: Ich bin Autorin und Vertreterin einer Bürgerbewegung. Ein Amt oder eine öffentliche Förderung will ich nicht, sie paßt weder zu meinem Naturell noch zu meiner Unabhängigkeit. Aufgrund der neuen Strategien der Scientology sollten alle, die es ernst meinen, ihren Worten der Aufklärung weitere Taten folgen lassen - eine davon wäre das angebotene Gespräch, um endlich wenigstens im eigenen Bereich der Aufklärung friedlicher arbeiten zu können.
Eines steht für mich fest:
Es ist noch ein weites Stück Arbeit für uns alle in dem Thema - machen wir es uns nicht noch schwerer, als es ohnehin schon ist. Wenn jeder ein Stück nachgibt, ist es geschafft und wir erreichen sicher im ganzen mehr ohne Streit, Mißgunst, Besserwisserei, Konkurenzdenken und Zorn.
Ich weiß von mir selbst das man durch die Arbeit in der Aufklärung, durch Angriffe und oft schwierige Situationen „dünnhäutiger" wird, doch gleichzeitig kann uns ein Gespräch an einem Tisch auch stärken für die kommenden Aufgaben.
Wir müsen miteinander reden, um die Arbeit von uns allen nicht zu gefährden. Jeder hat seinen Beitrag geleistet und jeder sollte sich darüber im klaren sein, daß die zur Zeit vorherschende Situation nur einen lachenden Dritten hat - Scientology! Jede und Jeder, der ernsthaft an Aufklärung in Sachen Scientology interessiert ist, ist hiermit eingeladen, sich an dem Gespräch zu beteiligen.

Es wird ein Gespräch unter uns sein - und es soll dazu beitragen, daß unser aller Arbeit und Bemühung nicht noch mehr belastet wird, als es ohnehin durch die Thematik schon ist. Nach langen Überlegungen haben wir uns zu einem sehr kurzfristigen Termin entschlossen, denn nicht nur das uns jeder Tag hilft ein Stück voran zu kommen, sondern je kurzfristiger der Termin, desto schwerer haben es diejenigen die so ein Gespräch ablehnen, stören oder verhindern wollen.

Mit freundlichen Grüßen

Renate Hartwig

Sektenbeauftragte bezeichnen – überstanden. Und sicher liegt es auch an meiner Erziehung. Wenn die Angriffe von allen Seiten auf mich einprasselten, dachte ich oft an meine verstorbenen Eltern und an den Spruch meiner Mutter, den sie mir nach dem Tod meines Vaters immer wieder sagte: „Renate, lauf nie gebeugt. Schau nie nach unten. Lauf gerade mit einem starken Rückgrat, sonst siehst du den Himmel nicht."

Profilierung mit fremden Federn

Das Interessante an der Auseinandersetzung innerhalb der Kritikerszene war, daß ich auf der einen Seite flächendeckend angegriffen wurde, daß aber meine Ideen anscheinend zur eigenen Profilierung nicht nur gebraucht, sondern auch benutzt wurden. Das kann man eindeutig beweisen – und zwar anhand der Schutzerklärungen, die ich das erste Mal Ende 1993 für eine Firma vorschlug. Damals hatten wir mehrere Juristen beauftragt, mit uns gemeinsam eine juristisch hieb- und stichfeste Schutzerklärung für die Bürger zu erstellen. Diese Schutzerklärungen habe ich dann in meinem Buch *Scientology – Die Zeitbombe in der Wirtschaft* unter verschiedenen Aspekten veröffentlicht. Gleichzeitig erläuterten wir das Direktionsrecht, auf dem wir diese Schutzerklärung aufbauten. Dies sollte den Lesern helfen, sich vor Infiltration durch Hubbard-Technologie zu schützen.

Erstaunt war ich allerdings, als ich im Herbst 1994 die ersten Informationen aus Unternehmerkreisen zugespielt bekam, daß der Arbeitskreis Scientology in Hamburg auch solche Schutzerklärungen verbreitete. Genau zwei Monate nach Veröffentlichung meines Buches kam man in Hamburg, Stuttgart, Berlin, St. Ingbert und auch in München auf die gleiche Idee.

Mir ging und geht es nicht um Urheberrechte. Wenn man aber die Aufklärung, die ich mache, in Grund und Boden verdammt, wenn man mich als Person und die Bürgerinitiative „Robin Direkt", wo immer es nur geht, zu bremsen versucht und mit Attacken gegen uns bei Behörden und Journalisten vorgeht, dann ist es doch sehr eigenartig, daß man Ideen, die eindeutig von uns kommen, als die eigenen verkauft. Trotzdem freute ich mich, daß die Bürger jetzt wenigstens die Möglichkeit hatten, sich von vielen Seiten Schutzerklärungen geben zu lassen, es ging mir letztendlich ja darum, daß mein Ziel, diese Schutzerklärungen flächendeckend einzusetzen, erreicht war.

Fatal wurde die Sache natürlich, als ich von Mitarbeitern mehrerer Industrie- und Handelskammern (IHK) Kopien von Schutzerklärungen erhielt, die umformuliert waren. Auf meine Nachfrage, von wem sie diese Schutzerklärungen denn hätten, sagte man mir: „Aus Hamburg vom Arbeitskreis Scientology."

Jetzt gab es auf einmal mehrere Formulierungen. Im Grunde hätte uns das ganz egal sein können, wenn sie juristisch ausgefeilt und stimmig gewesen wären. Nun tauchten aber vermehrt Schutzerklärungen auf, die juristisch angreifbar waren. Im Fernsehen erklärte Ursula Caberta, die Erklärungen habe sie mit anderen zusammen erarbeitet. Dann veröffentlichte „VITEM" (Jeanette Schweitzer) eine Erklärung, die ebenfalls anders formuliert war. Auf einmal waren die Erklärungen in aller Munde, jeder hatte sie „erfunden". Den Höhepunkt erreichte die Auseinandersetzung um die Formulierung der Schutzerklärung dann im Herbst 1995, als das Buch *Scientology im Management* von dem Unternehmensberater und Psychologen Steven Goldner und seiner Frau Angelika Christ auf den Markt kam, in dem eine Schutzerklärung abgedruckt war, die juristisch nicht einwandfrei ist.

Solche und solche Schutzerklärungen

Wir versuchten, die Sache zu analysieren. Was war geschehen? Aufgrund meiner Erfahrungen hatte ich die Notwendigkeit und Dringlichkeit einer solchen Schutzerklärung erkannt. Ich sicherte mich dadurch ab, daß ich die Erklärungen von mehreren Seiten prüfen ließ, unter anderem auch von Anwälten, und ich finanzierte diese Überprüfung aus eigenen Mitteln. Dann habe ich sie in meinem Buch veröffentlicht, und die Schutzerklärung wurde von vielen Lesern wie geplant fotokopiert und weitergegeben. Durch diese Erklärung wurde es möglich, die Hubbard-Technologie – und nur um die geht es in diesen Schutzerklärungen, weil sie aufgrund ihrer totalitären Zielsetzungen eine Gefahr für unsere Gesellschaft darstellt – an weiterer Verbreitung zu hindern. Von meiner Seite her war es überhaupt kein Problem, daß unsere Schutzerklärungen von anderen eingesetzt wurden. Ich wußte aber aus Gesprächen mit Juristen, wie sehr es hier auf die genaue Formulierung ankommt und auf die momentane Rechtslage in unserer Republik. Es geht nicht um die Religionszugehörigkeit eines Mitarbeiters, es geht auch nicht darum, ob irgend jemand irgendwo Mitglied in einem Verein ist. Unsere Erklärungen zum Schutz vor Hubbard-Technologie, die ich in meinem Buch veröffentlicht hatte, waren juristisch geprüft und basieren auf dem bestehenden Direktionsrecht. Diese als Präventivmaßnahme für Wirtschaft und Industrie sowie für Privatpersonen gedachten Schutzerklärungen wurden völlig unangefochten erfolgreich eingesetzt. Nun tauchten aber 1995 verschiedene abgewandelte Erklärungen und Verträge auf, und unsere Juristen schlossen sich den Bedenken der Unternehmensanwälte an, die bei uns anfragten, ob die von verschiedenen Beratungsstellen zum Thema Scientology verbreiteten Erklärungen rechtswirksam seien. Wir distanzierten uns öffentlich von den geänderten Formulierungen unserer Schutzerklärung und haben auch unserem monatlich erscheinenden *„Robin Direkt" Report* ein Beiblatt beigefügt, in dem wir erklären, keinerlei Verantwortung zu übernehmen, wenn die Formulierungen unserer Schutzerklärung abgeändert werden.

Wir distanzieren uns öffentlich von den geänderten Formulierungen unserer Schutzerklärung.

Angreifbar sind bis zum heutigen Tag folgende Aussagen in Erklärungen und Schutzverträgen:

Die Firma / Ich __________ bzw. Mitarbeiter der Firma _____ sind nicht Mitglied der International Association of Scientologists (IAS), nicht Mitglied vom World Institute of Scientology Enterprises (WISE) und nicht Mitglied der Scientology Church
... nicht Mitglied der IAS (= International Association of Scientologists) zu sein
... oder mit sonst einer mit Scientology zusammenhängenden Technologie zu arbeiten, ...

Wir haben in einem Rundschreiben unter anderem darauf hingewiesen, daß umformulierte Erklärungen, in denen das Wort „Scientology" oder „Scientology-Mitglied" sowie der Name einer der Unterorganisationen von Scientology, z.B. „WISE" oder „IAS", auftauchen, durchaus von Scientologen und Hubbardisten unterzeichnet werden können – ihnen würden wegen der momentanen Rechtslage wohl keine juristischen Folgen drohen.

Die von uns ausgearbeiteten und von Juristen geprüften Schutzerklärungen vor Unterwanderung durch Hubbard-Techniken verwenden folgenden Wortlaut:

Erklärung eines Geschäftspartners

Ergänzung zum Geschäftsvertrag mit Firma ....
Ich,
Herr/Frau ....
versichere hiermit, daß ich weder Sympathisant noch Anhänger des Gedankengutes von L. Ron Hubbard bin.
Ich verwende deren Inhalte und Methoden nicht.
Ich bin nicht weisungsgebunden an Anordnungen einer Organisation, die Hubbards Technologie verbreitet oder verwendet.
Ich werde keine Informationen aus der Geschäftsbeziehung an Dritte weitergeben.
Ich versichere, daß ich nicht an Befragungen teilnehmen werde, in deren Verlauf im weitesten Sinn hypnoseähnliche Techniken eingesetzt werden.
Sollte diese Erklärung nicht zutreffend sein, stellt dies einen wichtigen Grund für eine außerordentliche Kündigung des Geschäftsverhältnisses dar.

Unterschrift, Datum
Copyright © 1994, 1997 Schutzgemeinschaft Robin Direkt e. V.

Diese Erklärung wurde erstmals im Juni 1994 in meinem Buch *Scientology – die Zeitbombe in der Wirtschaft* veröffentlicht. In dem Buch sind auch Formulierungen zur Vorlage bei Arbeitnehmern, Fortbildungsbeauftragten, Beratern/Trainern/Dienstleistern sowie Beratungsunternehmen abgedruckt. Außerdem ist dort etwas über den juristischen Hintergrund und das Direktionsrecht nachzulesen.

Und wer ist der lachende Dritte?

Warum wurden rechtlich bedenkliche Schutzerklärungen in Umlauf gebracht? Konnten es die offiziellen Stellen nicht besser? Oder wollten sie das Urheberrecht umgehen? Oder ist es ihnen etwa schwergefallen zuzugeben, daß meine Idee zum Schutz vor Hubbard-Technologie gut ist? Das Verbreiten von Schutzerklärungen mit angreifbaren juristischen Formulierungen hat fatale Folgen: Präventivmaßnahmen zum Schutz vor Hubbard-Technologie, vor unerwünschter Kontrolle und vor Einflußnahme im privaten wie im beruflichen Bereich können ausgehebelt werden. Und wer ist in diesem Fall der lachende Dritte? Scientology.

Warum machen sich gerade Personen, die in der Öffentlichkeit als Gegner der Scientology auftreten, durch solche Maßnahmen zum Steigbügelhalter für Scientology? Vollends makaber wird es freilich, wenn staatliche Stellen diese Strategien unterstützen.

Daß bei diesen Umformulierungen Anwälte beteiligt waren, die bereits in mehreren Verfahren als Rechtsvertreter von „IAS"- und „WISE"-Mitgliedern der Scientology aufgetreten sind und sich gerade für das Persönlichkeitsrecht von Scientologen stark machten, ließ die Angelegenheit für uns in einem ganz anderen Licht erscheinen: Offensichtlich gab es eine Strategie, diese Schutzmechanismen, die jeder einsetzen kann, auszuhebeln.

Bis zum heutigen Tag – 1997 – werden vermehrt juristisch angreifbare und bedenkliche Erklärungen in Umlauf gebracht, und es gibt inzwischen unglaublich viele Bürger, die deswegen verunsichert sind, aber auch Behörden, die wegen der nicht kalkulierbaren juristischen Schwierigkeiten lieber Abstand von der Einführung solcher Schutzmaßnahmen nehmen.

Die Öffentlichkeit hat ein Recht zu erfahren, was sich diese Damen und Herren, die solche juristisch mangelhaften Schutzerklärungen in Umlauf brachten, eigentlich dabei gedacht haben.

Ich denke, hier herrscht großer Erklärungsbedarf. Die Öffentlichkeit hat ein Recht zu erfahren, was sich diese Damen und Herren, die solche juristisch mangelhaften Schutzerklärungen in Umlauf gebracht haben, eigentlich dabei gedacht haben. Wozu wurden juristisch haltbare Schutzerklärungen in einer Weise umformuliert, daß sie nunmehr von den Scientologen und den Hubbardisten ohne weiteres unterzeichnet werden können? Und wieso wurden und werden diese letztlich wirkungslos gemachten Erklärungen ausgerechnet von solchen Leuten in Umlauf gebracht, die sich in der Öffentlichkeit als Kenner von Scientology verkaufen und als Dozenten für dieses Thema agieren? Gerade Personen, die mit Juristen, Beamten und Behörden, ja sogar mit der Enquete-Kommission in Bonn ihr Image aufpolieren, hätten doch sicherlich jede Menge Gelegenheit gehabt, sich den notwendigen juristischen Beistand zu holen, und es wären ihnen – im Gegensatz zu uns – vermutlich nicht einmal Kosten für die Rechtsberatung entstanden.

Warum lachen die Chinesen?

Die mehrtägige Reise in die neuen Bundesländer im Frühjahr 1997, in denen ich mehrere Aufklärungsvorträge hielt, war seit langem geplant gewesen. Ich machte dort interessante Erfahrungen, und es wurden gute Kontakte geknüpft, aus denen inzwischen ein aktiver Arbeitskreis „Robin Direkt“ in den neuen Bundesländern entstanden ist.

Die Koffer waren bereits im Auto, mein Mann Paul war noch zum Tanken gefahren, die Tiere waren versorgt, und ich besprach mit dem Personal die nächsten Tage. Als ich gerade dabei war, einen neuen Ansagetext auf den Anrufbeantworter zu sprechen, klingelte das Telefon. Ich sagte der Anruferin, ich stehe sehr unter Zeitdruck, weil ich gerade auf dem Weg Richtung Rostock sei. Sie lachte und sagte: „Da muß ich Ihnen gleich einen Witz erzählen, der bei uns in der Firma gerade die Runde macht. Warum lachen die Chinesen so viel?“

„Keine Ahnung.“

„Weil sie noch eine Mauer haben!“

Ich schüttelte den Kopf und entgegnete: „Das sollten Sie aber lieber nicht laut herumerzählen, denn ich fürchte, in der ehemaligen DDR werden das viele nicht so komisch finden.“

„Unsere Erfahrungen im geschäftlichen wie im privaten Bereich sind aber so, daß man lachen muß, obwohl es eigentlich sehr traurig ist, wenn solche Witze inzwischen in der Bevölkerung kursieren.“

Paul und ich diskutierten auf der Fahrt noch über diesen Witz. Vor allem interessierte uns, wie die Menschen in den neuen Bundesländern mit solchen Witzen umgehen. Ich hatte nun die Gelegenheit, mehrere Tage dort zu sein, und hatte mir vorgenommen, im privaten Gespräch danach zu fragen.

Erfahrungen in den neuen Bundesländern

Im Vergleich zu 1991 sah man in den Städten ganz klar den begonnenen Aufbau. Fast acht Jahre nach der Wende verschwand zumindest architektonisch das einseitige Grau. Neubauten und Restaurierungen zeigten eine positive Entwicklung. Im Gespräch mit den Menschen fiel mir aber eine gewisse Zurückhaltung auf, mit der einem begegnet wurde, wenn man aus den alten Bundesländern kam. Ich konnte nicht übersehen, daß so mancher dauernd auf einen Fehler von mir wartete. Mit der mir angeborenen und von vielen oft kritisierten Unkompliziertheit hielt ich – egal wo – in den neuen Bundesländern meine Vorträge, denn für mich gibt es keinen Unterschied, wenn es um die Gefahr Scientology geht. Ich wollte zur Sensibilisierung beitragen und sprach natürlich auch regionale Probleme an. Das war man nun überhaupt nicht gewohnt: Namen, Fakten und Hintergründe. Man hatte Angst, die Dinge beim Namen zu nennen.

Nach einem der Vorträge kam eine Frau zu mir, ließ das Buch signieren und steckte mir dabei unter dem Buch einen zusammengefalteten, mit Tesafilm verklebten Zettel zu. Ich schaute sie an und wollte den Zettel öffnen. Entsetzt riß sie die Augen auf und sagte: „Nicht jetzt! Wenn Sie allein sind! Ich melde mich bei Ihnen. Es steht von mir keine Adresse drin, denn ich habe noch genug Schwierigkeiten von damals – Sie wissen schon, ich meine, bevor die Mauer fiel –, und ich habe wirklich keine Lust, das noch einmal zu erleben." Hastig nahm sie das Buch, drehte sich um und verschwand in Richtung Ausgang. Ich steckte den Zettel in die Jackentasche und schaute die Veranstalterin an, die das Ganze beobachtet hatte. Sie zog die Schultern nach oben und sagte: „Darauf müssen Sie sich wohl einstellen: Hier ist man vorsichtig mit Aussagen, da steckt noch zuviel von damals in den Köpfen." Da mußte ich wieder an diesen blöden Witz mit den Chinesen und der Mauer denken.

Nach einem der Vorträge kam eine Frau zu mir, ließ das Buch signieren und steckte mir dabei unter dem Buch einen zusammengefalteten, mit Tesafilm verklebten Zettel zu.

Nach dem Vortrag gingen wir in ein nettes Lokal, und bei dieser Gelegenheit fragte ich die Veranstalterin, ob sie sich erklären könne, warum in den alten Bundesländern ein Witz kursiert, der für mich in eine Schublade gehört, die ich nie öffnen würde, der aber offensichtlich eine Tendenz in der Bevölkerung widerspiegelt. Ich würde sagen, meine Gesprächspartnerin verzog eher das Gesicht, als daß sie lachte, und ihre Antwort verblüffte mich: „Frau Hartwig, Sie täuschen sich, der Witz kommt nicht aus den alten Bundesländern, er wird auch hier erzählt, und zwar von der Pointe her genau umgekehrt."

Diese Witze zeigen ganz deutlich, daß ein Land aufgrund verschiedener Ideologien Jahre braucht, um wieder zusammenzuwachsen. Ich versank in meine Gedanken, und plötzlich wurde mir klar, daß die Mauer, die damals die Menschen trennte, nicht viel anders war als die Mauer im Kopf der Scientologen, die in der Organisation gedrillt werden: Sie führt zu einer Trennung, und zwar nicht nur in ihrem sozialen Bereich, sondern auch gegenüber allen, die nicht konform gehen mit der Ideologie der Hubbardisten. Totalitäre Systeme sind in den Auswirkungen auf das, was das Miteinander der Menschen betrifft, irgendwie doch alle gleich. Es wird ausgegrenzt, es wird eine Mauer im Kopf errichtet oder eine Mauer aus Stein. In jedem Fall wird getrennt, und irgendwo sitzt jemand, der das steuert und diejenigen bestraft, die sich über diese Mauer bewegen.

Die Mauer im Kopf

Mein Vortrag am nächsten Tag war anders als der vom Vorabend, denn ich ging genau auf diese Sache ein. Ich sprach von der Mauer, die der sogenannte „real existierende Sozialismus“ gegenüber dem Kapitalismus aufgebaut hatte, ich sprach davon, daß mir viele Einzelschicksale bekannt sind, wo ein Mensch den anderen nicht treffen durfte, und ich sah in den Gesichtern, daß man mir im Gegensatz zum Vorabend auf einmal mit sehr viel mehr Verständnis zuhörte. Es war an diesem Abend wesentlich leichter, die Gefahren von Scientology aufzuzeigen. Plötzlich wußten die Menschen, was ich unter Gefahr verstand. Durch das Kursprogramm von Scientology wird systematisch eine „Mauer im Kopf“ errichtet. Weder Kritik noch ein Kontakt zu Andersdenkenden wird erlaubt, rund um die Uhr findet eine Kontrolle statt, „Wissensberichte“ gehören zum normalen Alltag, Strategien zur Eroberung verschiedener Personenkreise stehen seit jeher in den Richtlinien oder in dem „Ethikbuch“ der Scientology-Organisation. Genau das hatten auch die Menschen in der ehemaligen DDR erlebt.

Als in der Diskussion ein junger Mann aufstand und seine Fragen stellte, bemerkte ich, daß er immer wieder um sich schaute. Er kommentierte das dann sogar noch und sagte: „Ich mache mir die größten Sorgen darüber, daß sich die ehemaligen Spitzel der Stasi mit den Strukturen der Scientology verbinden könnten, denn dann können wir einpacken mit dem Gedanken Freiheit.“

Ich wollte diese Angst einfach nicht so stehenlassen und versuchte, ihm Mut zu machen.

„Was glauben Sie, warum ich diese Art der Aufklärung mache? Was glauben Sie, warum ich diese offensive Auseinandersetzung führen möchte und von allen anderen fordere? Genau deshalb, damit solch eine gefährliche Allianz nicht zustande kommen kann. Ich bin nach wie vor der Überzeugung, daß wehrhafte Demokratie die Kraft hat, solche Strukturen zu verhindern.“

Die Leute klatschten, aber ich wollte eigentlich nicht ihren Beifall, sondern ihre Aktivität und ihren Mut, aufzustehen und zu erzählen, was damals passiert war, um denjenigen, die Scientology nach wie vor verharmlosen, damit zu beweisen, wohin Verharmlosung führen kann.

Nach diesem Vortrag war der Kreis derer, die noch ins Lokal mitgingen, wesentlich größer als am Vortag. Wir mußten mehrere Tische zusammenstellen, und es ergab sich ein tolles Gespräch. Ein knapp Dreißigjähriger erzählte von den Erfahrungen, die er als Jugendlicher in seiner Firma gemacht hatte. Er wurde von Kollegen angeheuert, für die Staatssicherheit der DDR als IM zu arbeiten. „Wer dazu bereit war, bekam für diese IM-Arbeit bis zu einem Drittel mehr Gehalt zugesteckt", sagte er.

„Das heißt auf gut deutsch: bezahlte Spitzel!" sagte ich.

„Ja, es war doch ganz einfach. Man mußte sich nur umhören, wer mit wem Kontakt hatte, und wenn man etwas hörte von Westkontakten, dann mußte man eine Mitteilung machen an diese in der Firma fest verankerte Stelle der Staatssicherheit."

Nun waren die anderen auch bereit, von ihren Erfahrungen zu erzählen, und ich verstand auf einmal das Mißtrauen, das immer und überall gegenwärtig war. Es tauchte auch die Frage auf, ob ich nicht Angst hätte, denn man müsse doch davon ausgehen, daß die Scientology mich sicher auch durch ihren Geheimdienst zumindest beobachten ließ und die Aussagen, die ich in der Öffentlichkeit machte, genau kontrollierte.

„Das weiß ich", sagte ich, „und ich finde es erschreckend, daß der Terror von Scientology staatlich geduldet und von der Justiz nicht verfolgt wird. Warum läßt ein Rechtsstaat zu, daß hier Scientologen mit speziellen Abhörgeräten in Vorträgen sitzen und die ganze Sache mitschneiden? Ich meine, da sollte man vielleicht einmal über das Persönlichkeitsrecht und die im Grundgesetz verankerte Meinungsfreiheit nachdenken. Aber man diskutiert lieber über die Persönlichkeitsrechte, die ein Spitzel von Scientology hat. Noch dazu werden diese Persönlichkeitsrechte von Juristen unseres Landes wissentlich durchgesetzt und Kritiker entsprechend der Zielsetzung von Scientology angegriffen."

Mehrere Stimmen waren zu hören, die sagten: „Also so, wie das Ganze jetzt aussieht, ist da kein Unterschied zwischen den Stasimethoden und den Methoden des scientologischen Geheimdienstes ‚OSA'."

Mehrere Stimmen waren zu hören, die sagten: „Also so, wie das Ganze jetzt aussieht, ist da kein Unterschied zwischen den Stasimethoden und den Methoden des scientologischen Geheimdienstes ‚OSA'."

Ich wollte noch mehr darüber wissen, was damals in dieser DDR für die Bürger „normal“ war. Ich wollte es mit den Unterlagen vergleichen, die ich teilweise in meinem Vortragskoffer dabei hatte. Wir stellten die Tische zu einem Viereck zusammen, ich holte das „Ethikbuch“ der Scientology heraus, zitierte die Stelle auf Seite 183, wo es um „Wissensberichte“ geht, die man gegenüber der Organisation abzugeben verpflichtet wird:

Wissensbericht: Ein Bericht, der von jemandem geschrieben wird, der von irgendeiner unethischen, von den Richtlinien abweichenden oder destruktiven Handlung oder Unterlassung Kenntnis hat. Wissensberichte werden an die Ethik geschickt, so daß von dort her eine Ermittlung und Handhabung stattfinden kann.

Ein Außenstehender überliest leicht die Brisanz, die in diesem Text verborgen ist. Aufgrund der Wortwahl – „Ethik“ und „Ethikabteilung“ – meint er zunächst ganz arglos, es ginge hier um wirkliche Ethik – um das, was man normalerweise darunter versteht –, und merkt nicht, daß es sich um sogenannte re-definierte Begriffe handelt.

Wie bei der Stasi

Ich hatte zwar bereits in meinem Vortrag über dieses Thema gesprochen und auch die „Ethik“ der Scientologen offengelegt, aber jetzt, zwei Stunden nach dem Vortrag, als wir in kleiner Runde zusammensaßen, fielen uns die Parallelen noch deutlicher auf zwischen dem, was sich hinter dem scientologischen Begriff „Ethikabteilung“ verbirgt, und den Anweisungen des Staatssicherheitsdienstes bzw. dem, was dem Bürger damals abverlangt wurde.

„Nach den Aussagen, die von ehemaligen ‚Ethikoffizieren‘ oder Mitgliedern des scientologischen Geheimdienstes gemacht wurden“, sagte ich, „ist die ‚Ethikabteilung‘ ein Kontrollorgan in der Organisation und übernimmt genau jene Aufgaben, die in der DDR der Staatssicherheitsdienst für das System hatte.“

Ein Mann, zirka fünfzig Jahre alt, meldete sich zu Wort und erzählte nicht nur von seinen persönlichen Erfahrungen, sondern gab auch einen kurzen Einblick in die Aufgaben, die von der Stasi für das System wahrgenommen wurden.

„Wir mußten mit allen nur möglichen Schwierigkeiten rechnen, wenn wir Kontakte zu Personen aus den kapitalistischen Ländern pflegten. Man wußte ja nie, wer aus dem engsten Freundes- und Bekanntenkreis für ein paar Ostmark Berichte bei der Stasi ablieferte – oder es vielleicht auch nur deshalb tat, weil man Vergünstigungen versprochen bekam. Wenn Sie jetzt die Erläuterungen dieser ‚Wissensberichte' bei Scientology so vorlesen, dann sieht man doch, daß diejenigen, die diese Berichte schreiben, so etwas wie die Zulieferer, also IMs sind, wie sie bei der Stasi hießen."

Ich hielt nun den Zeitpunkt für gekommen, das in meiner Mappe liegende Originalmaterial des Staatssicherheitsdienstes auf den Tisch zu legen, um es – wie ich es bereits bei vielen Recherchen gemacht hatte – mit Originaltexten von Hubbard zu vergleichen. Als ich ein Jahr vorher ein braunes Kuvert erhielt, in dem sich diese Richtlinien des Ministeriums für Staatssicherheit der Deutschen Demokratischen Republik zusammen mit Kopien aus dem „Ethikbuch" der Scientology befanden, wollte mich jemand offensichtlich mit der Nase auf etwas stoßen. Nicht zuletzt auch wegen des Zettels, der dem Material beilag: „Denken Sie an Ihre eigene Situation, wie Scientology mit Ihnen und Ihrem Umfeld umgeht, und lesen Sie die Richtlinien der Stasi – Sie werden nur die Bestätigung finden, daß totalitäre Systeme sich immer wieder gleichen."

Jetzt hatte ich die Gelegenheit, mit vielen Menschen nicht nur über die theoretischen Anweisungen zu diskutieren, sondern auch darüber, wie sie in der Praxis das Leben jedes einzelnen belasteten, vor allem wenn er gegen diese Richtlinien verstieß. Als ich nun aus der Seitentasche meines Vortragskoffers die Mappe mit dem Material herauszog, auf dem geschrieben stand: *Geheime Verschlußsache – Ministerrat der Deutschen Demokratischen Republik, Ministerium für Staatssicherheit – Richtlinie Nr. 1/76 zur Entwicklung und Bearbeitung Operativer Vorgänge (OV),* sah ich in so manch verblüfftes Gesicht. Ich erzählte, wie ich an das Material gekommen war, und ich sagte auch, was mir der anonyme Zusender auf den Zettel geschrieben hatte. Die Veranstalterin bat mich um diese Richtlinien. Ich gab sie ihr, sie nahm sie mit spitzen Fingern und demonstrierte dadurch auch deutlich ihre Distanz zu diesem Text.

Ich hielt nun den Zeitpunkt für gekommen, das in meiner Mappe liegende Originalmaterial des Staatssicherheitsdienstes auf den Tisch zu legen.

Die Blätter machten die Runde. Es war wie ein Stück Vergangenheitsbewältigung. Das war von meiner Seite aus gar nicht beabsichtigt. Mein Mann durchbrach das Schweigen am Tisch, indem er sagte: „Was uns an dieser Richtlinie auffällt, sind die unglaublichen Parallelen zu den Vorgehensweisen der Scientologen gegenüber kritischen Personen und Organisationen, die sich gegen das System auflehnen. Um die Gefährlichkeit der scientologischen Ideologie sichtbar zu machen, muß man solche Fakten einander gegenüberstellen, damit auch endlich das dumme Gerede von ‚Kirche' und ‚Sekte' aufhört. Der Stapel Flugblätter, den die Scientology seit Jahren gegen Renate Hartwig und ‚Robin Direkt' drucken läßt und europaweit hunderttausendfach, selbst übers Internet, verbreitet, sind der eindeutige Beweis dafür, wie doch die Strategien zweier totalitärer Geheimdienste einander gleichen. Wer damals in der DDR aufmuckte und sich kritisch äußerte, wer Kontakte hatte zum Oberfeind aus dem Westen, mußte mit Repressalien rechnen. Auch wurden auch in der DDR ganz gezielt Zersetzungsprogramme in Form von Richtlinien herausgegeben. Sie gaben Anweisungen, wie man Regimekritiker, die sich in Gruppen zusammengeschlossen haben, vernichten kann."

Um die Gefährlichkeit der scientologischen Ideologie sichtbar zu machen, muß man solche Fakten einander gegenüberstellen, damit auch endlich mal das dumme Gerede von „Kirche"und „Sekte" aufhört.

Diese Szene an den zusammengestellten Tischen im Osten Deutschlands war filmreif. Mein Mann und ich waren weder in der ehemaligen DDR noch bei Scientology gewesen, wir saßen mit Menschen zusammen, die alle dieses System erlebt hatten – altersbedingt der eine mehr, der andere weniger. Und gerade wir brachten jetzt die Beweise, daß eine Organisation, die landläufig immer noch als „Sekte" betrachtet wird und sich selber als „Church" zu präsentieren versucht, durchaus vergleichbare Anweisungen hat wie die Stasi der DDR.

In der Richtlinie Nr. 1/76 des Ministeriums für Staatssicherheit der DDR heißt es unter der Überschrift *Formen, Mittel und Methoden der Zersetzung* auf S. 36:

Bewährte anzuwendende Formen der Zersetzung sind:

– *systematische Diskreditierung des öffentlichen Rufes, des Ansehens und des Prestiges auf der Grundlage miteinander verbundener wahrer, überprüfbarer, diskreditierender sowie unwahrer, glaubhafter, nicht widerlegbarer und damit ebenfalls diskreditierender Angaben*

– *systematische Organisierung beruflicher und gesellschaftlicher Mißerfolge zur Untergrabung des Selbstvertrauens einzelner Personen*

– *(...) Erzeugen von Mißtrauen und gegenseitigen Verdächtigungen innerhalb von Gruppen, Gruppierungen und Organisationen*
– *Erzeugen bzw. Ausnutzen und Verstärken von Rivalitäten innerhalb von Gruppen, Gruppierungen und Organisationen ...*

Ein paar Absätze weiter heißt es dann:

Bewährte Mittel und Methoden der Zersetzung sind:
– *(...) die Verwendung anonymer oder pseudonymer Briefe, Telegramme, Telefonanrufe usw.; kompromittierender Fotos, z.B. von stattgefundenen oder vorgetäuschten Begegnungen*
– *die gezielte Verbreitung von Gerüchten über bestimmte Personen einer Gruppe, Gruppierung oder Organisation.*

Wie sich die Bilder gleichen!

Wir lasen diese nicht nur theoretisch formulierten, sondern bekanntlich auch Wort für Wort befolgten geheimdienstlichen Bestimmungen vor, und dann hielten wir Bestimmungen von Scientology dagegen – unter anderem die Aufforderungen von Scientology: „Vernichte Kritiker (...), niemals verteidigen, immer angreifen, (...) findet oder erfindet soviel Belastungsmaterial gegen sie, daß sie um Frieden bitten müssen. (...) Organisiert Kampagnen, die den Ruf des Betreffenden so nachhaltig ruinieren, daß er geächtet wird."

Egal ob es Systemkritiker der DDR waren oder heute die Kritiker der Scientology sind – die Vorgehensweisen gleichen sich. Die Berge von Flugblättern, die auf dem Tisch lagen, bekamen auf einmal einen ganz neuen Sinn. Jetzt wurde den Anwesenden plötzlich klar, was Rufmord bedeutet: gezielt eingesetzte Kampagnen, um den Ruf eines Menschen so nachhaltig zu ruinieren, daß er geächtet wird.

Egal, ob es Systemkritiker der DDR waren oder heute die Kritiker der Scientology sind – die Vorgehensweisen gleichen sich.

„Hier auf den Flugblättern der Scientologen bin ich es, und was war denn damals mit den Regimekritikern in der DDR?" sagte ich. „Man hat auch versucht, ihren Ruf systematisch zu ruinieren, bis sich niemand mehr getraut hat, mit Personen zu reden, über die ganz gezielt diese Schmutzkübel ausgegossen wurden – auf der einen Seite aus Feigheit und aus Angst, man könne

Schaden erleiden, auf der anderen Seite sicher aber auch, weil systematische Diskreditierung irgendwann zu wirken beginnt! Was hat sich jetzt geändert? Es gibt keine DDR mehr, die Mauer wurde abgerissen, das System und die dahinterstehende politische Partei gibt es nicht mehr. Aber was ist in den Köpfen? Warum gibt es immer noch dieses Mißtrauen in der Bevölkerung? Warum traut der eine dem anderen nur sehr bedingt? Aus welchem Grund habe ich nach dem Vortrag von einer Frau einen mit Tesafilm verklebten Zettel ohne Anschrift bekommen? Warum riß sie entsetzt die Augen auf, als ich den Zettel öffnen wollte? Wovor hatte sie Angst? Sie war der Beweis, daß totalitäre Ideologien oft jahrelang nachwirken, auch wenn sie offiziell abgeschafft worden sind. In den Herzen und in den Köpfen lebt die Angst, leben die Vorsicht und die Maßnahmen, die das Leben geprägt haben, einfach weiter.

Das Ganze läßt sich ohne weiteres mit der Situation der Ex-Scientologen vergleichen. Warum gibt es nur so wenige, die sich in der Öffentlichkeit an der Diskussion beteiligen? Aus welchem Grund nutzen sie, um ihre eigenen Pfründe zu sichern, manchmal noch dieselben Methoden, die sie bei Scientology gelernt haben? Wieso herrscht auch in diesen Kreisen ein erhebliches Mißtrauen untereinander, und warum schottet man sich und seine Kontakte ab? Aus denselben Gründen: weil das totalitäre System der Scientology auch nach einem Ausstieg in den Köpfen der Ex-Scientologen noch für lange Zeit weiterwirkt. Diese Auseinandersetzungen haben wir mit sehr vielen Ex-Scientologen geführt, die sich bei ‚Robin Direkt' engagierten. Immer wieder stellten wir fest, daß diejenigen, die sich mit dem Hubbardismus im Kopf Stück für Stück bewußt auseinandergesetzt haben, nach einer gewissen Zeit auch mit dieser Thematik anders umgegangen sind."

An diesem Abend in den neuen Bundesländern wurden in dem Lokal nicht nur die Tische zusammengerückt, sondern auch wir Menschen rückten ein Stück mehr zusammen in der Erkenntnis, daß wir nur gemeinsam totalitäre Strukturen überwinden können, um tatsächlich Demokratie zu leben.

Einspruch der Scientology

Anfang des Jahres 1993 lud mich SAT 1 zur Teilnahme an der Sendung „Einspruch“ ein. Die Redaktion holte sich nicht nur Infomaterial bei uns, sondern in einem sehr langen Gespräch diskutierte man auch die Vorgehensweisen der Scientologen in solchen Veranstaltungen.

Ein Fernsehsender geht in die Knie

Bei einem der Informationsgespräche machte ich die Redaktion darauf aufmerksam, daß ich den Scientologen durchaus zutraute, daß sie kurzfristig ihren Auftritt absagen würden, wenn sie merkten, daß aufgrund der Besetzung der Gegenseite ein rhetorischer Schlagabtausch für sie eng werden könnte. Ich regte auch die Überlegung an, ob es wirklich notwendig sei, daß die Scientologen von meiner Einladung erfuhren. Aus mehreren Situationen wußte ich bereits, daß von der Scientology der Versuch gestartet worden war, Veranstalter zur Zurücknahme der Einladung meiner Person zu bewegen. Aus journalistischer Fairneß wurden die Scientologen informiert, wer von der Gegenseite anwesend sein sollte. Darüber gab es auf scientologischer Seite längere Diskussionen, und man wußte bis zum letzten Augenblick nicht so genau, wer nun als Vertreter der Organisation kommen würde. Die Standardbesetzung war zum damaligen Zeitpunkt meistens Franz Riedl, der als Pressesprecher der Scientology Hamburg agierte. Ich kümmerte mich eigentlich wenig darum, wer nun von der Scientology auftauchte, denn im Grunde sind die Aussagen sowieso alle gleich, aus welchem Mund sie letztlich auch kommen.

Am 29. April 1993 erhielt ich um 16.43 Uhr ein Fax der Meta Produktions GmbH aus Berlin mit folgendem Inhalt:

> *Liebe Frau Hartwig, wie ich Ihnen am Telefon erklärte, bedauern wir sehr, wenn wir Sie nicht zu unserer Sendung „Einspruch“ am Dienstagabend am 4. Mai einladen können. Hintergrund dieser redaktionellen Entscheidung ist die Bedingung der Scientology Church Hamburg, nur aufzutreten, wenn Sie während der Sendung nicht im Studio anwesend sind. Der Sache wegen haben wir die Bedingung zähneknirschend akzeptiert. Schließlich wollen wir über die Scientology Church auf-*

klären und haben mit Frau Caberta und Herrn Potthoff zwei enge Mitstreiter von Ihnen. Für Ihr Verständnis möchten wir Ihnen sehr danken. Nicht weniger auch für die vielen guten Informationen, die Sie uns gaben.
Mit freundlichen Grüßen
Roland Will, Redaktion Einspruch

Interessant war, daß die Scientologen *meine* Aussagen fürchteten, aber keinerlei Einwände hatten gegen das Auftreten von Ursula Caberta oder eines Ex-Scientologen. Warum man meine Ausführungen fürchtete und bei denen der anderen anscheinend keine Bedenken hatte, wurde nie geklärt.

Interessant war, daß die Scientologen meine Aussagen fürchteten, aber keinerlei Einwände hatten gegen das Auftreten von Ursula Caberta oder des Ex-Scientologen Norbert Potthoff.

Hinzu kam noch, daß bei Ausstrahlung der Sendung am 4.5.1993 keine Rede von dem Druck war, den Scientology ausgeübt hatte. Ein Fernsehsender war in die Knie gegangen, aber es wurde kein Wort darüber verloren.

Damals waren wir uns alle einig: Es war unglaublich, daß die Scientology-Organisation aufgrund von Druck, den ich bereits als Erpressungsversuch werte, erreicht, daß Gäste, die in eine Talkshow eingeladen wurden, wieder ausgeladen werden. Wann fängt eigentlich die Beeinflussung der Medien an? Das war auch die Diskussion, die wir nach dieser Ausladung führten. Im Mai 1993 reagierte Caberta noch solidarisch und sagte zusammen mit dem Ex-Scientologen Daniel Fumagalli aus der Schweiz ihre Teilnahme an der Talkshow ab. Interessanterweise reagierte sie 1996 genauso wie die Scientologen, indem sie dem „Arbeitskreis selbständiger Unternehmer" ihr Kommen für den Fall verweigerte, daß auch *ich* eingeladen würde. In anderen Fällen habe ich von Redaktionen erfahren, daß auch dort von seiten Caberta mein Ausschluß von einer öffentlichen Diskussion die Bedingung war, daß sie kam.

Aber Uschi Caberta ist nicht die einzige, die sich an dieser höchst undemokratischen Ausgrenzung beteiligt. Hier ein Beispiel von Frau Rennebach, SPD-Bundestagsabgeordnete.

Renate Hartwig
Autorin

26. August 1995 /ct

Frau
MdB Renate Rennebach
Gartenstr. 12
10115 Berlin 37

Sehr geehrte Frau Rennebach,

aufgrund von Unterlagen die mir vorliegen möchte ich Sie um eine Stellungnahme zu folgendem Sachverhalt bitten:
Die Mietervereinigung gegen Scientology hat mit uns Kontakt und wir haben uns auch anläßlich einer Fernsehsendung in Berlin getroffen. Dabei haben mich die Mieter zur Demonstration am 24.06.95 nach Berlin eingeladen, um u.a. nicht nur Solidarität im Kampf gegen Scientology zu beweisen sondern evtl. auch für die Mieter ein paar Worte nach der Demonstration zu sprechen. Ich versprach den Mietern die geplante Fernsehsendung vom 30.6. auf den 23.6. zu verlegen um dann am Samstag den 24.06. 95 in Berlin zu sein. Es war ausgemacht daß ich bei dieser Gelegenheit auch Unterlagen über das scientologische Immobilienkartell und die bundesweite Vernetzung mitbringe da mir die Mieter sagten, daß sie auch von politischen Kreisen unterstützt werden. U.a. viel natürlich auch Ihr Wahlkreisbüro, Ihr Name wie auch andere Politiker. Da ich nach wie vor der Meinung war, daß es sich bei dieser Demonstration um einen gemeinsamen Kampf gegen Scientology handelt, fragte ich nicht nach irgendwelchen Parteizugehörigkeiten und Interessen sondern mir ging es lediglich darum, die geschädigten Bürger von Berlin im Kampf gegen Scientology zu unterstützen. Mir ging es und geht es nach wie vor um die Sache und um den Kampf gegen die Scientology-Machenschaften. Umso überraschter war ich, als mir die Mieter schriftlich mitteilten, daß sie leider aufgrund des politischen Drucks mich wieder ausladen müßten, da sonst die SPD ihre Zusage zur Demonstration und ihre Unterstützung zurückziehen würde wenn ich bei der Demonstration erscheine oder aber ein paar Worte für die Mieter spreche. Ich habe mich nach diesem Schreiben mit mehreren Mietern unterhalten und habe inzwischen genügend schriftliche Aussagen die dies bestätigen.

Ich bitte Sie um umgehende Stellungnahme zu dieser Situation, vor allem möchte ich eine Erklärung dafür, mit welcher Berechtigung hier auf aktive mündige Bürger, in dieser Form ein Druck ausgeübt wird. Es ist nach meinem Demokratieverständnis völlig unmöglich, daß Politiker entscheiden wer sich gegen Scientology äußern darf und wer nicht. Bedenkt man, daß es sich hier noch um ein SPD-Büro handelt wird die Angelegenheit schon fast makaber.

Weiter möchte ich Sie um eine Stellungnahme bitten zu folgenden Informationen die mir von mehreren Seiten zugespielt wurden:
Ist es richtig, daß Ihre Anfrage am 13.07.95 an die Bundesregierung, Frage 135 und 136 die am 14.07.95 dem Bundeskanzleramt zugestellt wurden, von Herrn Gunter Träger formuliert wurden?
Weiter, hat Sie die Antwort des paralamentarischen Staatssekretärs beim Bundesminister für Verkehr, Manfred Carstens MdB, vom 20.07.95 zu Ihren Fragen 135 und 136, in Ihrer Aussagekraft befriedigt?

In Erwartung Ihrer Stellungnahme verbleibe ich mit freundlichen Grüßen

Aufgrund der zu diesen Sachverhalten vorliegenden Informationen erwartete ich nicht einmal eine Antwort von der Bundestagsabgeordneten Renate Rennebach. Und so war es auch: Anstatt einem interessierten Bürger eine Antwort zu geben, reiht sich Frau Rennebach mit ihrem Gehilfen Frank Sassenscheidt-Grote lieber in die Reihe derjenigen ein, die meine offensive Aufklärung verhindern wollen.

Die Gewerkschaft IG Metall Ingolstadt staunte nicht schlecht, als Rennebach sich weigerte, an einer Podiumsdiskussion zum Thema Scientology teilzunehmen, wenn ich mit am Tisch wäre. Auch eine Gruppe von SPD-Frauen aus Hessen war mehr als irritiert, als sich Sassenscheidt-Grote aus Bonn telefonisch darüber beschwerte, daß sie mit mir einen Aufklärungsabend organisierten. Solche Aktionen ließen sich hier noch lange auflisten. Sie stimmen mich inzwischen nur noch nachdenklich. Nach vielen hundert Vorträgen zum Thema Scientology, die ich in den letzten Jahren quer durch Deutschland hielt, gewöhnt man sich an Störaktionen. Bei Scientology gehören sie zum Standard, aber inzwischen muß ich die Veranstalter fragen: „Wer will diesmal meine Aufklärung verhindern, die Scientologen oder diejenigen, die sich Aufklärer nennen?" Die Gruppe derer, die sich als „Club der Einzigen" sehen, wird immer größer.

Wie sich die Zeiten wandeln. Seite an Seite in der „Kritikerlobby" brillieren inzwischen die früheren Feinde Goldner und Rennebach. Vielleicht könnte Frau Rennebach jetzt Herrn Goldner bitten, daß er seinen Anwalt Scheele zu folgendem Sachverhalt befragt:

Wie kam eigentlich RA Scheele an den Leserbrief von Renate Rennebach, den sie am 12. November 1993 an die Chefredaktion der *Süddeutschen Zeitung* per Fax sendete? Sie bezog darin Stellung zum Kommentar von Herbert Riehl-Heyse in der *Süddeutschen Zeitung* vom Sa./So., 30./31. Oktober 1993. Es ging um die besagte Sendung „Report München" (von der in diesem Buch bereits mehrfach die Rede war) über „die Albanien-Mission der Scientology … und ihrer deutschen Helfershelfer", wie Rennebach in dem Leserbrief schreibt.

Unter Punkt 2.) handelt Rennebach den Kommentar von Riehl-Heyse ab:

> *… für die zweitgenannte Variante der bewußten Falschkommentierung spricht, daß die Formulierungen den Eindruck entstehen lassen können, Herrn Riehl-Heyse gehe es vielleicht auch darum, den in dem Bericht genannten Rechtsanwalt Scheele von jeglicher moralischer wie sonstiger Schuld an der scientologischen Ost-Expansion reinzuwaschen, und damit das nicht so auffällt, er den Deckmantel benutzt hat,*

einen zeitkritischen Kommentar über die skrupellose (?) Gesinnung einiger Medienvertreter zu verfassen (...)

Zur Klarstellung: Der Leserbrief wurde nicht von mir aus der Zeitung abgeschrieben, sondern es ist eine Kopie vom Originalschreiben, das Renate Rennebach in ihrer Funktion als Mitglied des Deutschen Bundestages geschrieben hat. Dieser Brief wurde am 22. November 1993 von RA Scheele aus der Kanzlei Scheele, Zielcke, Kirschner & Partner als Anlage an einen Journalisten gesendet. In dem Schreiben äußert sich RA Scheele auch über den Pressekodex des Deutschen Presserates. Über diesen Pressekodex sollten wir als Bürger auch nachdenken wenn es „normal" werden sollte, daß Leserbriefe aus Redaktionen einer Zeitung weitergeleitet werden. Deshalb meine Fragen:

- Wie kam der Brief von der Redaktion zu Scheele?
- Wurde dieser Leserbrief jemals veröffentlicht? (Nach meinen Informationen nicht.)
- Oder hat Rennebach Dr. Scheele eine Kopie überlassen? (Völlig ungewöhnlich zu der damaligen Zeit, siehe Text Rennebach.)

Wenn doch, dann aus welchem Grund?

Inzwischen ist ja alles ganz anders: Die Kanzlei Dr. Scheele ist durch Dr. Steven Goldner in der Kritikerszene tätig und nimmt nach eigener Aussage keine Mandate von Scientologen mehr an. Vielleicht ist es jetzt möglich, die Sache mal untereinander zu besprechen.

In der Sache Gerhard Haag/Albanien hat sich auch viel verändert: In der Albanischen Zeitung *DITA Informacion* war am Sonntag, den 25. Juli 1995, zu lesen:

Eine Person, die einen Ordner mit Unterlagen zu den Aktionen des Scientologen Haag in Albanien überbrachte, behauptete, daß der Mordbefehl gegen einen sehr großen Geldbetrag von Frau Sabine Haag (die Ehefrau vom deutschen Ingenieur) erteilt war. Demnach wurde jedoch nicht beabsichtigt, den Zeitungsherausgeber zu töten, da in diesem Fall ein Zusammenhang zu den Auftraggebern zu offensichtlich gewesen wäre ...

Von Informanten aus Albanien ist mir bekannt, daß die Scientologen Gerhard und Sabine Haag inzwischen Einreiseverbot nach Albanien haben.

Strategie und die Folgen

Daß die Scientology-Organisation in ihren Richtlinien bereits anordnet, Kritiker so lange anzugreifen, bis sie um Frieden betteln, wurde mir von Anfang an nicht nur erzählt, sondern ich erlebte die einzelnen Passagen dieser Richtlinien minutiös. Ob das nun mehrere Seiten in der Kampfschrift *Freiheits-Spiegel* waren oder Medien mit meterlangen Pressemitteilungen eingedeckt wurden, der Inhalt war immer wieder diskriminierend – und niemand fragte sich, wie es denn eigentlich zu solchen Pressemitteilungen der Scientology mit dem Inhalt gegen mich kommen konnte wie z.B. die: In Baden-Württemberg lägen mehrere Anzeigen wegen Betrugs vor. Bis zum heutigen Tag wird der Satz eines Ravensburger Staatsanwaltes zitiert, in dem er gesagt haben soll, ich sei eine schillernde und unseriöse Person.

Was all diese Pressemitteilungen und Flugblätter verschweigen, ist der Weg, wie es zu den Anzeigen und Äußerungen des Staatsanwalts gekommen ist, vor allem, welche Kontakte dieser Staatsanwalt pflegte. Die Strafanzeigen entstanden durch eine „Initiative Hartwig-Geschädigter", die aus dem Umfeld der Scientology entstand. Diese Initiative hatte nicht nur Kontakt zu den Scientologen, sondern sie wurde auch von einem Rechtsanwalt vertreten, der regelmäßig als Anwalt der Scientology-Organisation fungiert. Und ein Münchner „Journalist", der für die Initiative „recherchierte", hat freimütig eingeräumt, daß er im Auftrag der Scientologen arbeitet. Diese Initiative verschickte Fragebogen an Personen, die in irgendeiner Form einmal mit uns in Kontakt waren oder geschäftlich mit uns zu tun hatten. Der Fragebogen wurde vom Landgericht München verboten, das Urteil wurde vom Oberlandesgericht München bestätigt. Die Begründung des Gerichts: Der Fragebogen enthält Informationen, die die Persönlichkeitsrechte von Renate Hartwig verletzen.

Dieser Fragebogen wurde von einem Dieter Rapp aus Dachau versandt, und in einem anderen Fall unterzeichnete unser ehemaliger Nachbar Helmut Randolf. Lange nach dieser Fragebogenaktion von 1992 hatte ich mehrfach Kontakt zu Menschen, die mit diesem Fragebogen konfrontiert wurden. Man versuchte mit dubiosen Methoden, jeden einzelnen dazu zu bringen, eine Anzeige gegen mich zu erstatten. Man ging sogar so weit, den Adressaten des Fragebogens zu versprechen, die Initiative habe einen Anwalt zur Hand, der bereit wäre, die Anzeigen zu formulieren. Zielsetzung – das haben die anschließenden Akteneinsichten ergeben – waren Dutzende von Anzeigen, mit denen man ein sogenanntes Sammelverfahren gegen mich anzetteln wollte. Wieder einmal ließ sich ein Anwalt instrumentalisieren, um die Zielsetzungen der Scientology durchzusetzen. Das Ganze läuft anscheinend weltweit nach demselben Schema ab.

Wenn man die Unterlagen über die Aktionen der Scientology gegen die Schriftstellerin Paulette Cooper ansieht, die bereits in den siebziger Jahren aufgrund ihrer kritischen Publikationen von der Organisation terrorisiert wurde und die man mit konstruierten Geschichten ins Gefängnis oder in die Psychiatrie zu bringen versuchte, und wenn man dann die damaligen Vorgehensweisen mit denen vergleicht, die ich am eigenen Leib erlebt habe, dann wird erst recht rätselhaft, warum eine Schar sogenannter Kritiker von Scientology in staatlichen und kirchlichen Stellen bis zum heutigen Tag nicht fähig war, den Terror der Scientologen in den Griff zu bekommen. Im Gegenteil: 1997 sind plötzlich die Aussagen eines Staatsanwaltes, der mir sehr zweifelhaft erscheint, mit den Aussagen von Sektenbeauftragten deckungsgleich, und diese Allianz gegen Aufklärung wird von der Kriegskasse der Scientology auch noch unterstützt.

Warum damals die verbotene Fragebogenaktion darauf abzielte, ausgerechnet bei einem bestimmten Staatsanwalt in *Ravensburg* jene Flut von Anzeigen einzureichen, ist bis heute nebulös. Aufgrund der Akteneinsicht, die meine Anwälte beantragten, wurden mir aber manche Zusammenhänge klar: Mehrere Anzeigen wurden von Rechtsanwalt Blümel im Auftrag der Scientology Deutschland erstattet. Wenn sich die früheren Bekannten bzw. Geschäftspartner im Rahmen der Fragebogenaktion weigerten, Strafantrag zu stellen, so wurde dieser dann von der Scientology Deutschland e.V., eingereicht über deren Rechtsanwalt, an die Staatsanwaltschaft gesendet. Dadurch, daß die Organisation als Strafanzeigenerstatter auftauchte, hatte wiederum der Rechtsanwalt die Gelegenheit, Akteneinsicht zu nehmen. So kam Scientolgogy an eine Flut von Informationen, die dann von der Organisation ausgeschlachtet wurden. Es war offensichtlich, daß ich so diskreditiert werden sollte. Bei den vorliegenden Akten entschlüpfte so manchem Juristen, der im nachhinein diese Aktionen prüfte, das Wort „gezieltes Komplott". Es rief sogar eine ermittelnde Staatsanwältin von sich aus in der Kanzlei an, die mich damals vertrat. Dort sprach sie mit meiner Anwältin und bezeichnete die vorliegende Aktenlage als „eine eindeutige Hetzjagd quer durch Deutschland mit gezielten Angriffen, die nach rechtlicher Sicht mehr als bedenklich erscheinen".

Bei den vorliegenden Akten entschlüpfte so manchem Juristen, der im nachhinein diese Aktionen prüfte, das Wort „gezieltes Komplott".

Und das alles in einem Rechtsstaat ...

Immer wieder, wenn ich diese Vorkommnisse Revue passieren lasse und mir vorstelle, wie sorgfältig und gezielt ich seit Jahren im Fadenkreuz des scientologischen Geheimdienstes stehe, läuft mir ein kalter Schauer über den Rücken. Das alles in einem Rechtsstaat! Wie sagte doch Dieter Hildebrand: „Es hilft nicht, das Recht auf seiner Seite zu haben, man muß auch mit der Justiz rechnen."

Jener Staatsanwalt aus Ravensburg wurde für längere Zeit nach Leipzig versetzt, und ein Veranstalter aus Bad Waldsee, der mich im Rahmen einer Aufklärungsveranstaltung ganz im Sinne von Scientology diskriminiert hatte, wurde von mir verklagt wegen falscher Aussagen. Die Äußerungen wurden vom Landgericht Ravensburg verboten – die Kosten für diesen Prozeß sowie die Kosten für die Anwälte mußte ich selbst bezahlen, da der junge Mann bereits mittellos war, als er diese Äußerungen gegen mich machte. Mehrfach habe ich erfahren, daß er sich der Freundschaft zu dem Staatsanwalt rühmte: Ihm könne strafrechtlich wenig passieren, er habe einen Freund bei der Staatsanwaltschaft – übrigens jenen, der die Anzeigen gegen mich bearbeitete. Daß die Nachfolgerin des Staatsanwaltes alle Anzeigen einstellte bis auf eine, die sie an ein anderes Gericht weitergab, erzählen die Scientologen natürlich weder ihren Mitgliedern, noch verbreiten sie darüber Flugblätter. Heute kann ich auf jeden Fall beweisen, daß der Rechtsanwalt der Scientologen nicht nur mit einer gezielten Aktion im Sinne der Scientology-Organisation agierte, sondern daß er auch über Akteneinsicht an Unterlagen kam, die danach interessanterweise bis zum heutigen Tag in Flugblättern der Scientology mit Teilaussagen gegen mich veröffentlicht werden.

Alle meine Anwälte haben mir immer wieder gesagt, daß aus diesen angeforderten Akten keinerlei Kopien weitergereicht werden dürfen, und ich bekam im laufenden Verfahren jeweils nur Einsicht in den Räumen der Kanzlei. Anscheinend laufen auch juristische Gepflogenheiten oder Vorschriften im Fall der Scientologen und ihrer Anwälte bereits anders als bei jedem Normalbürger.

Anscheinend laufen auch juristische Gepflogenheiten oder Vorschriften im Fall der Scientologen und ihrer Anwälte bereits anders als bei jedem Normalbürger.

Wenn ich heute die Unterlagen der eingestellten Verfahren anschaue, die gegen mich in Gang gebracht wurden, dann wundere ich mich, daß ich immer noch nicht den Glauben an diesen Rechtsstaat verloren habe. Viel schlimmer und viel schwerer zu verdauen finde ich allerdings die Tatsache, daß gerade diejenigen, die es wissen müßten, nämlich die Sektenbeauftragten und die staatlichen Anlaufstellen, ja selbst ein paar Ex-Scientologen mit unglaublicher Akribie die „Schwarze Propaganda" der Scientologen übernommen haben und ebenfalls gegen mich einsetzten, um mir zu schaden und meine Aufklärung zu verhindern. Die dabei erlebten Enttäuschungen haben mich zwar verändert, aber die aus dieser Etappe meines Abenteuers Zivilcourage gewonnene Lebenserfahrung hat mich auch weitergebracht. Ich vertraute damals den Menschen, von denen ich annahm, daß sie das gleiche Ziel verfolgen wie ich – nämlich Aufklärung der Bevölkerung, um weiteren Schaden in der Gesellschaft zu verhindern.

Aufklärung im Schutz der Carabinieri

Für mich ist Scientology kein auf einzelne Länder bezogenes Problem, und deshalb habe ich schon seit Jahren Kontakte in ganz Europa.

1994 lernte ich einen engagierten Theologiestudenten an der Universität in Innsbruck kennen, als ich in der vollbesetzten Aula der Uni einen Vortrag zum Thema Scientology hielt. Drei Jahre später war er dafür ausschlaggebend, daß in Südtirol zwei Tage lang die Bevölkerung offensiv über Scientology informiert wurde. Die Kontakte nach Bozen hatte ich schon länger – zu Unternehmern, die von deutschen Scientologen und „WISE"-Lizenznehmern mit Hubbard-Technologie geschult worden waren, sich dadurch arglistig getäuscht fühlten und Rat und Hilfe bei mir suchten.

Im Vorgespräch informierte ich die Veranstalter, den Direktor der Volkshochschule und den Politiker der SVP, über die Art und Weise, wie Scientologen versuchen, meine Aufklärung zu verhindern. Man war also schon vorbereitet, als am Montag, dem 12. Mai 1997, die ersten Versuche von Scientology Verona gestartet wurden, um meinen Auftritt zu verhindern.

Der Direktor der VHS bekam einen Anruf. Es meldete sich ein Mann, der sich als „Rechtswissenschaftler" ausgab und der im Auftrag eines Bekannten, der angeblich eine Arbeit über Scientology schrieb, Informationen zu bestimmten Details der geplanten Veranstaltungen am 15. und 16. Mai haben wollte. Der Direktor der VHS war sehr distanziert, und das Gespräch wurde beendet. Er war völlig überrascht, als derselbe „Rechtswissenschaftler" auf einmal als Scientologe von Verona massive Drohungen gegen ihn aussprach, als er sich weigerte, die Veranstaltungen abzusagen.

Die Zielsetzung war tatsächlich, daß die Aufklärungsveranstaltungen einfach abgesagt würden. Man drohte dem VHS-Direktor mit „mehrjährigen Haftstrafen", wenn er mich als Referentin auftreten lasse. Die übliche „Schwarze Propaganda" wurde an alle nur erdenklichen Stellen in Südtirol gefaxt, um mich – wie bereits gewohnt – zu diskreditieren. Aber da hatten sich die Scientologen diesmal die absolut Falschen ausgesucht, denn je mehr sie drohten, desto wichtiger fanden die Veranstalter die Aufklärung.

Ein Gewitter bricht los

Bei unserer Ankunft waren sämtliche Sicherheitsvorkehrungen von seiten der Veranstalter getroffen, und vor dem Hotel erwarteten uns Carabinieri. Ein straffer Zeitplan mußte eingehalten werden. Im Hotel blieben uns nur zwanzig Minuten zum Umziehen und Frischmachen, und ab ging es zum ersten Interview und danach gleich zum Veranstaltungsort. Wir fuhren mit dem Auto auf den Parkplatz und sahen bereits das Aufgebot der Scientologen, die sich um das Gebäude plaziert hatten. Sie schauten auf das Nummernschild, sahen das Ulmer Kennzeichen, sprachen miteinander und entfernten sich in Richtung Parkplatz. Es war dreißig Minuten vor Beginn des Vortrags, als wir den Raiffeisensaal in Terlan bei Bozen betraten. Die Hitze des Tages staute sich in dem Raum. Wenige Stunden später brach ein Gewitter los, und es regnete in Strömen. Durch die massiven Drohungen der Scientologen war die Stimmung ein wenig gereizt, aber ich lockerte sie auf, indem ich lachte und sagte: „Also, dieser Regen hat ja zwei Seiten: Zum einen kühlt alles ab, und zweitens werden die Scientologen beim Verteilen ihrer Propaganda naß."

Mein Lachen steckte die anderen an, und so schnell der Regen gekommen war, genausoschnell hörte er wieder auf. Kurz vor 20 Uhr strömten die Menschen in den Saal zum Vortrag „Scientology – Ich klage an!". Und dann sah ich sie wieder: die vier Männer, die zuvor bei unserem Eintreffen das Weite gesucht hatten. Nun waren aber auch mehrere Frauen dabei, und beim kurzen Zählen kam ich allein auf elf, die an der Tür standen. Eine dunkelhaarige Frau verteilte diese strategisch im Saal, sie zeigte auf die Sitzreihen und schickte einen nach dem anderen los. Nun sah ich am Rand Personen mit Fotoapparaten aufmarschieren, die querfeldein fotografierten. Na, was die können, können wir auch, dachten andere – und der eine oder andere zog seinen Fotoapparat und knipste in die Richtung der Scientologen. Auf jeden Fall florierte an diesem Abend das Geschäft mit Filmen und Fotos.

Die Zivilcourage hat gesiegt

Die Veranstalter begannen mit ihren Begrüßungsreden, danach sollte ich meinen Vortrag halten. Ich begrüßte die anwesenden Zuhörer – und zu den Scientologen, die bis aus Verona angereist waren, sagte ich: „Buona sera", um die gespannte Stimmung zu lockern, die auch bei den Zuhörern zu bemerken war, als der Aufmarsch der Scientologen begann. Mit Zwischenrufen in Deutsch und Italienisch wurde versucht, meinen Vortrag unmöglich zu machen. Aber nach Hunderten von Vorträgen konnten auch die Italiener mich nicht hindern, die Informationen über die Machenschaften und die Zielsetzungen von Scientology offenzulegen. Das Brüllen wurde lauter, und ich hatte trotz Mikrophon Mühe, weiterzureden. Erst als sich die Carabinieri an der Tür postierten und Beamte des Staatsschutzes sich den Scientologen zu erkennen gaben, wurde es ruhiger, und ich konnte meinen Vortrag fortführen. Nach über zwei Stunden kam es zur Diskussion. Wieder versuchten die Scientologen, das Ganze mit ihren Statements und mit Angriffen gegen die Veranstaltung und mich zu kippen. Neben den Scientologen hatte sich nun ein Carabinieri postiert, der allein durch sein Auftreten die offensichtliche Aggression der Scientologen ein wenig abkühlte.

Erst als sich die Carabinieri an der Tür postierten und Beamte des Staatsschutzes sich den Scientologen zu erkennen gaben, wurde es ruhiger, und ich konnte meinen Vortrag fortführen.

Unterstützung bekamen übrigens die italienischen Scientologen aus München, denn der Geheimdienstmann Johann Altendorfer versuchte ebenfalls mit langen Faxen, die Veranstalter in Bozen zu bewegen, die Aufklärungsveranstaltung abzusagen. An diesem 15. und 16. Mai 1997 mußten die Scientologen, die im Einsatz für die Organisation als Störenfriede auftraten, feststellen, daß ihre Rechnung nicht aufging. In Südtirol waren engagierte Veranstalter, mutige Politiker und ein unbeugsamer Direktor einer Volkshochschule die Ursache, daß offensive Aufklärung für Hunderte von Bürgern aus Südtirol zwei Abende lang möglich war. Der Sieger in Südtirol war eindeutig die Zivilcourage.

Desinformation aus Künstlerkreisen

Ein klassischer Fall von Desinformation bis in höchste politische Kreise hinein manifestiert sich in der Person des Gottfried Helnwein. Im Herbst 1996 ging sein „Fall“ durch die Presse, und er schaffte es, komplett von seiner Zielsetzung als Scientologe abzulenken. Um dem entgegenzuwirken, verschickte ich damals einen offenen Brief mit einem Sonderreport, der zu einem Teil meines Abenteuers Zivilcourage wurde und den ich hier mit seiner unveränderten Aktualität und Brisanz einer breiten Öffentlichkeit zur Diskussion stelle. Helnwein hat sich, als die öffentliche Diskussion um seine Verwirrungsstrategien entbrannte, zurückgezogen und geschwiegen. An anderen Stellen spielt er weiterhin seine Tarnrolle. Und last but not least hat die Scientology-Organisation in den USA eine Pressemitteilung herausgegeben, nach der Helnwein über seine „Verfolgung“ in Deutschland als Scientologe in den höchsten Regierungskreisen berichtet haben soll.

Gottfried Helnwein – faire Presse, Volksverdummung oder gezielte PR-Strategie?

Seit Jahren taucht mit schöner Regelmäßigkeit in der Presse der Name Gottfried Helnwein in Verbindung mit Scientology auf. Gottfried Helnwein ist als Künstler vielseitig, und die Diskussion geht nicht um die eigenwillige Form seiner Gemälde oder um die von ihm ausgestellten „Walt-Disney-Figuren“.

Natürlich kann jeder nach seiner eigenen Fasson selig werden, doch was geschieht, wenn eine Organisation ausschließlich *ihre Fasson* durchsetzen will und es dann keine Freiheit für die Allgemeinheit mehr gibt? Was ist mit denen, die diese Strategie unterstützen? Wo fängt nun Toleranz an, gefährlich zu werden? Wann beginnt Kumpanei? Gehört bewußte Täuschung der Öffentlichkeit inzwischen zum Standard in unserer Gesellschaft? Welche Freiheit ist es, die im Fall Helnwein diskutiert wird?

Es heißt: „Die Freiheit des einzelnen muß da aufhören, wo sie die Freiheit anderer beschneidet!“ Richtig! Denn sonst wird das Wort Freiheit zur Farce.

Die Auseinandersetzung um Helnwein hat große Lücken, denn es geht ihm nicht um *die Freiheit.* Er meint *seine* Freiheit und macht aus egoistischen Motiven eine PR-Show.

Erstens geht es Helnwein um sein Image, seine Umsätze, seine Popularität, die leiden würden, wenn seine Scientology-Verbindungen öffentlich diskutiert würden. Deshalb wird die Verfolgtenschiene gefahren, die bei Scientology zum Standard gehört. Anstatt sich mit der Thematik zu beschäftigen, wird in großem Stil Volksverdummung betrieben. Von ihm ist kein Wort zu hören über die gesellschaftspolitischen Gefahren, die von einer Scientology-Organisation ausgehen, kein Ton über sein Verhältnis zu Scientology, nichts über seine Verbindungen.

Anstatt sich mit der Thematik zu beschäftigen, wird in großem Stil Volksverdummung betrieben.

Zweitens kann nun aber die Scientology auch über diese Schiene profitieren. Wird Helnwein als „Rufmordopfer" in den Medien diskutiert, protegiert von höchster politischer Seite, nämlich von Antje Vollmer, immerhin Bundestagsvizepräsidentin, kommt Scientology ins Gespräch. Ein Nebenkriegsschauplatz ist eröffnet, und Scientology reibt sich die Hände. Worüber wird jetzt noch geredet? Über die Gefahren von Scientology? Über die politischen Planspiele der Organisation? Über „Weltclearing" und Kontrolle über jeden?

Wer redet nun noch davon, daß Helnwein sich doch selbst verpflichtet hat gegenüber Scientology und was es bedeutet – für ihn und für die Gesellschaft? Nein, darüber wird nicht mehr gesprochen. Statt dessen findet eine Diskussion über das *Helnwein-Schicksal im schrecklichen Deutschland* statt. Die eigentlich zu führende Auseinandersetzung um Scientology gerät ins Hintertreffen. Wem gefällt dieser Umschwung in der Diskussion? Richtig! Scientology!

Eine ganze Batterie von Medienprofis unterstützt diese Strategie und schlägt damit all denen ins Gesicht, die durch Aufklärung zum Thema Scientology Menschen sensibilisieren wollen.

An der Diskussion um Helnwein ist auch erkennbar, wie in den letzten Jahrzehnten über das Thema Scientology teilweise falsch informiert wurde. Es geht nicht um die Mitgliedschaft von einzelnen, es geht um die Infiltration der gefährlichen Scientology-Ideologie in unser Leben, und es geht auch um Finanzierungen der Organisation. Es geht um die Zielsetzung von Scientology, die über wirtschaftliche Macht die politische Einflußnahme erzwingen will. Es geht um diejenigen, die

Es geht nicht um die Mitgliedschaft von einzelnen, es geht um die Infiltration der gefährlichen Scientology-Ideologie in unser Leben, und es geht auch um Finanzierungen der Organisation.

das unterstützen und die dadurch an den Grundfesten der freiheitlich-demokratischen Rechtsordnung rütteln.

Seit 1992 müssen wir uns aufgrund von Informationen, die uns zugespielt wurden, mit dem Thema Helnwein in Verbindung mit der Organisation Scientology auseinandersetzen. Nach unseren Unterlagen sowie Gesprächen mit Personen, die Helnwein aus der Zeit von Scientology kennen, ist für uns ganz klar:

1. Helnwein gehört zu dem Personenkreis, der das *System Scientology* durch Aktionen unterstützte.
2. Gottfried Helnwein hat inzwischen mehrere Erklärungen zum Thema Scientology abgegeben. Er hat es fertiggebracht, sich als „Opfer einer Rufmordkampagne" und einer „Hexenjagd", wie er es nennt, zu verkaufen, und er findet laufend einflußreiche Helfer in den Medien, sogar in der Politik, die ihm helfen, dieses Opferimage auszubauen.
3. Mündlich, schriftlich, auch vor der Presse hat Helnwein immer wieder behauptet, er gehöre nicht Scientology an! Das einzige, was er einräumte, waren „ein paar Kurse aus Neugierde in den siebziger Jahren".

Die Liste von Personen, die Helnwein mit seinen scientologisch re-definierten Aussagen und schriftlichen Erklärungen hereingelegt hat, ist inzwischen lang. Wer Scientology kennt, weiß um die Propagandatechnik der *Nichtantwort*, die dort sogar in Kursen gedrillt wird. Ziel ist, unangenehme Fragen zu umgehen und mit einer Scheinantwort eigene Propaganda zu übermitteln.

Rückblickend betrachtet war beispielsweise die Aktion in der Heilbronner Sparkasse 1992 bereits filmreif. Während einer Pressekonferenz beteuerte Helnwein vor laufender Kamera, daß er weder ein Amt noch eine sonstige Funktion bei Scientology bekleide. Daß diese Frage gar nicht gestellt worden war, fiel niemandem auf. Man gab sich zufrieden, anstatt z.B. weiterzufragen: „Und wie ist es mit finanzieller Unterstützung an Scientology?"

Die Formulierungen Helnweins waren propagandistisch so aufgebaut, daß diejenigen, die von der Wahrheit Scientology/Helnwein wußten und sie aussprachen, ins Visier der öffentlichen Schelte kamen und teilweise juristisch verfolgt wurden. So wurde zum Beispiel die Junge Union angegriffen, weil sie über die scientologischen Hintergründe des Gottfried Helnwein aufklärte.

„Robin Direkt" und ich sollten durch die Anwälte von Helnwein zum Schweigen gebracht werden. Wir bekamen eine schriftliche Unterlassungsaufforderung. Durch unsere Anwälte ließen wir der Gegenseite mitteilen, daß wir einer Klage aufgrund der uns vorliegenden Fakten gelassen entgegensahen. Und siehe da: Helnwein klagte nicht gegen uns! Er verteilte aber Listen, auf denen Redaktionen, Einzelpersonen und Journalisten verzeichnet waren, die er verklagen würde, weil sie ihn in Verbindung mit Scientology brachten. Das schüchterte so manchen ein, und es soll sogar ein Sektenbeauftragter eine Unterlassungserklärung unterschrieben haben.

An solchen Reaktionen ist wieder zu erkennen: Es fehlt auch in Expertenkreisen an wichtigen Hintergrundinformationen. Vielleicht wird die Diskussion deshalb so oft mit falschem Ansatz geführt. Helnwein nützt das aus und lenkt werbestrategisch geschickt vom tatsächlichen Problem ab.

Die Sparkasse in Heilbronn war nicht die einzige, die auf die Aussagen von Helnwein hereinfiel und mit ihm eine publikumswirksame Vernissage organisierte. Inzwischen gibt es auch politische Kreise und Behörden, die anscheinend nicht an den Hintergrundinformationen über Scientology und deren Strategie interessiert sind. Die Zusammenhänge zwischen Scientology und dem Künstler Helnwein werden zur Zeit benutzt, um politische Debatten über Liberalität zu führen, anstatt das Ausmaß der scientologischen Zielsetzung „Clear Deutschland" zu besprechen. Übrigens will die Organisation Scientology genau solche Diskussionen, es heißt dort: „Rede nie über uns, rede immer über sie ..."

Und was passiert inzwischen in der Öffentlichkeit? Wer ist jetzt Täter und wer Opfer? Die Öffentlichkeit ist im Fall Helnwein auf jeden Fall das Opfer bewußt verdrehter Informationen sowie geschickter PR-Strategien.

Blind oder unwissend?

Frau Minister Götte (SPD), Rheinland-Pfalz, ließ sich von Gottfried Helnwein und seinen rhetorischen Definitionen über seine Scientology-Kontakte täuschen. Sie unterstützte den Scientologen Helnwein in ihrer Funktion als Kultusministerin mit Steuergeldern, indem sie Helnweinsche Walt-Disney-Bilder ankaufen ließ.

Nun könnte man sagen, Frau Ministerin habe nichts gewußt! Unserer Recherchen ergaben aber, daß in diesem Fall viele Stellen versucht hatten, dem Ministerium die notwendigen Informationen zu liefern. Es gab Versuche, die Gesprächspartner aus den Behörden so gut zu informieren, daß sie den rhetorischen Tricks von Helnwein, wenn es um Scientology ging, mit Fakten hätten begegnen können.

Auch wir waren bereit, Beweise zu liefern, und wunderten uns über das mangelnde Interesse an der Sache. Was daraus wurde, konnte man am

8.7.1996 in der Sendung „Report" im ARD-Fernsehen miterleben. Frau Minister Götte wollte den Steuerzahlern deutlich machen, daß zwischen den eingekauften Walt-Disney-Bildern von Helnwein und der Scientology-Zugehörigkeit des Künstlers kein Zusammenhang besteht. Es geht nicht um die Bilder, es geht nicht um die Kunst! Aber wenn Steuergelder an einen Scientologen fließen, muß man wissen, daß die Organisation interessiert ist, ihre Kriegskasse zu füllen. Daß der Name Helnwein gerade in dieser Kriegskasse mehrfach auftaucht und daß es sich dabei nicht um eine Namensverwechslung handelt, das ist bewiesen.

Die Kriegskasse der Scientology ist dazu da, Angriffe auf Scientology abzuwehren, so heißt es bei Scientology. Damit ist auch Propaganda gegen unser Land bzw. die Politiker und die Bürger gemeint. Wir selbst bezahlen in so einem Fall, wenn die eingenommenen Steuergelder als „Spende" weiterfließen, die schwarze PR gegen uns alle. Wer bezahlte die Anzeigen gegen Deutschland, die Scientology in den großen Zeitungen in den USA plazierte? Mit Bildern aus der NS-Zeit, mit Hakenkreuzen wird gegen Deutschland Stimmung gemacht.

Noch bedenklicher als in Rheinland-Pfalz erscheint mir die Situation Helnwein in Hamburg. In Hamburg erhielt Gottfried Helnwein vom staatlich subventionierten Schauspielhaus den Auftrag, die Plakate und das Bühnenbild zu der „Pasolini"-Inszenierung zu gestalten. Wie glaubwürdig ist die politische Arbeit von Behörden, die in der Öffentlichkeit zwar gegen Scientology agieren, aber in entscheidenden Situationen nicht fähig sind, durch konsequentes Handeln zu reagieren? Hätten die zuständigen Behörden die Fakten angeschaut und die vorliegenden Beweise ernst genommen, wäre die Diskussion anders verlaufen.

Wie glaubwürdig ist die politische Arbeit von Behörden, die in der Öffentlichkeit zwar gegen Scientology agieren, aber in entscheidenden Situationen nicht fähig sind, durch konsequentes Handeln zu reagieren?

Eine ehemalige Scientologin informierte die zuständige Stelle zum Thema Scientology im Innensenat, Frau Caberta, persönlich über ihre Kenntnisse Helnwein/Scientology. Sie gab sogar Beweise ab, unter anderem den in diesem Kapitel abgedruckten Wissensbericht, in dem sie selbst von Helnwein bei Scientology denunziert wurde. Laut Aussage der Ex-Scientologin gab es auf ihre Frage, was man denn nun unternehmen könne, um weitere Finanzierungen aus dem Steuersäckel zu verhindern, folgende Reaktion von

Caberta: „Nichts, denn je mehr Öffentlichkeit Helnwein kriegt, um so berühmter wird er."

Toleranz für wen?

Im Fall Helnwein sieht es so aus, als würde durch gezielte PR-Aktionen erreicht, daß Nebenkriegsschauplätze geschaffen werden, um vom Thema Scientology als gesellschaftspolitische Gefahr abzulenken.

Wie kommt es, daß der Scientologe Helnwein, den man nach einem OLG-Urteil aus Frankfurt auch als solchen bezeichnen darf, eine völlig abwegige Diskussion über „Verfolgung" anzetteln kann, ohne daß jemand ihm die Beweise unter die Nase hält?

Was ist tolerant daran, daß über Aufträge des Hamburger Schauspielhauses Steuergelder an einen Scientologen wie Helnwein fließen? Auf der anderen Seite finanzieren die Bürger ebenfalls mit Steuergeldern einen Arbeitskreis Scientology im Innensenat, der aufklären und vor der Gefahr Scientology und den Machenschaften einzelner Scientologen schützen soll.

Durch die mit Steuergeldern finanzierten Aufträge an Scientologen wurde und wird indirekt die Scientology-Organisation mitfinanziert.

Durch die mit Steuergeldern finanzierten Aufträge an Scientologen wurde und wird indirekt die Scientology-Organisation mitfinanziert. Fatal wird die Sache noch dadurch, daß die Gelder der Kriegskasse nicht nur wie oben beschrieben für schwarze PR verwendet werden, sondern daß auch der scientologische Geheimdienst „OSA" damit finanziert wird, der unter anderem Kritiker bespitzelt, denunziert und Aktionen gegen Aufklärung organisiert, um Informationen über die Zielsetzungen von Scientology zu unterdrücken.

Wir wissen aus internen Dokumenten, daß vom Führungskader der Organisation, von den instrumentalisierten Scientologen, folgendes erwartet wird: Die Zielsetzung „Clear Deutschland" soll durchgesetzt werden. Ein Kodex der Scientologen sagt aus, daß jeder Scientologe auf seinem Platz in der Gesellschaft verpflichtet ist, Scientology zu immer mehr Einfluß zu verhelfen. Durch falsche Toleranz assoziiert die Öffentlichkeit Scientology nicht mit der Gefahr, die sie mit ihren Zielsetzungen für einen demokratischen Rechtsstaat darstellt.

In der Diskussion, die wir seit langem anstreben, geht es nicht um die Kunst, den Film oder die Musik des einzelnen Scientologen. Statt dessen muß deutlich gemacht werden, daß die Organisation Scientology ganz klare Erwartungen an die Personen hat, die ihr nahestehen oder sie still dulden und im Licht der Öffentlichkeit stehen. Diese Personen werden für strategische Zwecke benützt oder eingesetzt. Künstler können immer als Imageträger benutzt werden oder auch als Türöffner, um an ein bestimmtes Klientel zu kommen.

Wenn das nicht mehr funktioniert, weil die Öffentlichkeit sensibilisiert ist, kann selbst jemand, der sich wie Helnwein als Opfer und Verfolgter darstellt, immer noch weiter hilfreich sein. Er paßt immer wieder als Beispiel für die von Scientologen angestrebte Diskussion der *verfolgten Minderheit.* Man spricht dann nicht mehr von Fakten, Vorgehensweisen und Zielsetzungen der Scientology, sondern man schafft ein Klima, das vom eigentlichen Problem ablenkt. Hier helfen nur Beweise, Hintergründe und schonungslose Demaskierung.

Ist das faire Presse?

Der leitende Redakteur der renommierten *Süddeutschen Zeitung,* Riehl-Heyse, hat sich in die Diskussion um Helnwein eingeschaltet. Die ganze dritte Seite der *Süddeutschen Zeitung* wurde am 8.8.1996 aufgewendet, um das Opferimage von Helnwein in einem Artikel darzulegen. „Keinerlei Distanz" – so beschreiben andere Journalisten diese dritte Seite in der *Süddeutschen Zeitung.*

Gleichzeitig wurde der Artikel von Riehl-Heyse in der Zeitung *Facts* in der Schweiz übernommen. Propaganda im großen Stil?

Riehl-Heyse, der beim Verein „Fair Press" in München als Mitglied geführt wird, muß sich fragen lassen: „Fair Press" für wen?

Der Name Riehl-Heyse steht bei Journalisten für faire Berichterstattung. Diesen Ruf hat er mit dem undistanzierten Helnwein-Artikel in der *Süddeutschen Zeitung* bei vielen informierten Journalisten, die die Scientology-Strategien kennen, aufs Spiel gesetzt. Schade! Durch bessere Information hätte er das sicher verhindern können.

Gottfried Helnwein bekam auch im Prominentenblatt *Gala* in Nr. 16 eine Plattform. Er ließ sich in seiner Küche mit Frau (die dort unter einem anderen Vornamen steht! Zufall? Oder bewußte PR?) und Kindern ablichten und tat seine Scientology-Zugehörigkeit sowie seine Unterstützung von Scientology als „Gerüchte“ ab. Unter einem der aufgenommenen Familienfotos stand, daß Sohn Cyril auf dem Bild fehle.

Vielleicht ist dieser ja zum Zeitpunkt des Fotos in *Gala* gerade in der „Sea Org“ bei Scientology beschäftigt gewesen? Immerhin tauchte der Name Cyril Helnwein in Unterlagen auf, nach denen er 1992 in der scientologischen Kaderorganisation „Sea Org“ gearbeitet haben soll.

Ebenfalls stehen die Namen der Kinder Helnweins als Sponsoren der Scientology in *Impact,* Heft Nr. 29/1990! Er und seine Frau stehen als „Patrone“ der Scientology (Mindestspende 40.000 Dollar in die Kriegskasse) in mehreren Heften, u.a. in Nr. 29, Nr. 33, Nr. 39. Letzteres kam 1991 heraus, also viele Jahre, nachdem Helnwein laut eigener Aussage „mal einen Kurs gemacht hat“. Wer verdummt hier eigentlich wen?

All diese Fakten verschweigt Gottfried Helnwein in seinen Interviews. Er streitet es ab, lügt und behauptet einfach, es seien „Gerüchte“!

In einem Brief an uns schreibt eine Frau, die Helnwein ebenfalls von Scientology kennt:

> *... anbei ein Artikel über Helnwein. Er prangert, die Verlogenheit an; es wäre schön, wenn er mal bei sich anfangen würde. Ist wohl zuviel verlangt von ihm ... anbei Beweise zu Ihrer Verfügung ...*

Helnwein will sich jetzt herausreden mit der Argumentation:

> *... ich habe nicht gewußt, daß ich auf Listen stehe.*

Das genügt genauso wenig wie seine Aussage:

> *... ich habe eine Unterlassung verlangt von Scientology.*

Wo ist diese Unterlassung? Was soll unterlassen werden? Warum wurde Scientology von Helnwein nicht verklagt?

Die Frage an Helnwein: Warum stellte er keinen Strafantrag gegen Scientology?

Es wäre doch eine arglistige Täuschung seitens Scientology, wenn Helnwein mit Frau und Kindern auf Spenderlisten steht, mit einem Spendenvolumen, das in die Hunderttausende geht, wenn es nicht der Wahrheit entspräche, und dagegen könnte er sich mit einem Strafantrag gegen Scientology wehren.

Dazu schweigt er sich aus, genauso wie über die Ausbildung seiner Frau bei Scientology, deren Name in dem Heft *Freewinds Completions* (2/1990, S. 24) als „OT 8“ geführt wird. Das ist eine der höchsten Ausbildungen bei Scientology! Sie wird über Kursprogramme erreicht, die laut Listen bis zu 500.000 DM kosten können.

Auch die Lobeshymnen von Helnwein über L. Ron Hubbard, verewigt in einer Wandtafel bei Scientology in USA , werden von ihm verschwiegen.

Von manchen Journalisten wurde immer wieder behauptet, gegen Helnwein laufe eine gezielte PR-Strategie. Aufgrund der Fakten und Beweise sollten wir uns jetzt fragen: Wer betreibt hier eine gezielte PR-Strategie? Kann nicht eher sein, daß Helnwein gezielt agiert hat, um von den Fakten abzulenken? Warum wird Helnwein von Menschen unterstützt, von denen man aufgrund ihres Berufes und ihres Einflusses erwarten könnte, Hintergründe zu recherchieren und kennen?

Liest man das Buch *Macht und Magie der Public Relations*, erschienen 1989, dessen Autoren als professionelle Scientologen ausgebildet worden sind, stößt man auf allerhand Aufschlußreiches. Da finden sich nicht nur Kapitel wie „PR und Geheimdiensttechniken“ oder „Protest-PR“ und „Die Kunst, in Zielgruppen einzubrechen“, sondern da wird auch auf PR-Techniken von Hitler eingegangen, die in dem Buch als „genial“ und als „PR-Coup“ hingestellt werden. Über gezielte „Desinformationen“ und deren Wirkung kann man ebenso nachlesen wie über „PR-Spektakel“, die wirken sollen.

In diesem Buch, in dem es auch um die „Beeinflussung der Massen“ geht, wird der Künstler Helnwein vorgestellt in Verbindung mit dem Scientologen Carl-W. „Pablo“ Röhrig, ebenfalls Maler. Auf Seite 174 stehen unter „PR-Genies der Malergilde“ Gottfried Helnwein und Carl-W. Röhrig. Dort wird Helnwein als PR-Talent beschrieben, der aus einem nichtigen Anlaß ein erstaunliches PR-Ergebnis erziele.

Betrachtet man die PR-Maßnahmen, mit denen Helnwein seit langem viele Medien, Experten und sogar Politiker in seinem Sinne manipulierte, so kann man dies wirklich als „erstaunliches Ergebnis“ betrachten.

Auszüge aus dem Buch: *Macht und Magie der Public Relations* von Gunther Träger, Wolf-Dieter Lahmann und Horst A. Mehler (erschienen 1989, das Buch wurde vom Verlag – unter anderem wegen der Inhalte – inzwischen vom Markt genommen):

> *4. Macher und Meinungsmacher und wie man sie gewinnt:*
> *Unseres Wissens machte, wie gesagt, L. Ron Hubbard als erster auf den Unterschied zwischen einem Opinion Leader und einer VIP aufmerksam.*

> *... der Begriff Opinion Leader bedeutet soviel wie Meinungsführer ...*
> *1. An der Spitze in der öffentlichen Meinung ... rangieren OLs aus der Politik ...*
> *3. An dritter Stelle sei der Einfluß der Medien genannt ...*
> *5. Ein immenses Feld hinsichtlich OLs ist zu bestellen bezüglich der Kunst ... Schauspieler ... Sänger ... Maler ...*

Es gibt genügend Fakten, Beweise, Zeugen und Unterlagen, die im Fall Helnwein vorliegen und die sein Verdummungsspiel in der Öffentlichkeit demaskieren. Mit ein bißchen mehr Mut und Solidarität hätte man das inzwischen ergangene Urteil vom Oberlandesgericht in Frankfurt gegen Helnwein sicherlich schon vor Jahren ermöglichen können. Zu viele ließen sich durch Klagedrohungen von Helnwein einschüchtern.

Plumpe Lügen und Verdrehungen sind Merkmale, welche die Strategie der Scientologen immer wieder auszeichnen. Helnweins Aussagen aus den letzten Jahren in Form von Rundbriefen und die Presseäußerungen sind durch Unterlagen aus unserem Archiv leicht zu erschüttern.

Einige Auszüge aus Briefen und eidesstattlichen Erklärungen, die Gottfried Helnwein von seiner Adresse Burgbrohl bei Koblenz verteilte:

> *... da seit einiger Zeit massive Falschmeldungen über mich in den Medien verbreitet werden, möchte ich hier eindeutig klarstellen:*
> *1. Ich habe kein Amt, keinen Posten und keine Funktion oder aktive Mitgliedschaft in irgendeiner Religionsgemeinschaft, politischen Partei, Kirche oder Sekte, welcher Art auch immer.*

Hier ein Beweis, daß Gottfried Helnwein offensichtlich Gedächtnislücken hat: Uns liegt von der „IAS“ (International Association of Scientologists) die Bewerbung für die Mitgliedschaft in der internationalen Vereinigung der Scientologen vor, die auf den 14.3.1987 datiert (Jahre nach den von Helnwein zugegebenen Kursen) und handschriftlich mit Gottfried Helnwein unterschrieben ist.

Dort stehen u.a. folgende Passagen:

> *Ich, Gottfried Helnwein, bewerbe mich hiermit für die Mitgliedschaft in der Internationalen Vereinigung der Scientologen.*
> *Ich verstehe, daß es der Zweck der Vereinigung ist, die Scientology ... voranzubringen, zu beschützen und zu unterstützen, damit der Zweck von Scientology erreicht und das Ziel der Befreiung der Menschheit Wirklichkeit wird.*

Ich verspreche, den Regeln, Kodexen und Richtlinien der Scientology ... zu folgen; ich gehöre keiner Gruppe oder Organisation an, die darauf aus ist, der Menschheit zu schaden, noch arbeite ich für eine solche Gruppe oder Organisation.
Ich bewerbe mich für die Mitgliedschaft auf Lebenszeit und habe einen Mindestbeitrag von 2000 US Dollar (oder den entsprechenden Betrag in einer anderen Währung) beigelegt, welcher die Mitgliedschaft in der International Association of Scientologists für die Dauer meines Lebens darstellt.

Helnwein behauptet auch immer wieder folgendes:

Ich bin kein Patron und habe niemals 40.000 $ oder einen ähnlichen Betrag dafür bezahlt. Als ich erfahren habe, daß sich mein Name auf einer sogenannten Patronliste befindet, habe ich dies richtiggestellt und erwirkt, daß mein Name sofort aus dieser Liste entfernt wurde.

Unsere Beweise sagen etwas anderes: Gottfried Helnwein stand nicht alleine als Großspender in den Listen. Auch seine Familienangehörigen waren dort als Spender verzeichnet. Er hätte im Laufe der Zeit sicherlich die Möglichkeit gehabt, gegen die Scientology-Organisation zu klagen, wenn sie ihn fälschlicherweise mit Kind und Kegel auf die Liste gesetzt hätte. Daß der Name von der Liste entfernt wurde, besagt überhaupt nichts, denn seit Herbst 1995 stehen gar keine Einzahler aus Deutschland mehr in den Listen. Man will ganz einfach die großen Sponsoren, die mit ihren Spenden die Kriegskasse füllen, nicht mehr öffentlich machen. Der Scientology-Anwalt Blümel formulierte es bei einem Prozeß in München vor Gericht sinngemäß so: „Die Spender sollen nicht mehr geoutet werden können!“

Gottfried Helnwein stand nicht alleine als Großspender in den Listen. Auch seine Familienangehörigen waren dort als Spender verzeichnet.

In einem Schreiben vom 7.5.1992, das an Scientologen versendet wurde, schreibt das Mitglied der „OSA“ (Geheimdienst der Scientology) Richard Eisenböck folgendes über eine Sachspende von Gottfried Helnwein:

... ich möchte Dich kurz über ein für Narconon und OSA sehr wichtiges Finanzierungsprojekt unterrichten. Möglicherweise hat Dich schon jemand darauf angesprochen, hier aber die ganze Geschichte:
Gottfried Helnwein hat sich bereit erklärt, eines seiner neuesten fotorealistischen Gemälde „Marilyn Monroe", siehe Foto anbei – in einer weltweit limitierten Auflage von 450 Stück zum Zwecke der Unterstützung von Narconcon und OSA auf den Markt zu bringen. Die Verteilung läuft exklusiv über uns und eine Schweizer Litho-Anstalt, der Reinerlös fließt an uns und Narconon. Die Lithographie wird auf Wunsch mit Widmung versehen.
Helnweins Lithographien sind eine Geldanlage, nicht nur eine Ausgabe. Der Todestag von Marilyn Monroe jährt sich am 5. August übrigens zum 30. Mal, und ist nicht zuletzt, da am wichtigsten, eine direkte Spende für Narconon und OSA, ohne daß der Käufer selbst belastet ist, da er mehr als den Gegenwert seines Kaufpreises erhält.
Die Monroe-Lithographie ist fast doppelt so groß wie viele andere Lithographien aus Helnweins Produktion.
Die Lithographie wird Mitte des Monats vom Künstler in der Schweiz hergestellt und noch im Mai ausgeliefert. Bis zur Herstellung gilt der angegebene Subskriptionspreis.
Wenn Du mir und uns wirklich einen Gefallen tun willst, dann entscheide Dich für den Kauf einer oder mehrerer Monroe-Lithographien und nimm bitte zusätzlich Deine kunstinteressierten Kontakte JETZT wahr. Letztlich geht es um Hilfe für Narconon und OSA. Narconon muß in den nächsten Wochen einige 100.000 Mark auf die Beine bringen, um das Haus zu halten. Dies soll hauptsächlich über dieses Projekt geschafft werden. Der einzige Grund, warum wir soviel Nachdruck auf dieses Projekt legen, ist, daß wir wollen, daß Narconon bei uns vor der Haustüre bleibt und nicht gezwungen ist abzuwandern.
Narconon kann dann auch die Schulden bei OSA abtragen, so kommen auch wir auf unsere Kosten. In Erwartung Deiner SCHNELLEN Telefonantwort und mit den besten Grüßen
Richard Eisenböck
c/o „Scientology ... Deutschland, Frankfurter Ring 105, München"
P.S. Anbei auch der neueste Freiheitsspiegel für Baden-Württemberg. Viel Spaß beim Lesen.

Scientology Deutschland e.V. bot ihren Mitgliedern eine Lithographie für 1950 DM an. Bei 450 Bildern ergibt das eine Summe von 877.500 DM, die als Helnwein-Sachspende der scientologischen Unterorganisation „Narconon“, die als „Drogenentzugsstelle“ arbeitet, sowie dem Geheimdienst „OSA“ zufließt.

Und wie argumentiert Gottfried Helnwein angesichts dieser Fakten? „Ich kenne den Mann nicht!“

Die Frage lautet aber nicht, ob er den Mann persönlich kennt, sondern ob er, Helnwein, seine Bilder gestiftet hat und ob er wußte, für welchen Zweck sie verwendet wurden. Wenn er nichts wußte, woher hatte „OSA“ 1992 die Bilder bekommen? Warum sollten Förderer der Scientology die Bilder kaufen? Doch laut Brief Eisenböck, um Geld zu bekommen für die „OSA“ und „Narconon“! Laut Schreiben von Scientology wurden die Bilder sogar von Helnwein „zum Zwecke der Unterstützung von ‚Narconon‘ und ‚OSA‘ auf den Markt gebracht“. Sogar der Vertrieb soll laut Schreiben „exklusiv über Scientology“ gelaufen sein. Wer ist nun Opfer und wer der Täter?

Was steht werbewirksam als Aufmacher auf Seite 3 in der *Süddeutschen Zeitung* am Donnerstag, den 8. August 1996? „Helnwein scheißt auf Scientology“

Wenn Helnwein jetzt auf Scientology „scheißt“, so wie er selber laut *Süddeutscher Zeitung* sagt, dann unserer Meinung nach nur, weil seine Aktivitäten öffentlich wurden. Zum Zeitpunkt seiner Unterstützungsaktionen für Scientology, für deren Unterorganisation „Narconon“ und indirekt auch für die Geheimdienstorganisation „OSA“ hatte er dann wohl jahrelang Verstopfung, oder?

Helnwein erzählte den Journalisten immer wieder dieselbe Geschichte, die 1994 in einer Zeitung so wiedergegeben wurde:

> *... 1970, da war ich 21 Jahre, nahm ich Drogen, weil ein Jugendlicher damals alles ausprobiert haben mußte. Es war LSD, ich war mehr tot als lebendig. Danach wendete ich mich allen möglichen Religionen zu, unter anderem auch der Scientology. Ich bin aber kein Vertreiber, habe dort nur einige Kurse belegt ...*

Mit der gleichen Vorstellung, die Helnwein 1994 den Journalisten gab, argumentierte er nun auch am 8. 10. 1996 als Gast bei „Biolek“ in der ARD. In der Sendung ging es um Ausgrenzung, und Helnwein wollte die Gäste glauben machen, er sei ein Ritter im Kreuzzug gegen die Willkür der Aufklärer.

Denselben Tenor hat auch der Bericht von Riehl-Heyse über Helnwein in der *Süddeutschen Zeitung*. Ausgerechnet Redakteur Riehl-Heyse, ein Mann, der besonders jungen Journalisten die Wichtigkeit von fairem Journalismus vor Augen führen will, scheint nicht gut recherchiert zu haben, läßt sich hinters Licht führen und macht sich unserer Meinung nach dadurch zum Steigbügelhalter einer Propagandamaschinerie, die mit ihren üblen Machenschaften kaum zu übertreffen ist.

Bereits 1994 habe ich Riehl-Heyse in meinem Buch *Scientology – Ich klage an!* aufgefordert, die bei mir vorhandenen Beweismittel einzusehen. Damals ging es u.a. um den Scientologen Haag und seine Machenschaften. Aber nichts geschah. Es sieht so aus, als glaube Riehl-Heyse, wenn es um Scientology geht, vieles, ohne es genau zu überprüfen. Er glaubt nicht nur dem Scientologen Helnwein, sondern vielleicht auch anderen Personen, die Scientology verharmlosen oder sich aus wirtschaftlichen Überlegungen zu Kumpanen machen lassen.

Beweise, wie aktiv Helnwein in der Scientology-Organisation war, gibt es genug. Da ist beispielsweise ein Wissensbericht, den er gegenüber der Organisation abgab. Hier wird deutlich, daß die Ausbildung bei Scientology mehr als ein Kurs in den siebziger Jahren gewesen sein muß, denn wer die Scientologensprache so beherrscht wie Helnwein in diesem „Petzbericht", der demaskiert sich selbst. Er hat ihn geschrieben, und zwar fünfzehn Jahre nachdem er laut eigener Aussage im Fernsehen bei Biolek und in der übrigen Presse „mal aus Neugierde einen Kurs bei Scientology belegte".

Am Text ist erkennbar, wie sehr er verstrickt war in die Abläufe von Kontrolle und Denunziation. Ein „Wissensbericht" von Scientology ist durchaus vergleichbar mit einem Bericht der ehemaligen Stasi über sogenannte Regimekritiker.

Der folgende „Wissensbericht" des Malers Gottfried Helnwein, den er unter der Adresse „Auf der Burg 2, 5475 Burgbrohl" am 25. 09. 1985 an den Public MAA in Flag USA Landbasis (also an den „Ethikbeamten" der Scientology, der für Strafmaßnahmen zuständig ist) schrieb, wurde uns von Zeugen übergeben, die Helnwein aus Scientology-Zeiten kennen. Er liegt uns in Englisch und in Deutsch vor (übersetzt von einem staatlich geprüften Übersetzer).

Ein „Wissensbericht" von Scientology ist durchaus vergleichbar mit einem Bericht der ehemaligen Stasi über sogenannte Regimekritiker.

An den
Public MAA
Flag Land Basis
Kopie an Robert … und Gudrun

Von
Gottfried Helnwein
Auf der Burg 2
D – 5475 Burgbrohl

Burgbrohl, 25. Sept. 1985

WISSENSBERICHT
betr. Robert … und Gudrun

Vor zwei Wochen besuchte mich mein Freund Robert … hier in meinem Haus, seine 2. Dy (Anm. d. Ü.: Zweite Dynamik = Ehefrau, Lebensgefährtin) Gudrun begleitete ihn.
Bevor Robert Gudrun nach Flag brachte, hatte sie gegenüber SCN eine sehr ablehnende Haltung. (Das war vor ca. einem Jahr, ich schrieb damals einen Wissensbericht an den FSO MAA). (Anm. d. Ü.: Flag Service Org Master at Arms = Vergleichbar mit dem „Ethikoffizier" in der Scientology-Organisation, aber ranghöher.)
Robert blieb für etwa ein Jahr in der FSO, ging nach OT 3 hinauf und hatte viele Gewinne, er arbeitete auch am Restaurationsprojekt.
Zur gleichen Zeit bewegte sich Gudrun fast nicht auf der Brücke, und wie mir Robert bei seinem letzten Besuch hier erzählte, ist sie bezüglich SCN noch immer unsicher. (Laut Robert hat sie noch Freunde, die gegen SCN sind.) Weiter sagte mir Robert, daß Gudrun in New York einen ausgestiegenen Klasse 12 Auditor traf, der ihr sagte, daß SCN ein Scheißdreck sei.
Robert sagte mir außerdem, daß Gudrun die OT 3 Daten kenne. Ich fragte ihn: „Wer hat's ihr gesagt?" Er sagte: „Ich hab vergessen zu fragen, ich weiß nicht."
Gudrun enturbulierte auch meine Zone hier, als sie mit Robert hier war – ohne mich zu fragen, versuchte sie einen meiner Mitarbeiter von seinem Posten abzuziehen, damit er einen Job für sie erledigen sollte, ohne mich zu fragen.

(Signatur) Dies ist richtig
Gottfried Helnwein

Helnweins Lügenburg stürzt ein, wenn man seinen Aussagen die Beweise gegenüberstellt. Jahrelang hat er versucht abzuwiegeln, zu verdrehen, abzustreiten oder sich mit Hilfe von Journalisten als Opfer der Aufklärung hinzustellen.

Es muß hier die Frage erlaubt sein, warum solche Beweise für Helnweins Scientology-Aktivitäten ausgerechnet von Journalisten und Politikern entweder verschwiegen oder einfach nicht eingesehen werden. Warum wird im Zusammenhang mit Helnwein nicht gleichzeitig darüber informiert, wie gefährlich die Methoden der Ideologisierung von Scientology für die Gesellschaft sind?

Hier geht es nicht um die immer wieder angeführte Toleranz gegenüber Andersdenkenden, sondern darum, daß Journalisten und Politiker nicht sauber recherchiert haben und für eine egoistische Verschleierungsaktion des Künstlers Helnwein benutzt wurden.

Leider hat bis heute keine der Redaktionen, die Helnweins PR unterstützten, aufgrund der von mir versendeten Informationen ihren Irrtum eingestanden und die Dinge richtiggestellt. „Fair Press?"

Skandalös wurde die Sache, als die Bundestagsvizepräsidentin Antje Vollmer (Bündnis 90/Grüne) für Helnwein Partei ergriff, indem sie ebenfalls in der Sendung bei Biolek auftrat und Helnwein als Opfer bezeichnete. Sie sprach sogar in einer Podiumsdebatte über Kunstförderung davon, daß die Diskussion um Helnwein und Scientology für den Künstler „eine existenzbedrohende Debatte" sei. Weiter sieht Antje Vollmer, die studierte Theologin, „Scientology als überbewertet". Ein Gespräch mit Unternehmern, die wegen scientologischer Machenschaften in Konkurs gingen, mit Mitarbeitern, die wegen Scientology arbeitslos wurden, mit Eltern, die ihre Kinder bei Scientology verloren haben, mit Kindern, die in Umerziehungslagern der Scientology aufgewachsen sind – all das und vieles mehr interessiert die Theologin offenbar nicht.

Bei aller Großzügigkeit im Denken und aller Toleranz muß Frau Vollmer an dieser Stelle gesagt werden, daß es bei Scientology um gefährliche geistige Umweltverschmutzung geht, um ein „Atomkraftwerk" besonderen Ausmaßes. Wer hier verharmlost oder falsche Toleranz übt, handelt fahrlässig! Vielleicht informiert sich unsere Bundestagsvizepräsidentin in Zukunft besser über die Themen, mit denen sie an die Öffentlichkeit geht. Im Fall Helnwein wurde sie in ihrer Funktion als Bundestagsvizepräsidentin benützt, um gezielte Desinformation in der Bevölkerung zu streuen. Sie sprach sich für den Scientologen Helnwein aus und warf den Aufklärern so Knüppel zwischen die Beine. Sie sagte sogar, daß sie dafür eintreten werde, daß „Leute wie Helnwein Deutschland nicht verlassen müssen". Wer hat das verlangt? Wie kommt sie auf diese Aussage? Ein paar Wochen später reihte sich Helnwein in den USA ein in die Reihen der „Verfolgten in Deutschland" und zimmerte mit am Bild des „bösen Deutschen". Er nannte Richter „Nazi-Richter", er tat alles, um Scientology-Propaganda glaubhaft zu machen. Er spielte das Opfer und ist der Täter.

Beim Thema Helnwein/Scientology hat Frau Vollmer schon deshalb den Bogen überspannt, weil sie nicht bereit war, die Fakten anzuschauen, nachzudenken und dann öffentlich zu reagieren. Wie Helnwein schwieg sie und kommentierte keine einzige Diskussion um seine Lügen. Als Journalisten von ihr eine Stellungnahme verlangten, nachdem Scientology selbst Helnwein in einer Presseinfo als „verfolgten Scientologen" darstellte, wurde von ihrem Pressesprecher Ensslin die Aussage gemacht:„Frau Vollmer möchte mit einer Stellungnahme abwarten, bis Gottfried von Amerika zurück ist." Unsere Bundestagsvizepräsidentin macht ihre Stellungnahmen zum Thema abhängig von den Reisen des Scientologen Helnwein! Ist das Liberalität und demokratisches Selbstverständnis?

Ein Journalist staunte nicht schlecht, als ihm eine Landtagsabgeordnete der Grünen erzählte, daß in Bonn ein Gespräch in der Bundestagsfraktion stattgefunden haben soll – mit von der Partie war Gottfried Helnwein, eingeladen von Bundestagsvizepräsidentin Vollmer. Man diskutierte über Kunstmäzene. Wie man auf diese Art zu Geld kommt, weiß Helnwein sicher gut.

Ob die Grünen sich mit solchen Aktivitäten einen Gefallen tun, müssen sie selbst entscheiden, vielleicht entscheidet aber auch der Wähler. Es ist wichtig, daß solche Handlungen von Politikern öffentlich diskutiert werden. Auch das gehört zu meinem Demokratieverständnis. Auch wenn Frau Vollmer Herrn Helnwein persönlich kennt, wenn sogar von Freundschaft gesprochen wird, kann sie nicht der ganzen Nation ins Gesicht schlagen, indem sie eine faschistoide totalitäre Organisation wie Scientology mit ihren Auftritten verharmlost. So wird Aufklärung kaputtgemacht. Die Strategien und Vorgehensweisen, mit denen auch Politiker instrumentalisiert werden können, sind nachzulesen in den Richtlinien der Scientology. Eine Bundestagsvizepräsidentin, die sich so undistanziert für gefährliche Propagandazwecke benutzen läßt, ist ein Beweis mehr, daß die Diskussion um die Gefahr „Clear Deutschland" wichtiger ist als je zuvor.

Helnwein hat gelogen und vertuscht, er täuscht und blendet, aber er bekommt Unterstützung und Hilfe, weil er sich als *verfolgtes Opfer* verkauft.

In Wirklichkeit geht es um den Imageverlust des Künstlers Helnwein, denn dank der offensiven Aufklärung kann Scientology ihn nicht mehr als Aushängeschild benutzen.

Vor der Diskussion um seine Aktivitäten wurde der Künstler mit Foto in einer Scientology-Broschüre abgebildet. Jetzt, nachdem sich aufgrund offensiver Aufklärung das Blatt für die Organisation wendet, braucht man aus wirtschaftlichen Überlegungen Distanz zu Scientology. Helnwein hat bewiesen, wie die Strategie funktioniert. Als Opfer kann man sich verkaufen, bekommt Gehör und Aufmerksamkeit. Das Thema Scientology bleibt vor der Tür, genau wie die kriminelle Energie, die in diesem System steckt. Die wahren Opfer der Organisation sind z.B. Bürger, die tatsächlich nie mit Scientology Kontakt hatten, aber durch Scientologen und die dahinterstehende Organisation geschädigt wurden und keine Lobby haben, die für sie aufsteht.

Frau Vollmer macht sich Sorgen um Helnwein und hat Angst um die Republik, in der Leute wie Helnwein kritisch betrachtet werden. Sie will, daß „genügend Leute da sind, die sich dafür auch einsetzen, daß Leute wie Helnwein nicht aus Deutschland gehen".

Sie nennt es wie Helnwein Ausgrenzung – anscheinend ohne zu wissen, daß es genau umgekehrt ist: Wer bei Scientology nicht ins System paßt, hat keine Rechte mehr. In der von Scientology propagierten Gesellschaft soll nur derjenige die Bürgerrechte und die Staatsbürgerschaft erlangen, der scientologische Ausbildungen gemacht hat, um ein sogenannter „Nichtaberrierter" zu werden, wie es in der Scientology-Sprache heißt. Scientology ist auch der Meinung, daß Demokratie dem Menschen nichts gebracht hätte, außer ihn weiter in den Schlamm zu stoßen.

Frau Vollmer hat keine Ahnung vom System der Scientologen, das Helnwein unterstützt. Sie sollte einmal darüber nachdenken, ob wir nicht in Deutschland zuviel über Täterschutz reden und darüber den Schutz der wirklichen Opfer vergessen. Sie sollte über die Freiheit nachdenken, die Scientology für all diejenigen abschaffen will, die Scientology im Wege stehen. Frau Vollmer sagt, ihr gehe es um die Republik. Uns auch, und deshalb stellen wir uns als Bürgerinitiative gegen Scientology!

Wer Scientology verharmlost, die Gefahr dadurch herunterspielt – aus welchen Gründen auch immer –, sollte sich schnellstens über

Wer Scientology verharmlost, die Gefahr dadurch herunterspielt, aus welchen Gründen auch immer, sollte sich schnellstens über die Scientology-Aussage „...kümmert euch nicht um den Mob, wartet ab, bis wir für sie die richtigen Anstalten gebaut haben" Gedanken machen.

diese Scientology-Aussage Gedanken machen: „... kümmert euch nicht um den Mob, wartet ab, bis wir für sie die richtigen Anstalten gebaut haben“.

Ich erhoffte mir eine Antwort und eine Diskussion (denn die Grünen stehen doch für Diskussionsfreudigkeit) durch einen offenen Brief, den Frau Vollmer von mir bekam. Ich wollte von der Politikerin Vollmer in meiner Funktion als Vorsitzende einer Bürgerinitiative gegen Scientology Antwort auf ihr Handeln im Fall Helnwein. Trotz mehrfacher Nachfragen war keine Reaktion von Frau Vollmer zu bekommen – auch eine Auffassung von Bürgernähe. Eine Politikerin, die ein solch hohes Amt bekleidet und mit ihrem Engagement für Helnwein indirekt Scientology unterstützt, ist unserer Meinung nach untragbar.

Offener Brief an Antje Vollmer

Mit dem folgenden Brief versuchte ich, im Oktober 1996 die Bundestagsvizepräsidentin anhand von beigelegten Beweismitteln zu informieren, damit sie – beeinflußt von der Strategie eines Scientologen – ihre politische Glaubwürdigkeit nicht weiter aufs Spiel setzt.

An die Vizepräsidentin des Deutschen Bundestages
Frau Antje Vollmer
Bündnis 90/Die Grünen
53113 Bonn

OFFENER BRIEF

Sehr geehrte Frau Vollmer,
nach Ihrem Auftritt in der Sendung von Alfred Biolek zum Thema „Ausgegrenzt“, am 8.10.1996, wurde ich mit Anfragen von entsetzten Bürgern überhäuft.
Es geht um Ihre Aussagen zur Diskussion um Gottfried Helnwein und das Thema Scientology.
Ich gehe wohl recht in der Annahme, daß Sie in Ihrer Funktion eine politisch in der Verantwortung stehende Frau sind, oder?
Wie kommt es dann, daß Sie sich vor einem Millionenpublikum im Fernsehen völlig naiv und uninformiert blamieren, indem Sie sich als Steigbügelhalter für einen Mann wie Helnwein benützen lassen, der mit seiner PR strategisch agierte?

Warum bemerkten Sie nicht, wie er Fragen umging und nicht beantwortete?
Wie er Begriffe re-definierte und PR-Maßnahmen des Täuschens einsetzte?
Frau Vollmer, es geht im Fall Scientology um geistige Umweltverschmutzung gefährlichsten Ausmaßes! Es geht um Hubbardismus!
Es geht um eine neue Art des politischen Extremismus. Der ist, falls er nicht erkannt wird, in seinen Auswirkungen genauso verheerend wie Faschismus und Kommunismus.
Sie sagten in der Sendung, es gehe Ihnen um die Republik. Mir auch, Frau Vollmer. Und mit mir allen Bürgern, die Scientology als Gefahr für jede Demokratie erkannt haben.
Wissen Sie eigentlich, auf was Sie sich eingelassen haben, indem Sie das „Opferimage" des Gottfried Helnwein mit Ihren Aussagen kraft Ihres Amtes festigten?
Das, was vor der Kamera abgelaufen ist, hat leider Methode und gehört zum System. Es ist beim Scientology-Gründer Hubbard nachzulesen, und mehrere Scientologen in der PR-Branche haben es inzwischen praktiziert und publiziert.
Sie wirkten bei Biolek auf informierte Bürger wie der Bauer auf dem Schachbrett des Scientology-Spiels, das „Clear Deutschland" heißt!
Es hätte Ihnen persönlich und Ihrer Position besser zu Gesicht gestanden, hätten Sie sich über die Hintergründe erkundigt, warum es die Diskussion um Helnwein gibt. Möglichkeiten gibt es inzwischen genug.
Ich spreche jetzt für mich und für die Bürgerinitiative „Robin Direkt", der ich vorstehe. Es geht uns nicht um Kunst, es geht nicht um persönliche Ansichten – es geht um das gezielte Vorgehen einer Organisation mit dem Namen Scientology.
Wenn Sie keine Ahnung haben von den Zielsetzungen von Scientology, dann dürfen Sie sich in Ihrer Funktion zu einem Thema nicht äußern, bei dem es um eine Gefahr für alle Bürger in der Republik geht.
Falls Sie doch informiert sind, was man als Bürger von einer Politikerin Ihrer Funktion eigentlich erwarten dürfte, dann sind Sie nach diesem Auftritt und den gemachten Aussagen vor der Presse in Ihrem Amt nicht mehr politisch tragbar.
Die Gründe möchte ich Ihnen hier öffentlich nennen, und zwar in meiner Funktion als Vorsitzende einer Bürgerinitiative gegen Scientology, die europaweit arbeitet.

Sie haben sich für Gottfried Helnwein starkgemacht, wie Journalisten berichten, weil Sie ihn kennen und vielleicht auch mit ihm befreundet sind. Das ist Ihre persönliche Angelegenheit, die nicht zur Diskussion steht.

Nun führen aber Ihre Aussagen und Ihr Auftritt bei Biolek in der Bevölkerung zu gefährlichen Irritationen, weil Sie – bewußt oder unbewußt – eine PR-Strategie unterstützen, die man ohne weiteres gezielte Volksverdummung nennen kann.

Sie rufen öffentlich dazu auf, daß noch mehr Leute sich starkmachen sollen, wie Sie es nennen. Sie werden in der Presse zitiert mit dem Satz: „Ich werde mich persönlich dafür einsetzen, daß zu Unrecht verfolgte Menschen wie Helnwein nicht tatsächlich gezwungen werden, Deutschland zu verlassen."

Sie reden davon, daß es Ihnen um die Republik geht, Frau Bundestagsvizepräsidentin. Richtig – weil es um die Republik geht, müssen wir Ihr Vorgehen nun öffentlich diskutieren.

Sie machen in Ihrer Funktion die Aufklärung über ein totalitäres System lächerlich. Täter werden zu Opfern, und Sie lassen sich vor den Wagen spannen, der eindeutig in eine Richtung geht, die Scientology nützt.

Es gibt einmal das Verwirrspiel des Gottfried Helnwein, das es um der Sache wegen aufzudecken gilt, und es gibt parallel dazu nun Ihre Auftritte und Aussagen, die Aufdeckung erschweren, wenn nicht sogar verhindern.

Folgende Fragen habe ich nun an Sie, die ich Ihnen auch im Auftrag informierter Bürger stelle:

- *Wußten Sie, daß Scientology „Clear Deutschland" plant – einen Staat, der von Scientologen kontrolliert werden soll?*
- *Wußten Sie, daß der Geheimdienst von Scientology, OSA, eine Spezialeinheit darstellt, die in ihren Aktionen und Vorgehensweisen mit der ehemaligen Stasi vergleichbar ist?*
- *Wußten Sie, daß Gottfried Helnwein laut einem Schreiben der Scientology von 1992 diesen OSA, Geheimdienst der Scientology, unterstützte?*
- *Wußten Sie, daß Scientology militärisch strukturiert ist?*
- *Wußten Sie, daß es eine Kriegskasse bei Scientology gibt, mit der „Schwarze Propaganda" sowie Aktionen gegen Aufklärung und Meinungsfreiheit finanziert werden?*

- *Wußten Sie, daß aus dieser Kriegskasse die Hetzpropaganda gegen die Bundesregierung und uns Bürger in den USA finanziert wird?*
- *Wußten Sie, daß in Kriegskassenlisten mehrmals der Name Helnwein als Großspender steht?*
- *Wußten Sie, daß Gottfried Helnwein per „Wissensbericht" nicht linientreue Freunde denunzierte?*
- *Wußten Sie, daß bei Scientology eine Zielvorgabe heißt, daß nur derjenige die Bürgerrechte und Staatsbürgerschaft erlangen kann, der höhere Ausbildungsstufen bei Scientology erreicht hat?*
- *Wußten Sie, daß die Frau von Helnwein in Scientology-Unterlagen* als *hochrangig ausgebildete Scientologin (OT 8) geführt wird?*
- *Wußten Sie, daß die IAS (Zusammenschluß aller Scientologen weltweit) von sich behauptet, seit ihrer Gründung im Jahr 1984 „... zu einer wirksamen Kraft in der heutigen Welt herangewachsen zu sein ... und große Fortschritte macht bei der Aussäuberung der Fäulnispunkte in der Gesellschaft – und bei der Schaffung einer Welt, in der die Expansion der Scientology sich in höherem Tempo fortsetzen kann"?*
- *Wußten Sie, daß der Name Gottfried Helnwein auf einer Bewerbung für eine lebenslange IAS-Mitgliedschaft am 14.3.1987 steht?*
- *Wußten Sie, daß auf der Bewerbung folgendes angekreuzt ist:*

  „Ich bewerbe mich für die Mitgliedschaft auf Lebenszeit und habe einen Mindestbetrag von 2000 US Dollar ... beigelegt, welcher die Mitgliedschaft in der International Association of Scientologists für die Dauer meines Lebens darstellt. Unterschrift: G. Helnwein"?

- *Wußten Sie, daß in einem Brief von Scientology an die Mitglieder steht „... kümmert euch nicht um den Mob, wartet ab, bis wir für sie die richtigen Anstalten gebaut haben"?*
- *Wußten Sie, daß alle, die gegen Scientology sind, zu diesem „Mob" gezählt werden?*
- *Was denken Sie, wer dann verschwinden muß, um nicht in solchen Anstalten zu landen?*
- *Wissen Sie jetzt, warum offensive Aufklärung über Scientology, ohne Samthandschuhe, längst überfällig ist?*

Aus der Geschichte habe ich gelernt, daß totalitäre Systeme nicht die Mehrheit brauchen, um zu greifen. Sie brauchen nur eine ganz bestimmte Anzahl von Fanatikern, Personen in Schlüsselpositionen, Mit-

läufern und Helfern, gezielte Propaganda. So kann aus einer zu lange belächelten Theorie gefährliche Praxis werden.
Frau Vollmer, durch Ihr Studium der Theologie haben Sie sich mit einem Menschenbild auseinandergesetzt, das den Zielen der Scientology komplett entgegensteht.
Um Ihre Glaubwürdigkeit nicht zu verlieren, sollten Sie auch über Ihre Wahl in den Bundestag und die Wahl zur Vizepräsidentin des Bundestages nachdenken.
Ich denke, diese Wahl muß auch voraussetzen, daß der/die Gewählte bereit ist, Schaden vom Volk abzuwenden.
Wenn aus diesem offenen Brief um der Sache willen ein öffentlicher Dialog wird, sind wir auf dem Weg, daß totalitären Strömungen mit rechtsstaatlichen Mitteln Einhalt geboten werden kann.
Dann haben auch die eine Chance, die bereits instrumentalisiert und im System verstrickt sind.
In Erwartung Ihrer Antwort verbleibe ich
mit freundlichen Grüßen
Renate Hartwig

Dieser Brief wurde nie beantwortet, die Fakten wurden nie kommentiert. Das zeigt mir nicht nur mangelnde Bürgernähe. Es zeigt die Arroganz der Macht.

Aussteiger im Grenzgebiet

Ich habe im Lauf der Jahre eine Menge Aussteiger aus der Scientology-Organisation kennengelernt bzw. persönlich betreut. Die ersten Jahre meiner Aussteigerhilfe und Betroffenenbetreuung waren geprägt von dem Wunsch zu helfen. Die menschliche Seite stand immer im Vordergrund. Dann kamen die ersten Enttäuschungen, die ich wegsteckte und als Lehrgeld verbuchte. Am Anfang kam ich überhaupt nicht auf die Idee, daß die Probleme mit der Situation bei Scientology, insbesondere mit den Trainings und Drills, zu tun haben könnten, sondern ich habe alles ausschließlich auf menschliche Sympathien und Antipathien zurückgeführt. Heute weiß ich, daß man außer der menschlichen Ist-Situation nach einem Ausstieg noch eine Reihe weiterer Dinge mit berücksichtigen muß:

- wie jemand angeworben wurde
- ob jemand nur Kursteilnehmer war oder ob er eine Funktion innerhalb der Organisation hatte – zum Beispiel Ethikoffizier, Manager, PR-Mann oder Geheimdienstmitarbeiter
- aus welchen Motiven jemand ausgestiegen ist
- wieweit er oder sie bereit ist, nach dem Ausstieg sich mit der Ideologie und auch mit der eigenen Täterschaft auseinanderzusetzen

Aussteiger ist eben nicht gleich Aussteiger.

Aussteiger ist eben nicht gleich Aussteiger. In den achtziger Jahren stiegen sehr viele aus, weil sie mit der Führungsriege nicht einverstanden waren, die nach dem Tod von Hubbard durch einen internen Putsch das Ruder übernommen hatte. Die Führung des jetzigen Führers David Miscavige ist noch straffer, noch totalitärer und noch militärischer als die von L. Ron Hubbard. Häufig ist es nicht die gefährliche Ideologie, die in dem System steckt, sondern die persönliche Enttäuschung, die Menschen zum Aussteigen bewegt. Die Machtstrukturen wurden verändert, und David Miscavige rekrutierte eine neue Elite um sich herum. So entstand übrigens auch eine bis heute nicht öffentlich diskutierte Gruppe, die sich „Freie Zone" nennt und die nach wie vor die Hubbard-Technologie hochjubelt, anwendet und verbreitet. Durch die mir vorliegenden Aktenordner mit Beweismaterial über die „Freie Zone" und durch die Gespräche mit Ex-Scientologen, die in der damaligen Zeit – teilweise auch aus Rachegefühlen gegenüber der neuen Führungsebene – ausgestiegen sind und sich dann bei uns meldeten, wurde mir etwas Wichtiges klar: Da gab es Menschen, die sich ausgerechnet hatten, nach dem Tod von Hubbard eine Führungsposition in der Organisation zu erreichen, und weil dieser Wunsch nicht in Erfüllung ging, verließen sie Scientology als Organisation, nahmen aber den Hubbardismus im Kopf mit, um ihn auch weiter anzuwenden und zu verbreiten. Daß es eine erhebliche Anzahl solcher Ex-Scientologen gibt, zeigen die Strukturen, die im Laufe der Jahre nach Hubbards Tod aufgebaut wurden und die bis zum heutigen Tag in verstreuten Zirkeln auf der ganzen Welt agieren.

Wie befreit man sich von Scientology?

Nach Hunderten von Gesprächen mit Ex-Scientologen differenziere ich sehr genau zwischen einem Ausstieg aus Überzeugung und einem Ausstieg aus persönlicher Rache. Beim Zusammenbruch eines totalitären politischen Systems bleiben immer die „Ewiggestrigen" übrig, die der Ideologie und dem Führer hinterherjammern und die weder begriffen haben noch begreifen wollen, daß totalitäre Systeme grundsätzlich zum Schaden der Menschen agieren. So scheint es mir auch bei Scientology zu sein. Da gibt es ebenfalls die Ewiggestrigen, die nach wie vor die Ideologie von L. Ron Hubbard verherrlichen und ausschließlich wegen der neuen Führungscrew der Organisation den Rücken gekehrt haben. Dann gibt es die Gruppe derer, die aus persönlichen Motiven Scientology verlassen haben, weil sie die Machtpositionen nicht erreichten, die sie sich erhofft hatten. Leider gehören diejenigen, die wegen der gefährlichen Ideologie, die in Scientology steckt, den Ausstieg vollzogen haben, zur Minderheit.

Wer auch immer zu uns kam und sich als Ex-Scientologe bekannte, durfte sicher sein, daß wir ihm Gastfreundschaft gewähren und uns Zeit für ihn nehmen würden. Der Faktor Zeit war bei jedem Gespräch wichtig. Viele saßen mir mit jenem Mißtrauen gegenüber, das ihnen bereits vom ersten Kursprogramm an eingedrillt worden war, und ich spürte, daß es lange braucht, um diesen Zustand zu verändern. Ich wiederum blockierte mich in den ersten Jahren oft selbst durch mein „Helfenwollen" und vernachlässigte zum Teil auch mein Gefühl des gesunden Mißtrauens gegenüber so manchem Aussteiger.

Ich machte einen Lernprozeß durch. Zuerst wollte ich nichts weiter als dem einzelnen Menschen helfen, bis ich erkannte: Man muß grundsätzlich das System demaskieren und mit allen nur möglichen rechtsstaatlichen Mitteln bekämpfen. Inwieweit der einzelne bereit war, sich intensiv mit der Ideologie auseinanderzusetzen, war und ist von Fall zu Fall verschieden. Der eine oder andere war froh, es hinter sich zu haben, und wollte nur vergessen. Oft war es auch ein Verdrängungsmechanismus, um nicht darüber nachdenken zu müssen, wie viele Menschen aus seinem nächsten Umfeld geschädigt worden waren. Ich versuchte, jeden, mit dem ich sprach, dazu zu bringen, daß er darüber nachdachte, warum er überhaupt den Weg zu Scientology gewählt hatte. Für mich ist es zu einfach, wenn man ausschließlich die Werbestrategien von Scientology dafür verantwortlich macht, daß jemand bei der Organisation landet.

Allein aus der Strategieplanung dieser Organisation ist ersichtlich, daß sie selbst nicht daran glaubt, jeden mit diesen Werbestrategien zu erreichen. Unter der Führung von Hubbard wurde mit den üblichen Mitteln (Dianetik-Buch, 200-Fragen-Test und Anwerbung durch Freunde und Bekannte) Basisarbeit geleistet, um eine flächendeckende Grundausbildung der Bevölkerung in Richtung Hubbardismus zu erreichen. Laut Aussagen von Insidern sollen nach einem Strategieplan fünfundzwanzig Prozent der Gesellschaft auf die scientologische Ideologie fixiert werden, indem sie tatsächlich mit Scientology als Organisation in Berührung kommen und dort auch Mitglied werden. Die restlichen fünfundsiebzig Prozent sollen auf andere Weise vom scientologischen Gedankengut beeinflußt werden, bei der Wörter wie Scientology oder Dianetik und die üblichen Werbestrategien gar nicht mehr relevant sind.

Was mich immer wieder verblüffte, war das Scheuklappendenken innerhalb der einzelnen Strukturen der Organisation. Die einzelnen Aussteiger hatten jeweils nur ein spezielles Wissen aus dem Umfeld ihres eigenen Trainings und der Verbindungen, die sie im Lauf der Kurse erlangt hatten. Wenn sich z.B. jemand nur innerhalb der Scientology-Organisation bewegte und dann als Aussteiger bei uns auf einen ehemaligen „WISE"-Lizenznehmer traf, dann spürte man nicht nur das übliche Mißtrauen, sondern es kam des öfteren vor, daß ein Gespräch in eine unerträgliche Besserwisserei der Ex-Scientologen untereinander ausartete. Der eine warf dem anderen vor, keine Ahnung zu haben, und der andere, der ausschließlich in der Organisation geschult worden war, war wiederum nicht mit der Auslegung der Richtlinien eines „WISE"-Lizenznehmers einverstanden. Interessanterweise kam bei diesen Gesprächen kein einziger von den vielen Ex-Scientologen und Ex-Scientologinnen darauf, das System an sich zu kritisieren.

Man war wütend über das verlorene Geld, das man investiert hatte, man war auch zornig über die Strafmaßnahmen, die in der Organisation normal sind, oder man bemitleidete sich selbst wegen der verlorenen Lebenszeit.

Wenn ich fragte, warum der einzelne eigentlich diesen Weg beschritten hatte und ob er womöglich nicht nur ein Opfer, sondern auch ein Täter sein könnte (die Täterschaft gehört übrigens zum System: Ein Scientologe kann gar nicht anders, als früher oder später auch zum Täter zu werden!), kam meistens nur ein Achselzucken oder großes Erstaunen. Es war ein unglaublich mühsamer Weg, diese Art des Nachdenkens anzuregen, und schon deshalb wurde mir die gesellschaftspolitische Brisanz bewußt, die hinter Scientology steckt und die mit dieser Art des gedanklichen Umerziehens in Richtung Hubbardismus bereits zum Tragen gekommen ist.

Täuschen und Tarnen – und vor allem Verdrängen – gehören zu den Grundsäulen der hubbardistischen Ausbildung. Wenn man über die normale Schiene angeworben wird und zu Scientology kommt, dann beginnt die Täuschung bereits damit, daß die Analyse des obligatorischen Fragebogens grundsätzlich Negativpunkte und Persönlichkeitsdefizite aufzeigt. In Gesprächen mit ehemaligen Trainern von Scientology habe ich erfahren, daß nur ganz wenige dieses scientologische Täuschungsmanöver durchschauen – besonders wenn sie erst einmal das erste Kursprogramm absolviert haben.

In Gesprächen mit ehemaligen Trainern von Scientology habe ich erfahren, daß nur ganz wenige dieses scientologische Täuschungsmanöver durchschauen – besonders wenn sie erst einmal das erste Kursprogramm absolviert haben.

Beim TR-0, dem sogenannten „Training Null“, ist es so, daß man einer Person stundenlang gegenübersitzt und dieser ohne jegliche Regung in die Augen schauen muß. Der Trainer beobachtet die einander Anstarrenden, rügt jeden gnadenlos, der auch nur im Ansatz Reaktionen zeigt – z.B. das Hinaufziehen der Augenbrauen, das Hochziehen der Schultern oder irgendwelche Kopfbewegungen, die durch die Verkrampfung zustande kommen können.

In der Diskussion über dieses Kursprogramm fragte ich immer wieder: „Gab es denn niemanden, der aufstand und einfach ging?“ Mir als nicht gedrillter Person war es immer wieder von neuem ein Rätsel, warum Leute diese Drills überhaupt über sich ergehen lassen. Die Antwort kam von einem Trainer ganz nüchtern: „Wieso, jeder Person wird doch vor diesem Training ein Persönlichkeitsdefizit attestiert. Jeder hat eine Erwartungshaltung, und wenn der eine oder andere in diesem Kursprogramm dann angepfiffen wird, weil er nicht einmal konzentriert einer Person regungslos in die Augen schauen kann – das nennt man bei Scientology ‚ganz da sein‘ –, dann suggeriert man ihm durch diesen Anpfiff doch wiederum nur seine eigenen Defizite.“

Unterm Strich waren die Antworten fast alle gleich: Man wollte sich keine Blöße geben, immerhin hatte man ja teilweise ein paar Hundert Mark bezahlt, um dieses Kursprogramm absolvieren zu können, und jetzt wollte man Erfolg. Den anderen gegenüber, die mit im Kursraum saßen, demonstrierte man durch die widerstandslose Durchführung, daß man sehr wohl in der Lage war, den Befehl auszuführen. Nur ein Bruchteil der Kursteilnehmer wagte es laut Angaben der Trainer, während des Kurses aufzustehen und Scientology zu verlassen. Schon beim Verlassen des Kursraumes wurde man zuerst vom Trainer und dann vom Personal vor dem Kursraum in Gespräche verwickelt und wieder auf die eigenen Defizite angesprochen. Nur eine kleine Minderheit ist tatsächlich imstande, die Manipulation wahrzunehmen, die da geschieht – zum Teil geistig, zum Teil auch körperlich.

„Habt ihr euch eigentlich schon einmal Gedanken darüber gemacht, wer denn letztendlich auf diesen Stühlen sitzen bleibt und dieses Kursprogramm bis zum Ende ohne Murren durchläuft?“ fragte ich. Die Antwort war immer die gleiche: „Ja, diejenigen, die ihre Persönlichkeitsdefizite aufarbeiten wollten, so wie man es ihnen am Anfang suggerierte. Sie wollten den Erfolg, und mit dem Ausführen des Befehls hatten sie den Erfolg. Sie hatten zumindest dieses Erfolgserlebnis, und genau darauf bauen ja die nächsten Kursangebote auf.“

„Habt ihr euch schon einmal Gedanken gemacht, daß hinter dieser Art des ersten Kurses auch noch etwas anderes stecken könnte?“

Die Aussteiger waren immer noch so fixiert auf dieses Kursprogramm, daß sie eine Weile brauchten, um vielleicht auch noch andere Gedankengänge zuzulassen.

„Es handelt sich meiner Meinung nach bereits im ersten Kurs um das Selektieren von Persönlichkeitsstrukturen“, sagte ich. „Wer steht denn auf und geht? Das sind Leute, die einfach eine ganz natürliche innere Abwehr gegen solche Manipulationen haben und dann auch konsequent handeln. Und wer bleibt bei diesem Kurs sitzen? Ganz einfach: jemand, der für einen Befehl bezahlt, der diesem Befehl dann widerstandslos gehorcht und am Schluß noch ein Erfolgserlebnis für sich selbst verbucht, weil er einen Befehl ausgeführt hat. Ich frage: Welche Persönlichkeitsstrukturen wählt Scientology aus? Es sind genau jene, die man braucht, um totalitäre Systeme aufzubauen.“

Welche Persönlichkeitsstrukturen sind das? Es sind genau jene, die man braucht, um totalitäre Systeme aufzubauen.

Mit solchen Feststellungen traf ich die ehemaligen Scientologen oft ins Mark, da sie auch nach ihrem Ausstieg noch nicht bereit waren, ihre Persönlichkeitsstrukturen zu überdenken, und nicht zugeben konnten, daß sie aus purem Egoismus und Erfolgsstreben bereit gewesen waren, ein System, dessen Ziel Macht über andere ist, kompromißlos und willenlos zu akzeptieren und zu unterstützen. Natürlich entstanden auf diese Art Reibungsflächen, und ich habe mir durch solche Diskussionen bei Ex-Scientologen nicht nur Freunde gemacht, sondern es gibt viele, die meine Art der Aufklärung kritisieren und verurteilen – und zwar genau deshalb, weil sie trotz ihrer Aussagen und ihres öffentlichen Auftretens als Vorzeigeopfer bis heute nicht bereit waren, die Strukturen zu hinterfragen, indem sie bei ihrer eigenen Persönlichkeit begannen.

Der schwere Weg, Opportunismus zu begreifen

Viele Erlebnisse während meines jahrelangen Abenteuers Zivilcourage haben mich entsetzt, teilweise sogar deprimiert. Denn aufgrund meiner eigenen Risikobereitschaft und auch der Konsequenz, mit der ich mein Leben meisterte, ist mir Opportunismus absolut fremd und zuwider. Menschen, die ihre Ansichten wie eine Fahne nach dem Wind drehen, die nur auf ihren eigenen Vorteil bedacht sind und all ihre Ideale vergessen, wenn eine andere Vorgehensweise ihnen Vorteile bringt, waren mir immer sehr suspekt. Der Opportunismus der Leute in totalitären Systemen und vor allem auch die große Zahl derer, die sich in solchen Systemen anpaßten, hat mich nicht verwundert, sondern schockiert. Gerade bei den wichtigen Auseinandersetzungen mit den Strukturen von Scientology, die ich im Zusammenhang mit der Aussteigerhilfe führen mußte, habe ich diesen Opportunismus hautnah erlebt. Man war zwar durchaus bereit, sich als Opfer in der Öffentlichkeit zu präsentieren, aber die damit verbundene Täterschaft wurde meistens verdrängt und verschwiegen.

Ich versuchte dann immer wieder, den Ex-Scientologen auch durch mein eigenes Beispiel zu verdeutlichen, worum es ging. Ich wies sie auf meine damalige Situation hin und erzählte, mit welcher Akribie die Scientologen 1991/92 die finanzielle Situation unserer Familie für ihre PR-Zwecke auszunützen versuchten, um uns zum Schweigen zu bringen. Natürlich schrieben sie in den Flugblättern nicht, daß gerade jener Mann, welcher der Hauptgrund für unsere finanzielle Misere war, bei ihnen geschult worden war – nämlich in der Scientology-Organisation in Ulm, und sie schrieben auch nicht, daß von den „WISE"-Lizenznehmern, die damals unter Zabel & Schmidt in Ehingen firmierten, Versprechungen gemacht und nicht gehalten wurden. Durch einen Ausschließlichkeitsvertrag mit dem Geschäftspartner meines Mannes kam so eine Abhängigkeit zustande, die dann schamlos ausgenutzt wurde, so daß es schließlich die finanzielle Existenz meines Mannes kostete. Der Schuldenberg war vorprogrammiert, und das alles wurde dann von den Scientologen für „Schwarze Propaganda“ verwendet. Ich hatte – damals wie heute – keinen Grund, mich zu rechtfertigen, und stand zu den Schulden, die wir hatten und die wir bezahlt haben. Genau diese Sicherheit meinerseits irritierte die Ex-Scientologen, denn sie hatten sogar Angst vor ihren eigenen „Ethikakten“, die bei Scientology lagen. Es ist ein altes Prinzip dieser Organisation, mit schmutziger Wäsche und „Schwarzer Propaganda“ den Gegner in die Knie zu zwingen. Anscheinend ist es ihnen bis hinauf in hohe Regierungskreise und Behörden – z.B. bei der Steuerbehörde in Amerika – gelungen.

Immer wieder habe ich gerade mit denjenigen darüber diskutiert, die auch als Täter für die Organisation aktiv waren. Oft durch ihr eigenes Versagen unter Druck gesetzt, schwiegen sie und führten die nächsten Aufgaben für den Führungskader der Scientology widerstandslos aus. Die Sicherheit, die mein Mann und ich hatten, irritierte die meisten, und sie suchten immer wieder neue Ausreden, warum sie nicht bereit waren, in der Öffentlichkeit zu demonstrieren, daß der Terror der Scientology nur existiert, weil diese Organisation über eine unglaubliche Menge von Daten über Menschen verfügt und sie in übelster Weise verwendet, um ihre Zielsetzungen zu erreichen. Es gibt in Europa eine Reihe von Aussteigern, die zwar ihre Opfergeschichte öffentlich darstellen, aber nicht ihre Täterschaft, so daß man den Eindruck gewinnen muß, es gäbe eigentlich gar keine Täter, sondern nur lauter Opfer. Diese Ex-Scientologen sind nicht bereit, mit knallharten Fakten, mit Daten und Namen an die Öffentlichkeit zu gehen, sondern verstecken sich hinter der Anonymisierung, so daß bei ihrer eigenen Aufklärungsarbeit immer nur Verallgemeinerungen zu hören sind. Und warum? Ganz einfach! Weil sie sich davon Sicherheit vor den Angriffen der Scientology erhoffen. Genau das ist jener Opportunismus, den ich nicht akzeptiere.

Es gibt in Europa eine Reihe von Aussteigern, die zwar ihre Opfergeschichte öffentlich darstellen, aber nicht ihre Täterschaft, so daß man den Eindruck gewinnen muß, es gäbe eigentlich gar keine Täter, sondern nur lauter Opfer.

Meine persönlichen Erfahrungen haben gezeigt, daß die Ängste der Ex-Scientologen gegenüber dem scientologischen System weitaus höher sind als ihr Wille und ihre Bereitschaft, etwas dazu beizutragen, die dunkle Seite von Scientology öffentlich zu machen. Was das alles mit Opportunismus zu tun hat? Sehr viel! Man verkauft sich als Opfer und verschweigt seine Täterschaft – und man leistet dadurch, ob man will oder nicht, Scientology Schützenhilfe, und das als Ex-Scientologe! Damit rechnet anscheinend auch die Organisation, denn nur so läßt sich erklären, daß jeder, der aussteigen möchte, mit seinen Taten (oft genug nicht nur Schandtaten, sondern eben auch Straftaten!) konfrontiert wird. Leider gelingt es nur allzuoft, Ex-Scientologen damit zum Schweigen zu bringen.

Machtspiel eines Ex-Scientologen

Am 26.01.1995 erhielt ich ein Fax von Peter Voßmerbäumer. In seinem Brief berief er sich auf zwei Journalisten, die ihn gebeten hätten, mit mir in Verbindung zu treten. Unter anderem schrieb er:

> *Mein Kampf gegen unseren gemeinsamen Gegner, die Church of Scientology, steht kurz davor, zu einem entscheidenden Resultat zu führen. Um dieses sicherzustellen, wäre ein vertrauliches Gespräch mit Ihnen, verehrte Frau Hartwig, sehr hilfreich, weshalb ich Sie bitte, mir zu einem persönlichen Gespräch in dieser Woche ein wenig Ihrer kostbaren Zeit zu opfern. Ich freue mich auf ein Kennenlernen, erwarte Ihren Terminvorschlag und verbleibe*
> *mit herzlichen Grüßen Peter Voßmerbäumer*

Wer war Peter Voßmerbäumer? Die Rückfrage bei einem der genannten Journalisten aus Hamburg ergab, daß es sich bei ihm um einen „hochkarätigen Aussteiger" handle, der dringend mit mir in Kontakt treten wolle. Ich fragte: „Warum gerade mit mir? Er ist ja in Hamburg, also kann er doch zu Ursula Caberta gehen, die braucht zur Imagepflege immer hochkarätige Leute, was will er bei mir?"

„Er sucht Kontakte, er befindet sich auf der Flucht – er ist jetzt untergetaucht bei einem Mann von der Polizei und will unbedingt mit dir reden."

Das Ganze war für mich ziemlich undurchsichtig, und aufgrund meiner bis dahin gemachten Erfahrungen ging ich erst einmal auf Distanz. Nach mehreren Faxen und Telefonaten vereinbarten wir mit Peter Voßmerbäumer dann doch einen Gesprächstermin. Aufgrund seiner Aussage, daß er jahrelang für den Geheimdienst der Scientology – damals „Guardian Office" genannt – tätig gewesen sei, wurde ich noch vorsichtiger, und wir entschieden, daß er auf keinen Fall bei uns im Haus übernachten sollte. Damit war das Thema erst einmal vom Tisch, und ich widmete mich meiner normalen Tagesarbeit. Ich mußte wirklich lachen, als ich danach noch weitere Faxe von ihm erhielt – eines, in dem er mir den Termin bestätigte, und dann noch eins einen Tag vor seiner Anreise, in dem er mir mitteilte:

Liebe Frau Hartwig,
ich werde mich morgen früh, am Samstag 4.2.95, in Richtung Ulm in Bewegung setzen.
Ich freue mich. Peter Voßmerbäumer

Als er dann bei uns eintraf, erzählte er mir als erstes von seinen momentanen finanziellen Schwierigkeiten und daß er sich im Grunde diese Fahrt gar nicht leisten könne, aber daß es ihm sehr wichtig wäre, mir „beratend" beizustehen.

Ich verstand die Welt nicht mehr. „Da muß es sich um einen Irrtum handeln. Ich brauche keinen Berater, ich dachte, Sie wollten Hilfe. Und Hilfe für Ex-Scientologen hat bei uns noch nie was gekostet. Also machen Sie sich darüber mal keine Gedanken. Außerdem hat mein Mann für Sie in der Nähe ein Zimmer reserviert, das wird auch von uns bezahlt – und verhungert ist bei uns auch noch niemand."

Damit waren gleich einmal die Fronten geklärt. Ich wollte wissen, warum Voßmerbäumer denn so dringend mit mir reden wollte, und er erzählte mir von einem Buchprojekt. In Manuskriptform liege das Buch bereits fertig vor, und jetzt brauche er dringend einen Verlag. Er habe sein Manuskript bereits quer durch Deutschland geschickt – an viele Verlage, Behörden, aber auch Politiker – und habe keine Resonanz gefunden. Ich konnte mir das überhaupt nicht vorstellen, zumal das Buch angeblich hochbrisante Informationen enthielt. Auf meine direkten Fragen, was er mit Ministern und Politikern meine, hüllte er sich in Schweigen und blieb allgemein. Irgendwie war mir unwohl, zumal Voßmerbäumer mir immer wieder einzureden versuchte, ich benötigte einen Berater aus dem inneren Zirkel von Scientology, um die Schläge der Organisation richtig einschätzen zu können.

Ich konnte nur lachen. „Wir haben jetzt das Jahr 1995. Seit 1991 bewege ich mich an vorderster Front und bin die, die am offensivsten und am risikofreudigsten gegenüber der Scientology-Organisation auftritt. Wenn ich meine Erfahrungen aneinanderreihe, die ich gerade mit all diesen Personen gemacht habe, die in der Scientology unglaubliche Karrieren hinter sich gebracht haben, dann muß ich Ihnen ganz einfach sagen, daß die Ratschläge dieser Leute eher negativ als positiv waren."

Voßmerbäumer war verdutzt. Wahrscheinlich hatte er erwartet, daß ich ihn ausquetschen würde wie eine Zitrone und daß die Informationen über seine Zeit bei Scientology für mich äußerst brisant waren. Aus seiner Sicht konnte ich es verstehen: Er wußte ja nicht, wen ich außer ihm noch kannte und welche Informationen ich in den letzten vier Jahren erhalten hatte. Im Grunde ging es mir aber auch um ihn als Menschen, und ich fragte ihn nach seinem persönlichen Befinden. „Stimmt es, was ich gehört habe – Sie befinden sich laufend auf der Flucht?"

Peter Voßmerbäumer erzählte von seiner Familie in Berlin. Er sagte, daß sie immer noch bei Scientology sei und daß die Organisation natürlich alles mögliche gegen ihn unternehmen werde, zumal er ein so brisantes Material habe.

Auf meine Rückfrage, ob es nicht sein könne, daß die Verlage einfach deswegen so zurückhaltend seien, weil er die wesentlichen Fakten nicht auf den Tisch lege, schüttelte er den Kopf. „Ich habe das alles selbst erlebt", sagte er, „und wenn ich als Zeuge vor Gericht stehe oder als Autor eines Buches auftrete, dann kann mir keiner widerlegen, was ich selbst erlebt habe."

Diesen Zahn wollte ich ihm gleich einmal ziehen. Ich erzählte ihm die Geschichte von Anita – eine Geschichte, die ich selbst erlebt hatte. Ich erzählte ihm, wie ich mit eigenen Ohren gehört hatte, was diese Frau sagte, und daß sie es nicht nur zu mir gesagt hatte, sondern auch den Behörden, dem Verfassungsschutz und einem Sektenbeauftragten, ja sogar in einem Strafverfahren vor Gericht. Ich versuchte, ihm klarzumachen, daß dies alles offensichtlich nicht ausreicht, und stellte ihm die Frage: „Wenn Sie im ‚Guardian' waren, haben Sie erlebt, daß dort mit geheimdienstlichen Mitteln gearbeitet wurde und z.B. auch Personen irgendwo als Agenten eingeschleust wurden?"

Peter Voßmerbäumer: „Ich war selbst Agent – ich kann Ihnen erzählen, bis Ihnen schummrig wird."

Seine Antwort kam sofort und ohne Überlegung: „Ich war selbst Agent, und ich kann Ihnen erzählen, bis Ihnen schummrig wird."

Ich fragte ihn, ob er denn schon überlegt hätte, bei einem Staatsanwalt über seine Erfahrungen und sein Wissen auszupacken – es wäre vielleicht interessant, wenn staatliche Behörden über derartige Vorkommnisse unterrichtet würden. Da erzählte er mir von seinem Kontakt zum Arbeitskreis Scientology in Hamburg, und ich ließ seine Kommentare zu diesem Kontakt einfach stehen, ohne sie zu werten. Aber mir war noch weniger klar, warum er eigentlich den weiten Weg von Hamburg zu uns gemacht hatte.

Peter Voßmerbäumer begleitete uns auch zum Vortrag, den ich an diesem Abend hielt. Interessanterweise war er aber nicht bereit, mit anderen Ex-Scientologen zusammenzutreffen. Er traf lediglich Bernhard Sandkühler bei uns, und auch für ihn, der elf Jahre Erfahrung als Trainer bei Scientology aufweisen konnte, blieben sehr viele Aussagen und vor allem Voßmerbäumers Wunsch, mich unbedingt treffen zu wollen, undurchsichtig. Es blieb eine unsichtbare Wand zwischen uns, und in einer hitzigen Phase der Diskussion warf ich ihm auch vor, daß er das Auditing bei Scientology immer noch verherrliche und das E-Meter als unbestechliches Instrument betrachte. Ich versuchte, auch ihm klarzumachen, daß das System Scientology sämtliche Schwachpunkte von Menschen ausnützt, um williges, billiges Verbrauchsmaterial für die Durchsetzung der totalitären Ideologie zu bekommen.

Voßmerbäumer – und ich denke heute noch, daß dies der Hauptgrund seines Kommens war – fragte meinen Mann, ob er nicht vielleicht in seinem Verlag sein Buch veröffentlichen könnte. Mein Mann verneinte. Weiterhin machte mir unser Besucher das Angebot, für mich bei eventuellen Streitigkeiten vor Gericht beratend tätig zu werden, aber ich lehnte auch dies ab. Schließlich und endlich fragte mich Peter Voßmerbäumer, ob ich ihm nicht das notwendige Benzingeld für die Rückfahrt nach Hamburg leihen könne. Ich gab ihm so viel, daß er unterwegs noch etwas essen und trinken konnte. Als ich ihn um eine Quittung bat, sagte er: „Ach, das ist doch nur geliehen, ich schicke es Ihnen wieder zurück!" Wir verabschiedeten uns. Daß ich bis heute von ihm weder eine Quittung noch das Geld bekommen habe, ist ein Teil des Lehrgelds, das ich im Lauf der Jahre bezahlen mußte.

Am 8.2.1995 um 9.02 Uhr kam ein Fax von Peter Voßmerbäumer, in dem er mir folgendes mitteilte:

> *Sehr geehrte Frau Hartwig, nun ist auch bei mir der Ernstfall eingetreten, ich hatte heute morgen um 6.30 Uhr Besuch von der Kripo und Staatsanwaltschaft zwecks Beschlagnahme meines Manuskripts verbunden mit einer Anzeige wegen versuchter Erpressung, angeregt durch die Scientology (...) München. Ich dachte mir einfach, daß Sie das wissen sollten, weshalb ich es Ihnen gleich durchfaxe. Ich wünsche Ihnen einen schönen, erfolgreichen Tag.*
> *Peter Voßmerbäumer*

Am selben Tag um 17.22 Uhr erreichte mich noch einmal ein Fax mit folgendem Inhalt:

Sehr geehrte Frau Hartwig, wieder in Hamburg eingetroffen möchte ich mich an dieser Stelle noch einmal für Ihre herzliche Aufnahme und Gastfreundschaft bedanken. Ich werde mich am Freitag in die Höhle der Löwin wagen und Uschi Caberta einen Besuch abstatten mit der Absicht, mein Manuskript zurückzuerhalten.

Am 11.2.1995 informierte mich Peter Voßmerbäumer um 16.30 Uhr per Fax:

Sehr geehrte Frau Hartwig, der guten Ordnung halber möchte ich Sie kurz informieren, wie die Angelegenheit aussieht. Gleich am Montag morgen wird mein Anwalt Einspruch gegen die Manuskriptbeschlagnahme einlegen und vor allen Dingen zu verhindern versuchen, daß die „Hubbardisten" das Manuskript ausgehändigt bekommen. Die Anklage wegen angeblicher Erpressung ist nach Meinung meines Anwaltes lächerlich, schon deshalb, weil Fristen für eine solche Anzeige längst abgelaufen sind. Ich sehe also dem Ganzen recht gelassen entgegen. *Mein Anwalt war aber der Meinung, daß solch eine Buchbeschlagnahme publizistisch ausgewertet werden sollte, da diese Beschlagnahme eines Buchmanuskripts einen fast einmaligen Vorgang seit Bestehen der Bundesrepublik darstellt. Können Sie mit Ihren Verbindungen etwas unternehmen?*
Mit herzlichen Grüßen

Das Ganze ohne Unterschrift.

Am 18.2.1995 erhielt ich dann noch ein Fax, in dem mir Peter Voßmerbäumer einen Brief von Bundesminister Dr. Norbert Blüm an ihn zur Kenntnis brachte. Danach riß der Kontakt völlig ab, ich sah Herrn Voßmerbäumer noch einmal bei einem Vortrag in Hamburg, aber wir begrüßten uns ganz kurz, und er verschwand in der Menge, ohne daß ein Gespräch stattfand. Monate später erkundigte sich ein Hamburger Journalist bei uns, ob wir irgendwelche Lebenszeichen von Peter Voßmerbäumer hätten, denn er sei abgetaucht, niemand wisse, wo er sei. Zwischen seinem Besuch bei uns und diesem Anruf lagen Monate.

In dieser Zeit hatte ich allerdings ein braunes DIN-A4-Kuvert erhalten. In ihm befand sich der Schriftverkehr zwischen einem Anwalt aus Hannover, der im Auftrag von Peter Voßmerbäumer Verhandlungen mit der Scientology Hamburg über den Kauf des von Voßmerbäumer gefertigten Manuskriptes über Scientology führte. Genau wegen dieses Schriftverkehrs hatte ich auch absolut kein Bedürfnis mehr nach einem Kontakt zu Peter Voßmerbäumer.

Denn wenn jemand als Ex-Scientologe – noch dazu einer, der von sich behauptet, jahrelang für den scientologischen Geheimdienst gearbeitet zu haben! – mit Hilfe eines Anwalts versucht, sein Manuskript der Scientology anzubieten, um damit einen finanziellen Vorteil zu erlangen, dann ist mir diese Art der „Aufklärung“ nicht nur sehr suspekt, sondern ich lehne sie grundsätzlich ab. Man muß kein großer Kriminalist oder Geheimdienstler sein, um sich ausrechnen zu können, wie solch eine Aktion von seiten der Scientology benutzt würde. Erstens ist es eine Charaktersache, denn die wirkliche Aufklärung über das Thema Scientology hätte für Peter Voßmerbäumer hintangestanden, falls die Scientology-Organisation für das Manuskript bezahlt hätte. Zweitens: Wie leicht ist jemand auch für andere undurchsichtige Geschäfte und Aufträge zu ködern, wenn er käuflich ist? Ich fragte den Journalisten, was er denn von solchen Angeboten gegenüber Scientology hielt. Er wunderte sich – wie viele, die davon erfahren haben.

Wie leicht ist jemand auch für andere undurchsichtige Geschäfte und Aufträge zu ködern, wenn er käuflich ist?

Der Deal mit dem Manuskript

Ob und warum, vor allem aber wer nun gegen wen in diesem Fall eine Aktion startete, ist im Grunde völlig gleichgültig. Was Voßmerbäumer bewogen haben mag, mit Scientology einen Deal anzustreben, kann ich nicht nachvollziehen – und die für so einen Deal notwendigen Charakterzüge möchte ich nicht kommentieren. Eines ist jedenfalls klar: Die Organisation hat Peter Voßmerbäumer über lange Jahre mit ihren Drills und Machenschaften trainiert und ihm suggeriert, daß er alle Situationen des Lebens in Scientology-Manier „handhaben“ kann.

Der mir vorliegende Schriftverkehr zeigt eindeutig, daß Peter Voßmerbäumer bereits im August 1994 mit Hilfe eines Anwalts versuchte, Scientology sein Buchmanuskript zum Kauf anzubieten, und daß die Scientology Hamburg über einen längeren Zeitraum zumindest so tat, als sei sie an diesem Deal interessiert.

Viele Ungereimtheiten ergeben am Schluß auch ein Bild! So gibt es ein Schreiben mit Briefkopf der Scientology Deutschland e.V., Frankfurter Ring 105 in München, geschrieben am 4.7.1994 im Büro Hamburg, Steindamm 70, an die Staatsanwaltschaft bei dem Landgericht Hamburg, zu Händen

Herrn Oberstaatsanwalt Klein (das ist übrigens jener Oberstaatsanwalt, der das Verfahren gegen die Scientology-Organisation in Hamburg einstellte und dessen Einstellungsbescheid bis zum heutigen Tag von Scientology für PR-Zwecke europaweit gegen kritische Stimmen und Aufklärung benutzt wird!). In diesem Schreiben vom 4.7.1994, unterzeichnet mit „i.A. Dirk Claussen, Rechtsamt“, erklärt Scientology, daß Peter Voßmerbäumer am 21.6.1994 Scientology sein Buchmanuskript zu einem Kaufpreis von fünf Millionen US-Dollar angeboten habe. Dem Kaufangebot hätten Auszüge aus dem Buchmanuskript beigelegen.

Ich zitiere aus dem mir vorliegenden Schriftverkehr zwischen dem Anwalt von Peter Voßmerbäumer und der Scientology-Organisation Deutschland, Büro Hamburg:

13. Juli 1994
Schreiben der Scientology Deutschland e.V., Büro Hamburg, an die Rechtsanwälte von Peter Voßmerbäumer in Hannover in Sachen „Voßmerbäumer/Scientology“:

> *Sehr geehrter Herr (...),*
> *das Schreiben vom 5.7.94 hat uns erst heute erreicht – wir vermuten aufgrund der falschen Postleitzahl 25009. Wir werden bis zum 19.7.94 auf die Angelegenheit zurückkommen.*
> *Mit freundlichen Grüßen*
> *F. Gregoric; Rechtsamt*

19. Juli 1994
Schreiben der Scientology Deutschland e.V., Büro Hamburg, an die Rechtsanwälte von Peter Voßmerbäumer in Hannover in Sachen „Voßmerbäumer/Scientology“:

> *Sehr geehrter Herr (...),*
> *wir kommen zurück auf unsere Nachricht vom 13.7.94. Zu unserem Bedauern sind die Klärungen noch nicht abgeschlossen, so daß wir erst morgen darauf zurückkommen können. Wir bitten um Ihr Verständnis und verbleiben*
> *mit freundlichen Grüßen*
> *F. Gregoric; Rechtsamt*

21. Juli 1994
Schreiben der Scientology Deutschland e.V., Büro Hamburg, an die Rechtsanwälte von Peter Voßmerbäumer in Hannover in Sachen „Voßmerbäumer/Scientology“:

Sehr geehrter Herr (...),
wir kommen zurück auf diese Angelegenheit und bitten Sie um die detaillierte Klärung folgender Fragen unter dem Aspekt, daß man ja für eine Summe wie die genannte „nicht die Katze im Sack kauft".
1. Wie hat Ihr Mandant die Summe ermittelt und warum hält er genau den Betrag für angemessen?
2. Wann und wie könnte das vollständige Manuskript eingesehen werden, um sich von hier aus ein Urteil bilden zu können, hinsichtlich der Angemessenheit der Zahlung?
Wir würden uns freuen, wenn Sie uns diese Angaben kurzfristig per Fax über die Hamburger Nr. 040/280 01 96 zukommen lassen könnten.
Mit freundlichen Grüßen
F. Gregoric; Rechtsamt

26. Juli 1994
Schreiben der Rechtsanwälte von Peter Voßmerbäumer in Hannover an die Scientology Deutschland e.V. Hamburg, in Sachen „Voßmerbäumer/Scientology":

Sehr geehrter Herr Gregoric,
auf Ihr Fax vom 21.7.1994 teilen wir folgendes mit: Das Manuskript kann jederzeit nach vorheriger rechtzeitiger Anmeldung bei uns im Büro eingesehen werden, obwohl Ihnen bereits Manuskriptauszüge vorliegen.
Mit freundlichem Gruß
(...), Rechtsanwalt

13. August 1994
Schreiben der Scientology Deutschland e.V., Büro Hamburg, an die Rechtsanwälte von Peter Voßmerbäumer in Hannover in Sachen „Voßmerbäumer/Scientology" mit dem Vermerk „EILT SEHR – BITTE SOFORT VORLEGEN":

... Wir würden es begrüßen, wenn wir am kommenden Montag, den 15.08.94, noch Einsicht in das Manuskript nehmen könnten. Bitte informieren Sie uns kurzfristig per Fax über die Hamburger Nr. 040/280 01 96. Entweder werden Sie dann die Unterzeichnerin persönlich oder unser Herr Klusmann oder auch beide zusammen aufsuchen.
Mit freundlichen Grüßen
F. Gregoric; Rechtsamt

16. August 1994
Schreiben der Rechtsanwälte von Peter Voßmerbäumer an Scientology e.V, z.Hd. von Herrn Klusmann, Hamburg, per Fax. Betr.: Ankauf des Buches von Herrn Voßmerbäumer:

> *Sehr geehrter Herr Klusmann!*
> *Nachdem Sie das Manuskript am 15.8.1994 eingesehen haben, bitten wir bis zum 22. August 1994, 13 Uhr, um Ihre abschließende Entscheidung, ggf. ein verbindliches Ankaufsangebot. Ein längeres Zuwarten ist unserem Mandanten keinesfalls zuzumuten.*
> *Mit freundlichem Gruß ...*

22. August 1994
Schreiben der Scientology Deutschland e.V., Büro Hamburg, an die Rechtsanwälte von Peter Voßmerbäumer in Hannover in Sachen „Voßmerbäumer/Scientology" mit dem Vermerk „EILT SEHR – BITTE SOFORT VORLEGEN":

> *Sehr geehrter Herr (...),*
> *wir kommen zurück auf Ihr Fax vom 16.8.1994 und erbitten eine Fristverlängerung um 48 Stunden. Wir werden bis dahin auf die Angelegenheit zurückgekommen sein.*
> *Mit freundlichen Grüßen ...*

24. August 1994
Schreiben der Scientology Deutschland e.V., Büro Hamburg, an die Rechtsanwälte von Peter Voßmerbäumer in Hannover in Sachen „Voßmerbäumer/Scientology" mit dem Vermerk „EILT SEHR":

> *Sehr geehrter Herr (...),*
> *wir kommen zurück auf Ihr Fax vom 16.8.1994 und ersuchen Sie um eine weitere Fristverlängerung bis zum 29.8.1994, 24.00 Uhr. Sofern das Angebot ernst gemeint war, wird Ihr Mandant – bei der geforderten Vertragssumme – Verständnis dafür haben, daß eine derartige Abwicklung nicht binnen einer Woche stattfinden kann. Außerdem bleibt es Ihrem Mandanten ja unbenommen, parallel hierzu weitere Kontakte aufzunehmen. Wir werden wenn irgend möglich auch schon vorher auf diese Angelegenheit zurückgekommen sein.*
> *Mit freundlichen Grüßen ....*

Nach diesen Unterlagen gab es nicht nur einen Schriftverkehr beider Parteien, sondern es muß auch ein Treffen stattgefunden haben, bei dem Vertreter der Scientology das Manuskript einsahen. Die ganze Angelegenheit wurde noch undurchsichtiger, als 1996 das fragliche Manuskript von Peter Voßmerbäumer mit dem Titel *Inside Scientology* im Universitas-Verlag, München, erschien. Monatelang war Voßmerbäumer abgetaucht, der Journalist aus Hamburg erstattete nach eigener Aussage sogar eine Vermißtenanzeige bei der Polizei, und nun tauchte Peter Voßmerbäumer auf als der „Top-Manager der Scientology, der auspackt". Ich hielt mich bedeckt, äußerte mich nicht und wartete ab, was kommen würde. Irgendwie paßte das alles nicht zusammen: einerseits die Erfahrungen, über die Voßmerbäumer nicht nur mir, sondern auch vielen anderen erzählt hatte, dann der Versuch, sein Manuskript an Scientology zu verkaufen – und nun andererseits das „Opfer" Voßmerbäumer, der wie ein Phönix aus der Asche das Manuskript auf den Markt warf, obwohl es vorher der Scientology zur Einsicht überlassen worden war. Wir waren zwar gespannt darauf, wie die Scientology reagieren würde, andererseits aber auch deprimiert, weil hinter den Kulissen ein sehr undurchsichtiges Spiel ablief. Schon allein die Idee, der Scientology ein Angebot zu machen, war für mich dermaßen schockierend, daß ich nicht bereit war, noch einmal in Kontakt mit Voßmerbäumer zu treten. Was hier tatsächlich gespielt wurde, wird vielleicht irgendwann die Zukunft zeigen.

Schon allein die Idee, der Scientology ein Angebot zu machen, war für mich dermaßen schockierend, daß ich nicht bereit war, noch einmal in Kontakt mit Voßmerbäumer zu treten.

Nachdem der Bruder von Voßmerbäumer die Medienarbeit für ihn und das Buch übernommern hatte, tauchte in den Zeitungen ab und zu ein Leserbrief gegen Voßmerbäumer auf – unterzeichnet vom Scientologen Georg Stoffel, der je nach Bedarf als Pressesprecher von Scientology auftritt. Überrascht war ich allerdings, als mich dann Journalisten informierten, welche Aussagen Peter Voßmerbäumer über mich gemacht hatte – und wie er ganz gezielt versuchte, den einen gegen den anderen auszuspielen. Meine Reaktionen waren immer gleich – ich hatte einfach keine Lust, mir meine Arbeitszeit durch solche gezielten Denunziationen wegnehmen zu lassen. Voßmerbäumer war mir ganz einfach egal.

Eines schönen Nachmittags saßen dann in einer Talkshow des Österreichischen Fernsehens Scientologen in Reih und Glied mit dem Ex-Scientologen Voßmerbäumer, und für viele, die die Hintergründe kannten, war verwunderlich, daß kein Ton über das Fünf-Millionen-Angebot zu hören war, kein Ton über das Einsehen des Manuskripts. Auch von seiten Peter Voßmerbäumers gab es keinerlei Angriffe oder Äußerungen, die Scientology schaden konnten. Was spielte sich hier in der Öffentlichkeit ab: ein inszeniertes Theaterstück, Strategie oder Drama?

Menschliches Drama mit unbestimmtem Ausgang

Im Mai 1996 war das Buch *Inside Scientology* mit den „Erfahrungen" von Peter Voßmerbäumer erschienen, und im Juli fing die Scientology-Organisation zu reagieren an. Journalisten, die über das Buch oder die Auftritte von Voßmerbäumer berichteten, wurden von der Scientology Deutschland, Pressestelle München, mit Info-Material versorgt – versendet von Georg Stoffel. In einem Brief an einen Journalisten bezieht sich Stoffel auf die Aussagen, die Voßmerbäumer in seinem Buch macht, und in üblicher Manier wird nicht nur schmutzige Wäsche gewaschen, sondern Stoffel liefert der Redaktion auch gleich diverse Schreiben, die zwischen der Scientology und dem Universitas-Verlag, der Voßmerbäumers Buch publizierte, gewechselt wurden, dazu eine Strafanzeige mit Briefkopf Scientology Deutschland, Frankfurter Ring 105 in München, Büro Hamburg, an die Staatsanwaltschaft beim Landgericht in Hamburg, zu Händen Herrn Oberstaatsanwalt Klein. Das ist bekanntlich jener Staatsanwalt, der von den Scientologen in Aufklärungsveranstaltungen lobend erwähnt wird, weil er eine Strafanzeige gegen die Scientology eingestellt hat.

Wie widersprüchlich diese ganze Angelegenheit ist, zeigt sich bereits bei der Lektüre der verschiedenen Schriftstücke, die mir vorliegen. Einerseits erstattet die Scientology am 4.7.1994 eine Strafanzeige gegen Peter Voßmerbäumer „wegen des Verdachts des Verstoßes gegen §§ 185ff., 240 und 253 StGB" und begründet diesen Antrag unter anderem wie folgt:

> *Herr Voßmerbäumer versucht, die Scientology (...) um 5 Millionen Dollar zu schädigen. Diesen Betrag erwartet er als Kaufpreis für ein angeblich von ihm verfaßtes Buchmanuskript. Er droht damit, dieses mit zahlreichen unwahren Informationen gespickte Manuskript im Fall eines mangelnden Kaufinteresses seitens der Scientology (...) über einen Verleger zu vermarkten. Beweis: Schreiben des Herrn Voßmerbäumer vom 21.6.1994 mit Auszügen aus seinem Buchmanuskript sowie Telefonvermerke von Frau Andrea Gregoric, die auch als Zeugin zur*

> *Verfügung steht. Das Tatbestandselement der Drohung mit einem empfindlichen Übel und der dadurch beabsichtigten Vermögensschädigung ergibt sich bereits aus der von ihm geforderten Höhe des Kaufpreises für sein Manuskript.*

Andererseits ergeht sich das sogenannte „Rechtsamt" der Scientology in der Strafanzeige in Formulierungen, die darauf hinweisen, daß man sich eine Tür offen lassen wollte:

> *Herr Voßmerbäumer ist unseres Wissens nämlich bereits ca. im Jahre 1984 aus der Kirche ausgetreten. Seine aktive Mitgliedschaft bei der Scientology Kirche Deutschland in München belief sich auf ganze drei Monate im Jahr 1973.*

In all den Jahren, seit ich mich mit Scientology beschäftige und mich auch juristisch damit auseinandersetzen muß, achte ich ganz akribisch auf die Formulierungen, die von Scientology oder seitens ihrer Anwälte in Schreiben oder Schriftsätzen verwendet werden. So fiel mir in der Strafanzeige gegen Voßmerbäumer sofort die Formulierung auf: „Herr Voßmerbäumer ist unseres Wissens nämlich bereits ca. im Jahre 1984 *aus der Kirche* ausgetreten. Seine *aktive Mitgliedschaft* bei der Scientology Kirche Deutschland in München belief sich auf ganze drei Monate im Jahr 1973."

Betrachtet man diese Angabe, dann wird hier nicht gesagt, aus *welcher* Kirche Voßmerbäumer 1984 ausgetreten ist. Nach diesem Schreiben könnte man jedenfalls auch annehmen, daß Voßmerbäumer 1984 aus *irgendeiner* Kirche ausgetreten ist. In dem Schreiben ist weiterhin zu lesen, daß seine „aktive Mitgliedschaft" in München auf drei Monate begrenzt war. Wie ich aus anderen Scientology-Fällen weiß, ist es durchaus möglich, daß in der Organisation Akten von einer Stelle weggenommen werden, und die Person taucht in einer anderen Organisation wieder auf. Weiterhin werden anscheinend Daten von Personen gelöscht, wenn sie der Scientology-Organisation aus Imagegründen schaden könnten (siehe Charles Manson). Voßmerbäumer erzählte mir, daß er 1972 in die Scientology eingetreten sei und dann spezielle Ausbildungen bekam. Wer freilich im Geheimdienst der Scientology – früher

Wie ich aus anderen Scientology-Fällen weiß, ist es durchaus möglich, daß in der Organisation Akten von einer Stelle weggenommen werden, und die Person taucht in einer anderen Organisation wieder auf.

„Guardian Office", heute „OSA" genannt – Aufgaben verrichtet, ist sowieso nicht mit normalen offiziellen Maßstäben einer Mitgliedschaft zu messen.

Wenn man bedenkt, welche Kleinlichkeit die Organisation an den Tag legt, wenn es um Formulierungen geht, dann sollte man diese Kleinlichkeit gerade auch bei der Überprüfung ihrer eigenen Formulierungen anwenden, man wird erstaunliche Entdeckungen machen.

Kurze Zeit nachdem Scientology am 4.7.1994 eine Strafanzeige bei der Staatsanwaltschaft Hamburg eingebracht hatte, entwickelte sich ein reger Schriftverkehr zwischen dem Anwalt von Voßmerbäumer in Hannover und der Scientology Deutschland, Büro Hamburg – also genau der gleichen Institution, die gegen seinen Mandanten Strafanzeige gestellt hatte. Einige Dinge liegen bis heute im dunkeln: Aus welchem Grund hält die Person F. Gregoric mehrere Wochen lang den Ex-Scientologen Voßmerbäumer und dessen Anwalt mit Briefen hin und suggeriert die Bereitschaft zu diesem mir völlig unverständlichen und sehr dubiosen Deal bezüglich des Manuskripts von Voßmerbäumer? Eine weitere Frage, die bis heute nicht geklärt ist: Wußte die Staatsanwaltschaft – in diesem Fall Herr Oberstaatsanwalt Klein, der die Strafanzeige von der Scientology zugestellt bekam – von diesen weiteren schriftlichen Kontakten zwischen dem Anwalt von Voßmerbäumer und Scientology? Hat der Anzeigenerstatter, Scientology, Büro Hamburg, dem Staatsanwalt auch mitgeteilt, daß ein Vertreter der Scientology, nämlich der Scientologe Klusmann, am 15.8.1994 – also mehr als sechs Wochen nach erstatteter Strafanzeige – das Manuskript persönlich eingesehen hat? In welchem Verwandtschaftsverhältnis steht eigentlich Andrea Gregoric, die als Zeugin in der Strafanzeige gegen Voßmerbäumer genannt wird, zu der Person F. Gregoric, die als „Rechtsamt" den Schriftwechsel und die Verhandlungen für den Kauf des Manuskripts von Peter Voßmerbäumer abwickelte? Könnte es sein, daß es sich um die gleiche Person mit zwei verschiedenen Vornamen handelt? Weiterhin: Es muß aufgrund der Strafanzeige auch eine Vernehmung von Peter Voßmerbäumer gegeben haben. War der Staatsanwalt über die Kontakte zwischen Voßmerbäumers Anwalt, der in seinem Namen agierte, und der Scientology informiert?

Daß die Unterlagen zwischen den einzelnen Organisationen hin und her gehen, auch die sogenannten „Beweismittel", belegt das Schreiben von Georg Stoffel, der als Pressestelle München einen Teil der Unterlagen an eine Redaktion weitergab. Als mir die Unterlagen zugesendet wurden, fand ich unter anderem zwei Briefe, die in dem mir vorliegenden Schriftwechsel Anwalt/Voßmerbäumer gar nicht auftauchen. Stoffel hingegen versendet ein

Schreiben mit Datum vom 10.8.1994 ohne Briefkopf, adressiert an die Scientology Hamburg, mit folgendem Wortlaut:

> *Angebot – Sehr geehrte Damen und Herren, wie mir bekannt wurde, sind Sie an Herrn Peter Voßmerbäumer und seinem „Buch" über Scientology interessiert. Gegen ein Entgelt von DM 2 Mio. in bar erhalten sie von mir die Adresse und können „Kontakt" aufnehmen. Dieses Angebot ist befristet bis zum 12.8.1994. Sollte bis zu diesem Termin keine vollständige Abwicklung stattgefunden haben, gehe ich davon aus, daß Sie nicht weiter interessiert sind. Bitte geben Sie per Fax meinem Anwalt einen Abwicklungstermin auf. Als Code-Wort nennen Sie bitte „Buch". Fax-Nr 040/41999269 Mit freundlichen Grüßen*
> *PS: Bitte ersparen Sie uns lange Verhandlungen. Dieses Angebot gilt nur wie oben genannt.*

Das zweite Schreiben, ebenfalls ein weißes Blatt Papier, am rechten Rand von einem schwarzen Balken geziert, wiederum adressiert an die Scientology Hamburg, datiert mit 11.8.1994, hat folgenden Text:

> *Angebot vom 10.8.1994 – Sehr geehrte Damen und Herren, leider habe ich von Ihnen zu meinem Angebot vom 10.8.94 noch keine Stellungnahme erhalten. Bitte beachten Sie, daß Sie bei diesem Angebot gegenüber den Forderungen von Herrn Voßmerbäumer über seinen Anwalt in Hannover ca. 75 % sparen. Ich werde mich ab dem 14.8.94 für mehrere Wochen im Ausland befinden, wodurch ein weiterer Kontakt dann nicht mehr möglich ist und es dann keine zusätzlichen Angebote dieser Art geben wird. Fax-Nr: 040/41999269 Codewort „Buch" – Mit freundlichen Grüßen*

Wenn man diesen abenteuerlichen Schriftwechsel liest und dieses Hin und Her bezüglich des Verkaufs eines Buchmanuskripts betrachtet, fühlt man sich in einen kleinen schmutzigen Agententhriller versetzt. Wer diese beiden zuletzt zitierten, von Georg Stoffel verschickten Schreiben nun tatsächlich geschrieben hat, ist ungeklärt. Aus irgendwelchen Gründen hat die Abteilung des Geheimdienstes „OSA", der Stoffel übrigens angehört, entschieden, daß der Journalist gerade diese zwei Schreiben bekam und über den tatsächlichen Kontakt von Scientology zum Rechtsanwalt von Voßmerbäumer nicht informiert wurde.

Vergangenheit als Waffe

Noch etwas ist an der Geschichte von Peter Voßmerbäumer abzulesen: Die Verlogenheit der Organisation Scientology, mit der sie ihre Ausforschungsmethoden gegenüber Mitgliedern nach außen hin als „Beichte“ deklariert, zeigt, welche Strategien sich tatsächlich hinter dieser Organisation verbergen. Und einmal mehr stellt diese Geschichte auch gewissen Damen und Herren von der sogenannten Kritikerszene, die sich seit Jahren als „Experten“ in der Öffentlichkeit feiern lassen und mit Steuergeldern für die teilweise miserable Arbeit, die sie leisten, bezahlt werden, ein Armutszeugnis aus. Oder gibt es ein anderes Wort als „miserabel“ für den Zustand, daß Bürger dieses Landes ungestraft ausgeforscht werden und dieses Wissen wiederum gegen sie verwendet wird, wenn es Scientology nützt? Was haben all diese Experten, die sich in der Öffentlichkeit tummeln, denn tatsächlich in den letzten Jahrzehnten durch ihre Arbeit bewirkt? Wo sind staatliche Maßnahmen gegen diese Ausforschungsprogramme, in denen eine Flut von Informationen bei Scientology nicht nur gehortet wird, sondern bei Bedarf auch als Waffe eingesetzt wird? Wer in einem demokratischen Rechtsstaat von Parteien, Behörden oder von den Kirchen bezahlt wird, hat sich an die demokratischen Spielregeln zu halten und muß mit Kritik leben, ob es ihm paßt oder nicht. Durch zuviel Schweigen, durch zuviel Reden hinter vorgehaltener Hand – im Grunde durch zuviel Feigheit – entstehen Geschichten wie die des Peter Voßmerbäumer, und am Schluß ist die Scientology-Organisation der lachende Dritte.

Gibt es ein anderes Wort als „miserabel“ für den Zustand, daß Bürger dieses Landes ungestraft ausgeforscht werden und dieses Wissen wiederum gegen sie verwendet wird, wenn es Scientology nützt?

Der Mann mit der Pistole

Eine riesige Schlagzeile auf der Titelseite des *Hamburger Abendblatts* Samstag/Sonntag-Ausgabe vom 15./16.1.1966: „Überfall beim Gänsemarkt“. Unteritel: „Kassiererin angeschossen – Täter raubten 3000 Mark“. Und dann der Bericht:

Zwei bewaffnete Männer verübten am Freitagabend um 18.40 Uhr einen Raubüberfall auf das Porzellan- und Haushaltswarengeschäft Lattorff in der Dammtorstraße 35 beim Gänsemarkt. Sie erbeuteten rund 3000 Mark aus der Tageskasse. Aus unmittelbarer Nähe gab einer der Täter einen Pistolenschuß auf die 62 Jahre alte Kassiererin (...) aus Stellingen ab. Die Frau wurde am Kopf leicht verletzt. Zur Zeit des Überfalls war das Geschäft schon geschlossen. Die beiden Unbekannten gelangten dennoch durch den Personaleingang in den Ladenraum. Mit vorgehaltener Pistole traten sie an die Kasse. Hier riefen sie dem in der Nähe arbeitenden Geschäftsführer (...) zu: Bleiben Sie stehen! Keinen Schritt weiter! Wir schießen!
Dann verlangte einer von ihnen das Geld, das (...) gerade zusammengezählt und in einen Geldsack gesteckt hatte. Bleich vor Schrecken reichte die Frau die 3000 Mark über den Ladentisch. In diesem Augenblick krachte der Schuß aus der Pistole vom Kaliber 7,65 Millimeter. (...) hatte großes Glück: Die Kugel zersplitterte einen Aufsatz aus Plexiglas auf dem Kassentisch und traf dann erst die Frau am Kopf. Die Täter flüchteten auf dem gleichen Weg, den sie gekommen waren. Die Fahndung der Polizei richtet sich in der Hauptsache auf einen blauen Volkswagen 1200, der vermutlich in der Straße Kalkhof abgestellt war. Alle Wagen dieser Art wurden von der Polizei in der gesamten Innenstadt gestoppt und die Insassen kontrolliert. Bis jetzt sind die Täter nicht gefaßt worden. Der Pistolenschütze ist etwa 1.60 bis 1.65 Meter groß und 30 Jahre alt. Er hat ein rundliches Gesicht und eine untersetzte Figur. Bekleidet war er mit einem dunklen Mantel. Der andere Täter ist etwa 1,75 Meter groß, 25 – 30 Jahre alt. Seine Kleidung ist nicht bekannt.

Die Meldung, die da am 15.1.1966 über den Ticker lief und als Titelstory im Hamburger Abendblatt stand, ist durchaus eine der vielen Räubergeschichten, wie man sie tagtäglich hört. Und falls Sie sich wegen der Jahreszahl 1966 gewundert haben sollten: Ich habe mich auch gewundert, als ich das zum ersten Mal zu lesen bekam. Ich wußte erst gar nicht, was ich damit anfangen sollte, bis ich weiterblätterte und auf das Schreiben des Scientologen Georg Stoffel stieß, der unter anderem auch diese Unterlagen versendet hat. Ich fragte mich: Was hat dieser Überfall von 1966 mit Peter Voßmerbäumer zu tun? Der Scientologe Stoffel lüftete nicht nur gegenüber dem Verlag, sondern auch gegenüber verschiedenen Journalisten das Geheimnis: Einer der Täter bei diesem Überfall war Peter Voßmerbäumer. Warum der Geheimdienstmann Stoffel das wußte? Genau das ist des Pudels Kern. Ich bin weder Staatsanwalt noch Richter und meine, wir sollten die juristische Schuldfrage denen überlassen, die dafür eingesetzt sind: den Gerichten. Was wir aber als Bürger fragen sollten: Was geht hinter den hermetisch abgeschotteten Wänden der Führungsriege von Scientology vor?

Die Frage muß jetzt noch ganz anders lauten: Warum hat Scientology das Mitglied Voßmerbäumer über eine Befragung nach Scientology-Art ausgeforscht und zu der Straftat bis heute geschwiegen? Hier liegt der Beweis auf der Hand, daß Scientology die Daten ihrer Mitglieder, die sie über ihre Ausforschungsprogramme erhält, einsetzt, um Leute zum Schweigen zu bringen. Wer hier wen erpreßt hat, das herauszufinden wäre eigentlich eine Aufgabe für einen Staatsanwalt, der seinen Job auch ernst nimmt. Aber gibt es solche Staatsanwälte noch? Im hier beschriebenen Fall wage ich das zu bezweifeln.

In einer Klage vom 8.7.1996, die von Scientology Deutschland, vertreten durch den Präsidenten Helmut Blöbaum in München, über die Kanzlei Wilhelm Blümel am Landgericht München (1. Zivilkammer) gegen Peter Voßmerbäumer und den Verlag eingereicht wurde, demaskiert sich das ganze System ebenfalls selbst: In einem mehrseitigen Schriftsatz rechtfertigt sich die Organisation und zeigt damit aber auch auf, mit welchen Methoden gearbeitet wird. Auf Seite 4 und den folgenden Seiten ist es im Detail nachzulesen:

Hier liegt der Beweis auf der Hand, daß Scientology die Daten der einzelnen Mitglieder, die sie über ihre Ausforschungsprogramme erhält, einsetzt, um Leute zum Schweigen zu bringen.

> *Beweis: Aufnahmeformular des Klägers vom 22.8.1973. Am 27.8.73 stellte der Beklagte zu 1) (gemeint ist Voßmerbäumer, Anmerkung der Autorin) beim Kläger einen Antrag, um als Mitarbeiter für den Kläger tätig zu sein. Dieser vorläufige Mitarbeitervertrag wurde vom Kläger am gleichen Tag angenommen. Beweis: vorgenannter Mitarbeitervertrag vom 27.8.1973. Gemäß Ziffer 7 dieser Vereinbarung war dieser Mitarbeitervertrag vorläufiger Natur. Er unterlag dem Richtlinienbrief vom 4.1.1966. Danach gab es einen „vorläufigen Mitarbeiterstatus", der während der Dauer der ersten drei Monate einer Überprüfung unterzogen wurde. Diese Überprüfung des Beklagten zu 1) (wiederum Voßmerbäumer, Anmerkung der Autorin) ergab, daß dieser auf Grund seiner kriminellen Vergangenheit nicht als Mitarbeiter zugelassen wer-*

den durfte. Mit Verfügung vom 30.11.1973 wurde angeordnet, daß der Beklagte zu 1) mit sofortiger Wirkung als Mitarbeiter ausgeschlossen ist. Um wieder Mitglied beim Kläger sein zu können, wurde dem Beklagten zu 1) auferlegt, ein Qualifikationsprogramm zu durchlaufen. Um wieder Mitglied sein zu können, benötige er überdies die zusätzliche Zustimmung des Guardian Office. Beweis: Verfügung des Klägers vom 30.11.1973.

„Diverse ungeklärte kriminelle Delikte ..."

Weiter heißt es im Schriftsatz:

Die Überprüfung hatte ergeben, daß der Beklagte zu 1) diverse ungeklärte kriminelle Delikte in seiner Vergangenheit begangen hatte. Am 12.12.1973 schrieb der Beklagte zu 1) an den Kläger einen Brief mit der Ankündigung, jetzt reinen Tisch zu machen und alles zu sagen. Unter anderem legte der Beklagte zu 1) in diesem Brief dar, daß er im Jahre 1967 (sic! – Anmerkung der Autorin) *zusammen mit einem weiteren Mittäter einen Raubüberfall auf einen Supermarkt in Hamburg begangen habe, bei dem sein Komplize, ein gewisser Peter Willigeroth in die Luft geschossen habe. Bei diesem Raubüberfall wären sie mit einer Beute von 3000 Mark unerkannt entkommen. Es sei niemand verletzt worden. Im Jahr 1970 habe er in Köln einen Juwelierladen überfallen. Er habe das Fluchtauto gefahren und sein Komplize habe wieder einen Schuß in die Luft abgegeben. Bei diesem Raubüberfall seien wertvolle Juwelen gestohlen worden. Außerdem habe er zusammen mit einem weiteren Mittäter einen Safe in Straßburg geknackt. Beweis: Schreiben des Beklagten zu 1) an den Kläger vom 12.12.1973. Wegen des Raubüberfalls in Köln wurde der Beklagte zu 1) mit Urteil der Strafkammer beim Landgericht Köln vom 6.5.1971 zu einer Freiheitsstrafe von einem Jahr verurteilt. Beweis: Strafregisterauszug des Beklagten zu 1). Aufgrund dieser schweren Straftaten lehnte es der Kläger ab, den Beklagten zu 1) weiterhin als Mitglied zu akzeptieren. Dem Beklagten zu 1) war aufgegeben worden, seine kriminelle Vergangenheit in Ordnung zu bringen. Im Zuge dieser Bemühungen beauftragte der Beklagte zu 1) den Münchner Rechtsanwalt Dr. Ulrich Daum, um mit der durch den Raubüberfall des Beklagten zu 1) in Hamburg geschädigten Firma anonym Kontakt aufzunehmen, damit der Fall wenigstens finanziell berei-*

nigt werden konnte. Im Auftrag des Beklagten zu 1) schrieb Herr Rechtsanwalt Dr. Daum am 10.10.1975 an die geschädigte Firma Lattorf in Hamburg, um 50% des materiellen Schadens zu begleichen. Beweis: Schreiben des Rechtsanwalts Dr. Daum an die Firma Lattorf vom 10.10.1975. In ihrem Antwortschreiben vom 15.10.1975 teilte diese Firma mit, daß sie mit dem Vergleichsvorschlag einverstanden sei. Beweis: Antwortschreiben der Firma Lattorf vom 15.10.1975. Das Hamburger Abendblatt hatte seinerzeit auf der Titelseite groß über diesen Raubüberfall berichtet. Beweis: Artikel aus dem Abendblatt vom 14.1.1966. Nach der dortigen Darstellung handelt es sich um einen versuchten Raubmord. Unter dem Datum vom 4.1.1976 richtet der Beklagte zu 1) erneut eine Petition an den Kläger. Auf der Seite 3 dieser Petition führte er aus, daß er vor Klärung seiner Situation auf keinen Linien irgendeiner Organisation oder Mission geduldet werden dürfe. Mit seiner Petition ersuchte er um Erlaubnis, wieder zugelassen zu werden. Beweis: Petition des Beklagten zu 1) vom 4.1.1976. Als diese Petition ablehnend verbeschieden wurde, richtete der Beklagte zu 2) (sic! – Anmerkung der Autorin) *am 6.8.1978 eine weitere Petition an den Kläger. Mit Schreiben vom 16.1.1979 gab der Kläger dieser Petition statt und gestattete dem Beklagten zu 1), wieder die Dienste des Klägers entgegen zu nehmen. Beweis: Schreiben des Klägers an den Beklagten zu 1) vom 16.1.1979 …*

Diese Klageschrift schickte der Scientologe Georg Stoffel in seiner Funktion als Presseamt Scientology an einen Journalisten, ohne dabei irgendwelche Namen oder Daten zu schwärzen oder diese Unterlagen als vertraulich zu markieren. Selbst der Strafregisterauszug von Peter Voßmerbäumer lag diesen Unterlagen bei.

Laut nachgedacht

Dieser Fall soll zum Nachdenken und zur Diskussion anregen. Einmal zum Nachdenken über die Fakten, und zum zweiten muß hier auch rechtlich die Frage geklärt werden, inwieweit die Scientology-Organisation in einem demokratischen Rechtsstaat sich selbst als Rechtsorgan aufspielen darf. Das Ausforschungsprogramm einer Organisation mit totalitären Strukturen maßt sich sogar an, darüber zu befinden, wann die Wiedergutmachung einer Straftat erfolgt! Das Mitglied Peter Voßmerbäumer wurde laut Aussagen des

Schriftsatzes mit einem Mitarbeitervertrag auf Probe eingestellt. Dann durchlief er das übliche Programm. Was nicht in diesem Schriftsatz steht: Es handelt sich hier um ein ganz ausgeklügeltes Ausforschungsprogramm, in dem die Scientology-Organisation sämtliche Informationen durch spezielle Psychoverfahren herauspreßt. Diese werden in einer speziellen Ethik-Akte in der Organisation aufbewahrt. Das Wissen über Straftaten wird – das zeigt dieser Fall ganz deutlich – nicht an die zuständigen Behörden weitergeleitet. Scientology macht sich zum Mitwisser von Straftaten, und nicht nur das: Scientology benutzt ihr Wissen über diese Straftaten, um es dann zu gegebener Zeit gegen die betreffenden Mitglieder einzusetzen und damit ihr Schweigen zu erzwingen.

Nicht nur das, Scientology benutzt ihr Wissen, über diese Straftaten, um es dann zu gegebener Zeit gegen die betreffenden Mitglieder einzusetzen und damit ihr Schweigen zu erzwingen.

Laut Informationen von Peter Voßmerbäumer war er für die Organisation Scientology quer durch die Kontinente unterwegs – nach seinen Darstellungen im Auftrag des „Guardian Office“. Das bestätigt die Scientology selbst mit dem Schriftsatz, den Rechtsanwalt Blümel beim Landgericht München 1996 einreichte: Die Prüfung wurde vom „Guardian Office“, vom Geheimdienst der Organisation, durchgeführt.

Aneinandergereiht ergeben die Beweise ein Bild davon, wie sich Scientology bereits als Staat im Staat aufführt und wie die bei der Organisation befindlichen Akten über die Mitglieder für alle nur möglichen Zwecke von der Organisation benutzt werden können – und im Fall Voßmerbäumer benutzt wurden.

Die vorgelegten Unterlagen sind ein Scheingefecht vor Gericht und dienen ausschließlich der Stimmungsmache gegen Peter Voßmerbäumer. Aneinandergereiht ergeben die Beweise ein Bild davon, wie sich Scientology bereits als Staat im Staat aufführt und wie die bei der Organisation befindlichen Akten über die Mitglieder für alle nur möglichen Zwecke von der Organisation benutzt werden können – und im Fall Voßmerbäumer benutzt wurden.

Vielleicht ist das auch die Erklärung dafür, daß viele Ex-Scientologen, die ihre eigene Geschichte publizistisch wiedergeben, auf Namen und Fakten verzichten und sehr vorsichtig mit bestimmten Interna, die sie erlebt haben, umgehen. Könnte es sein, daß alle große Angst haben vor dem, was sie selbst einmal willig mitgemacht haben?

Die oben aufgeführte Klageschrift wurde übrigens nie vor Gericht verhandelt. Kurz vor der Verhandlung zog die Scientology-Organisation die Klage gegen den Verlag und Peter Voßmerbäumer zurück. Begründung: Man habe sich außergerichtlich geeinigt! Peter Voßmerbäumer ist kurz nach dieser Entscheidung spurlos verschwunden und ist bis zum heutigen Tag nicht auffindbar.

Der Fall Voßmerbäumer, ein Fall zum Nachdenken? Nein, ich denke, es ist ein Fall zum Handeln!

Ein Mann für alle Fälle

Aufgrund meines Temperaments muß ich immer wieder lernen, mich zurückzunehmen und meinen Adrenalinspiegel wieder sinken zu lassen, wenn ich – wie bei einer Veranstaltung in Hessen – in der Diskussion folgende Frage gestellt bekomme:

„Frau Hartwig, der Sektenbeauftragte erzählte mir, daß man gegen Scientology nichts unternehmen könne, man müsse lernen, damit zu leben, denn unsere Gesetze langten nicht aus, um mit Scientology fertigzuwerden. Was sagen Sie dazu?"

Als erstes schaute ich in die Runde des vollbesetzten Saales, dann atmete ich dreimal durch, aber meine Antwort fiel trotzdem dementsprechend aus.

„Richten Sie dem Sektenbeauftragten einen schönen Gruß von mir aus, und sagen Sie ihm: Das ist genau die Einstellung, die sich Scientologen von ihren Kritikern wünschen! Wenn wir endlich lernten, die bestehenden Gesetze unseres Landes anzuwenden, würde das ausreichen, um solche Organisationen zu stoppen. Das gilt nicht nur für Scientology. Es ist für mich ein absolutes Ding der Unmöglichkeit, daß sich hier jemand, der mit Steuergeldern finanziert wird, auf Anfragen von Bürgern zurückzieht und argumentiert: Man kann nichts machen, weil unsere Gesetze nicht auslangen."

„Richten Sie dem Sektenbeauftragten einen schönen Gruß von mir aus, und sagen Sie ihm: Das ist genau die Einstellung, die sich Scientologen von ihren Kritikern wünschen!"

Der Beifall kam schon während meiner Antwort, und ein Mann stand auf und legte noch eins drauf: „Ja, aber der Sektenbeauftragte hat mir auch gesagt, daß unsere Kinder nicht in Gefahr seien, weil es in Hessen keinerlei Nachhilfe-Organisationen von den Scientologen mehr gäbe – ‚Z.I.E.L'. (Zentrum für Individuelles Effektives Lernen, eine Scientology-Organisation) gebe es nicht mehr."

Ich schüttelte den Kopf und sagte: „Was ist mit all den Menschen, die laut eigenen Angaben von ‚Z.I.E.L'. das Kursprogramm von Hubbard durchlaufen haben? Gibt es die in Hessen interessanterweise auch nicht mehr? Löst sich hier alles in Wohlgefallen auf? Fragen Sie sich jetzt einmal, welchen Wissensstand denn ein Mann, der sich in der Öffentlichkeit als Experte ausgibt, tatsächlich haben kann, wenn er solche Aussagen macht."

„Na und?"

Mir ging das alles nicht aus dem Kopf. Wir diskutierten auf der Heimfahrt noch einmal über diese Situation. Auf der einen Seite gibt es inzwischen mehrere Gutachten, die Scientology als totalitäres System deklarieren und ganz klar die Warnungen bestätigen, die wir – wie viele andere auch – seit Jahren laut und deutlich aussprechen. Mit einem Gutachten ist es freilich nicht getan. Es ist ein Schritt in die richtige Richtung, mehr nicht. Es kommt auf die Umsetzung an, und das heißt: nicht nur Gutachten erstellen lassen, sondern auch handeln.

An solchen Aussagen, wie ich sie in dieser Diskussion zu hören bekam, kann man sehen, wie in der sogenannten Kritikerszene wirklich gearbeitet wird. Daß diese Art der Verharmlosung durch die Experten gravierende Folgen haben kann, weil sie die Strategiepläne der Scientology unterstützt, die Unterwanderung der Gesellschaft konsequent zu betreiben und ihre Leute bis in höchste politische Kreise einzuschleusen, ist leider nicht nur theoretisch denkbar. Diese Verharmlosung zeigt erste Ergebnisse.

In der Zeitschrift des Vereins „Robin Direkt" – unserem monatlich erscheinenden *Report* – habe ich, um eine Diskussion über die Auswirkungen dieser Verharmlosung in Gang zu bringen, verschiedenen Persönlichkeiten aus Wirtschaft und Politik Fragen gestellt. Und was habe ich zur Antwort bekommen? Dieses berühmte Achselzucken, das ich dafür verantwortlich mache, daß die Rechnung der Scientologen aufgeht und die scientologischen Strategien überhaupt eine *Chance* haben können, umgesetzt zu werden.

Ich habe in einem Wirtschaftsverband gefragt: „Ein Scientologe als Journalist?"

Antwort: „Na und?"

„Ein Scientologe trotz Unvereinbarkeitsbeschluß in einer Partei?"

Antwort: „Na und?"

„Ein Scientologe als Redakteur, zuständig für Landespolitik?"

Antwort: „Na und?"

„Ein Scientologe als Landtagsberichterstatter im Maximilianeum in München?"

Antwort: „Na und?"

„Ein Mann des scientologischen Geheimdienstes als Journalist, akkreditiert im Bayerischen Landtag?"

Antwort: „Na und?"

„Mit der Produktion der Werbefilme des Bayerischen Landtages wird ein Scientologe beauftragt?"

Antwort: „Na und?"

„Ein Scientologe ist im Gespräch, Pressesprecher eines Ministers zu werden?"

Antwort: „Na und?"

Als ich 1996 diese Fragen ganz gezielt in Kreisen, die als Multiplikatoren in Wirtschaft und Industrie einen Namen haben, gestellt habe und dabei diese achselzuckende Antwort „Na und" zu hören bekam, war für mich wieder der Beweis erbracht, daß die Aufklärungspolitik, die in den letzten Jahrzehnten gemacht worden war, nicht gegriffen hat. Für mich ist das wirklich ein Skandal: Das Wissen über die wahren Absichten der Scientologen, ihre Ziele und ihre Strategien ist nicht in die Öffentlichkeit vorgedrungen, sondern verstaubt in den Archiven verschiedener sogenannter Sektenexperten. Eben deswegen habe ich mich immer zur offensiven direkten Aufklärung bekannt, die ich nach wie vor kompromißlos betreibe – was mein Leben natürlich auch nicht gerade einfacher gemacht hat.

„Das haben wir doch nicht gewußt ..."

Wenn ich meine Gesprächspartner aus Wirtschaft und Industrie dann mit den scientologischen Zielsetzungen und mit bestimmten Anweisungen der Scientology bekanntmachte, verschlug es so manchem dann doch ganz schnell die Sprache.

Wenn ich die von mir angesprochenen Politiker und Wirtschaftsleute mit der auf der nächsten Seite abgedruckten Anweisung von L. Ron Hubbard konfrontierte, hörte ich immer wieder die gleiche Antwort: „Aber das haben wir doch nicht gewußt! Hätte man das gewußt, dann hätte doch schon längst etwas zu unserem Schutz, zum Schutz der Bürger und der Demokratie geschehen müssen!"

Warum wurde die Öffentlichkeit über all diese Wahrheiten über Scientology nicht schon längst von denen informiert, die sie seit Jahrzehnten wissen – und die vom Staat und von den Kirchen dafür bezahlt werden, daß sie die Öffentlichkeit aufklären?

Und wenn ich ihnen die gesellschaftspolitische Brisanz erläuterte, die in den Zielsetzungen und in der totalitären Ideologie von Scientology liegt, und ihnen klarmachte, daß diese von L. Ron Hubbard gegründete Organisation nichts mit Religion zu tun hat und dieses ganze Gerede von einer „Kirche" und einer wegen ihrer „Religionsausübung“ verfolgten Minderheit nur ein einziges gigantisches Täuschungs- und Ablenkungsmanöver ist, dann sagten sie: „Wir müssen uns endlich von der Ansicht verabschieden, bei Scientology würde es sich um eine neu-religiöse Bewegung handeln.“

Jawohl, das müssen wir. Aber warum haben wir es nicht längst getan? Warum hat die Öffentlichkeit all diese Wahrheiten über Scientology nicht

DEPARTMENT FÜR BEHÖRDENANGELEGENHEITEN

(…)
Zweck: Das Verbessern der öffentlichen Repräsentation, der juristischen Stellung und der Akzeptanz der Scientology bei der Regierung.

AKTIONEN

(d) Verschlechtern der öffentlichen Meinung und der Haltung gegenüber Gesellschaften und Personen, die Zwecke entgegen den Zielen der Scientology haben.
f) Ständigen Druck auf Regierungen ausüben, um Gesetzgebung pro Scientology zu schaffen und um anti-Scientology Gesetzgebung von Gruppen zu verhindern, die der Scientology entgegenstehen.

OPERATION

(a) (…)
(f) Die Aktion, eine pro-Scientology Regierung zustandezubringen besteht daraus, daß man einen Freund bei der höchsten erreichbaren Regierungsperson schafft, die man erreichen kann und daß man sogar einen Scientologen in häuslichen oder untergeordneten Posten in dessen Nähe einsetzt und dafür sorgt, daß Scientology seine persönlichen Schwierigkeiten und seinen Fall löst.
(…)

MAXIMEN

Wenn es ein Gruppenproblem ist, finde die Schlüsselperson und beeinflusse sie.
L. Ron Hubbard

Hubbard-Anweisung vom 13.3.1961, Organisations Führungs Kurs Band 7, Seite 487 schon längst von denen erfahren, die sie seit Jahrzehnten kennen – und die vom Staat und von den Kirchen dafür bezahlt werden, daß sie die Öffentlichkeit aufklären? Wie kann es sein, daß sogenannte Experten den hubbardistischen Etikettenschwindel bereitwillig mitmachen und immer noch so tun, als wäre Scientology eine „Sekte“?

Der Fall, den ich im folgenden schildere, ist ein Beweis dafür, daß die Anweisungen der Scientology-Organisation nicht nur auf Papier gedruckt sind, sondern auch umgesetzt werden. Hans Bschorr ist ein Paradebeispiel für die Folgen der Verharmlosung, die von viel zu vielen in diesem Land betrieben wird.

Ein Scientologe im Einsatz

Was ist ein Scientologe? Ein Scientologe ist nach Hubbard, dem Gründer der Scientology, jemand, der Personen, Umgebungen und Situationen kontrolliert. Hans Bschorr ist freier Journalist und Scientologe. Nach seinen Angaben war er bis Mitte 1995 festangestellter Redakteur beim Bayerischen Rundfunk, zuständig für Landespolitik.

> Ein Scientologe ist jemand, der Personen, Umgebungen und Situationen kontrolliert.
> Hubbard-Anleitung vom 1.6.1958, Technische Bulletins Band 3, Seite 281

Seither arbeitet er wieder als freier Journalist, obwohl er 1996 erzählte, er sei auch weiterhin für den Bayerischen Rundfunk tätig. Bschorr war auch Landtagsberichterstatter in München, akkreditiert als Journalist im Maximilianeum, im Bayerischen Landtag. Die Firma „FUBI-Film“ erhielt den Auftrag, die Landtagswerbefilme zu machen. Der Name der Filmfirma hat, wie meine Recherchen ergaben, einen privaten Hintergrund: „FUBI“ ist die Abkürzung des Geburtsnamens von Bschorrs Frau.

Hans Bschorr hat mit seiner Gattin inzwischen ein Haus in der Nähe des Hauptausbildungszentrums der Scientology in England. Warum das so wichtig ist? Vielleicht deshalb, weil Bschorr in Deutschland geschickt mit einer Legende lebte. Sogar seine engsten Familienangehörigen wußten nichts von seinem scientologischen Hintergrund.

Den Namen Bschorr habe ich zum ersten Mal gehört, als mich nach einem meiner Vorträge in Bayern ein Ehepaar ansprach.

„Warum traut sich eigentlich niemand, diesen Hans Bschorr aus Dachau zu stoppen?“

„Wer ist Hans Bschorr?" fragte ich. Als Antwort langte der Mann in seine Aktentasche und gab mir ein dickes braunes Kuvert. „Ich habe in vielen Kreisen der Politik, aber auch bei behördlichen Stellen und sogar bei kirchlichen Sektenbeauftragten versucht, diese Unterlagen anzubringen, um die Aktionen des Scientologen Bschorr demaskieren zu können", sagte er. „Die Unterlagen brachte ich oft los, aber manche wollten sie nicht annehmen – und reagiert hat gar niemand."

Ich lachte ihn an: „Soll das jetzt eine Aufforderung sein?"

„Nehmen Sie es, wie Sie wollen. Nach Ihrem Vortrag ist mir klar, daß Angst nicht Ihr Lebensmotto ist. Vielleicht schaffen *Sie* es, endlich etwas zu bewirken – es wäre tatsächlich Zeit dafür." Er drehte sich um, legte den Arm um die Schulter seiner Frau und ging.

Im braunen Kuvert, das er mir gegeben hatte, fand ich – außer einer Reihe von Fotokopien und Dokumenten – auch eine Liste mit den Namen all derjenigen, die bereits von diesem Fall Bschorr wußten. Auch so manche aufschlußreiche Äußerungen von Hans Bschorr konnte ich lesen – gewisse Sprüche, die er geklopft hatte. Zum Beispiel hat er als Journalist immer wieder damit geprahlt, daß er über hervorragende Kontakte zu Politikern verfüge. Besonders interessant war für mich allerdings, daß der Name Hans Bschorr auf keiner der normalen Scientology-Listen auftauchte.

Es sollte nicht lange dauern, bis mir der Name Bschorr ein weiteres Mal unter die Nase gerieben wurde – diesmal von einer Frau, die mich vor einem Vortrag auf die Seite zog und fragte, ob ich eigentlich wüßte, daß Hans Bschorr ein Scientologe sei, „einer, der ganz dick in der Politik engagiert ist". Sie habe das selbst von ihm gehört, als sie von jemandem aus seinem privaten Umfeld eingeladen gewesen sei. Er prahle damit, daß er aufgrund seiner Kontakte mehr Informationen über Interna der Politik habe als andere Journalisten. Ich fragte geradeheraus: „Und woher wissen Sie, daß er Scientologe ist? Warum findet man ihn nicht auf den normalen Kurs- und Spenderlisten?"

Die Frau lachte und sagte, Bschorrs Gattin habe es ihr selber gesagt: „Sie wollte mich sogar von dem System überzeugen. Ja, und seine Kinder ließ er katholisch taufen, damit das Ganze nicht so auffällt. Fragen Sie doch mal in seiner Familie nach, da hat wohl keiner eine richtige Ahnung, was hinter Hans Bschorr steckt. Übrigens, dieser Geheimdienst, von dem Sie in Ihren Büchern schreiben und von dem Sie auch in Ihren Vorträgen reden, das ist die Organisation, in der Bschorr – na nennen wir es mal – sich wohl fühlt."

Ich fragte bei Journalisten nach, ob jemand Hans Bschorr kenne. Alle kannten „Hansi". Selbst in Baden-Württemberg und in anderen Bundesländern bis hin zum WDR in Köln konnte man mit dem Namen Hans Bschorr viel anfangen. Er galt als ein sogenannter Hansdampf in allen Gassen. Wer als Journalist im Landtag in München akkreditiert ist, besitzt einen Schlüssel zu vielen Türen der politischen Szene.

Daß einer, der den Beruf eines Journalisten ausübt, in hervorragender Weise dazu prädestiniert ist, ohne große Probleme an Hintergrundinformationen heranzukommen, dürfte bekannt sein – und daß es in diesem Berufsstand Leute gibt, die es mit der journalistischen Sorgfaltspflicht nicht so genau nehmen, ebenfalls.

Wer als Journalist im Landtag in München akkreditiert ist, besitzt einen Schlüssel zu vielen Türen der politischen Szene.

Die Ernüchterung

Ich erinnere mich noch gut an den Tag, an dem wir in einer kleinen Runde bei mir im Büro zusammensaßen und die Schriftsätze des Rechtsanwalts Blümel diskutierten, der im Auftrag der Scientology-Organisation in einem zivilrechtlichen Verfahren versuchte, sechs Aussagen aus meinem Buch *Scientology – Ich klage an!* entfernen zu lassen. Aus den 288 Seiten des Buches griff Scientology ganze sechs Aussagen an – sechs Aussagen, die alle von einer einzigen Person stammten, von einer gewissen Anita Guha-Sautter. Es war der einzige Prozeß, den die Scientology-Organisation selbst gegen mein erstes Buch anstrengte – alle anderen Aktionen der juristischen Zermürbung gegen mich kamen von Einzelpersonen. Der Richter gab in diesem Prozeß Scientology recht. Bei der Aufarbeitung dieses Prozesses in unserem Arbeitskreis „Juristen gegen Scientology" wurde mir vieles klar. Es war eine zivilrechtliche Auseinandersetzung, bei der es um Meinungsäußerungen und Tatsachenbehauptungen ging. Warum ich für die Aussagen von Anita Guha-Sautter zur Verantwortung gezogen wurde und sie nicht, ist mir bis heute nicht klar. Aber bei meinem Abenteuer wird vieles erst im Laufe der Zeit sichtbar. Warten wir es ab, vielleicht kommt ja der Tag, an dem ich Dinge nachvollziehen kann, die bis heute noch im Nebel liegen.

Erst im nachhinein kam ich auf die Idee, daß dieser Prozeß eventuell strategisch geplant gewesen war, um für scientologische PR-Maßnahmen eine gewisse Außenwirkung zu erzielen.

Als wir damals bei mir im Büro während des Prozesses Herrn Blümels Schriftsatz diskutierten, ging es unter anderem um die Frage, wieweit die vorliegenden Kurs- und Spenderlisten der Scientology lückenlos waren und ob es innerhalb der Organisation Maßnahmen gab, um Daten verschwinden zu lassen, bzw. ob Namen auch wissentlich und systematisch von Listen gestrichen und aus Akten gelöscht werden. In diesem Zusammenhang hatten wir auch Kontakt zu amerikanischen Ex-Scientologen, die uns schilderten, in welcher Weise Hubbards Spießgesellen diesbezüglich vorzugehen pflegen. In einem Fall erhielten wir eine eidesstattliche Erklärung des Ex-Scientologen Erlich, der selbst eine solche Datenlöschung vorgenommen hatte – und zwar auf Befehl von oben. Er war angewiesen worden, sämtliche Unterlagen zu durchforsten und den Namen Charles Manson (des Mörders von Sharon Tate) zu entfernen. Diese Anweisung erhielt er, nachdem Manson die Morde an Sharon Tate und an weiteren Party-Gästen verübt hatte. Dazu gibt es sogar ein Schreiben von L. Ron Hubbard, in welchem er die Morde den Psychiatern in die Schuhe schiebt, deren Behandlungen solche Taten angeblich erst ermöglichen oder auslösen sollen. Der Mord an Sharon Tate und den anderen Party-Gästen wurde von der Scientology ganz einfach als Propaganda-Maßnahme gegen die Psychiatrie eingesetzt. Kein Wort davon, daß Manson vor den Morden bei Scientology viele Stunden Auditing erhalten hatte und dort auch als Kursteilnehmer registriert gewesen war – sonst hätte wohl auch Erlich nicht den Auftrag erhalten, nach dem Mord Mansons dessen Spuren aus der Organisation zu löschen.

In einem Fall erhielten wir eine eidesstattliche Erklärung des Ex-Scientologen Erlich, der selbst eine solche Datenlöschung vorgenommen hatte – und zwar auf Befehl von oben.

In der Diskussion fiel mir plötzlich wieder ein, daß ich ja schon einmal selbst von einem Ex-Scientologen gehört hatte, wie Unterlagen aus der Organisation verschwanden, als die Person zum „Guardian Office", dem damaligen Geheimdienst, kam. Außerdem gab es noch eine weitere eidesstattliche Erklärung von einem deutschen Ex-Scientologen, der erlebt hatte, wie eine Frau einen Auftrag vom „Guardian Office" erhielt und danach in der Organisation unter geändertem Namen geführt wurde und niemand mehr ihren alten Namen sagen durfte. Dieser Fall spielte sich nach der vorliegenden Erklärung etwa Ende 1977/Anfang 1978 in Frankfurt ab. Der damalige Scientologe schildert, daß er und seine damalige Lebensgefährtin mit einer Frau befreundet waren, die eine Zeitlang aus Frankfurt verschwand. Als sie wieder auftauchte, führte sie einen anderen Namen und erklärte, das müsse wegen eines Auftrags so sein, den sie für Scientology übernommen habe. Dem Ex-Scientologen, von dem die eidesstaatliche Erklärung stammt, wurde damals von der Leiterin der Frankfurter Scientology-Gruppe in einem vertraulichen Gespräch gesagt, „daß die Namensänderung aus übergeordneter Sicht notwendig gewesen“ sei und von allen sehr diszipliniert beachtet werden müsse. Etwa im Jahr 1981 beklagte sich die Frau dann bei ihm über einen Mitarbeiter des Scientology-Geheimdienstes, der sie „unfair und herablassend behandelt“ habe. Bald danach erreichte ihn die Nachricht, die Frau sei als Fußgängerin an einem Zebrastreifen in Darmstadt von einem Auto angefahren und tödlich verletzt worden. Diese Erklärung gab mir der Aussteiger schriftlich zur Vorlage vor Gericht.

Der zuerst erwähnte Fall mit den verschwundenen Akten war, soviel ich wußte, irgendwo in München passiert. Der Ex-Scientologe Bernhard Sandkühler, der als Trainer jahrelang in der Organisation tätig gewesen war, hatte mir das im Zusammenhang mit einer anderen Geschichte erzählt. Ich rief ihn an, und er bestätigte mir, was ich aus den Gesprächen vor vielen Monaten noch wußte. Nun gingen wir natürlich ins Detail, und ich fragte ihn: „Kannst du dich noch an den Namen erinnern?“

„Kannst du dich noch an den Namen erinnern?“ „Natürlich: Hans Bschorr.“

„Natürlich: Hans Bschorr.“

Mir blieb beinahe die Luft weg, und meine Stimme war einige Töne höher, als ich sagte: „Was hast du jetzt gerade gesagt? Hans Bschorr? Der Name verfolgt mich doch schon unglaublich lange, und jetzt sagst du mir das so, als sei das ein ganz normaler Vorgang! Wie war das denn ganz genau?“

Bernhard Sandkühler erzählte mir, daß er selbst Ende der siebziger Jahre der Trainer von Hans Bschorr gewesen sei. Er erinnerte sich, daß Bschorr damals Journalismus oder so etwas studierte und wohl in Schwabing in einem Studentenwohnheim wohnte. Sandkühler sagte, es sei in der Organisation üblich gewesen, daß Trainer für die Akten der Kursteilnehmer Berichte schrieben, wenn diese auffällig wurden, also nicht zum Kurs erschienen oder nicht erreichbar waren. Sandkühler wollte diese Akte von Bschorr damals heraussuchen, aber sie war weg. Er ging zu Horst Hahn, dem damaligen Leiter des scientologischen „Instituts für angewandte Philosophie Scientology Mission Nymphenburg e.V.“, und sagte ihm, daß er die Akte von Bschorr nirgends finden könne – er brauche sie wegen der Telefonnummer, denn Bschorr sei nicht zum vereinbarten Kurs gekommen. Auch die Karteikarte sei weg. Horst Hahn erklärte Bernhard, er solle sich um Bschorr überhaupt nicht mehr kümmern, dieser sei jetzt beim „Guardian Office", und alle seine Akten und Karteikarten wären weg. Das „Guardian Office" gibt es heute nicht mehr – zumindest nicht mehr unter diesem Namen. Es wurde aus PR-Erwägungen aufgelöst, wie Insider sagen. An die Stelle des alten „Guardian" trat unter dem neuen Führer Miscavige die „OSA" (Office of Special Affairs) – der neue Geheimdienst der Scientology.

Ich erinnerte mich, daß in unserem Archiv auch noch ein Vorgang auf den Namen Bschorr abgelegt sein mußte. Richtig, ich fand eine Aktennotiz aus dem Jahr 1994 von „Robin Direkt"-Mitgliedern, die nach Erscheinen meines Buches von einem Journalisten namens Hans Bschorr angerufen wurden. Er wollte sie für den Bayerischen Rundfunk interviewen. Auffallend in diesen Gesprächen war der Versuch, ausdrücklich Negatives über mich zu erfahren. An positiven Aussagen war er überhaupt nicht interessiert. Eine Rücksprache beim Bayerischen Rundfunk ergab, daß man dort von einem solchen Interviewauftrag nichts wußte.

Eine Rücksprache beim Bayerischen Rundfunk hatte ergeben, daß man dort von einem solchen Interviewauftrag nichts wußte.

In einem anderen Fall wurden frühere Mitglieder von „Robin Direkt" von der Leiterin des Arbeitskreises Scientology in Hamburg, Ursula Caberta, kontaktiert. Sie erklärte, es würden sich mehrere Journalisten bei ihnen melden, die ein paar Aussagen über die Hartwig bräuchten. Wie mir diese Leute versicherten, waren mit „Aussagen" allerdings keine positiven Aussagen gemeint. Einer roch jedoch Lunte, als er nacheinander mehrere Anrufe von Journalisten bekam – unter anderem von Hans Bschorr, der als Beleg seiner Glaubwürdigkeit die Telefonnummer des Bayerischen Rundfunks hinterließ.

Weitere Journalisten riefen Mitglieder und frühere Mitglieder der Schutzgemeinschaft „Robin Direkt" an. Sie beriefen sich ebenfalls darauf, daß die Telefonnummer von Frau Caberta weitergegeben worden sei. Eine der angerufenen Personen fragte sogar schriftlich bei Frau Caberta nach. Nach diesem Schreiben zweifelte die Person an der unparteiischen Recherche von Bschorr.

Recherche-Ergebnisse

In mühseliger Kleinarbeit habe ich die Zusammenhänge recherchiert: Hinter den Kulissen hatten zwar auch die mit Caberta befreundeten Journalisten über Bschorrs Scientology-Aktivitäten diskutiert, aber keiner hatte auch nur den kleinen Finger gerührt, um gegen diese Aktivitäten etwas zu unternehmen. Wir erlebten Zeugen, die Angst um ihre Position hatten, Angst um ihr Image und vor allem auch Angst vor dem Ärger, der ihnen nach eigener Aussage unter anderem von Bschorr selbst angedroht wurde.

Nach Aussage eines Zeugen war Hans Bschorr bereits in den Geheimdienst der Scientology eingestiegen, ehe er im Juli 1980 den damaligen Sektenbeauftragten Pfarrer Haack in München kontaktierte und ihm eine Legende erzählte. Bschorr stellte sich als Gründer einer Aktion Psychosekten vor und versuchte, in der damaligen Kritikerszene Fuß zu fassen. Am 16.7.1980 leistete sich Bschorr für seine „ Aktion Psychosekten“ sogar eine Pressemitteilung, in der er als „Mitglied der Bayerischen Gesellschaft für psychische Gesundheit“ firmierte. Pfarrer Haack traute Bschorr nicht. Er schreibt in seinem Gedächtnisbericht:

> *Das Telefon ist das Stockwerktelefon eines Studentenwohnhochhauses, bei dem ich keine Verbindung bekam. (...) Ich hatte nicht den Eindruck, daß Bschorr wirklich Kenntnisse in der Sektenszene hat. Der große Briefkopf und die so überraschend betriebene (und im Briefkopf verwendete) Mitgliedschaft in der honorigen Bayerischen Gesellschaft für psychische Gesundheit stehen m.E. im eklatanten Widerspruch zur Realität der Aktion. (...)*
> *Ich plädiere für größte Zurückhaltung.*
> *Friedrich Haack*

Nach dem mir vorliegenden Gesprächsbericht des verstorbenen Pfarrers Haack fand dieses Gespräch am 30.7.1980 statt. Haack hatte Bschorr bereits vorher einmal gesehen – nämlich als Haack Teilnehmer an einer Diskussionsrunde mit einem Bundestagskandidaten der SPD war. Nach dem Bericht von Haack sind die Scientologen bei dieser Veranstaltung besonders masssiv aufgetreten, und Bschorr soll sich nachher auch „erschrocken“ über dieses Verhalten gezeigt haben.

Bschorr erzählte Haack, daß sein Bruder eine Dissertation über Streß und Medikamente geschrieben habe. Sein Bruder sei zum Doktor der Medizin promoviert worden und am 29.9.1978 gestorben. Für ihn habe er unterschiedliche Sekten besucht. Bschorr nannte die Vereinigungskirche, Scientology und TM sowie die „Kinder Gottes“, zu denen er aber kaum einen richtigen Kontakt erhalten habe. Er erzählte Haack auch, daß er sich unter dem Pseudonym Bachmann in der Szene umgetan habe.

Haack war zu schlau, um sich von Bschorrs Legende täuschen zu lassen.

Haack war zu schlau, um sich von Bschorrs Legende täuschen zu lassen. Einen Tag nach dem Besuch, am 31.7.1980, warnte er in einem Rundschreiben an seine Sektenbeauftragtenkollegen vor Bschorr und dessen „Aktion Psychosekten“.

Bedenkt man nun, daß Bschorr schon Monate vorher in den scientologischen Geheimdienst eingestiegen war, wird die Aktion entlarvt: Schon 1980 wurde versucht, mit Legenden den Gegner auszuspionieren. Hinterhältig ging man an die Sache heran, und Bschorr benützte sogar den Tod seines Bruders, um einen Einstieg in die Kritikerszene zu bekommen.

In seiner „Pressemitteilung“ macht Bschorr den Versuch, sich bei Pfarrer Haack anzubiedern, und greift den ehemaligen Polizeipsychologen Georg M. Sieber an, obwohl der ganz im Sinne der Scientology argumentierte – eine Agentennummer aus der untersten Schublade. Das war übrigens auch die Zeit, in der der CSU-Politiker Gauweiler im Auftrag der Scientology von Detektiven ausgeforscht wurde.

1992/93 kam es zu einem unglaublichen Vorfall. Ein durch Scientology betroffener Vater schickte einen ganzen Ordner voll Beweise an den Bayerischen Rundfunk. Er wollte damit erreichen, daß beweisbare Fakten an die Öffentlichkeit gelangen. Drei Tage später erhielt er auf Briefpapier des Bayrischen Rundfunks die Bestätigung mit folgendem Wortlaut:

> *Unterlagen über Jugendsekten, hier Scientology (...)*
> *Sehr geehrter Herr (...),*
> *besten Dank für die Zusendung des Unterlagen-Ordners, dessen Eingang ich hier bestätige.*
> *Nach kurzem Hineinblättern kann ich sagen, daß die Lektüre äußerst interessant ist. Bestimmt kann ich Ihnen Ihre Unterlagen bereits vor dem von Ihnen genannten Termin zurückschicken.*
> *Mit nochmaligem Dank und*
> *freundlichen Grüßen*
> *Hans Bschorr*

Drei Monate später sendet das Büro Bschorr die Unterlagen zurück, „mit herzlichem Dank". Man habe sie sehr „aufmerksam durchgelesen", und bei Bedarf werde man für eine Sendung darauf zurückgreifen.

Nun, ich hoffe, es wundert Sie nicht, lieber Leser, wenn dieser Bedarf nie angemeldet wurde. Ich bin inzwischen in Besitz des Beweisordners, und mir dreht sich der Magen um bei dem Gedanken, daß dieser Ordner bei Bschorr landete.

Am 18.10.1995 sandte Bschorr an den Metropolitan Verlag ein Fax – unter der Kennung „FUBI-Film" und forderte als freier Journalist ein „Vorabexemplar" meines Buches *Scientology – Das Komplott und die Kumpane* an. Telefonisch meldete er sich als Bayerischer Rundfunk. Nach Rückfrage des Verlages war man dort sehr ungehalten, und als Bschorr weitere Details telefonisch abfragen wollte, wurde man stutzig. Danach kam folgendes Fax:

Dachau, den 18.10.1995

Sehr geehrter Herr (...),
hiermit bitte ich Sie um Zusendung eines Vorabexemplars des in Ihrem Verlag demnächst erscheinenden Buches „Scientology – Das Komplott und die Kumpane" (laut Focus Nr. 42/1995).
Da es gestern zu Irritationen bezüglich meiner journalistischen Tätigkeit gekommen ist, darf ich folgendes klarstellen: Bis vor vier Monaten war ich festangestellter Redakteur beim Bayerischen Fernsehen, zuständig für Landespolitik. Seither arbeite ich wieder als freier Journalist, u.a. auch weiterhin für den Bayerischen Rundfunk.
Besten Dank im voraus.
Mit freundlichen Grüßen
Hans Bschorr

Damals wie heute versucht Scientology, die für das System wirklich gefährlichen Kritiker mit Gerichtsverfahren mundtot zu machen. Damals wie heute benützt das totalitäre Scientology-System Spitzel, um die Gegenseite auszuforschen. Damals wie heute taucht in verschiedenen Situationen der Name Hans Bschorr auf.

In einer öffentlichen Gerichtsverhandlung wegen der Aussagen von Anita Guha-Sautter in meinem ersten Buch (AZ 21 U4775/95 OLG München – Scientology gegen Hartwig und Weltbild-Verlag am 12.6.1996) sagte der frühere Scientology-Trainer Bernhard Sandkühler als Zeuge aus. Es ging um die Frage, ob bei Scientology Daten und Namen aus Mitgliederlisten gelöscht werden oder verschwinden. Bernhard Sandkühler sagte aus, was er mir bereits am Telefon beschrieben hatte: Daß er sich bei dem damaligen (ca. 1978/79) Institutsleiter der Scientology Nymphenburg über einen Kursteilnehmer des Scientology Instituts Nymphenburg erkundigte, den er selbst betreut hatte, den er aber auf einmal nicht mehr in der Kartei auffinden konnte. Auch seine Akte sei verschwunden gewesen. Sandkühler sagte auch aus, daß er angewiesen wurde, sich nicht mehr um den Kursteilnehmer zu kümmern, der sei jetzt im „Guardian Office".

Es entstand eine prekäre Situation im Gerichtssaal des Landgerichts in München. Ich ahnte bereits, daß Rechtsanwalt Blümel in gewohnter Art (man kennt ja inzwischen seine Gegner) nachfragen würde, wer der damalige Kursteilnehmer der Scientology gewesen sei. Neben ihm saß der Präsident der Scientology-Organisation, Helmut Blöbaum. Im Zuschauerraum befanden sich mehrere Scientologen des Geheimdienstes „OSA", unter anderem auch Georg Stoffel. Die Blicke gingen hin und her, und Rechtsanwalt Blümel beriet sich nach der Zeugenaussage mit Helmut Blöbaum. Es kam die Frage, die ich mir erhoffte: Rechtsanwalt Blümel wollte vom Zeugen Sandkühler die Namen des damaligen Kursteilnehmers und des Institutsleiters wissen. Ich lehnte mich zurück und unterdrückte mein Lachen. Ich hatte es nun doch fertiggebracht, den Präsidenten der Scientology Deutschland und seinen Anwalt nervös zu machen, und das in einem Gerichtssaal. Dazu kam, daß auf den Zuschauerstühlen mehrere Scientologen die Szene verfolgten und man sicher sein kann, daß darüber Wissensberichte erstellt werden. Bernhard Sandkühler sagte den Namen des von ihm trainierten Kursteilnehmers, um den es im Fall der verschwundenen Akte ging, klar und deutlich: „Hans Bschorr." Er sagte auch den Namen des damaligen Institutleiters: „Horst Hahn."

Horst Hahn gehörte schon zur damaligen Zeit zu den VIPs der Organisation, seine Frau Helgard ist heute Mitglied der Führungscrew des Celebrity Center der Scientology in der Landshuter Allee in München. Rechtsanwalt Blümel entgegnete, die Angaben des Zeugen seien überprüfbar, besprach sich kurz mit dem neben ihm sitzenden Präsidenten der Scientology, Helmut Blöbaum, und bestätigte dem Gericht, daß Hans Bschorr sowie Horst Hahn heute noch Mitglieder der Scientology seien. Nun konnte ich doch mein Grinsen nicht unterdrücken, denn der Scientology-Präsident hatte mir soeben einen weiteren Beweis für die Richtigkeit meiner Recherche geliefert. Auch meine Anwälte und die Personen im Zuschauerraum – teilweise von Behördenseite – staunten nicht schlecht über das unglaubliche Gedächtnis des Präsidenten der Scientology an diesem Tag. Ein Scientologe kann nicht alle Mitglieder im Kopf haben, vor allem nicht die „einfachen Mitglieder" – und als solches stellte sich Hans Bschorr in den darauffolgenden Monaten immer dar, und auch von der Organisation wurde er als „einfaches Mitglied“ bezeichnet. Nun kann sich wohl niemand Tausende Namen von Mitgliedern merken – ich glaube, auch kein Scientology-Präsident Blöbaum –, es sei denn, es handelt sich um Mitglieder mit besonderen Aufgaben. Die anwesenden Anwälte, die mich und den Verlag vertraten, sowie die unabhängigen Prozeßbeobachter waren nach diesem Auftritt der Auffassung, daß es sich bei Bschorr wohl um ein Mitglied mit herausgehobener Aufgabenstellung handeln muß, nachdem auf Nachfrage spontan die Mitgliedschaft bestätigt werden konnte.

Rechtsanwalt Blümel drehte sich zum anwesenden Präsidenten von Scientology und äußerte, die Angaben des Zeugen seien überprüfbar, besprach sich kurz mit Blöbaum und bestätigte dem Gericht, daß Hans Bschorr sowie Horst Hahn heute noch Mitglieder von Scientology seien.

Aus dem persönlichen Umfeld von Bschorr habe ich erfahren, daß Bschorr einmal pro Monat mehrere Tage im Ausland verbringen soll und daß sich auch seine Frau in England aufhalte, genauer gesagt in East Grinstead/Grafschaft Sussex. Dort sollen sie auch ein Haus auf ihren Namen besitzen. Die Kinder von Bschorrs, soweit sie bereits schulpflichtig sind, sollen in die Scientologen-Schule in England gehen.

Mit Hans Bschorr hat die Organisation Scientology seit zirka sechzehn Jahren einen Scientologen zur Verfügung, der bis in höchste politische Kreise vertrauensvolle Beziehungen aufgebaut hat. Es gibt die Anweisung von Scientology, daß einzelne Scientologen im Umfeld von Politikern eingesetzt werden sollen. Als ich erfuhr, daß Hans Bschorr mit zwei anderen Journalisten in der engeren Auswahl für die Position des Pressesprechers bei Finanzminister Waigel war, wurde mir mit einem Schlag klar, daß einige Ziele von Scientology nachweisbar bereits erreicht sind.

Mit Hans Bschorr hat die Organisation Scientology seit circa sechzehn Jahren einen Scientologen zur Verfügung, der bis in höchste politische Kreise vertrauensvolle Beziehungen aufgebaut hat.

Am 23.5.1997 trat Bschorr bei einer öffentlichen Veranstaltung in Dachau, wo ich einen Vortrag hielt, als Scientologe auf. Er versuchte Tage vor dem Termin, die Veranstalter zu verunsichern, und wollte, daß der Vortrag abgeblasen wird. Der Chef der Arbeiterwohlfahrt wußte nichts über Bschorr und unterhielt sich mit ihm erst ganz normal, da er sich als Journalist meldete, der über die Hintergründe der Veranstalung etwas wissen wollte. Bei der SPD meldete er sich auch mit dem Ziel, mich zu diskreditieren.

Hans Bschorr trat an diesem Abend jedoch tatsächlich selber an und versuchte, mit den üblichen Verdrehungen und teilweise mit Lügen bei den Zuhörern Stimmung gegen mich zu machen. Als Höhepunkt brachte er sogar Staatssekretär Regensburger ins Spiel, indem er behauptete, Herr Regensburger hätte ihn vor mir und meiner Familie gewarnt. Inzwischen wurde Bschorr gerichtlich aufgefordert, diese Falschaussage zu unterlassen.

Dreist war Herr Bschorr zwar, aber nicht klug, denn er müßte wissen, daß gerade Staatssekretär Regensburger jemand ist, der Scientology-Tricks weder mag noch zuläßt. Auch gegenüber einer Journalistin und gegenüber einem Verlag benützte Bschorr den Namen des Staatssekretärs, um damit zu prahlen. Im *Landwirtschaftlichen Wochenblatt* dauerte seine Telefonaktion mehrere Tage an, nachdem dort ein Bericht über mein Aufklärungsreferat zum Thema Scientology erschienen war, das ich vor den Landfrauen gehalten hatte. Ich denke, diese Art des Auftrumpfens wird ihm noch zu schaffen machen. Aber vielleicht ist er bis dahin in England bei seiner Familie. Bei BBC London hat er sich ja schon einmal beworben. Oder er reiht sich in die Schar derjenigen ein, die sich in den USA als „verfolgte Minderheit in Deutschland" präsentieren.

Bschorr kann auf jeden Fall mit der sehr eigenen Liberalität verschiedener Abgeordneten von Bündnis 90/Die Grünen rechnen, er hat anscheinend in diesen Kreisen mehr Glück, seine Version vom „harmlosen Scientologen" zu verkaufen. Denn immerhin sagte Dr. Manfred Fleischer, ehemaliger Fraktionssprecher von Bündnis 90/Die Grünen im Bayerischen Landtag auf dem jährlichen Kongreß der bündnisgrünen bayerischen Kommunalpolitiker am Sonntag, den 11.5.1997, vor immerhin zirka zwanzig Personen, daß er mit Hans Bschorr seit 15 Jahren privat befreundet sei, und nur weil dieser bei den Scientologen sei, würde er diese Freundschaft nicht aufkündigen. Übrigens: Dr. Fleischer sagte auch, daß Hans Bschorr nicht nur zu ihm, sondern auch zur Pressestelle von Bündnis 90/Die Grünen im Bayerischen Landtag gute Kontakte habe.

Im Fall Dr. Fleischer, der im Ausschuß für Kommunale Fragen und Innere Sicherheit im Bayerischen Landtag sitzt, außerdem Stellvertreter im Ausschuß für Verfassungs-, Rechts- und Parlamentsfragen ist, die Fraktion Bündnis 90/Die Grünen im „Plutonium-Untersuchungsausschuß" vertritt, noch dazu als Vizepräsident des Deutschen Tierschutzbundes, Landesverband Bayern, gewählt wurde, hat Hans Bschorr einen Freund in einflußreichen Positionen, die bei der Scientology unter dem „Department für Behördenangelegenheiten" abgehandelt werden.

Warum hatte keiner von all denen, die es jahrelang wußten, den Mut, über Bschorrs Mitgliedschaft bei Scientology und seine Machenschaften zu reden? Für mich steht der Name Hans Bschorr für die Umsetzung der geschriebenen Scientology-Theorie in die Praxis. Aber auch dafür, daß die große Mehrheit der Schweiger und der Tolerierer mitverantwortlich ist, wenn die Zielsetzungen von Scientology – wie auf Seite 290 und 304 zitiert – ungehindert durchgeführt werden können.

Für mich steht der Name Hans Bschorr für die Umsetzung der geschriebenen Scientology-Theorie in die Praxis.

ABTEILUNG FÜR REGIERUNGSANGELEGENHEITEN

(...)

Nur Angriffe lösen Gefahren.

Angesichts von Gefahren durch Regierungen oder Gerichte gibt es nur zwei Felder, die man machen kann: (a) untätig zu sein und (b) sich zu verteidigen. Die richtigen Handlungen in Bezug auf jede Bedrohung sind (...) (3) Genügend Drohung oder Tumult zu schaffen, um den Feind verzagen zu lassen; (...) Wenn Sie von irgend jemand oder irgend etwas oder irgend einer Organisation an einem wunden Punkt angegriffen werden, dann finden oder schaffen Sie immer genügend Drohung gegen sie, um sie dazu zu bringen, daß sie um Frieden betteln. Frieden wird durch einen Tauschhandel mit Vorteilen gekauft – sorgen Sie also für Vorteile und schließen Sie dann einen Vergleich. Verteidigen Sie niemals. Greifen Sie immer an. Seien Sie niemals untätig. Unerwartete Angriffe hinter den Frontlinien des Feindes funktionieren am besten.

(...) Wenn die Abteilung mit Feuer und Elan, ja sogar mit Tollkühnheit operiert, hat sie auch die Mittel für eine Abschirmung, hinter der dann Organisationen arbeiten können.

Das Ziel der Abteilung für Regierungsangelegenheiten ist, die Regierung und feindliche Philosophien oder Gesellschaften in einen Zustand vollständiger Gefügigkeit mit den Zielen der Scientology zu bringen. Das wird erreicht durch Fähigkeit zur Kontrolle auf hoher Stufe und in deren Abwesenheit durch Fähigkeit zur Überwältigung auf niedriger Stufe. Introvertieren Sie solche Ämter. Kontrollieren Sie solche Ämter. (...)

Hubbard-Richtlinie vom 15.8.60, Organisations-Führungs-Kurs Band 7, Seite 483

Verlagsmonopoly

Es war ein schöner Sommertag, 1995, als wir auf dem Weg nach Bremen waren, um dort in einem Wirtschaftsverband einen Vortrag zum Thema Scientology zu halten. Da Zeit zu einem der wichtigsten Faktoren in unserem Leben geworden ist, waren wir froh, daß die Autobahnen ziemlich frei waren und wir ohne große Staus vorankamen. Das Hotel, in dem der Vortrag stattfand, lag in einem wunderschönen Park – und nach der langen Fahrt war uns eher danach zumute, eine Stunde spazieren zu gehen, doch das mußten wir uns verkneifen.

Ein Mann hat Probleme

In der Halle wurden wir schon erwartet. Ein enger Mitstreiter von „Robin Direkt" stellte uns den Veranstaltern vor. Es herrschte die übliche Betriebsamkeit. Der große Konferenzsaal füllte sich schlagartig, und ich sollte vorher noch dem bereits wartenden Fernsehteam ein Kurzinterview geben. Da sprach mich ein Mann an, den ich irrtümlich mit zu den Veranstaltern zählte. Er lachte und sagte: „Frau Hartwig, ich gehöre hier nicht dazu. Wir sind verabredet. Mein Name ist Dr. Kind." Richtig, wir hatten schon ein paarmal miteinander telefoniert – und er hatte mir von den Problemen erzählt, die er hatte, da man ihn immer wieder – aus Gründen, die ich nicht nachvollziehen kann – mit Scientology in Verbindung brachte. Dr. Kind war extra aus Düsseldorf angereist, weil ihm die ganze Angelegenheit sehr wichtig war. Aufgrund des Zeitdrucks verschoben wir aber unser Gespräch auf nach dem Vortrag, denn zwischen Tür und Angel kann man solche Dinge nicht besprechen.

Mein Vortrag begann. Es war das übliche Prozedere. Die Scientologen versuchten, mit „Schwarzer Propaganda" nicht nur Stimmung gegen mich zu machen, sondern diesmal stand sogar der Unternehmer, der die Veranstaltung mit initiierte, im rhetorischen Schußfeld der Scientologen.

Nach der Veranstaltung trafen wir uns mit mehreren Leuten in einem netten Lokal in Bremen. Wir diskutierten nicht nur über das Thema Scientology, sondern vor allem über die Gratwanderung bei der Aufklärung. Auch Dr. Kind, mit dem wir uns an diesem Abend verabredeten, war bei diesem anschließenden Gespräch in dem Lokal dabei – und er war auch ausschlaggebend für die Diskussion.

Auf der einen Seite gab es flächendeckend immer mehr Aufklärung, und die Bürger wurden immer sensibler, was das Thema Scientology anbetrifft, aber auf der anderen Seite machte sich eine schleichende Gefahr breit, die man genauer betrachten mußte. Es handelte sich um Gerüchte, die sich in Windeseile verbreiten und deren Quelle man trotz gründlicher Recherchen nicht findet. Bei näherem Überprüfen kam ich übrigens sehr oft dahinter, daß gerade die mangelhafte Aufklärung beim Thema Scientology von vielen, die sich als Kenner der Szene darstellen, mit dazu beiträgt, daß solche Rufmordgeschichten blühen und gedeihen. Sie verbreiten Halb- und Viertelwissen oder verschweigen aus niederen Beweggründen Informationen, und auch aus Feigheit werden Fakten nicht benannt. Das alles führt letztendlich zu Mißverständnissen in der Gesellschaft, die für den einen oder anderen Bürger tatsächlich zum Verhängnis werden können. Im Fall des Verlegers Dr. Kind, der mir seine Geschichte im Sommer 1995 in einem Lokal in Bremen erzählte, hörte sich das Ganze eher nach gezielter Strategie an.

Rufmordgeschichten blühen und gedeihen.

Dr. Kind war in der Geschäftsleitung bei Econ gewesen, es gab Mißstimmigkeiten, man trennte sich, und er hatte sich nun selbständig gemacht. Es gab noch einen weiteren Gesellschafter, aber damals interessierte mich die Zusammensetzung der Firma eigentlich überhaupt nicht. Ich sprach bereits an diesem Abend – auch den anderen Anwesenden gegenüber – die Gedanken zum Thema Rufmord offen aus.

„Fällt euch eigentlich nicht auf, daß sich die Diskussion über Scientology in der Öffentlichkeit verändert hat und daß diese Wandlung auch ganz gezielt vorangetrieben wird? Wir reden im Moment mehr über Rufmord oder falsche Verdächtigungen, und es entsteht ganz schleichend ein Nebenkriegsschauplatz, über den ich mir inzwischen ernsthaft Gedanken mache. Einerseits gibt es eine riesengroße Schar von Menschen, die Scientology-Interna kennen und auch das Wissen haben, um direkte, offensive Aufklärung betreiben zu können. Aber was passiert tatsächlich in der Szene? Die Leute gehen zu einem Vortrag, und am meisten erfahren sie von der Biographie des L. Ron Hubbard. Wenn es aber um die Fakten geht, dann wird es schwammig, nebulös, undurchsichtig, geheimnisvoll. Wissen diese Personen, die sich als Experten für öffentliche Vorträge zur Verfügung stellen, tatsächlich nichts, oder verschweigen sie bewußt etwas? Schauen wir uns doch einmal einen ganz normalen Zuhörer eines Aufklärungsvortrags an. Derjenige, der bereits informiert ist, will sein Wissen erweitern. Was mag in ihm vorgehen, wenn er über eine Dreiviertelstunde von irgendwelchen scientologischen Science-Fiction-Geschichten hört, die der Gründer L. Ron Hubbard als ehemaliger Autor von Science-Fiction-Romanen in seine Organisationsstrukturen mit übernommen hat? Ganz einfach: Entweder er verliert das Interesse am Thema, oder er geht wütend, weil seine Erwartung, mehr zu erfahren, nicht erfüllt wurde. Auf jeden Fall ist er nach solchen Vorträgen weder sensibilisiert noch aufgeklärt. Und dann gibt es denjenigen, der überhaupt keine Ahnung hat, der nur die Schlagzeilen über Scientology kennt und sich nun informieren will über dieses Thema. Der schüttelt den Kopf, wenn er nach zwei Stunden geht, und nichts anderes bleibt bei ihm hängen als der Eindruck: So ein Quatsch, das kann mir doch überhaupt niemals passieren!

Was wurde bei diesen Vorträgen vergessen? Ganz einfach: die Fakten über die zweite Strategie der Scientologen. Sie wollen durch ihre Tarnorganisationen die Ideologie verbreiten, die bereits in unserer Gesellschaft als Hubbardismus greift. Aber dazu müßte man das Kind beim Namen nennen! Man müßte dem Zuhörer anhand von Beispielen aus verschiedenen Lebenssituationen aufzeigen, wie strategisch von der Scientology vorgegangen wird, um alle Gesellschaftsschichten zu erreichen. Die Zielsetzung der Organisation heißt Kontrolle, und zwar Kontrolle über alles und jeden. Aber für diese Beispiele braucht man Fakten, man braucht Wissen, und man braucht auch Mut und Zivilcourage. Es ist natürlich wesentlich leichter, ein Thema zu verharmlosen und über eine sogenannte Rufmord-Hysterie zu diskutieren, anstatt sich mit den Fakten auseinanderzusetzen."

Damit waren wir mittendrin im Thema: Wie entsteht Rufmord? Einer am Tisch machte sogar die Bemerkung: „Es wäre doch das Sinnvollste für Scientology, jemanden zu finden, der Rufmord verbreitet. Denn wenn ich mir jetzt die Geschichte von Dr. Kind anhöre, dann wird man doch auch in der Auseinandersetzung um Scientology komplett ausgebremst. Man redet doch gar nicht mehr darüber, denn man könnte ja Rufmord betreiben, könnte jemanden ungerecht beschuldigen, man könnte sich irren."

„Halt, an dieser Stelle muß ich Sie jetzt unterbrechen", sagte mein Mann. „Genau da haben wir die Ursache. Alles, was Sie jetzt aufgeführt haben, betrifft die Mitgliedschaft in der Organisation Scientology, betrifft ausschließlich die fünfundzwanzig Prozent der scientologischen Strategie, die vorsieht, einen gewissen Prozentsatz in dieser Gesellschaft anzuwerben für eine Mitgliedschaft, um über diese Mitgliedschaft ein Klientel von Abhängigen zu schaffen, die man strategisch wieder einsetzen kann. Aber es geht eben nicht nur um Mitglieder. Es geht vielmehr um Kumpane, um die Helfershelfer. Es geht um die Strategien, die bereits in der Gesellschaft greifen. Es geht um Hubbardis-

> **„Wenn wir es nicht fertigbringen, mit unserer Aufklärung den Hubbardismus zu enttarnen, werden wir nur den Nebenkriegsschauplatz erweitern und damit Scientology einen großen Dienst erweisen."**

mus, und für diesen Hubbardismus braucht man keinen Mitgliedsausweis. Wenn wir es nicht fertigbringen, mit unserer Aufklärung den Hubbardismus zu enttarnen, werden wir nur den Nebenkriegsschauplatz erweitern und damit Scientology einen großen Dienst erweisen."

Für kurze Zeit dachte jeder für sich nach – und ein Unternehmer, der selbst Scientology erlebt hatte und der nicht nur beruflich, sondern auch privat die Folgen dieser Scientology-Drills hatte erfahren müssen, warf ein: „Es liegt eigentlich an der Konsequenz, die Dinge beim Namen zu nennen und endlich aufzuhören mit der Angst vor den juristischen und sonstigen Strategien der Scientologen, mit denen sie Aufklärung ihrer Machenschaften zu verhindern suchen."

Er hatte recht. Bei der Aufklärung scheint der Hubbardismus schon längst gegriffen zu haben. Ein Element ist die Feigheit, die Angst. In den Schriften von Scientology steht es geschrieben:

> VERTRAULICH
> **ZWEIG 5 PROJEKT**
> **PROJEKT SQUIRREL**
>
> (...)
> 7. Wenn wir das obige als Muster etablieren, werden wir die folgenden Tatsachen erfolgreich ins öffentliche Bewußtsein rücken:
> (a) Leute, die Scientology angreifen, sind Kriminelle.
> (b) Wenn man Scientology angreift, wird man auf Verbrechen hin untersucht.
> (c) Wenn man Scientology nicht angreift, obwohl man nicht dabei ist, ist man sicher.
>
> Führungsanweisung ED 149 INT von L. Ron Hubbard vom 2. Dezember 1966

Uns fiel auf, daß wir in einem kleinen Rahmen wesentlich mehr an Feedback für unsere Aufklärung bekamen und die Bestätigung, daß genau meine so lautstark kritisierte offensive Aufklärung im Grunde dazu beigetragen hat, daß man wagt, laut über Scientology zu reden. Da saß mir ein Verleger gegenüber, der von seinen Problemen erzählte, und ich wußte nicht, wie ich ihm beibringen sollte, daß es in Verlagskreisen tatsächlich Verdächtigungen gegen ihn und Menschen in seinem Umfeld gab. Ich hatte Anrufe, Faxe und Briefe bekommen, in denen man wissen wollte, ob er und andere Verlagskollegen, die mit ihm Kontakt hatten, bei Scientology seien. Welches war der Auslöser dieses Gerüchtes, und über welche Kanäle wurde es verbreitet? Es war auch eine Frage des Stils und des Vertrauens, daß ich ihm an diesem Abend nichts von dem Besuch erzählen konnte, den ich bei mir zu Hause von einem Verleger bekommen hatte, der zusammen mit seinem Lebenspartner erst telefonisch, dann schriftlich und dann persönlich mit mir Kontakt aufgenommen und mir genau diese Fragen gestellt hat, die ihm jetzt in seiner Arbeit offensichtlich zum Verhängnis wurden.

Monopoly findet überall statt, auch in der Verlagswelt. Immerhin geht es um Märkte, und ich habe selbst als Autorin erlebt, was sich hinter den Kulissen der Verlagswelt so abspielt. Wie sollte ich Dr. Kind jetzt begreiflich machen, daß aus unerklärlichen Gründen das Thema Scientology als Vorwand für interne Streitigkeiten in Firmen benutzt wird? Gleichzeitig sitzen aber auch Leute bei uns, bei denen man nach näherem Hinsehen und dem genauen Analysieren ihrer Situation mit der Nase darauf gestoßen wird, daß sich der Hubbardismus in ihren Unternehmen breitgemacht hat. Auf diesem Glatteis bewegt sich wohl jeder, der sich ernsthaft und nicht aus egoistischen Motiven mit diesem Thema auseinandersetzt.

Dr. Kind machte auf mich einen sehr souveränen Eindruck und vermittelte mir das Gefühl, daß er sich in der Verlagswelt auskannte. Daß dies allein nicht ausreicht, um dann tatsächlich auch einen Verlag führen zu können, sollte ich bereits ein Jahr später am eigenen Leib erfahren. Wir verabschiedeten uns an diesem Abend weit nach Mitternacht und trafen die Abmachung, uns bei seinem nächsten Aufenthalt in seinem Münchner Büro zu treffen.

Ein Besuch mit Folgen

Das Summen des Aufzuges war das einzige Geräusch, das wir hörten, als wir in dieser Nacht in das Stockwerk fuhren, in dem unser Hotelzimmer lag. Ich dachte darüber nach, welche Zusammenhänge es zwischen den einzelnen Beteiligten gab und inwieweit Konkurrenz, Neid, menschliche Aversion oder auch verschiedene Auffassungen von Führungsstil ausschlaggebend dafür waren, daß sich gerade zu diesem Zeitpunkt das Verlagsmonopoly vor unseren Augen abspielte. Die Gedanken rasten mir durch den Kopf, ich konnte nicht schlafen und leider auch nicht abschalten. Ich holte mir aus der kleinen Bar im Hotelzimmer ein Tonic Water, setzte mich aufs Bett und wollte jetzt einfach geklärt wissen, was hinter all diesen Gesprächen und Kontakten stand, mit denen wir uns in den letzten Wochen auseinandergesetzt hatten.

Mein Mann Paul wußte, daß an Schlaf nicht zu denken ist, wenn ein Gedanke in meinem Kopf nicht bis zu dem Punkt fertiggedacht wird, wo er für mich logisch erscheint. Was mich am allermeisten beschäftigte, war dieses Gespräch bei uns zu Hause mit dem anderen Verleger, der uns mit seinem Lebenspartner aufgesucht hatte. Durfte ich Dr. Kind davon erzählen? Sag' ich's ihm, gibt's Ärger. Sag' ich's ihm nicht, gibt's auch Ärger -- Ärger gehört also anscheinend zu meinem Alltag. Dann blieb noch die moralische Frage zu klären. Wenn ich die Quelle kenne, aus der offensichtlich zumindest Verdächtigungen kommen, darf ich sie verraten oder nicht? Sag' ich es weiter, verletze ich das Vertrauen, das mir derjenige entgegengebracht hat, der mir davon erzählte. Schweige ich und sag' es *nicht* weiter, mache ich mich zumindest zum Mitwisser einer üblen Strategie von Verdächtigungen, die einem nicht nur das Leben schwermachen können, sondern auch existentielle Folgen haben. Salomonische Entscheidungen sind nicht gerade meine Spezialität, dazu bin ich tatsächlich zu temperamentvoll und zu direkt und zu impulsiv. Wenn nur all diejenigen, die mir mein Temperament und meine Direktheit vorwerfen, wüßten, wie oft ich mir die Nächte um die Ohren geschlagen habe, um irgendeine Lösung zu finden, in der es keine Verlierer gibt und auch keine Verletzungen!

Sag' ich's ihm, gibt's Ärger. Sag' ich's ihm nicht, gibt's auch Ärger.

Am nächsten Morgen gingen wir diesen Besuch des anderen Verlegers noch einmal durch: Eines Tages hatte ich einen Anruf erhalten. Eine männliche Stimme fragte mich, wie man scientologische Strukturen in einer Firma erkennen kann. „Naja, das ist eine so generelle Frage, die sich sicher nicht am Telefon klären läßt", war meine Antwort. Aus dem einen Telefonat wurden mehrere Telefonate. Der Name des Anrufers sagte mir überhaupt nichts, eine Einladung zu ihm nach Hause konnte ich wegen Terminüberschneidungen nicht wahrnehmen, aber er blieb hartnäckig, und so war ich schließlich zu einem persönlichen Gespräch bei uns bereit.

Vor der Tür standen zwei Herren, der eine älter, der andere jünger. Sie wollten unbedingt allein mit mir sprechen. Wir gingen in unsere Privaträume und setzten uns auf den Balkon. Es war schwül und heiß. Der ältere der beiden erzählte mir von den Schwierigkeiten, die er als Geschäftsführer in der Firma hatte, und fragte, an welchen Strukturen man erkennen könne, ob Scientology im Spiel war. Das, was er mir erzählte, waren freilich Dinge, die in jeder Firma vorkommen. Irgendwie hatte ich das Gefühl, daß es mehr um eine Generationsfrage ging, vielleicht auch um verletzte Eitelkeit. Die beiden Herren waren übrigens sympathisch offen, und mit der gleichen Offenheit begegnete ich auch ihnen. Es war ein nettes Gespräch, und ich hoffte sehr, daß es genügte, einfach mal über das Problem zu reden. Vielleicht löste sich dann der Knoten, um den es ging.

Das Gespräch ging auf seiten der Herren bis ins Private, und es kam bei mir auch Mitleid auf, als der ältere der beiden von seiner bevorstehenden schwierigen Operation erzählte. Erst nach fast zwei Stunden fragte ich, in welchem Geschäftsbereich der ältere der beiden Geschäftsführer eigentlich tätig sei, und ich erfuhr: „Es geht um einen sehr großen Verlag." Immer wieder wurde ich aufgefordert, ich sollte doch auf irgendwelchen Listen nachschauen, ob nicht der Name seines Geschäftspartners darauf auftauchte. Ich schüttelte den Kopf und versicherte ihm, daß ich diesen Namen nicht kenne. Jetzt fiel zum ersten Mal der Name von Dr. Kind, aber auch von Norman Rentrop. Meine Besucher erzählten mir, daß es zwischen den beiden enge Kontakte freundschaftlicher Art gebe, man höre ja soviel über Norman Rentrop und seine Verbindungen. Jetzt wußte ich, woher der Hase gesprungen kam. Norman Rentrop verlegte Bücher von Horst A. Mehler, Ernst Haible und anderen Scientologen – und jetzt war die Schlußfolgerung, die leider nicht ganz von der Hand zu weisen ist, die Scientologen könnten versuchen, über dieses riesige Vertriebsnetz des Verlages von Norman Rentrop eine gewisse Klientel zu erreichen. Ein gigantischer Gedanke.

„Was aber, wenn Rentrop das alles gar nicht weiß, die Zielsetzungen gar nicht kennt und einfach nur zu diesem Zweck benutzt wird – wie sieht die Sache dann aus?"

Immer wieder wurde ich aufgefordert, ich sollte doch auf irgendwelchen Listen nachschauen, ob nicht der Name seines Geschäftspartners darauf auftauchte.

Die Antwort, die ich auf meine Frage bekam, war zu erwarten gewesen: „Quatsch, wenn man in dieser Position ist, muß man das einfach wissen."

„So so, das muß man einfach wissen. Und warum sind Sie dann bei mir und wissen es nicht und kennen sich in diesem Thema nicht aus?"

„Ich habe im Gegensatz zu Rentrop keine solchen direkten Kontakte gehabt, immerhin verlegt er ja Bücher von Scientologen. Und jetzt ist er Mitgesellschafter in einem Verlag, dessen anderer Teilhaber befreundet ist mit meinem Geschäftsführerkollegen."

Ich versuchte, den beiden Besuchern anhand meiner Unterlagen die Strukturen scientologischer Betriebsführung zu erörtern. Der Verleger nickte immer wieder und sagte: „Ja ja, genau wie bei uns, genau wie bei uns."

Alle meine Versuche, ihm begreiflich zu machen, daß man solche Dinge ganz spezifisch und detailliert betrachten muß, daß man Querverbindungen und vielleicht absolvierte Schulungen ebenfalls mit ins Kalkül einbeziehen muß, fruchteten nicht. Er war fixiert auf den Gedanken, daß die Probleme, die es aus seiner Sicht innerhalb der Firma gab, etwas mit solchen Strukturen zu tun haben müßten. Schließlich ließ er die Katze aus dem Sack. Es war ein Gespräch geplant mit dem Hauptgesellschafter des Verlags, und es würde ihm schon reichen, wenn ich ihm schriftlich bestätigte, daß mir aufgrund von Anfragen der Name seines Partners aus dem Verlag nicht unbekannt sei. Auch über die Strukturen könnte ich doch ein paar Sätze schreiben: daß sie Ähnlichkeiten aufwiesen mit den Strukturen, die mir von scientologischer Geschäftsführung bekannt waren.

Nein, das wollte ich nicht. Und auch sein Angebot, er wäre mir selbstverständlich behilflich, wenn ich wieder mal ein Manuskript zum Verlegen hätte, zog bei mir nicht. Ich weigerte mich, ihm irgend etwas Schriftliches mitzugeben. Auch das Mitleid, das am Anfang des Gesprächs bei mir aufgekommen war – wegen seiner Krankheitsgeschichte und auch der Schwierigkeiten, die er offensichtlich durch seine Lebensgemeinschaft hatte –, hielt sich nun am Ende des Gesprächs in Grenzen. Ich hatte das dumpfe Gefühl, daß ich hier für einen ganz bestimmten Zweck benutzt werden sollte.

Ich verabschiedete die beiden Herren und wollte sie eigentlich sehr schnell vergessen. Nachdem ich danach noch zwei Anrufe von dem Älteren der beiden erhalten hatte, schrieb ich ihm einen Brief, um ihm einen Wink mit dem Zaunpfahl zu geben, daß ein Gespräch eventuell die Situation besser lösen könnte als die Suche nach Fakten und Eventualitäten, die es nicht gab.

Welche Verdrängungsmechanismen bei manchen Menschen in Gang kommen, zeigte mir übrigens viel später die Reaktion dieses ehrenwerten Herren in gutem Tuch, als er versuchte, seine Vermutungen und Anfragen zu vertuschen und

Auf jeden Fall habe ich aus diesem Besuch gelernt: Trau niemandem, auch wenn er noch so freundlich ist.

mir unterstellte, ich hätte seinen Geschäftspartner über seinen Besuch bei mir informiert. Was er mit dieser falschen, verlogenen Aussage bewirken wollte, ist mir bis heute unbekannt. Auf jeden Fall habe ich aus diesem Besuch gelernt: Trau niemandem, auch wenn er noch so freundlich ist.

Anders als geplant

Erlauben Sie mir an dieser Stelle eine kleine Zwischenbemerkung. Ich schreibe meine Bücher, um über Scientology aufzuklären, um die Strukturen aufzuzeigen, durch welche der Hubbardismus in unsere Gesellschaft einzudringen versucht. Daß ich im Zuge meiner Aufklärung über Scientology auch sehr viel über meine eigene Situation berichten muß – Stichwort: Kritikerbekämpfung –, liegt in der Natur der Sache. Wenn ich nun auch darüber schreibe, unter welchen Umständen mein drittes Buch *Scientology – Das Komplott und die Kumpane* zustande gekommen ist, dann nicht, weil ich stolz zeigen möchte, wie meine Bücher entstehen, sondern ebenfalls nur, weil sich an diesem Beispiel typische Vorgehensweisen aufzeigen lassen.

Heute werde ich oft gefragt, ob meine Entscheidungen anläßlich der Publikation meines dritten Buches richtig waren. Ich denke, Schritte, die für andere nicht nachvollziehbar sind, gehören mit zu meinem Leben – genauso wie Emotionalität, Spontaneität und die Portion Risikobereitschaft, die so vielen Leuten Unbehagen bereiten. Mein drittes Projekt sollte eigentlich im Pattloch-Verlag erscheinen. Der Verlagsleiter ließ sich durch die Erfahrungen, die er wegen des ersten Buches mit den Sektenbeauftragten gemacht hatte, nicht einschüchtern und auch nicht irritieren. An dieser Stelle möchte ich dem Pattloch-Verlagsleiter Bernhard Meuser wirklich ein großes Dankeschön sagen. Er war einer der ganz wenigen unter denen, die meinen Weg kreuzten, der auch unangenehme Entscheidungen von mir akzeptierte und nachvollziehen konnte. Eine solche Entscheidung war es, das neue Projekt nicht mit dem Pattloch-Verlag zu machen. Ein Grund für die Aufkündigung des Vertrags war für mich unter anderem mangelnder juristischer Kampfgeist und die für mich schon einmal zum Verhängnis gewordene Prüfung des Manuskripts durch den Verlagsanwalt. Ich will und ich wollte noch nie aus kommerziellen Gründen ein Buch veröffentlichen. Für mich ist ausschlaggebend, daß ich allein auf diese Weise Informationen verbreiten kann, die zu einer fruchtbaren gesellschaftspolitischen Diskussion führen sollen. So war auch mein Konzept für das dritte Buch in Richtung öffentliche Diskussion angelegt. Ich wollte endlich weg von der ewigen Aussteiger-Diskussion und dem

So war auch mein Konzept für das dritte Buch in Richtung öffentliche Diskussion angelegt. Ich wollte endlich weg von der ewigen Aussteiger-Diskussion, wer welche Erlebnisse bei Scientology hatte.

Streit darüber, wer welche Erlebnisse bei Scientology hatte. Die Opfergeschichten, die inzwischen in rauhen Mengen in den Regalen der Buchhandlungen stehen, haben leider nicht dazu geführt, daß sich etwas verändert, vielleicht auch deshalb, weil man sich mit diesen Schicksalen nicht identifizieren kann. In Europa gibt es nicht mehr als zehn Aussteiger, die sich öffentlich als Aussteiger rühmen.

Ich habe mich immer wieder gefragt: Warum schweigen eigentlich so viele Ex-Scientologen und haben Angst vor den sofort greifenden Mechanismen der Scientology-Organisation? Lange Zeit dachte ich eigentlich nur an die Angst, die diese Aussteiger haben und die komischerweise für jeden zum Wegbegleiter wird, der sich von Scientology entfernt. Erst nach vielen Gesprächen begriff ich, daß die Organisation Scientology allein gar nicht imstande wäre, die Aussteiger dazu zu bringen, daß sie den Mund halten – wenn es in dieser Gesellschaft nicht eben auch Helfershelfer oder Kumpane von Scientology gäbe. Das sind Menschen, die sicher zum Teil auch aus Ahnungslosigkeit und Blauäugigkeit, aber mehr noch und vor allem deswegen, weil sie sich durch finanzielle und geschäftliche Verbindungen bereits in einer Art Abhängigkeitsverhältnis von Scientology befinden, diese Arbeit für Scientology verrichten. Ein Aussteiger, der bis in die „Sea Org", das heißt bis in die Kader-Organisation der Scientology, vorgedrungen war und der mir viel von den Strukturen im inneren Zirkel der Scientology erzählte, definierte es einmal so: „In dem Moment, in dem ich anfange, öffentlich über Details zu berichten, gibt es auch außerhalb der Scientology sehr viele Personen, die sich die Henkersmütze überziehen, um mich zum Schweigen zu bringen." Er meinte diejenigen, die von der Organisation instrumentalisiert werden und aus den unterschiedlichsten Motiven sogenannte „Gefälligkeitsdienste" übernehmen.

Genau zur Diskussion über diese Dinge sollte mein Buch anregen, um die in meinen Augen total falsch gelaufene Aufklärungssituation zu verändern. Ich wollte, daß darüber geredet wird, was es heißt, wenn ein Anwalt als Waffe fungiert. Oder wenn hier über Personen Querverbindungen zustande kommen, die hervorragend als Schutzschild benutzt werden können. Ich wollte die Struktur der einzelnen Strategien im Kampf gegen Kritiker enttarnen. Ich wollte darüber berichten, wie es Scientology teilweise gelingt, Einfluß auf die Berichterstattung in den Medien zu nehmen – und vor allem, wie das

Netz für diejenigen immer enger wird, die sich kompromißlos und auf eigene Kosten der Aufklärung über Scientology verschrieben haben. Aber auch die Problematik der Aussteiger war ein Thema, das mich seit langem umtrieb.

Mit diesem Konzept trat ich an und mußte dann bei den Gesprächen im Pattloch-Verlag bemerken, daß hier offensichtlich noch andere Werte eine Rolle spielten. Immerhin hatte die Lobby der Sektenbeauftragten schon soweit Front gemacht, daß es unüberhörbar bis in die Chefetagen vorgedrungen war. Das Projekt platzte, der Vertrag mit dem Weltbild-Verlag, zu dem der Pattloch-Verlag gehört, wurde gelöst, und ich entschied, das Buch im Verlag meines Mannes zu publizieren. Das war immer noch am unkompliziertesten, und ich mußte mich nicht laufend irgendwelchen Zwängen unterwerfen.

Ich war jedoch zu keinem faulen Kompromiß bereit.

Ich war bereits voll und ganz mit dem neuen Buchprojekt beschäftigt, als ein Anruf von Dr. Kind kam, der sich gerade in München aufhielt. Wir trafen uns in seinem dortigen Büro. Er befand sich gerade in Aufbruchstimmung. Die Räumlichkeiten waren im Umbau begriffen, auf der einen Seite war schon das Büro eingerichtet, auf der anderen Seite hatte die Vormieterin aber ihr Wohn- und Schlafzimmer noch nicht geräumt, und es herrschte eine Art Pioniergeist. Für so etwas war ich schon immer empfänglich, weil gerade in solchen Stimmungen meine Kreativität geradezu aufblühte. Immer wenn ich mit irgendwelchen Zwängen und Anpassungsmechanismen in Berührung komme, bin ich wie gelähmt. Mein innerer Widerstand blockiert mich dann im Denken und im Handeln.

Ich lernte die Lektorin kennen, die Vertriebsleiterin. Jeder, der mir begegnete, machte auf mich den Eindruck, nicht bei jedem Gegenwind umzufallen. Vielleicht war es auch eine Mischung aus Trotz und Ehrgeiz, so genau kann ich es heute gar nicht mehr sagen, es war auf jeden Fall eine sehr gute Stimmung, in der auch der Gedanke aufkam, mein drittes Buch im Metropolitan-Verlag erscheinen zu lassen. Der Verleger Dr. Kind bedauerte, daß unsere Begegnung erst so spät stattgefunden habe, denn er sagte, es wäre toll gewesen, so ein Buch am letzten Tag der Buchmesse erscheinen zu lassen. Meine Frage: „Und wer hindert uns daran?" löste allgemeines Gelächter aus.

„Oje, dann müßten Sie ja das Buch in ein paar Wochen fertig haben. Also genaugenommen in zwei Wochen."

„Zeit ist ein Faktor, mit dem meine Frau hervorragend umgehen kann, und Zeitdruck scheint ihr absolutes Hobby zu sein", konterte mein Mann. Da sah ich ein Blitzen in den Augen von Dr. Kind, und ich lachte, weil ich wußte, daß er mir eigentlich überhaupt nicht zutraute, ein Buch, noch dazu mit so einem brisanten Thema, in dieser Zeit zu schaffen.

Die Juristenschlinge

Meine Tochter, die mir übrigens sehr ähnlich ist, war schon im Kleinkindalter begeistert darüber, wie viele Dinge doch möglich waren, wenn wir sie gemeinsam machten. Wir sprachen oft über die Zeit, die Uhr, und in kürzester Zeit hatten wir viele Dinge erledigt, ohne daß dabei der Spaß zu kurz kam. Gerade in solchen, für andere durchaus belastenden Streßsituationen denke ich darüber nach, wie doch gerade die Zeit mein bester Freund geworden ist. In einem kleinen Notizbüchlein meiner Mutter fand ich nach ihrem Tod einen Spruch, der auch ihr ganzes Leben prägte: „Nutze die Zeit mit Arbeit, und du wirst nie über verlorene Lebenszeit klagen können."

Wenn die Arbeit dann auch noch Spaß macht und die Talente, die man einfach in die Wiege gelegt bekommen hat, ausgelebt werden dürfen, dann bekommt auch der Faktor Zeit eine ganz andere Gewichtung. Es machte mir Spaß, und zwar enormen Spaß, unter diesem Zeitdruck zu arbeiten.

„Scientology – Das Komplott und die Kumpane"

Das Manuskript war rechtzeitig fertig geworden. Paul hatte bereits den Beweisordner komplett erstellt, Kapitel für Kapitel gelesen und alles, was mit Tatsachenbehauptungen verbunden war, minutiös geordnet – einmal für uns und einmal für den Anwalt des Verlages, den Dr. Kind beauftragt hatte, das Manuskript vor Drucklegung zu prüfen. Immerhin wußte ich aus leidvoller Erfahrung von *Scientology – Ich klage an!,* daß man ein Projekt wie dieses minutiös juristisch prüfen muß, ehe es gedruckt wird.

Nachdem von meiner Seite alles so wunderbar geklappt und mein Freund Zeit so hervorragend funktioniert hatte, dachte ich überhaupt nicht an irgendwelche Komplikationen, schon gar nicht an juristische. Wir gingen über die Düsseldorfer Königsallee zum Verlagsanwalt zur juristischen Abnahme des Manuskripts. Als wir mitten auf der Königsallee das Haus betraten, schaute ich etwas ungläubig auf die riesengroße Tafel im Flur mit den Namen all der Rechtsanwälte, die in dieser Kanzlei tätig waren. Eine Mammutkanzlei. Na ja, hoffentlich geht das hier nicht wie am Fließband, war mein erster Gedanke. Vorausschicken muß ich natürlich, daß ich zu diesem Zeitpunkt, September 1995, durchaus nicht ohne Erfahrungen mit Juristen und deren Arbeitsweise war. Große und viele Namen auf Kanzleipapier konnten mich noch nie blenden. Im Gegenteil: Aufgrund der Erfahrungen, die ich selbst hatte, war ich eher skeptisch. Ich hatte aber lange genug erklärt, worauf es mir ankam: Ich wollte, daß man so gut wie möglich die rechtliche Seite abklopfte und prüfte, ob die Formulierungen den belegbaren Fakten im Beweisordner standhielten. So groß wie die Tafel in der Eingangshalle war natürlich dann auch die Flut der Büroräume. Mit verschiedenen Schlüssel- und Codenummern schleuste man uns durchs Haus bis zu einem Konferenzraum, der – wie überall bei Juristen – eine gewisse Kälte ausstrahlte. Die Tür ging auf, und er kam herein. Das typische überlegene Juristenlächeln. Wir hatten natürlich auch die obligate Viertelstunde gewartet, immerhin war der Anwalt ja im Streß. Er nahm das Manuskript, legte es auf den Tisch, blätterte darin herum und äußerte sich dann gegenüber Dr. Kind, meinem Mann und mir über Zivilrecht, Vorgehensweisen im Persönlichkeitsrecht sowie die juristische Betrachtung des Gesamtkonzepts, in dem eben Einzelentscheidungen nicht die große Rolle spielen sollten.

„Ich weiß, daß die Klagerei oft gerade wegen Detailfragen zum Stolperstein werden kann – wegen Detailfragen, die man als juristischer Laie vielleicht auch gar nicht auf Anhieb einschätzen kann."

„Da habe ich aber ganz andere Erfahrungen gemacht", sagte ich, „denn ich weiß, daß die Klagerei oft gerade wegen Detailfragen zum Stolperstein werden kann. Wegen Detailfragen, die man als juristischer Laie vielleicht auch gar nicht auf Anhieb einschätzen kann."

Ich dachte bei dieser Gelegenheit an eine Auseinandersetzung beim OLG in München, in der es um die juristische Bewertung einer eidesstattlichen Erklärung ging. Der Richter sagte mir damals, sicher auch berechtigterweise, daß es eben auf die Details ankommt, und er erklärte mir, daß alles davon abhängt, wie ein sogenannter „unvoreingenommener" Leser – die Dinge auffassen könnte.

An diesem Nachmittag in Düsseldorf bei der juristischen Abnahme des Buchmanuskripts habe ich mich bei der Auswahl des Juristen auf den Verleger Dr. Kind verlassen.

Der Anwalt erklärte uns seine juristischen Standpunkte, und ich war dann doch etwas irritiert, als es so gar nichts zu ändern gab.

Nein nein, sagte er, es sei alles in Ordnung. Immer wieder wies ich auf den Beweisordner hin – vielleicht auch, um mich zu vergewissern, daß er ihn hatte.

Ja ja, sagte er, den Ordner habe er, und nach zirka fünfundvierzig Minuten wurden wir aus den kühlen Räumen der erlauchten Kanzlei hinausgeleitet.

Wieder auf der Düsseldorfer Königsallee, fragte ich Herrn Kind, wie lange er denn diesen Anwalt kenne, und ich sagte ihm, daß mir diese Kanzlei einfach von der Kapazität her schon zu groß erschien und daß ich mir nur schwer vorstellen konnte, daß dort mit persönlichem Engagement gearbeitet wurde.

„Nein, nein, er ist einer der guten Anwälte und hat einen hervorragenden Ruf – Sie können sich ganz auf meine Wahl verlassen“, beruhigte mich Dr. Kind.

Am letzten Tag der Buchmesse erschien mein Buch *Scientology – Das Komplott und die Kumpane* im Metropolitan-Verlag, und ein neues Abenteuer begann.

Renate Hartwig soll totgeschwiegen werden

„Potzblitz!“ war die erste Reaktion eines Sektenbeauftragten, der mich zwei Tage nach Erscheinen des Buches über meine Durchwahlnummer anrief.

„Wieso Potzblitz?“ fragte ich.

„Als wenn Sie nicht schon genügend Gegner hätten – oder sammeln Sie die?“

Mein Versuch, mit diesem Buch frischen Wind in die Aufklärungsszene zu bringen, wurde wohl mißverstanden. Wie konnte ich auch annehmen, daß aufgrund der von mir veröffentlichten Fakten eine konstruktive Diskussion entstehen soll? Es war doch niemand interessiert an Aufarbeitung, an Nachdenken und an Veränderung! Für die Sektenbeauftragten lief doch alles wunderbar: Jeden Monat das Gehalt auf dem Konto, die Sicherheit durch die Institution Kirche oder den Staat – und diejenigen, die sich schön brav an die Regeln dieser Szene hielten, die wurden protegiert, die wurden in der Öffentlichkeit herumgereicht. Wer ganz brav war, für den setzte man sich auch ein, so daß er lukrative Einkünfte durch Wirtschaftsberatung mit dem Thema Scientology als Aufhänger erzielen konnte.

Da paßte es überhaupt nicht ins Bild, wenn sich jemand wie ich engagiert und dann noch durch laufende Veröffentlichungen Unruhe in die Szene bringt. Man muß sich ja dann ständig neu informieren, dauernd kommen diese Anrufe von Betroffenen, man wird gefragt über Dinge, die man einfach nicht weiß oder nicht wissen will. Und außerdem: Je mehr Anfragen, desto mehr Schwierigkeiten können entstehen.

Und noch etwas: Auf der kirchlichen Seite gibt es – wie ich von einem Sektenbeauftragten erfahren habe – einen sogenannten kirchlichen Kredit. Er erklärte mir, daß es ein bestimmtes Limit gibt, eine bestimmte finanzielle Grenze, die man auf keinen Fall überschreiten darf, sollte es zu gerichtlichen Auseinandersetzungen wegen irgendwelcher Aussagen in der Öffentlichkeit kommen. Auch das erzeugt natürlich Zurückhaltung, und jedes Wort wird auf die Goldwaage gelegt, nur um diesen „kirchlichen Kredit“ nicht zu überziehen. Da gibt es eben „höher angesiedelte Interessen“, die man berücksichtigen muß.

Ich erinnere mich noch gut an die Gespräche mit denjenigen aus der Gruppe der Sektenbeauftragten, die liebend gerne eine offensivere Aufklärung wagen würden. Einer von ihnen kommentierte sein Verhalten so: „Aus Gründen des ökumenischen Friedens darf ich nicht angreifen.“

Ich wußte zwar längst, daß in der theologischen Kritikerszene gegen mich Stimmung gemacht wurde, daß man sich in Grüppchen und Gruppen zusammenschloß und beispielsweise am Rande einer Sektenbeauftragten-Tagung in Bonn darüber sprach oder sich telefonisch abstimmte. Aber jetzt gab es neben Scientology auf einmal noch einen Personenkreis, der, wie es aussah, eine neue Ära des Kritikerkriegs einläutete. Interessanterweise kamen die Hauptfiguren nicht aus der theologischen Ecke, sondern aus der staatlichen Ecke, sie benutzten die bereits etablierten Kreise, um über deren Kontakte in der Szene Fuß zu fassen. Ja sicher, sie waren angenehm, angepaßt und waren auch in dem Kampf, Aufklärung zu verhindern, als Verbündete zu betrachten. An dieser Art der Ausgrenzung und des teilweise blanken Hasses erkannte ich die zwei Fronten, denen ich nunmehr gegenüberstand.

Hinter vorgehaltener Hand sprach man voller Neid über die hohen Verkaufszahlen meiner Bücher, aber man wollte oder konnte nicht glauben, daß durch das geweckte Interesse für viele dieser Markt erst richtig interessant geworden war und auch von jenen genutzt wurde, die keine Ahnung vom Thema hatten und die auch nicht bereit waren, sich intensiv damit auseinanderzusetzen.

Spätestens Ende Oktober 1995 wurde deutlich, wie ich durch meinen Wunsch, Wissen weiterzutransportieren, auch eine Schattenseite heraufbeschworen hatte. Die Aufklärungsszene entpuppte sich als Wirtschaftszweig mit knallhartem Konkurrenzdenken und Ellenbogenmanieren, und offensichtlich waren alle Mittel erlaubt, um die entsprechenden Märkte zu sichern.

Die Aufklärungsszene entpuppte sich als Wirtschaftszweig mit knallhartem Konkurrenzdenken und Ellenbogenmanieren, und offensichtlich waren alle Mittel erlaubt, um die entsprechenden Märkte zu sichern.

Einer von den Sektenbeauftragten, der im Laufe der Jahre die Szene intensiv beobachtet hatte und sich immer mehr innerlich distanzierte – und der schon lange zu unserem engsten Freundeskreis gehörte, ohne daß seine Kollegen jemals davon erfahren hatten –, drückte es noch viel härter aus: „Es geht nicht um die Aufklärung, sondern es geht darum, eine Position zu behaupten. Es geht darum, den eigenen Machteinfluß zu stärken. Zwischen den einzelnen Gruppen der Sektenbeauftragten herrscht schon lange ein Konkurrenzneid, aber auch ein erbitterter Kampf darum, wer der Beste ist. Bei diesen schier endlosen Hahnenkämpfen bleibt das Engagement auf der Strecke. Aber auch die Zeit für die Betroffenen."

Aus dieser Perspektive betrachtet wirkte ich mit meinen eigenen Ansichten und den kompromißlosen Forderungen, die ich stellte, um das System Scientology zu bremsen und seine weitere Expansion zu verhindern, geradezu wie ein Fremdkörper. Da ich weder durch eine Stelle abgesichert noch ein williges Vorzeige-Opfer war, das wie eine Marionette der Lobbyisten im Scheinwerferlicht tanzen darf, war die Forderung fast logisch, die unter den Sektenbeauftragten nicht nur am Rande einer Bonner Tagung per Mund-zu-Mund-Propaganda weitergereicht wurde: Diese Aufklärung muß verhindert werden. So geht es nicht, denn *wir* bestimmen die Form, in der Aufklärungsarbeit gemacht werden darf. Die Devise ging anscheinend durchs ganze Land: Renate Hartwig wird totgeschwiegen und ausgebremst. Wo immer es geht.

In einer Trägerkreissitzung von „Robin Direkt" wurde laut darüber nachgedacht, wer jetzt wohl am ehesten einen Orden von den Scientologen bekommen sollte.

„Den Kopf auf eine Pike stecken"

Eine Steigerung der Aggression gegen mich war eigentlich nicht mehr möglich. Wenn ich rückwirkend die Aktionen der Scientology Revue passieren lasse und darüber nachdenke, wie mit allen nur möglichen Mitteln versucht wurde, mich zu diskreditieren, meinen Ruf zu zerstören, mich unglaubwürdig zu machen, meine Familienmitglieder in den Schmutz zu ziehen und Freunde von „Robin Direkt" ebenfalls mit Attacken zu überziehen, dann war das, was jetzt kam, nur die Fortsetzung des bereits Dagewesenen. Business as usual.

Daß ich mit denjenigen, die laut eigenen Angaben und aufgrund ihrer Publikationen und öffentlichen Auftritte eigentlich Gegner der Scientology waren, nun Erfahrungen machte, die ich eigentlich nur von Scientology gewohnt war, erstaunte nicht nur mich, sondern auch diejenigen, die es mitbekamen. Es herrschte teilweise völlige Verwirrung über die Situation.

Daß ich mit denjenigen, die laut eigenen Angaben und aufgrund ihrer Publikationen und öffentlicher Auftritte eigentlich Gegner der Scientology waren, nun Erfahrungen machte, die ich eigentlich nur von Scientology gewohnt war, erstaunte nicht nur mich.

Der Pfarrer einer kleinen Gemeinde bekam den Wunsch zu hören: „Versuchen Sie mal, die Hartwig für einen Aufklärungsvortrag zum Thema Scientology zu bekommen!" Als alles organisiert ist, die ersten Plakate hängen und eine Vorankündigung in der Tageszeitung steht, bekommt er von der Scientology-Organisation ein Kuvert mit Info-Material über Scientology und mit der üblichen Hetzpropaganda gegen meine Person. Von Kollegen hat er schon gehört, daß dies zum normalen Ablauf eines solchen Aufklärungsabends gehört, und er ist lediglich angewidert über den Stil, der ihm hier präsentiert wird. Aber nicht genug damit: Am späten Nachmittag – ein paar Stunden vor dem geplanten Vortrag – bekommt er einen Anruf von einem Sektenbeauftragten, der ihm massive Vorhaltungen darüber macht, daß er solche Veranstaltungen in Kirchenräumen organisiert und Renate Hartwig als Referentin eingeladen hat.

Der Pfarrer, von dem ich hier erzähle, war Gott sei Dank keiner von denen, die kuschen – „keiner von der Pampers-Fraktion", wie mein Mann Paul sagen würde. Er hatte mich bereits bei einem Vortrag persönlich kennengelernt und konnte die Vorwürfe des Sektenbeauftragten aus eigener Erfahrung zurückweisen. Als sich dann die zunächst sanfte Tonart des Sektenbeauftragten zunehmend verschärfte, fragte der in den Augen des Sektenbeauftragten uneinsichtige Pfarrer: „Sagen Sie mir ganz konkret: Was haben Sie auszusetzen an dem Vortrag von Renate Hartwig? Wo liegt das Problem, wenn sie ein Referat hält?"

Die Antwort war eine Achterbahn von Ausreden, nichts Konkretes. Das einzige, was als konkrete Aussage übrigblieb, war: In Kirchenkreisen holt man jemanden von der Kirche!

Der Pfarrer ließ sich nicht beirren. Abends nach dem Vortrag, als wir in seinem Pfarrhaus mit Vertretern des Kirchengemeinderats, dem Lehrer und der Kindergärtnerin zusammensaßen, erzählte er von seinen Erfahrungen. Blankes Entsetzen in der Runde. Einer der Anwesenden erzählte, er habe einmal einen Vortrag jenes Sektenbeauftragten angehört, der sich telefonisch beim Pfarrer über die meine Einladung mokiert hatte.

Ich versuchte, die Situation der Sektenbeauftragten generell darzustellen. „Es sind anscheinend Welten, die hier aufeinanderprallen", sagte ich. „Ich für meinen Teil mache eine *offensive* Aufklärung. Ich muß mich nicht an irgendwelche Vorsichtsmaßnahmen halten. Ich muß nicht Zurückhaltung üben, um der Scientology nicht zu sehr in die Quere zu kommen. Ich muß auch keine Stelle verteidigen. Natürlich ist es der Scientology-Organisation am allerliebsten, wenn manipulierbare Kleinfeinde – zu denen übrigens von seiten der Scientology die Sektenbeauftragten zu zählen sind – gebremste Aufklärung machen. Natürlich gehe ich in die sogenannte Offensive, natürlich bin ich risikobereit, und natürlich nervt es die Scientologen, weil diese Art der Aufklärung von ihrer Seite nicht zu stoppen ist. Im Gegenteil: Immerhin habe ich es trotz aller Widrigkeiten geschafft, daß die Thematisierung auf breiter Ebene stattfindet."

Natürlich ist es der Scientology-Organisation am allerliebsten, wenn manipulierbare Kleinfeinde – zu denen übrigens von seiten der Scientology die Sektenbeauftragten zu rechnen sind – gebremste Aufklärung machen.

Ich holte meinen Ordner heraus und legte die Anweisung von L.Ron Hubbard, HCO PL 16.5.65 II, auf den Tisch:

Den Kopf auf eine Pike stecken: die Ethik ist nur dazu da, lange genug die Stellung zu halten, die Dinge in Gang zu halten und genügend Ruhe und Ordnung zu schaffen, um zu erreichen daß die Technologie „in" ist, d.h. (…) schlechte Indikatoren aufs Deutlichste ins Auge fallen, dann hat es eine sehr heilsame Wirkung, jemanden an den Galgen zu hängen. Wir nennen das „einen Kopf auf eine Pike stecken". Bei zu vielen schlechten Indikatoren und in einer zu sehr verpfuschten Situation müssen wir einen Kopf auf eine Pike stecken. Dann beruhigt sich die Szene, und wir können anfangen, die Tech „in" zu bringen.

„Das war die Anweisung von L. Ron Hubbard, wie man mit jemandem umgeht, der die Expansion und das Ziel stört, die scientologische Ethik in der Gesellschaft einzuführen", sagte ich. „Das Fatale daran ist in meinen Augen, daß die Scientology für die Durchführung dieser Hubbard-Anweisung nunmehr von ungewohnter Seite Hilfestellung erhält – nämlich aus dem Lager jener, die sich Gegner der Scientology nennen!"

Betretenes Schweigen in der Runde. Der Pfarrer hatte am eigenen Leib erfahren, daß meine Ausführungen nicht nur theoretischer Natur waren, sondern auch bereits praktiziert wurden. Übrigens, der Pfarrer und viele Gemeindemitglieder aus diesem Ort sind heute Freunde von „Robin Direkt“, meiner Familie und mir und gehören zu der Gruppe, die offensive Aufklärung nach vorne treibt.

Ein Brief enttarnt mehr als nur die Einstellung

Ich spreche in diesem Buch oft von einer kleinen Gruppe von Personen, die einen Zirkel gebildet haben und die sich einbilden, darüber entscheiden zu können, wer nun Aufklärung machen darf und wer nicht – und vor allem darüber, wie sie gemacht werden soll. Sie sehen sich als eine Art Aufsichtsrat, der kontrolliert. Da ich sicher von meiner Persönlichkeitsstruktur her niemand bin, der mit Scheuklappen durch die Gegend läuft, mußte ich erkennen, daß ich bezüglich der Kritikerszene sehr wohl Scheuklappen gehabt habe. Ich war nämlich der Meinung gewesen, daß jeder, der sich mit diesem Thema auseinandersetzt, nur Gutes im Sinn hat und die Sache vorrangig ist. Vielleicht ist mir diese optimistische Sichtweise zur Schlinge geworden, in der ich mich beinahe selbst erhängt hätte. Allein die Vorstellung, einen Verleger anzuschreiben, um jemanden, der ebenfalls zu diesem Thema Publikationen herausgibt, zu diskreditieren – oder wie im folgenden Fall den Verleger beeinflussen zu wollen, damit er sich gegen seine Autorin stellt –, ist so ungeheuerlich, daß man bestimmte Fakten im Hintergrund aufzeigen muß, um es überhaupt verstehen zu können.

Allein die Vorstellung, einen Verleger anzuschreiben, um jemanden, der ebenfalls zu diesem Thema Publikationen herausgibt, zu diskreditieren, ist so ungeheuerlich, daß man bestimmte Fakten im Hintergrund aufzeigen muß, um es überhaupt verstehen zu können.

Einen derartigen Brief erhielten am 3.11.1995 zwei Verleger: Herr Dr. Hero Kind vom Metropolitan-Verlag in Düsseldorf und Herr Norman Rentrop. Absender waren Angelika Christ und Dr. Steven Goldner. Beide Personen kenne ich nicht persönlich, ich habe sie weder gesehen, noch hat einer der beiden jemals mit mir gesprochen oder sonstwie Kontakt mit mir aufgenommen. Frau Christ war mir als Mitautorin eines kleinen Heftchens bekannt, das ein Wirtschaftsverband in Köln herausgab – übrigens ziemlich zeitgleich mit meinem Buch *Scientology – Die Zeitbombe in der Wirtschaft.* Als die bei Heyne erschienene Taschenbuchausgabe im Dezember 1994 die

Nummer eins auf der Bestsellerliste wurde, informierte mich ein Unternehmer, daß es eine bestimmte Klientel gebe, die mir nicht sehr wohlgesonnen sei. Ich dachte natürlich sofort an die Scientology-Organisation, aber er schüttelte den Kopf und sagte: „Nein, das meine ich nicht. Es gibt jemanden, der sich diesen Markt erobern möchte, und ich denke, Sie werden sich noch oft über so manche Gegebenheit wundern müssen.“

Diese Art von Warnung ist mir im Grunde zuwider, denn sie ist nicht greifbar, man kann sie an nichts festmachen. Man hat nur dieses ungute Gefühl im Nacken, daß sich wieder irgend etwas zusammenbraut. Nun ja, in dieser Situation, in der ich lebe, hört man viel, wird von vielen angesprochen und braucht dann schon ein dickes Fell, um manches abprallen zu lassen. Als ich von Dr. Kind über den Brief von Christ und Goldner informiert wurde, fiel mir dieses Gespräch mit dem Unternehmer wieder ein. Ich bin froh, daß ich mich immer auf mein Gedächtnis verlassen kann.

Dr. Kind war verärgert über den Brief, der an Unverschämtheit seinesgleichen sucht. Er erzählte mir, daß er Frau Christ und Herrn Goldner irgendwann einmal begegnet sei und daß Herr Goldner als Unternehmensberater agiere und sich auf das Thema Sekten spezialisieren wolle. Frau Christ engagierte sich in dem Verein „SINUS“ – Sekteninformation und Selbsthilfe Hessen-Thüringen – , in der Kurt-Helmuth Eimuth mit Frau Christ als Ansprechpartner auftritt, aber nicht nur das: „SINUS“ hatte die gleiche Adresse wie der Sektenbeauftragte des evangelischen Religionsverbandes für Religions- und Weltanschauungsfragen Kurt-Helmuth Eimuth in Frankfurt. Zusammenarbeit ist wichtig und richtig, und mir fiel an dieser Konstellation nichts auf. Ich registrierte sie lediglich am Rande. Dr. Kind erzählte mir, daß Christ und Goldner an einem Buch zum Thema Scientology und Wirtschaft arbeiteten und daß es mit ihm Gespräche in dieser Richtung gegeben hätte. Durch die bis dahin schon stattgefundene Ausgrenzung durch die Kritikerszene war natürlich überhaupt kein Dialog möglich, und niemand wußte, daß ich an meinem dritten Buch arbeitete, das dann im Metropolitan-Verlag erschien. Ich ging ganz einfach meinen Weg und kümmerte mich nur, wenn es unbedingt sein mußte, um all diese Angriffe und Speerspitzen, die mir entgegenflogen.

„Keine Ahnung, was die beiden wollen“, sagte ich zu Dr. Kind. „Ich kenne sie noch nicht einmal. Vielleicht ist es Konkurrenzneid, aber ich mache mir jetzt eher Gedanken darüber, daß jemand, der sich doch um Aufklärung bemüht, mehr Zeit investiert, um Briefe zu schreiben und Aufklärung zu verhindern. Wozu das Ganze?“

Die Antwort kam sehr prompt von Verleger Kind: „Ich würde mich jetzt an Ihrer Stelle hinsetzen. Ich lese Ihnen zwei Passagen aus dem Brief vor. Vielleicht fällt Ihnen dann etwas auf:

(...) Guten Tag Herr Rentrop, guten Tag Herr Kind,
unsere Kontakte begannen nach dem Rufmord-Artikel von Impulse. Wir haben Ihre Reaktion als konstruktiv und beispielhaft erlebt. Deshalb enthält unser Buch einen eigenen Abschnitt zu Ihrem Umgang mit Rufmord. Ihre aktuellen Publikationen von Abel und Schweitzer sehen wir als konsequente Fortsetzung dieser Linie.
Wir hatten auch den Eindruck, daß Sie unsere Anregung (mündlich oder schriftlich) als nützlich verwerten konnten. Maßgeblichen Anteil daran hatten unsere Anwälte, die ihren Beitrag selbst als Opfer einer mehrjährigen, systematischen und leidvollen Rufmord-Kampagne entwickelten und die unser Buch akribisch gegen scientologische Angriffspunkte prüften.
Der Fall unserer Anwälte ist am ehesten mit Ihrer Erfahrung vergleichbar, wenngleich erheblich gravierender. Deshalb sind wir für das Thema Rufmord auch sensibler geworden.
Und damit kommen wir zu Ihrem Hartwig-Buch. Sicher spricht alles dagegen, daß Sie als Verleger die Informationen prüfen, die Ihre Autorin als „Fakten" ins Manuskript nimmt. Aber: Hat das Lesen im Hartwig-Text nicht die Frage bei Ihnen provoziert, ob es richtig ist, alle Menschen zu Scientology-Anhängern oder Handlangern zu machen, die eine von Frau Hartwig abweichende Meinung haben?
(...) wir haben Sie beide nicht als Persönlichkeiten kennengelernt, deren Stil es ist, eine Position zu vertreten, die auf Kosten anderer geht. Das Hartwig-Buch ist ein Teil Ihrer Strategie, dem Rufmord zu begegnen. War es nötig, andere Menschen dafür mit unbelegbaren absichtlichen und längst widerlegten Rufmorden zu versehen? Wie konnten Sie als auf Fairneß bedachter Verleger und als selbst Rufmordgeschädigter so etwas zulassen? Wie ist das passiert?
Übrigens: unsere Anwälte sind die Herren Dr. Scheele und Dr. Zielcke.
Wir möchten Ihnen aber außer diesen Fragen auch einen zukunftsorientierten Vorschlag machen. Wir sehen eine von Vertrauen getragene Beziehung von Ihnen und den beiden Anwälten zu uns. Wir sehen außerdem neben dem juristischen Streit auch die Gemeinsamkeit als Rufmord-Betroffene als wichtigstes gemeinsames Interesse zwischen beiden Parteien. Schließlich verfügen wir über langjährige Erfahrung in der Konfliktmo-

deration. Was halten Sie von einem runden Tisch, zu dem Sie, Ihr Anwalt, wir, Dr. Scheele und Dr. Zielcke zusammenkommen?
(...)
Mit freundlichen Grüßen Ihr Steven Goldner (auch für A. Christ)

Als Dr. Kind mein Lachen hörte, war er sichtlich irritiert. Alles hatte er erwartet, nur nicht, daß ich bei diesen unglaublichen Formulierungen zu lachen anfing. Wenn man natürlich diesen Text stilistisch mit anderen Texten vergleicht, die inzwischen durch ganz Europa geschickt werden, und dann noch die Hintergründe kennt, dann taugt diese Aktion sicher nicht zur Lachnummer, sondern sollte zu äußerster Wachsamkeit führen.

Am 7.11.1995 schickte der Verleger Dr. Kind ein Antwortschreiben an Angelika Christ und Dr. Steven Goldner:

Liebe Frau Christ, lieber Herr Goldner,
herzlichen Dank für Ihr Fax. Ich freue mich, daß Sie an mich denken, weil ich Sie, wie ich Sie kennengelernt habe, äußerst sympathisch finde und Sie sehr mag. Ich muß Ihnen sagen, daß es mir zuwider ist, andere Menschen, Unschuldige vor allem, zu denunzieren. Grundsätzlich bin ich jemand, der die Dinge gerne konsensual regelt.
Was Scientology anlangt, so habe ich den Eindruck, daß man hier nichts mit den normalen Maßstäben messen darf, daß man sich vor – normaler (ich bin z.B. immer erst gutgläubig, was ich auch nicht als Schwäche ansehe) – Naivität hüten muß. Was Rechtsanwalt Scheele anlangt, so hat er uns gegenüber in jeder Hinsicht so agiert, daß eine Gesprächsbereitschaft von seiner Seite nur als Lippenbekenntnis eingeschätzt werden kann. Skeptisch bin ich auch, wenn Renate Hartwig ausgegrenzt werden soll, wo es doch die Scientologen sein sollten und wo, wenn man ehrlich ist, es in erster Linie sie ist, die das Bewußtsein gegenüber Scientology so allgemein gemacht hat. Mein Vorschlag deshalb:
Treffen Sie sich doch mit Renate Hartwig und sprechen auch über Rechtsanwalt Scheele, ich habe ihr Ihr Schreiben gefaxt. Ich will auch, wenn Sie es wollen, gerne dabei sein. Seien Sie bitte vorsichtig, daß Sie nicht unwissentlich und unwillentlich auf die falsche Seite geraten. Insofern bin ich etwas in Sorge um Sie.
Herzlich Ihr Hero Kind

Für jemanden ohne Hintergrundwissen bleiben nach dem Lesen dieser Briefe auf jeden Fall zwei wesentliche Dinge übrig: Auf den ersten Blick sieht es so aus, als ginge es um Konkurrenzdenken, was allein schon nicht gerade von einem noblen Charakter zeugt. Wer sich wie Goldner und Christ in der Öffentlichkeit als Moralapostel und liberaler Denker verkauft, der widerspricht mit so einem Brief seiner eigenen Imagepflege. Noch dazu kenne ich beide nicht, und mir ist nicht ein einziger Fall bekannt, in dem ich die beiden in irgendeiner Form bis zum Zeitpunkt dieses Briefes kritisiert oder verärgert hätte. Was also steckt hinter diesem Brief? Von wem läßt sich hier jemand benutzen? Was sollte dieser Angriff auf meinen damaligen Verleger bezwecken?

Ich mußte sehr bald lernen, mit noch mehr Attacken aus dieser Ecke umzugehen. Das von Dr. Kind vorgeschlagene Gespräch fand nie statt, und auch sein Brief entsprach offensichtlich nicht den Vorstellungen der beiden, denn eine Reaktion gab es darauf nicht. Nachdenklich stimmt mich auch die Art, wie hier Kritik geübt wurde, ohne daß man die Stirn hatte, einer direkten Auseinandersetzung standzuhalten. Mir kann auf jeden Fall niemand vorwerfen, ich hätte mich hinter irgendwelchen nebulösen Aussagen versteckt, weder in meinem Buch *Scientology – Ich klage an!* noch in einem meiner anderen Bücher und in den Publikationen, die ich seit Jahren herausgebe.

Ein Blick zurück

Anfang der neunziger Jahre kannte ich weder die Kanzlei des Dr. Scheele, noch hatte ich in irgendeiner Weise Aversionen gegen irgend jemanden aus dieser Kanzlei. Mein Rechtsverständnis ist sehr eindeutig. In einem Rechtsstaat muß jeder, egal wer, das Recht zur Verteidigung haben, und für mich war dieses Grundrecht schon immer selbstverständlich.

Aus diesem Grund sollten wir auf ein paar Prozesse schauen, die ich führen mußte und in denen ich mich einfach so manches Mal über die Art und Weise der Auseinandersetzung wunderte. 1992 war es auf jeden Fall noch ein Staatsdrama, wenn man den Namen eines Scientologen laut nannte. Es entstand auch in Juristenkreisen die Diskussion über das sogenannte Outing, das übrigens gerade von Rechtsanwalt Dr. Michael Scheele in der Presse immer wieder zum Thema gemacht wurde. Hätte er sich nicht in die Öffentlichkeit gestellt, um sich unabhängig von den geführten Prozessen zu äußern, wäre er wie Dutzende anderer Rechtsanwälte gar nicht in eine öffentliche Diskussion gekommen. Angefangen hat alles damit, daß Herr Scheele als Anwalt seiner Mandantschaft für meine Begriffe den Status quo überschritten hat und aus einer formaljuristischen Auseinandersetzung eine

Schlammschlacht machte, die an Schmutzigkeit nicht mehr zu übertreffen war. Warum wurde ausgerechnet immer ich angegriffen? Heute glaube ich, es liegt wohl daran, daß bestimmte Dinge nicht für die Öffentlichkeit bestimmt waren. Dazu gehört Herr Haag mit seinen Albanienplänen, die ich in meinem ersten Buch geschildert habe. Ich habe die Strategiepläne von Herrn Haag nicht geschrieben. Außerdem habe ich Herrn Haag auch nicht als Großinvestor in hochkarätige Wirtschaftskreise eingeführt. Ich habe auch Herrn Haag nicht mit nach Berlin mitgenommen, um „Unter den Linden" einem Gremium für Wirtschaft und Industrie sowie den Ministerien vorgestellt zu werden. Nein, es war Dr. Michael Scheele. Ich habe nie, auch in keiner meiner Publikationen, behauptet, daß Herr Scheele in irgendeiner Form etwas mit Scientology zu tun hatte. Meine Frage lautete: Inwieweit darf sich ein Anwalt in einem Rechtsstaat für ideologische Zwecke einsetzen lassen? Welche Zwecke verfolgte Gerhard Haag? Welche Zwecke verfolgt jemand, der als sogenannter „WISE"-Lizenznehmer sich vertraglich mit der Organisation Scientology verbindet und aufgrund der Vertragsgestaltung verpflichtet ist, Scientology-Ideologie – die inzwischen ja wohl als nachweislich totalitär und faschistoid zu betrachten ist – zu verbreiten und damit eine Situation zu schaffen, in der die Wirtschaft von Scientology kontrolliert wird?

Warum streiten wir uns darüber, ob und wann das „Outing" von Scientologen rechtmäßig ist? Wenn jemand sich hundertprozentig für die Ziele der Scientology einsetzt und dadurch gegen den Rechtsstaat und die Bevölkerung agiert, ist er für mich ein Täter, und ich muß ihn demaskieren dürfen.

1992 war es auf jeden Fall noch ein Staatsdrama, wenn man den Namen eines Scientologen laut nannte.

Die Scientologin Gabriele Haumreißer verlor einen Rechtsstreit gegen mich und den Metropolitan-Verlag. Ich hatte sie in meinem Buch *Scientology – Das Komplott und die Kumpane* als Scientologin bezeichnet (9022181/95 LG München, vom OLG 21 U 1981/96 bestätigt). Sie war hingegen der Meinung, sie dürfe in der Öffentlichkeit nicht als Scientologin bezeichnet werden. Das Gericht entschied:

Trotz des hohen Ranges des Rechts auf freie Entfaltung und Achtung der Persönlichkeit überwiegt vorliegend im Rahmen der Güterabwägung die Freiheit der Berichterstattung. Das öffentliche Interesse an umfassender Information verdient den Vorrang gegenüber dem Schutz der Privatsphäre der Klägerin …

Wenn eine ideologische Bombe tickt, wer kann dann zur Rechenschaft gezogen werden?

In diesem Fall hat die Aufklärung gewonnen, aber in vielen anderen Fällen berufen sich die Scientologen mit Hilfe von Anwälten auf ihr „Persönlichkeitsrecht" und können so ungehindert agieren.

Wenn eine ideologische Bombe tickt, wer kann dann zur Rechenschaft gezogen werden? Derjenige, der sie gebaut hat? Das wäre im Fall Scientology L. Ron Hubbard, der ist aber seit 1986 tot. Diejenigen, die seine Ideologie übernahmen, weiter ausbauten und strategisch den Marsch durch alle Institutionen in der Gesellschaft antraten – sind das jetzt die Täter? Oder sind nicht auch die schuld, die die Bombe ticken hören und nichts zu ihrer Entschärfung tun? Oder können nicht auch die mitschuldig sein, die geschickt ihre Position nutzen und zulassen, daß die ideologische Bombe in allen nur möglichen Gesellschaftskreisen ungehindert etabliert werden kann?

In Wirklichkeit geht es in den Schriftsätzen, die von den Anwälten von Scientology oder Scientologen zum Thema Outing verfaßt werden, nur um eines: Scientology will für sich den Begriff Religionsgemeinschaft durchsetzen.

Konkurs mit einkalkuliert?

Als ich das junge Unternehmerehepaar kennenlernte, war es bereits pleite, und es stand nicht allein. Viele Geschädigte informierten sich bei uns und suchten unsere Hilfe. Das junge Unternehmerehepaar hatte einen Handwerksbetrieb, bei dem sich die verheerende Wirkung von scientologischen Machenschaften durchgängig nachweisen läßt. Der Aktenordner war prall gefüllt und penibel geordnet, Beweis an Beweis. Die Namen der geschäftlichen Verbindungen dieser Firma lesen sich wie ein „Who is Who" der Scientology-Organisation von Baden-Württemberg. Angefangen hatte die Geschichte ganz harmlos:

Durch den Kauf eines Handwerksunternehmens kamen Herr und Frau Heymann zum ersten Mal mit dem Dianetik-Buch von L. Ron Hubbard in Kontakt. Es stand einfach so im Regal herum. Nachdem der Meister in Sanitär und Heizung, Alfred Heymann, die Firma übernommen hatte, kam es zu verschiedenen Kontakten, die ganz harmlos aussahen. Zum Beispiel gab es einen Versicherungsagenten, der schon die Vorgängerfirma betreut hatte. Es war Jürgen Suplit, der damals für die „Stuttgarter Versicherung" tätig war. Hätte man damals Jürgen Suplit als Scientologen mit den dazugehörenden Zielsetzungen entlarvt, dann wäre das Ehepaar Heymann informiert gewesen, und es gäbe vielleicht einen Konkurs weniger in diesem Land. Jürgen Suplit kam als Versicherungsvertreter und bot sich Heymann auch als Unternehmensberater an. Laut Suplit sollte Heymann unbedingt einen sogenannten Zeitmanagement-Kurs belegen, damit er mit seiner Zeit besser zurechtkam. Ganz dringend notwendig wäre natürlich auch ein anderes Ablagesystem und ein bestimmter Kontrollmechanismus über Statistiken, um die Firma „besser" führen zu können. Mit einer Pauschale von 5.000 DM + MwSt. wurde nun der Versicherungsvertreter Jürgen Suplit zum Unternehmensberater. Er firmierte unter „Fortun GmbH", Geschäftsführer: Jürgen Suplit mit Sitz in Ulm und dann in Gauting.

In diesem „Pauschalangebot" der Unternehmensberatung war der scientologische Kommunikationskurs mit inbegriffen.

Es begann mit den Kursen

Die Kurse, die mit im Unternehmenskonzept des Herrn Suplit verkauft wurden, hielt Norbert Miller ab, der 1991 auf einer „WISE"-Lizenznehmerliste der Scientology aufgeführt ist. Millers Firma lief unter „Lern tec".

Suplit kann man im Fall Heymann durchaus als scientologischen Schlepper bezeichnen. Eine Rechnung, wie Suplit als Unternehmensberatung sie ausstellte, ist natürlich zu hundert Prozent absetzbar, da sie als Beraterhonorar verbucht wird. Über Norbert Miller kam es zum Kontakt zu seinem Verwandten Wullinger, der als Architekt im scientologischen Immobilienkartell immer wieder auftaucht. Außerdem steht er als Scientologe mit „besonderer Verwendung" in einem Papier des „OT-Kommitees" aus Stuttgart. Dieses „OT-Komitee" hat sich zur Aufgabe gemacht, die Gesellschaft unter Kontrolle zu bringen und die „Ethik" der Scientology einzuführen.

Der „Arbeitskreis für Führungskräfte", zu dem Alfred Heymann eingeladen wurde, traf sich wöchentlich – sinnigerweise immer am Donnerstag, dem Tag, an dem in der Scientology weltweit die Wochenstatistiken vorgelegt werden müssen. Heymann traf dort Unternehmer verschiedener Baubranchen, z.B. Bodenleger, Elektriker, Fliesenleger, und er selbst repräsentierte Sanitär und Heizung. Es fanden auch Vorträge und Seminare zu den verschiedensten Themen statt. Ein Steuerberater, der sich ebenfalls mit Vorträgen in diesem Arbeitskreis engagierte, erzählte nicht nur, wie man Steuern spart, sondern auch von dem „Thetan", der so wichtig sei. Oder es wurde der Scientologe Heimo Bucerius als Finanzberater eingeladen, um ein Referat über „Was ist Geld" zu halten.

Wullinger fungierte als eine Art Koordinator und vermittelte Aufträge an Heymann. So kam die Firma „MW Massivhaus" ins Spiel – wiederum eine scientologisch geführte Firma mit professionellen Scientologen in der Geschäftsleitung.

„MW Massivhaus" fungierte als Bauträger, und die Teilnehmer des „Arbeitskreises für Führungskräfte" bekamen von dort die Aufträge. In dieser Firma tummelten sich nicht nur die Scientologen Maria und Gerd Weber, die bereits in den Unterlagen des „OT-Kommittees" Stuttgart als Scientologen mit besonderer Aufgabenstellung hervorgehoben werden. Die Handwerker lernten weitere „Profis" kennen, die zumindest eines beherrschten: die Einführung scientologischer Kontrolle im Betrieb. Willi Nüesch, Sieglinde Wullinger oder Hubert Kech waren für die Abwicklung bei „MW Massivhaus" zuständig.

Es war ein Geschäft auf Gegenseitigkeit. Die Handwerker merkten schnell, daß diejenigen, die sich auf das Kurssystem einließen, auch schneller Aufträge bekamen. Es lockte der Erfolg, der immer wieder in Aussicht gestellt wurde. Ein Auftrag nach dem anderen wurde Heymann angeboten, bei 1,2 Millionen Auftragsvolumen war es dann unumgänglich, die Firmenstruktur zu ändern. „Behilflich" waren wieder Scientologen, die auch kontrollierten, ob die Firma von Heymann streng nach Scientology-Richtlinien geführt wurde. War die Statistik am Donnerstag fertig? Die Arbeitswoche begann im Betrieb aufgrund der neuen Strukturierung am Freitag. Wurden die Mitarbeiter nach den Richtlinien der Scientology eingestellt? Wurde der Büroablauf streng nach Hubbard absolviert? Wurden die Mitarbeiter in Trainings nach Hubbard gedrillt? All das wurde kontrolliert, registriert, kommentiert und aufgeschrieben. Sogar Silvio Markus Vogel, einer der für mich ganz gefährlichen Transporteure der Ideologie von L. Ron Hubbard, tauchte in dem Reigen von Beratern, Trainern und Überwachern auf. Sie alle profitierten von dem mit Schweiß verdienten Geld des Alfred Heymann und seiner Mitarbeiter. Es war ganz einfach: Solange die Meute der Trainer in schicken Anzügen die Kontrollmechanismen einführen und durchführen konnte, solange die Trainings liefen und im Grunde die Vorauszahlungen für die geleistete Arbeit an den Bauten wieder über die Trainings zurückflossen, war alles in Ordnung. Man hielt die Handwerker immer sehr kurz, d.h., die Akontozahlungen deckten gerade das Notwendigste. Wegen der großen Versprechungen von Riesenaufträgen, die angeblich noch kommen sollten, und wegen der schon beginnenden Abhängigkeit von diesem Kartell trennte man sich nicht, muckte auch nicht auf, sondern machte einfach weiter. Heymann war nicht der einzige. Das Karussell der Scientologen drehte sich. Alles lief in den Jahren 1988 bis 1990 reibungslos, aber irgendwann sagte Heymann: Jetzt ist Schluß! Er wollte lieber mehr arbeiten, als auf irgendwelchen Arbeitskreisen herumsitzen und die Trainings absolvieren. Er wollte nicht mehr die Kontrolle von außen und fing an, sich dagegen zu wehren.

Er wollte nicht mehr die Kontrolle von außen, und er fing an, sich dagegen zu wehren.

„Massiver Terror und gezielte Wirtschaftskriminalität"

Es ist nachweisbar, daß an dem Tag, an dem er zum ersten Mal das Kursprogramm nicht absolvieren wollte, der Druck kam. Einen Hubbardkurs, der als „Grundlagenseminar" ausgeschrieben war und eine Investition von

1.200 DM notwendig machte, lehnte Heymann ab. Danach kam etwa zehn Tage später die Aufforderung von „MW Massivhaus", im Büro zu erscheinen. Die Mitteilung „Es werden keinerlei weitere Zahlungen an Ihre Firma freigegeben" stand unter PS in der Vorladung.

Bis zu diesem Tag war alles in Ordnung. Ab diesem Zeitpunkt wurden „gravierende Mängel" vorgeschoben. Obwohl Heymann von den Bauherren eine Bescheinigung vorlegen konnte, nach der keine Mängel festgestellt wurden, zahlte „MW Massivhaus" nicht. Auf gut deutsch: Es gab nie Ärger oder Zwistigkeiten zwischen dem Bauträger und dem Handwerksbetrieb von Heymann, bis er erkannte, daß er eigentlich fremdbestimmt war und nur noch eine Marionette in den Händen einer Meute von Kontrolleuren und Strategen war, und stur bei seiner Haltung blieb. Heymann bekam Existenzängste, und die waren auch berechtigt: Mit einem Schlag gab es Mängelrügen, bei abgeschlossenen Bauten wurden die Zahlungen verschleppt, und er wurde ins Büro von „MW Massivhaus" befohlen, um sich dort in Form von erniedrigenden Gesprächen seine Rügen abzuholen. Die Heymanns wurden systematisch durch den Eingriff in ihre eigene Existenz mürbe gemacht. Die Großhändler konnten aufgrund der Zahlungsverschiebungen nicht mehr bezahlt werden. Dank der vorangegangenen Erklärungen der Bauträger, daß die Aufträge kommen würden, war die Bank auf ein hohes Kreditvolumen eingegangen.

Durch die Zahlungsstopps von Sieglinde Wullinger und Gerd Weber kam Heymann mit seinen laufenden Verpflichtungen ins Stocken.

Die Sozialabgaben für die Mitarbeiter, die aufgrund der versprochenen Aufträge eingestellt werden mußten, wurden aufgrund der Zahlungsverzögerungen von „MW" nicht oder mit Verspätung gezahlt. Wer kurz gehalten wird, geht in die Knie – ein bewährtes scientologisches Druckmittel. Von Monat zu Monat versuchte man, sich durchzukämpfen und mit Bettelgesprächen wenigstens so viel von dem zurückbehaltenen Geld zu bekommen, daß ein Teil der Löhne bezahlt werden konnte. Nach den mir vorliegenden Unterlagen und den Gesprächen mit den Betroffenen nenne ich das Ganze massivsten Terror und gezielte Wirtschaftskriminalität. Der Vergleich zu Schutzgelderpressungen ist hier für mich durchaus angebracht.

Nach den mir vorliegenden Unterlagen und den Gesprächen mit den Betroffenen nenne ich das Ganze massivsten Terror und gezielte Wirtschaftskriminalität.

Solange Kurse gebucht und bezahlt werden, kommen Aufträge. Weigert man sich, daran teilzunehmen, kommen der Druck, die Drohung und die systematische Vernichtung durch Auftrags- und Geldentzug. Hier wird nicht, wie bei den bekannten Mafiabanden, das Mobiliar zerschlagen. Aber diese schleichende Zerstörung einer Existenz ist für mich gleichzusetzen mit der Zerstörung durch Schutzgelderpressungen.

In dieser Situation konsultierte Heymann einen Anwalt im Heimatort. Der riet ihm zum Konkursantrag. Fast gleichzeitig meldete die IKK Konkurs gegen Heymann wegen fehlender Sozialabgaben an. Jürgen Suplit, der von seiner Versicherung hörte, daß die Beiträge nicht bezahlt wurden, tauchte auf. Er beruhigte das Ehepaar Heymann und bot Hilfe an.

Tip von einem Scientologen

Suplit behauptete, er kenne in München einen unglaublich guten Sanierer und einen Unternehmensberater, die schon manche Hürde wie die der Heymanns genommen hätten. Heymann griff nach diesem Strohhalm, denn er spürte schon, wie über ihm die Wellen zusammenschlugen. Der Sanierer, der von Suplit empfohlen wurde, war Rechtsanwalt Dr. Michael Scheele in München. Suplit arrangierte den Termin bei Dr. Scheele persönlich, und es kam zum ersten Gespräch in den Kanzleiräumen in München am 2.4.1990.

Anwesend waren das Ehepaar Heymann, Dr. Scheele und der Unternehmensberater René Remy. Am Rande sprachen Dr. Scheele und Remy, die sich übrigens duzten, von anderen Projekten, so daß Heymanns den Eindruck bekamen, hier handle es sich um jemanden, der schwierige Lagen nicht zum ersten Mal behandelt.

Von Remy wurden Heymanns angehalten, nach dem Gespräch umgehend eine Aktennotiz anzufertigen, was auch geschah.

Dr. Michael Scheele schrieb als Anwalt von Heymann dessen Bank, das Finanzamt und das Amtsgericht an, um alle zu beruhigen. Er erstellte ein Sanierungskonzept, das beschrieb, wie man den ganzen Karren wieder aus dem Dreck ziehen könne. Er riet zu einer neuen GmbH, und man detaillierte in einem Strategiepapier, wie das Ganze abzulaufen habe. René Remy, der heute übrigens in Untersuchungshaft sitzt und auf ein Strafverfahren wegen Betrugs und falscher eidesstattlicher Versicherung wartet, machte damals den Heymanns mit viel Optimismus Mut. Er erzählte, daß er mit Scheele schon schwierigere Situation gemeistert habe. Ob das der Wahrheit entsprach, wußten die Heymanns nicht und konnten es auch nicht überprüfen.

Vielleicht ist man in solchen existentiellen Nöten für jedes nette Wort und jeden Lichtblick dankbar, nur um die täglichen Katastrophenmeldungen zu überleben. So ging es auch Heymanns. Sie fuhren zurück nach Baden-Württemberg und hofften auf ein Wunder, das nun aus München kommen sollte. Es kam nicht. Heymann versäumte es, den Konkurs selbst anzumelden, und anstatt der erhofften Hilfe und der ausgearbeiteten neuen Pläne, die man verwirklichen wollte, kam ein Brief aus der Kanzlei Scheele, in der er das Mandat niederlegte. Wortwörtlich steht in dem Schreiben vom 30.4.1990:

> *... nachdem mir bis heute die Einzahlung des Stammkapitals für eine neue GmbH nicht nachgewiesen werden konnte, sind meine Zweifel darüber, daß eine Sanierung erfolgreich möglich ist beziehungsweise daß die Neugründung einer Firma zur Sicherung der Existenz führen wird, in einem Maße gewachsen, daß ich eine weitere Vertretung beziehungsweise Betreuung nicht mehr für sinnvoll oder erfolgversprechend halte. ...*
> *Da Ihnen entsprechend unserer Vereinbarung erhebliche Kosten entstehen würden, die angesichts der Zweifelhaftigkeit der Sanierungsbemühungen unter Umständen nur zu einer zusätzlichen finanziellen Belastung führen, möchte ich daher vorschlagen, daß wir den Vertrag einvernehmlich beenden bzw. auflösen und daß Sie pauschal für die bisherigen Bemühungen (Beratung und Ausarbeitung eines Sanierungskonzepts) DM 1.500 zzgl. MwSt. bezahlen. (...) Unter den gegebenen Umständen möchte ich Ihnen empfehlen, das Konkursverfahren „über sich ergehen zu lassen" (...)*
> *Mit freundlichen Grüßen*
> *Dr. Michael Scheele*
> *Rechtsanwalt*

Die Hilfe, die Jürgen Suplit dem Ehepaar Heymann in Aussicht gestellt hatte, erwies sich als leere Versprechung. Es wurde alles nur verzögert, und aufgrund dieser Verzögerung der überfälligen eigenen Konkursanmeldung kam es zur absoluten Katastrophe: Das Konkursverfahren wurde mangels Masse eingestellt. Grund: Die IKK war nicht bereit, die Kosten des Verfahrens zu tragen. Hätte Heymann selbst den Antrag gestellt, wäre evtl. ein Konkursverwalter bestellt worden, und der hätte die Außenstände bei „MW Massivhaus" eintreiben können.

Heymann mußte viel Lehrgeld bezahlen. Er wurde wegen Konkursverschleppung verurteilt. Oft denkt er mit seiner Frau darüber

Oft denkt er mit seiner Frau darüber nach, wie er das alles einmal seinen beiden Kindern erklären soll: das Haus weg, die Schulden und die Verurteilung.

nach, wie er das alles einmal seinen beiden Kindern erklären soll: das Haus weg, die Schulden und die Verurteilung.

Ich denke, ich schenke den Kindern mein Buch mit einem Brief. Darin können sie lesen, wie ihre Eltern einen Beitrag zur Aufklärung geleistet und Zivilcourage bewiesen haben. Sie haben über ihre eigenen bitteren Erfahrungen berichtet, um sie anderen zu ersparen.

Zur Diskussion gestellt

Richtig ist: Rechtsanwalt Scheele hat nichts anderes gemacht als seine Rechtsanwaltspflicht wahrgenommen und einen Mandanten beraten. Daß die Empfehlung gerade von Jürgen Suplit kam, wirft ihm niemand vor. Auch daß er, nachdem er die Hoffnungen beim Beratungsgespräch geweckt hatte, das Mandat niederlegte, liegt in seiner freien Entscheidung.

Warum habe ich über das Schicksal der Heymanns berichtet? Ich möchte allen Menschen vor Augen führen, was um uns herum geschieht weil ich seit nunmehr sieben Jahren diese Schicksale hautnah erfahre. Sie gehören zu meinem Abenteuer Zivilcourage und prägen mich, meine Arbeit und mein Leben.

Wie oft sind mir die Hände gebunden, wie oft muß ich die Achsel zucken, weil ich nicht mehr helfen kann. Zu spät, alles aus, Existenz kaputt, Schuldenberg zu groß, Ehe am Ende, Kinder weg. Da kann ich nur noch zureden, ja nicht aufzugeben, nicht zu resignieren. Ich kann nur hoffen, daß der Kampfgeist geweckt wird, um das oft schreckliche Schicksal wieder in den Griff zu bekommen.

Aber auch denen, die aus ganz anderen Motiven diese Seiten in meinem Buch lesen oder vielleicht sogar eher mit einer Lupe absuchen: Ich will gerade denjenigen etwas sagen, die laufend versuchen, meine offensive Aufklärung zu verhindern. Aber auch jenen, die sich nicht trauen, endlich einmal die Samthandschuhe ausziehen. Oder jenen, die sich im „Club der Einzigen" zusammengeschlossen haben und glauben, daß nur sie mit diesem Thema umgehen können und dürfen. All denen sage ich jetzt: Sie alle haben eine gewisse Mitschuld an diesem Schicksal der Heymanns.

Sie alle haben eine gewisse Mitschuld an diesem Schicksal der Heymanns.

Warum? Ganz einfach, weil sie sich zwar alle seit Jahren mit diesem Thema wichtig machen, aber vor lauter Diskutiererei vergessen haben, daß Tag für Tag außerhalb ihrer Büros und ihrer Diskussionskreise Menschen zu Opfern werden und der gesamten Volkswirtschaft enorme Schäden entstehen. Neue Betroffene, neue Konkurse, neue Existenzzusammenbrüche, neues Leid. Daß dabei sehr oft das soziale Netz der steuerzahlenden Bürger herhalten muß, wird gerade von ihrer Seite zuwenig diskutiert.

Privatsache – oder arglistige Täuschung?

Dr. Michael Scheele schreibt in einer Rechtskolumne, in der er als Rechtsanwalt und Geschäftsführer des Vereins „Fair Press" vorgestellt wird, von allen möglichen „Outings" und verwechselt dabei Äpfel mit Birnen. Ich gehe mit ihm konform, was Outing von Homosexuellen angeht. Er zeigt in diesem Artikel viel Verständnis für Menschen, die sozial ausgegrenzt werden. Dann schweift er ab. Und jetzt wird es bedenklich:

> *... Wieviel mehr trifft diese gesellschaftliche Reaktion all jene Personen, die wegen ihrer Weltanschauung, ihrer Religionszugehörigkeit oder ihrer Ausländereigenschaft geoutet werden. (...)*

Und auf einmal steht da:

> *(...) Hochkonjunktur erlebt gegenwärtig auch das Outing von Mitgliedern der Scientology (...) Das Outing trifft dort selbst solche Personen, die bemüht waren, ihre persönliche Weltanschauung für sich zu behalten. (...)*

Und nun finde ich es fast komisch:

> *(...) Der Rechtsstaat hat auch einige der einfachen Scientology-Mitglieder nicht im Stich gelassen. (...)*
> *Der Geheimhaltung der Religion (negative Bekenntnisfreiheit) kommt (...) besondere Bedeutung zu (...)*

Auf dieser Diskussionsebene hat es die Scientology-Organisation seit nunmehr sechsundzwanzig Jahren immerhin fertiggebracht, ein antidemokratisches System ungehindert zu vertuschen.

Auf dieser Diskussionsebene hat es die Scientology-Organisation seit nunmehr sechsundzwanzig Jahren immerhin fertiggebracht, ein antidemokratisches System ungehindert zu vertuschen. Und nun wundern Sie sich, Herr Dr. Scheele, warum ich Sie immer wieder namentlich nenne? Weil Sie in Ihrer Funktion als Rechtsanwalt, als Geschäftsführer von „Fair Press“, auch in dieser Rechtskolumne mit dem Gewicht Ihrer Funktion die Vernebelungsstrategien der Scientology zementieren. Ich habe Sie nie als Scientologen bezeichnet, nie als solchen hingestellt. Aber wie nennen Sie denn so eine Zementierung der Vernebelungsstrategien? Ich meine, es ist Kumpanei.

Ob man im Fall Heymann die beteiligten Scientologen nennen darf oder nicht, diese Frage stellt sich für mich gar nicht. Wenn hier mit nachweisbaren scientologischen Strategien und Machenschaften eine Existenz in diesem Land vernichtet wurde und die Täter, ob Jürgen Suplit oder auch Gerd Weber und all die anderen, die ich nenne, heute noch ungehindert ihre Machenschaften betreiben, dann ist das Nennen von Namen aktiver Opferschutz.

Heymann ist pleite, und was macht Suplit? Er ist heute als Lidl & Suplit in München tätig. Er ist Immobilienmakler, Franchisenehmer der Kempe Immobilienbörse Düsseldorf, die zum scientologischen Immobilienkartell gehört. Die Hubbard-Ideologie wird von ihm heute so weiterverbreitet. Nach der Ausbildung zum Makler für 20.000 bis 25.000 DM ist man auch perfekt scientologisch gedrillt, nur weiß man es nicht. Warum? Weil es offiziell als Maklerausbildung, als Training zum guten Verkäufer verkauft wird.

Scientologe – Privatsache oder arglistige Täuschung? Gerichte urteilen immer mehr in Richtung arglistige Täuschung. Da gibt es den Fall Norbert Miller, der einem Unternehmer aufgrund eines Beratervertrags ein Konzept für seinen Sohn verkaufte, in dem der Jungunternehmer zum funktionierenden Scientologen umerzogen werden sollte – alles unter dem Deckmantel einer „Managementberatung“. Was ist mit Gerd und Maria Weber, die heute noch als operierende Thetane die Zielsetzung „Clear Deutschland“ nicht aus den Augen verloren haben? Was ist mit Dietmar Kecht? Wie viele Multiplikatoren aus Wirtschaft und Gesellschaft wurden in seinem „ARK-Technologiezentrum“ inzwischen umfunktioniert zu willigen Handlangern für das System Scientology?

Angesichts dieser Tatsachen ist es lächerlich, über Outing zu diskutieren. Ich soll Rufmord begangen haben, indem ich Scientologen als solche bezeichnete? Gegenfrage, Herr Scheele: Haben Sie Mitleid gehabt mit dem Ehepaar Heymann? Nein, Sie haben sogar mit dem Gerichtsvollzieher Ihr Beratungshonorar pfänden lassen.

Wenn sich einer Schuhe anzieht, soll er schauen, daß er die richtigen Schuhbändel drin hat!

Hier in diesem Kapitel outet sich das Ehepaar Heymann selbst, und die beiden haben mir schriftlich die Erlaubnis erteilt, ihren Existenzzusammenbruch öffentlich zur Diskussion zu stellen. Und wissen Sie, warum, Herr Dr. Scheele? Um deutlich zu machen, daß die Outing-Diskussion künstlich erzeugt wurde und daß nur offensive Aufklärung inklusive der Nennung von Namen und Tatsachen Scientology das Handwerk legen kann.

Volkswirtschaftlicher Schaden

Oft wird um des Kaisers Bart diskutiert. Im Fall Scientology führt das dazu, daß tagtäglich weitere Betroffene entstehen. Bei einer gewissen Konstellation bleiben sie im sozialen Netz unseres Staates hängen. Die Gemeinschaft der Steuerzahler wird dafür zur Kasse gebeten. Das nennt man einen volkswirtschaftlichen Schaden. Aber warum dürfen die oben genannten Scientologen nach wie vor ihre Machenschaften betreiben? Wer schützt die Rechte der Betroffenen? Hat bei uns nur derjenige Rechte, der nach L. Ron Hubbard ein sogenannter Nichtaberrierter, also ein auf Scientology Gedrillter ist? Natürlich könnte jetzt ein Jurist berechtigt einwerfen: „Halt, wir sind in einem Rechtsstaat, und jeder kann klagen, wenn er glaubt, daß ihm Unrecht widerfährt." Richtig, klagen kann man. Was ist aber mit denen, deren Existenz zerstört ist, die keine Hoffnung mehr haben? Die dann, wie eben das Ehepaar Heymann, Hilfe bei einem Anwalt suchen, der die ganze Sache zwar anschaut und theoretische Sanierungsvorschläge macht, der sich aber dann aus Gründen, die nur er selbst kennt, zurückzieht und den Gerichtsvollzieher in Gang setzt, um seinen „Sonderpreis" für die Beratung einzutreiben? Strafrechtlich bekommt jeder einen Pflichtverteidiger. Zivilrechtlich muß sich jeder selbst einen Anwalt suchen. Wenn man kurz vor dem Offenbarungseid zivilrechtliche Hilfe möchte und dem Anwalt die schwierige finanzielle Situation schildert, dann schlagen die Türen zu. „Wegen Überbelastung der Kanzlei", „Das ist außerhalb meines Gebiets" oder „Schauen Sie, daß sie 10.000 Mark aufbringen, zur Sicherheit, und ich übernehme den Fall."

Wenn man kurz vor dem Offenbarungseid zivilrechtliche Hilfe möchte und seine finanzielle Situation dem Anwalt schildert, dann schlagen die Türen zu.

Recht haben und recht bekommen sind eben doch zwei Paar Stiefel. Hätte Alfred Heymann einen Anwalt gehabt, der sich weniger um die Strategien für eine neue GmbH Gedanken gemacht hätte und sich mehr um das Eintreiben der ausstehenden Gelder bei den Scientologen gekümmert hätte, dann wäre der Schaden vielleicht nicht so verheerend gewesen. In diesem Fall ging es nicht nur um die Familie Heymann, sondern wie in vielen Fällen gab es mehr Opfer. Es ging auch um die damit verbundene Arbeitslosigkeit der Mitarbeiter und um die Großhändler, die als Lieferanten nach diesem Konkurs ebenfalls Schaden erlitten haben. Was ist mit den entgangenen Steuern, die nicht mehr bezahlt werden konnten, und was ist mit den Sozialabgaben, die der Krankenkasse verlorengingen?

Wieso hat Herr Dr. Scheele eigentlich nicht versucht, an die ausstehenden Gelder der scientologischen Geschäftspartner des Ehepaars Heymann zu kommen? Warum hat Jürgen Suplit ihn als Sanierer im gleichen Atemzug wie den Unternehmensberater René Remy genannt? Ich weiß es nicht, Herr Dr. Scheele vielleicht auch nicht. Sollten wir Jürgen Suplit fragen? Es kann sein, daß mein fest verwurzelter Glaube, daß alle Menschen gleiche Rechte haben, ins Wanken geraten ist, weil ich das System Scientology viel zu oft erleben mußte. Es gibt auch bei uns offenbar Menschen, die zwar nicht mehr Rechte haben, aber sich einfach mehr Rechte herausnehmen. Bei aller Hochachtung gegenüber den Vätern der Verfassung habe ich schon lange ein schlechtes Gefühl, wenn ich daran denke, daß wir in einer gesellschaftlichen Situation leben, in der Mißtrauen und Angst um sich greifen und man aufhört, seine Meinung zu sagen, oder sich nicht mehr traut, seine Gedanken öffentlich zur Diskussion zu stellen.

Das Gesetz der dritten Partei

Wenn sich zwei streiten, freut sich der Dritte, heißt es im Volksmund. Dazu gibt es bei der Scientology-Organisation sogar eine Richtlinie mit dem Titel „Das Gesetz der dritten Partei". Sie geht davon aus, daß es immer einen Dritten gibt, der von diesem Streit profitiert oder der ihn anzettelt, um davon zu profitieren. Könnte es also sein, daß der Kritikerstreit bewußt angezettelt wurde und wie immer geartete Querverbindungen bestehen? Daß der Scientology-Anwalt während einer zivilrechtlichen Auseinandersetzung mit mir eine Publikation von Steven Goldner hervorhob, erstaunte nicht nur meine Anwälte, sondern auch die an diesem Tag anwesenden Journalisten und Prozeßbeobachter. Ich hätte größte Bedenken über die Art meiner Aufklärung, wenn ich von der Gegenseite lobend erwähnt würde. Im Laufe der Zeit erkannte ich natürlich, was dahinterstecken könnte.

Ich habe mit Fakten, Namen und der Offenlegung von Seitenschienen der Scientology vielleicht eine Stelle getroffen, die als gepanzert und gesichert galt. Es gibt inzwischen einige, die mit dieser Gangart nachgezogen haben. In der Minderheit sind sie aber immer noch. Dennoch hat es ausgereicht, um etwas zu bewegen. Es ist ein größeres Bewußtsein für die Gefahr entstanden, und einige politische Mandatsträger wurden zu klaren Stellungnahmen bewegt. Es hat sich etwas getan. Alle Versuche der Scientology-Organisation, ihre Rufmordattacken, ihre juristischen Angriffe, ihre Angriffe bis in den engsten Familienkreis und ihre unzähligen Verstöße gegen mein Persönlichkeitsrecht – alle haben ihren Zweck verfehlt. Ich mache weiter und gehe den Weg der offensiven Auseinandersetzung.

Hilfe aus dem gegnerischen Lager

Und siehe da, nach dem Erscheinen von *Scientology – Ich klage an!* bekam die Scientology-Organisation einen Hilfstrupp aus dem gegnerischen Lager. Der Journalist Michael Schmidt, der mit der Scientology Kontakt hatte, holte die Kirchenbrüder zum Kampf gegen Hartwig vor die Kamera. Hier kam das Gesetz der dritten Partei im Sinne der Scientology voll zur Wirkung. Man benutzt einen Dritten, um durch ihn Streit zu säen. Der Dritte war in diesem Fall der Journalist Michael Schmidt. Die Sektenbeauftragten ließen sich instrumentalisieren und äußerten sich derart eindrucksvoll im Sinne der

Organisation, daß bis heute, 1997, auf Flugblättern der Scientology, die gegen mich produziert werden, die Aussagen dieser Sektenbeauftragten aufgeführt werden.

Man benutzt einen Dritten, um durch ihn Streit zu säen.

Ich mußte mit dieser neuen Situation erst einmal fertigwerden. Nur durch die Hilfe aus meinem persönlichen Umfeld, vor allem durch meinen Mann und die Freunde von uns und von „Robin Direkt“ bekam ich eine innere Distanz zu diesen Attacken. Einer der Ex-Scientologen, die wir in anderen Ländern kennenlernten, hatte als Mitarbeiter Personen aus dem scientologischen Geheimdienst „Guardian Office/OSA“ auditiert. Er schrieb folgendes:

Fakt ist, sie haben alle Register gezogen, um Dich in irgendeiner Weise zu diskreditieren, so wie es in den Richtlinien steht, Deinen Ruf zu ruinieren, Dich unglaubwürdig zu machen und mit Prozessen überziehen.
Du darfst nicht glauben, daß diese Art des Angriffs und der Zersetzung nicht funktioniert. Schau Deine eigene Situation an und Du erkennst, wie massiv hier aus allen Ecken gedonnert wurde, um Dich immer wieder in eine Situation zu bringen, in der Du Dich rechtfertigen mußt. Es ist wohl Deiner Zähigkeit, aber auch Deinem dicken Fell zu verdanken, daß Du weiter und sogar durchgegangen bist. Was sollten sie denn machen? Dich einfach weitermachen lassen? Renate, das geht gar nicht, Du verkennst die Situation auch innerhalb Scientology.
Bereits 1992 hat man den Mitgliedern erzählt, das mit der Hartwig hat sich demnächst erledigt. Die eigenen Richtlinien greifen bei Dir nicht. Nun kommen sie in einen Zugzwang gegenüber all denen, die sie ausbeuten und denen sie erzählen, mit ihrem Kursprogramm könnten sie Menschen handhaben. Sie haben erzählt, Dein Buch wäre verboten, eingestampft, weg vom Markt, kein Mensch würde mehr mit Dir was zu tun haben wollen. Und was passiert dann? Dann stehst Du jeden Abend in irgendeiner anderen Stadt auf einem Podium und haust ihnen stundenlang ihre Machenschaften, Fakten, Daten und Strukturen um die Ohren. Die Säle sind voll, und dieses Gebiet ist für Scientology sowas wie verbrannte Erde. Was glaubst Du, fällt denen jetzt noch ein? Passiert Dir was, kommen die natürlich erst recht in Zugzwang. Ganz abgesehen, daß man nur die Sache von Paulette Cooper anschauen muß, zeigt sich, daß viele Wege der Organisation noch unerforscht sind. Jetzt passiert etwas sehr „Löbliches“: Die Crew derjenigen, die in der Öffentlichkeit den Ruf des

„Seriösen“ auf der Stirn kleben haben, machen Front gegen Dich. Und ein Journalist – wieder einer mehr – ist auf einmal Mittelsmann zwischen den Fronten. Von Caberta bekommt er die heißen Tips und die Kontakte, die Du hattest, und die Scientology bekommt die Recherche. Was glaubst Du, womit die Scientologen jetzt an diesem Tag angestoßen haben? Obwohl sie gegen Alkohol sind, werden in manchen Etagen Champagnerkorken geknallt haben.

Ich telefonierte noch öfter mit diesem Aussteiger. Er gehört zu denjenigen, die ihre eigene Täterschaft nicht verdrängen, sondern darüber reden, mit welcher Raffinesse, Kälte und Hinterhältigkeit er selbst zum damaligen Zeitpunkt als Scientologe nur einer einzigen Menschengattung eine wirkliche Daseinsberechtigung zugestand. Nämlich den Scientologen! Alle anderen galten ihm eher als Leute, die man noch auf die eigene Seite ziehen könnte, oder, gelinde gesagt, als Rechtlose, die man bedenkenlos abzocken kann.

Er war es auch, der mir den Tip gab, einfach in die Geschichte unseres eigenen Landes zu schauen, und zwar auch in die theoretische. Dann würde ich gerade in der Art der Ausgrenzung von Andersdenkenden und kritischen Personen Parallelen zu menschenverachtenden Systemen finden, die erschreckend sind.

Die Art der Ausgrenzung von Andersdenkenden

Bei Scientology gilt die Devise:

> „Die gewöhnlich nicht verdächtigte, ‚verständnisvolle‘ dritte Partei, der Zuschauer, der jede Beteiligung daran abstreitet, *ist* derjenige, der den Konflikt überhaupt ins Dasein gerufen hat.“

An anderer Stelle in der gleichen Anleitung vom 26. 12. 1968 zeigt Hubbard, daß er politisch durchaus aus der Geschichte gelernt hat und dieses Wissen auch umsetzt:

> „1917 befanden sich die revolutionären Kräfte in Rußland mit der Regierung in einem Konflikt. Der Gründe gab es so viele, daß die Aufmerksamkeit leicht an ihnen hängenblieb. Aber erst nach der Beschlagnahmung der offiziellen Staatsakten Deutschlands im Zweiten Weltkrieg wurde aufgedeckt, daß Deutschland den Aufstand gefördert und Lenin finanziert

hatte, um den Aufstand zu entzünden, wobei man ihn sogar in einem versiegelten Zug nach Rußland geschickt hatte!
Überprüft man ‚persönliche' Streitigkeiten, Gruppenkonflikte, nationale Kämpfe, so findet man, wenn man sucht, die dritte Partei, von keinem der Kämpfenden verdächtigt, und wenn es überhaupt einen Verdacht gibt, wird er als ‚Phantasie' beiseite geschoben. Aber eine sorgfältige Dokumentation bestätigt ihn schließlich.
Dieses Wissen ist ungeheuer nützlich."

Wie setzt eine Organisation wie die Scientology nun diese Richtlinie um, wenn sie einen ihrer Gegner in einen Streit verwickeln will? Übernimmt sie die Rolle einer der beiden Streitparteien oder die des Anstifters, der „dritten Partei"?

Gehen wir mit den Überlegungen ruhig noch weiter. Untersuchen wir einmal den Faschismus. Ein schleichender Prozeß mit gigantischem Propagandaapparat hat dieses Wahnsinnsregime möglich gemacht. In dem Buch *Mein Kampf* von Adolf Hitler, das er während seines Gefängnisaufenthaltes in Landsberg geschrieben hat, finden sich dem Scientology-System ähnliche Vorstellungen, wie unangenehme, kritisch im Weg stehende Zeitgenossen mundtot zu machen und zu entfernen sind.

Gerade das systematische Demontieren des persönlichen Rufs gehört zu einem der wichtigsten Handwerkszeuge der Scientology-Organisation. Diejenigen sind mundtot zu machen, die die wahren Zielsetzungen von Scientology aufdecken und die öffentliche Diskussion darüber fordern. Kritische Stimmen sind nicht erlaubt. Eine, die es wissen muß, da sie als „Ethik-Offizierin" in einer scientologisch geführten Firma agierte, Jeanette Schweitzer, sagte bei „Talk im Turm" vom 25. 5. 1997: „Wenn man kritisch wird, dann geht's los." Sie sprach dabei ihre persönlichen Erfahrungen bei Scientology an.

Aber es geht leider auch in dieser Kritiker- und Aufklärerszene los, wenn man kritisch wird. Und genau diese Verhaltensweise erlebte ich von beiden Seiten. Wer war nun der lachende Dritte? Und wieso war es bei soviel Fachverstand möglich, daß eine banale Richtlinie der Scientology – „Das Gesetz der dritten Partei" – auf einmal greift?

Muß das sein?

In einer Scientology-Anweisung vom 26.12.1968 ist zu lesen:

> „Streitigkeiten zwischen einer Einzelperson und einer Oranisation werden fast immer durch eine einzelne dritte Partei oder eine dritte Gruppe verursacht. (...)“

oder

> „Geht man diesen Auseinandersetzungen nach, stößt man auf unglaubliche Tatsachen. Das ist das Problem, das Unglaubliche wird zu leicht verworfen. Ein Weg, die Dinge zu verbergen, besteht darin, sie unglaublich zu machen.“

Tatsächlich unglaublich ist nun die Situation, die der Vorsitzende der „Aktion Bildungsinformation“ in Stuttgart („ABI“) ausgelöst hat.

Zur Vorgeschichte: Seit längerem werden wir mit Informationen über die „ABI“ zugeschüttet. Teilweise kommen diese Informationen von Bürgern und Unternehmern, aber auch mit anonymen Schreiben wurde uns internes „ABI“-Material zugespielt. Bei den anonymen Materialien waren wir aufgrund der Terminologie sofort vorsichtig. Sie wurden wie viele andere anonyme eingehende Materialien abgeheftet und blieben liegen. Anscheinend paßte jemandem diese Situation nicht, und die „ABI“ erhielt ebenfalls ein anonymes Schreiben, das von falschen Tatsachenbehauptungen, Verleumdungen und Unterstellungen geradezu strotzte. Die strafrechtlich relevante Seite wurde vom Vorsitzenden der „ABI“, Herrn Kleinmann, nicht erkannt: Es waren Kopien von privaten Kontoauszügen meiner erwachsenen Kinder (!) beigeheftet. Dazu Bankunterlagen von „Robin Direkt“.

Allein dieser Tatbestand hätte ausreichen müssen, um einen sogenannten „Experten“ hellhörig werden zu lassen. Es dürfte wohl nicht allgemein üblich sein, daß Bankauszüge so ohne weiteres zugänglich sind. Vielleicht ist es aber auch „nur“ eine Stil- und Charakterfrage. Anstatt mit mir Kontakt aufzunehmen, machte der Vorsitzende der Verbraucherzentrale „ABI“, Eberhard Kleinmann, einen folgenschweren Fehler: Er verbreitete dieses anonyme Schreiben an Redaktionen und machte es auch für Personen zugänglich, die sich auf Aufklärungsveranstaltungen gegen Scientology befanden. Der Skandal war perfekt, als Eberhard Kleinmann einen offenen Streit gegen „Robin Direkt“ und Renate Hartwig vom Zaun brach.

> **Es dürfte wohl nicht allgemein üblich sein, daß Bankauszüge von verschiedenen Personen so ohne weiteres zugänglich sind.**

Er erreichte damit genau das, was der Scientology dient: eine Drei-Parteien-Situation zum Vorteil von Scientology. Die freut sich als lachende Dritte natürlich, wenn sich ihre Gegner gegenseitig bekriegen.

Entsetzt war und bin ich darüber, daß Kleinmann den Inhalt anonymer Schreiben nicht nur ungeprüft veröffentlicht, sondern daß er sich sogar Anschuldigungen aus dem anonymen Schreiben zu eigen macht. Jeder, der Scientology wirklich kennt und ernsthaft dagegen operiert, weiß doch, daß das Säen von Zwietracht (zum Vorteil von Scientology) eine der üblichen Maßnahmen ist, um kritische Stimmen in der Öffentlichkeit zu denunzieren und unglaubwürdig zu machen. Dramatisch finden wir, daß ein Verein wie die „ABI" auf so einen Trick hereingefallen ist. Es kann in dieser Angelegenheit nur *einen* lachenden Dritten geben – nämlich Scientology!

Es ist makaber, daß ich gezwungen bin, mich nicht nur gegen die Angriffe von Scientology zu wehren, sondern in diesem Fall auch gegen völlig sinnlose und nicht nachvollziehbare Angriffe aus den eigenen Reihen.

In diversen Auseinandersetzungen unter Scientology-Kritikern zeigen sich typische Charakteristika, die auf scientologische Anstiftung deuten. Es werden Nebenkriegsschauplätze geschaffen, um die Kräfte der Aufklärer zu binden und sie an anderen Orten in Auseinandersetzungen zu verstricken. Die entsprechenden Scientology-Anweisungen belegen, daß solche Streitigkeiten geschürt und in Gang gehalten werden können – oder sollen.

Es werden Nebenkriegsschauplätze geschaffen, um die Kräfte der Aufklärer zu binden und sie an anderen Orten in Auseinandersetzungen zu verstricken.

Propaganda statt Auseinandersetzung

Ich kann sehr gut damit umgehen, wenn mir jemand mit klaren Fakten beweist, daß ich mich in einem Fall täusche oder daß ich meinen Blickwinkel ändern muß, weil ich etwas übersehen habe. Ich denke, das ist auch wesentlich, um Demokratie leben zu können. Die Auseinandersetzung mit Scientology ist schwierig, weil Scientologen nicht an einem Dialog interessiert sind, sondern mit ihren Spezialdrills rhetorische Handhabungsmaßnahmen durchziehen und mit dem immer gleichen Text jeder Auseinandersetzung raffiniert aus dem Weg gehen.

In diesem Fall geht es jedoch nicht um Scientologen, sondern um Personen, die den fahrenden Zug Scientology gar nicht heizten, die sich auch nicht die Finger verbrannten, indem sie heiße Kohlen in die Hand nahmen, sondern die auf den fahrenden Zug aufgesprungen sind und sich heute als Richter darüber aufschwingen, welches nun die richtige oder falsche Aufklärung ist. Ich gebe zu, daß die Art, wie ich mich auch öffentlich mit Scientology auseinandersetze, nicht jeder kann und auch nicht jeder mitmachen will. Jeder, der sich bemüht, mehr Sensibilisierung zu diesem Thema in der Bevölkerung zu erreichen, ist wichtig. Ich bin bei öffentlichen Veranstaltungen schon oft in die Bresche gesprungen, wenn ich merkte, daß die Diskussionsteilnehmer den Angriffen von Scientology nicht standhalten konnten. Ich werfe es niemandem vor, wenn er es anders macht als ich. Aber ich werfe den Verharmlosern vor, daß sie sich, ob sie wollen oder nicht, zu nützlichen Idioten von Scientology machen. Wenn diese Verharmlosung so weiterbetrieben wird, wird sie dazu beitragen, offensive Aufklärung zu verhindern.

„Eine riesengroße Sauerei"

Eines der gravierendsten Beispiele der Verharmlosung, gepaart mit Feigheit und einem ganz üblen, niederträchtigen Vergleich, ist die Publikation von Christ und Goldner, in der ich mit mordenden Terroristen verglichen werde. Angelika Christ und Steven Goldner sind keine Scientologen! Frau Christ, die aus den neuen Bundesländern kommt, müßte eigentlich von den Stasi-Richtlinien zur Zersetzung einer Gruppe Kenntnis haben. Sie müßte wissen, wenn sie dort gelebt hat, was eine solche gezielte Propagandamaßnahme bewirkt. Ich möchte an dieser Stelle noch einmal klar betonen: Ich kenne weder Frau Christ noch Herrn Goldner. Keiner der beiden hat jemals mit mir gesprochen. Niemals haben sie mit mir irgendeinen Kontakt gesucht oder gehabt. Ich habe überhaupt nicht gewußt, daß es eine Frau Christ und einen Herrn Goldner gibt – bis zu dem Brief, den die beiden im November 1995 an meinen Verleger geschrieben haben. Fast zeitgleich mit meinem dritten Buch *Scientology – Das Komplott und die Kumpane* erschien im Econ-Verlag die Publikation von Christ/Goldner, dem Verlag, aus dem Dr. Kind kam, bevor er den Metropolitan-Verlag gründete. Es war für mich nicht einmal gedanklich ein Problem, daß mehrere Ansichten zu dieser Auseinandersetzung veröffentlicht wurden. Ein breites Spektrum bringt eine breite Diskussion.

Nach der Vorstellung des Buches durch Frau Caberta in ihrer Funktion als Leiterin der Arbeitsgruppe Scientology im Innensenat Hamburg rief mich eine Journalistin an, die völlig außer sich war, nachdem sie das Belegexemplar quergelesen hatte. „Frau Hartwig, das ist eine riesengroße Sauerei, was hier abläuft. Ich weiß überhaupt nicht, warum Sie sich das gefallen lassen."

„Was soll ich mir nicht gefallen lassen? Also, wir gehen unseren Weg, und es gibt unzählige in diesem Land, die sich mit diesem Thema beschäftigen. Ich will kein Monopol und habe auch nicht vor, irgendeines zu unterstützen."

Zornig gab sie zurück: „Es gibt bereits ein Monopol. Sie werden ausgegrenzt. Wer als Journalist Ihren Namen sagt, ist mittendrin in einer Auseinandersetzung um Sie, und wir reden schon längst nicht mehr über das Thema Scientology. Und jetzt fallen zwei Typen vom Himmel, keiner weiß wo sie herkommen. Bei der Nachfrage, warum sie sich mit diesem Thema auseinandersetzen, kommt irgendeine Nichte ins Spiel. Ich habe jetzt doch genau hingeschaut: Goldner ist Unternehmensberater, Christ sitzt bei ‚SINUS', und das sieht doch eher aus wie bewußt kommerziell aufgezogen."

„Das muß man ganz objektiv sehen. Es gibt sehr viele Elterninitiativen, Einzelkämpfer und Gruppierungen, die keinerlei Unterstützung haben. Ich weiß das von uns selbst. Wir haben in den letzten Jahren nicht einmal eine müde Mark Steuergelder bekommen, und trotzdem ist es uns gelungen, europaweit eine Bürgerinitiative gegen Scientology auf die Beine zu stellen."

Irgendwie war die Journalistin sauer, weil ich nicht bereit war, in das Horn zu blasen, das sie mir hinhielt. Als sie mich fragte: „Frau Hartwig, sind Sie eine Terroristin?", war ich völlig irritiert. „Was soll das? Wie kommen Sie auf diese Frage?" – „Diese beiden vergleichen Sie mit einer Terroristin, die mordet. Kennen Sie überhaupt Goldner und Christ? Haben Sie mit denen Streit gehabt? Haben Sie die beiden irgendwie angegriffen?"

„Also, jetzt mal langsam. Wie kommen Sie darauf, daß die beiden mich als Terroristin bezeichnen? In welchem Zusammenhang? Ich kenne beide nicht. Ich hatte mit ihnen nie irgendwelche Gespräche, auch keinerlei Kontakte in der Szene. Sie wissen doch selbst, wie ich bereits ausgegrenzt werde. Meine Art der Aufklärung ist der Stachel im Fleisch, der inzwischen sehr tief geht."

„Aber eins kann ich Ihnen versichern: Die Scientologen werden jubeln, wenn sie das hören. Als kleines Bonbon gebe ich Ihnen noch eins drauf: Die Anwälte für dieses Buch heißen Scheele und Zielcke. Jetzt warte ich nur noch, bis irgend jemand aus der Kritikerszene Herrn Rechtsanwalt Blümel, der seit Jahren die Scientology vertritt, als Anwalt nimmt. Dann sind sie doch alle wieder glücklich und zufrieden, oder?"

Die Journalistin hatte recht: Es war auffallend, daß gerade in diesem Buch die Anwälte Dr. Scheele und Zielcke von den Autoren ausnahmsweise mit vollem Namen genannt wurden. Ein Kapitel beschäftigte sich jedoch ausschließlich mit dem Vorwurf, ich hätte an beiden Anwälten Rufmord begangen. Mit keiner Silbe gehen die beiden darauf ein, daß nicht nur ich bezüglich dieser Frage eine Auseiandersetzung mit Dr. Scheele hatte. Außerdem ging es mir nie darum, den Scientologen das Recht auf juristischen Beistand abzusprechen. Mir ging es immer nur um die Art und Weise, wie Scheele in den Prozessen vehement die Religionsdiskussion und das damit verbundene Persönlichkeitsrecht in den Vordergrund stellte. Vielleicht war er angeheuert, um den Nebenkriegsschauplatz Persönlichkeitsrecht voranzutreiben. Es wird meiner Meinung nach wohl nie geklärt werden, ob die Scientologen ihn mit oder ohne sein Wissen benutzten, damit sie weiterhin verdeckt ihre „Clear-Deutschland"-Strategie durchsetzen können. Ich wollte von der Anwaltskanzlei Scheele wissen, wo die Grenze zwischen Persönlichkeitsrecht und Durchsetzung scientologischer Strategien verläuft. Ich glaube, daß ein Anwalt sehr genau erkennen muß, wann er seine Funktion und vor allem seine Kontakte nicht vor der Infiltration schützen kann, die Scientology betreibt, um Macht und Einfluß zu bekommen. Es kann sein, daß Scheele keine Ahnung hatte, als er Gerhard Haag – dessen Fall ich bereits beschrieben habe – kennenlernte. Aber irgendwie passen die Auseinandersetzungen mit Journalisten nicht dazu, die Schriftsätze, mit denen beim kleinsten Husten eines Journalisten bereits von Scheele und Partner eine Klageandrohung in die Redaktionen gefaxt wurde. Es paßt auch nicht dazu, daß all diejenigen, die in dieser Kanzlei ihre Vertretung in Auftrag gaben, zu der Clique der Scientologen gehörten, die man eben nicht nur einfach Dianetik-Buch-Käufer nennen kann: „WISE"-Lizenznehmer, „IAS"-Mitglieder, Kriegskassen-Einzahler – alles Menschen, die aufgrund der Richtlinien der Scientology-Organisation verpflichtet sind, die Strukturen der Scientology nach vorne zu tragen und dafür zu sorgen, daß Scientology immer mehr Macht und Einfluß in dieser Gesellschaft bekommt.

Verharmlosung statt Aufklärung

In den öffentlichen Publikationen, die Scheele mit seinem Namen als Rechtsanwalt unterzeichnete, und als Geschäftsführer von „Fair Press“ redet er von Outing, redet er von Religion und Weltanschauungsdiskussionen. Jetzt gibt es nur zwei Möglichkeiten. Die eine ist: Scheele hatte keine Ahnung, hat sich in seinem Grundgesetzordner einfach festgelesen und bemerkt nicht mehr, was um ihn herum geschieht. So ein Typ scheint mir Dr. Scheele aber gar nicht zu sein. Vor allem sprechen dagegen die Prozesse, die ich selber als Beklagte von Scientologen führen mußte und bei denen unter anderem diese Kanzlei als Kläger-Vertreter auftrat. In den Gerichtssälen gab es immer nur die Diskussion um Religionsfreiheit, Weltanschauung, Artikel 4 unseres Grundgesetzes, Persönlichkeitsrecht. Alle meine Argumente, Beweise und Fakten, die ich auf den Tisch legte, um dem Gericht zu zeigen, daß hier ein Scientologe von mir deshalb namentlich genannt wurde, weil er in dieser Gesellschaft täuscht, vernebelt und verdunkelt, um ein totalitäres System zu etablieren, wurden genau von dieser Kanzlei vom Tisch gefegt. Scheele kann nicht sagen, er hätte nichts gewußt. In den Prozessen, die er im Auftrag von einzelnen Scientologen wie „IAS“-Mitgliedern, Kriegskassen-Einzahlern und „WISE“-Lizenznehmern gegen mich führte, hat er durch meine Schriftsätze die Fakten auf den Tisch bekommen. Warum wurde Scheele 1995 auf einmal einsichtig und legte seine Mandate nieder? Ich habe nie gesagt, daß er seine Mandate niederlegen soll, ich habe immer nur davor gewarnt, daß Dinge miteinander vermischt werden und daß es für einen Anwalt in einem Rechtsstaat eine Grenze geben muß. Er muß selbst erkennen, wann er in seiner Funktion benutzt wird und wann es nicht mehr um Recht und Unrecht geht. 1995 kam dann das Buch von Christl Goldner heraus, das auch bei Journalisten nicht gerade als Aufklärungsbuch bezeichnet wurde. In einer SPD-Zeitung *blick nach rechts* heißt es in der Jahrgangsnummer 12 unter Bücherschau: „Verharmlosung statt Aufklärung.“

Scheele kann nicht sagen, er hätte nichts gewußt.

Der Verlag behauptet, die beiden seien langjährige Kenner der Scientology-Szene. Aufklärung statt Panikmache haben sich die Autoren nach eigenen Aussagen auf die Fahnen geschrieben. Doch um Aufklärung zu betreiben, sollte man wissen, worüber man redet bzw. schreibt. Dies ist bei Christ/Goldner augenscheinlich nicht der Fall. Zum Beispiel: Der „Kommunikationskurs" ist kein Einstiegsprogramm für Manager, wie es die Autoren behaupten, sondern einer der ersten Kurse, die bei Kunden der Organisation angeboten werden. „Pre-Clear" (PC) ist keineswegs die Vorstufe zum scientologischen Himmel, sondern Bezeichnung für jeden, der bei Scientology als Kunde ins Ausforschungsprogramm einsteigt. Ein „Patron" wird man bei Scientology erst ab einer Spende von 40.000 US-$. Das Geld geht an die „International Association of Scientologists", „IAS", die aus der so gefüllten Kriegskasse Kampagnen gegen Scientology-Kritiker finanziert. Der scientologische Unternehmerverband „WISE" hat mit dem „Patron"-Status nichts zu tun. Die Liste der Fehler und Falschinformationen, die dieses Werk der angeblichen Szene-Kenner enthält, ließe sich beliebig fortsetzen. Falsche Bezeichnungen, verkehrte Informationen, fragwürdige Einschätzungen und Fehlinterpretationen zeichnen dieses Buch aus. Verharmlosung statt Aufklärung – ist das die neue Devise in der Auseinandersetzung um Scientology? Oder werden hier ganz systematisch Nebenkriegsschauplätze aufgebaut, um dann klammheimlich das Thema Scientology wieder in die Schublade zu legen und möglichst zuzusperren, damit ja nichts an die Öffentlichkeit kommt? Wird Rufmord auf einmal zur Strategie?

Ich wußte ab diesem Zeitpunkt, daß das Abenteuer Zivilcourage wahrscheinlich so schnell nicht enden, sondern nur neue Dimensionen bekommen wird. Auf einmal mußte ich nicht nur Kübel mit Schmutz der Scientology über mich ergehen lassen, sondern jemand, der sich als großer Kenner der Szene aufschwingt und der in Kritikerkreisen sogar von staatlichen Stellen protegiert wird, vergleicht mich öffentlich mit Terroristen, die unschuldige Opfer ermorden. Starker Tobak, noch dazu in Verbindung mit der Kanzlei Scheele, die nach Aussagen von Goldner das Buch juristisch betreute. Wie sich doch die Zeiten ändern, beweist nicht nur ein Brief vom 9. 11. 1993, den die Rechtsanwälte Scheele und Zielcke an Staatsanwalt Grolig schrieben.

Jemand, der sich als großer Kenner der Szene aufschwingt und der in Kritierkreisen sogar von staatlichen Stellen protegiert wird, vergleicht mich öffentlich mit Terroristen, die unschuldige Opfer ermorden.

Dieser Brief ging mir anonym zu, und ich brachte ihn der Staatsanwaltschaft zur Kenntnis. Nachdem ich Herrn Scheeles Klagefreudigkeit kenne, kann es sein, daß man von mir wissen will, wo ich das öffentliche Interesse sehe, das es mir erlauben würde, diesen Brief als Beweismittel zu veröffentlichen. Es sind meiner Ansicht nach die Fakten, die von öffentlichem Interesse sind. Denn es dürfte wohl nicht normal sein, daß jemand, der mit der Angelegenheit selbst nichts zu tun hat, in ein laufendes Ermittlungsverfahren bei einer Staatsanwaltschaft Einsicht erhält. Für Ursula Caberta scheint es aber trotzdem möglich zu sein. Obwohl sie für das Bundesland Baden-Württemberg in ihrer Funktion gar nicht zuständig ist, besuchte sie in Stuttgart den ermittelnden Staatsanwalt. Sie bekam offensichtlich Akteneinsicht in ein damals laufendes Ermittlungsverfahren gegen den hochkarätigen Scientologen Haag und dessen damalige Anwälte.

Sollten hier nicht schon längst mehrere Fragen gestellt werden? Zum Beispiel:

Hatte Caberta einen Auftrag von ihrem Dienstvorgesetzten, nach Stuttgart zu reisen?

Wenn ja – gibt es einen Auftrag, Akteneinsicht vorzunehmen?

Hatte Caberta ein berechtigtes Interesse, um Akteneinsicht zu erhalten?

Fand die Akteneinsicht offiziell statt, oder war es eine Angelegenheit zwischen dem Staatsanwalt und Caberta?

Welche Informationen aus diesem Ermittlungsverfahren verwendete Caberta? Für wen? Für was?

Hat Caberta in der Staatsanwaltschaft Stuttgart Kopien aus den Akten gezogen?

Wenn ja – für wen? Für ihre Behörde? Sind die Kopien in Hamburg?

Gab Caberta Kopien weiter? An wen und zu welchem Zweck?

Ist eine Akteneinsicht von Caberta in der Akte vermerkt?

Um die problematischen Zusammenhänge und die damit verbundenen offenen Fragen für Außenstehende nachvollziehbar zu machen, ist man gezwungen, Hintergründe offenzulegen.

Zum einen fand im Zusammenhang mit dem Ermittlungsverfahren gegen den Scientologen Haag auch zeitweise gegen seine damaligen Münchner Anwälte ein Ermittlungsverfahren statt.

Wer hinterfragte eigentlich, wie die Rechtsanwälte aus München, Dr. Scheele und Partner, von Cabertas Einsichtnahme erfahren konnten?

Sie beschwerten sich schriftlich beim Staatsanwalt Grolig. Dabei wurde auch erwähnt, daß sie sich an den Vorgesetzten von Staatsanwalt Grolig wenden würden.

All das ist mehr als ungewöhnlich: Einsichtnahme der Vertreterin einer Behörde aus einem anderen Bundesland in ein laufendes Ermittlungsverfahren.

Die Beklagten erfahren auch noch davon! Und sie weisen den ermittelnden Staatsanwalt schriftlich auf seinen Fehler hin.

Das müßte im Grunde ausreichen, daß sich Behörden und Politiker Gedanken machen. Aber geschehen ist das anscheinend nicht.

Denn Ursula Caberta bekam durch ihre – für meine Begriffe unrechtmäßige Akteneinsicht – keinerlei Schwierigkeiten. Es fragte nicht einmal jemand danach. Es wird als ganz normal hingenommen. Auch die betroffenen Rechtsanwälte nahmen es interessanterweise sehr gelassen hin, was man sonst bei Scheele und Partner nicht kennt.

Vielleicht deshalb, da das Ermittlungsverfahren gegen sie vom Staatsanwalt eingestellt wurde?

Ein weiteres Faktum, das von öffentlichem Interesse ist: Ursula Caberta war als Expertin im Fernsehen und wurde zu dem oben geschilderten Fall des Scientologen Gerhard Haag befragt. Diese Sendung gab übrigens den Ausschlag für die in diesem Buch diskutierte eidesstattliche Erklärung des Rechtsanwalts Scheele vor dem Bonner Landgericht (siehe Kapitel „Mit Juristen in Tirol“, S. 133).

Heute erscheint mir der Ablauf der Dinge natürlich abenteuerlich. Da gibt es eine Fernsehsendung, in der Caberta als Expertin zum Thema Scientology auftritt. Die Kanzlei Scheele, Zielcke und Partner wird im Zusammenhang mit dem Scientologen Haag angegriffen. Caberta nimmt sogar bei der Staatsanwaltschaft Akteneinsicht. Ich kassiere, unter anderem wegen dieser Sendung, eine einstweilige Verfügung, obwohl ich mit der Sendung nichts zu tun hatte. Dem Verhältnis Caberta/Scheele/Zielcke hat die Angelegenheit nicht geschadet. 1995 kommt durch eine Publikation von Christ/Goldner heraus, daß Caberta und Zielcke einträchtig an dieser Publikation mitgewirkt haben. Die Anwälte von Christ/Goldner heißen Scheele und Zielcke!

Inzwischen besteht nicht nur eine intensive Freundschaft zwischen Caberta, Goldner, Christ und Rennebach, sondern die Kanzlei Scheele berät und vertritt inzwischen Leute aus der „Kritikerszene“. Sollte uns das nicht nachdenklich machen?

Da schreibt ein Ex-Scientologe einem anderen ganz offen, daß Caberta dafür sorgen würde, daß sich der Fall Renate Hartwig und Robin Direkt demnächst erledigt hätte. Ich nehme das Ganze gar nicht ernst. Ich weiß, daß es inzwischen eine ganze Clique gibt, die sich eifrig bemüht, nicht nur meinen Ruf zu ruinieren, sondern auch Aufklärung zu verhindern.

Das, was Scientology jahrelang gemacht hat – die Schmutzarbeit –, übernehmen jetzt genau diejenigen, die mit Steuergeldern finanziert werden, um Aufklärung zu betreiben. Vielleicht ist das Stoff für eine Posse. Nur kann der Bürger, den es betrifft, sie kaum nachvollziehen. Er bleibt der Dumme.

Hier sollte eigentlich als Beweismittel der Brief von RA Scheele vom 9.11.1993 an Staatsanwalt Grolig abgedruckt werden, in dem er sich über die Akteneinsicht von Caberta beschwert. Nun, vielleicht denkt Scheele heute anders darüber, denn er verhinderte die Veröffentlichung des Briefes durch einen Beschluß des LG Berlin vom 16.9.1997 – in dem mir das Abdrucken des Briefes untersagt wurde. Dagegen habe ich inzwischen Einspruch erhoben. Die von mir bereits erwähnte Klagefreudigkeit des Herrn Scheele hat nicht nachgelassen. Nachdenkenswert bleibt, wem Scheele mit dieser Aktion nützt? Aber auch, warum er gerade am liebsten in Berlin klagt?

Der Widerspruch

Bedenkt man all die Angriffe gegen mich, dann sollte man doch ganz distanziert auf die Schutzerklärungen schauen, die verteilt werden. Im Herbst 1994, nachdem mein Buch *Scientology – Die Zeitbombe in der Wirtschaft* auf dem Markt war, tauchen aus der Innenbehörde Hamburg, Frau Caberta, ebenfalls Schutzerklärungen gegen die Hubbard-Technologie auf. Übrigens richtig formuliert. Auch juristisch sind sie nicht angreifbar, ganz genau auf Schutz vor Hubbard-Technologie bezogen. Daß genau diese Schutzerklärungen, die eindeutig von unserer Seite als erstes veröffentlicht wurden und für die wir viele Tausend Mark investierten, um sie juristisch sicher zu machen, von den Personen übernommen wurden, die uns dauernd Steine in den Weg werfen, das ist fast schon ein Paradestück. Aber auch das war mir egal, denn es ging mir nicht um Urheberrechte. Ich wollte, daß diese Schutzerklärung die Hubbard-Technologie in der Gesellschaft stoppt. Die Formulierungen von meiner Seite wurden so gewählt und von Juristen mehrfach geprüft, daß wir uns nach der heutigen Rechtslage ganz eindeutig vor der Hubbard-Technologie schützen können, wenn wir uns auf das bestehende Direktionsrecht berufen. Verfassungsschützer, Straf- und Zivilrechtler, Arbeitsrechtler, selbst ein Richter sagten: Wir können niemanden wegen einer Mitgliedschaft ausgrenzen. Des Pudels Kern liegt genau in diesem Satz. Die Scientologen unterzeichnen die von mir entwickelten Schutzerklärungen nicht, da sie Gefahr laufen, bei Unterzeichnung in ein gerichtliches Verfahren eintreten zu müssen, in dem die Hubbard-Technologie/-Ideologie geklärt werden müßte. Jeder Scientologe unterschreibt mit links, daß er kein Scientology-Mitglied ist.

Mir ist jedoch nicht klar, warum eine staatliche Stelle, obwohl sie von sich aus die richtigen Schutzerklärungen mit der richtigen Formulierung weitergibt, in einer Publikation von Christ/Goldner zusammen mit den Anwälten der Kanzlei Scheele und Partner eine Schutzerklärung unterstützt, in der juristisch bedenkliche Formulierungen auftauchen. Die beratenden Anwälte von Goldner haben schon gewußt, wen sie sich mit ins Boot holen müssen, um dem Ganzen einen besonderen Anstrich zu geben:

Warum unterstützt eine staatliche Stelle, obwohl sie von sich aus die richtigen Schutzerklärungen mit der richtigen Formulierung weitergibt, in einer Publikation von Christ/Goldner zusammen mit den Anwälten der Kanzlei Scheele und Partner eine Aktion, in der juristisch bedenkliche Formulierungen auftauchen?

> *...wie formuliert man die Abgrenzung? Ein gutes Muster enthält der vom Ring deutscher Makler verfaßte Text zur Erklärung über Unverträglichkeit, ergänzt um Zusätze von Ursula Caberta, Dr. Andreas Zielcke und uns. (...)*

Man schafft eine Allianz. Ein Anwalt, der aus einer Kanzlei kommt, in der jahrelang die vermeintlichen Persönlichkeitsrechte der Scientologen, basierend auf Artikel 4 unseres Grundgesetzes, mit Zähnen und Klauen gegenüber jeder kritischen Stimme verteidigt wurden, berät nun Kritiker, die sich in der Öffentlichkeit und in Wirtschaft und Industrie als Experten für Scientology-Bekämpfung verkaufen. Das Ganze bekommt noch einen Beigeschmack durch das Engagement von Ursula Caberta, die in ihrer Funktion als Leiterin vom Arbeitskreis Scientology in der Innenbehörde eine Position bekleidet, die von Staats wegen gegen die Gefahren der Scientology-Organisation eingerichtet worden war.

Es ist eine Lüge, wenn Christ/Goldner behaupten, daß es sich bei dem Vertrag, der ihrem Text zugrunde lag, um ein Muster vom Ring deutscher Makler handelt. Der Ring deutscher Makler in Hamburg bestätigte mir am 23. 4. 1996 bei einem Telefonat mit dem Landesverband Hamburg, daß er die Erklärung ungefähr im November 1994 von Ursula Caberta, Arbeitskreis Scientology, Innensenat, bekommen habe. Ich bekam vom RDM eine solche Erklärung zugefaxt. Diese Erklärung ist juristisch hundertprozentig in Ordnung. Aus welchem Grund hat nun Ursula Caberta, nach Aussage von Christ/Goldner, einen Vertrag, der wasserdicht war, verändert? Aus welchem Grund lügen Christ/Goldner, wenn sie behaupten, daß dieses Muster vom RDM verfaßt wurde? Hat Caberta die Passage mit ihrem Namen nicht zu lesen bekommen? Wenn sie sie gelesen hat, hat sie den Text akzeptiert? Wenn ja, warum? Aus welchem Grund engagiert sich ein Anwalt, der sich jahrelang für die Persönlichkeitsrechte der Scientologen anheuern ließ und diese auch vor Gericht vertrat, inzwischen für einen Vertrag, mit dem man die Hubbard-Technologie stoppen kann? Wem nützt eine Umformulierung des Vertrages?

Die Scientologen lachen sich kaputt, wenn sie diesen Vertrag unterzeichnen, weil er gegen das bestehende Persönlichkeitsrecht verstößt – genau gegen das Recht, für das Dr. Zielcke mit seinem Kollegen Dr. Scheele immer im Auftrag der Scientologen gefochten hat. Gegen dieses Persönlichkeitsrecht verstößt der Vertrag, den die Kanzlei inzwischen selbst umformuliert hat. Unzählige Bürger wurden aufgrund dieser Formulierungen verunsichert und wurden von ihren eigenen Anwälten in den Firmen vor diesen Verträgen gewarnt. Warum aber haben Scheele und Zielcke diese juristisch angreifbare Passage der Nachfrage der Mitgliedschaft überhaupt eingesetzt? Warum verstoßen sie jetzt gegen die heutige Rechtslage und riskieren einen Prozeß, den die Scientologen gewinnen, wenn sie aufgrund einer solchen Formulierung den Klageweg beschreiten? Warum hat sich Uschi Caberta hinreißen lassen, ihren Namen und ihre Position zur Verfügung zu stellen, um eine wachsweiche, dem Persönlichkeitsrecht entgegenstehende Umformulierung zu unterstützen?

Der Konflikt

Eine Fernsehsendung, in der auch der Sektenbeauftragte Dr. Wolfgang Behnk als Experte zum Thema Scientology und Strukturen befragt wurde, war der Auslöser für eine sehr interessante Konfliktsituation. Dr. Behnk hat in dieser Sendung nichts anderes gemacht, als auf die Fragen des Journalisten zu antworten und ihm aufgrund seiner Erfahrungen aufzuzeigen, was bei Scientology gang und gäbe ist. Damit war der Part für Wolfgang Behnk beendet. Was wurde daraus gemacht? Ein Schriftverkehr gigantischen Ausmaßes lief an, die ganze Angelegenheit eskalierte, und es wurden Anwälte eingeschaltet. Der Redakteur der SAT-1-Sendung „ran" mußte erfahren, daß es bei dem, was man öffentlich zur Diskussion stellen darf und was nicht, scharfe Grenzen gibt. Es kam zur Verhandlung. Rechtsanwalt Scheele, der in diesem Beitrag unter anderem vorkam, prozessierte übrigens nicht in München, wo die Redaktion und er ansässig sind, sondern in Berlin. Er scheint Berlin zu mögen. Auch ich habe dort eine ganz spezielle Art der juristischen Auseinandersetzung erlebt. Später ging Goldner mit seinem Anwalt Scheele wegen *Focus* vor Gericht und wählte auch nicht den Sitz der Redaktion, München, sondern zog es vor, ebenfalls nach Berlin zu gehen. Berlin hat offenbar einiges zu bieten!

In seiner Funktion als Sektenbeauftragter wurde Dr. Behnk von Journalisten um eine Stellungnahme gebeten, die er auch abgab. Er löste damit eine Lawine von Angriffen aus. Er wunderte sich, wieso er auf einmal Post von Steven Goldner bekam, ein langes Schreiben, in dem Behnk sich auf einmal auf der Ebene wiederfand, die Goldner für mich ausersehen hatte: nämlich die des mordenden Terroristen. Keiner der Herrschaften aus der Szene hat auch nur einen Finger gerührt, als ich allein Ziel dieser Angriffe war. Aber jetzt wendete sich das Blatt. Einer von ihnen, nämlich Wolfgang Behnk, wurde mit dem Attribut Terrorist ausgestattet, und noch dazu im gleichen Atemzug mit mir. Ein Schrei der Entrüstung ging durch die Szene: Einer von uns wurde angegriffen, das darf nicht sein.

Im Schreiben von Goldner an Dr. Behnk, in dem er aufführt, wie Behnk angeblich von der „anerkannten" Linie der Sektenbeauftragten abweicht, steht am Schluß:

> *(...) behalte ich mir vor, eine Kopie dieses Briefes auch an andere Sekten-Gegner zu geben. Lieber wäre es mir, eine gemeinsame Sichtweise mit Ihnen zu entwickeln. Wie entscheiden Sie sich?*

Wolfgang Behnk konterte gut. Er gehört übrigens auch zu denen, die das Kesseltreiben gegen mich als sehr bedenklich bezeichneten. Es war für mich damals auch ein Lichtblick, als er bei einem persönlichen Kontakt doch sehr über die Fakten staunte, die ich vorzuweisen hatte und die niemand sehen wollte.

Mit der Pressemitteilung der evangelisch-lutherischen Kirche in Bayern von Pfarrer Dr. Wolfgang Behnk vom 16.5.1996 mit der Überschrift: „Die Reinwaschungsmethoden des Doktor Scheele“ setzte Behnk ein Signal, das zwar innerhalb der Szene für Wirbel sorgte, aber leider viel zuwenig in der Öffentlichkeit bekannt wurde. Was mich an dieser Pressemitteilung doch sehr irritierte, war die Einleitung mit folgendem Inhalt:

> *Am 13. Mai verbreitete der durch Scientologen-Mandantschaften bekannt gewordene Münchner Prominentenrechtsanwalt Dr. Michael Scheele eine Presseinformation. Hinsichtlich zweier Fernsehbeiträge von SAT1 über die Frage möglicher scientologischer Unterwanderung des Fußballvereins 1860 München erklärte er, der evangelische Sektenbeauftragte Dr. Wolfgang Behnk sei darin als „Kronzeuge“ zu Wort gekommen. Außerdem habe er sich nach Erlaß von einstweiligen Verfügungen gegen SAT1 „für die beiden Rufmordbeiträge“ bei ihm entschuldigt. Beides trifft nicht zu. Der Sektenbeauftragte stellte in den Sendungen keinerlei Tatsachenbehauptungen über 1860 oder Dr. Scheele auf, sondern gab lediglich allgemeine Sachinformationen zu Scientology und stellte Fragen, um Licht in die Angelegenheit zu bringen. Nachdem es Scheele bekannt sein dürfte, daß die Funktion von „Kronzeugen“ nicht im Stellen von Fragen, sondern in der Präsentation von Tatsachenaussagen besteht, schiebt er dem Sektenbeauftragten die „Kronzeugen“-Rolle wider besseres Wissen zu. Wenn Scheele SAT1 „Rufmord“ unterstellt, so muß gesagt werden, daß er dem Sender eine vorsätzliche „grobe Fälschung“, also ein journalistisches Verbrechensdelikt unterstellt. Um diese Beschuldigung untermauern zu können, schickte er Behnk den Entwurf eines vorfabrizierten, bereits mit Unterschriftszeile versehenen „Offenen Briefes an SAT1 von Pfarrer Dr. Behnk“ zu, den dieser nur noch hätte unterschreiben müssen. Behnk hätte sich darin als Täuschungsopfer von SAT1 bekennen sollen. Als der Sektenbeauftragte diese Aufforderung Scheeles als Zumutung zurückwies und sich für die Fälschungstheorie nicht instrumentalisieren ließ, wurde er von Scheele als „Verleumder“ gescholten, der tief im „Morast“ stecke. Überdies drohte Scheele ihm mit gerichtlichen Schritten.*

Scheele erweckt in seiner Presseinformation den Eindruck, Behnk hätte sich mit seinem Satz „Wenn ich Sie – unbeabsichtigt – verletzt habe, bitte ich Sie um Verzeihung" für seine Äußerungen in SAT 1 „entschuldigt". Dies trifft nicht zu. Der Satz diente der Beruhigung der überaus erregten und aggressiven Gefühlslage des Herrn Scheele, nicht der „Entschuldigung" für Behnks angebliche Beteiligung an angeblichen SAT 1- „Rufmordbeiträgen" ...

Das waren klare Worte, und jetzt sah die Sache doch ganz anders aus. Die Kanzlei Scheele schickt einen vorgefertigten Brief an Behnk, den dieser nur noch, wenn man sich in der Kanzlei bei Scheele trifft (so war es von Scheele und Goldner geplant), zu unterzeichnen gehabt hätte. Dieser Brief wäre dann natürlich beim Prozeß gegen die Redaktion „ran" bei SAT1 eingesetzt worden. Ich bin kein Jurist und weiß auch nicht, ob das zu den Gepflogenheiten gehört. Nach meinen eigenen Erfahrungen mit den Prozessen, die ich inzwischen hinter mir habe, scheint es aber doch in bestimmten Kreisen, sagen wir, Randerscheinungen zu geben, die vielleicht nicht überall normal sind. Das Treffen in der Kanzlei Scheele mit Behnk fand nie statt.

Zum ersten Mal trafen die juristischen Auseinandersetzungen jemanden, der seit langen Jahren in dieser Arbeit wirkt und mit dem auch Dialog und Austausch möglich ist. Er konnte wenigstens mit der Solidarität seiner evangelischen Sektenbeauftragten-Kollegen (bis auf einen einzigen) rechnen, die ihm dann auch per Pressemitteilung den Rücken in der Öffentlichkeit stärkten. Vielleicht wäre vieles anders gelaufen, wenn er auch den Mut zur Auseinandersetzung mit mir gehabt hätte. Viele Mißverständnisse wären nicht aufgetreten. Das habe ich auch in Gesprächen mit den Sektenbeauftragten erlebt, die sich mit mir getroffen haben – trotz widriger Umstände und trotz der internen Absprachen, nicht mit mir in Kontakt zu treten.

„Standard oder Machwerk?"

Behnk machte eine Rezension der Publikation von Christ/Goldner und stellte sie öffentlich zur Diskussion. Er berief sich auch auf die Aussagen aus journalistischen Kreisen, die die Publikation von Goldner genauso sahen wie er.

„Standard oder Machwerk?", so war die Rezension von Dr. Behnk überschrieben. In fünf zweispaltigen DIN-A4-Seiten nimmt Behnk die Ansichten von Christ/Goldner in ihrer Publikation auseinander und demaskiert nicht nur Binsenweisheiten, sondern auch die gefährliche Verharmlosung, die in

Wirtschaftskreisen als „Standardwerk“ angeboten werden. Unter anderem schreibt Behnk:

> *... die von den Autoren angestrebte Beleuchtung scientologischer Methoden mußte schon deshalb mißraten, weil sie sich mit dem totalitären Betriebssystem von Scientology nicht kompetent befaßt haben. Nur bei vordergründiger methodischer Betrachtung kann man – wie sie es tun – den Scientology-Test als „Quatsch im Quadrat“ herunterspielen. (...) hier gibt es nichts zu beschwichtigen, nicht nachvollziehbar ist es, wenn die Autoren das „Eindrucksvolle“ bei Scientology – wie „systematische Einarbeitung“, visionäre „Zielorientierung“ und die „breite Palette von Sinneseindrücken“ mit viel „Abwechslung“ – nicht nur einfühlsam beschreiben, sondern als „bewährte Komposition“ loben. „Beim Einhalten von Qualitätsstandards“, so klären Christ und Goldner die Chefetagen der deutschen Wirtschaft auf, „könnte sich manche Vertriebs-, Produktions- und Bildungsabteilung eine Scheibe abschneiden.“ Unter der Überschrift „Das Gute an Scientology“ erfahren die Bosse, daß man Scientology einen „tatsächlichen Nutzen“ einräumen müsse. Die Menschen lernten in solchen Systemen „einiges, was sie auch in anderen Zusammenhängen verwenden können“. Jeder Exscientologe bestätige denn auch „Ich habe eine Menge gelernt“ ...*

Nicht nur ich war platt über die sorgfältige Rezension von Behnk. Mir wurde jedoch auf einmal schlagartig klar, warum in einer Gerichtsverhandlung, wie bereits berichtet, der Anwalt der Scientology dieses Buch hervorhob als eine Art der Auseinandersetzung, die er akzeptiere. Ich habe auch noch nie in der Öffentlichkeit oder in einer Auseinandersetzung gehört, daß Scientology Steven Goldner oder Angelika Christ von „SINUS“ angreift. Warum auch!

In seiner Rezension geht Behnk natürlich auch auf die kritische Passage ein, in der ich von Goldner als „Rufmörderin“ mit „mordenden Terroristen“ verglichen und Scheele und Zielcke als meine Opfer dargestellt werden. Behnk schreibt in seiner Rezension:

> *... Christ und Goldner bemühen sich in ihrem Buch nicht etwa darum, die undurchsichtige Verknüpfung dieser Vorgänge mit der Kanzlei Dr. Scheele informatorisch zu erhellen, sondern „die Anwälte aus München“ durch eine pauschale „persönliche“ Reputationserklärung sozusagen blanko zu salvieren. Wer sich angesichts dieser Sachlage mit Dr. Scheeles eigener Beteuerung, er habe damals von nichts „gewußt“, sowie mit den Solida-*

ritätsbekundungen der beiden Autoren nicht zufriedengibt, wird in ihrem Buch unter der Überschrift „Die psychoterroristische Variante“ mit „Terroristen“ verglichen, die „unschuldige Opfer mit Waffengewalt ermorden“ und sich vor solchen „Anschlägen aus dem Hinterhalt“ nicht schützen können. So erfuhr der Schreiber dieser Buchbesprechung in einem neunseitigen – an Dritte weitergegebenen – Brief des Buchautors Goldner, daß er, der Rezensent, auf Grund seiner kritischen Nachfrage nach der Rolle Dr. Scheeles nunmehr unter die „psychoterroristische Rufmord“-Variante eingeordnet werden müsse, „wie das“, so Goldner, „in unserem Buch bisher einzig in bezug auf Frau Hartwig beschrieben werden mußte“. Rechtsanwalt Dr. Scheele führt als Beleg für seine Glaubwürdigkeit als „bekennender Anti-Scientologe“ unermüdlich an, daß seine Kanzlei es gewesen sei, die das „Anti-Scientology-Buch“ von Christ und Goldner juristisch redigiert habe, damit es gegen mögliche Scientology-Angriffe juristisch abgesichert ist. „... was ist das für ein Buch?“, so muß gefragt werden. Diejenigen, die im Buch als große „Ausnahme“ namentlich erwähnt und unter Unterdrückung wesentlicher Tatsachen reingewaschen werden sollen, nämlich der bekennende Anti-Scientologe Scheele und seine Kanzleikollegen, redigierten also – sozusagen im Gegenzug – das von ihnen als hochkompetent gepriesene „Anti-Scientology-Buch“, Autoren Christ und Goldner. Ein Geschäft auf Gegenseitigkeit? Was bedeutet in diesem Zusammenhang die Formel „juristisch redigiert“? (...)
Diejenigen in der Expertenszene, die es bisher vornehmlich im Vertrauen auf die Seriosität der Autoren lobten und empfahlen, täten gut daran, es endlich gründlich zu lesen und die sich aus solcher Lektüre ergebenden unabweisbaren Fragen an Dr. Scheele und seine Verbündeten Christ und Goldner zu stellen.
Wolfgang Behnk

Nun ist die Katze aus dem Sack. Das als einzigartig geltende Standardwerk ist in der Tat einzigartig – allerdings im Sinne einer Instrumentalisierung zweier bislang renommierter Autoren. Außerdem dürfte die Tätigkeit jener Kanzlei Scheele mit ihren früheren scientologischen Mandantschaftsübernahmen nun noch mehr Fragen aufwerfen als je zuvor.

Mehrere Schreiben meiner Anwälte an den Econ-Verlag wegen der unglaublichen Vergleiche, die Goldner in seiner Reinwaschaktion gezogen hatte, blieben erst unbeantwortet, dann wurden sie lapidar als Meinungsäußerung der beiden abgetan. Die Strafanzeige, die meine Anwälte stellten, wurde sofort an den Wohnort von Goldner weitergeleitet, und von dort kam ein

Schreiben der Staatsanwältin, in dem sie mit folgender Begründung die Ermittlungen einstellte: „(...) Sie haben mit Ihren Angriffen auf Scientology diese (...) Aussagen heraufbeschworen." Das ist wohl der Preis für intensive Aufklärung. Daß das Ganze dazu beiträgt, den Mut zur offensiven Aufklärung der Bevölkerung zu wecken, bezweifle nicht nur ich.

Wenn zwei das gleiche tun

Goldner verschickte nach der SAT-1-Sendung einen achtseitigen Brief an den Sektenbeauftragten Behnk. Der Briefschreiber hat interessanterweise weder mit der Sendung etwas zu tun noch mit der Auseinandersetzung, die in dieser Sendung stattfand. Nein, er führt Tarnungsgeschichte pur vor. Goldner wirft Behnk vor, er hätte in einem Interview in einer Fernsehzeitung keine Gefahr aufgezeigt, sondern eine erfunden. Er deklariere das nicht als Privatmeinung, sondern äußere sich „mit der gesamten fachlichen Autorität des offiziellen Sektenbeauftragten". Er schreibt weiter:

Wir telefonierten zu der Zeit am 28. März. Unmittelbar danach entschieden Sie sich gegen einen Termin mit Dr. Scheele, zu dem ich Sie beide einlud. Mir ging es darum, zwischen Ihnen und Dr. Scheele zu vermitteln und einen Dialog in Gang zu bringen, um entstandenen Schaden zu verringern und eine Eskalation zu verhindern. Statt dessen schrieben Sie Dr. Scheele einen Brief, der mir vorliegt. Am Ende unseres Telefongesprächs kündigten Sie an, sich bei Dr. Scheele und den anderen von den Sendungen Betroffenen zu entschuldigen, wenn sich die erhobenen Vorwürfe als nicht zutreffend erweisen. Ich habe das als beachtenswerte Bereitschaft zur Selbstkritik gesehen.

Jetzt wissen wir auch, warum dieser Brief entstand. Goldner sieht sich als Vermittler zwischen Dr. Scheele und Dr. Behnk. Dann läßt Dr. Behnk den Termin platzen und will auch den vorgefertigten Brief von Dr. Scheele nicht unterzeichnen, da nicht klar war, zu welchen Zwecken Dr. Scheele diesen Brief einsetzen wollte. Goldner wollte erreichen, daß Behnk das von Scheele vorgefertigte Schreiben an SAT1 unterschreibt. Bei dem von Scheele angestrengten Prozeß gegen die Redaktion „ran" (geklagt wurde in Berlin!) wäre dieses Schreiben sicher gegen „ran" als „Beweismittel" zum Einsatz gekommen.

Für mich zeigt dieser Entwurf, daß hier versucht wurde, mit einem Täuschungsmanöver Beweismittel für einen vorgetäuschten Sachverhalt zu konstruieren.

Der Zeigefinger

Weil Behnk nicht so handelt, wie es Scheele und Goldner erwarten, kam der erhobene Zeigefinger des Psychologen Goldner. Er bezichtigte Behnk, moralisch bei verbalen Messerstichen mitgewirkt zu haben. Und Goldner stellt süffisant die Frage: „Damit setzen Sie sich nicht ins selbe Boot?"

Sehen Sie, lieber Leser, das ist der Unterschied: Wenn zwei das gleiche tun, ist es noch lange nicht dasselbe.

Wenn Scheele sich in seinen Schriftsätzen und Äußerungen als Rechtsanwalt und Geschäftsführer von „Fair Press" in der Öffentlichkeit von den Aussagen her nicht abhebt von scientologischen Propagandamaßnahmen, wie sie von Scientologen benützt werden, um sich als Religion, Weltanschauung und Verfolgte darzustellen, dann setzt er sich *nicht* in dasselbe Boot. Wenn man das kritisiert, wird man „Rufmörder/in", und man wird sogar als „mordender Terrorist" bezeichnet. Wenn aber ein Sektenbeauftagter sachlich und distanziert in einer Fernsehsendung die Fragen der Journalisten über die Strukturen von Scientology beantwortet und sich die Sendung gleichzeitig in einem speziellen Fall auch mit der Person Dr. Scheele auseinandersetzt, dann soll sich der Sektenbeauftragte Behnk gleich in das Boot derer gesetzt haben, die die Sendung machen. Wenn zwei das gleiche tun, dann ist es nicht dasselbe.

Dr. Steven Goldner mißt auch mit verschiedenen Meßlatten, wie diese zwei Vergleiche vor Augen führen. Wer blind wird gegen juristische Gratwanderungen, so sehe ich den vorgefertigten Entwurf von Scheele, der hat vielleicht auch eine Sehschwäche, wenn es um totalitäre Strukturen einer machtorientierten Organisation geht.

Diejenigen, die Herrn Dr. Goldner bis in die Enquete-Kommission als Berater hinzuziehen, sollten dies nicht außer acht lassen.

Krisensitzung

Für die Öffentlichkeit nicht erkennbar fand ein hektisches Treiben statt, um die Kritik von Behnk in den Griff zu bekommen. Warum gerät die Szene in Aufruhr, wenn ein von der Presse als Verharmlosungsbuch dargestelltes Projekt kritisiert wird? Warum entwickeln manche Aufklärer mehr Aktivitäten, um eine Verharmlosungsstrategie in der Auseinandersetzung mit Scientology zu forcieren, als um offensive Aufklärung zum Schutz der Bürger nach vorne zu treiben? Welche Aufklärer sind das? Was passiert tatsächlich hinter den Kulissen?

Natürlich war mir nach der Rezension von Behnk klar, warum der Anwalt der Scientology-Organisation, Wilhelm Blümel, eine positive Bemerkung zu dieser Publikation machte, denn diese Art der Auseinandersetzung schadet Scientology natürlich nicht. Wenn wir uns auf dieser Ebene bewegen, dann diskutieren wir und diskutieren wir – so lange, bis es „Clear Deutschland" im Sinne der Scientology gibt.

Nun ist aber für viele Bürger unverständlich, warum gerade auf breiter Ebene keine Informationen über Fakten und Hintergründe fließen, sondern das Wissen ausschließlich ein paar Lobbyisten, die inzwischen zu einer monopolisierten Aufklärungsclique zusammengewachsen sind, vorbehalten sein soll. Auf Behnks Versuch, eine Auseinandersetzung öffentlich zu führen, folgten auch von politischen und Behördenstellen Reaktionen, die deutlich machen, daß die sanfte Schiene der Information geduldet und gewollt ist.

Die Reaktionen, die nach Behnks Versuch, eine Auseinandersetzung öffentlich zu führen, auch von politischen und Behördenstellen kamen, zeigen auf, daß die sanfte Schiene der Information geduldet und gewollt ist.

Mit dem Solidaritätsbeweis der evangelischen Sektenbeauftragten gegenüber ihrem Kollegen Dr. Behnk spitzte sich die Angelegenheit zu. Die evangelische Arbeitsstelle von Kurt-Helmuth Eimuth, das Bistum Limburg, Referat Weltanschauungsfragen, Lutz Lemhöfer, also die Ökumene der Frankfurter, schlossen sich zusammen und stellten sich in einem Brief an ihre lieben „Kolleginnen und Kollegen" vor Christ/Goldner und verteidigten diese gegenüber den anderen Sektenbeauftragten der evangelischen Kirche. Eine Passage daraus sollte man sich zu Gemüte führen:

> *... haben wir uns entschlossen, den oben genannten Personenkreis, und nur diesem, diese Informationen zukommen zu lassen. Es erscheint auch deshalb notwendig, weil ein Nachrichtenmagazin einen Beitrag „Der Krieg der Sektenkritiker" vorbereitet.*

Der Brief ging an die Weltanschauungsbeauftragten der evangelischen Landeskirchen und der katholischen Bistümer und Diözesen, das heißt, er ging an alle Sektenbeauftragten der katholischen und evangelischen Kirche. Man wollte vermeiden daß die Öffentlichkeit von den internen Auseinandersetzungen der Kritikerszene erfährt. Noch etwas: Diesem Schreiben lag als Anlage der Brief von Christ/Goldner an den Verleger des Metropolitan-Verlags Dr. Kind bei, in dem Christ/Goldner versuchten, den Verleger gegen mich aufzuhetzen. In dem Schreiben der Sektenexperten Eimuth und Lemhöfer an alle Kollegen und Kolleginnen steht kein Wort davon, daß es sich hier um eine Hinterfotzigkeit ohnegleichen handelt. Anscheinend gehört es in dieser Szene dazu, kritische Denker und auch Vorreiter ganz gezielt zu diskreditieren. Es scheint zumindest Eimuth und Lemhöfer nicht aufzufallen, daß sie neben der moralischen Frage noch einen Punkt übersehen haben: das Wettbewerbsrecht. Sie ergießen sich den Kollegen gegenüber in Rechtfertigungen und erklären, warum Angelika Christ und Ursula Caberta sich am 1.10.1995 mit dem Pressesprecher der Scientology, Franz Riedl, und dem Immobilienmakler Götz Brase auf dem Oktoberfest in München getroffen haben: anläßlich einer Fernsehsendung, in der das Redaktionsteam die Diskutanten auf das Oktoberfest eingeladen hatte.

Mit diesem Brief war die Schlacht noch nicht gewonnen, denn Behnk stellte sich stur und schaltete einen Anwalt ein. Jetzt kam die ganze Szene durcheinander. Nicht nur die kirchliche Seite hatte große Bedenken, daß die Angelegenheit an die Öffentlichkeit kommt, sondern jetzt waren auf einmal auch staatliche Beamte unterwegs, um zu schlichten. So kam mit dem ICE aus Hamburg Ursula Caberta nach München gereist, um in einem Hotel mit dem Sektenbeauftragten Behnk zu sprechen und ihm klarzumachen, daß er die Attacken gegen Goldner einstellen solle. Zeitgleich erhielt ich einen Brief, in dem ich von diesem Treffen informiert wurde. Jemand, der es offenbar in einer Behörde sehr gut mit mir meint, warnte mich vor dem Kesseltreiben, das im Hintergrund bereits voll im Gang war. Unter anderem ist hier zu lesen:

... habe inzwischen von mehreren Seiten über das infame Kesseltreiben gegen Dich erfahren und bin empört. Ganz besonders über die kuriose Rolle des Sektenbeauftragten Eimuth, und nun suchen ein paar Standfeste, die es im Kreis der Sektenbeauftragten ja doch noch gibt, eine unauffällige Annäherung an Dich. Ich soll sozusagen den „Götterboten" spielen und einmal vorfühlen, ob man sich eventuell auch auf halbem Weg entgegenkommt, etwa bei einem Abendessen, um ein paar Dinge zu klären und zu besprechen.

Sonst hoffe ich, daß es Dir und den Deinen gut geht.

Gruß ...

Ich war bereit zu diesem Treffen, nahm aber einen meiner Anwälte mit, denn als gebranntes Kind scheut man doch manchmal das Feuer. Das Abendessen war gut, und die Informationen bestätigten meine Vermutungen, daß es in der Szene tatsächlich eine kleine Gruppe von Personen gibt, die inzwischen sogar intern als „Sekten-Mafia“ bezeichnet wird.

Von dritter Seite wurde mir mehrfach zugetragen, daß Caberta bei dem Treffen mit dem Sektenbeauftragten Behnk in einem Hotel lautstark Positionen von Goldner verteidigte. Schaut man heute, 1997, in die Szene, scheint es dieser Clique zumindest gelungen zu sein, aufkommende wichtige Auseinandersetzungen im Keim zu ersticken. Die Bundestagsabgeordnete Rennebach sowie ihr Adjutant, Frank Sassenscheidt-Grote, schalteten sich ebenfalls in diese Auseinandersetzung ein, und ein richtiges Schlichtungskommando war quer durch diese Republik persönlich, schriftlich und per Fax unterwegs, um alles wieder in den Griff zu bekommen. Der Aufwand, der von diesen Personen betrieben wurde, um eine notwendige Auseinandersetzung zu verhindern, widerspricht jeglicher Logik. Wenn mit dem gleichen Aufwand, mit dem hier eine notwendige Diskussion verhindert wurde, Aufklärung betrieben worden wäre, dann hätte der Bürger seine Steuergelder besser angelegt.

In den letzten Jahren hatte ich vermehrt positive Kontakte zu mehreren Sektenbeauftragten – vielleicht wegen der persönlichen Gespräche mit mir, vielleicht auch deshalb, weil ich ihnen nicht nur offen begegnet bin, sondern auch bereit war, die unterschiedlichen Standpunkte zu diskutieren. Trotzdem habe ich noch keine Antwort auf meine Fragen bekommen: Warum und wozu wird von einem Kreis von einzelnen Personen wesentlich mehr Zeit aufgewendet, um Aufklärung zu verhindern, als um Aufklärung nach vorne zu treiben? Wieso fällt niemandem in der Journalistenszene auf, was hier hinter den Kulissen abläuft? Die Kernfrage, die offenbleibt: Was hat das alles mit Aufklärung zu tun? Vor allem: Wo sind die Profiteure dieser Verharmlosungspolitik?

Ausgegrenzt

Daß von allen möglichen Seiten versucht wird, mich als Person auszugrenzen, ist inzwischen für mich nicht mehr fremd, obwohl ich es nach wie vor nicht akzeptieren kann und will. Was natürlich besonders belastend wirkt, ist die Tatsache, daß auch ein bischöfliches Generalvikariat, genauer: Herr Hans Neusius in Trier, mit einer sehr eigenartigen Haltung tatsächlich Aufklärung zum Thema Scientology verhindert. Die normalen Sticheleien, die von verschiedensten Seiten an mich herangetragen werden, registriere ich schon gar nicht mehr, deshalb wurde mir erst beim Lesen eines Absagebriefes an unser Trägerkreis-Mitglied Walter Köhler bewußt, daß hier tatsächlich so etwas wie Sippenhaft eingerissen ist.

Walter Köhler engagiert sich intensiv in Kirchenkreisen und für Aufklärung zum Thema Scientology. Während eines europäischen Jugendtreffens, das von der Kirche organisiert wurde, gab es am Rande Gespräche mit jungen Leuten zum Thema Scientology. Herr Köhler berichtete von seinem Engagement bei „Robin Direkt", und ein junger Mann wollte, daß sich in seinem Heimatort etwas in Richtung Aufklärung bewegt. Er war engagiert in einem ökumenischen Arbeitskreis, in der eine Rektorin einer katholischen Privatschule als Leiterin fungiert. Nun kam es zu einem für mich überhaupt nicht mehr nachvollziehbaren Disput, der einerseits fast lächerlich ist, auf der anderen Seite aber so brisant ist, daß er öffentlich gemacht werden muß.

Am 3.2.1997 erhielt Walter Köhler ein Schreiben, in dem ihm der junge Mann mitteilte, daß der Pfarrgemeinderat und der neugegründete ökumenische Kreis, der sich mit Erwachsenenbildung und Bibelarbeit beschäftigt, starkes Interesse an einem Informationsabend zum Thema Scientology und ihren Gefahren habe. Walter Köhler sagte zu, bei diesem ökumenischen Arbeitskreis eine Aufklärungsveranstaltung durchzuführen. Am 1.3.1997 bestätigte der junge Mann Köhler den Termin für den 17.4.1997 um 19.30 Uhr im Gemeindezentrum und freute sich, daß es ihm gelungen war, in seiner Gemeinde etwas für die Aufklärung tun zu können. Er bat Köhler um ein kurzes Schreiben über den Ablauf, ein Grobraster seines Vortrags mit Zeitangabe. Am 22.3.1997 erhielt unser Trägerkreismitglied Walter Köhler eine schriftliche *Absage,* in der mitgeteilt wurde, daß der Informationsabend nicht stattfinden könne, da der Sektenbeauftragte Herr Neusius aus Trier Bedenken gegenüber Herrn Köhler geäußert habe. Er finde die Art, wie Köhler an das Thema heranging, zu radikal, er befürchte, daß man die Anwesenden und Interessierten durch den Vortrag in Panik bringen könnte. Außerdem hätte Frau Hartwig seiner Meinung nach keinen besonders guten Ruf, da sie ebenfalls zu rabiat an dieses Thema heranginge und deshalb in der diesjährigen Informationsbroschüre der Bundesregierung nicht erwähnt würde.

Außerdem hätte Frau Hartwig seiner Meinung nach keinen besonders guten Ruf, da sie ebenfalls zu rabiat an dieses Thema heranginge und deshalb in der diesjährigen Informationsbroschüre der Bundesregierung nicht erwähnt würde.

Das, was für mich bereits zum Alltag gehörte, löste bei Köhler einen absoluten Schock aus. Er ist aktiver praktizierender Christ in der Kirchengemeinde, ist schon jahrzehntelang als selbständiger Unternehmer tätig, und nun bekam er einen solchen Schuß vor den Bug – noch dazu von einem katholischen Sektenbeauftragten, der offenbar verhindern wollte, daß Bürger zum Thema Scientology aufgeklärt werden. Ein Ding der Unmöglichkeit, nicht nur für Walter Köhler. Man spürte im Gespräch mit dem jungen Mann und in dem Schreiben, daß hier tatsächlich massiv Front gegen „Robin Direkt" gemacht wurde. Als ich Walter Köhler dann sagte, daß Neusius sogar Abonnent von unserem monatlichen *Report* sei, verstand er die Welt überhaupt nicht mehr. Ich wollte die Angelegenheit so unkompliziert wie möglich klären, denn irgendwie paßte das Ganze nicht zusammen. Unsere Informationen durch den monatlich erscheinenden *Robin Direkt Report* brauchte er, sogar in Form eines Abos. Gleichzeitig verhinderte er die Aufklärung. Ich versuchte erst einmal, mit zwei Sektenbeauftragten der katholischen Kirche zu sprechen, von denen mir einer durch das heimliche Treffen bekannt war, das ja auch eine Art ökumenischer Kaffeeklatsch war. Diese beiden bestätigten mir, daß Neusius die Informationen aus dem Report kopiert und weitergibt, aber daß er natürlich auch akribisch kontrolliert, was wir schreiben. „Eine indirekte Kontrolle!" sagte ich, und das Lachen am anderen Ende der Leitung war so herzlich, daß mir die Brisanz der Situation beinahe entgangen wäre. Ich legte auf und entschied, jetzt einfach bei Neusius anzurufen. Er war selbst am Apparat, und ich versuchte, ihm zu erklären, daß diese Art der Auseinandersetzung jetzt endlich aufhören mußte. Ich erinnerte ihn an meine Einladung an alle zu einem Gespräch nach Stuttgart im Januar 1996. Daß keiner von ihnen kam, zeigte mir, daß die Interessenlage anscheinend doch eindeutig ist. Sich der Sache wegen an einem Runden Tisch zu treffen, das war den Herrschaften zuviel. Wer kam, waren Politiker und Einzelkämpfer sowie die Bürgerinitiativen, die sich selbst organisierten. Ich versuchte, Neusius klarzumachen daß er Herrn Köhler doch gar nicht kenne und auch von mir noch keinen einzigen Vortrag gehört habe. Ich erzählte ihm, daß er keine Ahnung habe, was wir eigentlich bei „Robin Direkt" bereits geleistet hätten, und daß wir im Gegensatz zu ihm keine Steuergelder brauchten, um Aufklärung zu machen. Um nicht noch mehr Öl ins Feuer zu gießen, zog ich vor, daß Köhler Neusius anrief, was dann auch geschah. Neusius stritt gegenüber Köhler alle Aussagen, die er bei Dritten in bezug auf Köhler gemacht hatte, ab.

Um der Sache willen eine Klärung herbeizuführen und sich an einem Runden Tisch zu treffen, das war den Herrschaften zuviel.

Der junge Mann, der mit seinem ökumenischen Arbeitskreis Aufklärung machen wollte, war völlig entsetzt über die Lügen von Neusius. Nach meinem heutigen Wissensstand hat eben nicht der junge Mann gelogen, sondern der Sektenbeauftragte Neusius.

Köhler schrieb an die Veranstalter einen Brief, um die Sache klarzustellen:

> *... die zwei Arten einer Aufklärung über Scientology. Die eine Art ist die verharmlosende Art, die Dinge unverbindlich und schwammig definiert, keine Namen nennt und sich in Andeutungen und Vermutungen erschöpft. Nach einer solchen Aufklärung gehen die Besucher nach Hause in dem Bewußtsein, es gibt zwar Menschen, die mit Scientology schlechte Erfahrungen gemacht haben, aber für den Normalbürger ist alles halb so schlimm. Diese Art der Aufklärung bevorzugen auch die Sektenbeauftragten. Da ich selbst Katholik bin, leide ich unter dieser Verharmlosung doppelt, da ich sie für unverantwortlich halte. Bei einer Aufklärungsveranstaltung sagte vor Monaten Pater Bily aus Benediktbeuren zu besorgten Eltern wörtlich: „Die Gefahr für Ihre Kinder durch den Einfluß der Scientology ist nicht größer, als wenn diese Kinder die Zeitschrift Bravo lesen.“ Ich habe den Pater um eine Stellungnahme gebeten, er hüllt sich in Schweigen und beantwortet keinen meiner Briefe! Sich zu einer geäußerten Meinung zu bekennen, einen Brief zu beantworten, gehört in der Gesellschaft zum guten Umgangston. Die katholische Kirche schweigt zu allem, was ihr unangenehm ist. Anfragen von mir an vier verschiedene katholische Sektenbeauftragte in Diözesen Süddeutschlands zum Thema Scientology wurden von allen nicht beantwortet! Wie denken Sie darüber? Wer sich dagegen auflehnt – wie ich – wird als „radikal“ gebrandmarkt, ausgegrenzt und mundtot gemacht! Ihr Fall ist nur einer in der Kette kirchlicher Ablehnung! (...)*
>
> *Diese Art der Aufklärung hat für die katholische Kirche den Vorteil, daß sie nie mit der Organisation der Scientology in Konflikt gerät, da ihre „Kritik“ der Scientology nicht weh tut. Weil dies die Strategie der Kirche ist, müssen die Sektenbeauftragten entsprechend aufklären. Wann wurde ein katholischer Sektenbeauftragter je von Scientology vor Gericht gezerrt? Frau Hartwig passiert das laufend, auch ich mußte lernen, mit diesem Angriff der Scientology zu leben. Der Vorwurf von Herrn Neusius, daß Menschen in Panik geraten können, wenn sie die Ziele und Aktivitäten der Scientology erfahren, zeigt nicht nur die Verharmlosung in vollem Umfang, sondern auch die Verantwortungslosigkeit gegenüber der Gefahr*

durch Scientology. (...) ich kann Ihnen zahlreiche Fälle von verzweifelten Eltern nennen, die besorgt die Sektenbeauftragten gefragt haben, was sie unternehmen können, um ihre Kinder aus den Klauen der Scientology zu befreien. Die einstimmige Antwort der Sektenbeauftragten: „Da kann man halt nichts machen!" Erst jede klare Aufklärung verhindern und dann keine Hilfe anbieten können. Ist das das Ziel, das Sie in Ihrem ökumenischen Kreis anstreben? Wenn ja, dann sind Sie tatsächlich beim katholischen Sektenbeauftragten besser aufgehoben als bei mir.
... möchte ich die Teilnehmer des Arbeitskreises zum Nachdenken anregen, Mut machen zur Eigeninitiative, Zivilcourage zu entwickeln und sich nicht immer hinter einer Obrigkeit zu verstecken, um ihr letztlich die Verantwortung zu überlassen. Vor Ort tragen Sie ganz allein die Verantwortung für die Menschen in Ihren Gemeinden. Ich wünsche Ihnen für Ihr weiteres Arbeiten Gottes Segen und die Kraft des Heiligen Geistes. Ich jedenfalls habe meine ursprüngliche Kirchengläubigkeit abgelegt und gegen eine lebendige Verbindung zu Jesus Christus ausgetauscht. Also bin ich frei. Mit herzlichen Grüßen an Sie und alle Mitglieder des ökumenischen Arbeitskreises, ich grüße Sie auch als Beauftragter der örtlichen katholischen Kirchengemeinde zur Öffentlichkeitsarbeit sehr herzlich.
gezeichnet Walter Köhler

Auch das Schreiben vom 22.4.1997, das Walter Köhler an den Sektenbeauftragten Neusius schickte, löste das Problem nicht:

Sehr geehrter Herr Neusius,
am 9. April habe ich mit Ihnen telefoniert, um Ihre Äußerungen gegenüber (...) zur Sprache zu bringen. Mir wurde schriftlich mitgeteilt, daß Sie über mich aussagten: „Die Ausführungen von Herrn Köhler zum Thema Scientology sind radikal, er versetzt in seinen Vorträgen die Zuhörer in Panik." Sie hatten mir am 9. April am Telefon zugesagt, Sie wollen mir schriftlich bestätigen, die oben aufgeführten Äußerungen über mich nie getan zu haben. Heute, am 22. April, liegt mir immer noch kein diesbezügliches Schreiben von Ihnen vor. Nun setze ich Ihnen eine letzte Frist ...

Das Antwortschreiben kam einige Tage später per Fax. Neusius teilte Köhler mit, er sei davon ausgegangen, daß die Veranstaltung *stattfindet.* Im übrigen weist er darauf hin, daß die Veranstaltung nicht von ihm abgesagt wurde. Auch eine Art, Konflikte zu lösen, Herr Neusius! Erst setzt man die Veranstalter in Panik, betreibt in übelster Weise Verleumdung, und dann zieht man sich auf den Standpunkt zurück, man habe ja nicht selbst abgesagt.

Von außen sieht es für jeden, der das jetzt so liest, aus, als sei es ein Streit um des Kaisers Bart. Doch es geht tatsächlich um mehr: Es geht um Ausgrenzung, und es geht um die Aussagen des Herrn Neusius gegenüber Herrn Köhler am Telefon, daß er als kirchliche Institution sehr wohl etwas zu sagen habe, wenn in kirchlichen Räumen Aufklärungsveranstaltungen zum Thema Scientology stattfinden. Neusius ging sogar so weit, zu behaupten, daß die kirchliche Institution bei Vorträgen in kirchlichen Räumen auch ein Recht hätte zu entscheiden, welche Publikationen dort angeboten werden. Auf keinen Fall die Bücher von Frau Hartwig, *Scientology – Ich klage an!* oder *Scientology – Das Komplott und die Kumpane*. Als ich das hörte, löste das bei mir schallendes Gelächter aus. Von wegen, es findet keine Zensur statt! Das Buch *Scientology – Die Zeitbombe in der Wirtschaft* findet Herr Neusius angenehm. Mit den Büchern *Scientology – Ich klage an!* und *Scientology – Das Komplott und die Kumpane* habe ich tatsächlich gewagt, eine kirchliche Diskussion in Gang zu bringen. Besonders in *Scientology – Das Komplott und die Kumpane* zeige ich den Widerspruch der Kirchen in ihrem Verhalten gegenüber der Scientology-Organisation auf. Meinen Brief an Bischof Lehmann, in dem ich ihn zur allgemeinen Frage der Doppelmitgliedschaft bei Scientology und in der katholischen Kirche um eine Stellungnahme bat, hat er übrigens nie beantwortet. Es wäre auch längst die Aufgabe der Theologen gewesen, sich um diese Doppelmitgliedschaft von Scientologen zu kümmern und eine Diskussion in Gang zu bringen.

Wie doppelzüngig der Sektenbeautragte des Bistums Trier im Laufe der Jahre agiert, zeigt ein Brief, den er mir am 24.1.1996 anläßlich einer Einladung zur Klärung sämtlicher Mißverständnisse geschrieben hat:

> *... Vielen Dank für Ihre Einladung nach Stuttgart. Ihr Anliegen möchte ich nachhaltig unterstützen, daß alle, die sich in der Aufklärung und Abwehr von Scientologyaktivitäten engagieren, vertrauensvoll zusammenarbeiten sollten. ...*

Was Herr Neusius unter vertrauensvoller Zusammenarbeit versteht, wage ich nicht nachzuvollziehen. Einerseits bekam ich am 24.1.1996 dieses Schreiben, andererseits grenzte er ein knappes Jahr später nicht nur mich und meine Publikationen, sondern auch die mir nahestehenden Freunde von „Robin Direkt" aus, stiftete Verwirrung und verhinderte so Aufklärung. Warum, das bleibt sein Geheimnis. In allen möglichen Varianten höre ich immer wieder vom „Stil", den man mit mir nicht gemeinsam hätte. Wenn ich mir den Stil von Herrn Neusius anschaue, muß ich sagen: Gott sei Dank.

Diesen Sektenbeauftragten der Kirche ist es ja nicht einmal möglich gewesen, die Falschinformationen von Scientology über den Vatikan in ihrer Propagandazeitschrift *Fakten Aktuell* zu widerlegen. Selbst bis in Kirchenkreise war ich aktiv, und durch einen engagierten Monsignore der katholischen Kirche, der übrigens im Gegensatz zu den Sektenbeauftragten ein Kämpfer ist, wurde eine Stellungnahme aus der Apostolischen Nuntiatur in Deutschland erwirkt, also vom diplomatischen Vertreter des Vatikan in Deutschland, mit folgendem Inhalt:

Hochwürdiger Monsignore,
(...) Zu den Behauptungen in dem Artikel „Der Vatikan beschreibt Scientology" ist folgendes festzuhalten:
1. Das zitierte Lexikon „Grande Dizionario delle Religione" wird weder vom Vatikan herausgegeben noch im Auftrag des Vatikan.
2. Die Behauptung: „Der Vatikan informiert" ist also unwahr und irreführend.
3. Schon aus der einfachen Darlegung des Lexikonartikels ist ersichtlich, daß Scientology nicht mit dem christlichen Glauben vereinbar ist.
(...)
Ihr im Herrn ergebener
(Signatur)
Apostolischer Nuntius

Die Sektenbeauftragten hätten mit ein bißchen mehr Engagement eine solche Stellungnahme längst bewirken können, um die Lügen und Verdrehungen der Scientology aufzudecken.

Als der Präsident der Scientology International, Heber Jentzsch, im Vatikan in Rom vorstellig wurde, um gegen meine Publikationen Stimmung zu machen, hörte ich nichts von Kirchenkreisen und Sektenbeauftragten. Ich löste auch diese Angelegenheit im Hartwig-Stil. Ich schickte mein Buch *Scientology – Ich klage an!* an den Vatikan und signierte es folgendermaßen: „Für Johannes Paul von Renate" und dachte mir, das wäre wohl die einfachste Lösung, um dem Papst Informationen zum Thema zu liefern, denn seine Sektenbeauftragten waren anscheinend bis zum heutigen Tag nicht imstande dazu. Übrigens habe ich festgestellt, daß unge-

Ich löste auch diese Angelegenheit im Hartwig-Stil. Ich schickte mein Buch *Scientology – Ich klage an!* an den Vatikan und signierte es folgendermaßen: „Für Johannes Paul von Renate"

wöhnliche Aktionen, die aus dem Rahmen – oder ist es Stil? – fallen, teilweise zu hervorragenden Resultaten führen. Vielleicht ist es ja möglich, daß die Herrschaften ihren eigenen Stil einmal überdenken.

Anstatt auszugrenzen, totzuschweigen, hinter vorgehaltener Hand Tarnungen zu vertuschen und Veranstalter zu verunsichern, wäre es sicher sinnvoller gewesen, man hätte sich im Notfall in mehreren Etappen ausgetauscht, Standpunkte geklärt und miteinander gerungen, um der Sache wegen eine Lösung dieses Konflikts zu finden. Aber genau das Gegenteil ist der Fall: Es wird in kleinen Zirkeln diskutiert, während die Gefahr durch Scientology wächst. Die Angriffe gegen mich zeigen wieder Parallelen zu Scientology: Ich werde pauschal verurteilt, es wird systematisch versucht, meinen Ruf zu zerstören, und ein wirklicher Dialog anhand von nachweisbaren Fakten findet nicht statt. Man wirft mir vor, daß ich diese Fakten über die Machenschaften der Scientology öffentlich mache und daß ich die Bürger in Form von Fallbeispielen, die tatsächlich in diesem Land geschahen, informiere und sie aufgrund dieser Fakten nachvollziehen können, wo die latente Gefahr des Hubbardismus lauert. Innerhalb dieses Lobbyistenkreises der Sektenbeauftragten, der zahlenmäßig übrigens überschaubar ist, wurde ein Feindbild gegen meine Person und die Bürgerinitiative „Robin Direkt" aufgebaut. Die Schaffung eines Feindbildes ist auch bei Scientology ein wesentliches Element des Systems. Nach meinen heimlichen Treffen mit verschiedenen Sektenbeauftragten ist mir klar, daß es auch innerhalb der Gegnerschaft von Scientology Methoden gibt, um Feindbilder aufzubauen und aufrechtzuerhalten.

Diese Erfahrungen stimmen mich sehr nachdenklich. In Einzelgesprächen oder in zufälligen Treffen gelingt es mir ab und zu, das festgefahrene Bild von mir geradezurücken. Am meisten macht mir aber zu schaffen, daß meine anerzogenen Vorstellungen über Glaubhaftigkeit und Verläßlichkeit und Vertrauen erschüttert wurden und daß diese Menschen nach außen die Fahne der Seriosität in den Wind hängen. An dem geschilderten Beispiel wird aber auch klar, daß durch solche Aussagen, wie sie laut Veranstalter von Herrn Neusius kamen, Mißtrauen, Verunsicherung und teilweise sogar Angst verbreitet wird. Das sind übrigens Kriterien, die Scientology braucht, um weiterhin ungehindert arbeiten zu können. Wer Aufklärung verhindert oder nur von ihm zensierte Aufklärung zuläßt, braucht sich nicht zu wundern, wenn er ins Schußfeld der öffentlichen Diskussion gerät.

Nach Aussagen von Herrn Neusius unserem Herrn Köhler gegenüber findet er es sinnvoller, sich um Arbeitslosigkeit zu kümmern als um Scientology. Sollte Neusius vielleicht aus der Ecke der Sektenbeauftragten zum Arbeitsamt wechseln?

Es kann nicht sein, daß eine selbsternannte Lobbyistengruppe entscheidet, welche Art der Aufklärung der Bürger bekommen „darf" oder nicht. Wenn den Bürgern verwehrt wird, sich frei zu informieren, kommt das einer Entmündigung gleich. Wenn das Nennen von Fakten, Strategien und Fallbeispielen als Panikmache deklariert wird und die Auseinandersetzung mit der faschistoiden, totalitären Scientology-Organisation unter Panikmache läuft, dann braucht man sich nicht zu wundern, wenn die Scientologen hoch erfreut in ihren Propaganda-Blättern die schmutzige Allianz zwischen ihnen und den Sektenbeauftragten dokumentieren.

Mobbing aus Behördenkreisen

Im April 1997 wurde mir bei einer meiner Aufklärungsveranstaltungen zum Thema Scientology zwischen Tür und Angel übermittelt, in Hessen sei etwas gegen mich im Gange. Die Zeit drängte, denn ich mußte zum Rednerpult, um meinen Vortrag zu halten. Der Saal war bis auf den letzten Platz gefüllt. Ein Mann, der in vielen Behörden auf oberster Ebene Gespräche führte und dadurch Zugang zu Informationen hatte, flüsterte mir zu, ich solle vorsichtig sein. Eine der vielen Situationen, die mich kalt erwischen.

Der Vortrag fand vor mehreren Hundert Zuhörern statt, die offensive Aufklärung zum Thema Scientology erwarteten. Nur gut, daß ich gute Nerven habe und in den letzten Jahre auch lernte, Dinge einfach wegzuschieben.

Nach dem Vortrag überlegte ich, was diese Aussage „in Hessen sei etwas gegen mich im Gange" bedeuten sollte. Wenn man mich warnen will, warum nicht detailliert mit Fakten? Ich konnte die ganze Angelegenheit nicht einordnen. Da ich mir keiner Schuld bewußt war und nichts getan hatte, wovor ich mich fürchten mußte, ließ ich es so stehen und hatte die Angelegenheit schnell vergessen.

Monate später holte diese Warnung mich wieder ein. Paul und ich trafen uns mit einem Beamten, der seit langem unsere Arbeit beobachtete. Aufgrund seiner Position wußte er, welchen Angriffen wir wegen unseres Engagements ausgesetzt sind. Bei dem Gespräch ging es auch darum, wie auch aus Behördenkreisen versucht wird, Verbindungen zu uns abzuschneiden, und daß einzelne Beamte „eigenartige Kontakte" unterhalten. Da fiel auf einmal der Satz: „Frau Hartwig, ich weiß seit langem, daß ein bundesweites

Mobbing auch aus Behördenkreisen gegen Sie im Gange ist.“ Wie ein Blitz fuhr es mir durch den Kopf: die Warnung im April 1997 vor meinem Vortrag.

Rufmord von Scientology gehört für mich seit Jahren zum Alltag. Es ist bekannt, wie die Organisation mit Kritikern umgeht. Leider nimmt man es als gegeben hin. Alle massiven Versuche von Scientology, meinen Ruf vollkommen zu ruinieren, nützten der Organisation nichts. Unsere offensive Aufklärung wurde eher verschärft. Dennoch konnte sich Scientology freuen. Denn inzwischen wird das von den sogenannten „Gegnern“ durchgezogen, was Scientology vorgemacht hat, nämlich systematische Diskreditierung und Verleumdung. Diese Aussagen von verschiedenen Sektenbeauftragten finden sich auf Scientology-Flugblättern wieder. Mobbing, nannte es der Beamte, mit dem wir uns trafen, es ist das Schlüsselwort überhaupt.

Ohne Anschreiben erhielt ich ein paar Tage später das Corpus delicti auf Ministeriumspapier. Wie geht man damit um? Ein Brief, unterzeichnet von einem Dr. Walter Kindermann aus dem Hessischen Ministerium für Umwelt, Energie, Jugend, Familie und Gesundheit, datiert vom 10. 4. 1997, wurde von ihm dreiundzwanzig Mal an andere Ministerien verschickt. Bis hin zum Städtetag, dem Innen- und Justizministerium in Bonn stellt Kindermann in seinem Schreiben eigenartige Fragen über „Robin Direkt“ e.V., meinen Mann und mich. Ich schüttelte den Kopf, als ich das Schriftstück las. Mit geschickt formulierten Fragen zweifelt Kindermann unsere Seriosität und Glaubwürdigkeit an. Jeder der Adressaten, der unsere Namen in irgendeinem Ministerium hört und keine Hintergrundinformationen hat, wird sich an diesen Brief erinnern, evtl. eine Warnung vor uns aussprechen und Kontakte zu uns unterbinden. Als Rechtfertigung kann sich jeder auf das Schreiben von Kindermann herausreden. Gut eingefädelt, ich nenne es perfektes Mobbing.

Was treibt einen Beamten dazu, auf Steuerkosten mit Ministeriumspapier eine Frageaktion über uns zu lancieren? Woher soll der Deutsche Städtetag, der auch angeschrieben wurde, wissen, ob es eine Schutzerklärung von „Robin Direkt“ gibt? Was will er uns unterstellen, wenn er die Einladung einer Veranstalterin eines Aufklärungsseminars angreift, die mich und meinen Mann als Referenten nennt? Warum fragt er nicht uns?

Warum fragt keiner der Adressaten, was das Ganze soll? Haben wir soviel Steuergelder übrig, daß jeder Beamte seine eigenen Fragespiele quer durch Deutschland betreiben kann? Übrigens: Hätte man uns gefragt, wäre in fünf Minuten geklärt gewesen, daß ein derartiges Psychoseminar nie stattgefunden hat, und die Juristen, die mit uns die Schutzerklärungen erarbeiteten, hätten Kindermann über die juristischen Hintergründe sicher informiert. Die ganze bundesweite Briefaktion des Beamten Kindermann wäre durch ein Telefonat bei uns hinfällig gewesen. Es bleibt die Frage: Wollte denn Kindermann überhaupt eine Antwort von uns auf seine Fragen?

Wer gab diesem Dr. Kindermann den Auftrag zu diesem Brief? Sein Vorgesetzter nicht, denn der wußte bei meinem Anruf am 29. August 1997 nichts von dieser Aktion. Kindermann sei in Urlaub, er müsse ihn erst fragen. Warum wußten dann im Juli 1997 viele Journalisten von dem Brief? Ich wurde gefragt, ob ich Feinde im Hessischen Ministerium hätte. Das Kartell der Kritiker faxte ebenfalls Unterlagen herum, die als Anlage dem Kindermann-Brief beilagen.

Von der „Sektenberatung Bremen", vertreten durch Bernhard Brünjes, über Jeanette Schweitzer bis zu Steven Goldner, der bei der hessischen Sektenberatung „SINUS" aktiv ist, reichte die Beteiligung an dem Versuch, mir und meinem Mann „Psychoseminare" unterzujubeln und damit eine neue Ära von Gerüchten in Umlauf zu bringen. Steven Goldner hatte bereits im Frühjahr gegenüber einer Journalistin geäußert, es sei gegen mich etwas im Gange. Was und wozu, ließ er nicht durchblicken. Dafür schrieb er einen Rundbrief an die Industrie – mit gleichem Tenor wie Dr. Kindermann. Das Ganze ist ein Paradebeispiel für Mobbing.

Ein Jurist aus unserem Arbeitskreis „Juristen gegen Scientology" brachte es auf folgenden Nenner: „Renate, das ist einfach raffiniert inszeniert. Ein Schreiben mit einem Briefkopf vom Ministerium läßt sich doch herumzeigen und gegen dich verwenden. Wer hinterfragt denn da noch Fakten bei so einem ‚seriösen' Absender? Außerdem kann sich jeder auf ein Ministerium berufen."

Wie nannte es der Beamte, mit dem wir uns trafen? „Mobbing aus Behördenkreisen". Er hatte recht. Bis heute fällt es mir trotz all meiner Erfahrungen immer noch schwer, mit diesen Erlebnissen umzugehen. Ich verstehe auch nicht, warum solche Kesseltreiben in einem Rechtsstaat ohne Folgen für die Verursacher möglich sind. Welche Chancen hat eigentlich ein Bürger in diesem Land, Zivilcourage zu beweisen? Wenn Mobbing zu einem nicht nur geduldeten, sondern kultivierten Gesellschaftsspiel wird, dann ist die von Politikern oft geforderte Courage des einzelnen Bürgers nichts als eine Farce.

Im Namen des Volkes

Ende Juni 1997 rief mich eine Journalistin an und sagte: „Lache nicht, oder es kommt ein neues Buch über Scientology im Econ-Verlag heraus. Als Autoren werden N.N./N.N. genannt, richtig geheimnisvoll. Jeder weiß aber bereits, daß es Caberta und Träger sind."

Ich mußte schmunzeln, denn immerhin dokumentierte nun das Team Träger/Caberta in der Öffentlichkeit die intensive Zusammenarbeit. Am 2. 7. 1997 wurde das Buch im Beisein des Hamburger Innensenators Wrocklage im Presseclub Bonn vorgestellt. Danach erhielt ich von Journalisten Hinweise, daß darin mehrere Seiten übelster Diffamierungen gegen mich standen. Am 5. 7. 1997 erhielt ich das Buch per Post, versehen mit gelben und roten Fähnchen und einem Zettel, auf dem stand: „Das Buch heißt *Scientology greift an*, aber es werden viel mehr die angegriffen, die bei Scientology auf der Feindesliste stehen. Warum?"

Womöglich sind der PR-Mann Träger und Caberta, die Dame aus dem Innensenat, auf Rachetour, schoß es mir durch den Kopf. Ich blätterte die Seiten durch und las die markierten Stellen. Ich wunderte mich, daß der renommierte Autor und Fernsehredakteur Egmont Koch, der mit seinen Beiträgen „Gehirnwäsche" (WDR 1990) und „Die dunkle Seite von Scientology" (WDR 1997) maßgeblich an offensiver Aufklärung beteiligt ist, ebenfalls von Träger angegriffen wird. Das Ganze paßt nicht zu einem „Edelaussteiger". Warum verschweigt er die Namen wichtiger Scientologen in seinem Buch und greift Koch an, der durch seine Beiträge Scientology demaskierte? Egmont Koch klagte gegen Gunther Träger und den Econ-Verlag, das Landgericht Bremen erließ eine einstweilige Verfügung. Träger darf seine Behauptungen über Koch nicht mehr verbreiten.

Mit roten Zetteln waren vier Seiten markiert, in denen Ursula Caberta schmähende und unwahre Behauptungen über mich und meinen Mann aufstellte.

Also doch auf gemeinsamer Rachtetour, Träger und Caberta? Koch bekommt sein Fett von Träger ab – vielleicht weil er ihn in seinem Filmbeitrag 1990 auf seine intensiven Scientology-Kontakte ansprach. Mir verpaßt Caberta drei Seiten, versehen mit diskreditierenden Behauptungen – vielleicht weil ich es wagte, kritische Fragen über ihr Vorgehen in ihrer Position zu stellen?

Mein Versuch, 1996 alle an einen Tisch zu bekommen, um die Reibungspunkte zu klären, scheiterte, wurde von Caberta boykottiert. Wer aber zu feige zu einem klärenden Gespräch ist, hat meiner Meinung nach etwas zu verbergen. Wer statt offener, demokratischer Auseinandersetzung sich gezielt an der Verbreitung von Gerüchten beteiligt, dadurch in Kauf nimmt, massive Aufklärung zu unterbinden, muß sich und seine Position hinterfragen lassen. Beim Lesen des Kapitels über mich in ihrem Buch kam mir die Frage: Wie lange soll ich noch Geduld haben?

Die kopierten Seiten faxte ich an meine Anwälte Becker & Büser in Düsseldorf, und wir waren uns einig, daß wir etwas unternehmen mußten. Irgendwann ist Schluß. Ich kann auch den Spruch nicht mehr hören: „Ihr Kritiker müßt doch alle zusammenhalten, es geht doch um die Sache."

Was heißt denn zusammenhalten? Um was für eine Sache geht es in dieser Szene? Einerseits profitieren inzwischen ganze Heerscharen von Aufklärern von der Risikobereitschaft solcher Aktivisten, wie wir es sind. Andererseits werden wir beleidigt und denunziert. Da sind z.B. Angelika Christ und ihr Mann Steven Goldner, die soweit gehen, mich öffentlich mit mordenden Terroristen zu vergleichen. Dann Caberta, die versucht, mich als Provinztrottel hinzustellen, und unsere Bürgerinitiative „Robin Direkt" verleugnet, indem sie auf Nachfrage antwortet: „Die gab es einmal." Unseren Verein bringt sie geschickt formuliert mit dem Wort „Sekte" in Verbindung. Schamlos werden Fakten verdreht, und in ihrem Buch stellt sie gleich reihenweise falsche Behauptungen über meinen Mann und mich auf.

Meine Anwälte stellten am 18. Juli 1997 einen Antrag auf Erlaß einer einstweiligen Verfügung beim Landgericht Düsseldorf gegen Caberta und den Econ-Verlag. Grund: fünf falsche Behauptungen in Cabertas Buch. Die mündliche Verhandlung wurde vom Gericht auf den 6. August 1997 angesetzt. Unser Anwalt erhielt einen Anruf, in dem er um Verschiebung des Gerichtstermins gebeten wurde, Frau Caberta sei in Urlaub auf Zypern. Später erfuhr ich, daß das Buch mit den ungeheuerlichen Aussagen über uns schon seit Anfang Juli vertrieben wurde. Nein, verschoben wird nichts, war die einstimmige Meinung von uns und den Anwälten.

Am 5. August 1997 trafen wir uns mit unseren Anwälten und gingen den Schriftsatz der Gegenseite durch. Widersprüche zwischen Buchtext, eidesstattlichen Erklärungen und Schriftsatz fielen auf. Dem Schreiben der Gegenseite lag als Anlage 5 eine unterschriebene, beglaubigte Abschrift mit folgendem Text bei:

„Die Sendung ‚Akut' von SAT 1 12.7.1993. Es wird eingeblendet Frau Renate Hartwig." Ich las den Text, den man mir in den Mund legte, und stutzte. So hatte ich das nie gesagt. Die beiden letzten Sätze waren überhaupt nicht von mir. Mein Anwalt machte mich darauf aufmerksam, daß es immerhin eine unterschriebene, beglaubigte Abschrift von Cabertas Hamburger Anwalt sei. Richtig, aber was ich nicht gesagt habe, habe ich eben nicht gesagt. Hier steht Aussage gegen Aussage, so sah es aus. Paul zog aus dem Aktenkoffer ein Videoband hervor und legte es mit der von mir so geliebten Gelassenheit auf den Tisch. Alle, die an dem langen Konferenztisch saßen, blickten auf das Videoband, auf dem zwölf Beiträge zum Thema Scientology aufgenommen waren, darunter die Sendung „Akut“ von 1993, um die es auch bei der bevorstehenden Verhandlung ging. Es war spät am Abend, als wir die Kanzlei verließen, und Rechtsanwalt Büser erinnerte uns noch einmal eindringlich, das Videoband am nächsten Tag zur Verhandlung mitzubringen.

6. August 1997, Landgericht Düsseldorf: Es war neu für mich, mit Fernsehapparat und Videogerät zu einer Verhandlung zu gehen. Nach dem Gerichtstermin war mir klar, daß ohne dieses Beweisvideo die Gegenseite eine Chance und ich es schwer gehabt hätte, die Wahrheit zu beweisen.

Caberta hatte wohl ihren Urlaub in Zypern abgebrochen, denn sie war da.

Beim Landgericht Düsseldorf standen nun die Parteien vor den Richtern. Nach dem üblichen Prozedere entschied der Vorsitzende Richter, die von den Anwälten vorgelegten Schriftsätze mündlich zu erörtern. Fünf Aussagen beanstandeten mein Mann und ich als Kläger. Punkt für Punkt gingen die drei Richter die Passagen durch. Die Widersprüche zwischen Buch, Schriftsatz und den nun vorgelegten eidesstattlichen Erklärungen wurden von unserem Anwalt vorgetragen. Auch welche Gefahren wir sehen, wenn diese Kampagne gegen uns einfach widerspruchslos hingenommen wird. Völlig unverständlich ist für mich immer noch, warum Caberta unterstellte, Paul und ich würden „eigene Psychoseminare“ anbieten. Sie müßte uns doch besser kennen! Immerhin war sie oft privat bei uns und kennt unsere Einstellung. Wozu macht sie das? Wer treibt sie dazu? Die Frage kam für mich erst recht auf, als wir zu den Aussagen der Sendung „Akut“ 1993 kamen, die sie mir unterstellte. Durch meine jahrelange Arbeit gegen das System Scientology bleibt nicht aus, daß man gerichtserfahren wird. Unglaubliche Situationen habe ich erlebt. Aber die am 6. August 1997 gemachte Erfahrung wird unauslöschlich in meinem Gedächtnis bleiben.

Einer der Richter legte Caberta das mit Anlage 5 gekennzeichnete Schriftstück vor und fragte sie, ob ich das so in der Sendung, bei der es um Thomas Gottschalk ging, gesagt habe. Caberta antwortete mit „Ja“. Dann legte der Richter mir das Blatt hin, und ich sagte, daß ich bis auf die Verdrehungen von verschiedenen Wörtern im Text mich daran erinnern könne, es so ähnlich gesagt zu haben. Nur die letzten beiden Sätze, die seien sicher nicht von mir. „Sektenbruder“ gehört nicht zu meinem Sprachschatz. Genau das soll ich aber nach der vorgelegten Abschrift von der Gegenseite in Verbindung mit dem Namen Gottschalk gesagt haben. Wieder ging das Blatt zu Caberta, und wieder bestätigte sie, daß die von ihrem Rechtsanwalt Burmester als beglaubigte und unterschriebene Abschrift eingereichte Textpassage meine Worte gewesen seien. So ging es hin und her, bis der Vorsitzende Richter dann entschied, das von uns als Beweis vorgelegte Videoband der Sendung anzuschauen. Ich schaute Caberta in die Augen und suchte eine Antwort darin. Ich fand die Antwort nicht, ich glaubte aber, Haß in ihren Augen zu erkennen. Meine eigene Stimme unterbrach meine Gedanken, die Sendung „Akut“ vom Juli 1993 lief. Fieberhaft überlegte ich, wie sie sich jetzt wohl aus der Affäre ziehen würde. Denn ich wußte, jetzt kommt es auf, daß ich die mir unterstellten Sätze nicht gesagt habe. Ich dachte an die Positionen, auf die sie doch so großen Wert legt. Wie lassen die sich jetzt mit dem vereinbaren, was hier im Gericht ans Tageslicht kommt? Immerhin wirbt sie heute noch mit ihrer ehemaligen Tätigkeit als rechtspolitische Sprecherin der SPD-Fraktion in der Bürgerschaft Hamburg. Eigentlich sollte man da das kleine Einmaleins der Juristerei kennen. So schreibt sie zum Beispiel:

> *Allerdings verfügte sie (damit bin ich gemeint) nicht über mein Startkapital: das mit dem Abgeordnetenmandat automatisch verbundene öffentliche Interesse. Dazu gehört natürlich auch, gegenüber Behörden etwa, die Souveränität des gewählten Volksvertreters.*

Es war ganz ruhig im Gerichtsaal. Das vorgespielte Video brachte den Beweis: Der Beitrag zeigte deutlich, daß die von Caberta im Schriftsatz vorgelegte und von ihrem Hamburger Anwalt Burmester unterschriebene, beglaubigte Abschrift in der Formulierung in wichtigen Teilen falsch war. Durch Vorlage der Anlage 5 wurden mir zwei Sätze angelastet, die ich nicht gemacht hatte, sondern der Moderator der Sendung „Akut“. Eine Verwechslung war ausgeschlossen, denn erstens war ich bereits aus der Sendung ausgeblendet, als die beiden Sätze fielen, zweitens war die Stimme unüberhörbar eine andere. Es war nur noch peinlich.

Ich schloß die Augen und atmete tief durch. Ich dachte, jetzt müßte Caberta im Boden versinken, aber nichts dergleichen geschah. Sie lachte, als sei das Ganze ein Spiel. Wir befanden uns aber im Gerichtssaal, es gab nichts zu lachen. Der Meinung waren auch die Zuhörer der öffentlichen Verhandlung. Alle, mit denen ich anschließend sprach, waren entsetzt. Mir kroch die Gänsehaut hoch, als mir klar wurde, wie ich jetzt dastehen würde, hätten wir nicht das Video von 1993 als Beweis dabei gehabt. Dann hätte Aussage gegen Aussage gestanden. Wem hätte das Gericht geglaubt? Hätte es Caberta geschafft, wieder einmal ihre Position in die Waagschale zu werfen? Ich war schockiert, als ich erkannte, an welchem seidenen Faden Recht und Unrecht oft hängen. Endlos erschienen mir die Sekunden zwischen dem Abschalten des Videogerätes und dem weiteren Fortlauf des Verfahrens. Caberta wühlte erst in einem Berg von Papier, dann in ihren Haaren. Ihr Lachen konnte ich genausowenig einordnen wie ihre Vorgehensweise. Sie zog ein Schriftstück hervor und legte es den Richtern hin.

Was sollte das denn nun wieder? Ein Brief vom 13. Juli 1993, den mir der Verlagsleiter des Pattloch-Verlages gefaxt hatte. Ich traute meinen Augen nicht. Wie kam sie zu dem? Zu dem Brief gibt es eine interessante Begebenheit. Scientology versuchte ebenfalls, dieses Schreiben gegen mich und den Verlag im Jahr 1994 bei einer gerichtlichen Auseinandersetzung in München zu verwenden. Wir fragten uns damals, wie ein persönlicher Brief an mich, der nur vom Verlag in Augsburg zu mir nach Hause gefaxt wurde, zu Scientology kam. Der Verlagsleiter erstattete damals umgehend Anzeige wegen Diebstahl gegen Unbekannt.

Scientology und Caberta benützten dasselbe, aktenkundig als gestohlen registrierte Schreiben als sogenanntes Beweismittel gegen mich. Unabhängig davon, daß es als Beweismittel als untauglich eingestuft wurde, bleibt ein schaler Geschmack. Wie kommt Caberta an den Brief? Das will ich geklärt haben, war das erste, was ich in dem Moment dachte. Ich nahm das Schreiben und stutzte, als ich die Faxkennung darauf sah: „6. Aug. 97 11:24 C&C Contakt und Creation GmbH". Das Fax kam aus der Firma von Gunther Träger. Wie ausgerechnet er nun an das Schreiben gekommen ist, würde nicht nur mich interessieren.

Es scheint, als hätte man in diesem Verfahren alle Register gezogen und, wie man sagt, „viel mit der heißen Nadel gestrickt", um bei Gericht etwas vorlegen zu können.

Unverfroren legte Caberta als Anlage 4 das Schreiben der Landespolizeibehörde Tübingen an den Journalisten Michael Schmidt (s.S. 144) vor. Schon als ich den Schriftsatz las, den Caberta durch ihren Anwalt einreichen ließ, kam mir vieles so bekannt vor. Nach dem Verfahren verstärkte sich der Eindruck. Richtig, Scientology hatte fast die gleichen „Beweise" gegen mich ins Feld geführt. Welche Zufälle es doch gibt, dachte ich mir beim Verlassen des Gerichtsgebäudes. Am 18. 8. 1997, zwei Tage vor der vom Gericht festgelegten Urteilsbegründung, ging von der Gegenseite ein Schriftsatz ein: eine korrigierte Fassung der Anlage 5: Genau die mir unterstellten Aussagen in der „Akut"-Sendung wurden nun berichtigt. Seinerzeit, so die Begründung aus der Hamburger Kanzlei Burmester, hätte der Anwalt eine zuverlässige Rechtsanwaltsgehilfin beauftragt, nach Ton-Mitschnitt zu übertragen. Der Anwalt geht davon aus, so stand da zu lesen, „... daß durch die Richtigstellung der Antragsteller die alte Anlage 5 nicht entscheidungserheblich ist".

Die Frage bleibt offen, ob diese Richtigstellung auch erfolgt wäre, wenn wir das Beweisvideo in der Verhandlung nicht gehabt hätten.

Ganz am Rande: Zum Zeitpunkt des Verfahrens in Düsseldorf lagen bei Cabertas Rechtswalt Burmester Vollmachten von mir und meinem Mann sowie von „Robin Direkt e.V." Denn Herr Burmester war auch einmal unser Anwalt. Inzwischen wurde ihm die weitere Mandatierung für uns durch RA Büser offiziell entzogen. Herr Burmester bekam auch noch Post von einem unserer Münchner Anwälte, unter anderem mit folgendem Text:

> *In vorbezeichneter Angelegenheit haben Sie in einem einstweiligen Verfügungsverfahren, das Frau Hartwig über eine Düsseldorfer Anwaltskanzlei gegen Frau Caberta führt, am 31.7.1997 versucht, Urteile beziehungsweise Aktenzeichen von Urteilen, die angeblich gegen Frau Hartwig ergangen seien, zu bekommen.*
> *Im Hinblick auf dieses Ansinnen – das ich – um es freundlich auszudrücken – für bedenklich halte, und die weiteren Umstände Ihres Sachvortrages in jenem Verfahren, bitte ich Sie von jedweder Zusammenarbeit ... abzusehen.*
> *Der Zweck heiligt eben nicht alle Mittel ...*
> *Mit freundlichen Grüßen*

An dieser Stelle ist jetzt einmal ein Dank fällig an diejenigen Juristen, die mir nach solchen Erlebnissen wie im Gerichtsverfahren in Düsseldorf weiter Mut machten und halfen, mein Rechtsverständnis, das so manches Mal ins Wanken gerät, wieder geradezurücken.

Am 20. 8. 1997 hat das Landgericht Düsseldorf meinen Mann und mir in den beanstandeten fünf Punkten recht gegeben und die einstweilige Verfügung unter dem Aktenzeichen 12O301/97 gegen die Beklagten, den Econ-Verlag und Ursula Caberta, erlassen. Am 21. 8. wurde das Urteil dem Econ-Verlag durch den Gerichtsvollzieher zugestellt. Ein Bote überbrachte es am 22. 8. Ursula Caberta. Der Prozeßbevollmächtigte erhielt es am 26. 8. Seltsam erscheint mir das Rechtsverständnis des Econ-Verlages. Er vertrat die Ansicht, daß nur in allen zukünftigen Ausgaben die vom Gericht untersagten Aussagen nicht verbreitet werden dürfen. Richtigzustellen ist jedoch, daß die einstweilige Verfügung ohne Aufbrauchfrist erging.

Bis zur Drucklegung des Buches war nicht bekannt, ob die Beklagten in Berufung gehen. Das Buch wurde noch am 29. August mit den untersagten Passagen verkauft. Weder die Buchgrossisten noch die Buchhändler wurden vom Econ-Verlag über das Urteil in Kenntnis gesetzt. Die Haltung des Econ-Verlages hat mich veranlaßt, den Econ-Verlag im Wege eines Ordnungsgeldverfahrens zur Einhaltung der gerichtlichen Verfügung anzuhalten.

Am 4. September wurde uns die ausführliche Begründung des Urteils vom Landgericht Düsseldorf zugestellt. Auf insgesamt 20 Seiten dokumentieren die Richter das Urteil im Namen des Volkes.

Über die Urteilsbegründung und die nun von uns gestellte Dienstaufsichtsbeschwerde gegen Caberta sollten – um der Sache willen – nicht nur die politisch Verantwortlichen nachdenken. Die Richterkammer hat in neun Seiten folgendes ausgeführt: Caberta, so das Gericht, diffamiere nicht nur vorsätzlich, sondern es gehe ihr in der Auseinandersetzung nicht mehr um die Sache. Es fehlen, so das Gericht, jegliche Bezugspunkte, die eine Kritik rechtfertigen. Caberta betreibe willkürliche, vorsätzliche Ehrkränkung gegenüber Hartwig. Ihre herabsetzenden Äußerungen über Hartwig in ihrem Buch *Scientology greift an* werden unter anderem vom Gericht als „bloße Schmähkritik" entlarvt, und im Vordergrund stehe für Caberta, die Antragstellerin unglaubwürdig zu machen.

Ich weiß nicht, wie unsere Antragsgegner, Econ-Verlag und Ursula Caberta, auf diese klaren Entscheidungsgründe der Richterkammer reagieren. Vielleicht denken sie nach. Nachdenken sollte aber auch der zur Zeit amtierende Innensenator Wrocklage der Freien und Hansestadt Hamburg. Er hat mit seinem Namen und dem Gewicht seiner Position das Buch *Scientology greift an* von Caberta und Träger vorgestellt und gefördert, damit aber auch die im Buch enthaltenen Diffamierungen über uns. Das Gericht hat festgestellt, daß es Caberta in der Auseinandersetzung nicht mehr um die Sache geht. Als ihr Vorgesetzter sollte sich der Herr Innensenator darüber Gedanken machen.

Das Urteil bestätigt mir, daß es sich trotz vieler Mühen lohnt, für wehrhafte Demokratie einzustehen. Auch wenn ein solches Erfolgserlebnis viele Kratzer in der Seele heilt, die durch Diffamierungen entstehen, weiß ich sehr genau, daß das Abenteuer Zivilcourage deshalb nicht zu Ende ist.

Wo fange ich jetzt an?

Nachdem sich am Anfang meiner Arbeit alles hauptsächlich um einzelne Schicksale drehte, änderte sich das im Laufe der Zeit. Aus den Einzelschicksalen wuchs meine Erkenntnis der gesellschaftspolitischen Gefahr und vor allem der wachsenden Strukturen in der Gesellschaft, welche ich inzwischen „Hubbardismus“ nenne. Betrachtet man Aussagen und Publikationen von Scientologen aus dem Jahr 1989 zum Thema Propagandamaßnahmen und macht sich dann noch die Mühe, geschichtliche Zusammenhänge zu studieren, stößt man unweigerlich auf die Frage: „Wo fange ich an?“

Querverbindungen tauchen auf, einzelne Scientologen werden durch eine gesteuerte Diskussion in der Öffentlichkeit zu Opfern der Auseinandersetzung gemacht. Faktische Informationen bleiben auf der Strecke. Statt dessen tauchen Propagandamaßnahmen auf, die „Rufmord“ oder auch „Verharmlosung“ beinhalten.

Ein Mann, der sich politisch engagiert und versucht, in seinem Stadtparlament über das Thema zu informieren und zu sensibilisieren, brachte es auf den Punkt, als er meinte: „Renate, du hast ein Problem. Weil die Gegenseite bereits mit Lobbyisten arbeitet, mußt du noch mehr veröffentlichen, noch mehr kämpfen, noch mehr Namen und Fakten nennen, damit die Brisanz in der breiten Bevölkerung erkannt wird und dadurch mehr Druck entstehen kann.“

Ich versuchte ihm dann zu erklären, daß es auch noch einen weiteren Ansatzpunkt gibt, der leider viel zu kurz kommt: „Was mache ich mit den Propagandamaßnahmen gegen mich? Was ist mit den Zeugen, die sich einfach aus irgendwelchen Gründen nicht mit dem Thema auseinandersetzen wollen? Was ist mit denen, die lieber einen Haken schlagen und einen Nebenkriegsschauplatz eröffnen – wieder mit Hilfe derer, die es eigentlich besser wissen müßten? Wie gehe ich mit den juristischen Attacken um, von denen ich ganz genau weiß, daß es sich hier nicht um die Auseinandersetzung mit der Sache handelt, sondern daß die Zielsetzung heißt: Zeit binden, Kapital entziehen? Denn Rechtsanwälte und Gerichtskosten sind ein großer finanzieller Faktor! Wohin führt dieser teilweise einsame Kampf, wenn man weiß, daß dahinter eine Strategie steckt?

Diese Strategie könnte lauten: Egal wie – Hauptsache, wir kriegen sie ruhig! Schau die Unterlagen von Paulette Cooper an, schau die sechs Komplotte an, die Scientology ausarbeitete und teilweise durchführte. Das ging so weit, daß Paulette Cooper, die in den siebziger Jahren Fakten über Scientology veröffentlicht hatte, nicht nur mundtot war, sondern sogar im Gefängnis landete. In den Gerichtsunterlagen, die wir über den Fall Cooper haben, steht ganz klar, was laut Scientology mit Cooper passieren sollte: Entweder soll Cooper ins Gefängnis oder in die Psychiatrie.

Schau dir die Flugblätter an, die sie seit Jahren über mich verteilen, schau dir all die Leute an, die in diesem großen Umfeld wissentlich, manchmal aber auch unwissentlich die Strategien der Scientology unterstützen. Schau in die Publikationen, die seit Jahren von Scientology und einzelnen Scientologen gezielt eingesetzt werden, um Desinformation zu streuen.

Denk an Journalisten, die ebenfalls mitmachen, um Propaganda der Scientology zu lancieren. Denk an das scientologische Programm ‚Einen Kopf auf die Speerspitze stecken‘. Damit wollen sie doch den anderen Angst einjagen, daß es ihnen auch so geht, wenn sie aufmucken oder sich einmischen. In vielen Fällen scheint es ja geklappt zu haben. Die Angst brachte das Schweigen, und eine andere Art der ‚Aufklärung‘ begann – die Verharmlosung und das Ausweichen auf Nebenkriegsschauplätze.

Inzwischen gibt es Scientologen, die geschickt über lange Jahre Freundschaften aufbauten – vor allem mit Leuten, die in der Öffentlichkeit etwas zu sagen haben, die politisch wichtig sind. Selbst auf die, die nur so tun, als seien sie wichtig, kann man durch eine Freundschaft zählen. Die Organisation kann solche Kontakte für mehrere Zwecke benützen: einmal, um an Informationen zu kommen, aber auch, um die eigene Propaganda zu transportieren. Es kommt doch besser in der Gesellschaft an, wenn ein Außenstehender Scientology verteidigt und mithilft, die gezielt geförderte Diskussion auf das Thema ‚Kirche‘ zu lenken.

Am besten zieht natürlich, wenn ein Jurist, eine Politikerin, ein Theologe sich aufregen, so könne man mit Scientology nicht umgehen, wenn sie dabei an früher erinnern mit Sprüchen wie ‚nicht schon wieder‘ oder wenn die Bayern als Ewiggestrige verdonnert werden. So schaffen sie das Klima, das man bei Scientology braucht, um gezielt Propaganda zu plazieren."

Das Manuskript für dieses Buch war bereits fertig, der Lektor war beim Endlesen, als mich ein Gespräch mit einem jungen Mann, der sich stark für gesellschaftliche Belange einsetzt, an einen Punkt erinnerte, der mir seit langem zu schaffen macht:

- Wann fängt eigentlich eine Sache an, zum öffentlichen Interesse zu werden?
- Welche Maßstäbe setzt hier wer an?

- Wann darf man jemanden nennen, um der öffentlichen Sache gerecht zu werden?
- Wann fällt etwas unter das Persönlichkeitsrecht?
- Wann beginnt ein Eingriff in unser Grundgesetz, Artikel 5 „Meinungsfreiheit"?

Diese Diskussion liegt mir sehr am Herzen. Mit zwei Beispielen (es gibt so viele, daß ich alleine darüber eine ganze Buchreihe machen könnte!) soll hier ein Denkanstoß gegeben werden, damit eine Diskussion in dieser Richtung überhaupt einmal beginnt:

Ein Vortrag mit Folgen

Als mich der ehemalige Vorstand der Montessori-Schule Dietramszell um einen Termin zu einem Vortrag im Februar 1996 bat, war das für mich eine Sache, wie sie jeden Tag vorkommt. Selbst die Tatsache, daß an dieser Schule ein Konfliktherd bestand, weil laut der mir überbrachten Unterlagen zwei Scientologen an der Schule eine gewisse Rolle spielten, brachte mich nicht aus der Fassung. Es war kein Einzelfall.

Ich kannte bis dahin schon längst Kindergärtnerinnen, Lehrerinnen, Eltern, Erzieher aus staatlichen und kirchlichen Einrichtungen, die sich hilfesuchend an uns wandten, weil der Einfluß von scientologischen Eltern nicht mehr zu übersehen war. Ich will damit nur klarstellen, daß selbst Einladungen mit solchen Hintergründen keine Seltenheit bei mir sind. Es gab bereits zum Zeitpunkt der Einladung Versuche von Eltern, bei staatlichen und kirchlichen Stellen Hilfe zu bekommen.

Am Vortragsabend stand ich auf einmal zwei Lagern gegenüber. Die eine Gruppe, die mich eingeladen hatte, wurde massiv attackiert von einer Clique, die offensichtlich alles nicht so schlimm fand und die sich teilweise auch hinter das Scientologen-Ehepaar Leonie und Josef Kunz stellte. Und – wie kann es anders sein – die Diskussion schlug die bereits bekannte Richtung ein: Das darf man nicht, man muß an die Kinder denken, das ist ja nur ein Einzelfall, und und und ...

Ich wußte, aus welchem Grund ich eingeladen worden war: Aufklärung zum Thema Scientology, und zwar ohne Samthandschuhe. Das war übrigens keine Ausnahme, denn meine Aufklärungsvorträge sind immer ohne Samthandschuhe! Als ich dann zu Beginn des Vortrages Herrn Schneider vom Schulreferat München an der Türe stehen sah, begrüßte ich ihn, ohne mir überhaupt etwas dabei zu denken. Es gibt verschiedene Ansichten, wie man mit dem Thema umgeht. Meine Offenheit stößt bei den meisten der sogenannten Aufklärer auf Widerspruch. Ich löse auch mit meinem Temperament und meiner Emotion besonders in Beamtenkreisen Stöhnen aus. Das beruht auf Gegenseitigkeit. Die Temperamentslage mancher Aufklärer bringt inzwischen nicht nur mich zum Stöhnen.

Also kümmerte mich nicht, daß hier eine Seite, die ich gar nicht kannte, Herrn Schneider vom Schulreferat als Gegenpart eingeladen hatte. Mir ging es wie immer um die Sache, und ich fing mit meinem Vortrag an.

Ich wußte, daß das Ehepaar Kunz in üblicher scientologischer Manier vor dem Vortrag aktiv geworden war und mit den bekannten scientologischen Mitteln agiert hatte. Ich spürte natürlich auch in der Diskussion nach meinem Vortrag die aufgeladene Stimmung, die wie eine Gewitterwolke zwischen den Fronten hing. Von mir waren unabhängige Journalisten eingeladen worden, die nur zuhörten und gar nicht die Absicht hatten, etwas darüber zu schreiben. Außerdem war einer meiner Anwälte dabei. Es war gut so, denn was danach kam, zeigte die Notwendigkeit solcher Sicherheitsvorkehrungen.

Es ist schon gar nicht mehr möglich, einfach nur einen Vortrag zu halten. Man wird gezwungen, bestimmte Vorkehrungen zu treffen. Zum einen gibt es Leute, die sich ausschließlich auf das von mir Gesagte konzentrieren. Andererseits sind Leute vom Personenschutz unter den Zuhörern, und dieser Umstand macht die Sache nicht gerade harmloser. Aufgrund vieler schlechter Erfahrungen wird inzwischen jeder Vortrag von mir mitgeschnitten, um als Beweismittel bei Bedarf vorgelegt werden zu können. Solche Veranstaltungen wie in der Montessori-Schule Dietramszell führten mit dazu, daß solche Vorsichtsmaßnahmen inzwischen zum Standard gehören. Daß allein mein Name bei einer kleinen Gruppe an dieser Schule zum kompletten Ausrasten führte, bestätigte mir nur, daß hier jemand eines nicht wollte: direkte, klare Aufklärung mit Fakten, Details und Hintergrundinformationen.

Bereits im Vorfeld gab es einen Zwischenfall mit Konsequenzen. Anläßlich eines Elternabends der 6. Klasse, in der bereits eine Scientology-Gegnerin von der Scientologin Leonie Kunz als Faschistin bezeichnet worden war, kam es zu einer tumultartigen Ausschreitung und hysterischem Geschrei seitens der Scientologin Kunz, als der Vortrag mit mir als Referentin angekündigt wurde. Ein Vater aus der Klasse stürzte mit den Worten „Ich habe ein Messer in der Tasche“ auf den damaligen Vorstandsvorsitzenden zu und schlug ihm mit der Faust ins Gesicht. Es muß an dieser Stelle einmal die Frage erlaubt sein, wer hier Panik verbreitet und hysterische Anfälle bekommt. In der 6. Klasse der Montessori-Schule Dietramszell waren es an diesem

Abend die Scientologin Kunz und ein Vater, der sich vor Zorn nicht mehr beherrschen konnte und handgreiflich wurde. Er wurde anschließend wegen Körperverletzung vor Gericht gestellt. Das Verfahren gegen den angeklagten Vater wurde gegen Zahlung eines Geldbetrages an ein SOS-Kinderdorf und mit der Auflage der Übernahme aller Verfahrenskosten eingestellt. Heute ist dieser Vater an der Montessori-Schule Dietramszell im „Arbeitskreis Öffentlichkeitsarbeit" tätig und engagiert sich bei der Schulzeitung.

Anonyme Anrufe, beleidigende Briefe und Handgreiflichkeiten hatten zu einer aufgeheizten Stimmung geführt. Daß hinter manchen Eltern auch immer wieder die Scientologen Leonie und Josef Kunz wie Schatten auftauchten, zeigte mir, mit welchen Bandagen immer wieder gekämpft wird, um direkte Aufklärung zu verhindern. Erst bei der Vorstellung von Herrn Schneider durch eine der Lehrerinnen, die sich im Vorfeld ganz massiv gegen einen Aufklärungsvortrag von mir gewendet hatte, wurde mir klar, daß hier versucht wurde, zwei Lager zu schaffen.

Ich hielt meinen Vortrag wie immer, denn es ging mir um Aufklärung zum Thema Scientology. Der Streit zwischen Eltern und Lehrern war mir zu diesem Zeitpunkt gar nicht so bewußt. Ich wollte mich auch nicht in schulinterne Angelegenheiten einmischen. Nach meinem Vortrag kam Herr Schneider mit aufs Podium, um an der Diskussion teilzunehmen. Ich registrierte, wie er krampfhaft versuchte, einen Nebenkriegsschauplatz zu eröffnen, statt Fakten und Daten über Scientology auf den Tisch zu bringen. Ich verstand es nicht. Es ging an dieser Schule nicht um Rufmord, über den er laufend sprach, es ging auch nicht um einen Rechtsanwalt, der sich als SPD-Bürgermeister aufstellen ließ und zufällig aus der Kanzlei Scheele kam und über den Schneider bei dieser Diskussion lange lamentierte. Es ging um die Kinder, die hier an dieser Schule samt ihrer Eltern durch eigenartige Methoden unter Druck gerieten! Es ging darum, herauszubekommen, inwieweit hier Strategien verfolgt wurden, die von einer kleinen Gruppe ausgingen – Methoden, die mit Montessori-Pädagogik garantiert nichts zu tun hatten.

Wer in einem Klassenzimmer ein auf den Kopf gedrehtes Kruzifix nicht bemerkt und nicht weiß, welche Bedeutung das hat – nämlich Satanismus –, wer die Lügen und Verdrehungen als harmlos hinstellt, wer einfach wegschaut, wenn diese Tatsachen bekannt werden, der muß sich an dieser Stelle fragen lassen, ob er als Sektenspezialist im Schulreferat München tatsächlich der Richtige ist.

Es kann doch nicht normal sein, daß mit Kindern aus der fünften und sechsten Klasse schriftliche Verträge abgeschlossen werden, die den Satz enthalten: „Wenn Du diesen Vertrag nicht einhalten kannst, bist Du bei uns an der falschen Schule."

Aus welchen Gründen gerade dieser Sektenspezialist von der Gruppe ausgesucht wurde, die gegen meine Aufklärung agierte, wurde mir an diesem Abend schlagartig klar. Es sollte nichts aufgewühlt werden. Ruhe war angesagt, alles sollte unter den großen Teppich gekehrt werden, denn es ging um Gelder und Genehmigungen, um Image und Öffentlichkeit. Da hatten sie mit mir tatsächlich die Verkehrte eingeladen, denn auf so etwas nehme ich keine Rücksicht. Mir geht es um die Betroffenen, um wehrlose Kinder, um Information, auch wenn sie unangenehm ist.

Eines steht fest: Trotz des Versuchs, bei der Diskussion eine „Beruhigungstablette" neben mich zu setzen, trauten sich die betroffenen Eltern nach meinem Vortrag aufzustehen und die Beweise vorzutragen. Die Eltern redeten, sie hielten nicht hinter dem Berg. Ich wußte von der Angst, die an diesem Abend überwunden wurde, ich kannte sie aus all den Briefen die ich bereits zum Zeitpunkt des Vortrages hatte.

Sie erzählten von ihren Sorgen, von dem, was sie nicht begreifen konnten, von dem, was für sie niemals Montessori-Pädagogik war. Das, was man zu verhindern versucht hatte, gelang: Es begann eine offene Diskussion über die Sache. An diesem Abend standen auch die auf, die anonym per Telefon eingeschüchtert werden sollten. Feigheit ist auch eine Art der Auseinandersetzung.

Die Schule in Dietramszell ist für mich ein Paradebeispiel dafür, daß sich auch Leute, die nichts mit Scientology zu tun haben, oft sogar unbewußt instrumentalisieren lassen. Anstatt sich aber anschließend an einen Tisch zu setzen und die Dinge zu klären, gab es eine regelrechte Diskriminierungskampagne gegen all diejenigen, die sich wehrten und sich über die Vorkommnisse an der Schule Gedanken machten. Ich wurde zum Feind erklärt – mit den gleichen Argumenten, wie ich sie von Scientology kenne. Es wurde mit Dossiers über mich gearbeitet – auch die kenne ich von Scientology.

Bei Neuwahlen an der Schule war es eigentlich üblich, daß sich alle Vorstandskandidaten mit Personalien und Zielen in der Schulzeitung vorstellten. Bei der Vorstandswahl bald nach der Veranstaltung wurden jedoch zwei Personen in den Vorstand gewählt, die dies nicht getan hatten. Am Wahlabend verstanden sie es, den Mitgliedern den Eindruck der Neutralität und den festen Willen zur Einigkeit zu vermitteln. Wolfgang Schreck, von Beruf Schauspieler, hatte zum Zeitpunkt der Wahl kein Kind an der Schule und war erst seit wenigen Wochen Vereinsmitglied. Gabi Müller hatte gezielt Propaganda gegen mich im Vorstand verteilt. Nach der Wahl trat die Scientologin Kunz auf den neuen Vorstand Schreck zu mit den Worten: „Und jetzt holst du uns schnell die Schmudes zurück.“ Das Ehepaar Schmude war aufgrund mehrerer Vorkommnisse an der Schule entlassen worden. Noch am Wahlabend wurde von den beiden neu gewählten Vorstandsmitgliedern gegenüber der Mehrheitsfraktion klargestellt, daß sie zu denen gehören, die „von der anderen Seite sind“. Mir ist bis heute nicht klar, was dieser Satz bedeuten sollte.

Die drei anderen Vorstandsmitglieder konnten nicht auf ihre Mehrheit pochen, sonst wäre die Schule kaputtgegangen. Demokratieverständnis der besonderen Art, so kann man die ganze Angelegenheit auch bezeichnen.

Ich möchte noch bemerken, daß ich weder Gabi Müller noch den neuen Vorstand Schreck persönlich kenne. Alle Versuche der Eltern, in der Sache dieser Montessori-Schule über den Landesverband Klärung zu erreichen, scheiterten. Meine Briefe an den Landesvorsitzenden, Professor Tschamler, blieben unbeantwortet. Andere Montessori-Schulen wurden aktiv, und wir diskutierten nach meinen Vorträgen in diesen Montessori-Schulen über die prekäre Situation und daß diese sicher nicht zum Standard von Montessori-Schulen gehört. Die Schutzerklärungen gegen Scientology wurden eingeführt, um solche Querelen in Zukunft vermeiden zu können.

Ich habe nie von Unterwanderung der Dietramszeller Montessori-Schule gesprochen, und es wurde mir trotzdem unterstellt. Ich habe nur die Zielsetzungen der Scientology offengelegt, was ich in allen meinen Vorträgen mache. Ich habe aufgedeckt, welche Verpflichtungen Scientologen gegenüber ihrer Organisation haben. Ich wollte Wachsamkeit erreichen, mehr nicht. Denn immerhin kam ein Mißtrauensantrag gegen den damaligen Schulvorstand von den Scientologen Kunz. Bei Scientology heißt es: Chaos schaffen und Lösungen anbieten.

Ich habe lediglich die Fakten, wie sie mir von Eltern der Schule vorgelegt wurden, sowie die Analyse zu diesen Fakten öffentlich genannt und schriftlich niedergelegt. Die Aufklärung über Scientology war von einer Gruppe an der Schule gar nicht gewollt und auch nicht die Beweise über das Ehepaar Kunz und ihre scientologischen Vorgehensweisen. Aber Josef und Leonie Kunz sind nicht irgendwer. Ihr Versuch, den Hubbardismus und dadurch „Clear Deutschland“ zu etablieren, währt schon sehr lange. Josef Kunz ist mir seit Jahren durch seine scientologischen Aktivitäten bekannt. Seine Frau, die bis vor kurzem Farb- und Stilberatungsausbildung in München anbot, hat dort bis zu einem von ihr verlorenen Gerichtsprozeß Hubbard-Ideologie in diese Ausbildung eingebaut. Als Herausgeber des Kursmaterials, das in der Ausbildung bei Kunzes verwendet wurde, ist „ZIEL e.V.“ genannt: „Zentrum für individuelles effektives Lernen e.V.“:

Zweck des Vereins ist die Entwicklung, Förderung und Anwendung wirksamer Unterrichts-, Studier- und Lerntechniken. Der Verein bemüht sich um die Entwicklung (...) von Lernfähigkeit bei Studenten, Schülern, Kindern im Vorschulalter, Eltern, Lehrern und sonstigen interessierten Personen. Der Verein verfolgt diese Aufgabe ausschließlich mit Hilfe der Studier- und Lerntechniken, welche von L. Ron Hubbard entwickelt wurden.

Es ist ein Verein, der von Scientologen und für scientologische Zielsetzungen gegründet wurde. Ein Verein, der unter „Soziale Reform-Aktivitäten“ im Kommandoplan der Scientology einzuordnen ist.

Warum wird in diesem Fall wieder versucht, von den Fakten abzulenken? Es kann niemand mehr sagen, man habe nicht gewußt, daß die Kunzes selbst in ihrem Wohnort versucht haben, mit Kursangeboten zu werben. Für alle Lebenslagen wurde etwas angeboten: von Ehe über Finanzen bis hin zu Kindern. „Lernen macht Spaß“, ein Studierkurs der Kunzes für Kinder ab 10 Jahren und für Erwachsene, so stand es im Angebot.

Warum gab es überhaupt diesen Aufschrei in der Montessori-Schule? Warum überhaupt diese Diskussion? Es war wieder einmal eines der kleinen Abenteuer, die zum großen Abenteuer Zivilcourage führten.

Über 70 Kinder verließen die Montessori-Schule Dietramszell. Es entstand ein neuer eingetragener Verein „Montessori-Eltern gegen Psycho-Gruppen“. Diejenigen, die sich geweigert hatten, die Dinge einfach nüchtern zu betrachten und die Fakten anzuschauen, sehen sich heute als Sieger. Das ist sicher Ansichtssache. Richtig ist, sie haben es verstanden, die Wachsamen, die Kritischen, auch die Ängstlichen aus der Schule hinauszubekommen. Anstatt demokratischer Auseinandersetzung versuchte man, eine Diskussion über Rufmord in Gang zu bringen – und wieder sind wir bei dem Nebenkriegsschauplatz, der sicher nicht zur Klärung des wirklichen Problems beitrug.

Der Druck durch die öffentliche Diskussion um die Schule wurde aber so stark, daß man etwas dagegensetzen mußte. Man entschied sich für eine Schutzerklärung, die aber interessanterweise von unseren juristisch geprüften Erklärungen genau in den Punkten abwich, die ich in diesem Buch bereits beschrieben habe! Daß diese Erklärung vom Sektenbeauftragten Liebl aus München vorgelegt wurde, der sich mit Herrn Schneider vom Schulreferat München und dem Fundamentaltheologen Dr. Bily aus Benediktbeuern als Konfliktlöser einklinkte, macht die Sache nicht einfacher. Ich unterstelle Herrn Liebl, daß er um des lieben Friedens willen zu Kompromissen bereit war. Nur bestand der Kompromiß darin, daß man einfach eine Erklärung nahm, die alle bereit waren zu unterschreiben. So sollte schnell wieder Ruhe einkehren.

In einem Brief vom 26.6.1996 mit Briefkopf „Erzbischöfliches Ordinariat München" schreibt Herr Liebl als Beauftragter für Sekten und Weltanschauungsfragen an den Vorstand der Montessori-Schule Dietramszell:

> *... halte ich es in dieser Situation nicht für sinnvoll, eine solche Erklärung in dieser Form zu verwenden, die doch alle „Betroffenen" unterschreiben sollten/müßten. Ich habe deswegen eine kürzere formuliert, von der ich meine, daß sie im Interesse der Schule ausreichend ist und allen die Unterzeichnung ermöglicht ...*

Raffiniert erscheint mir jedoch die Tatsache, daß an der Montessori-Schule Dietramszell (an allen anderen Montessori-Schulen, die ich kenne, ist es anders) die Eltern keine Erklärung unterzeichnen müssen, sondern lediglich der Vorstand, die Lehrer und Amtsträger (Elternbeirat etc.) des Fördervereins. Den Kunzes wurde vom neuen Vorstandsvorsitzenden Schreck nahegelegt, aus dem Förderverein auszutreten. Dies wurde auch publiziert.

Was verschwiegen wurde: Kunzes blieben nach wie vor als Eltern an der Schule und sind dort bis zum heutigen Tag. Verschwiegen wurde auch, daß eines der neuen Vorstandsmitglieder von dem Ehepaar Kunz Fotos von ausgeschiedenen Montessori-Eltern bekam, die sich an einem Informationsstand in München für Aufklärung stark machten. Fotografiert wurden sie von Scientologen, die teilweise zum Geheimdienst der Scientology gehören. Daß diese Art der Information zwischen den Scientologen Kunz und dem neuen Vorstand hervorragend funktioniert, das beweist der Zeitfaktor. Die Fotos wurden am Tag, nachdem sie von den Scientologen geknipst wurden, bereits im Büro der Montessori-Schule Dietramszell herumgereicht.

Man hatte einen Feind ausgemacht, und dieser Feind wurde attackiert. Es ging so weit, daß der neue Vorstand der Montessori-Schule Dietramszell Dossiers über meine Person und den ehemaligen Vorstand – als „streng vertraulich" markiert – an verschiedene Redaktionen versendete.

Vielleicht diskutieren wir an dieser Stelle noch einmal, was Rufmord bedeutet! Daß diese Art der Auseinandersetzung, der Verdrehung der Tatsachen, daß vor allem das Wegschauen von den belegten Zusammenhängen bei Leuten Unterstützung fand, die die Situation aufgrund ihrer Position besser einschätzen können müßten, das hat mich sehr nachdenklich gemacht. Es hat mich auch ernüchtert, so daß ich die ganze Kritikersituation distanzierter betrachten kann.

Der neue Vorstand der Montessori-Schule Dietramszell verbreitete in den Medien, daß der katholische Sektenbeauftragte Liebl sowie der für Sektenfragen zuständige Herr Schneider vom Schulreferat und Pater Bily von den Salesianern der Montessori-Schule attestiert hätten, daß absolut keine Unterwanderung stattgefunden habe. Das war nie Gegenstand der Diskussion!

Der Vorstandsvorsitzende Schreck behauptete mehrfach öffentlich, die Montessori-Schule Dietramszell sei vom Erzbischöflichen Ordinariat, von der Regierung von Oberbayern und vom Innenministerium gründlich auf scientologische Unterwanderung untersucht und von jedem Verdacht freigesprochen worden. Das Innenministerium widersprach dieser Behauptung in der *Süddeutschen Zeitung,* die Regierung von Oberbayern wies die Behauptung ebenfalls zurück, und das Erzbischöfliche Ordinariat bezeichnete die angebliche Untersuchung als geradezu absurd.

Wer soll sich jetzt noch auskennen? Oft überlege ich, ob das nicht so gewollt ist. Die Verwirrungen, die Mißverständnisse führen ja tatsächlich zu ungeahnten Blüten. Die neue Schulleiterin der Montessori-Schule, Frau Christa Kaminski, verbreitete beispielsweise über die Presse, die aus der Schule ausgeschiedenen Eltern, die sich im Verein „Montessori-Eltern gegen Psycho-Sekten“ zusammenschlossen, führten „unwahre Aktionen“ durch und betrieben „ungeheuerliche Rufmordaktionen“ gegen die Schule. Trotz zweimaliger schriftlicher Aufforderung des Vereins und zuletzt einer öffentlichen Aufforderung im *Kreisboten* am 19.12.1996 hat Frau Kaminski als Schulleiterin bis heute diese Behauptungen weder konkretisiert noch irgendwelche Beispiele und Beweise für diese Verleumdungen erbringen können.

Hauptsache, man hat wieder einmal das Thema „Rufmord“ in die Diskussion geworfen. Ein Außenstehender macht spätestens hier dicht und will von der ganzen Angelegenheit nichts mehr wissen. Nach außen sieht es aus wie ein dummer Streit, und man kann im Grunde nur den Kopf schütteln. Schaut man aber genau hin, dann begreift man sehr schnell, daß diese Auseinandersetzungen im fernen Dietramszell Scientology hervorragend ins Konzept passen. Durch eine Pressemitteilung der Montessori-Schule Dietramszell und ein Schreiben des Vorsitzenden der Fördergemeinschaft, Schreck, wurden ganz gezielt „Robin Direkt“ und meine Person denunziert. Man bezog sich auf Aussagen von Ursula Caberta. Eine schriftliche Stellungnahme zu den Vorwürfen, die Schreck verbreitete, wurde von Caberta buchstäblich verweigert. Unser Anwalt erhielt auf sein Schreiben an die Behörde für Inneres, Arbeitskreis Scientology, ein Fax des Anwalts von Caberta, in dem er lapidar mitteilt, Caberta werde sich zu dem Vorgang nicht äußern. Damit wird dokumentiert, daß Caberta ihre Position als Behörde und Sachverständige der Enquete-Kommission zwar einsetzt, um „Robin Direkt" und mir zu schaden, daß sie die daraus entstehenden Konsequenzen, nämlich die Auskunftspflicht der Behörde, mit List zu umgehen versucht. Sie läßt auf Anfrage unseres Anwaltes *als Privatperson* von ihrem Anwalt antworten und äußert sich nicht zu den Vorwürfen gegen sie als *Amtsperson.* Wann fängt der Mißbrauch einer Dienststelle an?

Als neue Runde kann wohl die am 9.6.1997 eingereichte Klage der Montessori-Fördergemeinschaft Dietramszell e.V. gegen zwei Mitglieder des Vereins „Montessori-Eltern gegen Psycho-Sekten e.V." gewertet werden. Beide, Elisabeth Schulz und Susanne Fiedler, gehören zu den Eltern, die wegen Vorkommnissen, die überhaupt nichts mit Montessori-Pädagogik zu tun hatten, ihre Kinder von der Schule nahmen. Sie gehören auch zu den Gründungsmitgliedern des Vereins „Montessori-Eltern gegen Psycho-Sekten" mit Sitz in 83606 Holzkirchen.

Die Beklagten sollen

> *... unterlassen, wörtlich oder sinngemäß zu behaupten, daß die von dem Kläger betriebene Montessori-Schule Dietramszell durch die Scientology-Organisation unterwandert oder beeinflußt sei, sei es im Vorstand, der Lehrerschaft oder den Eltern, und daß pädagogische Einflüsse der Scientology auf Montessori-Prinzipien an dieser Schule der Klägerin bestanden und bestehen.*

Verwundert hat mich doch einiges, nicht nur der Schriftsatz und die vorangegangenen Briefe des Anwaltes der Klägerseite. Er ist unter anderem der Auffassung, es sei ein aberwitzige Unterstellung, *daß zwei Kinder von Scientology-Eltern eine Gefahr für die Montessori-Schule sein könnten.*

Ich finde es nicht witzig und schon gar nicht aberwitzig, wenn in einer Montessori-Schule Dietramszell völlig unter den Teppich gekehrt wird, daß eine Mitschülerin des Scientologen-Kindes in der 5. Klasse unter dem Kopfkissen ein Dianetik-Buch von Hubbard liegen hat. Woher sie das hat? Von einem Besuch bei den Kunzes, den Scientologen an der Schule, die „nur Eltern dort sind". Ich finde es auch nicht witzig, daß es über Kinderfreundschaften zu Gesprächen über Scientology kam.

Leonie und Josef Kunz werden in einem News Letter Nr. 17/93 von Scientology als Feldmitarbeiter der Scientology geehrt für ihre „3 Starts". Das heißt im Klartext: Als Außendienstmitarbeiter der Scientology-Organisation haben Kunzes drei neue Leute geworben. Neue Leute heißen bei Scientology übrigens „rohes Fleisch".

Der Anwalt der Montessori-Schule Dietramszell schreibt am 21.11.1996 an Elisabeth Schulz:

... an dieser Stelle muß ich leider darauf hinweisen, daß nach meinen langjährigen Erfahrungen nunmehr eine Art Scientology-Panik vielfach in der Bundesrepublik entstanden ist, die der tatsächlichen Scientology-Gefahr nicht gerecht wird und auch keine ausreichenden Anhaltspunkte als Grundlage hat. (...) ... dies habe ich auch mit Frau Caberta, mit der ich eine langjährige persönliche und berufliche Verbindung habe, (...) ausführlich besprochen und einvernehmlich geklärt.

Deshalb haben nun auch die Innenminister die Beobachtung von Scientology bundesweit beschlossen!

Wer ist dieser Anwalt? Rechtsanwalt Dr. Habdank braucht fast eine Briefseite, um seine Scientology-Erfahrung seit 1976 aufzulisten. In einer Livesendung von TV München am 28.1.1997, zu der er und ich eingeladen waren, sagte er zu den ebenfalls eingeladenen Scientologen Sabine Weber und Georg Stoffel:

... ihre Kollegen bei Scientology Amerika sind kooperativer.

Dazu muß man wissen, daß Herr Dr. Habdank, wie er selber schreibt, über 300 Scientology-Geschädigte vertrat und nach eigener Aussage voll vertraut ist mit dem Thema. Jetzt sollten wir alle nachdenken: 300 Geschädigte kennt allein er, und wenn man bedenkt, daß er nur einen kleinen Teil der in 27 Jahren in Deutschland entstandenen Geschädigten vertreten hat, dann wird folgende Passage aus Habdanks Schreiben völlig unverständlich. Er äußerte sich am 21.11.1996 wie folgt:

... sowie einschlägigen Verfahren von Scientology Wirtschaftskriminalität (z.B. Lidl & Suplit, München, Firma Beauty Colors International Leonie Kunz etc.). Ich stehe dabei auch in langjähriger enger Verbindung mit den zuständigen staatlichen Stellen in München und Bonn und den beiden großen Kirchen ...

Gibt es da nicht einen Widerspruch?

Warum ist trotz der guten Kontakte nichts geschehen, warum gab es so viele Betroffene, warum so wenig Insider-Kenntnisse in den Behörden, Herr Dr. Habdank? Was nützen die Kontakte, wenn sich nichts bewegt?

Was wäre geschehen, wenn die Eltern der Schülerin in der 5. Klasse der Montessori-Schule Dietramszell das Dianetik-Buch unter dem Kopfkissen nicht bemerkt hätten?

Fatal ist für mich, daß es Dr. Habdank war, der eine Betroffene gegen die Firma von Leonie Kunz erfolgreich vertreten hat. Nachdenklich stimmt mich auch, daß Herr Habdank seit 1976 von den Machenschaften der Scientology-Organisation weiß. Wie erklärt er das eigentlich immer wieder denen, die seit über 20 Jahren bei ihm Rechtsbeistand gegen Scientology-Machenschaften suchen?

Der neueste Stand in der Angelegenheit Montessori-Schule Dietramszell: Unter anderem liegt eine Neuanmeldung für die erste Klasse in der Dietramszeller Montessori-Schule ab September 1997 vor, die für mich keine ganz unproblematische Anmeldung ist. Denn an diesem Fall wird auch klar, warum wir als Bürgerinitiative „Robin Direkt“ darauf bestanden, bei Schutzerklärungen nach der Hubbard-Technologie zu fragen. Aus den mir vorliegenden Fakten geht hervor, daß der Vater des angemeldeten Kindes genau nach der gefährlichen Hubbard-Lehre geschult ist und diese auch nachweislich in seiner Firma eingesetzt hat. Übrigens, man muß nicht Mitglied bei Scientology sein, um Hubbardismus zu praktizieren.

Eine Schutzerklärung muß der Vater übrigens nicht unterzeichnen, denn für Eltern der Montessori-Schule Dietramszell gibt es keine solche Verpflichtung.

Mit den Augen der Kinder

In all den Jahren hat mich die eigene Hilflosigkeit gegenüber den Kindern in der Scientology am allermeisten betroffen gemacht. Anläßlich einer Anhörung im Bayerischen Landtag in München organisierte Markus Sackmann, Mitglied des Landtags, sektenpolitischer Sprecher der CSU, eine Diskussion mit dem Thema: „Die besondere Situation von Kindern in Sekten". Eingeladen waren Sektenbeauftragte, Vertreter aus den Ministerien, Soziologen, aber auch Vertreter vom Jugendamt und von Initiativen. In der mehrstündigen Diskussion wurde mir klar, wieviel in den letzten Jahrzehnten aus mir unerklärlichen Gründen nicht aufgearbeitet wurde. Einerseits wurde dieses Thema „Sekten" und damit leider auch Scientology in die kirchliche Spur geleitet, von dort als ein Thema unter vielen abgehandelt, und heute stehen wir tatsächlich vor der Situation, den betroffenen Kindern nicht geholfen zu haben. Halbinformationen, Mißverständnisse und Positionsgerangel haben zu vielen Diskussionen geführt, aber nicht zum notwendigen Erkennen des Handlungsbedarfs.

Markus Sackmann brachte es auf den Nenner: Diese Runde war erst der Anfang einer Auseinandersetzung in die richtige Richtung. Sie wird auch brennend notwendig für die Kinder, die wir, ohne auch nur einen Finger krumm zu machen, in den Fängen der Scientology lassen. Makaber erscheint mir das Statement vom Sektenbeauftragten Eimuth aus Frankfurt, der bei dieser Expertenanhörung anhand mehrerer Folien die Situation der Kinder beschrieb. Derselbe Herr Eimuth wurde in der *Frankfurter Rundschau* am 4. 3. 1997 anläßlich einer Sorgerechtsauseinandersetzung mit der folgenden Überschrift zitiert:

> *Ein bißchen Scientology-Einfluß wird Kindern schon nicht schaden. Oberlandesgericht wies Klage eines Vaters ums Sorgerecht ab, obwohl die Mutter in der Sekte* (Scientology, Anm. d. A.) *Mitglied ist und jeden Kontakt verbietet.*

Das Zitat von Eimuth in der Zeitung wirkt auf mich wie eine Ohrfeige, wenn ich es mit der Anhörung im Bayerischen Landtag vergleiche und mit den Folien, die er dort auflegte.

„Trotzdem", so wird Eimuth in der Zeitung zitiert, „sei mit Blick auf das Wohl der Kinder die Frage zu stellen, ob das Gezerre ums Sorgerecht weitergehen soll." Er habe zwar Verständnis für die Ängste des Vaters, gibt jedoch zu bedenken: „Seelische Verletzungen können auch verheilen." Er kenne einen Ex-Scientologen, der seit seiner Kindheit dabei war und erst mit zwanzig den Absprung schaffte. „Der ist heute 26 oder 27 Jahre alt und lebt ganz normal."

Bei der Expertenanhörung in München am 3. 6. 1997 brachte ein Dr. Sauter die politischen Folgen von inkompetenten Argumenten auf den Punkt: „Bei diesen Argumenten, die heute gefallen sind, auch bei Ihren Ausführungen, Herr Eimuth, kann man eine Anerkennung nicht verhindern, auch wenn man eine verhindern möchte." Dem kann ich mich nur anschließen.

An diesem 3. 6. 1997 in München formulierte der Sektenexperte Eimuth zum Thema „Kinder in Sekten" richtige Argumente wie:

- „In Sekten besteht der Zwang zur Harmonie …"
- „es gibt dort keine Streitkultur …"
- „Streit gehört zum Erwachsenwerden …"

Ich mußte bei den Ausführungen Eimuths auch an die drei Halbwaisen zwischen fünf und elf Jahren denken, für die ich zur Zeit streite. Sie wollen bei ihrer Großmutter bleiben. Sie will die Kinder behalten und kämpft einen fast aussichtslosen Kampf. Seit dem Tod der Mutter haben die Kinder bei der Oma ein Nest gefunden, in dem die Kinder Kinder sein dürfen, leben und lachen ohne Scientology-Kontrolle. Sie sollen nicht bei Scientology landen. Sie wollen nicht zum Vater, denn es besteht keinerlei emotionale Bindung. Er hat sie nicht einmal nach einem Autounfall im Krankenhaus besucht, er war nie da, wenn es nötig war, denn er ist engagierter Scientologe. Kinder sind bei Scientology „kleine Erwachsene", sie werden genauso behandelt, genauso geschult wie jeder Erwachsene.

Jetzt geht es um das Aufenthaltsbestimmungsrecht. Die Kinder sollen bei der Großmutter bleiben. Die Lehrer und die Kindergärtnerinnen stehen hinter dem Wunsch der Kinder und der Großmutter, die mit ihrem Mann alles nur Erdenkliche unternimmt, um diesen drei Kindern auch das Überwinden der schwierigen Zeit zu erleichtern.

Allen, die seit Jahren mit ihrem theoretischen Expertenwissen prahlen, allen, die Scientology verharmlosen, wünsche ich eine Situation, wie ich sie erlebte, als ich das erste Mal mit der Großmutter sprach:

„Frau Hartwig, es darf nicht passieren, daß diese Kinder bei Scientology ausgebildet und gedrillt werden wie ihre Mutter! Sie dürfen nicht gegen ihren Willen bei Scientology erzogen werden mit dem Ziel, willige Sklaven zu haben für ein totalitäres System."

Vor allem wünsche ich mir, daß der Blick des Elfjährigen, dem ich in die Augen sah, genau die Theoretiker trifft, die wie Eimuth glauben, daß seelische Verletzungen verheilen können. Wer nach so vielen Jahren als Experte solche Sätze von sich gibt, der sollte seine Expertenposition überdenken, um glaubhaft zu bleiben. Wir als Bürger sollten aber auch etwas überdenken. Warum lassen wir es zu? Vielleicht können wir es dem Elfjährigen heute noch erklären. Wenn er bei Scientology ausgebildet wird, wahrscheinlich nicht mehr. Wir müssen es aber auch dem zuständigen Jugendamt bzw. seinen Sachverständigen erklären, was Scientology für Kinder bedeutet: Unfreiheit, Emotionslosigkeit, Schwarz-Weiß-Denken, Befehl und Gehorsam, Ausbildung zum linientreuen Scientologen, oft in Internaten, die von Insidern „Umerziehungslager nach Hubbard" genannt werden. Der Mann beim Jugendamt sagte beim ersten Gespräch mit der Großmutter, daß er für den Vater plädiere, wenn es um den Aufenthalt der Kinder geht. Er findet Scientology nicht so schlimm. Die Erziehung bei der Großmutter hält er für bedenklich, schon wegen ihres Alters. Die Oma ist neunundfünfzig und topfit. Hier ruhig zu bleiben ist schwer! Es zeigt aber deutlich, wie völlig uninformiert wichtige Stellen in den Behörden immer noch sind. Und das bei so vielen Kennern in der Szene!

Der Mann beim Jugendamt sagte beim ersten Gespräch mit der Großmutter, daß er für den Vater plädierte, wenn es um den Aufenthalt der Kinder geht. Denn er findet Scientology nicht so schlimm.

Ich habe den Kindern und den Großeltern versprochen mitzuhelfen, daß die Kinder nicht bei Scientology landen. Inzwischen fand ich für die Kinder Paten, die bereit sind, für sie in der Öffentlichkeit zu kämpfen: evangelische Pastorinnen, einen katholischen Pfarrer, eine Landtagsabgeordnete, einen Bürgermeister, zwei Rechtsanwälte, Lehrer und Lehrerinnen und einen Arzt. Ich habe für diese Kinder ein breites Schutzband in Form von Paten aufgebaut.

Dieser Fall wird für mich zur Meßlatte der Aufklärung, aber auch zum Spiegel unserer Gesellschaft. Wenn wir hier versagen, wenn die Kinder vielleicht von einem Richter mit solchen Argumenten wie in Hessen der Scientology ausgeliefert werden, dann haben wir alle versagt.

Mein Freund

Der Brief war nicht frankiert, die Schrift schlecht leserlich. Absender: keiner. Zwei Seiten Papier, beschrieben von einem Vierzehnjährigen, dessen Freund, ebenfalls vierzehn, Scientologe ist, weil seine Eltern Scientologen sind. Der Name der Familie ist mir nicht nur von Listen geläufig. Die Frage des Vierzehnjährigen ist ganz gezielt an mich gerichtet. Er fragt, ob ich bereit bin, mich mit seinem Freund zu treffen und ihm dahingehend zu helfen, daß er nicht mehr die Scientology-Kurse und Ausbildungen machen muß. Von den Fakten her betrachtet kann man dem 14jährigen nicht helfen, denn er ist minderjährig, und das Sorgerecht liegt bei den Eltern. Andererseits gibt es auch keine Behörde, die sich in solchen Fällen als hilfreich erwiesen hätte – diese Erfahrung machen wir seit nunmehr über sechs Jahren.

Gar nicht zu antworten ist nicht mein Stil. Und wieder war es da, das Gefühl der ohnmächtigen Wut, der Hilflosigkeit, verbunden mit dem pragmatischen Wissen, daß diesem Kind, realistisch betrachtet, nicht geholfen werden konnte. Da mich aber aussichtslose Situationen noch nie vom Handeln abgebracht haben, wurde die angegebene Telefonnummer gewählt und ein Gespräch mit den Eltern des Briefeschreibers geführt. Sie versuchten seit nunmehr fast einem Jahr, über ganz offizielle Stellen in diesem Fall Hilfe zu bekommen. Die Lehrer wollten sich heraushalten, der Elternbeirat fühlte sich nicht zuständig, und die Sektenstellen wollten sich nicht äußern. Die Frage, wie es dabei dem Kinde geht, hat niemand gestellt!

Wir denken, daß eigentlich auch ein Vierzehnjähriger, der nicht mehr bei Scientology Kurse belegen will und nicht mehr den scientologischen Weg gehen möchte, eine Chance in unserem Rechtsstaat haben müßte. Meine Versuche, in dieser Richtung behördliche Unterstützung zu bekommen, scheiterten. Was bleibt, ist das Gespräch zwischen den Eltern, dem Briefeschreiber und der wichtige Kontakt zwischen dem Scientologen-Jungen und dem Freund, den ich für ganz wichtig halte.

Ein wenig konnten wir unser Gewissen durch die Kontakte zu der Familie beruhigen, die nach wie vor bemüht ist zu helfen, wo es geht. Auf die Frage „Kannst du meinem Freund helfen, wenn er abhauen will?“, bekam der Junge eine sicher unbefriedigende Antwort von mir: „Ich weiß, daß ich kann, aber ich weiß auch, daß ich nicht darf.“

Was Scientology wirklich will

Als ich anläßlich einer Podiumsdiskussion vom damaligen Landtagsabgeordneten Walter Döring, heute Wirtschaftsminister von Baden-Württemberg, über seine Vorstellung einer Enquete-Kommission hörte, diskutierte ich danach im engen Kreis von „Robin Direkt“, ob und wie weit so eine Maßnahme sinnvoll war, um Scientology in den Griff zu bekommen. Erst als dann tatsächlich die Enquete-Kommission „Sogenannte Sekten und Psychogruppen“ von der Bundesregierung etabliert wurde, hinterfragten wir auch die Gefahren, die auf eine solche Kommission zukamen. Da wir von unseren Unterlagen her wissen, wie gerade solche Kommissionen mit Argusaugen von der Scientology beobachtet werden, und uns auch massive Störaktionen bekannt waren, warteten wir mit Interesse auf die Besetzung.

Gedanken zur Enquete-Kommission

Bei Scientology gehört es zur Standardvorgehensweise, Personen auszuforschen, die sich mit dem Thema Scientology nicht in ihrem Sinne beschäftigen. Mir vorliegende Unterlagen beweisen, daß Scientology sämtliche Schwachpunkte rigoros nützt, um für sich Vorteile zu schaffen.

Eine Enquete-Kommission hat die Aufgabe, Vorschläge und Materialien für zukünftige Entscheidungen des Parlaments zu erarbeiten. Aus der Sicht der Scientology muß das natürlich verhindert oder zumindest im eigenen Sinne „kontrolliert“ werden (siehe S. 304).

Für Scientology entstand schon durch das breite Spektrum der Kommission, in der alle möglichen Gruppierungen unter dem Begriff „Sekten und Psychogruppen“ untersucht werden sollten, ein Vorteil. Sie schwimmen mit in der Begriffsgruppe „Sekten“ und „Lebenshilfeanbieter“, und so können sie verbal ihre Propagandamaßnahme „Verfolgte Minderheit wegen Weltanschauung“ und „Hilfsangebote werden boykottiert“ weiterhin ausschlachten, um Stimmung zu machen. Aufgrund der Vielzahl der zu erfassenden Gruppierungen entsteht für die Scientology auf jeden Fall ein weiterer Vorteil: der Zeitfaktor. Die Kommission kann nur einen Bruchteil ihrer Arbeitszeit auf Scientology verwenden. Die Gefahr, die von der Scientology ausgeht, wird durch die Nebeneinanderstellung mit sektiererischen Kleingruppen in ein völlig falsches Licht gerückt.

Solange hier eine Scientology-Organisation mit ihrem ideologischen Hintergrund als „Sekte“ bezeichnet wird, wird schwerlich herausgearbeitet werden, daß die theoretischen Strategien auf dem Papier bereits praktisch umgesetzt werden. Im Klartext: Das, was Scientology in ihrem Planspiel schreibt, wird laufend und schon lange Schritt für Schritt durch gedrillte, fanatisierte Mitglieder umgesetzt und von der Führungsebene der Scientology gesteuert und kontrolliert.

Hubbard kannte seinen Hitler

Aufgrund intensiver Auseinandersetzungen mit den theoretischen Anweisungen und den daraus resultierenden Strukturen erkannte ich sehr schnell die ideologische Gefahr von Scientology für eine Demokratie. Daß niedergeschriebene Theorie zur grausamen Wirklichkeit werden kann, zeigt uns die Geschichte. Ich setzte mich nun mit dieser Geschichte auseinander, obwohl das Lesen mir in diesem Fall emotional oft sehr schwerfiel. Die Parallellen von Scientology den Schriften der beiden totalitären Systeme unseres eigenen Landes (Nationalsozialismus und der Sozialismus der DDR) sensibilisierten mich noch mehr. Aus diesem Grund verstand ich immer weniger, warum so lange zu den hochbrisanten Fakten geschwiegen wird. Meine Ungeduld resultiert hauptsächlich aus meinem Wissensstand.

Meine Ungeduld resultiert hauptsächlich aus meinem Wissensstand.

Daß niedergeschriebene Theorie zur grausamen Wirklichkeit werden kann, zeigt uns die Geschichte.

Trotz Widerwillens zwang ich mich, zumindest einige Passagen in dem schrecklichen Dokument zu lesen, das der theoretische Ausgangspunkt des Nationalsozialismus gewesen war: Adolf Hitlers *Mein Kampf.*

Dort steht beispielsweise auf Seite 651:

> *Jede Bewegung wird das von ihr gewonnene Menschenmaterial zunächst in zwei große Gruppen zu sichten haben: In Anhänger und Mitglieder. Aufgabe der Propaganda ist es, Anhänger zu werben, Aufgabe der Organisation, Mitglieder zu gewinnen.*

Anhänger einer Bewegung ist, wer sich mit ihren Zielen einverstanden erklärt, Mitglied ist, wer für sie kämpft.
Der Anhänger wird einer Bewegung durch die Propaganda geneigt gemacht. Das Mitglied wird durch die Organisation veranlaßt, selbst mitzuwirken zur Werbung neuer Anhänger, aus denen sich dann wieder Mitglieder herausbilden können.

Durch die Propaganda der Scientology für ihre vorgeblichen Ziele und die gezielte Schaffung von Anhängern und Anwerbung von Mitgliedern ist es ihr seit 27 Jahren in unserem Land möglich, die ursprünglich nur auf dem Papier existierende Theorie von Hubbard in eine erschreckende Praxis umzusetzen.

Hitler verwendete in seiner Propaganda gezielt, was den Menschen unter den Nägeln brannte und womit sich die Masse identifizieren konnte, um Anhänger für seine Parolen zu gewinnen. Strategisch rechnete er sich eine große Schar von Anhängern aus und organisierte eine militärisch strukturierte Gruppe von fanatisierten Mitgliedern.

Nur so war es ihm möglich, sein theoretisches Ziel, das er in seinem Buch *Mein Kampf* bereits minutiös dokumentierte, in die Praxis umzusetzen. Er zimmerte sich eine interne Kaderschmiede mit Schlagkraft, und die demokratische Kultur in der Weimarer Republik war zu schwach, um sich gegen diesen aufkommenden Extremismus zu wehren.

Auch Scientology ist eine totalitäre ideologische Kampforganisation mit der Zielsetzung, die Weltmacht zu erlangen. Schon die Strategien zur Gewinnung von Anhängern und Anwerbung von Mitgliedern zeigen erschreckende Parallelen zu den Aussagen Hitlers über den Aufbau seiner flächendeckenden Ideologisierung. Ich fragte mich oft, wie lange Hubbard, der Gründer von Scientology, das Buch *Mein Kampf* von Hitler studiert hat. Genausooft stellte ich mir die Frage, wieso das niemand gemerkt hat.

„International City" oder: Wie sich Scientology unsere Zukunft vorstellt

Als Adolf Hitler noch ein kleiner Postkartenmaler war, haben ihn viele nicht ernst genommen, sondern haben gelacht, wenn sie am Biertisch oder sonstwo zum ersten Mal von seinen Ideen hörten. Später ist ihnen das Lachen aber gründlich vergangen. Hitlers Pläne waren leider kein Science-Fiction-Roman, sondern sie wurden brutal verwirklicht. An den Folgen leiden wir noch heute.

Und wie steht es mit den Plänen von Scientology? Auch ein gewisser L. Ron Hubbard hat einmal ganz klein angefangen – als Science-Fiction-Schreiber. Auch ihn haben viele belächelt, und sie haben geglaubt, seine grotesken Phantasien brauche man nicht ernst zu nehmen. Aber man sollte auf keinen Fall den Fehler machen, seine Thesen und deren Potential zu unterschätzen.

Natürlich weiß ich, daß Hubbard seit vielen Jahren tot ist. Seinen Obduktionsbefund kann man übrigens im Internet anklicken. Aber Hubbards Ideen landeten nicht auf den Seziertischen der Leichenbeschauer. Sie sind noch immer in vielen – in viel zu vielen – Köpfen höchst lebendig. Und eine zielstrebige Gruppe von Strategen arbeitet eisern daran, sie weltweit umzusetzen. Sollen wir warten und tatenlos zusehen, bis das große „Clearing" gelingt?

Wenn ich in meinen Vorträgen und öffentlichen Auftritten vor der Gefahr Scientology warne, meinen manche, daß ich übertreibe – so schlimm könne es doch gar nicht sein. Im Gegenteil: Es ist noch viel schlimmer!

Ich habe schon immer gesagt, daß Scientology eine gefährliche Ideologie ist und ein Terror, der weder geduldet noch verharmlost werden darf, sondern gegen den man sich zur Wehr setzen muß – und zwar mit allen Mitteln einer wehrhaften Demokratie. Aber das, was mir nunmehr in die Hände gekommen ist, schlägt dem Faß den Boden aus.

Mir ist ein brisantes Dokument in die Hände gefallen, das bisher in der Öffentlichkeit nicht bekannt war und das ich schon deswegen in meinem Buch publizieren muß, weil mir speiübel dabei wird.

Vor 28 Jahren – genau gesagt am 24. März 1969 – hat der Scientology-Gründer L. Ron Hubbard einen Vortrag gehalten. Dieser Vortrag hatte den Titel „International City" – nicht Inter-City, wie einer unserer Freunde von „Robin Direkt" in der ersten Aufregung buchstabiert hat, sondern „International City". In diesem Vortrag hat Hubbard geschildert, wie unsere Zukunft aussehen wird, wenn die Scientologen die Macht ergreifen.

Wer vielleicht noch immer daran gezweifelt haben sollte, daß Scientology eine totalitäre Ideologie mit politischen Zielsetzungen ist und nach der Weltherrschaft strebt – hier kann er es nachlesen. Schwarz auf weiß. „International City" beweist, was Scientology *wirklich* will: nämlich Macht, weltweit Macht, Weltmacht – und die darin angestrebte zentrale Kontrolle durch Scientology.

„International City" beweist, was Scientology *wirklich* will.

Ganze 28 Seiten lang ist der Text dieses Vortrags, in dem Hubbard sein „Projekt“ vorstellt. Ich zitiere nur das Wichtigste:

(...) Ich habe dies (...) ursprünglich ausgearbeitet als ein Projekt – ich habe mir die Frage gestellt (...) – es hat nicht viel mit Weltfrieden zu tun, sondern es geht nur um die Frage, ob sie es durchziehen können usw., und ob sie in der Lage wären, ihre eigenen Energien auf ein solches Ziel zu konzentrieren. Nach meinen Überlegungen ist dies ohne allzu großen Koordinierungs- und Planungsaufwand möglich. Und der Name (...) wurde dann aber zu International City. Das ist jetzt der Name des Projekts. Das Projekt International City.
(...)
Die Kommunikationslinie darf demnach nur zu den Zentren der Staaten innerhalb der Nation verlaufen, so daß man eine Nation hat, die beispielsweise aus mehreren Staaten oder Bezirken besteht. (...) So hätte man letztendlich eine Kommunikationslinie von International City zu jeder Bezirks- oder Staatsregierung, ohne daß eine Relaisstelle dazwischengeschaltet wäre.
(...) Ihre beste Präventivmaßnahme gegen eine Revolution bestünde (...) darin, dafür zu sorgen, daß sich niemals eine zweite Hauptstadt in ihrem Land etablieren kann und daß ihre Nachrichten unmittelbar und direkt an die Gouverneure gehen, die die Chefs der Staaten unter ihrer Kontrolle sind.
(...) Und es gäbe einen riesigen Bunker, und dort wäre natürlich das internationale Parlament der Erde untergebracht, das bestimmte Machtbefugnisse über verschiedene Nationen hätte.
(...)
Und es müßte ein Programm geben, nach dem diese Schritte durchgeführt würden. (...)
Der dritte Schritt: Alle Regierungen dazu zu bewegen, ihre Hauptstadt komplett mit Regierungschef, Kongreß und Parlament nach International City zu verlegen. Eine zweite Hauptstadt oder auch nur eine Kommunikationsrelaisstelle im Heimatland selbst ist zu verbieten.
(...)Und dann begrenzen wir das, was eine nationale Regierung tun sollte. Und wir verfolgen diesen Plan weiter, es ist alles relativ ausführlich schriftlich festgehalten – wir verfolgen diesen Plan weiter auf der Grundlage, (...) daß ein solches allgemeines Übereinkommen unter Scientologen die Anstrengungen einzelner zu einer koordinierten Aktion machen würde, so daß sie Gewicht bekäme. Und es ist ein großer Plan

(...) Wenn sich also alle mehr oder weniger in diese Richtung bewegten, bestünde eine gewisse Aussicht auf Erreichung des Endzieles.
(...) Ein Internationales Ziel ist die Bezeichnung für den Plan insgesamt, und der Plan selbst ist International City, was nichts anderes heißt als Regierung der Erde.
(...) Was hat nun ein Scientologe davon? (...) Ich kann Ihnen (...) versichern, daß der Scientologe maßgeblich beteiligt wäre an dem, was einer totalen politischen Revolution dieses Planeten gleichkäme (...)
Sie sagen, es könnte jemand daherkommen und sich auf diese Weise zum Diktator der ganzen Erde machen. Hier sind alle zusammen auf einem Fleck, man braucht nur abzudrücken usw. (...)
Es gab jemanden, der es versucht hat, jemand namens Hitler, vor nicht allzu langer Zeit, und er hat es nicht geschafft. Und es hat in letzter Zeit niemanden gegeben, der dieses Ziel geschafft hätte. (...) Es stimmt zwar, daß dadurch die gesamte politische Kontrolle der Erde in einen bestimmten Raum gelegt wird. Aber gleichzeitig konzentrieren sich in diesem Raum dann auch eine Menge cleverer Burschen, verstehen Sie?

Als wir diese scientologischen Pläne diskutierten, tauchte natürlich immer wieder die Frage auf, wie denn eine Enquete-Kommission „Sekten und sogenannte Psychogruppen" mit einer derart politisch ausgerichteten Organisation wie Scientology überhaupt umgehen kann. Eine solche Kommission hat von vornherein eine schwere Position. Was könnte geschehen, wenn – wie wir es immer wieder als Möglichkeit durchsprachen – die Scientologen mit Hilfe ihres Geheimdienstes „OSA" alle Register ziehen, um innerhalb dieser Kommission nicht nur Unruhe zu stiften? Was könnte geschehen, wenn sie gezielt die einzelnen Schwachpunkte der Kommissionsmitglieder suchen? Wie würde die Arbeit der Kommission durch so etwas beeinflußt? Welche Schutzmaßnahmen gäbe es?

Als verhängnisvoll bezeichnete ein ehemaliger Scientologe, der die Strukturen innerhalb der Kaderorganisation „Sea Org" selber kennenlernte, die Situationen, die durch Sachverständige in der Enquete-Kommission entstehen können. Es dürfte – nicht nur nach seiner Auffassung – wesentlich leichter sein, über diese Ebene Einfluß zu nehmen, als man sich allgemein vorstellt.

An dem Gespräch, das bei uns im Garten stattfand, waren nicht nur frühere Scientologen, sondern auch ein Politiker, zwei Beamte und ein früherer Bundeswehroffizier beteiligt. Dabei entstand ein interessantes Brainstorming mit nicht vorhersehbarem Resultat.

Nein, ich will nicht!

Ich konnte es wieder einmal nicht lassen, laut zu denken, und lachte einen der anwesenden Beamten an: „Es ist ja bloß gut, daß wir mit euch beiden den Beweis liefern können, daß wir ernsthaft um das Thema ringen. Sonst würde man, wenn man die Unterlagen auf dem Tisch anschaut, befürchten müssen, daß ein neues Flugblatt entsteht: Bei Hartwigs auf dem Gartentisch liegen Bücher von Hubbard und Hitler."

Ein Ex-Scientologe konterte sofort: „Es kommt ganz darauf an, wer das Flugblatt gegen dich fabrizieren würde. Die Scientologen würden wahrscheinlich Hubbard verschweigen und aus Propagandazwecken nur Hitler nennen. Die aus der Kritikerszene, die dich laufend angreifen, würden die Propaganda mit beiden Namen gegen dich formulieren."

Mein Mann lachte: „Jetzt käme es aber immer noch darauf an, wer in der Kritikerszene für dieses Flugblatt der sachverständige Berater für die PR wäre."

Es war bloß gut, daß wir in einer Runde saßen, uns gut kannten und daß jeder wußte, welchen über Jahrzehnte hinweg scientologisch gedrillten PR-Mann mein Mann jetzt meinte.

„Na ja, lassen wir die Flachserei. Aber jetzt zu euch." Ich wandte mich an die beiden Ex-Scientologen und sagte: „Es wäre vielleicht ganz sinnvoll, wenn ihr mal mit den anderen darüber redet, ob ihr nicht euer Wissen an die Enquete-Kommission weitergeben wollt." Für mich war es ein ganz normaler Vorgang, an so etwas zu denken. Aber die Reaktionen der beiden zeigten wieder einmal, daß man der Scientology die Umsetzung der auf Papier existierenden Maßnahmen gegen Kritiker zutraut – hingegen bezweifelt man, daß staatliche Stellen vor solchem Terror schützen, geschweige denn eingreifen, wenn er geschieht.

Leider hatte ich kein Gegenargument, denn aus meiner eigenen Erfahrung wußte ich, was es heißt, wenn eine Gesellschaft mit all ihren staatlichen Organen den Terror der Scientology gegen kritische Stimmen als etwas ganz „Normales" betrachtet. Ich kann es nicht anders sehen, denn die Beweismittel in meinem Regal belegen diesen vielschichtigen juristischen, sozialen Terror und Rufmord. Ich kenne ihn wie viele andere auch aus eigener Erfahrung.

„Deshalb bin ich aber nicht bereit zu kapitulieren", sagte ich in die Runde. „Und ich bin nicht bereit, mich als Opferlamm schlachten zu lassen, damit sich ein paar Politiker profilieren können", konterte mit einem aggressiven Ton einer der Ex-Scientologen am Tisch.

Er hatte übrigens bereits vor Jahren seine Informationen an eine dafür eingerichtete staatliche Sektenstelle weitergegeben, er war bei einem Staatsanwalt und hat dort auch die Querverbindungen genannt, die Scientology strategisch anlegt, um an Informationen zu kommen. Passiert ist nichts, außer daß er Ärger bekam. Leider ist das kein Einzelfall.

Der anwesende Politiker fragte berechtigterweise: „Und wie stellt ihr euch die Vorgehensweisen ohne Zeugen vor? Das geht eben auch nicht in einem Rechtsstaat. Was blockiert euch? In dieser Runde habt ihr ja wohl keine Bedenken, über eure Erfahrungen zu berichten. Warum glaubt ihr, daß es in einer solchen Enquete-Kommission, in der die Geheimhaltung vorderste Priorität hat, anders sein soll?"

„So einer Kommission würde ich nur trauen, wenn es richtige Kriminalisten wären, die auch ganz offen über die Gefahr reden, daß in den eigenen Reihen Spitzel der Scientology sitzen könnten! Das müssen Profis sein und nicht irgendwelche Politiker, die sich als Hobby für alle möglichen Sekten interessieren und vielleicht – wie dieser eine – selbst bei den Unitariern sind oder – wie Werner Gross – schon für ‚KVPM' gearbeitet haben. Wie soll ich denen denn trauen, bitte?"

„So einer Kommission würde ich nur trauen, wenn es richtige Kriminalisten wären, die ganz offen auch über die Gefahr reden, daß in den eigenen Reihen Spitzel der Scientology sitzen könnten!"

„Halt, stopp! Du kannst nicht sagen, daß es Politiker sind, die das als Hobby betreiben. Die wurden paritätisch aufgrund der Mandatsverteilung im Bundestag berufen. Das ist eine demokratische Entscheidung, die auf rechtsstaatlichen Beinen steht. Was du meinst, sind die Sachverständigen, die beigezogen werden, die aber auch nötig sind, um das Gesamtbild der Situation erkennen zu können."

Ich wußte überhaupt nicht, warum meine Erläuterung ein Lachen am Tisch auslöste.

„Also, wenn gerade du einen Teil dieser Bande in Schutz nimmst, dann muß das wohl an dem Wind liegen, der ein paar Fakten aus deinem Bewußtsein geweht hat."

Ich wußte schon, auf was sie hinauswollten, aber ich wollte zum Ausgangspunkt zurück: Ich hatte mit meiner Arbeit begonnen, um das System Scientology zu demaskieren und zu stoppen. Und jetzt lief alles auf einen vernichtenden Kleinkrieg hinaus, angezettelt von ein paar wenigen, die statt der globalen Gefahr sich selbst in den Vordergrund rücken.

Der ehmalige Bundeswehroffizier war jetzt aber daran interessiert, was es mit den Unitariern und der „KVPM“ auf sich hat. Einer der Aussteiger antwortete: „Ist euch nicht aufgefallen, wie die Scientologen den Kontakt von Prof. Dr. Abel zu den Unitariern gleich aufgegriffen haben? Immerhin darf man laut Gerichtsbeschluß zu dieser Gruppierung ungestraft ‚Nazisekte‘ sagen! Das paßt doch in die Propagandaschiene, die von den Scientologen gefahren wird, um unsere Vergangenheit für sich selbst auszuschlachten. Das hier,“ – der Ex-Scientologe hob die beiden Bücher von Hubbard und von Hitler hoch – „ich meine die Parallelen zwischen den Theorien, verschweigen sie nicht nur, sondern sie können aufgrund dieser Propaganda auch noch ihre eigenen totalitären Tendenzen verstecken!“

Der andere Aussteiger lehnte sich ruckartig über den Tisch und warf dabei die Karaffe mit der Apfelsaft-Schorle um. Plato, der Labrador-Rüde, mag Gott sei Dank alles Nasse. Er stand auf und schüttelte sich. Der Beamte merkte durch die Spritzer auf seinem Hemd, daß er nicht in der Amtsstube saß.

„Oh, Entschuldigung!“ Der Bundeswehroffizier hob die Karaffe auf, der Hund verzog sich – und ich spürte, daß den Karaffenumwerfer irgend etwas elektrisiert hatte: „Was ist los?“

„Ich sage da *auch* nicht aus. Sollen sie doch ihre Standardaussteiger befragen. Mich beschäftigt jetzt noch etwas ganz anderes. Ich habe in einer Zeitung gelesen, Frau Rennebach habe gesagt, daß Prof. Abel, der das Gutachten gemacht hat, nicht gewußt haben soll, für welche Verein er sich bei den Unitariern engagiert. Aber sie hat auch gesagt, daß der Psychologe Gross für die ‚KVPM‘ der Scientology mal etwas gemacht hat. Das soll eine Jugendsünde gewesen sein.“

Ich versuchte, das Ganze zu relativieren, was mir nicht leicht fiel.

„Abel hat ein Gutachten erstellt – und ich kenne ihn bereits seit 1991, als er einem Betroffenen juristisch gegen einen Scientologen beigestanden hat. Dann traf ich ihn wieder, diesmal privat bei der Geburtstagsfeier von Ursula Caberta. Übrigens war er Cabertas Anwalt und stellte auch die Strafanzeige gegen Scientology, die inzwischen von Oberstaatsanwalt Klein in Hamburg eingestellt wurde. Als ich die Geschichte mit den Unitariern zum ersten Mal hörte, kam es mir mehr als komisch vor, weil ich es natürlich sehr bedenklich finde, wenn jemand eine Gruppierung unterstützt, die man ungestraft ‚Nazisekte‘ nennen darf. Das hat zumindest ein G’schmäckle, das man nicht so einfach, wie es Rennebach meint, mit dem Argument wegbringt, er hätte nicht verstanden, wen er da unterstützt – dazu ist er zu intelligent. Andererseits scheint es ja niemanden zu stören, daß es solche Kontakte gibt. Immerhin fand im Juni 1997 eine Veranstaltung in Bonn mit Caberta und Abel zu dem Thema ‚Scientology – ein Rechtsproblem‘ statt.“

Am Tisch machte sich Schweigen breit. Der Beamte, der vorhin froh war, daß er an der anderen Tischseite saß, als der Hund sich schüttelte, meinte mitten in das Schweigen hinein: „Ich könnte mich erkundigen, ob sich darum schon jemand gekümmert hat. Bei der Gelegenheit: Was ist das für eine Geschichte mit der ‚KVPM‘?“

Der Ex-Scientologe legte gleich los: „Das ist laut Rennebach auch wieder eine Jugendsünde, in diesem Fall von Werner Gross.“

„Dazu muß man jetzt aber sagen“, ergänzte ich, „daß diese Episode von Gross mit der scientologischen ‚Kommision für Verstöße der Psychiatrie gegen Menschenrechte‘ schon lange her ist.“

„Na und? Ist sie deswegen harmloser? Hat er es nicht immer verschwiegen?“

„Ja, offiziell hat niemand darüber geredet, bis es in der Presse erschien – und der Journalist wurde mehrmals nicht nur von Gross, sondern auch von anderen Mitgliedern der Enquete-Kommission gebeten, es doch ruhen zu lassen. Ich greife da jetzt etwas ganz anderes an, und zwar als Bürger. Ich denke, die Glaubhaftigkeit seines Engagements wäre größer, wenn er bei Berufung zum Sachverständigen seine damaligen Kontakte zur scientologischen ‚KVPM‘ offengelegt hätte. Was mich stört, sind seine Aussagen, die er als Referent bei der Informations- und Diskussionsveranstaltung der SPD-Bundestagsfraktion am 13.3.1996 in seiner Funktion als Diplompsychologe und Präsidiumsbeauftragter des Berufsverbandes Deutscher Psychologen gemacht hat. Er verharmlost Scientology total und sagt: ‚Auf Scientology läßt sich heute nur noch jemand ein, der etwas abchecken will.‘ Mit dieser Darstellungsweise wird der Psychologe Gross auf jeden Fall von Scientology nicht angegriffen.“

Was die Scientologen in Clearwater machten

Mein Mann Paul kam auf einmal mit einem Ordner an. Er legte ihn auf den Tisch, klappte ihn auf und sagte in seiner knappen Art: „Bevor wir uns hier die Köpfe heißreden, kommen wir wieder mal zur Praxis. Und zwar zu der der Scientologen. Solange eine Enquete-Kommission Mitglieder hat, die massiv Aufklärung verhindern, Sachverständige, die zumindest in einer nicht ausdiskutierten Grauzone sind, und vor allem Möchtegernberater, die ihre Kontakte zu diesen Mitgliedern der Enquete-Kommission als Aushängeschild für kommerzielle Zwecke benützen, so lange bin ich mit euch beiden einer Meinung. Wenn sich hier nichts ändert, ist das Ganze für mich zum Scheitern verurteilt. Lesen wir mal, was die Scientologen bereits inszeniert haben, um mit Kommissionen solcher Art fertigzuwerden. Die Kommission in der Stadt Clearwater, die diese Dokumentation ausgearbeitet hat, hat sich übrigens ausschließlich mit Scientology beschäftigt. Und jetzt kommen *Sie*", er zeigte auf den Politiker, „und wollen mir weismachen, daß man Scientology genauso wie alle anderen betrachten muß?" Er schüttelte den Kopf, nahm die Dokumentation und sagte: „Lesen Sie das, und dann reden wir weiter."

„Lesen Sie das und dann reden wir weiter."

Bereits nach dem Lesen einzelner Passagen aus der 63 Seiten starken Dokumentation wurde nicht nur der Politiker an diesem Tisch nachdenklich und verstand, warum der Ex-Scientologe, als es um die Frage ging, bei der Enquete-Kommission auszusagen, gesagt hatte: „Nein, ich will nicht!"

Ich schlug ein neues Treffen vor, zu dem ich ein paar Unternehmer einladen wollte, die mir von einer Fragebogenaktion der Enquete-Kommission berichteten. Bei dieser Aktion wurden Erfahrungen der Unternehmer mit sogenannten Sekten und Psychogruppen abgefragt. Die Fragestellung betraf auch Scientology. Die Unternehmer reagierten übrigens genauso wie die Ex-Scientologen: „Nein, ich will nicht!"

Einer, der aufgrund seiner Erfahrungen bereit war, vor der Enquete-Kommission auszusagen, erzählte mir, daß er sich vorkam wie bei einem konspirativen Treffen. Was ihn am allermeisten irritierte, war die Erkenntnis, daß man über Scientology und die wirtschaftlichen Verflechtungen und Vorgehensweisen einen „erbärmlichen Wissensstand" hatte. Ich hoffe sehr, daß sich diejenigen in der Enquete-Kommission durchsetzen, die bereits heute, vor Erstellung des Zwischenberichts, laut nachdenken, ob eine allgemeine Enquete-Kommission „Sekten und sogenannte Psychogruppen" der Gefahr seitens der Scientology begegnen kann.

Abschlußbericht an den Stadtrat Clearwater

Enthält Befunde, Entscheidungen und empfohlene Verordnungen zur Regelung des Umgangs mit Organisationen, die Steuerbefreiung oder Gemeinnützigkeit beanspruchen.

Einführung

Dieser vom Gutachter vorgelegte Abschlußbericht an den Stadtrat von Clearwater stellt den Abschluß der ersten Phase des Projektes dar, das von der Stadt erstellt wurde, um juristische und faktische Probleme zu lösen, die durch die Aktivitäten der Church of Scientology entstanden sind, die als gemeinnützige Organisation innerhalb der Stadt operiert. (...)

(...) Das tatsächliche Verhalten der Church of Scientology, wie es auch in schriftlichen Körperschaftsrichtlinien durch die Church angenommen ist, beinhaltet folgendes: (1) Einbruch; (2) Diebstahl; (3) Unterwanderung; (4) Verleumdungskampagnen; (5) Wucher; (6) Erpressung; (7) intrigante Fälschungen („Frame-ups"); (8) irreführende Richtlinien in Verkauf und Personalanwerbung; (9) irreführender Einsatz von juristischen Verpflichtungen und Verzichtserklärungen; (10) Unterdrückung der freien Meinungsäußerung und der Versammlungsfreiheit; (11) Abweichung von den angenommenen Standards in medizinischen Behandlungen und Bildungserfordernissen; (12) Einsatz von steuerfreiem Kapital für gesetzwidrige Zwecke; (13) offensichtlich betrügerische Richtlinien zum Entlocken großer Geldsummen von unwissenden und uninformierten Personen; (14) erpresserischer und unrechtmäßiger Einsatz von höchst persönlichen Informationen, die von Personen auf betrügerische Weise durch falsche Versprechungen von Vertraulichkeit beschafft wurden; (15) Einsatz von gesetzeswidrigen und versteckten Belästigungsmethoden, um betrogene Personen von der Zuflucht zu Rechtsmitteln abzuhalten; (16) und der Einsatz von offen betrügerischen Richtlinien wie z.B. das „Nachahmen von Geistlichen" („minister's mock-up") und der „Checkliste für religiöses Image", um der Öffentlichkeit eine „religiöse Fassade" darzustellen, hinter der in Wirklichkeit das Geschäft nicht genehmigter Psychotherapie zum Zweck der Geldbeschaffung betrieben wird.

Da die Church of Scientology es vorgezogen hat, der Kommission keine Beweismittel oder Zeugen zur Rechtfertigung, Erklärung oder zum Widerspruch der vorgenannten Schlußfolgerungen anzuführen, (...)

Einführung

Die Beauftragten der Stadt Clearwater haben vom 5.-10. Mai 1982 öffentliche Anhörungen anberaumt und Beweise für Operationen, Aktivitäten und Verhalten der Church of Scientology in Dokumentform sowie in Form von Zeugenaussagen bekommen. Aufgrund beeidigter Zeugenaussagen, eidesstattlicher Versicherungen, Urteilen von Bund und Ländern und verschiedenen gesichteten und erwogenen Dokumenten erstellt der Ausschuß folgende Tatsachenaufzählung:
(...)

Bewiesene Tatsache:

D. Die Church of Scientology hat in der Verfolgung ihres Zieles von Kontrolle und Besitz der Stadt Clearwater Regierungsbüros, Vertretungen und Privatunternehmen infiltriert.
Die Kommission hat über 300 Seiten Material bekommen und begutachtet, das in den Hauptquartieren der Church of Scientology in Los Angeles im Sommer 1977 beschlagnahmt worden war. Diese Dokumente belegen vor allem Pläne zur Infiltration, tatsächliche Infiltrierungen, Spionage, Sabotage und andere gesetzwidrige Aktivitäten sowie „Schmutzige Tricks" gegen Beamte und Privatpersonen sowie öffentliche und private Organisationen im Bereich um Clearwater, darunter Zeitungsredaktionen, Fernsehstationen, die Büros des Bürgermeisters, des Staatsanwaltes, verschiedene Abteilungen von städtischen und Landesbehörden sowie verschiedene Vertretungen der Gesetzeshüter von Bund, Ländern und Gemeinden und verschiedene Gerichtsbeamte. Alle diese Pläne und Aktivitäten wurden unter strikter Geheimhaltung abgewickelt. Die Dokumente belegen ebenfalls Kampagnen zur Fehlinformation einschließlich bösartiger Verleumdung, Schmähung und dem aktiven Ausstreuen von Gerüchten über öffentliche Beamte und private Funktionäre. Viele der genannten Aktivitäten verfolgten direkt den Zweck, Beamte in der Ausübung ihrer Pflichten zu beeinflussen. Andere Aktivitäten, darunter der Einsatz falscher Tarnorganisationen beim Erwerb von Grundbesitz, hatten den Zweck, Regierungsanordnungen insgesamt zu umgehen und die Gerichtsbarkeit zu behindern. Die Dokumente belegen weiterhin, daß alle obengenannten Aktivitäten, welche die Funktion fast jeglicher öffentlichen und privaten Organisation in Clearwater zerrütten sollten, von der Church of Scientology als Organisation und nicht von abgeirrten Scientologen offiziell sanktioniert und großzügig finanziert wurden. Weiterhin demonstrieren die Dokumente ein Untersu-

chungsverfahren für den persönlichen Hintergrund von Beamten und ihren Familien sowie die böswillige Verwendung dieser Informationen für Versuche, Beamte in der Ausübung ihrer Pflichten zu beeinflussen.

Bewiesene Tatsache:

C. Die Church of Scientology hat ein Komplott betrieben und betreibt dieses immer noch, um Besitz in der Stadtmitte heimlich zu erwerben mit dem erklärten Ziel, die Stadt Clearwater zu besitzen und zu kontrollieren.

(...)

3. Ein internes Scientology-Dokument, Operation Normandie, listet die zu infiltrierenden Büros auf, die einzuschleusenden Leute und die zu stehlenden Dokumente. (4-313) Wortwörtlich steht dort:
   „Der Hauptzweck dieses Projektes ist, genügend Daten über den Bereich Clearwater zu bekommen, damit entschieden werden kann, welche Gruppen und Personen B-1 durchdringen („penetrate") und handhaben muß, um Bereichskontrolle zu etablieren." (4-418)
4. **Geheimes Power Projekt 3: Normandie.** Hubbards Guardian Office Projekt zur Einleitung von Operationen zur Erlangung von Kontrolle über Clearwater. Das Projekt rief dazu auf, daß das „B-1" (Unterabteilung des Guardian Office, verantwortlich für verdeckte kriminelle Operationen) Gruppen und Personen in Clearwater „durchdringen" sollten, um Kontrolle zu etablieren. Die verdeckte Attacke schloß ein: Die Stadtkommission, das städtische Gesundheitsamt, die städtische Abteilung für Mentalhygiene, die städtische Zulassungsstelle, die städtische Polizeibehörde, die städtische Verbraucherzentrale, den Stadtanwalt, ähnliche Büros auf Länder- und Bundesebene, den lokalen U.S. Kongreßabgeordneten für Clearwater, U.S. Senatoren von Florida, lokale Mediengesellschaften (Zeitungen, T.V., Radio), alle lokalen Finanzinstitute und Pharmafirmen. (Clearwater Dokumenten Paket, weiter als „CDP" bezeichnet)
5. **Power Projekt: Tricycle.** Plan des Hubbard'schen Guardian Office, um das Lokalisieren von Feinden und feindlichen Gruppen einzuleiten. Der Plan sollte Ziele zur Durchdringung darlegen, einschließlich Nachrichtenmedien und Köpfe oder Gesellschafter von Nachrichtenmedien im Bereich Clearwater, alle „politischen Schlüsselfiguren", alle Personen und Gruppen be-

sonders aus dem Bereich Clearwater, welche die größte Kontrolle ausüben; Beispiel - Maklerverbände, alle Personen, die an Schlüsselpositionen finanziellen Einfluß haben. (CDP)

6. **Vorhersage in Clearwater.** Die „Tabelle von Verbindungen des Feindes" in Hubbard's Guardian Office, die (...) zu „infiltrieren" waren. In dieser speziellen Attacke eingeschlossen sind:
   1. St. Petersburg Times
   2. Der Bürgermeister von Clearwater
   3. Die lokale Fernsehstation Kanal 13
   4. Die lokale Radiostation Personality Snyder
   5. Der Generalstaatsanwalt von Florida
   6. Der Staatsanwalt des Staates Florida, Russell. (CDP)
7. **Vorhersage in Clearwater.** Bericht des Guardian Office bezüglich der „B-1 FSMs" (verdeckte Agenten) in Positionen in Clearwater oder unterwegs Richtung Clearwater. (CDP)
8. **Einsatz von Tarnung durch B-1 Flag.** Bericht des Guardian Office zum Problem der Operation eines B-1 Agenten an Beauftragten von Clearwater (CDP)
9. **Telex.** Scientology zitiert Telex bezüglich Einsatz von Scientology-Agenten zum Stehlen von Dokumenten bei St. Petersburg Times, Snyder, Staatsanwalt Russell und dem Bürgermeister von Clearwater. (CDP)
10. **Aufbau eines A.G. Büros in den U.S.** Bericht des Guardian Office der Scientology betreffs Personal des Guardian Office. Erwähnt sind verschiedene Agenten, die in Clearwater verdeckte Operationen durchführen sollen. (CDP)
11. **Offene Orders des DG U.S. an das B-1 U.S.** Liste des Guardian Office von offenen Orders, die noch nicht ausgeführt worden waren. Hier eingeschlossen sind Operationen gegen die Clearwater Sun, Bürgermeister, Sertoma Club und den Einsatz von FSMs in Clearwater. (CDP)
12. **Sichere U.S.** Liste von Anweisungen des Guardian Office, gewisse Operationen aufzubauen. Kriminelle Operationen in Clearwater beinhalteten das Plazieren eines Agenten im Büro des Generalstaatsanwaltes und das Infiltrieren des Büros des lokalen Bezirksstaatsanwaltes. (CDP)
13. **Frühwarnsystem B-1.** Projekt des Hubbard'schen Guardian Office, um ein Frühwarnsystem in Dunedin, Florida, aufzubauen, das Hubbard vor Gesetzeshütern schützen sollte. In diese Operation eingeschlossen war das Plazieren von Agenten im Büro des

Bezirksstaatsanwaltes, das lokale Büro des Internal Revenue Service (IRS, Steuerbehörde) und des Bundesvollzugsbeamten. (CDP)

14. **Operationen/CDCs.** Die kriminellen, verdeckten Operationen des Guardian Office der Scientology, die gegen Personen geplant waren, welche die Scientology bloßzustellen versuchten. Durch diese Operationen betroffen waren: Bürgermeister Cazares, Poyntner, Patterson, Robert Snyder, Steve Advokat, Stewart, Orsini, Andy Barnes, St. Petersburg Times, Staatsanwalt Russell, Büro des Bezirksstaatsanwaltes Florida, Polizeidepartment Clearwater, Büro der Telefongesellschaft und das Büro des U.S. Staatsanwaltes. (CDP)
15. **Stadtanwalt Patrick Doherty.** Operation, um über den Stadtanwalt Patrick Doherty verdeckte Untersuchungen durchzuführen.
16. **Untersuchung des Kreisgerichtsangestellten Harold Mullendore.** Operation durch Scientology „FSM", d.h. Agent, um Informationen über Kreisgerichtsangestellten Harold Mullendore zu gewinnen. (CDP)
17. **Untersuchung von Minister Bruce Smathers.** Bericht eines verdeckten Agenten der Scientology über Floridas Minister Bruce Smathers. (CDP)
18. **Operation Bulldozer Leck.** Liste von Feinden der Church. Darin sind eingeschlossen: Stadtrat Clearwater, Bürgermeister Clearwater, Polizeidezernat Clearwater, Stadtanwalt Bustin, die innerstädtische Entwicklungsbehörde Clearwater, die Baubehörde Clearwater und der Feuerwehrkommandant Clearwater. (CDP)
19. **Goldmine.** Projekt des Hubbard'schen Guardian Office, durch eine „Strohfirma" in Clearwater heimlich Fuß zu fassen und im Verborgenen zu beginnen, Vermögen zu erwerben. Es sind ca. 10 Millionen Dollar aus Geldern der Church veranschlagt, um erste Käufe zu tätigen. Der Plan von Hubbard sah vor, daß die Church of Scientology of California erst dann auftauchen sollte, wenn das Guardian Office Bereichskontrolle aufgebaut hätte. (CDP)
20. **Programmorder des Guardian: Durchhalten.** Ein Projekt des Guardian Office, um Besitztümer der „Vereinigten Churches von Florida" (United Churches of Florida) vor dem Internal Revenue Service zu tarnen oder zu verstecken. (CDP)
21. **Operationsziel 1 Bulldozer: Regierung.** Liste von zu attackierenden Regierungsbehörden. (CDP)

22. **Gerüchte.** Operation des Guardian Office, um Lügen und falsche Informationen bei der Clearwater Sun und der Handelskammer einzuschleusen. (CDP)
23. **Basis Operation.** Guardian Office Identifikation der „Bank" von Clearwater und des Bürgermeisters von Clearwater als „Feinde". Plan des Guardian Office, „Schwarze Propaganda" dagegen zu machen. (CDP)
24. **Info Büro.** Bericht des Guardian Office über Erfolge von verdeckten Operationen gegen Staatsanwalt Russell und weitere Information über Anwerbungsprobleme des B-1 in Clearwater. (CDP)
25. **Info Büro.** Bericht des Guardian Office über die Clearwater Sun. Operation des Guardian Office zum Entfernen von Feuerwaffen und Waffen (guns and weapons) aus Fort Harrison, da ein FSM die Möglichkeit eines Haussuchungsbefehles von Staatsanwalt Russell berichtet hatte. (CDP)
26. **Wochenbericht 19. Februar 1976.** Bericht des Guardian Office über verschiedene Feinde im Bereich Clearwater und wie sie zu attackieren seien. (CDP)
27. **Info Büro.** Operation des Guardian Office gegen den Reporter Mark Sabelmann der Clearwater Sun, Reporter Steve Advokat und Staatsanwalt James Russell. (CDP)
28. **Info Büro.** Operation des Guardian Office gegen Bob Snyder, Clearwater Sun und Bürgermeister Cazares. (CDP)
29. **Info Büro.** Operation des Guardian Office wegen Handelskammer, Bob Snyder und „gewisse Unternehmen", die großen Grundbesitz in der Stadtmitte Clearwater haben und von denen die Scientologen glauben, daß sie in eine Verschwörung gegen sie passen. (CDP)
30. **„Dieser Bereich".** Bericht des Guardian Office über Feinde in Clearwater. Einschätzung des Guardian Office, daß die St. Petersburg Times und deren Besitzer Poyntar die gefährlichsten Feinde seien. (CDP)
31. **Operationen gegen Staatsanwalt Russell.** Operationen des Guardian Office gegen Staatsanwalt Russell. Eine Serie von Dokumenten, die das Sammeln von Informationen über Russell zeigt, über seine Aktivitäten und Kommunikationen. Die über Russell erlangten Informationen betreffen persönliche Kommunikationen und Korrespondenz, Strategien und Richtlinien bezüglich der Church of Scientology. (CDP)

32. **Operationen gegen Bürgermeister Gabriel Cazares von Clearwater, Florida.** Serien von Dokumenten, die eine bösartig kriminelle Kampagne darlegen, „Bürgermeister Gabriel Cazares' politische Karriere zu ruinieren, indem ein Skandal über sein Sexleben breit gestreut wird", eine Verschwörung, um Cazares durch die Inszenierung einer vorgetäuschten Fahrerflucht in Washington, D.C. anzuschwärzen, irgendwelche falschen Daten über ihn zu finden oder zu erfinden, mit denen eine Verleumdungskampagne gegen Cazares durchgeführt werden könne, den Bürgermeister in Verruf zu bringen usw. Das Guardian Office fand heraus, daß die Familien Rutenburg und Blackburn mit Cazares zu tun hattenn und führten daraufhin bei ihnen Nachforschungen und vorbereitete Operationen durch. Zusätzlich versuchte das Guardian Office, Streit zwischen Cazares und dem Stadtrat mit einer Operation zu stiften, bei der in den Demokratischen Frauenclub, das Demokratische Exekutivkommitee und Cazares' Kampagnenkommittee Agenten eingeschleust wurden, um ihn zu vernichten. Das Guardian Office plante, alle seine Scientologen in Clearwater anmelden zu lassen, um Stimmrechte zu bekommen, mit denen sie gegen Cazares stimmen könnten. (CDP)
33. **Operationen gegen die Clearwater Sun.** Eine Serie von Berichten des Guardian Office und von Operationen gegen die Clearwater Sun, ihren Herausgeber, Verleger, gegen Reporter und Angestellte. (CDP)
34. **„Chinaladen", Clearwater Sun.** Bericht des Guardian Office über Verleger, Herausgeber, Besitzer, Schreiber, finanzielle Informationen usw. der Clearwater Sun. Der Zweck der Operation „Chinaladen" ist „Besitz oder Kontrolle des Blattes". Um Kontrolle zu bekommen, so die Richtlinie, „sind Finanzdaten des Blattes, Schulden und sein Einkommen wichtigste Informationserfordernisse". (CDP)
35. **Serie von Berichten von verdeckter Agentin der Scientology über Clearwater.** Lange Serie von Berichten an das Guardian Office der Church in Clearwater von einer verdeckten Agentin der Scientology, die in die Clearwater Sun eingeschleust worden war. Diese Agentin berichtete regelmäßig an das Guardian Office über Aktivitäten der Sun und das Leben dort und das der Angestellten. In einem Bericht schreibt sie davon, wie sie in der Clearwater Sun als verdeckte Agentin verdächtigt wird und

auf Fragen der Angestellten, ob sie eine Scientology Agentin oder eine Scientologin sei, lügt und nein sagt. (CDP)

36. **Operationen gegen die St. Petersburg Times.** Serie von Operationen gegen die St. Petersburg Times, deren Reporterin Betty Orsini und andere sowie ihren Besitzer, Nelson Poyntar. (CDP)
37. **Clearwater Anwalt Norman Bie.** Operation des Guardian Office der Scientology gegen den Clearwater Anwalt Norman Bie. Die Operation betrifft Informationen über Bie von 1948 bis 1974. (CDP)
38. **„PR" Ziele des Guardian Office.** Reihe von Richtlinien des Guardian Office, um:
    a) Die Scientologen in Clearwater Stimmrecht beantragen zu lassen, um öffentliche Wahlen kontrollieren zu können, vor allem gegen Cazares;
    b) Eine Leserbriefkampagne an das lokale Blatt zu starten; und
    c) Betrügerische Briefe an Beamte und Zeitungen zu schreiben mit der Vorgabe, kein Scientologe zu sein, aber Scientologen zu unterstützen. (CDP)

(...)

Bewiesene Tatsache:

H. Die Church of Scientology ist gegenwärtig in wiederholte Verletzungen der Persönlichkeitsrechte verwickelt, indem Mitglieder erzwungenen Einsperrungen und Befragungen unterzogen werden sowie erniedrigende Handlungen durchführen müssen.

(...)

Bewiesene Tatsache:

I. Die Church of Scientology dirigiert und vollführt von der Stadt Clearwater aus ein Muster von kriminellen Handlungen gegen Bürger von Clearwater und der Vereinigten Staaten sowie anderer Länder, indem Personen, die von der Scientology als kritisch angesehen werden, erpreßt, genötigt und zerstört werden sollen.

(...)

Bewiesene Tatsache:

P. Die Church of Scientology setzt Personen durch Einsatz der gefährlichen Techniken der Scientology mentalen und psychischen Schäden aus.

(...)

Amerikanische Verhältnisse

Liest man den Abschlußbericht der Stadt Clearwater, dann erscheint es einem völlig unverständlich, daß es der Scientology gelungen ist, über die amerikanische Steuerbehörde „IRS“ die Gemeinnützigkeit zu erlangen. Um die Hintergründe gab es wie so oft beim Thema Scientology langes Schweigen. Wie sollte man auch den Bürgern erklären, daß diese Steuerbefreiung den Geruch von kriminellen Machenschaften hat?

Wenn Erpressung zum Gesellschaftsspiel wird

Scientology-Führer David Miscavige hatte die Angelegenheit selbst in die Hand genommen: Er marschierte ohne Anmeldung in die amerikanische Finanzbehörde „IRS“ in Los Angeles und landete für die Organisation Scientology den Coup des Jahrhunderts: Scientology wurde hinter verschlossenen Türen die Gemeinnützigkeit zugesprochen, mit der sie heute im großen Stil gegen sämtliche Regierungen operiert, die sich der Zielsetzung und der Ideologie von Scientology in den Weg stellen.

Wie in vielen Fällen, wenn es um Scientology geht, werden die vorliegenden Fakten nicht gelesen, nicht akzeptiert, oder sie verschwinden. In einem mir vorliegenden Originalpapier vom 5. 9. 1990 einer Veranstaltung der Internationalen Vereinigung der Scientologen („IAS“) in Lausanne geht eindeutig hervor, daß bis zu 10.000 Dollar von seiten der Scientology geboten wurden, damit Beamte aus dem Ministerium belastendes Material an Scientology herausgeben. Privatdetektive werden eingesetzt, um „IRS“-Beamte auszuspionieren, damit man etwas gegen sie in der Hand hat, um sie kompromißbereiter zu machen.

Seit Jahren ist dieses Vorgehen auch in Deutschland den Behörden bekannt. Auch die Personen, die heute mit Steuergeldern finanziert werden und als Experten auftreten, wissen davon. „Robin Direkt“ hat als Bürgerinitiative politische Stellen mit unzähligen Informationsmappen versorgt und darin darauf hingewiesen, daß die Scientology-Organisation diesen Deal, der über den Ex-Fiskus-Chef der amerikanischen Steuerbehörde, Goldberg, lief, in Deutschland propagandistisch ausschlachten würde. Und so kam es auch: Einzelne Scientologen treten in Aufklärungsveranstaltungen auf und sprechen von ihrer „Anerkennung in Amerika“. Die Diskussion um die Organisation wird klammheimlich auf ein anderes Feld geführt, denn was in Amerika als „erlaubt“ gilt, darf doch in Deutschland nicht kritisiert werden!

Keiner hat sich in den vergangenen Jahren wirklich mit dieser dubiosen Gemeinnützigkeit beschäftigt. Viele Journalisten, denen wir Berge von Material lieferten, holten sich lieber eine nichtssagende Stellungnahme aus einer offiziellen Sektenstelle in Behörde und Kirche, anstatt sich wirklich mit der Brisanz des Themas auseinanderzusetzen.

Ich mußte auch in diesem Fall lernen, daß die Erpressungskampagne der Scientologen in Amerika als „Normalität" hingenommen wird. Erst als die amerikanische Presse über den Gemeinnützigkeitscoup berichtete, bekam man auch in Europa Mut und übernahm immerhin die Recherchen der *New York Times* in Deutschland. Warum haben so viele so lange geschwiegen? Obwohl die Hintergründe nun durch die Presse ans Licht gebracht worden sind, hält der Außenamtssprecher des Weißen Hauses, Burns, trotzdem an der Entscheidung der Steuerbehörde fest. Laut seinen Aussagen in der Öffentlichkeit hat das Finanzministerium nicht die Absicht, etwas zu verändern. Spätestens hier sollten wir Bürger ganz laut und deutlich nachfragen, warum von verschiedenen staatlichen und kirchlichen Sektenstellen diese Informationen nicht an die Öffentlichkeit gelangt sind. Das, was in Amerika passiert ist, kann jederzeit ebenfalls in Deutschland oder in einem anderen Land geschehen. Denn wer an seiner Position und an seinem Sessel klebt, der hat Angst vor Veröffentlichung, hat Angst vor Auseinandersetzung, Pensionsberechtigung ist wichtiger als Zivilcourage.

Es gibt viel zu viele, die schweigen, viel zu viele, die mitmachen, aber auch viel zu viele, die aus Feigheit einer Organisation wie Scientology den Weg frei machen und dieses System des Wahnsinns ermöglichen. Das ist übrigens nicht nur ein amerikanisches Problem, sondern auch ein deutsches!

Mut zur Auseinandersetzung

Ich habe meine Lebenszeit eingesetzt, um wehrhafte Demokratie zu leben. Aber wir können nur so lange über Demokratie reden, solange es sie gibt.

Diejenigen, die sich von diesem Buch angegriffen fühlen, haben recht. Ich habe bewußt die Dinge beim Namen genannt. Wenn wir durch offene Auseinandersetzungen erreichen, daß die Pläne der Scientology durchkreuzt werden, dann hat sich alles gelohnt.

Wenn ein Politiker durch dieses Buch nachdenklich wird, bin ich froh. Wenn Leser dieses Buches beginnen, sich einzumischen, bin ich begeistert.

Ich will die Auseinandersetzung. Denn nur durch sie können wir die Mauer der Gleichgültigkeit durchbrechen. Wenn die Auseinandersetzung dazu führt, daß die intellektuelle Unredlichkeit aufhört, wird Scientology nicht mehr der lachende Dritte sein.

Zum Ende dieses Buches

6. 7. 1997, 14.45 Uhr: Das Fax springt an, und ein unbändig gutes Gefühl macht sich in mir breit, als ich die dpa-Meldung lese, denn endlich liegt es schriftlich vor mir: Die Innenministerkonferenz entscheidet, die Scientology-Organisation bundesweit durch den Verfassungsschutz beobachten zu lassen.

Danke! Eine Hürde, die ich seit Jahren überwinden wollte, ist nun genommen. Die Ideologie der Organisation Scientology ist ins Visier genommen. Ein richtiger Schritt in die richtige Richtung.

Bei dieser Entscheidung gibt es mehr als einen Wermutstropfen: Warum kam sie erst jetzt? Wo waren sie all die Jahre, die Experten, die jetzt die Entscheidung begrüßen? Was passierte in den letzten Jahrzehnten in den Diskutierclubs? Warum haben sie nur archiviert? Warum wurde so lange über die Fakten geschwiegen? Warum verteufelten sie offensive Aufklärung? Aus welchen Gründen mußten noch so viele Betroffene dazukommen? Warum gab es so großen volkswirtschaftlichen Schaden durch Nichthandeln? Wozu gab man Scientology so viel Vorsprung, um ihre Strategien durchzusetzen? Wer trägt nun die Verantwortung für die Verzögerung dieser Entscheidung?

Mache nichts, und du bist nicht umstritten.

Hätte man früher offensiv reagiert, die richtigen Stellen informiert und einbezogen, vielleicht auch zugegeben, selbst überfordert zu sein, hätte man weniger Narzißmus betrieben, weniger Selbstgefälligkeit gelebt, vor allem mehr Miteinander zugelassen, gäbe es heute weniger gesellschaftliche Probleme. Und es gäbe auch viel weniger Strukturen des Hubbardismus, die bereits in der Gesellschaft etabliert sind.

An alle, die mich als „umstritten" hinstellen, die meine direkte, kompromißlose Art der Aufklärung kritisieren, die meine Offenheit, meinen Kampfgeist, meine Emotionalität verteufeln, aber auch an diejenigen, die ihre eigene Inkompetenz damit vertuschen wollen, daß sie mich ausgrenzen, beleidigen und isolieren möchten, auch diejenigen, die so weit gehen und mich als „Terroristin" bezeichnen, zum Schluß ein ganz persönliches Wort: Richtig ist: Mache nichts, und du bist nicht umstritten.

Und was macht ihr jetzt? Wollt ihr weiter die Zeit verschwenden, um euch im vermeintlichen Ruhm und Status zu sonnen? Wollt ihr weiter Aufklärung verhindern, weil sie nicht in euren Kram paßt? Oder wollt ihr endlich anfangen zu handeln? Jeder für sich, auf seinem Platz, jeder um der Sache willen? Gegen Zivilcourage hat Scientology keine Chance. Schon mal ausprobiert?

Wen kann ich ansprechen?

Es gibt unzählige Listen von Ansprechpartnern, Beratungsstellen, kirchlichen und staatlichen Stellen sowie Literaturlisten. Was haben sie in siebenundzwanzig Jahren Scientology-Expansion in Deutschland gebracht?

Aus diesem Grund bitte ich alle, die bis heute geschwiegen haben, ihr Wissen und ihre Kenntnisse den Behörden weiterzugeben, die seit dem 6.6.1997 den Auftrag zur Beobachtung der Scientology haben.

Denn nur durch Informationen am richten Platz kann der Staat zum Schutz der Bürger aktiv werden.

Bundesamt für Verfassungsschutz
Postfach 10 05 53
50445 Köln
Tel. 02 21 / 79 20

Landesamt für Verfassungsschutz
Baden-Württemberg
Postfach 50 07 00
70337 Stuttgart
Tel. 07 11 / 95 44-00

Bayerisches Landesamt für Verfassungsschutz
Postfach 45 01 45
80901 München
Tel. 0 89 / 3 12 01-0

Landesamt für Verfassungsschutz
Berlin
Auf dem Grat 2
14195 Berlin
Tel. 0 30 / 8 67 42 16

Ministerium des Innern des Landes
Brandenburg
– Abteilung V –
Postfach 60 11 26
14411 Potsdam
Tel. 03 31 / 86 60

Landesamt für Verfassungsschutz
Bremen
Postfach 28 61 57
28361 Bremen
Tel. 04 21 / 5 37 70

Freie und Hansestadt Hamburg
Behörde für Inneres
Landesamt für Verfassungsschutz
– V 10 –
Johanniswall 4/III
20095 Hamburg
Tel. 0 40 / 24 44 43

Landesamt für Verfassungsschutz
Hessen
Postfach 39 05
65029 Wiesbaden
Tel. 06 11 / 72 00

Innenminister des Landes Mecklenburg-Vorpommern
– Abteilung II 5 –
Postfach 01 05 52
19005 Schwerin
Tel. 03 85 / 7 42 00

Niedersächsisches Landesamt für Verfassungsschutz
Postfach 44 20
30044 Hannover
Tel. 05 11 / 6 70 91

Innenministerium des Landes Nordrhein-Westfalen
– Abteilung VI –
Postfach 10 30 13
40021 Düsseldorf
Tel. 02 11 / 8 71-01

Ministerium des Innern und für Sport Rheinland-Pfalz
– Abteilung 6 –
Postfach 32 80
55022 Mainz
Tel. 0 61 31 / 1 60

Landesamt für Verfassungsschutz Saarland
Postfach 10 20 63
66020 Saarbrücken
Tel. 06 81 / 3 03 80

Landesamt für Verfassungsschutz Sachsen
Postfach 10 02 47
01072 Dresden
Tel. 03 51 / 8 58 50

Landesamt für Verfassungsschutz Sachsen-Anhalt
Postfach 18 49
39008 Magdeburg
Tel. 03 91 / 5 67 39 00

Thüringer Landesamt für Verfassungsschutz
Postfach 7 96
99015 Erfurt
Tel. 03 61 / 4 40 60

M. Stoll